黄曼君文集

第二卷

◆鲁迅、郭沫若研究

黄曼君／著

黄海晴　陈菊先　黄念南／编

2014年湖北省学术著作出版专项资金资助项目

華中師範大學出版社

新出图证(鄂)字 10 号

图书在版编目(CIP)数据

黄曼君文集　第二卷/黄曼君 著;黄海晴,陈菊先,黄念南 编.—武汉:华中师范大学出版社,2015.12

(黄曼君文集)

ISBN 978-7-5622-7062-1

Ⅰ.①黄…　Ⅱ.①黄…　②黄…　③陈…　④黄…　Ⅲ.①黄曼君(1935～2010)—文集　Ⅳ.①K825.46-53

中国版本图书馆 CIP 数据核字(2015)第 158498 号

黄曼君文集　第二卷

©黄曼君　著　黄海晴　陈菊先　黄念南　编

责任编辑:曾　艳　　责任校对:罗　艺　　封面设计:胡　灿　甘　英

编辑室:学术出版中心　　电话:027－67867792

出版发行:华中师范大学出版社

社址:湖北省武汉市珞喻路 152 号　　邮编:430079

电话:027－67863040(发行部)　027－67861321(邮购)

传真:027－67863291

网址:http://www.ccnupress.com　　电子邮箱:hscbs@public.wh.hb.cn

印刷:湖北新华印务有限公司　　督印:王兴平

字数:557 千字

开本:710mm×1000mm　1/16　　印张:34

版次:2015 年 12 月第 1 版　　印次:2015 年 12 月第 1 次印刷

定价:85.00 元

欢迎上网查询、购书

80年代中期桂子山留影

2008 年 9 月，出席在日本福冈举行的郭沫若留学日本九州大学90周年纪念会暨郭沫若研究国际学术研讨会，作大会演讲

2008 年 9 月与郭沫若女儿郭平英合影于日本

2008 年 9 月与郭沫若外孙女藤田梨那合影于日本

与王瑶、陈安湖合影

1985 年，邀请陈瘦竹、沈蔚德教授夫妇讲学，合影于桂子山

与樊骏、严家炎、万平近合影于北京

与许志英合影于家中

与陆耀东夫妇、王富仁及其武汉大学博士生合影

1998 年 8 月，出席鲁迅与当代中国学术研讨会，与朱正合影于新疆边界线

博士生答辩之余，与王富仁、朱寿桐合影

文集前言

黄曼君先生从教五十五年，学养深厚，治学严谨，学术成果丰硕。作为学者，他是一位视学术为生命的学术至上者；作为教师，他是一位视教育为生命的教学至上者。教学与科研协同创新，在创造性的教学中，培养人才、服务社会、传承文化，这是他生命追求的一种境界。

茶余饭后的散步，他仍在用心力走近这个协同目标，或尽情地让上课的内容烂熟于心，或沉醉于课题的构思中，或畅游于文艺世界歌之颂之，从不间断，日复一日，年复一年，伴随一生，这一生活细节练就出被世人称颂的惊人记忆力，化育出愈老弥坚的爱满智溢的教学科研情怀。

一

20 世纪 80 年代，他的“文学教学的总体探索”改革，积新时期十多年的教学实践经验，形成了“以美引真臻于善”的教学思想。通过课程开设、教材建设、教学内容、教学方法、教学作风等系列的总体律动，完成了“以美引真臻于善”教学体系的建构。这一教学思想于不同学科、不同层次的教学均有启发而具有普适性和永恒性。从他的本科教学、高校教师培训、研究生教育中都能感受到他的这一教学思想。该项成果荣获1989年首届国家级教学优秀奖。

课程设置上，他的创新在中文系课程设置史上具有开拓性。1985年，华中师范学院面临多层次办学的新问题，黄曼君受命主持了首届高校“现代文学助教进修班”工作。课程设置以文史哲大文科的思路全面规划，既扎根于本专业，又跳出本专业，开设了门类众多的跨地区、跨校、跨学科、跨系的必修课和选修课，如美学、中国古代文论、西方文论、文艺创作心理学、比较文学、文艺批评方法论、西方哲学史、中国古代思想史等。授课教师中还有请自全国的知名学者。这个班的学员，其科研的新锐性日渐显现，论文多发表在省级和全国性学术刊物或学报上，他们回校后都成长为学校的中坚力量。

教材建设上，科研成果与课程用书配套。基础课以自己参编、唐弢主编的教材和自己与他人合作主编的《中国现代文学史》相配套；选修课中，与沙汀研究课程配套的是他撰写的专著《论沙汀的现实主义创作》；而与郭沫若研究课程配套的是他撰写的《郭沫若作品欣赏》和发表在核心期刊上的郭沫若研究系列论文；研究生课程中，与中国现代文学理论批评课程配套的是当时他正在主编的一部《中国近百年文学理论批评史》。如此，科研和教学相互作用，科研因教学的反馈获得成败得失信息而改进升华，教学因科研成果的引进使教学内容更充实，更具有科学性，进而促成教学内容的创新。

教学内容上，“真”和“善”是教学的一体两翼，缺一不可，同为必须完成的教学目标。“真”指授业内容、学科知识的传授及其所体现的客观规律。“善”指师生凭借教材在教学过程中其精神主体的知、情、意、行的建构。在知识传授中，黄先生注重“所以然”，展示知识体系背后的思维方式、运思方法，揭示知识的发展过程，用发现者的思路和方法激活学生的思维。同时，传播前沿学术信息，培养学生选择信息、理解信息、整理信息的能力；在领会前人知识思路和大量接收新信息的基础上，进行信息选择和整合，培养和发展学生的求异思维，解惑、创新能力；引入学术民主的同时，处理好教学内容的稳定性和求异创新的关系。最后，作为教师和学生教学效果评价体系的考试，不仅要检验学生储备知识与再现知识的能力，更重要的是要检验其创造性地运用、重组和发展知识的能力。在教书育人问题上，以新的观念和思维，把教学与丰富学生的精神主体联系起来，通过教学，促进师生的平等对话，达到共同提高思想情操的目的。

这里,“真”是为学的根须,“善”是为人的根本,以“美”来引出“真”,孕化真知灼见,出思想,进而日臻于“善”的境界,培养社会所需之材,这是学科教育应遵循的规律。“美”在“引真”“臻于善”中不仅是方法论问题,而且是一种哲学思考。“美”在文学教学中,黄先生具体言之:“美”不仅指文学作品的艺术分析,也不仅指艺术教育。根据马克思的人类“按照美的规律来塑造物体”的总体思想,美是从形式上、情感理性上被升华为一种价值观念的社会文化理想,它体现在主客体相交融的一系列教学环节中。正是通过这种“美”,把“真”与“善”协调统一起来,从而达到人才结构的总体优化,使教学在“三个面向”上做出成绩来。“以美引真臻于善”的教学思想是教育园地上的一朵奇葩,它的现实意义不言自明。

学生的所获是检验教改成效的一把尺子。受教学生说:“教师们大都有个体会,想要获得80年代大学生们的赞誉,不是件容易的事。可是,黄曼君教授却每每获得这种‘殊荣’”,他们称颂他是“一个点燃智光、拨动心弦的人”。有学生来信写道:“聆听您的讲课,那开放的思维方式,对郭老作品卓具理论深度的研究和富有艺术感受的体验,那激情洋溢的语言,都使我获益匪浅。”“您的精深广博、敏锐在您这一辈人中也是不多的……尤其是您对新的理论信息的敏感,学术研究与教学中善于出新,是我们同学一致崇拜的。”“动人的激情、形象生动的艺术语言、理论的深刻性以及这几者的完美融合,使听黄老师的课犹如艺术享受。”学生的反馈,让我们看到科研在教学中的鲜活作用。

在科研中,他看到了改革开放时代,各种知识体系经过观念和方法的更新已经获得重大变革和发展;在教学研究中,他看到处于现代信息社会中的大学生,作为现代化建设专门人才的后备军,正通过多种渠道,形成了独具内涵的现代意识主体。因此,教师自身要应时而进的任务就迫在眉睫了。黄先生认为,教师要站在学科发展的前沿,要培养符合时代和社会需要的人才,就必须基于对改革、现代意识的把握,转变教学观念和思维方式,更新知识结构,并跨越师生间的代沟。为此,黄先生较多地阅读了中外有关美学、心理学、文化学、教育学等方面的论著,对中国现代文学从作家作品的微观方面和文学史整体构架的宏观方面,进行了多角度的重新审视;另一方面,他开始更多地接近各种层次的学生,对当代大学生、研究生的行为选择、情感方式、思维方式的特征有了较多的了解和考察。面对这些蕴含着哲学、美学、心理学、伦理学等多种内涵的精神个体，他在教学中注重加强教学内容与时代新思潮的联系，把历史感与现实性结合起来，着力进行学术上新的探索，使学生在一定的深度和广度上领略丰富生动的内容、开放的思维方式，得到新的启迪。

例如他以“沙汀与30年代文学”为题开设的选修课，按照人类文化学的标准、社会政治的标准和审美的标准，把30年代的作家分成几个大的作家群体，扼要地阐述各个作家群体的特色，并把沙汀放在当时文学各流派的背景中加以比较分析。过去，只是把沙汀与其他左翼作家如艾芜、张天翼作比较，现在则把沙汀与30年代京派作家以及新感觉派的作家进行比较，这样，既可以使学生视野更开阔，对整个30年代的文学有一个宏观的了解，又能更突出沙汀作为一位左翼现实主义作家所独具的思想、艺术的特征。而且30年代这个作家群体的剖析对于我国新时期文学种种流派如寻根文学、现代派色彩的文学以及现实主义文学的理解，也可以通过比较而具有借鉴意义。

又如，他在阐述郭沫若对浪漫主义的独特贡献时，曾专门讲授了“世界浪漫主义发展的历史进程及基本特征”的课题，在当时，这是国内各大学文科极少开设的课题，科研上也是空白。他把欧洲浪漫主义的发展分为“希腊文学和中世纪基督教浪漫主义”、“近代浪漫主义的形成和主要特征”和“浪漫主义在现代的变异与发展”三个阶段，把中国浪漫主义文学历史发展分为“以主情、重情传统艺术观为基础的古典浪漫主义”、“作为资本主义因素的以‘童心’、‘真心’为基础的明代浪漫洪流”和“在中西美学文艺思想交汇中的浪漫主义”三个阶段，在中外浪漫主义文学史中，着重阐述“五四”的浪漫抒情时代，如此来突出郭沫若、郁达夫对世界浪漫主义文学的贡献。学生深深被折服，感受到了教学内容的理论深度和历史内涵。黄老师适时地由浪漫主义说到现实主义，说到现代主义，在比较中，涉及新时期文学中各流派的种种文艺理论问题。这种具有历史感和现实感的课，让学生一下子就抓到了解惑的金钥匙，追根溯源，弄清了当代文学中的许多问题。这个教学过程中的“美”展现在教师的深厚的文化底蕴和学术素养托起的和谐艺术之中。

上面两个教例中，呈现出教师、学科、学生三元素。我们看到，学科的终极目的是构建学生的文学世界。作为构建者的教师，要根据大学教育目标、学科教学目的，着力于如何凭借教材让学生在文化浸润与情感体验中，最终进入自我构建的境界。这一目标的实现关键在教师的内外兼修，融入多种角色形象，塑造自我。为此，黄先生在吸取“经师”、“人师”素养基础上，更以做学生的“知心教师”为目标要求自己。以多种教学活动，开辟教学“对话”渠道，了解学生，消除代沟，真正做到教学相长，建立心灵沟通的交流性师生关系。这种灵犀相通、互乐相长的师生关系在“以美引真臻于善”中升华着一种社会文化理想，这就是学科教育最终追求的效果。

在与时俱进中，他的“以美引真臻于善”的教学思想，“建立心灵沟通的交流性师生关系”的教学实践，熠熠生辉。因为发展我国高等教育事业作出的突出贡献受到表彰，于 1992 年，他荣获“政府特殊津贴专家”荣誉。1993 年，他创建了华中师范大学文学院学科建设史上的第一个博士点，他本人成为国评博导。

二

20 世纪 90 年代，他打破现行的条块分割教学体系及其模式，以“20 世纪中国文学”的学术范畴为基点，构建中国新文学教学体系的实验成为迎接 21 世纪的大礼。

条块分割教学体系以社会历史变革分期为界，这种基于政治意识形态的，以近代、现代、当代三段式进行教学和科研的分期，是一种短时程看问题的方法，只看到或只强调各阶段各时期文学在思想上和艺术上的矛盾对立的一面，很少看到或重视它们之间共同互补的一面。时程短，一些带全局性的规律不易显现出来，加以人们对它们的看法中主观情绪性的成分太多，也不易对这些规律进行概括和总结。黄先生认为，用长时程看问题，反观 20 世纪中国文化和文学，既能看到各历史阶段文化文学的共同性、继承性、稳定性，看到文学自身发生、发展的内在规律和系统特质，从总体上把握中国新文学的历史渊源、文化承传和它内蕴的极为丰富的创造性、风格流派及其审美意向，还能从整体现代化的历史进程看到人的现代化的各个方面，获取跨世纪人才培养的参照系，使所培养的人才能在社会主义市场经济的正负效应中明辨是非，具有新的文化品格。因此，构建“20 世纪中国文学”教学体系，从理论上廓清“20 世纪中国文学”的时代特征与本体规律，直接有效地将本学科科研的历史积累与最新成果转化为教学内容，使之具备学术上的前沿性乃至超前性价值，从而为中国现当代文学的教学、研究乃至创作提供新的思路与借鉴。

1.在教学中，赋予学生以新的鲜活的现代意识及其相应的知识结构，使他们能辩证地认识和总结20世纪文学发展的历程，并在观念上指向未来，迎接新世纪在文化、文学等各方面的挑战。在这一新的教育体系的实践过程中，一位本科学生所拟的论文题目就是“中国20世纪文学的多维文化研究”，他从作家们所受西方多元文化的影响以及他们与中国传统文化相结合所产生的多种文学形态角度展开论述，又从中国20世纪文学主题的丰富多彩(包括人类永恒的主题、改造“国民性”的主题、生命意识的主题等)进行论述，更从精神文化、地域文化、代际文化多种文化视角作出论述。这种学习成果，便较好地体现出他对中国20世纪文学的宏观考察，说明一些学生已经把握住当今时代多元并存的开放与认同意识，从而为学生们今后以开阔视野和总体把握的新的框架和意向研究20世纪中国文学打下了坚实基础。

2.在教学中，培养学生的历史意识、学术品格。黄先生认为，20世纪的客观面貌及其间蕴藏的实质与规律已经在历史的沉淀中作为一种经典性存在而逐渐显露出来。对其经验的总结和规律的概括仅仅依靠情绪性的感受、现实需要的激情和主体性的强调是远远不够的，它还需要理性的节制、客观的把握和冷静审视的平常心态。在面对21世纪的挑战中，无论是本科生还是研究生，他们在大学所学文学研究课程均包括文学理论、文学史和文学评论等几个系统的重要内容，怎样将这几个系统结合起来，做到“论”与“史”结合，“现实”与“历史”结合，从它们的互动关系上进行较好的把握，中国20世纪文学整体概念及其教学体系的建构便起着十分重要的作用。它可以将学生平时单纯的“史”的观念和实践或单纯的“论”的观念与实践有机地融合起来，因此这一教学体系的意义不仅是知识体系的梳理和建构，而且更具有方法论启迪和运作的意义。

在教学实践中，黄先生欣喜地看到一些本科学生冷静的学理眼光的出现，他们认为，中国20世纪文学“是20世纪世界文学中的一种个性鲜明的文学，是中国文学发展到20世纪的一种崭新的文学”，他们评论“20世纪文学艺术是走向高潮之前的一个低谷”，它“缺乏巨人”，而且“20世纪文学浪子和先驱者以生命和鲜血为代价换来的东西，将有很大一部分被宣布为浪费”，进而认为“文艺并未因此而衰亡，它仍富有生命力。正因为它病过，所以它将有更强的免疫力，而且可以预期，将会有比 19 世纪高大的巨人，托起更加耀眼的太阳照耀 21 世纪的宇宙”。

黄先生也欣喜地看到，硕士学位班的学员们以比较与分析的目光进入不同的大文化视域和更为开阔的历史文化背景之中，呈现出较为深厚的历史感和浓重的学术氛围。他们在学习“中国 20 世纪文学理论批评”这门课程的时候，其中一些人用“中国 20 世纪文学理论批评群体四类型简述”、“‘语言学转向’对现代批评的影响”、“艾氏的四维空间图式与社会批评之比较”等论题，通过中国 20 世纪文论与西方近现代文论的比较研究来凸现前者的总体特征。94—95 届硕士学位班的学员谈到，艾布拉姆斯的“作家、作品、读者、世界”四维空间的批评类型理论是对西方现代“批评时代”各流派文论的恰切概括，中国 20 世纪文论在受这一理论影响之前就有类似的四个维度的批评出现，而在受它影响之后更有自觉地追求四种批评思路的文论建构出现，但中国 20 世纪的文化有自己重要的特点，那就是它在自己时代的中心课题——思想启蒙和反帝救亡的现代特殊条件下出现的审美的社会价值论观念，特别注重文艺作为特殊的意识形态的功利主义价值基准，正是这种中心观念的贯穿，中国 20 世纪文论的批评类型理论是具有自身特点的四维。

3. 让学生从“历史”与“现实”、“历史文本”与“当代阐释”的互动互渗关系中把握 20 世纪文学的总体特征、基本品格。黄先生在这一教学体系的课程教学中，既分别从小说、诗歌、戏剧、散文、文学理论批评等体裁文类的角度对中国 20 世纪文学进行了回顾和反思，对 21 世纪新文学的发展作了预测和展望，又从总体上对面向新世纪的中国 20 世纪文学的现代品格进行了概括和阐发，学生则从思想精神、创作方法、审美特征及语言形式等方面理解中国 20 世纪文学的现代品格，看到了文学现代化历史进程的动态阐释中对这种品格被不断丰富和重构的新的特征，看到它在动态中多向发展的态势和新世纪来到的必然变异，从而为新世纪文学的发展不断开拓创新之路。教学中，学生在以课堂教学为主的多种多样的学术活动中，不同层次的学生能用新的观念、方法论和知识结构来理解中国 20 世纪文学的基本品格，并阐释一些重要的文学现象、作家作品。如一位 94 级学生在一篇关于鲁迅的文章中写道：“鲁迅在文学发展的横轴上有一个重要的位置，而在精神的纵轴上也描下了相当的一个高度。他做到了不朽，和他的阿 Q、祥林嫂，和他的一身傲骨、一身正气，长存史册。”“鲁迅是伟人，但他不是圣人，不是完人。他是一个活生生有血有肉的人，必然有缺点、有不足。也正因为如此，他才是真实的。在我们身边，我们可以实实在在地感受到他的存在。”“鲁迅崇高的人格美正体现于他那希望与绝望、自信与自卑、坚强与软弱……共同交织构成的矛盾的一生中。”鲁迅研究在当时可谓汗牛充栋，但作为一个大学生，能有这样新颖的见解，实属难能可贵。重视普通平凡人的精神个性，重视一位平凡而伟大人物的复杂真实的人生，是20世纪的现代意识和时代精神的鲜明表现。

事实证明，“20世纪中国文学”作为一门课程的教学体系是有效的。他是在学科知识体系稳定性中，针对变化中的学生主体，应时所需，求变求新而建立的一种理论性和实践性相结合的教学体系，具有科学性和创新性。在其教学过程中，教师、学生、教材交互生成，具有能动因素。这种教学改革立足于学科、社会和学生的文化思考、哲学反思，其思维走向不失为一种教育之花。该成果于1998年荣获华中师范大学1994—1997学年度优秀教学成果一等奖。

三

何谓教师？黄先生在《新文学传统与经典阐释》出版后记中说：

我已年届七十，回顾一生，尤其是临近晚年，更感到教学、科研已经实际上变成我的一种生存方式。无论退休后怎样休闲，这种生存方式恐怕都是无法改变的。这对于我来说，可能就是一种“诗意地栖居”的境界吧！

学生说：

黄曼君先生，他把教学和学术看得至高无上，这种精神是我们桂子山上的一笔重要的财富，作为当代大学生，我们应该学习他的这种精神，将其熔铸到大学精神之中，滋润学术进步、学校发展和一代一代学人的成长。

师生如此心有灵犀，一致认为作为教师的职责和担当应该是把教学和科研看得至高无上并践行之。黄先生回顾一生更把它视为一种“诗意地栖居”的境界。这种境界不仅体现在他所进行的一轮一轮的与时俱进的针对性很强的教学改革上，还体现在学科团队建设和人才培养上。华中师范大学中国现当代文学学科经历了半个多世纪的发展，成为全国最早开展中国现代文学教学和研究的学科之一。恢复研究生学位教育后，该学科成为全国首批招收培养现当代硕士研究生(1978年)的学位点;对于20世纪80年代的现代文学研究,权威学者评说,武汉形成了以第二代学者黄曼君为核心、华中师范大学为中心的集中点;90年代该学科又较早成为获得博士学位授予权(1993年)的学科之一。该学科团队始终站在学术前沿,进行学科基础建设,编写教材,以教材带教学,形成以科研带教学、以教学促科研的学科建设特色。2004年,团队所编教材进入国家级精品课程行列。他总结经验时,从未居功为已有,总是说华中师大现当代文学学科点、学位点的今天是"几代人努力的结果"。每每谈起他们的团队成员,他总是以欣赏的语气逐一介绍所长,赞赏不已。

在"师范"教育上,他从未离开过教学一线,不拒各层次教学、各阶段教学,甚至外延于中小学、高等教育与基础教育在互为作用中相互受益,他的足迹之广,可寻至偏远山区、穷乡僻壤。他为各层次教学主编的相应教材有《中国现代文学流派》、《中国现代文学史》、《世界短篇小说精华品赏》(中国当代部分),撰写适宜中学生课外阅读的关于著名作家轶事的文章,献给中学生。他对基础教育所邀约之事都欣然行之,认真对待。

1995年,他应编辑部所写的《重读中学现代文学课文的思考》,至今仍具现实意义,其师范分量可见一斑。他基于当时状况,"市场经济使得物质与精神、感性与理性、金钱与良知、实利与艺术、灵与肉的冲突日趋激烈,它使人们的主体意识和个性追求在求新、竞争、公平、自主等观念中得到较充分的发展;同时,又暴露出金钱至上、物欲横流的负面效应,为了抗拒人的异化、精神的物化,人们正在寻找精神家园和灵魂的栖所"。他认为文学作品也可"以自身独特的形象和情感、美学内涵,参与当今人文艺术精神重建"。他对中学语文教育从教师读解心理、教材读解方法和教材选取等角度提出一己之见。

1. 教师读作品要有历久弥新的情感体验和审美感受。他自述读解时的情感体验和审美感受:《阿Q正传》、《故乡》对国民性的解剖和对人与人之间隔膜的揭示;《中国人失去自信力了吗?》、《论雷峰塔的倒掉》对中国传统美德(包括来自上层社会和民间的)的宏扬;《背影》关于父子亲情的刻画和抒发,都使我感到新颖,阅读《背影》甚至让我感动流泪。还有从《血字》、《春天》、《黄河颂》一组新诗,到《白杨礼赞》、《分马》等散文、小说,其中民族精神和革命传统通过优美的文字和形式表达出来,也感人至深。特别是《分马》,土改时基层干部的大公无私、全心全意为民众着想,以及在他们带动下农民互相谦让的和谐氛围,使人有一种阔别已久的纯真感受。在审美上，这些作品或者含蓄凝重，或者锋锐泼辣，或者淳朴清新，或者雄浑遒劲，在文与道、形式与内容、艺术自身规律与社会功利价值的统一中展示出悲剧性的崇高或正面积极的崇高，收到审美、认识、教育的综合整体效应。以上感受应该说是很自然而又有鲜明的时代特征的。教师再通过这些名篇的剖析，对其中传统的人文艺术精神和特征进行解析，以引导学生建构自己的精神家园。

2.教师引导学生读解时，视野要开阔，要注重多种方法的选择和融合。当时读解多运用文艺社会学的方法，黄先生以为，对此方法的理解可以广阔些，不要只局限于政治评判和社会功利价值观点。其实文化学的观点和方法也在文艺社会学的范围之内。对文化形态学方法的运用，黄先生强调，教者不仅要有理论形态、著作形式方面的文化观点和方法，还要熟悉特定时期人们的生活方式、风俗习惯、心理特征、价值观念等非理论形态的文化，才能更好地揭示作品的底蕴。还可用心理学方法、文本研究方法乃至后现代解构方法等融合到文艺社会学的方法中去。如用解构理论和方法来解读《天上的街市》、《狂人日记》就可见出新意。

3.教材选取，要看到新文学现代品格的多样性和丰富性，特别是要看到新文学的现实品格和超越品格的辩证统一的特征。黄先生认为，各民族文化形成了在全球意识下多元发展的局面，人类面临许多需要解决的共同性问题。现代文学作品的选取，既要看到它表现具体的阶级、时代、民族的内容，又要看到它超越阶级、时代、民族，表现了人类生活、富有世界眼光和全球意识的内容和超越时空的艺术的一面。如鲁迅的《狂人日记》、《故乡》、《论雷峰塔的倒掉》、《阿Q正传》，巴金的《灯》，朱自清的《春》，郭沫若的《石榴》，郁达夫的《故都的秋》和老舍的《济南的冬天》，等等，这些作品既揭示了历史的时代的特点又写出了人类的普遍性。有如此特点的作品很多，只是现在的中学课文选取这方面的内容实在太少了。从题材和主题看，选写父爱的《背影》，也可选写母爱的冰心的作品，写爱情这人类共同主题的具有健康美好情感内容的作品，如冯至的《我是一条小河》；从文学思潮和创作方法看，中学教材大多注重选现实主义的、浪漫主义的作品，而绝无现代派的作品，其实现代派优秀作家如戴望舒、穆旦（查良铮）等的作品是可以考虑选的；从作家看，胡适、徐志摩、林语堂、梁实秋、戴望舒、沈从文、张爱玲、冯至、穆旦等人，现在新文学研究界对他们有相当深入的研究，他们的作品往往离开阶级、时代和政治较远，然而在文化的探寻、个体心理的表达、世态人情的描摹、人类共同情感的发掘和艺术的求新、文体的创造等方面往往有独到的成就，这些成果很符合我们今天时代的需要，得到今天人们的广泛爱好，都可选取，或必读，或选读，或作为课外阅读。

四

他从21岁上讲台至76岁，面对高校教师多层次的教学任务，他的科研领域不断扩展，目标不断前移，持续攀登。他不拒各种主义流派思潮，阅之选取融合；无门户之见，兼容并蓄拥抱真理；不受时空限制，古今中外齐聚笔下；自由开放豁达，尽享教学科研之乐。在阐释世界中，他不拒形形色色文学人物，让其各得其所；在同仁世界，他享受“各美其美，美美与共”之乐。在方法论的运用上因文而异，单学科研究，多学科、跨学科研究，微观局部研究和宏观整体性研究，史、论、评结合的大历史观，大叙事的“结构—深层”观念和方法，体验性研究和体系性研究，等等，他自由驾驭，并始终注重文学史书写的丰富性和多样性，历史原生态的把握，第一手史料的发掘，在“点”上深入和突破。他所主持的《中国近百年文学理论批评史1895—1990》、《毛泽东文艺思想与中国革命文艺实践》、《中国20世纪文学理论批评史》、《中国20世纪文学品格论》、《中国20世纪文学理论批评教程》等教育部“七五”、“九五”社科项目，国家“八五”社科重点项目，教育部“九五”教材项目，国家“十一五”教材项目相继出版，形成了黄先生现当代文学研究和现代文艺理论批评研究的双峰格局。这些科研成果为教学改革奠定了深厚的基础。

面对现当代文学学科的发展，黄先生不断探讨，新见迭出，成为学科传承创新中的推动者。他的文学史作家作品及其新文学主潮研究系列，如《论鲁迅早期浪漫诗学》、《郭沫若前期浪漫诗学的现代性观照》、《闻一多的民族文化性格》、《闻一多文化诗学论》、《闻一多的现代人格精神》等。他90年代文学现代化的研究系列，如《现代化视野中的中国20世纪文学》（人大复印资料《文艺理论》1997年第9期转载，《北京大学学报》1997年第5期摘录，《新华文摘》1997年第5期摘录，《高等学校文科学报文摘》1997年第6期摘录，中国语言文字资料信息1998年第1期摘录）、《“现代化”视野与现代文学“新”的特质》、《短篇叙事文体的“现代性”建构》、《精神家园共建:世纪之交的价值重构与文化选择》、《重庆与40年代中国文学的现代化进展》等。他的关于现当代文学整体性内涵研究系列,如《两岸四地文学理论批评的跨越与整合》、《余光中的现代诗学品格》、《赵淑侠的海外华人题材小说》等,特别是他的新文学传统、新文学经典、中国现代文学语境与古代文学资源的系列研究,登载于《中国社会科学》(中英文版)、《文学评论》,转载于《新华文摘》而影响海内外。而在关于文学史书写的多义性,“中国现代文学研究学术生长点”的问题上更显示他独有的多元开放的、综合的眼光。他主张从形象史、心态史、语言史、形式史、女性主义文学史、阅读史、文学关系史、中西文学关系比较史、文学制度史等方面研究、描述文学史,避免单一、僵化和绝对化的观点。他还提出了将启蒙现代性与审美现代性加以糅合,力图在诗、思、史的结合中寻找生长点的思路。他的专题性著作《新文学传统与经典阐释》,在现代性的视野中突出诗性、诗学、文化,注重“诗、思、史”的关系和结构,在三者统一逻辑链条上展开对文学现象的探究与论述。这些论著将文学史学与传统史学相结合,将经典本体论与经典阐释学相结合,对中国新文学传统分为转型、构型和定型三个阶段加以论述,从精神意蕴、审美诗性与史的定位等三个方面对文学经典的含义进行了新的界定,认为文学经典是以诗性为核心的思、诗、史的结晶。这些论述回答了新文学有没有传统、它形成的条件和特征是什么,还回答了什么是经典,中国新文学有无经典等学术界长期困惑的问题,在学界产生了深远的影响。以上研究,或丰富着学科的范畴体系,或丰富着学科的规律体系。学生反映,他的教学收放自如,佳境迭出,高潮不断。这与他的学术识见无不相关。

出版于2012年1月的《中国现代文学史》是他于2009年应武汉大学出版社之约而接受的任务,他又邀约澳门大学朱寿桐教授共同主编。这是“一部有关中国现代文学史的学术性教材”。学术的完整性与学术的系统性,整合着中国现代文学史的知识体系,从教学要求角度安排结构、节奏和思考题。用书的师生反映,教材很实在,不是空空洞洞的,入其内,跳其外,体验感悟,情理相生,均有收获。

关于现代文艺理论批评研究,一段时间内,中国现代文学关于“史”的研究,主要限于中国现代文学史、文学思想斗争史、文学思潮史方面;对中国现代文学理论的批评的研究则大多依附于上述诸“史”而存在。新时期这方面的研究加强了，但大多停留在对中国现代文学批评家的各别研究和对体裁、文类的批评研究上。20世纪八九十年代，中国现代文学理论批评史作为一门独立学科，从整体上进行编撰的“史”著作极少，而黄先生主持的国家教育部社科“七五”规划项目“中国近百年文学理论批评史”则是一项填补空白、具有开创意义的工作。项目启动后，前期成果不断刊出，有的被1996年《中国文学年鉴》收入。1997年，《中国近百年文学理论批评史(1895—1990)》终于应运而生，适时出版，大陆台湾两岸反响热烈，纷纷发表评论。

北京大学教授王岳川评说，本书所具有的独特的理论认识使这部书具有鲜明的特点。首先，本书并没有像一般教科书似的僵硬地将文学理论的发展变成概念逻辑的演绎，相反，黄先生认为，文学理论批评是一种在特定文学观下的“文学活动”，是一种需要体验、总结和对现象加以审美评价的活动，以审美体验为其基础。同时，文学理论又是构筑成理论体系的，即通过一种体系性的阐释，舍弃那些偶然的、局部的东西而将它们整合在一个统一模式中的理论活动。它具有抽象性和超越性，因而与社会学、语言学、心理学、文化学、哲学、美学等学科相联系。在此，黄先生强调了理论的逻辑活动和文学的体验活动在文学理论史的写作中互相关联的作用。其次，本书还打破了过去那种将文艺学硬性地分为三大块，即文学理论、文学批评和文学史的做法。史中有论，论中有评，评中有史，使三者成为一个完美的整体。最后，本书舍弃了那种“九斤老太，一代不如一代”的文学理论发展史的看法，将20世纪的文学理论分成兴起、创建、发展、展开和繁荣几个阶段，紧扣审美的社会价值观念，注重主体选择的理论形态和批评类型，把握科学化的思维方式和范畴体系特征，揭示其成就和问题、经验和教训，概括总结出文学理论批评的现代化的形态，从而总结出一套中国新文学理论发展的模式。这部书具有一个参与并共享了20世纪文学理论发展进程中的快乐和痛苦、困境和超越的视角，因此，它写出了20世纪的文学知识分子在理论思维方面的心路历程。书中对传统、现代、当代文学理论演进和裂变的论述，对新时期以来文学理论方面重大问题的分梳和研讨，以及文学创作和批评观念的拓展和碰撞，如比较文学研究、文艺本体论探讨、文学主体性争鸣、文学方法论的引进等，都作了有深度的阐释，进而从总体上推进了文学理论学科的自我反省和健康发展。南京大学教授朱立元认为这是一部学术分量厚重的著作，突破了以前把“三代”分开研究的陈旧框架，取得了一系列新的认识和新的成果。台湾学者沈谦教授撰文赞誉,《中国近百年文学理论批评史》展现恢弘格局,掌握文坛脉动,具有前瞻观点,让我们感受到当代文学的脉动,且从回顾中再放眼前瞻,足以恢宏志士之气!《中国现代文学研究丛刊》、《文艺报》等多家报刊也刊发了研究性的褒誉评论。1998年该著作获中华人民共和国教育部社科成果奖。

2002年1月,黄先生主编的《中国20世纪文学理论批评史》上下册出版。它的前身是上述的《中国近百年文学理论批评史(1895—1990)》,后根据国家教委"九五"重点教材立项要求,经过重新立意,又进行了压缩、修改和增写,更名为《中国20世纪文学理论批评史》。该书后记说明:此次出版的《中国20世纪文学理论批评史》与《中国近百年文学理论批评史(1895—1990)》有如下四个方面的不同:一是书名不同。本书书名为《中国20世纪文学理论批评史》,写作内容涵盖了整个20世纪的中国文学理论批评。写作《中国近百年文学理论批评史(1895—1990)》时,历史的车轮刚刚停留在1990年,故未能进行超前写作。二是编写角度不同。《中国近百年文学理论批评史(1895—1990)》实际上是一部"大陆文论史",本书则着眼于大陆与台、港、澳两岸四地的文学理论批评,从整个国家和民族的视野中撰写,是一部综合的、多社区的中国文学理论批评史。三是编写体例作了大的调整。由原来的六编26章浓缩为四编20章,在发展阶段的划分上,由六阶段变为四阶段,对阶段间的内在联系及其概括,力求做到历史和逻辑的高度统一,体现事物发展的丰富性和复杂性、稳定性和曲折性。四是篇幅容量不同。为了适应教材的需要,除了注重它的学理性外,还注重了它的实用性和简明性,字数由原来的100万字,经过改写减至60万字,其中增写了约15万字的新内容,如1990年至2000年部分,"台湾"专章,"香港、澳门"专章,"绪论"中有关两岸四地文论综合研究的部分,"沦陷区文学理论批评"等内容。评论者认为这是一项穿越世纪隧道的宏伟工程,对文学理论批评世纪风貌作了准确勾勒与系统阐发。作为教材,它颇受欢迎,一版再版。

《中国20世纪文学理论批评史》之后,黄先生还主编了一本"十一五"全国规划教材《中国20世纪文学理论批评教程》。这部教材无论是其框架的搭建、编写体例的设定,还是编写提纲的撰写,都寄予黄先生对《中国20世纪文学理论批评史》在时空上整体性的思考,与前两部著作互补与互动。在教程中,"中国20世纪通俗文学理论批评"也成了不可或缺的组成部分。史、论关系处理上,《中国20世纪文学理论批评史》重史,以史带论,史中见论;《中国20世纪文学理论批评教程》重论,以论带史,论中见史。学生在比较中阅读,在史论中穿行,感受掂量不同的思维、思想。研究生反映,这门课对他们如何建构自己的理论思维很重要,是研究生教育课程设置中必不可少的一门课。研究生教育恢复后,黄先生率先开出这门课,年年开年年新,这就是教学与科研结合的神奇魔力。

黄先生在教学和科研协同中,享受创造的快乐。《黄曼君文集》五卷本的前言,是他的教学论文的汇集点评。我们几个编者(老伴陈菊先、两个儿子黄念南和黄海晴),从家人的眼光,选择上述角度缅怀先生的为师、为学和为人以继承之,显示的是我们一家人的心愿。是以此心愿代为前言,恕我们远离了前言的写作套路。

黄海晴　陈菊先　黄念南

2015年8月17日

目录<<<

鲁迅研究相关论文

郭沫若研究相关论文

鲁迅研究相关论文

中西文化交汇中的鲁迅早期浪漫诗学

在中国近代文艺思想史上，如果说，梁启超从文学与群治的关系出发，主张文学为改良主义政治服务，表现出明确的文学政治功利观；王国维追求人的审美意识的独立，强调文学本体的作用，显示了与宗经载道的封建文学思想尖锐对立的非功利文学观；那么，鲁迅的美学文艺思想则不同于上述两种倾向，他既注重文学本身的特殊规律，又主张尊个性、张精神，强调文学"撄人心"——干预人的灵魂的独特作用。他还把情感与想象提到首要地位，追求"崇高"美，由内而外地关注社会现实，进行思想启蒙、呈现出鲜明的浪漫诗学特征。所谓浪漫诗学，从其概念的内涵和外延来看，既要看到它在浪漫主义文艺观和创作方法上探讨个人至情至性自然流露的独特性的层面，又要看到它在人生哲学、人的理论上探讨个体与群体、精神和物质对立冲突中人的独特存在方式的层面。在 19 世纪、20 世纪之交中西哲学文化、美学文艺思潮大冲撞、大交汇的背景下，鲁迅早期浪漫诗学既表现出向西方思潮大幅度开放的形态，又从本民族现实斗争和时代审美要求、传统文化精神出发进行择取、融合，呈现出现代化和民族化双向选择的特征。

鲁迅早期创作很少，他的浪漫诗学观主要可从他在 1907 年写的《摩罗诗力说》、《文化偏至论》及1908年写的《破恶声论》、1913年写的《拟播布美术意见书》等论文中看出来。

一、从“摩罗”诗派到“新神思宗”
——浪漫诗学主体的独特性和复杂性

重个人、重主观、重精神，把个人与群体、主观与客观、精神与物质对立起来，并意图以前者支配后者。这种基本态度决定了鲁迅早期注重心灵和情感的主观表现的浪漫主义文学本质观，也决定了他将情感、想象因素提到评价作品首要地位的诗学理论批评价值取向。

“掊物质而张灵明，任个人而排众数。”① 鲁迅在《文化偏至论》中提出的这个著名观点集中地概括了他的浪漫诗学的核心内容。这个重要命题与核心内容是在中国近代思想界面向世界思潮、中西文化大汇合大冲撞的背景下提出的。19世纪、20世纪之交的中国思想界，以康有为、谭嗣同、严复、梁启超等为代表的中国资产阶级思想家们，在向西方寻求真理的过程中，作为他们的哲学文化思想的参照系的，主要是18世纪的启蒙主义、19世纪中叶自然科学的三大发现和实证主义哲学思潮。他们把主张“生存竞争”求“变”的进化论观点与主张“人人平等”，重视人的“类行为”的自然人性论、天赋人权论结合起来，提出“以群为体，以变为用”② 的观点；由生物进化推及社会进化、历史进化，把“变”的思想和群学（即社会学）问题提高到中华民族在进化长途上救亡图存的高度上来认识。因此，他们在人的理论上不看重作为精神个体的“人”，不看重个体存在的价值，而看重为种族、国家、群体而存在的“国民”，个体、自我的独立性、现实性和创造性被淹没、消融在“利群”的功利价值观中。在文学思想上，注重的也是让文学当作解决“国民”群体所关心的政治问题的手段，因而特别重视和追求文学直接为实际政

① 鲁迅：《坟·文化偏至论》，《鲁迅全集》第1卷，人民文学出版社2005年版，第47页。

② 梁启超在《新民说·第十三节〈论合群〉》中提出“优劣之道不一端，而能群与不能群，实为其总原”的观点。《新民说》，第128页。原版尾页脱落，故缺出版社、出版时间。

治斗争服务的社会功利性。对于人的个体精神世界的丰富性、复杂性以及文学本身的审美特性则探究甚少。他们也曾把德国古典唯心主义哲学与佛学、老庄哲学调和起来，高扬甚至夸大人的内在精神和主观意志的作用。然而，他们这样做，也是在当时中国近代工业和自然科学发展不足，缺乏广泛的社会基础和雄厚的物质力量的条件下，以此反对顽固的封建宗法制度及强大的黑暗势力，达到“救国”“兴邦”的目的。因此，他们或者强调“不忍人之心”的“仁”（康有为），或者提倡“由心造”“以心解”的“心力”（谭嗣同），或者宏扬“依自不依他”的民族精神（章太炎），或者看重“知觉灵明”的巨大作用（孙中山）等。这一切主观精神因素的强调，都不是对个人自由、个体存在价值的肯定，不是主观意力的发扬和个体思维空间的拓展，而是意欲唤起国魂、反帝救国而产生的强大激情。

较之上述思想家们，鲁迅既对西方思想文化有广泛的涉猎，又有独特的择取方面。不仅18世纪英国经验论、大陆唯理论以及法国唯物主义哲学、启蒙主义思潮在他的视野之内，19世纪三大发现之一的进化论是他注目之所在，而且基于德国古典唯心主义哲学的浪漫主义思潮以及后来的新人本主义、新浪漫主义思潮，更是他特别瞩目的。我们知道，欧洲19世纪初的浪漫主义运动是最先将个体、自我、心灵、精神放在首要地位上加以强调的。与启蒙主义时代不同，浪漫主义思潮在人的理论上，不是与封建制度、神权统治对立的人的“类”的要求、人的整体概念，不是把人的精神看作依附于现实的文明状态、受外在物质世界支配的一部分，而是强调个体与群体、精神与物质的对立的，19世纪中叶以来的人本主义哲学思潮和新浪漫主义文学思潮（包含部分现代派文学）更在资本主义物质文明大发展的情况下，反对物的价值的增值、人的价值的贬值所造成的人的异化、精神的沦丧。它们将人的个体存在提高到本体论的高度，突出“孤独的个体”的人、强调非理性的“自我意识”，夸大个体的意志、生命、情感、心理、直觉等非理性因素的作用，甚至把它们看作世界的本源，从而把人的个体与社会群体，人的内心世界与外在物质世界更尖锐地对立起来。鲁迅从推举浪漫主义“摩罗”诗派到赞颂新人本主义“神思新宗”表明了他借鉴和吸取西方思潮的开阔视野和独特镜角。

正是在向西方近现代浪漫派的广泛涉猎中，鲁迅在人的理论上获得了一些与西方浪漫派相同的思想特征，这就是，首先假定有一种“最理想的人性”① 的人的自然状态存在，继而透过这种“最理想的人性”，看到文明、科技、大工业给人和人性带来的扭曲。所谓“托平等之名”以扼杀“个性之尊严”，“惟客观之物质世界是趋，而主观之内面精神，乃舍置不之一省”② 的情形都是这种现象的表现。再则提出“非物质，重个人”③ 的观点，特别看重有着强烈自我意识和自主意识的“人”的觉醒，并把它与着眼于国民大层群体觉醒的启蒙主义思想和推翻清朝统治、反帝爱国的革命民主主义思想交融起来，以“人各有己，而群之大觉近矣”④ 的自我开放形态，以期通过“致人性于全”⑤ 向理想人性复归的思路，达到“立人”“立国”的目的。鲁迅这时期的美学文艺思想也在总体上具有浪漫诗学的特征。他把美本身看成人的本质的一个重要方面，认为只有具备着丰富感情、有着审美特质的人才称得上是全面的人。他在论及人类历史上自然科学的成就时，既赞颂“科学者，神圣之光，照世界者也”，又指出“犹有不可忽者，为当防社会入于偏，日趋而之一极，精神渐失”⑥ 的弊端，认为人们之所以于需要牛顿、波义尔、康德、达尔文等自然科学家、社会科学家之外，尚需要莎士比亚、拉斐尔、贝多芬、卡莱尔等文学家、音乐家，一个重要原因，就是因为“美上之感情”“明敏之思想”是“致人性于全，不使之偏倚”⑦ 的重要因素。这样，鲁迅便将资本主义带来的美感的丧失当作人的灵性的失落和道德的堕落的一个组成部分，而对它们进行了浪漫主义的批判；而且将情感因素、审美特质看作人

① 许寿裳：《亡友鲁迅印象记》，人民文学出版社 1955 年版，第 20 页。

② 鲁迅：《坟・文化偏至论》，《鲁迅全集》第 1 卷，人民文学出版社 2005 年版，第 54 页。

③ 鲁迅：《坟・文化偏至论》，《鲁迅全集》第 1 卷，人民文学出版社 2005 年版，第 51 页。

④ 鲁迅：《集外集拾遗补编・破恶声论》，《鲁迅全集》第 8 卷，人民文学出版社 2005 年版，第 26 页。

⑤ 鲁迅：《坟・科学史教篇》，《鲁迅全集》第 1 卷，人民文学出版社 2005 年版，第 35 页。

⑥ 鲁迅：《坟・科学史教篇》，《鲁迅全集》第 1 卷，人民文学出版社 2005 年版，第 35 页。

⑦ 鲁迅：《坟・科学史教篇》，《鲁迅全集》第 1 卷，人民文学出版社 2005 年版，第 35 页。

性全面复归、造就理想的人性的浪漫主义的重要内涵。

在接受西方浪漫主义思潮的影响时，鲁迅浪漫诗学的个人与众数、物质与灵明的矛盾命题中，还包含着中国近代历史现实和鲁迅思想的许多独特内容。鲁迅所说的“个人”是指“朕归于我”“人各有己”，主张自己主宰自己，尊重自我存在，并强调人格的“真”与“诚”，“至人性于全，不使之偏倚”。所谓“灵明”则是指发扬人的“心声”和“内曜”①。而鲁迅所要排击的“众数”，既是指西方“平等自由之念，社会民主之思”发展到“以多数临天下而暴独特者”② 的偏颇，又是指中国现实中“托言众治”的政客，如“竞言武事”的封建地主阶级“洋务派”和“制造商估立宪国会之说”③ 的资产阶级改良派。此外，还有在传统和时俗侵蚀下“宁蜷伏堕落而恶进取”的庸众，“意在保位，使子孙王千万世”④ 的封建王权代表人物等。鲁迅所要抨击的“物质”，既是指资本主义社会人的精神物化这一“19 世纪大潮”“曼衍入今”又一“偏至”的结果，又是指中国现实中洋务派、改良派“不作根本之图”的“干禄”的特征，还指封建的“子女玉帛”的“物蔽”和“实利之念”⑤。从这些概念、范畴的内涵和外延中可以看到，鲁迅那时不仅从人类文化史的角度看到东方文明古国学术文艺“灿烂于古，萧瑟于今”的事实和西方民主平等思潮及物质文明给人的精神、自我意识带来的扭曲；而且着眼于文化的现实意义和政治内涵，透过文化剖析中国的历史和现实，指出现实中中国传统文化因袭的负担、封建地主阶级洋务派和资产阶级改良派“所得既非新，又至偏而至伪”的“悲哀”。

正因为鲁迅立足现实，统摄古今，融合中外，具有居于时代理性高度的

---

① 鲁迅：《集外集拾遗补编·破恶声论》，《鲁迅全集》第 8 卷，人民文学出版社 2005 年版，第 25 页。

② 鲁迅：《坟·文化偏至论》，《鲁迅全集》第 1 卷，人民文学出版社 2005 年版，第 49 页。

③ 鲁迅：《坟·文化偏至论》，《鲁迅全集》第 1 卷，人民文学出版社 2005 年版，第 46 页。

④ 鲁迅：《坟·摩罗诗力说》，《鲁迅全集》第 1 卷，人民文学出版社 2005 年版，第 70 页。

⑤ 鲁迅：《坟·文化偏至论》，《鲁迅全集》第 1 卷，人民文学出版社 2005 年版，第 49 页。

宏阔视野和阔大气度，因此当他的浪漫诗学观主要以西方浪漫主义作为参照系时，他的视野中不仅有摩罗诗派“神思宗”，还有新浪漫派“神思新宗”。前者介绍和评述的主要有拜伦、雪莱、普希金、莱蒙托夫、密茨凯维支、斯洛伐茨基、裴多菲等八位浪漫派诗人，后者主要有尼采、施蒂纳、叔本华、易卜生等浪漫主义思想家和文学家。在鲁迅看来，西方前后期浪漫派在诗学观和创作方法上有如下几个方面存在着既相同又有差别的特征。

其一，突出与客体相对立的主体，推重与封建传统及资本主义现实相对立的个体的精神力量。鲁迅认为摩罗诗派是指那些“凡立意在反抗，指归在动作，而为世所不甚愉悦者”。他们“争天拒俗”①，“无不刚健不挠，抱诚守真；不取媚于群，以随顺旧俗”②，“其力如巨涛，直薄旧社会之柱石”③。称颂拜伦“所遇常抗，所向必动，贵力而尚强，尊己而好战……其平生，如狂涛，如厉风，举一切伪饰陋习，悉与荡涤”。对于不觉悟的群众“必衷悲而疾视，衷悲所以哀其不幸，疾视所以怒其不争”。论及雪莱，认为“修黎抗伪俗弊习以成诗，而诗亦即受伪俗弊习之夭阏”。莱蒙托夫“则奋战力拒，不稍退转……所为诗，无不有强烈弗和与踔厉不平之响”。裴多非亦“性恶压制而爱自由……所作率纵言自由，诞放激烈”。对于尼采等“新神思宗”，则在阐述他们与摩罗诗人“以反动破坏充其精神，以获新生为其希望，专向旧有之文明，而加之掊击扫荡”的共同点之后，进一步指出他们在对“个体”的看法上有较大的发展变化。所谓“19 世纪末之重个人，则吊诡殊恒……入于自识，趣于我执，刚愎主己，于庸俗无所顾忌”④。意即更强调个体的“自我意识”。在主体与客体，主观与客观的关系上更强调主体与主观的作用。鲁迅指出，“有新神思宗徒出，或崇奉主观，或张皇意力，匡纠流俗，厉如电霆”。“知主观与意力主义之兴，功有伟于洪水之有方舟者焉。主观主义者，其趣凡

① 鲁迅：《坟·摩罗诗力说》，《鲁迅全集》第 1 卷，人民文学出版社 2005 年版，第 68 页。

② 鲁迅：《坟·摩罗诗力说》，《鲁迅全集》第 1 卷，人民文学出版社 2005 年版，第 101 页。

③ 鲁迅：《坟·摩罗诗力说》，《鲁迅全集》第 1 卷，人民文学出版社 2005 年版，第 102 页。

④ 鲁迅：《坟·文化偏至论》，《鲁迅全集》第 1 卷，人民文学出版社 2005 年版，第 51 页。

二：一谓惟以主观为准则，用律诸物；一谓视主观之心灵界，当较客观之物质界为尤尊。”[①] 如叔本华“以内省诸己，豁然贯通，因曰意力为世界之本体”。尼采“之所希冀，则意力绝世，几近神明之超人”[②]。这种作为新浪漫派、现代派之哲学基础的唯意志论的最大特点就是更加强调“反省于内面”的人、人的价值，在非理性主义的本能、下意识的基础上夸大意志、情感、心理、体验、直觉等因素的作用。当时尚未能接触唯物辩证法的鲁迅认识不到这种观点的唯心主义性质，还认为它“由内而外”，鲜明地体现了20世纪的时代精神。他说：“内部之生活强，则人生之意义亦愈邃，个人尊严之旨趣亦愈明，20世纪之新精神，殆将立狂风怒浪之间，恃意力以辟生路也。”[③] 这样，便从个人、主体、精神的极为突出的地位上，使我们清楚地看到了个人与社会、主体与客体、理想世界与现实生活的矛盾这一浪漫诗学的核心内容。

其二，在强调精神主体的真诚袒露、自然流溢、自由表现的前提下，指出浪漫主义主张显示精神主体的复杂性、多样性，新浪漫派则具有“渊思冥想”“自省抒情”的特征。“热力无量，涌吾灵台”，鲁迅所引德国诗人爱伦德的诗句，“奥古斯汀也，托尔斯泰也，约翰卢骚也，伟哉自忏之书，心声之洋溢者也”[④]，鲁迅对他们所著的自传性的《忏悔录》的赞誉，表明了鲁迅对浪漫主义的情感自然表现的特征的看重。对于这位鲁迅提到的、被人们称为浪漫主义之父的卢梭，恩斯特·卡西尔曾指出，他“反对所有古典主义和新古典主义传统的艺术理论”，是他最早地提出了“艺术并不是对经验世界的描绘或复写，而是情感和感情的流溢”的观点，卡西尔认为这个后来为歌德所仿效的观点，是欧洲许多世纪的摹仿原则，是“让位于‘独特的艺术’（characteristic art）的理想。从这里我们可以看到一个遍及整个欧洲文学的新原则的

---

① 鲁迅：《坟·文化偏至论》，《鲁迅全集》第1卷，人民文学出版社2005年版，第54页。

② 鲁迅：《坟·文化偏至论》，《鲁迅全集》第1卷，人民文学出版社2005年版，第56页。

③ 鲁迅：《坟·文化偏至论》，《鲁迅全集》第1卷，人民文学出版社2005年版，第57页。

④ 鲁迅：《集外集拾遗补编·破恶声论》，《鲁迅全集》第8卷，人民文学出版社2005年版，第29页。

胜利”[1]。按照这种观点，诗是诗人整个内心世界的表现，是从诗人内心情感这个“灵源”中自然地涌溢出来的。它天生自在、主观自生，不是依赖客观实在“情以物迁”的。正是本着这种观点，鲁迅认为拜伦“超脱古范，直抒所信”，“率真行诚，无所讳掩”。说裴多菲“亦尝自言曰，吾琴一音，吾笔一下，不为利役也。居吾心者，爰有天神，使吾歌且吟。天神非他，即自由耳”。鲁迅还把“精神界之战士”概括为“作至诚之声，致吾人于善美刚健者”，“作温煦之声，援吾人出于荒寒者”。这些地方，都从情感的真诚、炽烈、自然、表现等方面显示出浪漫主义文艺观的主要特征。情感的真与诚必然涉及精神主体的复杂性、多样性。鲁迅引用拜伦对朋思的评价说：“斯人也，心情反张，柔而刚，疏而密于精神而质，高尚而卑，有神圣者焉，有不净者焉，互和合也。”鲁迅认为，摩罗诗人，乃至一切伟人都具有这种美丑善恶杂陈的复杂人性，“即一切人，若去其面具，诚心以思，有纯禀世所谓善而无恶分者，果几何人？遍观众生，必几无有”。与古典主义把高尚优美与滑稽丑怪分割开来而只注重前者不同，浪漫诗学的原则是“丑就在美的旁边，畸形靠近着优美，粗俗藏在崇高的背后，美与恶并存，光明与黑暗相共”[2]。鲁迅对矛盾分裂的人的概念的理解、对美丑对照的人物性格的把握正表明了他的文学观念和思维方式的浪漫主义特征。

对于“新神思宗”，鲁迅是从他们对资本主义异化现实的认识入手以揭示其主观表现的要求和特征的。鲁迅指出：“近世人心，日进于自觉，知物质万能之说，且逸个人之情意，使独创之力，归于槁枯，故不得不以自悟者悟人，冀挽狂澜于方倒耳。”[3] 于是在“劳劳独躯壳之事是图，而精神日就于荒落”的异化现实中提出“示主观倾向之极致”的新浪漫派的主观表现论：“其说出世，和者日多，于是思潮为之更张，骛外者渐转而趣内，渊思冥想之风作，自省抒情之意苏，去现实物质与自然之樊，以就其本有心灵之域。”[4] 不仅指

---

① ［德］恩斯特·卡西尔：《人论》，甘阳译，上海译文出版社1986年版，第178页。

② ［法］维克多·雨果：《雨果论文学》，柳鸣九译，上海译文出版社1980年版，第30页。

③ 鲁迅：《坟·文化偏至论》，《鲁迅全集》第1卷，人民文学出版社2005年版，第55页。

④ 鲁迅：《坟·文化偏至论》，《鲁迅全集》第1卷，人民文学出版社2005年版，第55页。

出了 19 世纪浪漫主义运动以来资本主义社会人的精神沦丧状况愈演愈烈的历史过程，展示出 20 世纪哲学人文思潮“趣内”的发展趋势，而且指出了以人本主义“新神思宗”为哲学基础的新浪漫派在主观表现上“渊思冥想”“自省抒情”的特征。

其三，把情感和想象提到艺术表现的首位的共同特征中，指出浪漫主义尚顾及情感精神“形现”的“构型过程”，而新浪漫派则崇尚主体创造客体、扭曲客体而呈现出变形、怪诞的特征。卡西尔在高度评价卢梭的“艺术并不是对经验世界的描绘或复写，而是情感和感情的流溢”的浪漫主义观点之后，又强调说，在这个问题上“必须避免片面的解释”。这就是不要把过去“摹仿说”的“对物理对象的事物之复写”，变成了“对我们的内部生活，对我们的感情和情绪的复写”①，而忽略了“作为创造和观照的艺术品”的“构型过程”②。这就是说，所谓情感的自然流泻作为文艺主体的艺术表现，是要通过对自我内在情感形态和本质的发现、创造、综合、探索，而以完整的外在形式表现出来。鲁迅在评价拜伦时引用了拜伦自己的话：“吾之握笔……一字一辞，无不即其人呼吸精神之形现，中于人心，神弦立应。”这里说的不仅是丰富情感的自然流泻，整体人格的自由表现，而且指出了精神、情感还需借助外在艺术形象的客观化、对象化而得到体相兼备的表现。鲁迅称颂雪莱“品性之卓，出于云间，热诚勃然，无可阻遏，自趁其神思而奔神思之乡，比其为乡，则爱有美之本体”。这更是指浪漫主义在自然流泻、艺术表现的同时，还应驰骋想象，描写和创造理想化的对象，并实现对现实人生的某种审美性超越。

如果说，19 世纪摩罗诗派浪漫主义在强调表现主观情感世界的同时，仍承认有模仿客体，即“呼吸精神之形现”的作用的话，那么，被鲁迅称为“新神思宗”的新浪漫派（或称现代派）在艺术表现上则更进一步，主张通过艺术形象创造客体、表现主体，客观形象往往以扭曲的形态呈现出来。鲁迅正是看到了新浪漫派这种特点的。他说，正因为新神思宗以“自有之主观世

---

① ［德］恩斯特·卡西尔：《人论》，甘阳译，上海译文出版社 1986 年版，第 180 页。

② ［德］恩斯特·卡西尔：《人论》，甘阳译，上海译文出版社 1986 年版，第 181 页。

界为至高之标准"，"以是之故，则思虑动作，咸离外物，独往来于自心之天地，确信在是，满足亦在是，谓之渐自省其内曜之成果可也"①。完全离开外物，走向内心深处，新浪漫派这种艺术构思上的特点在这里说得非常明确。正是这样，情感与想象在"自心之天地"回旋、深化，"渊思冥想""自省抒情"，于是，变形怪诞、带象征性甚至神秘意味的形象连翩而至。鲁迅论及中国古代泛神论艺术时曾说："顾瞻百昌，审谛万物，若无不有灵觉妙义焉，此即诗歌也，即美妙也，今世冥通神閟之士所归也。"② 这所谓"今世冥通神之士"正是指受尼采、叔本华哲学思想影响的活跃于19世纪末的象征派等现代主义文学家。鲁迅于1909年编辑出版的《域外小说集》中，便收有他早几年翻译的俄国象征派小说家安特莱夫的短篇小说：《默》和《谩》。并且在他所写的《杂识》（即"译后记"）中简要地介绍了安特莱夫的生平和作品，指出他的小说"神秘幽深，自成一家"③。从这些材料中可以看到，鲁迅认为象征派作家善于借助内心的错觉、幻想和联想使外部环境变形，并通过人物的潜意识心理活动把对现实的本质认识从总体上概括而深刻地暗示出来。外界事物与人的内心世界互相感应契合、息息相通甚至达到神秘的互相对应的程度：山水草木，"百昌""万物"均成为"象征的森林"，可以向人们发出信息，以暗示人的内心世界。这样，便抓住了"新神思宗"影响下象征派等现代主义文学流派在情感和想象上"冥通神閟"的特征。

二、"取今复古，别立新宗"
——浪漫诗学观的现代性与民族性双重内涵

从现代化和民族化的双向进程考察文学，既面向世界，收纳新潮，融合新机，又植根于民族、历史和现实生活的土壤，从民族精神和民族艺术中吸

---

① 鲁迅：《坟·文化偏至论》，《鲁迅全集》第1卷，人民文学出版社2005年版，第55页。

② 鲁迅：《集外集拾遗补编·破恶声论》，《鲁迅全集》第8卷，人民文学出版社2005年版，第30页。

③ 鲁迅：《译者序跋集·杂识》，《鲁迅全集》第10卷，人民文学出版社2005年版，第172页。

取力量，与民族解放运动相结合，这是鲁迅早期浪漫诗学观的又一重要特征。因为鲁迅是中国近代思想史和文学史上系统地介绍、推荐西方“摩罗”诗派和“新神思宗”的第一人，所以很容易只看到鲁迅浪漫主义文艺界想接受西方思潮影响的一面，而相对地忽视了它具有民族精神的另一面。事实上，欧洲 18 世纪末、19 世纪初的浪漫主义文学思潮本身就发生在法国资产阶级大革命之后欧洲民主运动和民族解放运动蓬勃发展的时期。那时欧洲各国的封建制度相继土崩瓦解，现代民族随着资产阶级革命席卷欧洲、打破封建割据局面而逐渐形成；欧洲各国文学也在同风靡欧洲的古典主义教条统治的斗争中发展了各民族文学的特征，走上了独立发展的时期。罗素在谈到欧洲浪漫主义运动时说：“在革命（指法国大革命）后的时代，他们（指欧洲各国的浪漫主义者）通过民族主义逐渐进到政治里：他们感觉每个民族有一个团体魂，只要国家的疆界和民族的界限不一样，团体魂就不可能自由。在 19 世纪上半期，民族主义是最有声势的革命原则，大部分浪漫主义者热烈支持它。”① 而同时，这种发展了民族特征的文学又真正走向了世界，它们汇成了足以代表整整一个历史时代的浪漫主义文学的洪流。浪漫主义运动不仅席卷了欧洲，还波及其他洲的许多国家，产生了深远的影响。由此可见，鲁迅所介绍的欧洲 18、19 世纪的浪漫主义本身就既是民族的又是世界的。其中，在被压迫的弱小民族如波兰、匈牙利等国，浪漫主义文学的民族性更为强烈。据近几年学者们的考证②，鲁迅在撰写《摩罗诗力说》时，读过丹麦著名文学史家勃兰兑斯的《波兰》（又名《波兰印象记》）一书。在这本书中，“19 世纪波兰浪漫主义文学”是其中的一个重要部分。勃兰兑斯下面一段话鲁迅当时就曾阅读过，勃兰兑斯说：“在波兰，民族性格和浪漫主义一拍即合，而共同的民族厄运更使人产生一种浪漫的偏向。因此浪漫主义并不使各人的心灵在利己主义（例如在德国）或者在狂放不羁的独立（例如在英国）中孤立起来，而是把这些心灵联接在一起，形成一种幻想的同胞情谊。……在这里，浪漫主

① ［英］罗素：《西方哲学史》下卷，马元德译，商务印书馆 1982 年版，第 216 页。

② 如见周作人：《知堂回想录·七八翻译小说下》，三育图书文具公司 1980 年版，第 209～212 页；［日］北冈正子：《摩罗诗力说材源考》，北京师范大学出版社 1983 年版，第 116～117 页。

义的狂热以一种比别处远为强大的力量扫除了一切障碍，在远为广大的范围内（因为波兰民族性格不是理性的，而是慷慨激昂到了荒唐的地步）传播，比别处远为彻底的和现实的时世境遇契合和谐（因为波兰的民族命运人人关注，一切梦想都围绕着它）。”① 在20世纪初的中国，西方浪漫主义思潮又一次经由鲁迅独特的诗学观而与中国民族性格相结合，呈现出现代化与民族化双向综合发展的特征。这种特征主要表现在以下三个方面：

首先，从横向联结看，个性主义、革命民主主义与民族主义、爱国主义的交融，使鲁迅植根于本民族生活和斗争土壤中的浪漫诗学观，在思想倾向上具有民族精神和爱国主义的开放形态，并由此开拓出对西方浪漫主义进行个性解放与民族解放双重观照的角度。

19世纪末、20世纪初，当世界范围内的社会主义运动与民族解放运动两大潮流蓬勃兴起，古老的中华民族在激烈的民族、民主革命斗争中向现代民族转换和发展的时代条件下，如何看待民族主义与爱国主义思潮是一个十分复杂的问题。不触动清王朝统治的资产阶级改良派，将改良主义政治意识渗进民族主义、爱国主义思潮中，他们以开明专制为权威杠杆，以传统文化为中介，形成内源为主、融合西方文化因素的发展机制，以期对于中国文化现代化进程起促进作用；资产阶级革命派在反对卖国守旧的清王朝的斗争中，将民权主义、民生主义与民族主义并提，赋予民族主义、爱国主义以革命民主主义的内涵、还提出过包括满族在内的“五族共和”的民族主义纲领，这种中国“从古所罕见”（孙中山语）的民族平等主张与反封建的民主民族革命斗争的内容交融在一起，对于多民族的中国向现代民族的转化起过重大的促进作用。但是，资产阶级革命派在民族主义、爱国主义问题上也存在着“排满”“仇满”的狭隘的民族主义、复古的国粹主义和否定民族文化传统，激进地、全方位地引进西方政治制度和文化的倾向。与清末的民族主义、爱国主义思潮的总体趋势相一致，鲁迅有着作为炎黄子孙的“我以我血荐轩辕”②的强烈的爱国激情和“中国者，中国人之中国。可容外族之研究，不容外族

① ［丹］勃兰兑斯：《十九世纪波兰浪漫主义文学》，人民文学出版社1980年版，第11页。

② 鲁迅：《集外集拾遗·自题小像》，《鲁迅全集》第7卷，人民文学出版社2005年版，第447页。

之探险；可容外族之赞叹，不容外族之觊觎”① 的反对帝国主义“兽性”爱国者的民族主义思想。但是，他在政治上坚定地站在资产阶级革命派一边，他的民族主义、爱国主义因为与资产阶级民主革命紧密相联而具有鲜明的革命民主主义精神。同时，他既不同于狭隘民族主义、民族复仇主义，又不同于无视民族传统、盲目地引进西方政治和文化的激进改革派。从积极浪漫主义的要求出发，在“立人”和“立国”的关系中，认为“立人”是“根柢”，在个体与群体、精神与物质的关系中，认为“首在立人，人立而后凡事举”②，“精神现象实人类生活之极巅”③。“重个人”、张精神，方能“致人性于全”，人既立，则“沙聚之邦，由是转为人国”。只有尊个性、张精神，只有立人，才能真正救亡图存，使中华民族在人类进化的长途上不致被淘汰而自立于民族之林。鲁迅一方面对西方民主思潮和物质文明之“偏至”，即人性的沦丧和扭曲，人的个性和精神的湮没进行了抨击。对于“许自繇于鞭策羁縻之下”“拘于无形之囹圄”“不撄人心”的传统文化给予剖析和鞭笞；另一方面又大力推荐“摩罗”诗派和“新神思宗”，对于“特别之发达”“自具特异之光彩”“亦世稀有”之中华古文化充满民族自豪感。正是这样，将个性主义、革命民主主义与民族主义、爱国主义结合起来，鲁迅在推荐和审视摩罗诗人等西方诗学流派时，开辟了个性解放与民族解放的双重观照角度。他评价拜伦、雪莱，既赞美他们“重独立而爱自由”的傲岸不羁、尊己好战的一面，又高度评价他们悲愤于国民性的沉沦，为民族独立而奋起抗争的另一面。论及普希金，既肯定他“向祖国纯朴之民”以独创的民族文学使俄国“文界始独立”的功绩，又批评他与本国统治者“立言益务平和”，“力避”“冲突”并赞颂沙皇侵略他国武功的“兽爱”的另一面。评述莱蒙托夫时，将他与普希金作比较，认为“普式庚终服帝力，入于平和，而来尔孟多夫则奋战力拒，不稍退转”，对他为争自由而“有强烈弗和与踔厉不平之响”给予高度评价；

① 鲁迅：《集外集拾遗补编·中国地质略论》，《鲁迅全集》第8卷，人民文学出版社2005年版，第6页。

② 鲁迅：《坟·文化偏至论》，《鲁迅全集》第1卷，人民文学出版社2005年版，第58页。

③ 鲁迅：《坟·文化偏至论》，《鲁迅全集》第1卷，人民文学出版社2005年版，第55页。

同时又认为莱蒙托夫“亦甚爱国”，却绝异于普希金对沙俄“兽爱”民族沙文主义的赞扬，在他来说，“凡所眷爱，乃在乡村大野，及村人之生活；且推其爱而及高加索土人”。对于波兰浪漫派诗人密克微支、斯洛伐茨基等的评价，更看到他们将个性自由融入反帝爱国的民族斗争之中的特征。对于密茨凯维支，鲁迅既认为他“至崇拿破仑”，将拿破仑在全欧推行的资产阶级革命誉为“盖在解放国民，因及世界”，因而“其一生则为最高之诗”；又认为密茨凯维支“所为诗，有今昔国人之声，寄于是焉”。特别对于密茨凯维支在《先人祭》中向俄帝复仇的情节和诗情给予了动人心魄的描述。关于匈牙利诗人裴多菲，也写他为自由不为利役而“歌且吟”，同时诗的内容又“倾于政事”，本人也在国事危急时，赴战场而“殁于军”，因而被称颂为“为爱而歌，为国而死者”。从对上述摩罗诗人的评述中可以看到，鲁迅所呼唤的“精神界之战士”不仅具有将个体意识的独立觉醒与爱国救亡的英雄激情交融在一起的内涵，而且把个性自由和本民族以及其他民族的独立的、自由的发展看成是互相制约的。这正是一种破除了封闭、狭隘的民族主义眼界的开放形态的爱国主义精神，一种产生于20世纪民族解放运动，经过个性解放、革命民主主义熔铸过的民族主义、爱国主义思想。

其次，从纵向发展上看，向民族生活与民族精神深处寻找有利于尊个性、张精神，与西方思潮的“偏至”和传统文化“堕落而之实利”的现象相对抗的因素，从而有助于对本民族文化传统进行浪漫主义的重新审视、评估和认可。

在对待本民族文化传统的问题上，鲁迅与近代主张彻底扫除旧传统，并迅速地、大幅度全方位地输入西方文化与价值的激进的改革派不同，他所持的基本态度是“取今复古、别立新宗”，认为传统的价值与文化在引导文化现代化内源性发展中仍然具有积极的中介作用，西方文化只有“去其偏颇，得其神明”，并“施于国中”，与中国传统文化“翕合无间”，方能达到“新者日新，而其古亦不死”的目的。同时，西方浪漫主义“回到自然”“返回远古”“人性复归”的思路也不能不在鲁迅推荐西方浪漫派时影响到他。这种影响的表现之一，就是鲁迅于辛亥革命前后在对时代人生、现实政治紧张关注的同时，也常常反顾中国往古时代的民族生活和民族精神，认为中国古代文化传统中有一种富于心声内曜、灵觉妙义的人的自然状态存在；相反，现实中工业文明、民主平等思潮带来的“偏至”现象和传统文化中不撄人心的“无邪”之说所造成的恶果却导致对人的片面理解。于是，鲁迅在对现实中人性的沦丧现象进行剖析和抨击的同时，还从民族生活和民族精神的深处寻求能够同现实世界的退化堕落相对抗的因素。在《破恶声论》中，鲁迅对中国传统文化从总体上的某种肯定、对中国古代具有泛神论色彩的哲学宗教思想的认可，对象征着民族精神的神话、神物的看重等，都与他的尊个性、张精神的浪漫诗学的核心内容相通。鲁迅从宗教哲学思想的角度看待中国传统文化，本着宗教“乃向上之民，欲离是有限相对之现世，以趣无限绝对之至上者”的观点①，认为中国古代泛神论色彩的哲学文化思想具有某种宗教的特征。他说：“顾吾中国，则夙以普崇万物为文化本根，敬天礼地，实与法式，发育张大，整然不紊。覆载为之首，而次及于万汇，凡一切睿知义理与邦国家族之制，无不据是为始基焉。效果所著，大莫可名，以是而不轻旧乡，以是而不生阶级；他若虽一卉木竹石，视之均函有神闷性灵，玄义在中，不同凡品，其所崇爱之溥博，世未见有其匹也。”② 这里，在渗透着古代文化思想内容的理想人性中，世界的一切，包括自然物，人伦生活及心物关系等都被赋予了人的“种性”“性灵”等“趣无限绝对之至上”的精神因素，并体现出神的本质规定而与神合而为一。人的心灵、自然秩序和人伦世界，都是神作为道的自身展现。道在伦常日用之中，决不舍弃现实世界，否定日常生活和人伦情感，而去另外追求灵魂的超度、精神的慰安和理想的世界。鲁迅还将具有泛神论色彩的宗教文化观与西方将世俗与神明两个世界对立起来的宗教文化观进行比较，从而从宗教观的角度对中西文化的哲学基础进行了探讨。他说：“设有人，谓中国人之所崇拜者，不在无形而在实体，不在一宰而在百昌，斯其信崇，即为迷妄，则敢问无形一主，何以独为正神？宗教由来，本向上之民所自建，纵对象有多一虚实之别、而足充人心向上之需要则同然。”③ 这里，

① 鲁迅：《集外集拾遗补编·破恶声论》，《鲁迅全集》第8卷，人民文学出版社2005年版，第29页。

② 鲁迅：《集外集拾遗补编·破恶声论》，《鲁迅全集》第8卷，人民文学出版社2005年版，第29～30页。

③ 鲁迅：《集外集拾遗补编·破恶声论》，《鲁迅全集》第8卷，人民文学出版社2005年版，第30页。

“实体百昌”和“无形一主”两种宗教观显示出中西文化哲学的某种重要区别。鲁迅正是通过中西文化哲学基础的比较，从总体上把握住了中国传统哲学的特征，是突出神与人性、神与现实秩序相统一的辩证主体观，以及由此衍生出来的在本质上是入世的文化思想体系。所以中国传统文化在人生观上也必然与西方的以抽象个体为本位的个人主义社会原则不同，而是表现为以整体化、社会化的个体为本位的非个人主义的社会原则。鲁迅虽然赞颂西方“新神思宗”，然而他所说的“尊个性而张精神”不是像西方现代文化那样陷于个人与社会、己与人、人心与人行的无法解脱的悲剧性冲突中。“人各有己，而群之大觉近矣!”他所强调的个体不是抽象的个体，而是整体社会关系或联系中的个体；他所强调的精神，是反对物质主义而不否定科学技术和物质文明的精神。这样，鲁迅的浪漫诗学便植根到了中国传统文化心理的深层结构中。西方的自由、主我、趣内、张皇意力等新的世界观、人生理论和情感心态，便与中国传统文化心理中的乐观进取、舍我其谁、“天下兴亡，匹夫有责”的民族基本观念、情感、思想和手段交融在一起。在文艺与中国传统文化心理的关系上，鲁迅也认为我国古代带泛神论色彩的文化哲学思想非常适宜于诗歌寄寓微妙的情感：“顾瞻百昌、审谛万物，若无不有灵觉妙义焉，此即诗歌也，即美妙也。”① 他还将我国神话也看作一种具有文化理念的价值观念，是人的有目的的内心生活的表现，即他所说：“神话之作，本于古民，睹天物之奇觚，则逞神思而施以人化，想出古异，淑诡可观……思想文术，赖是而庄严美妙者，不知几何。”② 至于体现我国文化传统特色的神物，例如海内外炎黄子孙所喜爱的、象征着我国民族奋进创造精神的神物——龙的形象，鲁迅也认为“本吾古民神思所创造”对之持肯定、赞颂的态度。还说：“龙为国徽”就如同“俄罗斯枳首之鹰，英吉利人立之兽”③ 一样是无可非议的。他又指出某些人“借口科学，怀疑于中国古然之神龙者，按其由来，实

① 鲁迅：《集外集拾遗补编·破恶声论》，《鲁迅全集》第 8 卷，人民文学出版社 2005 年版，第 30 页。

② 鲁迅：《集外集拾遗补编·破恶声论》，《鲁迅全集》第 8 卷，人民文学出版社 2005 年版，第 32 页。

③ 鲁迅：《集外集拾遗补编·破恶声论》，《鲁迅全集》第 8 卷，人民文学出版社 2005 年版，第 33 页。

在拾外人之余唾”，是崇洋思想的结果；而某些外国人之所以“以动物学之定理，断神龙之必无”，则出于“见中国式微，则虽一石一华，亦加轻薄”[①] 的大国沙文主义的态度。还有，对农村赛会、民间迷信等现象是否当禁的问题，鲁迅所表达的也是对“气禀未失”的农民的辛苦生活的同情和淳朴的民俗、世态的认可。这种观点与他的“不轻旧乡”的乡土观念有着密切的联系，还与他的“文明之联，国孕于蛮荒”的对原始生命强力某种合理因素的崇信有关。这些观点融合在一起，可以看到浪漫主义文学思潮中返回自然，返回人的自然本性，崇尚人的自由，崇尚个体意志的观念、原则的某种表露。鲁迅从民族生活和民族精神的深处寻找这些物理性与精神性、自然性与社会性相统一的观念形态，正是针对现实中资本主义文化的“偏至”、封建主义文化的因袭传统以及其他种种重物质、轻精神，重群体、轻个人的流弊而发的。因此，这也是与他的尊个性、张精神的浪漫主义原则相一致的。

再次，从纵横交织的坐标系来看，在古今中外的关系上，把文学的当代性与历史主义结合起来，把对西方文化的择取、借鉴与对中国传统文化的批判继承结合起来，从而在继承民族传统使之现代化，接受外来影响使之民族化的双向进程中发挥浪漫诗学从当今时代出发的革新创造精神。

我们知道，近代浪漫主义较之于现实主义，是更早自觉地强调文学的当代性的一种文艺美学思潮。按照浪漫诗学的要求，虽然它注重文学的精神主体性，偏爱远古时代、历史陈迹、他乡异国和生疏风土，但正是通过情感、想象在特异题材领域里驰骋，或直接抒发，或对照反衬，与现实的时代范畴发生着鲜明而强烈的联系。浪漫思潮的当代性思想强调时代的变化，总是将文艺放在一定的历史条件下加以考虑，特别是在对古典主义的斗争中，鲜明地反映出资产阶级革命时代提出的新的美学与艺术要求，突出了用合乎时代精神的具有创造性的艺术方式把握文学与现实生活的审美关系的特征。早期曾经是浪漫主义者的司汤达说：“一切伟大作家都是他们时代的浪漫主义者。”[②] 黑格尔从哲学和美学思想上对浪漫主义进行概括时说，浪漫主义的

① 鲁迅：《集外集拾遗补编·破恶声论》，《鲁迅全集》第 8 卷，人民文学出版社 2005 年版，第 32 页。

② ［法］司汤达：《拉辛与莎士比亚》，王道乾译，上海译文出版社 1982 年版，第 63 页。

"绝对内在主体性在它的实际存在中既然表现为人，而人和整个世界又是联系在一起的，所以无论是在精神主体方面还是在精神所密切联系到的外在事物或材料方面，都是极其丰富多彩的"[①]。勃兰兑斯也认为浪漫主义者"几乎处处都有一个更成熟、更富有独创性的人生观"，他们"为时代的一切问题所感动，有时几乎为它们的重量所压倒，但他总是力求使它们符合他那个时代的意识"[②]。这些对浪漫主义的论述虽然有概念外延泛化的倾向，但浪漫诗学注重文学的当代性与历史地、具体地考察问题的历史主义观点两个不可分割的方面都得到了明确的阐发。由此也可见浪漫主义不同于古典主义，古典主义描写个体与国家义务，个人与名誉的抽象冲突，要求以永恒的、抽象不变的理想化道德观念规范来制约个人，使个人服从"天不变、道亦不变"的国家整体利益；与启蒙主义也有所不同，因为启蒙主义把资产阶级理性王国当作裁判一切的永恒的静止不变的教条。浪漫主义则在个性与诸多社会关系的联系和冲突中一方面由于个性返视自我，因而重视人格的本体建构，重视个体心灵世界的开掘；另一方面对外则注重社会历史环境对个性与个体情感的制约。这样，基于这种浪漫诗学观，在浪漫主义艺术里，人的精神主体的丰富多彩与历史及社会政治生活都波澜壮阔地进入了它的艺术表现的世界里。用进取的、向上发展的进化论宇宙观观察事物并具有激进的个性主义、民主主义和爱国主义思想的鲁迅，特别注重浪漫诗学的当代意识，他将文学的当代性与历史主义结合起来，把立足当代，统摄古今，融合中外，看成推动文学的现代化和民族化双向进程的关键。在古今关系上他既反对以今蔑古，又反对颂古非今；在中外关系上、既不同于封闭自守，又与全盘西化迥异。关于古今关系，一方面他反对，"蔑古"的虚无主义和苛求古人的非历史主义观点，批评说："盖世之评一时代历史者，褒贬所加，辄不一致，以当时人文所现，合之近今，得其差池、因生不满。"主张将事物提到特定历史条件下进行考察，说："若自设为古之一人，返其旧心，不思近世，平意求索，与之批评，则所论始云不妄。"又说："凡论往古人文，加之轩轾，必取他种人与是

① ［德］黑格尔：《美学》第2卷，朱光潜译，商务印书馆1979年版，第279页。

② ［丹］勃兰兑斯：《十九世纪文学主流》第2分册，刘半九译，人民文学出版社1980年版，第7页。

相当之时劫、相度其所能至而较量之，决论之出，斯近正耳。”① 另一方面，鲁迅在反对“蔑古”的同时，又反对颂古非今。他所批评的“张皇近世学说，无不本之古人，一切新声，胥为绍述”② 的“西学中源”的观点就起着颂古非今的作用，因为这种观点混同源流，阻碍人们对“中学”“西学”的正确理解，因此鲁迅认为这种观点“意之所执，与蔑古亦相同”③。在鲁迅看来，批判继承民族文化传统，必须充分体现时代要求，既遵循事物进化发展的法则，又充分发挥人的主体能动作用，从而立足当代，反思过去，面向未来。他说：“进化如飞矢，非堕落不止，非着物不止，祈逆飞而归弦，为理势所无有。此人世所以可悲，而摩罗宗之至伟也。人得是力，乃以发生，乃以曼衍，乃以上征，乃至于人所能至之极点。”又说：“夫国民发展，功虽有在于怀古，然其怀也，思想朗然，如鉴明镜，时时上征，时时反顾，时时进光明之长途，时时念辉煌之旧有，故其新者日新，而其古亦不死。”关于中外关系，鲁迅摒弃封闭自守的立场，面向世界，向世界先进文化学习开放的态度十分坚决，他说：“意者欲扬宗邦之真大，首在审己，亦必知人，比较既周，爰生自觉。自觉之声发，每响必中于人心，清晰昭明，不同凡响。……故曰国民精神之发扬，与世界识见之广博有属。”同时，他又认为面向世界，向西方学习一定要从本国国情出发，立足当代，对西学与中学进行批判择取并把它融合起来。他说：“明哲之士，必洞达世界之大势，权衡较量，去其偏颇，得其神明，施之国中，翕合无间。外之既不后于世界之思潮，内之仍弗失固有之血脉，取今复古，别立新宗，人生意义，致之深邃，则国人之自觉至，个性张，沙聚之邦，由是转为人国。”④ 由上所述，可见从浪漫诗学强调文学的当代性观点来看，当代是古今中外文化、文学思潮的汇合点。只有立足当代，才能“思理朗然，如鉴明镜”，从今天的时代高度回溯民族传统，创造性地继承和发展

---

① 鲁迅：《坟·科学史教篇》，《鲁迅全集》第1卷，人民文学出版社2005年版，第26页。

② 鲁迅：《坟·科学史教篇》，《鲁迅全集》第1卷，人民文学出版社2005年版，第26页。

③ 鲁迅：《坟·科学史教篇》，《鲁迅全集》第1卷，人民文学出版社2005年版，第26页。

④ 鲁迅：《坟·文化偏至论》，《鲁迅全集》第1卷，人民文学出版社2005年版，第57页。

传统，不只是从传统中吸取营养，而且不断地扩展和更新传统，即所谓“时时上征，时时反顾，时时进光明之长途，时时念辉煌之旧有”，从而使“新者日新，其古亦不死”。同时，也只有从国情出发，立足当代，才能对西方文化进行分析、择取和批判，“得其神明”并与民族传统“翕合无间”，外来事物的民族化才会是一种有着新的生命创造的、深入到内质的民族化。这样，“外之既不后于世界思潮，内之仍弗失固有之血脉”，才能“取今复古，别立新宗”。而这一切又离不开浪漫诗学的总的要求，即“国人之自觉至，个性张，沙聚之邦，由是转为人国”，在人的主体意识觉醒的重大课题中，触及了个体自觉以及个性解放与民族解放、社会解放的关系等核心内容，从而在近代先进的中国知识分子向西方学习由器物到制度再到思想文化的历程中显示出独特的内涵和面貌。

三、文学的启蒙功能与艺术的独立品格
——浪漫诗学艺术价值观的矛盾结构

从艺术的价值观看，出于个性主义和浪漫主义的要求，从上述重视个体、内面、精神、情感的浪漫诗学的特征出发，鲁迅特别重视文学本身的特性，强调通过审美使文学起到“撄人心”，即塑造人的灵魂并干预生活、干预社会的作用。但在论及文学的审美作用时表现出明显的超功利的文学观，而在阐释文学的社会作用时又有某种夸大文学社会使命的倾向。这种矛盾的态度也正是浪漫主义艺术价值观的突出表现。这不仅在他论述摩罗诗人时是如此，在评价“新神思宗”的新浪漫派、现代派时也如此。只是鲁迅着重从文学、审美上阐述的是前者。

在鲁迅看来，文艺的特征在于“启人生之閟机，而直语其事实法则”，“文章亦然，虽缕判条分，理密不如学术，而人生诚理，直笼其辞句中”，“文学和学说不同，学说所以启人思，文学所以增人感”①。他认为艺术美有三个要素：“一曰天物，二曰思理，三曰美化”②，而“美术之目的者……要以与

① 许寿裳：《亡友鲁迅印象记》，人民文学出版社 1955 年版，第 27 页。

② 鲁迅：《集外集拾遗补编·拟播布美术意见书》，《鲁迅全集》第 8 卷，人民文学出版社 2005 年版，第 50 页。

人享乐为臬极”[1]。在论述文艺的形象性、情感性和直观性的基础上，鲁迅提出文学“不用之用”的命题：“此其效力，有教示意；既为教示，斯益人生；而其教复非常教，自觉勇猛发扬精进。”这里，已经开始从美感的二重性来对文学进行考察。鲁迅还从审美心理的角度来揭示文学这种审美二重性的特征。他借用英国著名文学理论批评家道覃的话说：“美术文章之杰出于世者，观诵而后，似无裨于人间者，往往有之。然吾人之乐于观诵，如游巨浸，前临渺茫，浮游波际，游泳既已，神质悉移。而彼之大海，实仅波起涛飞，绝无情愫，未始以一教训一格言相授。顾游者之元气体力，则为之陡增也。”这里，所揭示的审美感知心理状态是在进入美的境界后，完全抛弃“教训”“格言”等是非得失的理知考虑，把感觉、知觉与理解，情感、想象与理性，主观、心灵与客观外在世界高度统一起来，从而产生一种忘怀一切的自由感，一种高度的精神喜悦和特殊的精神愉快。

这里，应该看到，鲁迅在阐述文艺的特征和美感的二重性的同时，还突出地表露出浪漫诗学观对文学的特殊要求。如前所述，浪漫主义者主张返回自然，崇尚人的自然状态的存在，他们还由此出发谴责资本主义工业文明给人性带来的扭曲和创伤。那么，怎样克服这种人性的异化现象而使人性恢复，回归到自然状态中呢？浪漫主义者回答这个问题往往特别重视美和美的作用。也就是说，注重情感，把美、美感视为自由的最高境界，或在解释人性分裂的学说中引入审美经验，是浪漫主义思潮的重要特征。鲁迅追求“最理想的人性”，呼唤“精神界之战士”，谴责西方工业文明、民主平等思潮带来的“林林众生，物欲来蔽”的偏颇，批判中国传统文化中使“个人之性剥夺无余”的僵化机制，看到现实中将文学视为“益智”“诚人”“致富”的工具的情形，因此，也曾高扬美和美的作用，甚至表现出明显的超功利、纯艺术观点的思想成分。1907 年，他说：“由纯文学上言之，则以一切美术之本质，皆使观听之人，为之兴感怡悦。文章为美术之一，质当亦然，与人暨邦国之存，无所系属，实利离尽，究理弗存。”到 1913 年，他又说：“主美者以为美术目的，即在美术，其于他事，更无关系。诚言目的，此其正解……美术诚

---

① 鲁迅：《集外集拾遗补编·拟播布美术意见书》，《鲁迅全集》第 8 卷，人民文学出版社 2005 年版，第 52 页。

谛，固在发扬真美，以娱人情，此其见利致用，乃不期之成果。沾沾于用，甚嫌执持……”① 应该看到，超功利和纯艺术的文学观在阐释文艺本身的特性上有其独特的长处。同时，它们在反对“沾沾于用”的狭隘功利观时，大多认为文学具有“不用之用”的功能。在西方，如被看作摩罗诗派浪漫主义理论基础的康德美学观中，就认为美具有无概念、非功利、无目的的和目的性的特征；美学家席勒认为，“因为正是通过美人们才可以走向自由”②，“惟独美的意象使人成为整体”③。作为“新神思宗”哲学美学理论家的叔本华，如鲁迅所指出，他“以内省诸已，豁然贯通，因曰意力为世界之本体”④，因此，他将康德的超功利、无利害进一步论证为超动机、无意志，认为只有超越了动机，净化了情绪，才能在审美直观中将自我意识与整个对象世界融为一体，得到十足的怡悦。至于尼采，也如鲁迅所指出，他“之所希冀，则意力绝世，几近神明之超人”⑤，因而认为意志生命本身就是诗，就是美。个体生命诗一般地沉醉、升腾、勃发、与超个体的生命本体相交融，这本身就是诗。在中国，老庄道家美学思想中，老子基于“无为而无不为”的哲学思想而形成的“自然天成”“大巧若拙”的美学观点，庄子认为美具有“无用”而又有“大用”的观点，也都着眼于人的精神的自由，从而有利于人的生命的发展。受康德、叔本华和老庄道家美学思想影响的王国维是明确地主张“美术之为物，欲者不观，观者不欲”的超功利、纯艺术的观点的。然而也正是他从“哲学的”“宇宙的”“文学的”的角度考察《红楼梦》，展示出这部巨著打破传统意识和手法的开拓性的悲剧意义。在鲁迅所受到的超功利、纯艺术观点的影响中，正包含着他对文艺的特征和美感二重性的阐释在内。

---

① 鲁迅：《集外集拾遗补编·拟播布美术意见书》，《鲁迅全集》第8卷，人民文学出版社2005年版，第52页。

② ［德］席勒：《审美教育书简》，《冯至全集》第11卷，冯至译，河北教育出版社1999年版，第18页。

③ ［德］席勒：《审美教育书简》，《冯至全集》第11卷，冯至译，河北教育出版社1999年版，第163页。

④ 鲁迅：《坟·文化偏至论》，《鲁迅全集》第1卷，人民文学出版社2005年版，第56页。

⑤ 鲁迅：《坟·文化偏至论》，《鲁迅全集》第1卷，人民文学出版社2005年版，第56页。

但是，鲁迅在阐释文学的特征，美感的二重性并表现出超功利、纯艺术的观点的同时，又强调乃至夸大文学的社会作用。他不仅认为文学“能宣彼妙音，传其灵觉，以美善吾人之性情，崇大吾人之思理”，而且认为“人文之遗留后世者，最有力莫如心声”，把包括文学在内的文化的兴衰视为一个民族兴衰的象征，并引用英人卡莱尔的话说：“得昭明之声，洋洋乎歌心意而生者，为国民之首义。”认为意大利因为有了但丁，因而形式上分裂而实则统一；沙皇俄国虽然政治上能统治广大地区，却因无声而支离破碎，也是出于这种对文学社会作用的强调，鲁迅推举欧洲摩罗诗派和“新神思宗”，把它提高到“别求新声于异邦”，为振兴中华民族，“立人”而“立国”的高度。这种既表现出超功利、纯艺术的倾向又强调乃至夸大文学的社会作用的矛盾态度，正是浪漫诗学价值观的一种表现。罗素在论及欧洲浪漫主义运动时，既认为“浪漫主义运动的特征总的说来是用审美的标准代替功利的标准……浪漫主义者的道德都有原本属于审美上的动机”，又对浪漫主义进行政治上的划分，认为它“有的地方是反动的，有的地方是革命的……他们通过民族主义逐渐进到政治里……在19世纪上半期，民族主义是最有声势的革命原则，大部分浪漫主义者热烈支持它”[①]。这就指出了浪漫主义思潮在价值观上的矛盾态度。从欧洲浪漫派和新浪漫派文学的实际情况来看，情形正是这样。当新旧浪漫派要捍卫文艺自身的独立价值和崇高精神，以破除传统文学规范对文艺的束缚，对抗资本主义金钱关系和异化现实对文艺的侵蚀的时候，他们大多以文艺的超功利、超动机和纯艺术、唯意志的观点为标榜；而当着他们要以文艺作为个性解放、张扬主观精神、掘发生命意志本体力量的武器，以击退封建主义重压并在资本主义异化现实中对抗资本主义制度对人的精神价值的摧残的时候，便要强调乃至夸大文艺作为精神武器的作用。由此可见，这两者都是浪漫派文学与封建主义传统及资本主义现实对立的产物，因此，它们之间的关系是有着内在联系而又互相补充的。鲁迅之所以在文学的价值观上表现出矛盾的态度，在强调乃至夸大文学的社会作用的同时，又流露出纯艺术、超功利的观点，其原因，首先也是因为在近代中国追求人的精神解放和政治上救亡图存的双重现实要求下，他既要以文艺作为精神界战士“立人”

① ［英］罗素：《西方哲学史》下卷，马元德译，商务印书馆1982年版，第216页。

“立国”的武器，又要出于尊个性、张精神的需要而捍卫文艺的独立性。这种矛盾的态度是近代中国浪漫诗学精神主体与封建主义文化传统及“偏至”的资本主义文化对立的产物，它们之间的关系也是对立而又联系、互补的。其次是直接受到欧洲摩罗诗派和新神思宗的影响。如为鲁迅所推崇的雪莱一方面把诗人比喻为一只“用美妙的歌喉唱歌来慰藉自己的寂寞”的“夜莺”，听众“觉得心旷神怡，深受感动，但是就不知道快感何来，何以如此”①；另一方面又认为“在一个伟大民族觉醒起来为实现思想上或制度上的有益改革而奋斗当中，诗人就是一个最为可靠的先驱、伙伴和追随者”②。又如也是为鲁迅所推举的“新神思宗”诗哲尼采在把生命力本体本身看作就是诗，就是美的同时，又把浪漫派的审美的超验性、拒斥庸俗现存社会的超验性推向否弃陈腐的偶像和习俗，激励人们去自由地建树新的生活方式的斗争上去。再次，与中国近代改良主义文学运动的文学价值观的影响有关。如严复一方面认为“诗者，两间至无用之物也”③，并“以得之者为至娱”④。作为文学的目的看待；另一方面又把“说部”（小说）推举到“持”“天下之人心风俗”⑤ 的工具的高度上去。又如以梁启超为代表的把文学视为推行改良主义政治决定因素的文学的功利观与王国维等人追求人的审美意识独立的非功利文学观，两者都同时影响和交融到鲁迅的浪漫诗学价值观中。

四、呼唤崇高与表现壮美
——浪漫诗学审美形态的复杂内涵

在美的类型和诗学风格上，鲁迅崇尚浪漫主义的崇高美。他的美学文艺

---

① ［英］雪莱：《为诗辩护》，《十九世纪英国诗人论诗》，刘若瑞编，缪灵珠译，人民文学出版社 1984 年版，第 127 页。

② ［英］雪莱：《为诗辩护》，《十九世纪英国诗人论诗》，刘若瑞编，缪灵珠译，人民文学出版社 1984 年版，第 159 页。

③ 严复：《诗庐说赠胡梓方》，《国文入门必读　论说文范》（第二版），谭正璧编，中华书局 1941 年版，第 233 页。

④ 严复：《〈古今文钞〉序》，《中国历代文论选》第 4 册，郭绍虞主编，上海古籍出版社 2001 年版，第 125 页。

⑤ 严复、夏曾佑：《国闻报馆附印说部缘起》，《中国历代文论选》第 4 册，郭绍虞主编，上海古籍出版社 2001 年版，第 205 页。

思想中的崇高，是在中西文化和文论相互冲撞、汇合中出现的近代意义的崇高。与“掊物质而张灵明，任个人而排众数”的浪漫诗学核心相一致，主体与客体、个人与社会、情感与理性是包容在鲁迅关于崇高概念中的几组矛盾对立的基本范畴。在这崇高概念的矛盾结构中，鲁迅强调主体的精神力量，强调个性的真率不羁，强调情感的自由表现。这就不仅清楚地表明它与我国以儒家为主的主张“中和”美的美学文艺思想在总体上处于对立的地位，而且也与重再现、重思维、重理智的近代现实主义崇高范畴区别开来。例如，鲁迅在论及摩罗诗派在世界的影响时说：“顾瞻人间，新声争起，无不以殊特雄丽之言，自振其精神而绍介其伟美于世界”①；认为摩罗诗人“大都不为顺世和乐之音，动吭一呼，闻者兴起，争天拒俗，而精神复深感后世人心，绵延至于无已。……若其生活两间，居天然之掌握，辗转而未得脱者，则使之闻之，固声之最雄杰伟美者矣”②。他还说，好的诗“握拨一弹，心弦立应，其声澈于灵府，令有情皆举其首，如睹晓日，益为之美伟强力高尚发扬，而污浊之平和，以之将破”③，“诗移人性情，使即于诚善美伟强力敢为之域”④。这里，所谓“顺世和乐之音”主要是指为“无邪所蔽”“不撄人心”的中国传统文化精神和美学观念，亦即“许自繇与鞭策羁縻之下”“持人性情”的“中和”美的类型和风格。与之相对立的，则是近代意义的崇高，即“争天拒俗”“反抗挑战”“美善吾人之性情，崇高吾人之思理”的强调对立、强调主体情感的矛盾结构，以及“最雄杰伟美”“强力高尚”使人惊叹、仰慕的类型和风格。这里的“崇高”也不是“以不可见之泪痕悲色”，深入开掘、真实再现社会矛盾冲突的现实主义的崇高，而是“动吭一呼，闻者兴起”，“握拨一弹，心弦立应”，注重主体精神的表现和情感自然流露，并在语言形式上注重“殊特雄丽之言”的浪漫主义的崇高。至于被鲁迅推举为“20 世纪

---

① 鲁迅：《坟·摩罗诗力说》，《鲁迅全集》第 1 卷，人民文学出版社 2005 年版，第 66～67 页。

② 鲁迅：《坟·摩罗诗力说》，《鲁迅全集》第 1 卷，人民文学出版社 2005 年版，第 68 页。

③ 鲁迅：《坟·摩罗诗力说》，《鲁迅全集》第 1 卷，人民文学出版社 2005 年版，第 70 页。

④ 鲁迅：《坟·摩罗诗力说》，《鲁迅全集》第 1 卷，人民文学出版社 2005 年版，第 71 页。

之新精神”的“新神思宗”，则无论是“以意力为世界之本体”的叔本华，或“欲自强，而并颂强者”的尼采，因为一个持彻底的悲观主义人生态度，一个将意志本体绝对化，把权力意志推向疯狂的极端，都根本谈不上美的类型上的崇高。然而，鲁迅从浪漫主义的角度去考察他们，也将他们视为“将立狂风怒浪之间，恃意力以辟生路”的“精神界之战士”，赋予他们以“挽狂澜于方倒”的崇高精神，这实在是一种误解。

还应该看到，鲁迅在西方摩罗诗派影响下，崇尚近代意义的崇高，但又与西方的崇高有所不同，他把近代意义的崇高与中国传统美学文艺思想中的“中和”美在总体上对立起来，但这种崇高又与传统浪漫主义的大美、壮美等范畴有一脉相通之处。西方近代意义的崇高，从柏克到康德，从黑格尔到车尔尼雪夫斯基，都认为是主体受到无限力量的压迫，又在这压迫之中意识到了自身力量的结果。其中，往往伴随着恐怖、痛感和神秘意味的东西。例如，柏克就说过，“一种对痛苦或死亡的担忧”，这是“可怕的对象，同时也就是崇高的对象”①，“在所有危险中，茫茫无边的黑夜和对妖魔鬼怪的许多奇思异想都会增大我们的恐怖和畏惧”，因此，“无论在哪种状况下，恐怖的确都是崇高的主要原则”②。中国传统浪漫主义的大美、壮美与西方的崇高近似，但很少上述恐怖、痛感和神秘意味的东西。中国古典浪漫主义从“道法自然”的道家到呼唤个性解放、追求人世欢乐的明代浪漫洪流，他们的浪漫主义在反礼教、反权威、反专制的同时，又从破除狭小的宗法社会关系和封建思想规范的束缚中追求着人的解放，追求着一种符合自然又超越自然的自由的审美境界。加以他们的创作具有雄奇奔放、傲岸无羁、热情绚丽的风格，因而呈现出类似西方崇高的大美、壮美来。楚骚传统的浪漫主义虽然在思想基础上基本上属于儒家系统，但又明显地吸收了道家思想。作品中虽少见“反抗挑战”之声，但亦“放言无惮，为前人所不敢言”，珍视个体人格的独立自由，憎恨人世的丑恶黑暗，在美的类型和风格上呈现出“惊采绝艳”的壮美特征和带有浓郁的原始巫术文化和泛神自然性宗教的瑰丽奇幻色彩。从鲁迅

---

① ［英］柏克：《论崇高》，朱兵译，《美学论丛》第10期，中国社会科学院文学研究所文艺理论研究室编，文化艺术出版社1989年版，第213页。

② ［英］柏克：《论崇高》，朱兵译，《美学论丛》第10期，中国社会科学院文学研究所文艺理论研究室编，文化艺术出版社1989年版，第214页。

的情况看，他介绍、阐述拜伦、雪莱等摩罗诗人的生平和创作，在揭示主体与客体、人与自然、个性与社会的不和谐、不均衡、不稳定、无序状态时，引进了与美相对立冲突的丑的概念，引进了美所遭受的不幸、苦难和死亡的悲剧性概念，这基本上属于近代崇高的范畴。但在他所有的论述中却看不到恐怖、痛感和神秘的宗教意味。所谓“如睹晓日”似的“雄杰伟美”“美伟强力高尚发扬”“殊特雄丽之言”，这明显的是与中国传统的令人欢欣鼓舞、奋发昂扬并明朗地肯定着人的自由和伟大的美相联系着的。鲁迅在《破恶声论》中认为中国“夙以普崇万物为文化本柢”，“中国人之所崇拜者，不在无形而在实体，不在一宰而在百昌”，对中国古代泛神论色彩浓厚的哲学人文思想是从总体上予以肯定的。对于“顾瞻百昌，审谛万物，若无不有灵觉妙义”的泛神主义艺术也是赞扬的。在鲁迅对泛神主义艺术的肯定中包含着对东方式的崇高的肯定因素在内。黑格尔在论及崇高时说：“我们可以把泛神主义的艺术看作崇高的第一种肯定的掌握方式。”① 又说，东方泛神主义艺术“更强调的是在一切现象里观照太一实体和抛弃主体自我。主体通过抛弃自我，意识就伸展得最广阔……消融在一切高尚优美的事物中”。“诗人……忘去了他的自我，同时也体会到神性内在于他自己的被解放和扩张的内心世界。这就在他心里产生了东方人所特有的那种心情开朗，那种自由幸福，那种魂游大悦……”②鲁迅对泛神论及泛神主义艺术的看法也包含着个体与自然、宇宙，人性与神性、本体相交融的特征的，但他绝非仅仅基于原始的泛神论自然性宗教而肯定这种东方式的崇高——大美、壮美，而是在区分人与自然、个体与社会、主体与客体并使之处于对立地位的前提下，通过强调个性主体情感的作用，以达到人与自然、个体与社会、主体与客体的统一。因此，这种东方型的泛神论色彩，东方型的大美、壮美又与西方强调个体、主体的崇高交融了起来。

最后，必须看到的是，鲁迅早期浪漫诗学在思想倾向上的局限性是明显的，如他追求“理想的人性”，又以“致人性于全”为目的的人性复归的命题，是与向社会存在复归的唯物史观相背离的唯心史观的思路。虽然早期便

---

① ［德］黑格尔：《美学》第2卷，朱光潜译，商务印书馆1979年版，第80页。

② ［德］黑格尔：《美学》第2卷，朱光潜译，商务印书馆1979年版，第85页。

具有革命民主主义与爱国主义思想的鲁迅，并非不关注“社会存在”，然而他却夸大了个体主观精神的作用，以至将“超人”哲学和唯意志论等非理性主义思潮也看成“据地极固，函义甚深”的“20世纪之新精神”；再则，鲁迅在指出文明、科技和大工业给人的精神、价值带来“偏至”的同时，虽然未对它们作抽象的否定，然而又未能从工业、科技和文明的进步中看到它们对人的解放所造成的物质基础方面的准备，因而对资本主义的批判便只能从资产阶级思想的不同层次，而不能从唯物史观的角度来进行。到了“五四”时期，虽然鲁迅又发出了对类似于“理想的人性”的“真的人”[①] 的呼唤，提出了“解放个性”[②] “最要紧的是改革国民性”[③] 等向人性复归的新的命题，但却在新民主主义的革命实践中加大了“猛烈的攻击阶级统治”[④] 的“向社会存在复归”的倾斜度。后期的鲁迅，认识到“性格感情等，都受‘支配于经济’（也可以说根据于经济组织或依存于经济组织）”[⑤]；并且追根溯源，从人性的原始自然状态和艺术的起源上探究到了最初的“功利底观点”先于“审美底观点”，“在一切人类所以为美的东西，就是于他有用——于为了生存而和自然以及别的社会人生的斗争上有着意义的东西”[⑥] 这样的结论。只有在这时候，才从根本上转变到从具体的社会关系探讨人性、人的价值、人性的自由的唯物史观的立场上来。又如鲁迅早期诗学观中，既有对西方资本主义物质文明和社会政治制度的历史作用估计不足、缺乏辩证分析和科学评价的弊病，又有对中国传统文化缺乏总体批判和具体深入解剖的缺陷，这又与

① 鲁迅：《呐喊·狂人日记》，《鲁迅全集》第1卷，人民文学出版社2005年版，第454页。

② 鲁迅：《坟·坚壁清野主义》，《鲁迅全集》第1卷，人民文学出版社2005年版，第274页。

③ 鲁迅：《两地书·1925年3月31日致许广平》，《鲁迅全集》第9卷，人民文学出版社2005年版，第470页。

④ 瞿秋白：《鲁迅杂感选集序言》，《瞿秋白文集》第3卷，人民文学出版社1953年版，第988页。

⑤ 鲁迅：《三闲集·文学的阶级性》，《鲁迅全集》第4卷，人民文学出版社2005年版，第128页。

⑥ 鲁迅：《二心集·〈艺术论〉译本序》，《鲁迅全集》第4卷，人民文学出版社2005年版，第269页。

他在“五四”时期高举民主和科学的旗帜，对封建主义文化从总体到一系列具体问题上的深入剖析、猛烈抨击和否定、变动、创新的新的文化心理结构不同。到了后期，对待中外文化遗产的“拿来主义”系统观点的形成更是批判继承、革新创造的科学态度的进一步建树。

然而，尽管鲁迅“五四”以后的世界观和美学文艺思想有着较大的变化和发展，但他早期浪漫诗学中的一些成分，如由于尊个性、张精神而特别强调的文学“撄人心”的独特作用和由内而外地呈示深层心灵、情感内涵的文学表现性特征，对于文学“不用之用”的艺术规律的探讨；“人各有己”的个性解放思想与“群之大觉”的群体意识相交融的启蒙精神；“外之既不后于世界之思潮，内之仍弗失固有之血脉”的继承借鉴中外文化遗产的基本框架和态度；呼唤“雄杰伟美”而又富于反抗破坏精神的崇高和壮美的美的类型和风格，这一切都为鲁迅后来的文艺观、诗学观以及创作实践所融合、吸取，而成为鲁迅独特的文学道路的重要组成部分，也成为中国新文学有独特价值的宝贵遗产。

写于 1990 年—1991 年

深切表现·“遵命文学”·悲剧风格

——鲁迅前期的现实主义文艺观

从“五四”到大革命失败，是鲁迅思想和创作发展的前期。在这个时期中，鲁迅的文艺思想已由早期的以浪漫主义为主导倾向，转变为以现实主义为主导倾向。但是，由于在19世纪末、20世纪初，中国现代文化意识正处于由封闭的、单一的民族文化向开放的、多元的世界文化形态的转换过程中，因此，在这种广阔的、复杂的文化背景中所形成和建构的鲁迅的文艺思想便有着丰富复杂的内涵。他所接受的西方文艺思想，既有近代浪漫主义和近代现实主义，又有19世纪末、20世纪初的现代哲学文化思想和现代主义文艺思想。他早期的文艺思想虽然以浪漫主义为主导倾向，但当时就对现实主义文艺思想有着初步的认识和把握，而且从近代的“摩罗诗派”到现代的“新神思宗”都成为他的浪漫主义文艺思想的组成因素。他前期的文艺思想虽然已经由浪漫主义转向现实主义，但浪漫主义的成分仍然明显存在，还接受了现代主义文艺思想的影响。同时，鲁迅有着民族文化传统和文艺传统的长期积累和深厚素养，而西方哲学文化及美学文艺思想的择取和参照，又使它们得到重新地认可和评估，并注入了新的活力。中西文化、文艺思想汇合冲撞中形成的现代化和民族化的双重内涵都交融到他的现实主义文艺思想中，从而使之具有独特、丰富的历史内涵和鲜明的作家本人的个性特色。这种现实主义文艺思想的独特性和丰富性也决定了他的文学理论批评的独特的思想、艺术评价标准和价值取向。

一般来说，在文艺思想和创作方法上，浪漫主义和现代主义虽然有很大的不同，但在重主观、重表现、重自我这一根本点上却是相同的。鲁迅前期创作思想和方法以重客观、重再现、重群体意识为主，同时吸取和融合了浪漫主义与现代主义重主观、重表现、重自我的特征，从而使他前期的现实主义文艺思想具有注重艺术的“深层”表现，又把艺术表现和再现交融起来的特征。这种新颖独创的文艺观贯穿在他的创作论和批评论中，使他的现实主义既不同于创造社的浪漫主义，又与文学研究会的现实主义有区别，而显示出自身独具的特征。

鲁迅前期没有单独的系统的文艺理论批评论著，一些文艺论文大多交融着“文明批评”“社会批评”的内容。许多文艺理论观点和批评见解都散见于各种形式的杂文和文学史研究专著《中国小说史略》、《中国小说的历史的变迁》以及《汉文学史纲要》中。他的重要文艺论文和含有重要文学理论批评观点的杂文，主要有《随感录四十三》(《热风》)、《译了〈工人绥惠略夫〉之后》、《〈黯澹的烟霭里〉译后附记》(《译文序跋集》)、《对于批评家的希望》、《反对含泪的批评家》(《热风》)、《〈呐喊〉自序》、《未有天才之前》(《坟》)、《诗歌之敌》(《集外集拾遗》)、《再论雷峰塔的倒掉》、《论睁了眼看》(《坟》)、《〈穷人〉小引》(《集外集》)、《〈十二个〉后记》(《集外集拾遗》)、《〈阿Q正传〉的成因》(《华盖集续编》)、《革命时代的文学》、《革命文学》(《而已集》)、《文艺与政治的歧途》(《集外集》)、《文学和出汗》(《而已集》)等。为鲁迅翻译和推荐的日本文艺美学家厨川白村的著作《苦闷的象征》以及有关苏联文艺思潮流派的著作，也是体现鲁迅前期文艺思想和文学理论批评观点的重要资料。

鲁迅前期现实主义文艺思想和理论批评观点的特征主要表现在以下三个方面。

一

注重艺术“深层”表现并把主观表现和客观再现融合起来的现实主义文艺思想。

鲁迅这一文艺思想的特征集中地表现在下面一段话中，他说：

> 世界日日改变，我们的作家取下假面，真诚地、深入地、大胆地看取人生并且写出他的血和肉来的时候早到了；早就应该有一片崭新的文场，早就应该有几个凶猛的闯将！①

在“五四”时期，创造社的文艺思想和创作方法的主导倾向是浪漫主义，即认为“文艺的本质是主观的”，“艺术的根底，是立在感情上的”，反对现实主义的“模仿”“再现”和“反映说”，主张“直觉”“灵感”“神会”，把基于非理性主义因素的情感和想象放在创作的首位；而作为文学研究会的主导倾向的现实主义，则认为“文学是人生的反映，是时代人生的写真”，应该“描写社会黑暗”，提倡“见的真切，感的真切，写的真切”的“真文学”。鲁迅注重人的主体价值的现实主义文艺思想不同于创造社的浪漫主义，他所说的创作的精神主体是从客观现实出发，又以客观现实为归宿的强大的现实战斗精神：主观表现是与开掘的深刻、写实的手法一同出现的深切的表现；作家“自我”也是在与群体意识相交融基础上创作个性的呈示。同为现实主义，又有着与文学研究会明显不同的特点，这就是鲁迅更注重作家的主观态度，更注重深掘人的灵魂的复杂矛盾冲突，更注重创作主体的作家和接受主体的读者、批评家的情感的燃烧。具体地说，鲁迅这种注重主观精神、艺术表现又把主观表现与客观再现相交融的文艺思想和理论批评特征表现为以下几点：

首先，从作家创造主体与客观现实的关系看，鲁迅既主张“由外而内”，把作家“自我”与客观现实、国民群体意识相交融，从中获取强大的现实战斗精神；又主张“由内而外”，以此主观精神“突入”和“拥合”客观，通过真情与真相的结合。将现实矛盾和生活本质深刻、无情地揭露和表现出来，

---

① 鲁迅：《坟·论睁了眼看》，《鲁迅全集》第1卷，人民文学出版社1956年版，第255页。

显示出以“表现的深切”为特征的严峻的现实主义真实性。

这就是说，在鲁迅看来，一方面，作家应该从世界潮流、客观现实和时代精神的变迁中获取力量，把作家的个性、情感、人格、生命力与特定时代、社会的“民心”相融合，从而“由外而内”地获得一种“天马行空似的大精神”①，一种“博大的……感得全人间世，而同时又领会天国之极乐和地狱之大苦恼的精神”②。这种精神不是抽象空洞、虚无缥缈的东西，它既是指鲁迅在“文明批评”“社会批评”乃至激烈的政治搏斗中所具有的彻底反帝反封建的革命民主主义思想和政治态度，同时也包含着追求“广大的”“人间的爱”的人道主义精神和“醒过来的人的真声音”的个性主义思想。鲁迅要求作家具有“赤子之心”，敢于正视现实，“能够大叫，是黄莺便黄莺般叫；是鸱鸮便鸱鸮般叫”，“敢想，敢说，敢作，敢当”，“冲破一切传统思想和手法”，要求作家有憎有爱，体味深层的“人间苦”，获取广大的“人间爱”，鼓励作家“向新的山崩地塌般的大波冲进去……开拓着自己的生活，唱着苦痛和愉悦之歌”③；另一方面，鲁迅认为借助这种从时代潮流、现实生活和作家心灵深处得来的“大精神”“真声音”，以此来“由内而外”地观照、开掘和表现时代、现实、人生，文艺才能真实地反映现实生活，按照生活的本来面貌反映生活，特别是深入现实生活的本质中去反映它的矛盾和斗争，充分揭示人的精神主体价值，注重人的精神世界的丰富复杂和矛盾冲突，真实地写出现实人生的“血和肉”来，做到“表现的深切”④，具有“忧愤深广”⑤ 的内涵。

正是因为这样，鲁迅剖析和鞭挞掩盖矛盾的“瞒和骗”的国民性弱点，也反对和否定掩盖矛盾的“瞒和骗”的文艺。他说，“中国文人，对于人

---

① 鲁迅：《译文序跋集·〈苦闷的象征〉引言》，《鲁迅全集》第 10 卷，人民文学出版社 2005 年版，第 257 页。

② 鲁迅：《集外集拾遗·诗歌之敌》，《鲁迅全集》第 7 卷，人民文学出版社 1958 年版，第 246 页。

③ 鲁迅：《华盖集续编·马上日记之二》，《鲁迅全集》第 3 卷，人民文学出版社 2005 年版，第 362 页。

④ 鲁迅：《且介亭杂文二集·〈中国新文学大系〉小说二集序》，《鲁迅全集》第 6 卷，人民文学出版社 2005 年版，第 246 页。

⑤ 鲁迅：《且介亭杂文二集·〈中国新文学大系〉小说二集序》，《鲁迅全集》第 6 卷，人民文学出版社 2005 年版，第 247 页。

生——至少是对于社会现象，向来就多没有正视的勇气。我们的圣贤，本来早已教人‘非礼无视’的了；而这‘礼’又非常之严，不但‘正视’，连‘平视’‘斜视’也不许”，因此看不到“由本身的矛盾或社会的缺陷所生的苦痛”①，“一到快要显露缺陷的危机一发之际，他们总即刻连说‘并无其事’，同时便闭上了眼睛。这闭着的眼睛便看见一切圆满，当前的苦痛不过是‘天将降大任于斯人也，必先苦其心志，劳其筋骨，饿其体肤，空乏其身，行拂乱其所为’。于是无问题，无缺陷，无不平，也就无解决，无改革，无反抗”②。“中国人向来因为不敢正视人生，只好瞒和骗，由此也生出瞒和骗的文艺来。”③ 在鲁迅看来，封建思想统治如礼教之类造成了“瞒和骗”的国民性和“瞒和骗”的文艺，它们否定现实人生矛盾冲突的更内在的特征就是否定人的精神主体价值，否定人的欲望、情感、意志、创造力等主体精神因素。例如，否定了“苦痛”的情感就是否定矛盾的存在，人只是成为“礼”的附属物，成为粉饰“吃人”的封建礼教和现实社会罪恶的工具。

与“瞒和骗”的文艺相对照，鲁迅认为作家应该像古典现实主义名著《红楼梦》那样，“敢于如实描写，并无讳饰”，这所谓“如实描写”主要就是指的要重视人的主体价值，重视人的精神世界复杂的矛盾冲突。他说，《红楼梦》“其要点在敢于如实描写，并无讳饰，和从前的小说叙好人完全是好，坏人完全是坏的，大不相同，所以其中所叙的人物，都是真的人物”④。这“真的人物”就是反映了生活本身的多样性、复杂性、有着丰富复杂矛盾冲突的精神世界的人物。他从“多所爱者”宝玉眼里“看见许多死亡”的经历，揭示出“多所爱者，当大苦恼，因为世上，不幸人多”⑤ 的事实，得出《红楼

---

① 鲁迅：《坟·论睁了眼看》，《鲁迅全集》第1卷，人民文学出版社2005年版，第251页。

② 鲁迅：《坟·论睁了眼看》，《鲁迅全集》第1卷，人民文学出版社2005年版，第251～252页。

③ 鲁迅：《坟·论睁了眼看》，《鲁迅全集》第1卷，人民文学出版社2005年版，第254～255页。

④ 鲁迅：《中国小说史略附录·中国小说的历史的变迁》，《鲁迅全集》第9卷，人民文学出版社2005年版，第348页。

⑤ 鲁迅：《集外集拾遗补编·〈绛洞花主〉小引》，《鲁迅全集》第8卷，人民文学出版社2005年版，第179页。

梦》“悲凉之雾，遍被华林”① 的结论，这正是立足于揭示现实生活和人的精神世界的“深层”矛盾而得出的。

鲁迅这种反对“瞒和骗”，主张正视现实，正视人的精神主体的丰富复杂性的创作论，有着思辨哲学的深刻依据，带着浪漫诗学的特征。他在《野草》中写道：“……于浩歌狂热之际中寒；于天上看见深渊。于一切眼中看见无所有；于无所希望中得救。……”② 在胜利的狂欢中看见失败的冷酷；在圆满和谐的境界中看见缺陷和危机；于彻底怀疑否定中闪现理想的光芒，于绝望的抗战中拓开新路。这种对客观事物矛盾对立统一形态的认可和把握，对心灵的辩证法的袒露和揭示，正是文艺思想上否定虚悬的“极境”，反对“大团圆”思维模式，主张正视现实，求得深切的表现的现实主义真实性的哲理基础。

应该看到，鲁迅关于人的心灵辩证法的展示，对文艺“表现的深切”的要求，对生活的本质和矛盾的揭示，不是精神、情怀的直接袒露，生活本质的抽象呈示，哲学思辨的形象图解，而是通过“如实描写”写出人生的“血和肉”来，也就是按照生活的本来面貌，遵循文艺的形象性、典型性和情感性的特征来反映生活。他多次引用厨川白村的话强调文艺的“具象性”，还说：“我以为文艺大概由于现在生活的感受，亲身所感到的，便影印到文艺中去。”③ 他主张现实主义的再现手法，指出要用写实的手法“如实描出”④“时代的肖像”⑤ 或“掘出人间性的真实来”⑥，认为文艺作品要让人“感得

① 鲁迅：《中国小说史略》，《鲁迅全集》第 9 卷，人民文学出版社 2005 年版，第 239 页。

② 鲁迅：《野草·墓碣文》，《鲁迅全集》第 2 卷，人民文学出版社 2005 年版，第 207 页。

③ 鲁迅：《集外集·文艺与政治的歧途》，《鲁迅全集》第 7 卷，人民文学出版社 2005 年版，第 117 页。

④ 鲁迅：《〈译文序跋集〉·〈幸福〉译者附记》，《鲁迅全集》第 10 卷，人民文学出版社 2005 年版，第 187 页。

⑤ 鲁迅：《〈译文序跋集〉·〈幸福〉译者附记》，《鲁迅全集》第 10 卷，人民文学出版社 2005 年版，第 188 页。

⑥ 鲁迅：《〈译文序跋集〉·〈三浦右卫门的最后〉译者附记》，《鲁迅全集》第 10 卷，人民文学出版社 2005 年版，第 253 页。

专诉于想象力的或种艺术的魅力”[①]，但是，由于鲁迅特别注重开掘现实生活的本质和矛盾斗争，注重揭示人的内心世界的复杂的矛盾冲突，因此在体现文艺的特征、运用写实手法时，如何与艺术的“深层”表现相结合而不同于一般现实主义创作，这个问题，下面将加以论述。

上述注重艺术的“深层”表现并将主观表现与客观再现相融合的现实主义观点，从鲁迅翻译并给予了高度评价的厨川白村的美学著作《苦闷的象征》一书中可以得到某种印证。对于厨川氏的这部著作，鲁迅认为它“既异于科学家似的专断和哲学家似的玄虚，而且也并无一般文学论者的繁碎”。称誉它“对于文艺，即多有独到的见地和深切的会心”[②]。厨川氏运用柏格森的生命力学说和弗洛伊德的精神分析学说加以创造性地发掘，认为“生命力受了压抑而生的苦闷懊恼乃是文艺的根柢”[③]，并把这“苦闷懊恼”与“人间苦”“社会苦”“劳动苦”[④] 联系起来，具有人道主义的观点和社会学的视野。鲁迅也看重“苦闷懊恼”在文艺创作中的作用，但已能用彻底反帝反封建的革命民主主义观点从政治、经济的角度来探讨“苦闷懊恼”产生的原因。这是鲁迅在根本上不同于厨川白村的地方，但是厨川氏对于文艺的“独到的见地和深切的会心”之处则为鲁迅所肯定并融合到了自己的文艺思想之中。例如，一方面，厨川白村认为“艺术到底是表现，是创造，不是自然的再现，也不是模写”[⑤]，“在里面烧着的生命的力成为个性而发挥出来的时候，就是人们由内底要求所催促，想要表现自己的个性的时候，其间就有着真的创造创作的生活”[⑥]，这是对艺术的主观表现和作家个性、内面心灵世界的强调；另一

① 鲁迅：《集外集拾遗·诗歌之敌》，《鲁迅全集》第 7 卷，人民文学出版社 2005 年版，第 246 页。

② 鲁迅：《译文序跋集·〈苦闷的象征〉引言》，《鲁迅全集》第 10 卷，人民文学出版社 2005 年版，第 257 页。

③ 鲁迅：《译文序跋集·〈苦闷的象征〉引言》，《鲁迅全集》第 10 卷，人民文学出版社 2005 年版，第 257 页。

④ ［日］厨川白村：《苦闷的象征出了象牙之塔》，鲁迅译，人民文学出版社 1988 年版，第 14 页。

⑤ ［日］厨川白村：《苦闷的象征出了象牙之塔》，鲁迅译，人民文学出版社 1988 年版，第 33 页。

⑥ ［日］厨川白村：《苦闷的象征出了象牙之塔》，鲁迅译，人民文学出版社 1988 年版，第 9 页。

方面他又认为"在大艺术家的背后，也不能否认其有""时代"，有"社会"，有"思潮"。"作品上的个性者，决不是作家的小我，也不是小主观"，而是应"带着真的生命力的普遍性"。他还进一步说："唯其创作家有了竭力忠实地将客观的事象照样地再现出来的态度，这才从作家的无意识心理的底里，毫不勉强地，浑然地，不失本来地表现出他那自我和个性来。换句话，就是唯其如此，这才发生了生的苦闷，而自然而然地象征化了的'心'，乃成为'形'而出现。所描写的客观的事象这东西中，就包藏着作家的生命。"① 通过上述两个方面的分析，厨川白村得出结论说："客观主义的极致，即与主观主义一致，理想主义的极致，也与现实主义合一。"② 厨川白村的美学理论虽然在整个体系上是唯心主义的，但如上所述则含有许多具有唯物主义和辩证法因素的内容，特别是对于作家在创作过程中主客观关系的分析，见解十分精辟。鲁迅前期的文艺思想从中吸取了许多重要观点是毋庸讳言的。

其次，从作品人物主体来说，通过消融作家创造主体内部世界与客观现实外部世界的差异，显出人物灵魂之深，揭示人物心灵复杂的矛盾冲突，赋予人物本身以主体意识和生命活力；同时，主张排除一切多余之笔，对人物的思想感情、外貌形态进行洗练、简洁，"神似"的"现实性"刻画，这是鲁迅注重艺术的"深层"表现和"忠实"再现相结合的现实主义文艺思想的又一特征。

从鲁迅对陀思妥耶夫斯基的评价③中，可以看到与这一特征有关的四个方面的内容：第一，强调作家主体与作家笔下的人物主体交融叠合、平等对话。鲁迅称陀思妥耶夫斯基为"人的灵魂的伟大的审问者"，这不仅指作家对笔下的人物是这样，而且指作家对自己也如此。他说，陀氏"早将自己也加以精神底苦刑了，从年青时候起，一直拷问到死灭"，又说，"凡是人的灵魂的伟大的审问者，同时也一定是伟大的犯人"，审问者的"举劾"和"揭发"，

---

① ［日］厨川白村：《苦闷的象征出了象牙之塔》，鲁迅译，人民文学出版社1988年版，第34页。

② ［日］厨川白村：《苦闷的象征出了象牙之塔》，鲁迅译，人民文学出版社1988年版，第34页。

③ 以下鲁迅对陀思妥耶夫斯基评价的引文见《集外集·〈穷人〉小引》，《鲁迅全集》第7卷，人民文学出版社2005年版，第105～107页。

犯人的“陈述”和“阐明”，既对别人，也对自己，共同“显示出灵魂的深”。第二，赋予描写对象以精神主体的地位，增强人物自身的主体意识，让人物按照自己的性格逻辑发展。鲁迅说陀思妥耶夫斯基“用了精神的苦刑，送他们（指人物）到那犯罪，痴呆，酗酒，发狂，自杀的路上去。有时候，竟至于似乎并无目的，只为了手造的牺牲者的苦恼，而使他受苦，在骇人的卑污的状态上，表示出人们的心来”，又说有的读者因陀氏只写人物“犯罪”“卑污”，受着“精神的苦刑”的一面而称他为“残酷的天才”，然而鲁迅指出，陀氏又曾写人物“反省，矫正，忏悔，苏生”的另一面，二者交错发展，“这样，他的‘残酷’与否，一时也就难于断定”。鲁迅还曾指出陀氏刻画人物具有“毫无顾忌地解剖，详检，甚而至于鉴赏的”态度以及“捉住了心中所实验的事实……从这心的法则中，自然显示出伦理的观念来”的特征。这里，人物的心理、情感、性格、行为按照自身逻辑的发展，有时到了“并无目的”“难于断定”“自然显出”的境地，作家对自己笔下的人物无法控制，似乎只处于旁观者的“欣赏”的地位了。然而这正是作家作为创造主体充分发挥主观能动性和创造力，进入到创作的最佳心态，从而使人物有了自身活泼泼的生命的结果。第三，所谓“显示灵魂的深”，还在于，在陀氏的“在高的意义上的写实主义者的实验室里，所处理的乃是人的全灵魂”，即憎与爱并存，冷与热相生，因而对人物的处理也就起着“从精神底苦刑”到“忏悔、苏生”又到“自杀”等的路程，性格深层中交织着“恶”与“善”、“污秽”和“光明”。第四，作者对人物的客观描写如人物肖像的工笔描绘、社会环境的特点描写等都大大减少，而人物的议论、思索、对话的主体意识则大大加强。鲁迅说，陀氏“写人物，几乎无须描写外貌，只要以语气，声音，就不独将他们的思想和感情，便是面目和身体也表示着”。鲁迅后来所说他的作品“夹着夸张的真实”① 也是这个意思。这“语气、声音”指的是人物之间的对话，人物自己与自己的对话，人物自省方式的思索等，它们都有助于人物独立意识主体的增强，这样，人物在自身的多声部对话中受苦、彷徨、绝望、犯罪、忏悔，紧张的追求、探索折磨着他们的心身，于是从人物性格上显示出“夹

---

① 鲁迅：《且介亭杂文二集·陀思妥耶夫斯基的事》，《鲁迅全集》第 6 卷，人民文学出版社 1958 年版，第 426 页。

着夸张的真实”来。

在论及安特莱夫的小说和勃洛克的长诗《十二个》的时候，鲁迅也表达了消融内面心灵世界和外部客观现实的差异，“由内而外”进行艺术表现的文艺观点。关于前者，鲁迅说：“安特莱夫的创作里，又都含着严肃的现实性以及深刻和纤细，使象征印象主义与写实主义相调和。俄国作家中，没有一个人能够如他的创作一般，消融了内面世界与外面表现之差，而现出灵肉一致的境地。他的著作是虽然很有象征印象气息，而仍然不失其现实性的。”① 关于后者，鲁迅写道：“他之为都会诗人的特色，是在用空想，即诗底幻想的眼，照见都会中的日常生活，将那朦胧的印象，加以象征化。将精气吹入所描写的事象里，使它苏生；也就是在庸俗的生活，尘嚣的市街中，发见诗歌底要素。所以勃洛克所擅长者，是在取卑俗，热闹，杂沓的材料，造成一篇神秘底写实的诗歌。”② 鲁迅在这里都是强调作家的创造主体要进入作品的客体，而这客体并不是纯粹、单纯的客体，它也是一种主体，它具有如同象征主义艺术一样“自内而外”的情感的表现性，又具有“自外而内”的忠实再现的“现实性”达到表现和再现的融合。

鲁迅自己的创作，如《狂人日记》、《阿Q正传》、《野草》等，都在“真诚地，深入地，大胆地看取人生”的同时，或者集中地概括出封建历史和黑暗现实“吃人”的本质，或者经由作者“眼里所经历过的人生”揭示出“国人的灵魂”，或者以变形奇谲的形象托出自己“荒凉和粗糙”的心灵，又都“力避行文的叨唠”，以“画眼睛”强调“神似”的简练笔墨直透人的感情深层，显出了灵魂的深。狂人、阿Q等艺术形象都有自身性格发展的逻辑，它们既是客体，又是主体，作为作家感知、描写的对象，作为作家艺术构思的创造物，它们是客体；作为一个有自己的生命，有自身情感、性格发展逻辑的艺术形象，它们和创造主体又是平等的，有自己的主体意识，所以它们又是主体。阿Q之成为“革命党”，得到“大团圆”的结局，都是阿Q自身性格发展的必然结果，作者从总体构思上把握住了这种发展，但人物自身性格

---

① 鲁迅：《译文序跋集·〈黯澹的烟霭里〉译者附记》，《鲁迅全集》第10卷，人民文学出版社2005年版，第201页。

② 鲁迅：《集外集拾遗·〈十二个〉后记》，《鲁迅全集》第7卷，人民文学出版社2005年版，第311页。

的发展有时竟违背了作者的意图，而使作者不能不按性格的逻辑发展着笔，这正是鲁迅笔下人物性格塑造得非常成功之处。鲁迅在创作方法上显然是将现实主义与现代主义、浪漫主义手法杂糅、交融在一起的。因此，正如鲁迅所说，他的作品正是以“表现的深切，格式的特别”而显示出文学革命的“实绩”的。

鲁迅的上述观点也可以从厨川白村的《苦闷的象征》的理论阐释中得到印证。由于厨川白村力图从主体心理活动的意义上揭示文学创作过程的奥秘，因此他在弗洛伊德精神分析说的影响下，在主体心理活动、深层心理结构、动力心理分析、梦的心理阐释等心理学方面，深入文学创作过程中的某些重要心理特征上去。他还把这些心理活动与人们受到“人间苦”“社会苦”“劳动苦”而产生“苦闷”情绪的问题联系起来，从而对弗洛伊德的精神分析说进行了某种社会学观点的改造。将人道主义、个性主义与革命民主主义融为一体的鲁迅，在思想基础和社会观点的把握上与厨川白村不尽相同，但将艺术视野深入创作过程心理特点的深处却是共同的。之所以能做到这一点，不仅因为鲁迅从厨川白村的著作中得到启示而且因为鲁迅在医学上有精湛的研究。鲁迅说他写小说“大约所仰仗的全在先前看过的百来篇外国作品和一点医学上的知识”①。这“医学上的知识”就包括弗洛伊德精神分析说等的影响。所以鲁迅完全可能从自己特有的思想基础和社会学观点出发，汲取研究创作心理特征的各种学说见解，从而把“由内而外”的艺术深层表现的长处融合到现实主义创作中来。

再次，与上述创作论一致，鲁迅在批评观上也重视读者或批评家作为接受主体的作用，主张从现实和作品客体出发，充分激起、发挥读者或批评家的激情、想象、联想和创造力，造成阅读“心象”，从而经由读者和批评家的再创造，深入作品所开掘的心理和现实真实中，达到主客观的统一。

鲁迅在谈到19世纪下半叶及以后的欧洲文艺时说：“19世纪的后半世纪，完全变成和人生问题发生密切关系。我们看了，总觉得十二分的不舒服，可是我们还得气也不透地看下去。这因为以前的文艺，好像写别一个社会，我们只要鉴赏；现在的文艺，就在写我们自己的社会，连我们自己也写进去；

---

①　鲁迅：《南腔北调集·我怎样做起小说来》，《鲁迅全集》第4卷，人民文学出版社1957年版，第526页。

在小说里可以发见社会，也可以发见我们自己；以前的文艺，如隔岸观火，没有什么切身关系；现在的文艺，连自己也烧在这里面，自己一定深深感觉到；一到自己感觉到，一定要参加到社会去!"① 首先是作品"写我们自己的社会，连我们自己（包括作家、读者和批评家）也写进去"，这样，在作家主体意识的作用下增强了作品对象的主体性，然后，才能增强作为接受主体的读者和批评家的精神主体的作用。读者、批评家在鉴赏或评价作品时才能借作品形象作为情感的发酵素，点燃自己的情感，把自己"烧在"作品里面，通过"深深感觉到"，"参加到社会去"。这种主张接受主体燃烧自己又强调主观与客观统一的批评论观点在厨川白村的《苦闷的象征》中也有过类似的论述。厨川白村说："因为作家所描写的事象是象征（即形象），所以凭了从这象征所得的铭感，读者就点火在自己内底生命上，自行燃烧起来。换句话，就是借此发见了自己的体验的内容，得以深味到和创作家一样的心境。至于这体验的内容者，则也必和作家相同，是人间苦，是社会苦。"② 他还说读者因为作品的"刺激而自行燃烧，即无非也是一种创作。倘说作家用象征来表现了自己的生命，则读者就凭了这象征，也在自己的胸中创作着"③。所以他的鉴赏论或批评论，概括地说就是"在'物'中见'心'。这就是自己（读者、批评家）活在对象（作品、现实）之中，也就是在对象中发见自己"④。基于这种观点，厨川白村明确表示他崇尚批评中的"主观说"。对于法朗士的批评是"在杰作中的自己的精神的冒险"⑤ 和王尔德的"最高的批评比创作更其创作"⑥ 的观点表示赞赏。但他又并不否定甚至赞同"人生的批评"的

① 鲁迅：《集外集·文艺与政治的歧途》，《鲁迅全集》第7卷，人民文学出版社2005年版，第120页。

② ［日］厨川白村：《苦闷的象征出了象牙之塔》，鲁迅译，人民文学出版社1988年版，第49页。

③ ［日］厨川白村：《苦闷的象征出了象牙之塔》，鲁迅译，人民文学出版社1988年版，第47页。

④ ［日］厨川白村：《苦闷的象征出了象牙之塔》，鲁迅译，人民文学出版社1988年版，第55页。

⑤ ［日］厨川白村：《苦闷的象征出了象牙之塔》，鲁迅译，人民文学出版社1988年版，第48页。

⑥ ［日］厨川白村：《苦闷的象征出了象牙之塔》，鲁迅译，人民文学出版社1988年版，第49页。

观点，他说："文艺批评者，总须是批评家由了或一种作品，又说出批评家自己的'人生的批评'的东西。"[①]

与厨川白村比较，鲁迅虽然也强调批评家"燃烧"自己的主观的批评，但更重视社会、历史的批评，并把主观的批评与客观的批评结合起来。鲁迅一方面认为"批评是'精神底冒险'，批评家的精神总比作者会先一步的"[②]，批评家还要把自己"烧进作品里面去"。强调批评家要体会作家的甘苦，反对"灵魂上挂了刀"[③] 的"恶意的批评家"，特别是反对"在嫩苗的地上驰马"[④]的批评家，认为"批评家的职务不但是剪除恶草，还得灌溉佳花，——佳花的苗"[⑤]。他对于"五四"时期文艺批评的肯定也是从这一观点着眼的，他说，在当时，"以文艺如此幼稚的时候，而批评家还要发掘美点，想扇起文艺的火焰来，那好意实在很可感。即不然，或则叹息现代作品的浅薄，那是望著作家更其深，或则叹息现代作品之没有血泪，那是怕著作界复归于轻佻"[⑥]。另一方面，鲁迅又强调将"精神底冒险"的主观的批评与社会的历史的批评结合起来。早在日本留学期间，他便主张评价事物的历史主义的原则，说："凡论往古人文，加之轩轾，必取他种人与是相当之时劫，相度其所能至而较量之，决论之出，斯近正耳。"又说："若自设为古之一人，返其旧心，不思近世，平意求索，与之批评，则所论始云不妄。"对于"以当时人文所现，合之近今，得其差池，因生不满"[⑦] 的反历史主义观点则采取否定的态

① ［日］厨川白村：《苦闷的象征出了象牙之塔》，鲁迅译，人民文学出版社1988年版，第63页。

② 鲁迅：《华盖集·并非闲话三》，《鲁迅全集》第3卷，人民文学出版社2005年版，第159页。

③ 鲁迅：《而已集·读书杂谈》，《鲁迅全集》第3卷，人民文学出版社2005年版，第461页。

④ 鲁迅：《坟·未有天才之前》，《鲁迅全集》第1卷，人民文学出版社2005年版，第176页。

⑤ 鲁迅：《华盖集·并非闲话三》，《鲁迅全集》第3卷，人民文学出版社2005年版，第162页。

⑥ 鲁迅：《热风·对于批评家的希望》，《鲁迅全集》第1卷，人民文学出版社2005年版，第423页。

⑦ 鲁迅：《坟·科学史教篇》，《鲁迅全集》第1卷，人民文学出版社2005年版，第26页。

度。在"五四"时期，鲁迅更扩大了社会历史的批评的视野，他要求批评家"要扩大了精神，就是收纳新潮，脱离旧套，能够容纳"①，切忌"使中国和世界潮流隔绝"②，只有眼光远大开阔了，才能"指出确当的方向，引导社会"，不至于毫无主见地随风倒，"怕自己立论不周密，便主张主观，有时怕自己的观察别人不看重，又主张客观"③。鲁迅看到，读者和批评者是从不同的立场和角度来接受文艺作品的，"单是命意，就因读者的眼光而有种种：经学家看见《易》，道学家看见淫，才子看见缠绵，革命家看见排满，流言家看见宫闱秘事……"④ 正因为如此，他认为更应有正确的社会历史的批评，他接着说："在我的眼下的宝玉，却看见他看见许多死亡；证成多所爱者，当大苦恼，因为世上，不幸人多。"⑤ 再加上前面所引的关于《红楼梦》的批评文字，可以看出鲁迅正是从主观创造力和社会历史条件着眼，来肯定《红楼梦》在反对传统文学的"瞒和骗"观点上所具有的划时代意义的。

在评价现代外国作家作品时，由于鲁迅把主观的批评与客观的批评结合起来，他更是既注重作家的创造主体，注重艺术表现的特征，又注重客观写实，时代生活的客观再现的，例如在评价阿尔志跋绥夫时，一方面指出阿尔志跋绥夫是"主观的作家""厌世主义的作家"，他除了受托尔斯泰、陀思妥耶夫斯基、契诃夫的影响以外，还受雨果、歌德、思谛纳尔的影响，他的作品是"厌世的，主我的；而且每每带着肉的气息"⑥，有的作品人物还"确乎显出尼采式的强者的色彩来"⑦；另一方面鲁迅又指出，他的"流派是写实主

---

① 鲁迅：《坟·未有天才之前》，《鲁迅全集》第1卷，人民文学出版社2005年版，第177页。

② 鲁迅：《坟·未有天才之前》，《鲁迅全集》第1卷，人民文学出版社2005年版，第175页。

③ 鲁迅：《而已集·读书杂谈》，《鲁迅全集》第3卷，人民文学出版社2005年版，第461页。

④ 鲁迅：《集外集拾遗补编·〈绛洞花主〉小引》，《鲁迅全集》第8卷，人民文学出版社2005年版，第179页。

⑤ 鲁迅：《集外集拾遗补编·〈绛洞花主〉小引》，《鲁迅全集》第8卷，人民文学出版社2005年版，第179页。

⑥ 鲁迅：《〈幸福〉译者附记》，《译文序跋集》，人民文学出版社2005年版，第187页。

⑦ 鲁迅：《译了〈工人绥惠略夫〉之后》，《译文序跋集》，人民文学出版社1997年版，第184页。

义，表现之深刻，在侪辈中称为达了极致”①。“他只是如实描出，虽然不免主观，却并非主张和煽动；他的作风，也并非因为‘写实主义大盛之后，进为唯我’，却只是时代的肖像：我们不要忘记他是描写现代生活的作家。”②对于阿尔志跋绥夫“主我”“厌世”的思想内涵，鲁迅并不都赞成，是有明确的分析和自己的见解的，但从主观和客观、主我与写实的统一来评价阿尔志跋绥夫才真正揭示出他在俄国现实主义文学中不同于托尔斯泰、契诃夫等人的特殊地位。

二

主张以严格的真实律为中心环节，力图将文艺的倾向性与真实性统一起来，这是鲁迅前期现实主义文艺思想的另一重要特征。

不同于把文艺看成“消闲”或“为艺术而艺术”的观点，鲁迅前期主张文艺“有所为”，“为人生”“真诚地、深入地、大胆地看取人生”，从创作实践与理论倡导上都表现出强烈的思想倾向性，社会功利目的和革命性、战斗性。又与主张“文以载道”、按照政治意图和他人意志写作的文艺极端政治化倾向不同，鲁迅前期尊重文艺本身的规律，强调艺术的真实性、情感性、形象性、典型性等，特别是主张文艺的倾向性、功利性必须遵循真实的规律，尊重生活的真实和艺术的真实。但是鲁迅这时期的文艺思想尚处于一个探索时期，还不可能运用辩证唯物论的观点和马克思主义文艺观点去科学地阐释文艺的真实性和政治性、倾向性的辩证关系，因而文艺思想中仍存在着或强调真实性或强调倾向性的矛盾现象。

鲁迅在回顾“五四”时期的小说创作时，说那时“有一种共同前进的趋向，是这时的作者们，没有一个以为小说是脱俗的文学，除了为艺术之外，一无所为的。他们每作一篇，都是‘有所为’而发，是在用改革社会的器械”③，又在谈到自己“五四”时期的创作时说，“说到‘为什么’做小说罢，

---

① 鲁迅：《译了〈工人绥惠略夫〉之后》，《译文序跋集》，人民文学出版社1997年版，第183页。

② 鲁迅：《〈幸福〉译者附记》，《译文序跋集》，人民文学出版社2005年版，第187～188页。

③ 鲁迅：《且介亭杂文二集·〈中国新文学大系〉小说二集序》，《鲁迅全集》第6卷，人民文学出版社2005年版，第247页。

我仍抱着十多年前的‘启蒙主义’，以为必须是‘为人生’，而且要改良这人生。我深恶先前的称小说为‘闲书’，而且将‘为艺术而艺术’，看作不过是‘消闲’的新式的别号”①，这些回顾所表现的“有所为”“为人生”“要改良这人生”的启蒙主义观点，从鲁迅“五四”时期的言论中可以得到印证。1919年，鲁迅在批评上海的讽刺画刊物《泼克》时说：“美术家固然须有精熟的技工，但尤须有进步的思想与高尚的人格。……我们所要求的美术家，是能引路的先觉，不是‘公民团’的首领。我们所要求的美术品，是表记中国民族知能最高点的标本，不是水平线以下的思想的平均分数。”② 1922年，鲁迅在《〈呐喊〉自序》中提出，自己的创作是“须听将令”的“遵命文学”。1925年，在反对“瞒和骗”的文艺，提出要敢于正视人生的观点时，说：“文艺是国民精神所发的火光，同时也是引导国民精神的前途的灯火。”③ 1926年，鲁迅进一步强调了文艺家投入人民斗争生活的重要性，他说：“革命时代总要有许多文艺家要萎黄，有许多文艺家向新的山崩地塌般的大波冲进去……唱着苦痛和愉悦之歌。”④ 同年，他对俄国勃洛克的长诗《十二个》，在充分肯定它是“十月革命的重要作品，还要永久地流传”之后，又指出长诗篇末出现耶稣基督的形象，其用意主要是革命“还须靠他得救”，认为这是诗人“向革命突进”时因“反顾”而“受伤”，因而认定“十月革命中的这大作品《十二个》，也还不是革命的诗”，“他究竟不是新兴的革命诗人”⑤。这种看法有某种片面性、简单化的毛病，但也由此可见鲁迅当时对文艺的政治倾向性是何等看重。到了1927年，鲁迅更明确地说：“为革命起见，要有‘革命人’，‘革命文学’倒无须急急，革命人做出东西来，才是革命文学。所

① 鲁迅：《南腔北调集·我怎么做起小说来》，《鲁迅全集》第4卷，人民文学出版社2005年版，第526页。

② 鲁迅：《热风·随感录四三》，《鲁迅全集》第1卷，人民文学出版社2005年版，第346页。

③ 鲁迅：《坟·论睁了眼看》，《鲁迅全集》第1卷，人民文学出版社2005年版，第254页。

④ 鲁迅：《华盖集续编·马上日记之二》，《鲁迅全集》第3卷，人民文学出版社2005年版，第362页。

⑤ 鲁迅：《集外集拾遗·〈十二个〉后记》，《鲁迅全集》第7卷，人民文学出版社2005年版，第312页。

以，我想：革命，倒是与文章有关系的。”①

鲁迅之所以如此重视文艺的思想倾向和社会功利价值，一则是因为他在决定从事文艺事业的时候，就抱定要以文艺作为“转移性情，改造社会”②的武器；以后不久，便把文艺看成是用以“争天拒俗”③“撄人心”④的“精神界之战士”⑤的武器。再则，在“五四”时期，他用以审度历史、观察社会的进化论和个性主义的根本观点，就有着追求人民觉醒、社会进步和民族解放的思想内涵，同时这个时期他又逐步看到了人类历史和社会现实中“吃人”与“被吃”，“上等人”与“下等人”，“官魂”与“民魂”的区别，对于阶级社会的层层压榨的实际感受和深入剖析已经同他的清醒的“看取人生并写出他的血和肉来”的现实主义精神融合到一起。他前期始而进行广泛的“文明批评”“社会批评”，继而在学潮中经历着短兵相接的尖锐的政治斗争。从“攻打”国民性“病根”的“工作”进到呼唤“火与剑”的武器斗争的风暴，都已大大超越了过去探讨理想的人性和改良人生的启蒙主义阶段。因此，随着“世界日日在变”的新思潮和中国日趋尖锐复杂的革命形势，他已从一般地对文艺与社会、文艺与民族的关注，进到了对文艺与革命、文艺与阶级功利的关系的关注，也是很自然的了。

但是，无论是看重文艺的思想倾向和社会功利价值，还是倡言文艺的革命性、战斗性、阶级性，鲁迅都力求把倾向性与真实性结合起来，认为文艺的倾向性绝不能离开生活的真实、艺术的真实；而生活的真实、艺术的真实因为包含着客观规律、客观真理，因而必然也应该鲜明地体现出思想倾向和社会功利性。在政治斗争激烈、革命运动频繁的年代，则应体现出革命性、

① 鲁迅：《而已集·革命时代的文学》，《鲁迅全集》第3卷，人民文学出版社2005年版，第437页。

② 鲁迅：《译文序跋集·〈域外小说集〉序》，《鲁迅全集》第10卷，人民文学出版社2005年版。

③ 鲁迅：《坟·摩罗诗力说》，《鲁迅全集》第1卷，人民文学出版社2005年版，第68页。

④ 鲁迅：《坟·摩罗诗力说》，《鲁迅全集》第1卷，人民文学出版社2005年版，第70页。

⑤ 鲁迅：《坟·摩罗诗力说》，《鲁迅全集》第1卷，人民文学出版社2005年版，第102页。

战斗性、阶级性来。例如，鲁迅正是出于倾向性与真实性相结合的观点提出了著名的“遵命文学”的命题。关于这个命题，人们往往或者不去考虑它与生活真实及艺术真实的关系，或者容易将它理解为可以为了政治功利、革命需要而修改、违背生活的真实与艺术的真实。然而事实上鲁迅当时思想和创作的实际情形却并非如此。

鲁迅关于“遵命文学”命题的提出，主要表现在他的如下两段话中。1922年在《〈呐喊〉自序》中说：“……我的喊声是勇猛或是悲哀，是可憎或是可笑，那倒是不暇顾及的；但既然是呐喊，则当然须听将令的了，所以我往往不恤用了曲笔，在《药》的瑜儿的坟上平空添上一个花环，在《明天》里也不叙单四嫂子竟没有做到看见儿子的梦，因为那时的主将是不主张消极的。”① 1932年，在《〈自选集〉自序》中鲁迅也是在谈到自己的创作时说：“既不是直接对于‘文学革命’的热情，又为什么提笔的呢？想起来，大半倒是为了对于热情者们的同感。这些战士，我想，虽在寂寞中，想头是不错的，也来喊几声助威吧。首先，就是为此。自然，在这中间，也不免夹杂些将旧社会的病根暴露出来，催人留心，设法加以疗治的希望。但为达到这希望计，是必须与前驱者取同一步调的，我于是删削些黑暗，装点些欢容，使作品比较的显出若干亮色。……这些也可以说是‘遵命文学’。不过我所遵奉的，是那时革命的前驱者的命令，也是我自己所愿意遵奉的命令，决不是皇上的圣旨，也不是金元和真的指挥刀。”②

对待这两段引文，应该注意到如下几点：一是鲁迅所遵循的是“革命的前驱者的命令”，并且是鲁迅“自己”所愿意遵奉的命令，这就是说，这“命令”既是代表了时代前进的方向，反映了客观真理发展规律的社会进步、革命力量的愿望和要求的，又是鲁迅深以为正确，并化为了自身的内在要求的。鲁迅是将文艺这一最需要个人自由创造广阔天地的事业与文艺为人生，为反帝反封建革命斗争服务的事业自觉地统一起来的。这“命令”不是封建的专断，资本主义的金钱、物欲，也不是暴力的强逼。也就是说，鲁迅“遵奉”

---

① 鲁迅：《呐喊·自序》，《鲁迅全集》第1卷，人民文学出版社2005年版，第441页。

② 鲁迅：《南腔北调集·〈自选集〉自序》，《鲁迅全集》第4卷，人民文学出版社2005年版，第468～469页。

“命令”不是违心的服从个人的私利。违心的服从个人的私利是违背生活的客观真理，起到粉饰现实、掩盖现实本质的作用，而这也正是“瞒和骗”文艺产生的重要原因，必须予以否定。二是鲁迅所谓“听将令”“用曲笔”“删削黑暗，增添欢容”，并不是为了前进的革命政治的需要，而不愿或牺牲艺术的真实，而是一位严肃作家出于高度责任感和清醒的现实主义精神，而严格解剖自己，克服和抑制自己的思想和心绪，以使自己的创作更符合客观真实的表现。鲁迅说：“我那时对于‘文学革命’，其实并没有怎样的热情。见过辛亥革命，见过二次革命，见过袁世凯称帝，张勋复辟，看来看去，就看得怀疑起来，于是失望，颓唐得很了。”然而他又“怀疑于自己的失望”①，并以为“说到希望，却是不能抹杀的”②。因此，他克服失望、颓唐的思想情绪，正是为了删削掉自己某些与客观真实有矛盾的东西，以求得文艺更好地实现生活的真实和艺术的真实的统一。三是从鲁迅“删削黑暗，增添欢容”的具体内容看，如夏瑜坟上出现花圈、单四嫂子未能梦见儿子的有着“亮色”的结尾，都没有违背和改变作品的总的悲剧矛盾和人物的悲剧命运，这些“曲笔”是符合作品所写的时代背景并与作品的具体情境水乳交融的。

还有一点要看到，鲁迅提出“遵命文学”，强调文艺的政治功利和思想倾向，并不是使文艺创作的路子越走越窄，相反，他是把文艺为革命事业服务的路子看得很广阔的。例如对于某些虽然政治倾向不鲜明，但具有独特的真实性、艺术性并有益于人民的作品，他仍然予以肯定甚至评价颇高的。如对于我国爱情诗的作者汪静之，对于日本作家夏目漱石、芥川龙之介，对于俄国作家爱罗先珂等都是如此。其中，对夏目漱石的评价最有代表意义。鲁迅说夏目漱石“所主张的是所谓‘低徊趣味’，又称‘有余裕的文学’”，他引用夏目漱石的话说：“有余裕的小说，即如名字所示，不是急迫的小说……如借用近来流行的文句，便是或人所谓触著不触著之中，不触著的这一种小说。”所谓“触著”“不触著”是指小说是否反映现实的急迫问题而言。夏目漱石又说，“或人以为不触著的即非小说，但我主张不触著的小说不特与触着的小说

① 鲁迅：《南腔北调集·〈自选集〉自序》，《鲁迅全集》第 4 卷，人民文学出版社 2005 年版，第 468 页。

② 鲁迅：《呐喊·自序》，《鲁迅全集》第 1 卷，人民文学出版社 2005 年版，第 441 页。

同有存在的权利，而且也能收到同等的成功”，因为余裕之作“依然是人生，是活泼泼地之人生也”。这就是说，是否反映急迫的现实问题，只是题材的不同，它们均可通过严格的选材，深入地开掘和艺术的创造获得成功。之所以如此，是因为“世间很是广阔，在这广阔的世间，起居之法也有种种不同”①，即作品的题材的多样性，主题的多方面开掘是被现实人生本身的多样性、复杂性和作家所熟悉的描写领域，作家的不同的创作个性决定的。鲁迅引用夏目漱石的引文显然是对它们持肯定态度的，因为他对夏目漱石的“有余裕的小说”给予了高度评价，他说，“夏目的著作以想象丰富、文词精美见称”②，“轻快洒脱，富于机智，是明治文坛上的新江户艺术的主流，当世无与匹者”③。“江户”即“东京”，所谓“新江户艺术”即指整个明治期间的文艺。所以，鲁迅对夏目的这个评价是很高的。

这里，要看到的是，鲁迅前期文艺思想中关于文艺的倾向性和真实性以及二者的结合问题尚处于探索发展阶段。这主要表现在，他尚未能接受和运用马克思主义辩证唯物论和马克思主义文艺观点来自觉地、系统地考察文艺问题。因而在关于文艺的倾向性和真实性问题上存在着一些弱点、不足和自相矛盾的情形。例如，其一，他常用“爱”“苦闷”“烦恼”等精神现象来解释文艺创作的本质和根源等根本问题。对于厨川白村的“生命力受了压抑而生的苦闷懊恼乃是文艺的根柢”的观点，他虽然不像厨川那样强调生命力的作用，也比厨川仅从“人间苦”“社会苦”“劳动苦”的人道主义角度来寻求苦闷懊恼的社会学解答更进一步，他实际上看到了经济制度、阶级压榨的原因，但仍缺乏自觉的历史唯物主义的观点，对于生命力为什么受到压抑，仍未能深入物质生产关系的深层经济原因和阶级斗争的关系上去求得解答。因此，他还有“创作总根于爱”，过分强调苦闷、烦恼等精神因素对于文艺创造的重要性等观点的表述。在论及文艺与政治、文艺与革命的关系时，也因没

---

① 以上夏目漱石所说的话，转引自鲁迅：《译文序跋集·〈现代日本小说集〉附录》，《鲁迅全集》第10卷，人民文学出版社2005年版，第238页。

② 鲁迅：《译文序跋集·〈现代日本小说集〉附录》，《鲁迅全集》第10卷，人民文学出版社2005年版，第238页。

③ 鲁迅：《译文序跋集·〈现代日本小说集〉附录》，《鲁迅全集》第10卷，人民文学出版社2005年版，第239页。

有明确的阶级分析观点而嫌笼统抽象。这是对文艺的倾向性本身的看法上还存在着的不足之处。其二，在文艺的倾向性与真实性的关系上，鲁迅一则还不能在理论上批判厨川白村从康德等人所吸取的文艺“无关心”“非功利”的观点，有时在自己的言论中也因强调文艺的真实性而片面地否定文艺在“宣传”“促进”革命上所起的作用。这似乎有对文艺的政治倾向性估计不足而把文艺的独特性看得过重的偏向。再则，在革命战争风暴到来之际，鲁迅又有些过分看重政治权利而贬低文艺的作用，如片面地肯定“政治先行，文艺后变”的观点，又说：“一首诗吓不走孙传芳，一炮就把孙传芳轰走了。”① 这又把文艺在革命战争中的作用估计得过于低了。这些矛盾方面都说明鲁迅还不能用唯物辩证法的观点来看待文艺和政治的关系，因而出现了上述在阐释上不够成熟圆活的情况。

三

注重文学“忧愤深广”的悲剧意识，崇尚“外冷内热”的悲剧美风格。

与真诚、深入、大胆地看取人生并写出它的血和肉的现实主义观点相适应，鲁迅在美的风格和形态上强调与“瞒和骗”文学相对立的悲剧意识，崇尚独具特色的悲剧美风格。下面，拟从两个方面来论述鲁迅文艺思想中崇尚悲剧美的特征。

其一，主张在深入开掘人生悲剧性矛盾、冲突的基础上显示出悲剧美的强度和力度。

如果说，鲁迅早期所崇尚的美的形态和类型，也有悲剧色彩，但主要追求的是一种“如睹晓日”似的“雄桀伟美”②，一种正面的崇高，一种富于积极乐观精神的壮美，那么这个时期鲁迅所崇尚的悲剧美则与他对人生悲剧矛盾冲突的深入开掘和“深层”表现密不可分。

鲁迅在谈到他的《狂人日记》与果戈理的《狂人日记》的时候说：“后起

① 鲁迅：《而已集·革命时代的文学》，《鲁迅全集》第3卷，人民文学出版社2005年版，第442页。

② 鲁迅：《坟·摩罗诗力说》，《鲁迅全集》第1卷，人民文学出版社2005年版，第68页。

的《狂人日记》意在暴露家族制度和礼教的弊害，却比果戈理的忧愤深广，也不如尼采的超人的渺茫。”[①] 这“忧愤深广”，就是指悲剧矛盾开掘的深入和悲剧意识的强烈。

在论及悲剧、喜剧的美学范畴时，鲁迅又说：“悲剧将人生的有价值的东西毁灭给人看，喜剧将那无价值的撕破给人看。”[②] 只要结合鲁迅前期整体思想来看，就可以知道在这两个范畴中所包含的“忧愤深广”的内涵。我们知道，鲁迅正是出于对“国民大层”——广大人民群众的关注、同情和热爱，出于对反动统治、黑暗势力的仇恨、反抗和斗争，一方面以“哀其不幸”的态度猛烈揭露造成人民群众悲剧命运和毁灭他们美好品格的“吃人”的社会制度、黑暗势力和思想统治；另一方面又以“怒其不争”的精神对他们本身的精神缺陷进行了严峻的批判与鞭挞，既剖析、揭露了人们彼此间如隔着“高墙”乃至“自己的手几乎不懂得自己的足”[③] 似的精神隔阂和冷漠关系，又指出和鞭笞他们在“圣人之徒的意见和道理”之下耽于现状、不图进取，或麻醉自己、安于奴隶命运的精神状态。

一方面“哀其不幸”，另一方面“怒其不争”，两者之间，既因悲剧冲突的深入开掘而产生强烈的悲剧意识，又因对无价值的东西的讽刺、鞭挞而生发出浓郁的喜剧色彩。二者对照映衬，互补交融，既是在激进的革命民主主义思想光照下人道主义与个性主义的糅合，又是以深掘悲剧性矛盾为主而呈现出悲喜剧意识的交融。从这里也可以看到，鲁迅的悲剧观与他的“真诚地、深入地、大胆地看取人生并写出它的血和肉来”的现实主义观点是完全一致的。他前期所写的作品大多是渗透着强烈的悲剧意识的作品，即使是喜剧性的内容，也是笑中含泪，贯穿着悲剧精神的。他给予高度评价的作品如《红楼梦》等也都是渗透着悲剧精神的。

其二，基于“忧愤深广”的悲剧观，鲁迅崇尚和主张憎与爱、冷与热，

---

① 鲁迅：《且介亭杂文二集·〈中国新文学大系〉小说二集序》，《鲁迅全集》第 6 卷，人民文学出版社 2005 年版，第 247 页。

② 鲁迅：《坟·再论雷峰塔的倒掉》，《鲁迅全集》第 1 卷，人民文学出版社 2005 年版，第 203 页。

③ 鲁迅：《集外集·俄文译本〈阿 Q 正传〉序及著者自叙传略》，《鲁迅全集》第 7 卷，人民文学出版社 2005 年版，第 84 页。

忧患意识和乐观意识并存或交融的独特的悲剧风格。这从鲁迅对其他作家作品的批评中可以了解到，也从他对自己创造个性要求上可以看出来。对于“五四”时期一些年轻作家或习作者，鲁迅既要求他们将自己内心的爱憎、苦乐倾泻出来，又要求他们将爱憎、苦乐冷静地凝聚在客观化、对象化的艺术形象之中。例如鲁迅在1919年曾收到一位习作者写的一首题为《爱情》的诗。这首诗写道：“我是一个可怜的中国人。爱情！我不知道你是什么……我年十九，父母给我讨老婆。……可是，这婚姻，是全凭别人主张，别人撮合。仿佛两个牲口听着主人的命令：‘咄，你们好好的住在一块儿吧！’”鲁迅作出评价说：“诗的好歹，意思的深浅，姑且勿论；但我说，这是血的蒸气，醒过来的人的真声音。”① 又如对于汪静之的爱情诗集《蕙的风》，鲁迅批评那些“厌恶恋爱诗”的卫道者说：“从我似的外行人看起来，诗歌是本以发抒自己的热情的，发讫即罢；但也愿意有共鸣的心弦，则不论多少，有了也即罢；对于老先生的一颦蹙，殊无所用其惭惶。纵使稍稍带些杂念，即所谓意在撩拨爱人或是‘出风头’之类，也并非大悖人情，所以正是毫不足怪。”② 但鲁迅并不主张情感的自然发泄，他是把情感的自然发泄与艺术美的创造加以区别的。他曾说，某“周刊上常有极锋利肃杀的诗，其实是没有意思的，情随事迁，即味如嚼蜡。我以为感情正烈的时候，不宜做诗，否则锋芒太露，能将‘诗美’杀掉”③。

如果说这些批评文字还只是对文学作品一般创作风格的要求的话，那么，鲁迅对爱罗先珂和阿尔志跋绥夫等人的评价就深入悲剧风格本身了。鲁迅曾与爱罗先珂同选了一本《爱罗先珂童话集》在中国出版。爱罗先珂同鲁迅所选作品的角度不同，因此鲁迅说：“我觉得作者要叫彻人间的是无所不爱，然而不得所爱的悲哀，而我所展开他来的是童心的，美的，然而有真实性的梦。这梦，或者是作者的悲哀的面纱罢？那么，我也过于梦梦了，但是我愿意作

① 鲁迅：《热风·随感录四十》，《鲁迅全集》第1卷，人民文学出版社2005年版，第338页。

② 鲁迅：《集外集拾遗·诗歌之敌》，《鲁迅全集》第7卷，人民文学出版社2005年版，第248页。

③ 鲁迅：《两地书·三二》，《鲁迅全集》第11卷，人民文学出版社2005年版，第99页。

者不要出离了这童心的美的梦，而且还要招呼人们进向这梦中，看定了真实的虹，我们不至于是梦游者。”① 这段话的意思是爱罗先珂和鲁迅所选作品的角度，前者以憎与悲哀为主调，后者以爱和美为主调，而尽管后者或许只是前者的“面纱”，但鲁迅十分珍贵爱罗先珂那充满爱和人间温暖的“童心的美的梦”，因为它毕竟有可能引导读者达到“真实的虹”，而这爱和温暖又是与憎和悲哀交融在一起的。不同于爱罗先珂在爱和美的“面纱”下藏着憎和悲哀，阿尔志跋绥夫的作品则是在憎的后面深蕴着爱。鲁迅在评价阿尔志跋绥夫的短篇小说《医生》时说：“在这个短篇里……简单明了的写出了对于无抵抗主义的抵抗和爱憎的纠缠来。无抵抗，是作者所反抗的，因为人在天性上不能没有憎，而这憎，又或根于更广大的爱。因此，阿尔志跋绥夫便仍然不免是托尔斯泰之徒了，而又不免是托尔斯泰主义的反抗者，——圆稳的说，便是托尔斯泰主义的调剂者。”② 这一段话不仅指出了阿尔志跋绥夫作品“憎爱纠缠”，“憎”的外表下所具有的“更广大的爱”的特征，而且揭示出鲁迅自己悲剧风格中某些重要因素。

我们知道，托尔斯泰是主张“人类爱”的人道主义者，甚至是不抵抗主义者；阿尔志跋绥夫则是与沙皇誓不两立，同时在革命受挫，为社会所不理解的情形下向整个社会复仇的带着尼采强者色彩的个性主义者。鲁迅虽然对托尔斯泰的不抵抗主义持否定的态度，但对托尔斯泰及俄国批判现实主义文学否定旧制度，同情下层人民的人道主义传统则是充分肯定的。同样，对于阿尔志跋绥夫的“一切是仇恨，一切都是破坏”的复仇主义和虚无主义持否定的态度，但对他那种与恶势力坚决对立，毫不妥协的精神以及深揭现实矛盾，主观色彩很浓的现实主义精神也颇为赞赏。正如我们前面所论述过的，鲁迅是把人道主义和个性主义结合在一起而交融到他的革命民主主义思想之中，并在这种思想基础上形成了自己独特的悲剧风格的。

在谈到自己的作品时，鲁迅说过，它们是他“转辗而生活于风沙中的瘢

① 鲁迅：《译文序跋集·〈爱罗先珂童话集〉序》，《鲁迅全集》第10卷，人民文学出版社2005年版，第214页。

② 鲁迅：《译文序跋集·〈医生〉译者附记》，《鲁迅全集》第10卷，人民文学出版社2005年版，第192～193页。

痕”，显示出自己的“灵魂的荒凉和粗糙”①；然而在粗砺、严峻、冷静的外表下却有着深邃复杂的心理的哲理的内涵和熔岩般奔突的感情热流。

自己背着因袭的重担，肩住了黑暗的闸门，放他们到宽阔光明的地方去。②

叛逆的猛士出于人间；他屹立着，洞见一切已改和现有的废墟和荒坟，记得一切深广和久远的苦痛，正视一切重叠淤积的凝血，深知一切已死，方生，将生和未生。他看透了造化的把戏，他将要起来使人类苏生，或者使人类灭尽，这些造物主的良民们。

造物主，怯弱者，羞惭了，于是伏藏。天地在猛士的眼中于是变色。③

这里所展示的是胸怀宽阔、眼光高远、富于牺牲精神的伟大的人道主义者的形象，是蕴藉深厚、情感炽烈、冷峻倔强的“叛逆的猛士”的形象。敢于正视和洞见人世间一切矛盾，又以强者的姿态，牺牲的精神对待这一切矛盾；同时，感情的熔岩包裹在严峻冷静的外壳中，从而显露出鲁迅悲剧精神和悲剧风格的某些重要方面。

在进化的链子上，一切都是中间物。……他的任务，是在有些警觉之后，喊出一种新声；又因为从旧垒中来，情形看得较为分明，反戈一击，易制强敌的死命。但仍应该和光明偕逝，逐渐消亡，至多不过是桥梁中的一木一石，并非什么前途的目标，范本。④

同样的意思，鲁迅还说：“人多是‘生命之川’之中的一滴，承着过去，向着未来。”⑤ 依据这种把万事万物都看作中间物的辩证发展观点，鲁迅塑造

① 鲁迅：《华盖集·题记》，《鲁迅全集》第3卷，人民文学出版社2005年版，第5页。

② 鲁迅：《坟·我们现在怎样做父亲》，《鲁迅全集》第1卷，人民文学出版社2005年版，第135页。

③ 鲁迅：《野草·淡淡的血痕中》，《鲁迅全集》第2卷，人民文学出版社2005年版，第226～227页。

④ 鲁迅：《坟·写在〈坟〉后面》，《鲁迅全集》第1卷，人民文学出版社2005年版，第302页。

⑤ 鲁迅：《集外集拾遗·〈十二个〉后记》，《鲁迅全集》第7卷，人民文学出版社2005年版，第312页。

了“过客”的形象。这“过客”明知前面是坟，然而却听着前面某种声音的召唤，珍惜着人间的爱，又弃绝人间的爱，冲破一切“无物之阵”，尽自己的力量，誓无反顾地走自己的路，不停地奋然前行。反对凝固，反对“虚悬极境”“止于至善”，“反戈一击”，喊出新声，重视过程，执着现在。这“中间物”“生命之川之中的一滴”的比喻，这“过客”的形象，它们所展示的正是这样的人生哲理。从这里可以看到充溢着人间温暖、珍爱生命、执着现实、乐观奋进的精神，同时也显露出鲁迅所具有并提倡的悲剧风格的另一些重要因素。

这两方面因素的交融正是个性主义与人道主义思想在革命民主主义和思辨哲理光照下的结合。正是基于这样的社会思想和人生哲理的基础，再融入审美特质、个性气质等复杂因素，形成了鲁迅以大憎与大爱，严冷与火炽，孤独悲凉与乐观奋进，超人的昂扬与入世的沉重相交融的内涵，以“外冷内热”为表现形态的独特悲剧风格，也是他的文学理论批评价值取向中的重要组成部分。

写于1990年—1991年

美学的历史的批评与鲁迅后期的文学意识形态观

后期鲁迅运用马克思主义的立场、观点、方法观察文艺现象，在美学及文艺思想上的一个重要贡献，是对文学作为一定经济和政治的能动反映的意识形态性质进行了深入阐释和辩证把握。一方面他批判了文艺超阶级、超时代的“人性论”“自由论”和“性灵说”等非意识形态化思潮，从文艺的功利性、阶级性、政治倾向性及群众性等方面阐述了文学的意识形态性质；另一方面，又不同于文艺与经济、政治关系的机械论、庸俗社会学观点，对文学作为意识形态反作用于一定政治、经济的能动作用，对意识形态所反映的特定的政治、经济内涵——中国革命和中国文艺具体实际的正确理解，对社会心理、国民精神等文艺与政治、经济关系的中介环节的重视，以及对文艺本身的特殊规律的把握等方面，又阐述了文艺与经济、政治关系的辩证内涵。

鲁迅的文学意识形态观的逻辑起点

在20世纪20年代末、30年代初的中国文艺界，随着革命形势的发展，无产阶级文学运动的兴起，为了抵制和否定无产阶级文学运动，出现了一股非意识形态化思潮：梁实秋的“人性论”，胡秋原、苏汶等人的“文艺自由论”和“第三种人”观点，以及林语堂的“性灵说”等都是这种超时代、超阶级的非意识形态化思潮中的重要组成部分。鲁迅等左翼文学领导人对这股非意识形态化思潮进行了坚决揭露和深入批判。其中，鲁迅的揭露和批判最为有力，在揭露和批判中对马克思主义文艺理论观点的阐释也最为精辟。之所以如此，是因为鲁迅后期文艺观有着较高的逻辑起点，这就是从美感二重性和美所体现的人的丰富性的理论基点出发，对于文学作为特殊意识形态的辩证理解。这个逻辑起点与“革命文学”倡导者们及同时期的早期中国共产党人仅片面地以文学的阶级社会价值论作为逻辑起点不同。“革命文学”倡导者及同时期的早期中国共产党人主要是基于马克思主义关于经济基础和上层建筑的关系的理论，从国家和社会政治学说的角度来理解文艺，提出自己的文艺见解的。他们所活动的20世纪20年代中期，早期马克思主义美学文艺学者如普列汉诺夫等人的著作，马克思、恩格斯等经典作家有关美学和文学理论的论著，都尚未被翻译和介绍到中国来。后期创造社和太阳社则在运用马克思主义一般原理阐释文艺的同时，开始接受并传播无产阶级新兴文学理论，但他们更多地接受了苏联无产阶级文化派和“拉普”的庸俗社会学理论和日本在福本路线支配下的机械论文学理论的影响。这样，早期中国共产党人和“革命文学”倡导者们，虽然在重视文学的阶级性、战斗性，重视作家的无产阶级世界观等方面坚持了文学意识形态性质的根本观点，对于文艺与革命的结合、无产阶级文学运动的倡导和兴起做出了重要贡献；但仅以阶级论、社会价值论作为自身文艺观的逻辑起点，忽略甚至抹煞了文学本身的特点和规律，忽略甚至抹煞了文学内容的复杂性和多样性，便具有相当大的片面性，缺乏对文学作为特殊意识形态的辩证理解。20世纪20年代末、30年代初，鲁迅不仅翻译介绍了普列汉诺夫和卢那卡尔斯基的同名美学著作《艺术论》，翻译介绍了以列宁文艺思想为理论基础并总结了20年代苏俄文艺论战的俄共（布）中央的重要决议《关于党在文艺方面的政策》；而且，马克思、恩格斯和列宁关于文艺问题的书信、论文也经他人之手于30年代初开始翻译介绍到中国来。鲁迅运用马列主义一般理论和文艺美学理论，紧密结合“革命文学”论争以来的左翼文学运动的实际，和自己的文艺思想独特发展的实际，思考和研究文艺问题，使他不仅能看到和认定文艺的社会功利价值和政治倾向性，看到和肯定无产阶级文学运动兴起的必然性和必要性，否定了无产阶级文学否定论的虚无主义观点；而且充分重视文艺内容的复杂性和完整性，充分重视文艺的审美品格。他基于文艺本身的特殊规律，基于对文学意识形态性质的辩证理解，注目于美的内涵的丰富性，从唯物史观和美学的历史的批评原则看问题，因而在处理文艺与革命、文艺与群众、作家和创作等一系列左翼文学运动的重大问题上，既能防“左”反右，又能防右反“左”，具有真正马克思主义思想的高度。这也是他为什么能有力地揭露和批判资产阶级虚伪的、富有欺骗性的非意识形态化思潮，从而坚持文学作为特殊的意识形态性质的原因。

基于美感二重性的社会价值观

鲁迅对文学意识形态性质的阐发和坚持，首先表现为基于美感二重性和美的内容的丰富性的对文学社会功利价值和阶级性的认识和强调。

马克思指出：“在不同的所有制形式上，在生存的社会条件上，耸立着由各种不同情感、幻想、思想方式和世界观构成的整个上层建筑。”① 只要客观上存在着维护一定社会功利和阶级利益的经济和政治，就一定有反映这种经济和政治的意识形态。文学作为耸立在特定社会的上层建筑中的一种意识形态，它与该社会的历史、社会、文化条件分不开，最终则取决于该社会的生产方式，因此必然具有作为这种生产方式反映的社会功利性和阶级属性。1930 年，鲁迅译完普列汉诺夫的名著《艺术论》（又名《没有地址的信》，鲁迅所译是此书的前两封信）之后，在“译本序”中说：“在一切人类所以为美的东西，就是于他有用——于为了生存而和自然以及别的社会人生的斗争上有着意义的东西。功用由理性而被认识，但美则凭直感的能力而被认识。享乐美的时候，虽然几乎并不想到功用，但可由科学底分析而被发见。所以美底享乐的特殊性，即在那直接性，然而美底愉乐的根柢里，倘不伏着功用，

---

① ［德］马克思：《路易·波拿巴的雾月十八日》（1851 年 12 月—1852 年 3 月），《马克思恩格斯选集》第 1 卷，中共中央马克思恩格斯列宁斯大林著作编译局编，人民出版社 1976 年版，第 629 页。

那事物也就不见得美了。并非人为美而存在，乃是美为人而存在的。——这结论，便是蒲力汗诺夫将唯心史观者所深恶痛绝的社会，种族，阶级的功利主义底见解，引入艺术里去了。”① 这一段话，在文学价值观上，既不同于超功利的美感直觉论，又不同于“益智”“诫人”的狭隘政治功利观，而是非功利与功利的统一，艺术的审美功能与认识、教育功能的统一，是美感二重性辩证观点的充分体现。在文学内容上，从人与美的关系出发，认定美为人而存在的原理，注重美所显示的人的丰富性。不是割裂人类性、社会性与阶级性的关系，把文学的内容仅仅归结为阶级性，而是在“社会，种族，阶级的功利主义底见解”和“美底愉乐”等多方面显示出文学内容的完整性和丰富性。但同时，鲁迅又在“社会，种族，阶级性”及“美底愉乐”等诸多社会关系的“合力”中，找到了这反映阶级性、社会性、人类性的美感的根本动因，即“生产和交换的经济关系”。他说：

> 在我自己，是以为若据性格情感等，都受“支配于经济”（也可以说根据于经济组织或依存于经济组织）之说，则这些就一定都带着阶级性。但是，“都带”而非“只有”。②

正是基于对文学的社会价值和阶级性的理解，我们应当看到鲁迅对这个问题的两个方面的看法。一则，鲁迅对于梁实秋的带着资产阶级甚至封建阶级的偏见的人性论观点，进行了剖析和批判。梁实秋说：“伟大的文学乃是基于固定的普遍的人性。”“文学难得是忠实，——忠实于人性；至于与当时的时代潮流发生怎样的关系，是受时代的影响，还是影响到时代，是与革命理论相合，还是为传统思想所拘束，满不相干，对于文学的价值不发生关系。因为人性是测量文学的唯一的标准。”③ 他只允许“固定的普遍的人性”，当作“测量文学的唯一的标准”，便必然否阶级性，认为是人们“错误在把阶级

① 鲁迅：《二心集〈艺术论〉译本序》，《鲁迅全集》第 4 卷，人民文学出版社 2005 年版，第 269 页。

② 鲁迅：《三闲集·文学的阶级性》，《鲁迅全集》第 4 卷，人民文学出版社 2005 年版，第 128 页。

③ 梁实秋：《文学与革命》，《文学运动史料选》第 3 册，北京大学、北京师范大学、北京师范学院中文系中国现代文学教研室主编，上海教育出版社 1979 年版，第 13 页。

的束缚加在文学上面”①，还说，“文学就没有阶级的区别，‘资产阶级文学’‘无产阶级文学’都是实际革命家造出来的口号标语，文学并没有这种区别”②。对于梁实秋这种超时代、超阶级、超意识形态的文学价值观和人性论观点，鲁迅驳斥道，文艺“不过是一种社会现象，是时代人生的记录，人类如果进步，则无论他所写的是外表，是内心，总要陈旧，以至灭亡的”③。他又将人性分为两个不同的层面，一个是人的自然属性——“营养、呼吸、运动、生殖”，另一个是人的社会属性，即“喜怒哀乐，人之情也”及其他等等；而在人的社会属性中则“都带”阶级性，而并非“只有”阶级性。他说：“文学不借人，也无以表示‘性’，一用人，而且还在阶级社会里，即断不能免掉所属的阶级性，无需加以‘束缚’，实乃出于必然。”“穷人决无开交易所折本的懊恼，煤油大王那会知道北京捡煤渣老婆子身受的酸辛”④；“文学有阶级性，在阶级社会中，文学虽自以为‘自由’，自以为超了阶级，而无意识底地，也终受本阶级的阶级意识所支配，那些创作，并非别阶级的文化”⑤。正因为文学具有时代性、阶级性，因此，割裂人性与阶级性的关系，既把超阶级、全人类的人性说成是“测量文学的唯一标准”，又以此否定刚刚兴起的无产阶级文学，这就必然如鲁迅所指出的，“主张‘全人类’、‘超阶级’的文学理论”便成为“帮助有产阶级的东西”。这样，历史唯物主义与抽象的人性论相对立，文学的意识形态化与非意识形态化相对立，便尖锐有力地批判了梁实秋的资产阶级人性论，坚持了文学的意识形态性质。但是鲁迅并未一般地否定包括人的自然属性和全部社会属性在内的共同人性的存在。这里，更

① 梁实秋：《文学是有阶级性的吗?》，《文学运动史料选》第 3 册，北京大学、北京师范大学、北京师范学院中文系中国现代文学教研室主编，上海教育出版社 1979 年版，第 49 页。

② 梁实秋：《文学是有阶级性的吗?》，《文学运动史料选》第 3 册，北京大学、北京师范大学、北京师范学院中文系中国现代文学教研室主编，上海教育出版社 1979 年版，第 56 页。

③ 鲁迅：《三闲集·文艺与革命》，《鲁迅全集》第 4 卷，人民文学出版社 2005 年版，第 83 页。

④ 鲁迅：《二心集·“硬译”与“文学的阶级性”》，《鲁迅全集》第 4 卷，人民文学出版社 2005 年版，第 208 页。

⑤ 鲁迅：《二心集·“硬译”与“文学的阶级性”》，《鲁迅全集》第 4 卷，人民文学出版社 2005 年版，第 210 页。

清楚地看到鲁迅另一方面的观点是必要的。1928 年，在侍桁翻译的日本林癸未夫著的《文学上之个人性与阶级性》一文中，曾对唯物史观作了这样的理解，即将“有产者的个人性与无产者的个人性”，看成是“‘全个’是不相同的”，而且引申道：“就是说不承认有产者与无产者之间有共同的人性，再换一句话说，有产者与无产者只是有阶级性，而全然缺少个人性的。”① 一位叫恺良的人就林癸未夫的观点写信向鲁迅请教，认为林的看法是对于唯物史观的“误解”。鲁迅很同意恺良的观点。他在给恺良的回信中说：“就林氏的那一段文字而论，他将话两次一换，便成为‘只有’和‘全然缺少’，却似乎决定得太快一点了。”他指出，这是“弄文学而又讲唯物史观的人”由于往往不读唯物史观的原著，只看别人的提要因而导致对唯物史观的错误理解的缘故。他说：“有些作者，意在使阶级意识明了锐利起来，就竭力增强阶级性说，而别一面就也容易招人误解。”② 他认为“在中国”也有“此例”：“竟将个性，共同的人性（即林氏之所谓个人性），个人主义即利己主义混为一谈，来加以自以为唯物史观底申斥。”鲁迅说：“倘再有人据此来论唯物史观，那真是糟糕透顶了。”③ 鲁迅从正面加以论述道，不仅“吃饭睡觉”“死亡恐怖”之类可以说明“文学中有不带阶级性的分子”，而且性格情感等即因“受支配于经济”而“一定都带阶级性”，也是“都带”而非“只有”。关于这一点恺良在给鲁迅的信中举出一个例子，说：“譬如农村经济宗法社会里拿妻子为男子的财产，但是文化进步到今日的社会，就承认妻子有相当的人格。这个观念，当然是有产者和无产者所共同的。虽然是共同，却并非天赋的，仍然逃不了经济的支配。有产者和无产者物质生活上受经济的影响而有差等，个人性同样地受经济的影响而却是共同的，并不是有产者和无产者人性的共同而就是不受经济制度的影响了。”④ 恺良在这个例子中是从受现代经济制度制约的角

① 恺良写给鲁迅来信转述的林氏语。见鲁迅：《三闲集·文学的阶级性》，《鲁迅全集》第 4 卷，人民文学出版社 2005 年版，第 126 页。

② 鲁迅：《三闲集·文学的阶级性》，《鲁迅全集》第 4 卷，人民文学出版社 2005 年版，第 127 页。

③ 鲁迅：《三闲集·文学的阶级性》，《鲁迅全集》第 4 卷，人民文学出版社 2005 年版，第 127～128 页。

④ 恺良写给鲁迅的来信。见鲁迅：《三闲集·文学的阶级性》，《鲁迅全集》第 4 卷，人民文学出版社 2005 年版，第 126 页。

度来考察现代意识的，而这现代意识就都带阶级性，而又具有共同人性的因素。鲁迅对这个例子并未否定，同时用“都带”而非“只有”的很有分寸的说法对这一类问题进行概括，表现出对唯物史观辩证内涵的深刻理解。也就是说，他在肯定和坚持文学的社会意识形态性质的同时也是看到了它在内容上的某些非意识形态因素的。这样，就既肯定了文学的阶级性不至于将文学等同于阶级性，从而从文学内容的丰富性和完整性上坚持了文学的意识形态性质。

注重文学作为意识形态的主体能动作用

鲁迅不仅从文学的意识形态性质上一般地肯定它的社会功利性和阶级性，而且强调文学作为意识形态的主体能动性，即对于一定政治经济的反作用。承接“五四”时期“遵命文学”的命题，鲁迅提出了文艺事业应当成为无产阶级解放事业一部分的观点。鲁迅说：“一讲到无产阶级文学，便不免归结到斗争文学，一讲斗争，便只能说是最高的政治斗争的一翼。”① 又说：“无产者文学是为了以自己之力，来解放本阶级并及一切阶级而斗争的一翼。”② “无产文学，是无产阶级解放斗争底一翼，它跟着无产阶级的社会的势力的成长而成长。”③ 这种观点是马克思主义能动的反映论的观点。文学作为一种意识形态不仅为一定的政治经济所制约和决定，而且反过来又给予一定的影响于政治和经济。马克思主义发展到列宁主义阶段，在文艺思想上一个很重要的特点，就是强调文艺的无产阶级党性原则。1930 年，冯雪峰翻译的列宁的《党的组织与党的文学》一文在《拓荒者》杂志上发表。列宁在这篇著名论文中说：“对于社会主义无产阶级，文学事业不能是个人或集团的赚钱工具，而

---

① 鲁迅：《三闲集·文坛的掌故〈回信〉》，《鲁迅全集》第 4 卷，人民文学出版社 2005 年版，第 123 页。

② 鲁迅：《二心集·“硬译”与“文学的阶级性”》，《鲁迅全集》第 4 卷，人民文学出版 2005 年版，第 212 页。

③ 鲁迅：《二心集·对于左翼作家联盟的意见》，《鲁迅全集》第 4 卷，人民文学出版社 2005 年版，第 241 页。

且根本不能是与无产阶级总的事业无关的个人事业。……文学事业应当成为无产阶级总的事业的一部分。”鲁迅翻译的苏联的《文艺政策》一书贯穿着列宁的这一重要思想，冯雪峰的译文更不能不直接影响到他。在运用和实践马克思主义、列宁主义这一重要文艺思想时，鲁迅紧密结合中国革命和文艺运动的具体实际，既反对了非意识形态化思潮，也反对了对文学意识形态性质的简单化理解。

在当时的非意识形态化思潮中，梁实秋主张文学要表现永恒不变的“人性”，宣扬“为人类而艺术”；胡秋原和苏汶标榜“文艺自由论”和“第三种人”观点，抛出超然的“为艺术而艺术”的主张；林语堂提倡“性灵”文学和“闲适”小品，把远离尘缘的“性灵”作为文学的唯一源泉，主张“为自我而艺术”。这些观点既然从根本上否定了文艺的意识形态性质，宣扬文艺没有任何功利性，与阶级，与各种社会力量没有关系，自然也就合乎逻辑地否定了无产阶级文学。对于文艺作为阶级斗争的武器，特别是对于文艺为无产阶级解放事业服务的主张，不是诬蔑和否定，就是抹煞和消弭。所以，梁实秋径直就说：“‘革命文学’这个名词根本的就不能成立。”[①] 还竭力反对“无产文学理论家”的文艺作为他们的“斗争的‘武器’”，认为这样“足以暴露无产文学之根本的没有理论根据”[②]。胡秋原则从“自由人的立场”高喊“勿侵略文艺”[③]。苏汶也说，“左翼文坛”“霸占文学”[④]。林语堂所主张的“性灵”“闲适”，正如鲁迅所指出的，也是要消弭文学的抗争的意义，“把屠夫的

① 梁实秋：《文学与革命》，《文学运动史料选》第 3 册，北京大学、北京师范大学、北京师范学院中文系中国现代文学教研室主编，上海教育出版社 1979 年版，第 12～13 页。

② 梁实秋：《文学是有阶级性的吗?》，《文学运动史料选》第 3 册，北京大学、北京师范大学、北京师范学院中文系中国现代文学教研室主编，上海教育出版社 1979 年版，第 51 页。

③ H. C. Y.（胡秋原）：《勿侵略文艺》，《文学运动史料选》第 3 册，北京大学、北京师范大学、北京师范学院中文系中国现代文学教研室主编，上海教育出版社 1979 年版，第 120 页。

④ 苏汶：《关于〈文新〉与胡秋原的文艺论辩》，《文学运动史料选》第 3 册，北京大学、北京师范大学、北京师范学院中文系中国现代文学教研室主编，上海教育出版社 1979 年版，第 135 页。

凶残使大家化为一笑”。

在批判非意识形态化思潮，坚持文学的意识形态本性的同时，鲁迅充分肯定了无产阶级革命文学存在的必然性和必要性。他说：“世界上时时有革命，自然会有革命文学。世界上的民众很有些觉醒了，虽然有许多在受难，但也有多少占权，那自然也会有民众文学——说得彻底一点，则第四阶级文学。”① 论及中国的无产阶级革命文学时也说：“革命文学之所以旺盛起来，自然是因为由于社会的背景，一般群众，青年有了这样的要求。”② “因为实在具有社会的基础，所以在新分子里，是很有极坚实正确的人存在的。”③ 谈到 20 世纪 30 年代的左翼文艺时又说：“惟有左翼文艺现在在和无产者一同受难，将来当然也将和无产者一同起来。”④ 这更是高瞻远瞩地揭示出无产阶级、社会主义的文学必将茁壮成长的光辉前景。在否定非意识形态化思潮的同时，另一方面，鲁迅也对左翼文学阵营内部简单化、庸俗化地理解文学的意识形态性质的一些问题进行了剖析和辨正。当时，绝对化、简单化理解的主要表现，一是夸大无产阶级文学作为阶级斗争武器的宣传作用和直接实践作用，忽视文学本身的特殊规律。鲁迅指出，从 20 年代末“革命文学”倡导者到 30 年代初某些左翼批评家，他们往往只提出口号而拿不出文艺的实践，“那病根并不在‘以文艺为阶级斗争的武器，而在‘借阶级斗争为文艺的武器’”，“请文学坐在‘阶级斗争’的掩护之下，于是文学自己倒不必着力，因而于文学和斗争两方面都少关系了”⑤。这样，文学不成其为文学，也就根本不可能使文学成为无产阶级解放事业的“一翼”或“一部分”，而是把文学与

① 鲁迅：《三闲集·文艺与革命》，《鲁迅全集》第 4 卷，人民文学出版社 2005 年版，第 83 页。

② 鲁迅：《二心集·上海文艺之一瞥》，《鲁迅全集》第 4 卷，人民文学出版社 2005 年版，第 303 页。

③ 鲁迅：《二心集·上海文艺之一瞥》，《鲁迅全集》第 4 卷，人民文学出版社 2005 年版，第 304 页。

④ 鲁迅：《二心集·黑暗中国的文艺界的现状》，《鲁迅全集》第 4 卷，人民文学出版社 2005 年版，第 295 页。

⑤ 鲁迅：《二心集·“硬译”与“文学”的阶级性》，《鲁迅全集》第 4 卷，人民文学出版社 2005 年版，第 212 页。

政治斗争等同起来了。再则，文学等同于政治斗争的结果，就可能忽视文学与思想斗争、文化斗争以及文学本身的斗争等意识形态之间的复杂关系。所以鲁迅不仅说文学是最高的政治斗争的一翼，而且说是无产阶级解放斗争的一翼，这里就包含着思想、文化、艺术本身等的丰富内涵。正因如此，鲁迅在以无产阶级文学的党性原则精神来强化文学的意识形态性质的时候，仍然立足于对文学这一特殊意识形态的复杂内涵的辩证理解。

以真实性为核心的对世界观与创作关系的阐释

以真实性为核心，从倾向性与真实性的统一的观点看待革命作家的立场和世界观问题，是鲁迅理解文学的意识形态本性的又一重要特征。既然非意识形态化思潮以抽象的"人性论""文艺自由论""性灵说"来否定文艺的功利性和阶级性，抹煞资产阶级文学与无产阶级文学的区别，否定了无产阶级文学存在的权利，这种思潮影响所及，必然导致对作家的社会责任感和历史使命感的否定，助长了革命文艺队伍中资产阶级与封建阶级腐朽思想的滋长，从而不能不影响革命作家世界观的改造，并进而获得无产阶级立场和世界观。鲁迅除自己经过学习马列、参加实际斗争生活并严于解剖自己从而实现了由革命民主主义向共产主义的转变以外，还明确地要求革命作家学习马列、投身实际斗争、敢于正视自己以获得无产阶级的立场和世界观。他说："我有一件事要感谢创造社的，是他们'挤'我看了几种科学底文艺论，明白了先前的文学史家们说了一大堆，还是纠缠不清的疑问。并因此译了一本蒲力汗诺夫的《艺术论》，以救正我——还因我而及于别人——的只信进化论的偏颇。"① 又说："我以为根本问题在作者可是一个'革命人'，倘是的，则无论写的是什么事件，用的是什么材料，即都是'革命文学'。从喷泉里出来的都是水，从血管里出来的都是血。'赋得革命，五言八韵'，是只能骗骗盲试官的。"② 但是，鲁迅也反对从"左"的方面对于作家获取无产阶级世界观的简

① 鲁迅：《三闲集·序言》，《鲁迅全集》第 4 卷，人民文学出版社 2005 年版，第 6 页。

② 鲁迅：《而已集·革命文学》，《鲁迅全集》第 3 卷，人民文学出版社 2005 年版，第 568 页。

单化的理解。这里问题的关键在于，鲁迅是从作家、作品的思想倾向性和生活、艺术的真实性的统一上来看待革命作家的立场和世界观的。这一则表现在，鲁迅认为革命作家必须接触实际的社会斗争获得思想感情的真正转变，从而保证作家的无产阶级世界观具有生活真实和情感真实的血肉。他指出，“革命文学家”中，有一种“翻着筋斗的小资产阶级”，例如“当革命文学运动勃兴时，许多小资产阶级的文学家忽然变过来了”，然而鲁迅认为这种“突变之说”不是在“量变”基础上的“突变”，因此他说：“倘没有应具的条件的，那就是即使自说已变，实际上却并没有变，所以有些忽然一天晚上自称突变过来的小资产阶级革命文学家、不久就又突变回去了。”[①] 鲁迅对这种忽视作家立场和思想感情转变的长期性和艰苦性的观点进行了针砭，强调“革命文学家，至少是必须和革命共同着生命，或深切地感受着革命的脉搏的”[②]，并提醒和告诫左翼作家“倘若不和实际的社会斗争接触”，“倘不明白革命的实际情形”，“‘左翼’作家是很容易成为‘右翼’作家的”[③]。他还提出作家感情变化是更内在更深刻的变化的观点，说，“现在很有懂得理论，而感情难变的作家。然而情感不变，则懂得理论的度数，就不免和感情已变或略变者有些不同，而看法也就因此两样”[④]，“因为文艺家至少是须有直抒己见的诚心和勇气的，倘不肯吐露本心，就更谈不到什么意识”[⑤]。“可以宝贵的文字，是用生命的一部分，或全部换来的东西”[⑥]，它涉及情感、生命等精神个体更深层的领域，因此，要写出真正的无产阶级文艺作品就需要作家把

① 鲁迅：《二心集·上海文艺之一瞥》，《鲁迅全集》第 4 卷，人民文学出版社 2005 年版，第 306 页。

② 鲁迅：《二心集·上海文艺之一瞥》，《鲁迅全集》第 4 卷，人民文学出版社 2005 年版，第 307 页。

③ 鲁迅：《二心集·对于左翼作家联盟的意见》，《鲁迅全集》第 4 卷，人民文学出版社 2005 年版，第 238 页。

④ 鲁迅：《南腔北调集·论“第三种人”》，《鲁迅全集》第 4 卷，人民文学出版社 2005 年版，第 451 页。

⑤ 鲁迅：《三闲集·叶永蓁作〈小小十年〉小引》，《鲁迅全集》第 4 卷，人民文学出版社 2005 年版，第 151 页。

⑥ 鲁迅：《〈溃灭〉第二部一至三章译者附记》，《鲁迅全集》第 10 卷，人民文学出版社 2005 年版，第 371 页。

自己“烧到”作品“里面去”，而作家投身于“革命漩涡中心”，成为一个“战斗的无产者”，也就更为必要了。再则鲁迅还强调作家从自己最熟悉的生活和特定的描写领域去选择题材，开掘主题，从而以生活中饱和着情感血肉的、现实的、历史的内涵去体现作家先进的、革命的世界观，使其在作品中自然地流露出来。这里，鲜明地体现出鲁迅将革命的世界观和现实主义创作方法对立统一起来的观点。鲁迅在给青年作家沙汀、艾芜的信中，一方面提出作家应成为“战斗的无产者”，另一方面则说，“两位是可以各就自己现在能写的题材，动手来写的。不过选材要严，开掘要深”①，“总之”，“现在能写什么，就写什么，不必趋时，自然更不必硬造一个突变式的革命英雄，自称‘革命文学’；但也不可苟安于这一点，没有改革，以致沉没了自己——也就是消灭了对于时代的助力和贡献”②，因此还需并拓新题材。在抗日战争爆发前夕的1936年，鲁迅一方面在抗日救亡形势下提出“民族革命战争的大众文学”的口号，革命文学要“加重”和“放大”“阶级的领导的责任”，另一方面则要求抗日救亡题材的广泛多样化，认为“民族革命战争的大众文学”也“决不是只局限于写义勇军打仗，学生请愿示威……的作品。这些当然是最好的，但不应这样狭窄。它广泛得多，广泛到包括描写现在中国各种生活和斗争的意识的一切文学”③。这样，既注重作家革命世界观的指导作用，又把作家的独特生活经验和情感体验提到关键性的重要地位上。这一政治倾向性与艺术真实性统一的观点对于坚持文学为时代、人民服务，为无产阶级解放事业服务的方向和题材、体裁、风格的多样化有着重要意义。

文艺起源、文艺大众化问题的辩证观点

由于文艺的意识形态本性论与文艺的非意识形态化的对立，是历史唯物

---

① 鲁迅：《二心集·〈关于小说题材的通讯〉》，《鲁迅全集》第4卷，人民文学出版社2005年版，第375页。

② 鲁迅：《二心集·〈关于小说题材的通讯〉》，《鲁迅全集》第4卷，人民文学出版社2005年版，第376页。

③ 鲁迅：《且介亭杂文末编附集·论现在我们的文学运动》，《鲁迅全集》第6卷，人民文学出版社1958年版，第476页。

主义与历史唯心主义的对立，是马克思主义文艺观与非马克思主义文艺观的对立，关于文艺的本质和审美特点的阐释必须回答是从物质关系、经济关系中求得根本解释还是仅从精神实践、文艺本身求得解释的问题，因此，追根溯源，坚持文艺的意识形态论必然涉及文艺的起源以及文艺与群众的关系问题。鲁迅在阐释文艺的功利要求、反对非意识形态化思潮时，还在文艺的起源与文艺大众化问题上坚持了文艺作为意识形态的唯物史观的见解。劳动创造了人类本身，劳动产生了艺术，鲁迅前期大体上已具有了这种朴素唯物主义的观点，但仍有着将劳动与宗教同时看作文艺的起源的二元论倾向，在后期鲁迅的文艺起源论中，劳动先于艺术，劳动产生艺术的观点则十分明确。他说："人类是在未有文字之前，就有了创作的，可惜没有人记下，也没有法子记下。我们的祖先的原始人，原是连话也不会说的，为了共同劳作，必需发表意见，才渐渐地练出复杂的声音来，假如那时大家抬木头，都觉得吃力了，却想不到发表，其中有一个叫道'杭育杭育'，那么，这就是创作；大家也要佩服，应用的，这就等于出版；倘若用什么记号留存了下来，这就是文学；他当然就是作家，也是文学家，是'杭育杭育派'。"① 这里，原始人为了共同劳作、协调劳动，并解除劳苦、持续的劳动，才在练出复杂的声音的情况下有着"杭育杭育"的抒发。这就是创作。这有节奏的劳动号子便是劳动所规定的最初的文学创作的内容。为鲁迅所译的普列汉诺夫的《艺术论》中说："在原始部落那里，每种劳动都有自己的歌，歌的拍子总是十分精确地适应于这种劳动所特有的技术操作性质，决定于一定的生产技术。"可见艺术正是产生于原始人类的物质生产劳动过程中，并反映着物质生产劳动。鲁迅还批判了那种否定功利目的，以为艺术起源于游戏的观点先于审美观点的论证，进一步强化了美感起源于劳动的结论。鲁迅说："画在西班牙的亚勒泰米拉洞里的野牛，是有名的原始人的遗迹，许多艺术史家说，这正是'为艺术而艺术'，原始人画着玩玩的。但这解释未免过于'摩登'，因为原始人没有19世纪的文艺家那么有闲，他的画一只牛，是有缘故的，为的是关于野牛，

① 鲁迅：《且介亭杂文·门外文谈》，《鲁迅全集》第6卷，人民文学出版社1958年版，第96页。

或者是猎取野牛，禁咒野牛的事。”[①] 这就是说，原始绘画不是“画着玩玩”的一种游戏，而是表现出野牛这种动物在原始人类的狩猎生活中所起的巨大的决定性作用。最初有了人同野牛所发生的一定的关系，才产生了描绘这种动物的冲动。而“关于野牛，或者是猎取野牛，禁咒野牛的事”则是为狩猎生活所决定的艺术创作的内容。因此艺术的产生首先是因为有用、有益，并和这有用有益结合在一起的。鲁迅在《〈艺术论〉译本序》中曾对普列汉诺夫功利的艺术起源观作过介绍，他说：“第三篇《再论原始民族的艺术》则批判主张游戏本能，先于劳动的人们之误，且用丰富的实证和严正的论理，以究明有用对象的生产（劳动），先于艺术生产这一个唯物史观的根本底命题。详言之，即蒲力汗诺夫之所究明，是社会人之看事物和现象，最初是从功利底观点的，到后来才移到审美底观点去。”[②] 在这里，鲁迅一方面明确认为功利观点先于审美观点；另一方面又看到功利观点“到后来才移到审美观点去”的审美观点具有相对独立性的历史过程。这就是说，真正的审美是在到达“享乐着美的时候……几乎并不想到功用”，只能“由科学底分析而被发见”的境地上才能实现。这时候，审美观念与物质关系、经济关系的联系是需经过许多中介因素的。普列汉诺夫在《艺术论》中说：“甚至在原始狩猎社会里，技术和经济并非总是直接决定审美趣味的，往往在那里发生作用的是相当多的各种多样的中间因素。”鲁迅在肯定劳动先于艺术，功利先于审美的同时，对他前期所阐释的宗教和娱乐等复杂观念对于艺术与美感的作用并不否认，只是将它们的作用放置在劳动、功利之下罢了。他那时承认并阐述了“原始民族对于神明……歌颂其威灵、赞叹其功烈”的宗教的作用[③]，承认并阐述了“到休息时，亦必要寻一种事情以消遣闲暇”[④] 的游戏的作用。鲁迅

① 鲁迅：《且介亭杂文·门外文谈》，《鲁迅全集》第 6 卷，人民文学出版社 1958 年版，第 89～90 页。

② 鲁迅：《二心集·〈艺术论〉译本论》，《鲁迅全集》第 4 卷，人民文学出版社 2005 年版，第 269 页。

③ 鲁迅：《〈中国小说史略〉附录·〈中国小说的历史的变迁〉》，《鲁迅全集》第 9 卷，人民文学出版社 2005 年版，第 312 页。

④ 鲁迅：《〈中国小说史略〉附录·〈中国小说的历史的变迁〉》，《鲁迅全集》第 9 卷，人民文学出版社 2005 年版，第 313 页。

后期改造并融合了这些观点，使之与唯物史观相符，正是与普列汉诺夫的艺术起源辩证论相一致的。

关于文艺大众化问题，鲁迅提出了“大众，是有文学，要文学的”[①] 著名观点。而梁实秋却说“一切的文明，都是极少数的天才的创造”[②]，“德漠克拉西的精神在文学上没有实施的余地……‘大多数的文学’是一个没有意义的名词”[③]，不承认大众有文学；特别值得注意的是，“革命文学”倡导者中，也有一些人自居于工农之上，他们提出“开步走，向那龌龊的农工大众”，是为了“驱逐资产阶级的‘意德沃罗基’在大众中的流毒与影响，获得大众”，只强调作家要“获得大众，不断地给他们以勇气，维持他们的自信”[④]，作家们应以文学作品去“教化”只有“自然生长性”的大众，甚至认为无产阶级文学作品“无须无产者自己来写”，“无产阶级文学的作家，不一定要出自无产阶级”[⑤] 等，如果说他们对大众“要文学”是持肯定态度的话，那么，他们对于大众是否“有文学”却表示了怀疑。鲁迅则基于劳动先于艺术，劳动规定了艺术的内容的历史唯物主义的艺术起源观，基于“世界却正由愚人造成”[⑥]，“一切文物，都是历来的无名氏所逐渐的造成”[⑦]，文字创造

---

① 鲁迅：《且介亭杂文·门外文谈》，《鲁迅全集》第 6 卷，人民文学出版社 2005 年版，第 100 页。

② 梁实秋：《文学与革命》，《文学运动史料选》第 3 册，北京大学、北京师范大学、北京师范学院中文系中国现代文学教研室主编，上海教育出版社 1979 年版，第 10 页。

③ 梁实秋：《文学与革命》，《文学运动史料选》第 3 册，北京大学、北京师范大学、北京师范学院中文系中国现代文学教研室主编，上海教育出版社 1979 年版，第 15 页。

④ 成仿吾：《从文学革命到革命文学》，《“革命文学”论争资料选编》上，中国社会科学院文学研究所现代文学研究室编（由马良春、张大明、徐迺翔编选），人民文学版社 1981 年版，第 137 页。

⑤ 李初黎：《怎样地建设革命文学》，《革命文学论争资料选编》上，中国社会科学院文学研究所现代文学研究室编（由马良春、张大明、徐迺翔编选），人民文学出版社 1981 年版，第 163 页。

⑥ 鲁迅：《坟·写在〈坟〉后面》，《鲁迅全集》第 1 卷，人民文学出版社 2005 年版，第 302 页。

⑦ 鲁迅：《南腔北调集·经验》，《鲁迅全集》第 4 卷，人民文学出版社 2005 年版，第 554 页。

并非“归功一圣”，“所当绵历岁时，且由众手”[①] 的人民群众创造物质文明和精神文明的唯物史观，在“大众，是有文学，要文学的”总的观点中，着重指出“在不识字的大众里，是一向就有作家的”[②]，还把阶级社会的文艺分为“生产者的艺术”与“消费者的艺术”两种，指出历史上人民大众的文艺创造活动从未停止过。这样鲜明地提出大众“有文学”的观点是鲁迅在文艺大众化问题上的一个创见。与他提出的原始人类中有“杭育杭育派”文学的观点相一致，他指出这历来的“无名氏的创作”，“不识字的作家”的作品，是“和高等有闲者的艺术对立”的“真正的生产者的艺术”[③]，包括“民谣、山歌、渔歌”等“不识字的诗人的作品”，包括“童话和故事”等“不识字的小说家的作品”[④] 乃至“市上新的花纸……连环图画”等。鲁迅还指出它们在艺术格调上的特色，认为它们“虽然不及文人的细腻，但他却刚健、清新”，并且认为：“旧文学衰颓时，因为摄取民间文学或外国文学而起一个新的转变，这例子是常见于文学史上的。”[⑤] 这里，认为无名氏创作给予了文艺一种新力量的观点是对文学史上一条重要规律的深刻而独到的概括和揭示。正是与这种劳动人民历来“有文学，要文学”的观点一脉相通，鲁迅指出，在现代社会中因为有第四阶级（无产阶级）存在，因而必然有第四阶级的文艺的存在，中国的无产阶级革命文学运动的兴起也是必然的。因此，这种文艺大众化的观点也是鲁迅坚持文艺的阶级功利性和意识形态性质的又一重要表现。

但是，鲁迅在指出劳动人民历来创造了包括文艺在内的精神财富的同时，

---

① 鲁迅：《汉文学史纲要》，《鲁迅全集》第 8 卷，人民文学出版社 2005 年版，第 354 页。

② 鲁迅：《且介亭杂文·门外文谈》，《鲁迅全集》第 6 卷，人民文学出版社 2005 年版，第 102 页。

③ 鲁迅：《且介亭杂文·论“旧形式”的采用》，《鲁迅全集》第 6 卷，人民文学出版社 2005 年版，第 24 页。

④ 鲁迅：《且介亭杂文·门外文谈》，《鲁迅全集》第 6 卷，人民文学出版社 2005 年版，第 97 页。

⑤ 鲁迅：《且介亭杂文·门外文谈》，《鲁迅全集》第 6 卷，人民文学出版社 2005 年版，第 97 页。

还实事求是地指出了历来百姓“默默地生长，萎黄，枯死”，“像压在大石底下的草一样”①，因而创作的才能受到严重压抑的可悲景况，还说：“我们的古人又造出了一种难到可怕的一块一块的文字。”② “许多人却不能借此说话了，加以古训所筑成的高墙，更使他们连想也不敢想。”③ 又说：“民众不识字的多，怎会有作品，一生的喜怒哀乐，都带到黄泉里去了。”④ 这样，他便猛烈地抨击了历来“愚民政策”和“现下的教育不平等的社会”，深入地剖析了反动思想统治对人民大众创作活动的影响。他一方面指出历来民间好的东西，在文人士大夫手里逐渐蜕变以至死亡，说：“歌、诗、词、曲，我以为原是民间物，文人取为己有，越做越难懂，弄得变成僵石，他们就又去取一样，又来慢慢地绞死它。”⑤ 另一方面又指出历来老百姓“间接受古书的影响很大，他们对于乡下的绅士有田三千亩，佩服得不了，每每拿绅士的思想，做自己的思想，绅士们惯吟五言诗七言诗；因此他们所唱的山歌野曲，大半也是五言或七言。这是就格律而言，还有构思取意，也是很陈腐的，不能称是真正的平民文学”⑥。他又说：“不过也不能听大众的自然，因为有些见识，他们究竟还在觉悟的读书人之下，如果不给他们随时拣选，也许会误拿了无益的，甚而至于有害的东西。”⑦ 因此，他尖锐地指出：“‘迎合大众’的新帮闲，是绝对的要不得的。”⑧

---

① 《集外集·俄文译本〈阿Q正传〉序及著者自叙传略》，《鲁迅全集》第7卷，人民文学出版社2005年版，第84页。

② 《集外集·俄文译本〈阿Q正传〉序及著者自叙传略》，《鲁迅全集》第7卷，人民文学出版社2005年版，第83页。

③ 鲁迅：《集外集·俄文译本〈阿Q正传〉序及著者自叙传略》，《鲁迅全集》第7卷，人民文学出版社2005年版，第84页。

④ 鲁迅：《集外集拾遗·一个“罪犯”的自述》，《鲁迅全集》第7卷，人民文学出版社2005年版，第288页。

⑤ 鲁迅：《鲁迅书信集（上卷）·致姚克》，人民文学出版社1976年版，第492页。

⑥ 鲁迅：《而已集·革命时代的文学》，《鲁迅全集》第3卷，人民文学出版社2005年版，第441页。

⑦ 鲁迅：《且介亭杂文·门外文谈》，《鲁迅全集》第6卷，人民文学出版社1958年版，第104页。

⑧ 鲁迅：《且介亭杂文·门外文谈》，《鲁迅全集》第6卷，人民文学出版社1958年版，第104页。

至于如何实施文艺大众化问题，鲁迅一方面强调文艺作品应使大众能"懂"，能接受，应该从事许多实际的工作。他说："在现下教育不平等的社会里，仍当有种种难易不同的文艺，以应各种程度的读者之需。不过应该多有为大众设想的作家，竭力来作浅显易解的作品，使大家能懂，爱看，以挤掉一些陈腐的劳什子。"① 鲁迅的主张，有很具体的内容，他认为对于劳动人民应该将"新语法，新名词"，"逐渐的检必要的灌输进去"，并且认为这样做大众是能接受的，他打比方说，就像孩子学话一样，"大众的会摄取新词汇和语法，也就是这样子，他们会这样的前进"②。由此可见，在鲁迅看来，在当时的政治环境和文化条件下，为文艺大众化多做一些具体实际的工作是十分心要的。但另一方面，鲁迅又清醒地看到，反动政治制度是文艺大众化的最大障碍，所以在当时的情况下，文艺大众化的工作只能在一定程度上实行。他说："倘若此刻就要全部大众化，只是空谈。"③ "总之，多作或一程度的大众化的文艺，也固然是现今的急务。若是大规模的设施，就必须政治之力的帮助，一条腿是走不成路的。"④ 这就是说，真正进行"大规模的设施"，实行文艺大众化，是需在推翻反动政治统治实行人民民主政治之后才有可能实现的。这里，又可以很清楚地看到，鲁迅对文艺大众化以及一切文艺问题的看法，绝不是封闭在精神领域，把它们看成主观自生、独立自足的精神现象，而是在整个社会结构及其变革的广阔视野上看到一定的经济基础对文艺的性质、面貌及发展的最终决定作用，后期鲁迅不仅这样在文艺的意识形态本性论上坚持了唯物主义的理解，而且，无论从实行文艺大众化的必然性和必要性，实行文艺大众化的可能性、现实性来看，他的论述又都富有辩证的眼光，具有深刻、丰富的辩证内涵的。

---

① 鲁迅：《集外集拾遗·文艺的大众化》，《鲁迅全集》第 7 卷，人民文学出版社 1958 年版，第 367 页。

② 鲁迅：《且介亭杂文·门外文谈》，《鲁迅全集》第 6 卷，人民文学出版社 1958 年版，第 104 页。

③ 鲁迅：《集外集拾遗·文艺的大众化》，《鲁迅全集》第 7 卷，人民文学出版社 1958 年版，第 367 页。

④ 鲁迅：《集外集拾遗·文艺的大众化》，《鲁迅全集》第 7 卷，人民文学出版社 1958 年版，第 368 页。

文学意识形态辩证论三解

如上所述，马克思主义者的鲁迅，把历史唯物主义与辩证唯物主义统一起来，在坚持文学的意识形态本性的同时，又达到了对它的复杂内涵的辩证理解。为了更集中地进行文学意识形态本性论和辩证论的探讨，从下面三个方面作进一步的阐述是必要的。

首先，在文学为政治、经济所制约又反作用于政治经济的关系上，注意到通过社会心理、国民精神和习俗风尚等意识形态的中介环节来实现，是鲁迅阐释文学意识形态辩证内涵的一个重要特征。关于这一特征要从鲁迅后期所推重的普列汉诺夫的理论观点谈起。普列汉诺夫对于马克思主义理论的一个重要贡献，是发展了马克思、恩格斯关于社会结构学说中的“中间环节”的理论。他明确地指出了社会心理，即一定时期普遍流行的特定的民族、阶级、阶层的政治的宗教的道德的观念，以及一定人群的意志、情绪、习惯、风尚等，是社会存在、经济基础与思想体系、各种意识形态形式之间的“中间环节”。他在肯定了社会心理是社会存在的反映，具有社会意识性质之后，把社会心理与思想体系作为两种基本形态加以区别。与系统化、理论化了的思想体系不同，社会心理是没有经过科学加工过的自然状态或半自然状态的自觉或不自觉的精神活动。正因如此，文艺美学观念与人的社会心理有着较之思想体系更为密切的关系。在鲁迅所译《艺术论》中，普列汉诺夫说：“人类的心理底本性，是使美底概念的存在，于他成为可能。”① 又说：“一切所与的民族的艺术，为他的心理所规定，他的心理，为他的状态所创造，而他的状态，则到底被限定于他的生产力和他的生产关系。”② 这里，普列汉诺夫在阐述文艺与生产方式、经济基础的关系时，既坚持了生产、经济的最终决定作用，又十分重视社会心理、国民精神等中间环节的意义。他对于这个马

---

① 鲁迅：《鲁迅译文集》第5卷，北京鲁迅博物馆编，福建教育出版社2008年版，第173页。

② 鲁迅：《鲁迅译文集》第5卷，北京鲁迅博物馆编，福建教育出版社2008年版，第186～187页。

克思主义美学文艺理论重大问题的阐释，是将思想倾向性与艺术的真实性统一起来的重要理论基础。忽视文艺与社会心理、国民精神的密切关系，将文艺直接联系于经济、政治，将会导致文艺反映和表现生活的简单化、概念化倾向的产生。鲁迅后期已经认识到人的性格、情感等支配于经济，但绝不忽视文学与社会心理、国民精神、个人创造性等的内在关系，他的改造国民性的思想在他前后期的思想和创作中是一贯的，而后期更放置在唯物史观的牢固基础之上。他这种对唯物史观的辩证理解，直接得力于马克思主义理论的研究，得力于列宁、普列汉诺夫著作的启示，是显而易见的。鲁迅后期从唯物史观出发，重视人民大众这“多数的力量”，在充分肯定他们“造成”世界历史的重大作用的同时，又十分重视在新的历史条件下思想启蒙的重要性，十分重视整个社会和集体思想文化素质和提高，十分重视人民大众精神的解放。他说：“梁实秋先生们虽然很讨厌多数，但多数的力量是伟大，要紧的，有志于改革者倘不深知民众的心，设法利导，改进，则无论怎样的高文宏议，浪漫古典，都和他们无干，仅止于几个人在书房中互相叹赏，得些自己满足。”① 鲁迅后期在唯物辩证法的基础上对进化论进行改造、更新，吸取了进化论重视人的本性、心理、精神的观点、正如鲁迅自己所说，他通过翻译普列汉诺夫的《艺术论》“救正”了他，还因他而及于别人的“只信进化论的偏颇”。这“救正”“偏颇”的精确用语，既表明他摒弃了进化论作为唯心史观的根本体系，也表明了他对于进化论思想中某些于社会学有启示作用的观点是加以吸取的，普列汉诺夫说：“依据我的意见，如果达尔文主义的生物学家为社会学的研究准备基础，那末这也只应当这样来理解：既然生物学研究有机形态的发展过程，既然社会学研究社会组织和它的产物——人类思想和感情的发展，所以生物学的成就也就不能不有助于社会学的科学方法的改善。”② 普列汉诺夫还从达尔文的进化论中具体地引申出对人的本性和审美观点的看法，他说：“人的本性使他能够有审美的趣味和概念。他周围的条件决

① 鲁迅：《二心集·习惯与改革》，《鲁迅全集》第 4 卷，人民文学出版社 2005 年版，第 228 页。

② ［俄］普列汉诺夫：《没有地址的信·第一封信》，《普列汉诺夫美学论文集》，曹葆华译，人民出版社 1983 年版，第 319 页。

定着这个可能性怎样变为现实；这些条件说明了一定的社会的人（即一定的社会、一定的民族、一定的阶级）正是有着这些而非其他的审美的趣味和概念。这就是从达尔文关于这个问题所讲的话里自然而然得出的最后结论。”① 鲁迅由此影响，对他前期的进化论思想进行了改造，吸取了进化论中肯定“人类的本质”的存在的人本主义观点，只不过这种对人的本性观点的吸取是从人所置身于其中的社会、民族、阶级而得到说明罢了。鲁迅改造国民性的思想之所以在他成为马克思主义者以后也贯穿下来，对进化论观点的改造和吸取是一个重要原因。鲁迅后期还曾一再提到列宁的观点，他说：“真实的革命者，自有独到的见解，例如乌略诺夫先生，他是将‘风俗’和‘习惯’，都包括在‘文化’之内的，并且以为改革这些，很为困难。我想，倘不将这些改革，则这革命即等于无成，如沙上建塔，顷刻倒坏。”② 又说：“倘不深入民众的大层之中，于他们的风俗习惯，加以研究，解剖，分别好坏，立存废的标准，而于存于废，都慎选施行的方法，则无论怎样的改革，都将为习惯的岩石所压碎，或者只在表面上浮游一些时。”③ 所以鲁迅呼吁：“现在已不是在书斋中，捧书本高谈宗教，法律，文艺，美术……的时候了，即使要谈论这些，也必须先知道习惯和风俗，而且有正视这些的黑暗面的勇猛和毅力，因为倘看不清，就无从改革。”④ 显然，鲁迅在这里是把文艺、美术及其他意识形态形式都与社会心理、习惯风俗联系起来了，并且认为文艺、美术等要为社会改革服务，必须正视它与社会心理、国民精神、习惯风俗等的关系。这里也表明，鲁迅作为革命家、思想家、文学家，这三者是有着内在的一致性的。

其次，在对中国现代文艺为之服务的中国社会的性质和中国革命的特征

---

① ［俄］普列汉诺夫：《没有地址的信·第一封信》，《普列汉诺夫美学论文集》，曹葆华译，人民出版社 1983 年版，第 320 页。

② 鲁迅：《二心集·习惯与改革》，《鲁迅全集》第 4 卷，人民文学出版社 2005 年版，第 229 页。

③ 鲁迅：《二心集·习惯与改革》，《鲁迅全集》第 4 卷，人民文学出版社 2005 年版，第 229 页。

④ 鲁迅：《二心集·习惯与改革》，《鲁迅全集》第 4 卷，人民文学出版社 2005 年版，第 229 页。

的理解上，鲁迅既遵循马克思主义关于基础与上层建筑关系的学说，在文艺的重大问题上坚持无产阶级党性原则，又根据中国革命和中国文艺的实际状况，提出中国无产阶级在当时历史条件下切实可行的文艺原则，通过马克思主义普遍原理同中国具体文艺实践的结合，逐步建立有中国特色的无产阶级文艺学说，这是鲁迅坚持文艺的意识形态的辩证内涵的又一重要特征。从20世纪20年代末的无产阶级文学运动，到30年代初的左翼文学运动，之所以产生许多“左”的偏向，一个很重要的原因，就是对中国社会的半封建半殖民地的性质和中国革命的新民主主义性质没有清楚的认识。在文化运动上则是对无产阶级领导的反帝反封建的新民主主义文化的性质没有清楚的认识。还在“革命文学”论争的时候，鲁迅就曾批评过一些“革命文学”倡导者们所提出的“超时代”的观点。他指出，这种“超时代”的观点，避开现实政治时黑暗，在“‘杀人如草不闻声’的时候，连人道主义式的抗争也没有”；同时“口头不‘无产’便是‘非革命’”“‘非革命’即是‘反革命’”，还向人们“保障最后的胜利”①，看不到革命的艰巨性、复杂性。这些都是脱离中国社会现状，忽视中国革命的民主主义性质的“左”的倾向的表现。1931年，鲁迅在回顾“革命文学”运动时，更明确地指出：“他们对于中国社会，未曾加以细密的分析，便将在苏维埃政权之下才能运用的方法，来机械地运用了。”② 事实确实如此。例如，李初梨在“革命文学”论争时期写的一篇文章中就写道：“我们现在所处的时代，是一个急激的社会变革的时代。我们的面前，横着一个人类历史所不曾有过的伟大的使命——即人榨取人的废止，由必然的王国到自由的王国底飞跃底第一步底，普罗列塔利亚的解放问题。”③ 正是这样，某些“革命文学”的倡导者们把无产阶级解放和消灭剥削制度的社会主义革命任务大大提前了，从而完全混淆了无产阶级领导下的资产阶级

---

① 鲁迅：《三闲集·醉眼中的朦胧》，《鲁迅全集》第4卷，人民文学出版社2005年版，第62页。

② 鲁迅：《二心集·上海文艺之一瞥》，《鲁迅全集》第4卷，人民文学出版社2005年版，第304页。

③ 李初梨：《普罗列塔利亚文艺批评底标准》，《“革命文学”论争资料选编》上，中国社会科学院文学研究所现代文学研究室编（由马良春、张大明、徐迺翔编选），人民文学出版社1981年版，第519页。

民主主义革命与实行无产阶级专政的社会主义革命的区别，并促使他们把批判资产阶级、小资产阶级看得比反帝反封建的民主主义任务更为迫切和重要。这样，在文学领域里便出现了如下情况：对具有反帝反封建的民主主义思想而尚未接受马克思主义的资产阶级、小资产阶级作家实行“左”的打击政策；忽视资产阶级、小资产阶级文学在民主主义革命时期的反帝反封建的积极意义，把坚持反帝反封建的“五四”时期的民主主义、革命民主主义文学与无产阶级文学对立起来，把文学的阶级性、战斗性，作家的世界观与文学本身的特殊规律看成不相容的东西等。这种种“左”的倾向都未能对中国社会和革命的实际进行具体而细密的分析从而脱离了中国国情的结果。对于这些情形，鲁迅郑重地告诫说：“倘若不和实际的社会斗争接触，单关在玻璃窗内做文章，研究问题，那是无论怎样的激烈，‘左’都是容易办到的；然而一碰到实际，便即刻要撞碎了。关在房子里，最容易高谈彻底的主义，然而也容易‘右倾’。”又说：“倘不明白革命的实际情形，也容易变成‘右翼’。”① 因此，对或一民族的文学来说，要坚持文艺为时代、为人民服务，不脱离亿万群众所关心的政治，真正了解本国的国情，了解本民族特定历史时期生活和斗争的特点。“超时代”，“单关在玻璃窗内做文章”，是无法达到创作和文学活动的繁荣的，而所谓坚持文学的意识形态性质，也只能或是流于空谈，或是导致庸俗化的理解。

再次，既遵循历史的规律，重视文学作为耸立于经济基础之上的上层建筑的意识形态性质，又遵循美的规律，注重文学本身的特征，将文学视为对世界的审美反映或审美掌握的特殊的意识形态，这是鲁迅坚持文学意识形态辩证内涵的又一重要表现。鲁迅下面一段话在表达这种历史的、美学的规律上具有概括意义，他说：

> 一切文艺，是宣传，只要你一给人看。即使个人主义的作品，一写出，就有宣传的可能，除非你不作文，不开口。那么，用于革命，作为工具的一种，自然也可以的。② ……但我以为一切文艺固是宣传，而一

① 鲁迅：《二心集·对于左翼作家联盟的意见》，《鲁迅全集》第4卷，人民文学出版社2005年版，第238页。

② 鲁迅：《三闲集·文艺与革命》，《鲁迅全集》第4卷，人民文学出版社2005年版，第84页。

切宣传却并非全是文艺，这正如一切花皆有色（我将白也算作色），而凡颜色未必都是花一样。革命之于口号，标语，布告，电报，教科书……之外，要用文艺者，就因为它是文艺。①

另一段话对于文学的功利和审美作用水乳交融的关系也作了清晰生动的揭示。鲁迅说："木刻是一种作某用的工具，是不错的，但万不要忘记它是艺术。它之所以是工具，就因为它是艺术的缘故。斧是木匠的工具，但也要它锋利，如果不锋利，则斧形虽存，即非工具，但有人仍称之为斧，看作工具，那是因为他自己并非木匠，不知作工之故。"② 这就是说，文艺应当按照美的规律实现对世界的审美反映或审美掌握，离开了美的规律，就离开了文艺本身，就谈不上有文艺的创造，同时，文艺的美的规律又不是孤立存在的，美的规律受着历史规律这更普遍的规律的制约，任何文艺家都要受他所生存的社会的物质生活条件的制约，所以文艺又是一种浮悬于经济基础之上的属于上层建筑范围的意识形态。鲁迅的论述正清楚地阐明了文艺的特殊规律和社会历史生活的普遍规律的统一关系。

但是，文艺怎样通过审美反映或审美掌握来体现、揭示文艺的意识形态性质呢？或者说，文艺的意识形态性质与文艺的特殊规律怎样内在地联结起来呢？这要从文艺的特殊的反映对象、特殊的表现方式和特殊的目的作用三个层次来看。

关于文艺的特殊的反映对象，鲁迅在 1926 年就说过："凡是科学底的人们……因为他们精细地钻研着一点有限的视野，便决不能和博大的诗人的感得全人间世，而同时又领会天国之极乐和地狱之大苦恼的精神相通。"③ 这就是说，文艺的反映对象是人的丰富、完整的精神世界，时代的情绪，社会的心理，文艺家本人也必须有博大的襟抱、胸怀，与时代情绪、人类心理相通。

---

① 鲁迅：《三闲集·文艺与革命》，《鲁迅全集》第 4 卷，人民文学出版社 2005 年版，第 85 页。

② 鲁迅：《书信（1934—1935）·致李桦》，《鲁迅全集》第 13 卷，人民文学出版社 2005 年版，第 481 页。

③ 鲁迅：《集外集拾遗·诗歌之敌》，《鲁迅全集》第 7 卷，人民文学出版社 2005 年版，第 246 页。

鲁迅后期更在唯物史观的正确理论导向下科学地理解了文艺的特殊反映对象。本来，所谓意识形态包含着思想体系和社会心理、理论观点和具体感受两个组成部分。文艺作为一种对社会生活富有情感体验和直接感受特征的特殊意识形态，它与社会心理、具体感受的内涵有着更为密切、直接、鲜明的联系。鲁迅后期承接了早期和前期改造国民性的思想，根据列宁的观点，把“风俗”“习惯”包括在“文化”之内，充分认识到“深知民众的心，设法利导”，对于社会改革的重要意义。因为他知道这些以“情感”和“趣味”，“风俗”和“习惯”为内容的社会心理、文化意识虽然与思想体系、理论观点有关，但较之于思想体系、理论观点，它们是人们在社会关系中自然形成的没有经过思想家、艺术家加工和改造的普泛的社会意识。它们以较为原始、素朴的品格而具有思想体系、理论观点所不曾具有的普遍性和流行性。这种普遍性和流行性的表现，既可以有一个阶级共同流行的心理，又可以有或一时代各阶级共有、相似的流行心理。文艺不仅与特定时代的思想体系、理论观点有关，而且与普泛的社会意识、共同流行的阶级的、民族的心理有着更密切的血肉关系。鲁迅在回顾和总结自己写小说的经验时，曾谈到他是抱着“启蒙主义”“为人生”态度。这“启蒙主义”主要就是思想启蒙、思想革命，通过文学改造国民精神，唤起民众的觉醒。他多次说过他创作《阿Q正传》是“竭力想摸索人们的魂灵”①，要“能够写出一个现代的我们国人的魂灵来”②。这表明他对文学的特殊反映对象是着眼于与社会心理、国民精神密切联系的人的丰富复杂的精神世界的。鲁迅翻译的普列汉诺夫的《论文集〈二十年间〉第三版序》一文中写道：“一切所与的时代的艺术底创作的特殊性，是常被发见于里面所表现的社会底心情和那最紧密的因果关系之中的。”③ 这种将社会心理与艺术特征内在地联结起来的论述正是鲁迅关于文艺反映对象的独特认识

① 鲁迅：《集外集·俄文译本〈阿Q正传〉序及著者自序传略》，《鲁迅全集》第7卷，人民文学出版社2005年版，第84页。

② 鲁迅：《集外集·俄文译本〈阿Q正传〉序及著者自序传略》，《鲁迅全集》第7卷，人民文学出版社2005年版，第83页。

③ 鲁迅：《鲁迅译文集》第5卷，北京鲁迅博物馆编，福建教育出版社2008年版，第228页。

的很好的佐证。

在文艺的特殊表现方式上，鲁迅主张具象性与典型性的融合，情感性与思想性的融合。鲁迅一方面说，文艺创作“倘使无一和活人相似处，即非具象化了的作品……”① “作者用对话表现人物的时候，恐怕在他自己的心目中，是存在着这人物的模样的，于是传给读者，使读者的心目中也形成了这人物的模样”②。在阐释普列汉诺夫的《艺术论》时也说，“美底享乐的特殊性，即在那直接性”③，十分重视直接可感的活生生的具体形象在文艺特征中的作用。另一方面鲁迅又主张“贬锢弊常取类型”④，“著此一家，即骂尽诸色”⑤，认为创作“可以缀合、抒写”⑥，对于生活素材“只是采取一端，加以改造，或生发开去，到足以几乎完全发表我的意思为止”⑦。这样，作品画面是高度概括化的，典型人物也是个性化和具有普遍反省意义的融合。不仅如此，它们还“形神俱似”，通过“画眼睛”的方法突出了性格的主要特点。鲁迅又一方面强调情感因素的重要性，认为“创作须情感，至少总得发点热”⑧，要求作家“有是非，有爱憎”，“是非愈分明，爱憎也愈热烈”⑨；另

① 鲁迅：《书信（1936 致外国人士）·致徐懋庸》，《鲁迅全集》第 14 卷，人民文学出版社 2005 年版，第 36 页。

② 鲁迅：《花边文学·看书琐记》，《鲁迅全集》第 5 卷，人民文学出版社 2005 年版，第 559 页。

③ 鲁迅：《二心集·〈艺术论〉译本序》，《鲁迅全集》第 4 卷，人民文学出版社 2005 年版，第 269 页。

④ 鲁迅：《伪自由书·前记》，《鲁迅全集》第 5 卷，人民文学出版社 2005 年版，第 4 页。

⑤ 鲁迅：《中国小说史略·明之人情小说（上）》，《鲁迅全集》第 9 卷，人民文学出版社 2005 年版，第 187 页。

⑥ 鲁迅：《书信（1927—1933）·致徐懋庸》，《鲁迅全集》12 卷，人民文学出版社 2005 年版，第 526 页。

⑦ 鲁迅：《南腔北调集·我怎么做起小说来》，《鲁迅全集》第 4 卷，人民文学出版社 2005 年版，第 527 页。

⑧ 鲁迅：《而已集·读书杂谈》，《鲁迅全集》第 3 卷，人民文学出版社 2005 年版，第 460 页。

⑨ 鲁迅：《且介亭杂文二集·再论“文人相轻”》，《鲁迅全集》第 6 卷，人民文学出版社 2005 年版，第 347 页。

一方面强调“思理”“理论的度数”的重要性。在评价普列汉诺夫的《艺术论》时，把情感和思想的结合放在突出的地位上，他说：“第一篇《论艺术》首先提出‘艺术是什么’的问题，补正了托尔斯泰的定义，将艺术的特质，断定为感情和思想的具体底形象底表现。”① 普列汉诺夫在补正托尔斯泰关于艺术的定义时是这样说的，他说：“说艺术只表现人们的感情，也一样地不对的。不，这也表现他们的感情，也表现他们的思想，然而并非抽象底地，却借了灵活的形象而表现。”② 自然，从文艺的特征来说，情感又显得特别重要，而形象正是情感的发酵素，真正具象化而又典型化的艺术形象离不开逻辑思维和理性活动，更具有情感性的特征。鲁迅说：“现在很有懂得理论，而感情难变的作家。然而感情不变，则懂得理论的度数，就不免和感情已变或略变者有些不同，而看法也就因此两样。”③ 由此可见，鲁迅既不忽视世界观、理论观点的作用，然而更注重的是形象、典型所凝聚的情感的作用。这里，鲁迅对形象、情感、思理的关系的看法与坚持文学的意识形态性质有着重要关系。因为当文艺作品按照文艺的特殊规律形象地、典型地揭示和描绘社会人的心理时，充分地显示了人的心理的具体性、丰富性和生动性，使社会心理的表现饱和着形象、情感血肉的素朴和原始的品格，从而完整地以“原生态”的形态呈现出生活本身的丰富多彩，而这种人的心理的具体、丰富和生动正是意识形态的重要内容。坚持文艺的意识形态性质，又最能体现意识形态的特殊性的地方，正在这里。

关于文艺的独特作用问题，鲁迅曾多次指出文艺的“感染陶冶”作用。他所指出的，作品通过艺术形象所点燃的情感的火焰能将读者“烧进”作品里去的独特魅力，正是以他对情感、思理、想象等多种心理因素的内涵及它们的相互关系的理解为基础的。他还将文艺的社会功利性与艺术典型的审美

① 鲁迅：《二心集·〈艺术论〉译本序》，《鲁迅全集》第4卷，人民文学出版社2005年版，第268页。

② 鲁迅：《鲁迅译文集》第5卷，北京鲁迅博物馆编，福建教育出版社2008年版，第156页。

③ 鲁迅：《南腔北调集·论“第三种人”》，《鲁迅全集》第4卷，人民文学出版社2005年版，第451页。

力量统一起来提出对文艺独特效果的精辟见解，他说：“我的方法是在使读者摸不着在写自己以外的谁，一下子就推诿掉，变成旁观者，而疑心到像是写自己，又像是写一切人，由此开出反省的道路。”① 文艺的这种“疑心到像是写自己，又像是写一切人”的独特社会效果正是具象化与典型化相交融、情与理相交融的艺术典型所产生的巨大魅力。文艺要发挥干预人的心灵、丰富人的心灵的不同于其他意识形态的独特作用，是离不开这种既个性化又有普遍感染和反省意义的艺术效果的。

鲁迅的文学意识形态观探源

鲁迅基于马克思主义的唯物史观，以对文学的美学的历史的规律的辩证理解，达到了对文学作为特殊的意识形态的深切、正确的把握。后期鲁迅之所以在文艺观上能达到这样的高度，当然首先应该归因于 20 世纪 20 年代末、30 年代初左翼文学运动和马克思主义文艺理论传播对他的促进作用。但是，他接受马克思主义文艺理论经历了怎样独特的道路，他的马克思主义意识形态观与我国从古代到近现代的文化、文学传统有着怎样的联系，这些问题都是需要进一步辨析和探讨的。

首先，20 世纪 20 年代苏俄文艺论战，在关于无产阶级文化建设问题的讨论中出现过各派文艺思想，鲁迅对它们进行了涉猎，并以它们为参照系，结合中国早期无产阶级革命文学运动的实际进行辨析和吸取，从而促进了对马克思主义文艺理论真谛的探寻和理解。早在俄国十月革命前后，苏联的无产阶级文化派鼓吹错误的“纯无产阶级文化”理论，否定一切过去时代的优秀文化，搞虚无主义。列宁在对他们的批判中一方面坚持文艺的阶级性和党派性，指出“艺术属于人民。它必须深深地扎根于广大劳动群众中间”。“无产阶级文学应当成为无产阶级的总的事业的一部分。”另一方面，他也看重文艺的特殊性，指出文艺创作“必须保证个人创造性、个人爱好的广大的空间，思想和幻想、形式和内容的广大的空间”。而且从文化和文艺的特殊性出发，

① 鲁迅：《且介杂亭文·答〈戏〉周刊编者信》，《鲁迅全集》第 6 卷，人民文学出版社 2005 年版，第 150 页。

看到它们的历史继承性，于是就有关于“两种文化”，关于“共产主义从全部人类知识中产生出来”的理论的提出，以及他对俄罗斯古典作家的一系列经典性批评论著的问世。到了20年代，苏联转入恢复国民经济、进行和平建设的历史阶段以后，又有受无产阶级文化派理论影响的“列夫派”和“拉普”的前身“岗位派”的出现。与他们处于对立地位而又趋于另一极端的则有瓦浪斯基、托洛茨基等人。这两派之间围绕着能否建设和如何建设无产阶级文化问题展开了激烈的论争。鲁迅于1925年推荐任国祯编辑的《苏俄文艺论战》一书，并为此写了“前记”。这本书所收论文分别为“列夫派”“岗位派”以及瓦浪斯基的三篇，还有关于论述普列汉诺夫的文艺思想的一篇。1930年，鲁迅又翻译了日本藏原惟人编辑的《文艺政策》一书。他说明翻译这本书“是使大家看看各种议论，可以和中国的新的批评家的批评和主张相比较”①。所谓“各种议论”，这本书的原编译者藏原惟人，他曾将参加论战的人按照对无产阶级文化和党的政策的态度分为三派。鲁迅则在该书译后记中指出：“然而约减起来，也不过两派。即对于阶级文艺，一派偏重文艺，如瓦浪斯基等，一派偏重阶级，是《那巴斯图》的人们，布哈林们自然也主张支持无产阶级作家的，但又以为最要紧的是要有创作。”② 鲁迅用“偏重阶级”和“偏重文艺”来点明两派的文艺倾向，各有正确和偏颇的一面，这种批判地择取对于形成鲁迅的文学的意识形态观有着重要意义。对于托洛斯基，鲁迅还在“革命文学”论争时期便阅读过他的《文学与革命》一书，并翻译了其中的部分章节，曾经称赞托洛斯基“是一个深解文艺的批评者”③，而对于托洛斯基的无产阶级文化否定论则持相反的态度，因为如前所述，鲁迅从文艺的阶级性、社会功利观出发，对无产阶级文学是给予充分肯定和支持的。在《文艺政策》一书中，鲁迅还从日文转译了1925年俄共（布）中央发表的

① 鲁迅：《集外集·〈奔流〉编校后记（九）》，《鲁迅全集》第7卷，人民文学出版社2005年版，188页。

② 鲁迅：《译文序跋集·〈文艺政策〉后记》，《鲁迅全集》第10卷，人民文学出版社2005年版，第339页。

③ 鲁迅：《集外集拾遗·〈十二个〉后记》，《鲁迅全集》第7卷，人民文学出版社2005年版，第313页。

《关于党在文学方面的政策》的决议。这个决议以列宁的文艺思想作为理论指导对论争双方进行了总结，纠正了两方的偏颇，肯定了以无产阶级文学作为文艺运动的前进方向；而且在坚持无产阶级文学的党性原则和创作自由的关系上，在处理文化遗产的继承和新的艺术的创造的关系上，等等，都有辩证的理解和阐释。紧接着《文艺政策》的翻译，鲁迅又译了普列汉诺夫的《艺术论》。这部著作从艺术起源的辩证论入手，以美感的二重性观点阐释了文学的认识、教育和审美作用三者的统一，从而对艺术的本质，即既遵循历史的规律又遵循美学的规律对文学进行阐释的问题，有了基于唯物史观的辩证理解。由此可见，鲁迅接受马克思主义文艺理论，在唯物史观指引下树立文学的意识形态观，辩证地把握了文学这一意识形态的特殊内涵，是经历了一个复杂的寻找与确立的过程的。

其次，在文学观念由古代向近现代转换、变革的历史进程中，鲁迅后期意识形态观与近现代“为政治”“为人生”“为艺术”三种文学观念综合发展的历史密切相关，也与他早期、前期的启蒙主义、革命民主主义的文艺思想有着直接的承传关系。20世纪中国文学观念的现代化，是以西方近现代文学观念为参照系，以“文以载道”等中国传统文学观念体系为批判对象，以呼唤现代文明、关注和改造现状，从而实现民族振兴、政治变革为内容。这个总体特征体现在三种文学观念的矛盾对立和互补综合的发展中。在近代，以梁启超为代表的“艺术政治功利化”的倾向，以开通民智、激发民情、廓清社会蒙昧为出发点。他在《小说与群众之关系》中说，“欲新一国之民，不可不先新一国之小说”，把文学的工具和武器作用强调到政治的先导、核心和社会改革杠杆的地步，使文学直接体现国民群体意识和改良主义政治观。鲁迅、周作人等则主张尊个性、张灵明，强调文学塑造人的灵魂、促进人的精神解放的作用。鲁迅在《摩罗诗力说》、《文化偏至论》等论文中，周作人在《论文章之意义暨其使命因及中国近时论文之失》等论文中，文艺与政治关系的幅度因通过文艺呼唤“精神界之战士”（鲁迅语）“裁铸高义鸿思”“阐释时代精神”（周作人语）而大为展开。文学的作用在于，使人“兴感怡悦”收到“不用之用”的功效（鲁迅语），文学“务在托意写诚而足以移人情”，它的作用“虽非实用，而有远功”（周作人语）。以王国维为代表的文学观念则以追求审美意识的独立、崇尚非功利的文学观为主要特征。“美术之为物，欲者不观，观者不欲”，王国维在说这些话的同时，主张张扬个性、开发性灵，因而在评价《红楼梦》、写《人间词话》时，才能与学究、腐儒、八股专家相对立，显现出通脱的胸襟和独到的目光来。到了“五四”时期，如所周知，随着“五四”文学革命运动的开展，又有早期中国共产党人和“革命文学”倡导者们以阶级论为核心的政治功利观，“新青年”—文学研究会“为人生”的基本倾向，创造社、弥洒社、浅草—沉钟社为艺术而艺术而又与时代现实息息相关的文学观念。鲁迅在辛亥革命前后的早期和“五四”至大革命的前期，就曾在我国现代文学观念既互补综合又多元分途的发展中，避免了某些文学观念趋于极端的偏向，提出了富于辩证内涵的命题。这主要表现在两个方面：其一，在文学的意识形态内容上，避免了向阶级性、倾向性和真实性、整体性两个方向倾斜的简单化倾向。在早期，鲁迅提出了“人各有己，而群之大觉近矣”的命题。既主张“人各有己”，即“尊个性”“张灵明”，又注目于“群之大觉”，由对“内部生活”“主观自觉之生活”的强调到自内而外，“抗争”“破坏”“进取”，从而经由“立人”而达到“立国”的目的。也就是说，个性主义与民族、民主意识的交融，丰富和加深了对“人”的概念的理解。在前期，进取的、战斗的人道主义精神、彻底的革命民主主义思想是鲁迅世界观的主导方面，然而对个体存在意义的追求，对改造国民性问题的探讨等思想仍然融合其间，因而看待文学与时代、文学与政治的关系，具有深远的历史高度和开阔的心灵幅度，对“人”的理解也显示出多层次、多视角的复杂内涵，人性的真实、艺术的真实与思想倾向、政治倾向达到了某种程度的统一。其二，在文学的一般规律与特殊规律的关系上，鲁迅早期与前期也不同程度地避免了向文学的功利性、倾向性和非功利性、审美怡悦性两个极端倾斜的弊病。他早期认为文学的特殊社会作用在于“使观听之人，为之兴感怡悦”，“涵养吾人之神思”，即他特别提到的文学“不用之用”的作用：“此其效力，有教示意；既为教示，斯益人生；而其教复非常教，自觉勇猛发扬精进。”① 这样，审美过程的直观性、怡悦性等带非功利色彩的心理特征便与

① 鲁迅：《坟·摩罗诗力说　三》，《鲁迅全集》第1卷，人民文学出版社2005年版，第74页。

塑造人的情感、意志的美感理性功利性达到了统一，尽管鲁迅当时对这种统一的理解还是朴素的、顿悟式的，表达这种理解的方式也还是直观的、粗疏的。“五四”后，鲁迅上述美感二重性的观点得到了进一步明确。他这时期已对文艺的非功利性观点持明确的反对态度，认为在“赏识美的事物”时，不可能有“无所为”的态度①。表示对于“发抒自己的意见，结果弄成带些宣传气味了的伊孛生等辈的作品”，应给予肯定②。但又再三强调“诗美”的作用，认为“文艺之所以为文艺，并不贵在教训，若把小说变成修身教科书，还说什么文艺”③。鲁迅后期的文学意识形态论之所以在坚持文学的阶级性、党派性和宣传工具作用的同时，既不将文学等同于阶级性，以致丧失文学内容上的完整性和丰富性；又不将文学等同于宣传，以致取消文学特有的艺术性和生命力，重要的原因是现代中国文学观念在思想倾向性、政治功利性、生活真实性以及艺术独创性等几个方面都有真正现代性的独到而深入的发展，在这种文学思潮的背景上，鲁迅既融合了各种观念之所长，又有着自己独特的创造和发展脉络，才逐步形成了真正切合中国革命实际和文艺实际的马克思主义的文艺意识形态观。

再次，从中国传统文化思想与现代文学观念的关系看，鲁迅的意识形态观在深层文化心理和思维方式上，与中国的道家、儒家思想以及传统的思维方式，也有着内在的联系。与老庄思想及其美学观的联系，从鲁迅对魏晋文章的重视上可以看出来。魏晋时期，老庄思想抬头，个性比较发展，是人的觉醒与文的自觉的时代，鲁迅曾把魏晋文章的特色概括为“清峻”和“通脱”。这就是指那个时代比较强调个性的真率，人格的遗世独立。这在美学思想上，便是承接了道家的“法贵天真”“大美”“无限美”的观点，表现出直觉超功利的美感特征。对于儒家思想，鲁迅固然进行了深入解剖、彻底批判，但从深层文化心理看，鲁迅的鲜明的爱憎与执着于现实战斗的精神，仍然融

---

① 鲁迅：《集外集拾遗·诗歌之敌》，《鲁迅全集》第 7 卷，人民文学出版社 2005 年版，第 248 页。

② 鲁迅：《三闲集·怎么写》，《鲁迅全集》第 4 卷，人民文学出版社 2005 年版，第 20 页。

③ 鲁迅：《中国小说史略附录·第四讲　中国小说历史的变迁》，《鲁迅全集》第 9 卷，人民文学出版社 2005 年版，第 329 页。

入了儒家积极入世的人格心态特征。因为从中西文化思想的总体比较看，西方在人生观上表现为以抽象个体为本位的个人主义社会原则。中国以儒家为核心的传统文化在人生观上则表现为以整体化、社会化了的个体为本位的非个人主义的社会原则。这种人生观中的个体，不是抽象的个体，而是在整体社会关系或联系中的个体。整体的制约性是个体本性的固有规定和必然要求，因而它复归于个体，从而使个体成为一个包含整体制约性的具体的个体。在民族矛盾和阶级斗争十分剧烈的时代环境中，鲁迅的现实战斗精神，他的作为民族魂的人格个性，正是与整体制约性中的个体这种中国民族文化传统心理有着深刻的内在关系的。鲁迅在论及嵇康、阮籍时说："魏晋时代，崇奉礼教的看来似乎很不错，而实在是毁坏礼教，不信礼教。"因为他们信奉礼教是"用以自利，那崇奉也不过偶然崇奉"，而嵇、阮等"表面上毁坏礼教者，实则倒是承认礼教，太相信礼教"，是因为无计可施，才"激而变成不谈礼教，不信礼教，甚至于反对礼教"，"他们的本心，恐怕倒是相信礼教"①。鲁迅指出的嵇、阮二人这种心态，正是一种看似出世实则入世的人格心态。与儒家的上述人生观和文化心态相一致，他们的"成于乐""游于艺"以及以"中庸"为尺度的"兴""观""群""怨"的文学观念，是十分强调美感的理性功利性的。也就是说，他们把文艺看作陶冶人的思想情感，使社会伦理道德规范成为个体自觉的心理欲求的重要手段。他们正是从个体与社会统一这个根本出发点去考察文艺现象的。对于道家的强调文学感性审美特征和儒家的强调理性社会功利性两个趋于极端的方面，鲁迅都有所吸取，也有所摒弃，它们共同地成为鲁迅深层审美心理结构的重要因素。

在思维方式上，鲁迅的意识形态观也与我国传统思维方式有着某种重要的联系。我国传统思维方式有着不善逻辑分析、喜作模糊整体把握和不善科学实证喜作意会直觉两大特征。它们与中国实用理性的传统观念胶结在一起，其优点和缺点都在实用和理性、功利和非功利的混合同一。鲁迅的包括意识形态观在内的文艺思想，既吸取了西方的逻辑论理和科学实证的思维方式的特征，又保留着中国传统文论注重整体把握和意会评点式的特征。他早期和

① 鲁迅：《而已集・魏晋风度及文章与药及酒之关系》，《鲁迅全集》第 3 卷，人民文学出版社 2005 年版，第 535 页。

前期的文艺观点的表达与传统有着更多的关系，后期则如他在评价普列汉诺夫的《艺术论》时所指出的，看到了“丰富的实证和严正的论理”的重要性，但由于鲁迅所处的政治斗争、文化斗争激烈的环境，既未能充分展开纯理性的理论思辨，也缺少科学实验的手段和丰富的实证材料的收集，一些美学文艺观点在表达方式上，还带着浓厚的直观把握、现象描述和非思辨非实证的特征。如何从哲学思辨和科学实验两个方面充分发展从而实现更高程度的综合，至今仍然是更好地探讨文艺的意识形态观的重要课题。

总之，马克思主义关于文艺是一种特殊的意识形态的观念，有着十分丰富的内涵，它表述了文艺作为一种意识形态形式的社会本质和自身的特征。它是马克思主义美学、艺术学、文艺学等的理论基础，具有重要的方法论的意义。正因如此，对鲁迅后期的马克思主义意识形态观进行系统地探讨，深入理解其辩证内涵，有助于我们在社会主义时期坚持文艺的意识形态性和阶级性，并对夸大文艺的非意识形态化因素，以致把它看成社会主义文艺发展的方向的观点进行批判和抵制；同时，这种探讨又能活跃思想，对于探究文艺中意识形态性与非意识形态性的关系，正确把握意识形态性与社会倾向性、阶级性、党派性之间的关系，意识形态性与文艺特征的关系等，都是不无裨益的。

写于 1990 年—1991 年

鲁迅论创作思维的特征

伟大的文学家、思想家和革命家鲁迅为了用文艺改革社会，为革命事业服务，一贯十分重视文艺反映现实的特殊方式和服务于政治的特殊功能。他在论述文艺的特征时，对于作家创作思维的过程和特征也作了探讨。

在鲁迅看来，作家、艺术家的思维过程是怎样的呢？他们的创造思维活动具有什么特征？鲁迅关于这个问题的许多论述虽然没有直接用过形象思维这个词，但他对于科学和文艺这两种不同的把握、认识世界的思维方式是有着许多精辟、独到的见解的。

我们知道，文艺作品的形象来源于生活，来源于客观世界在人类头脑中的反映。形成形象的创作思维也起于对事物的感性印象，起于作者对外物的感受。文艺产生的历史证明，最原始、最简单的文学艺术的产生也离不开形象思维活动。鲁迅在谈到文艺的起源时，对形象思维的产生作了极为精辟的表述和阐发。鲁迅曾经多次明确提到“神思”在原始创作思维活动中的重要性。关于神话，他说：“夫神话之作，本于古民，睹天物之奇觚，则逞神思而施以人化，想出古异，諔诡可观。”[①] 谈到我国神话中“龙”的形象创造时，说：“夫龙之为物，本吾古民神思所创造……”[②] 还说明这“神思”的运用，就是古民“想象神的生活，动作”[③]。鲁迅在谈到诗歌的起源时说：“古民神思，接天然之閟宫，冥契万有，与之灵会，道其能道，爰为诗歌。”[④] 关于小说，他也指出：“况乃录自里巷，为国人所白心；出于造作，则思士之结想。心行曼衍，自生此品……”[⑤] 这里，所谓“神思”“想象”“人化”和“心行曼衍”指的都是形象思维活动，即最早的创作思维就是在形象之间，与具体形象伴随着进行的，它突破了具体的时间、空间的限制，与大自然最深广的领域相联结，同万事万物暗相契合，达到主观思想与客观形象的统一。

鲁迅还通过古希腊美术创造的分析，对创作思维过程作了概括，他说：“盖凡有人类，能具二性：一曰受，二曰作。受者譬如曙日出海，瑶草作华，若非白痴，莫不领会感动；既有领会感动，则一二才士，能使再现，以成新品，是谓之作。故作者出于思，倘其无思，即无美术。然所见天物，非必圆满，华或槁谢，林或荒秽，再现之际，当加改造，俾其得宜，是曰美化，倘其无是，亦非美术。故美术者，有三要素：一曰天物，二曰思理，三曰美化。”[⑥] 这就是说，文艺创作是“天物”即外界生活形象在人们头脑中的反映的产物，这种产物是对生活形象的艺术“再现”，其间必然经过作者创作思维活动的改造制作，这就是“思理”和“美化”。这里所说的“思理”就是《文心雕龙》、《神思》篇中所说的“思理为妙，神与物游”的形象思维活动。前面提到鲁迅说的“想象”“人化”“心行曼衍”也与这种“思理”是一致的，

---

① 鲁迅：《集外集拾遗补编·破恶声论》，《鲁迅全集》第 8 卷，人民文学出版社 2005 年版，第 32 页。

② 鲁迅：《集外集拾遗补编·破恶声论》，《鲁迅全集》第 8 卷，人民文学出版社 2005 年版，第 32 页。

③ 鲁迅：《中国小说史略·附录〈中国小说的历史的变迁〉》，《鲁迅全集》第 9 卷，人民文学出版社 2005 年版，第 312 页。

④ 鲁迅：《坟·摩罗诗力说　一》，《鲁迅全集》第 1 卷，人民文学出版社 2005 年版，第 65 页。

⑤ 鲁迅：《古籍序跋集·〈古小说钩沉〉序》，《鲁迅全集》第 10 卷，人民文学出版社 2005 年版，第 3 页。

⑥ 鲁迅：《集外集拾遗补编·拟播布美术意见书》，《鲁迅全集》第 7 卷，人民文学出版社 2005 年版，第 50 页。

它们都是作者心目中形象思维极为活跃状态的一种表述。至于“美化”则是指的构成艺术形象的技巧、手法，经过形象思维，活跃在作者心目中的形象正是通过艺术形象的构造而被赋予外形，得到鲜明的再现。

既然最简单、最原始的文艺创作是伴随着思维的形象的特征而产生的，那么，随着生产劳动的发展，把握世界的抽象思维成为独立的思维方式，而反映错综复杂的社会生活的文艺更加需要把抽象力与想象力结合起来的时候，形象思维是否还作为一种独特的把握世界的思维方式继续存在呢？鲁迅对这个问题的回答是肯定的。在论述这个问题的时候，鲁迅是从文艺反映现实的特殊方式、认识现实的特殊对象和服务于现实的特殊社会作用来立论的。

鲁迅认为文艺与科学一样，都能“启人生之閟机”，揭示生活的真理，都“有教示意”，能起到改造社会人生的作用。但是，文学“缕判条分，理密不如学术”，它的特点是“直语其事实法则”，“人生诚理，直笼其词句中”①；又说文艺作品要使人“感得专诉于想象力的或种艺术的魅力”②，例如“诗歌不能凭仗了哲学和智力来认识，所以感情已经冰结的思想家，即对于诗人往往有谬误的判断和隔膜的揶揄”③。这样，便把文艺与科学、哲学，文艺家与科学家、哲学家的思维方式明确地区分开来。科学和哲学把握现实的方式是从具体到抽象，然后按照逻辑顺序，条分缕析，归纳为说理严密的公式或定律；而文艺的思维方式则是在认识和揭示事物的本质时，始终不离开具体的形象，按照生活本身的样子进行形象的酝酿和构思，经过对生活形象的改造制作，在艺术创作中再现现实。鲁迅还指出，文艺与科学、哲学在认识和表现生活的对象上也是不同的，他说：“凡是科学底的人们……因为他们精细地研钻着一点有限的视野，便决不能和博大的诗人的感得全人间世，而同时又领会天国之极乐和地狱之大苦恼的精神相通。”④ 这里说明，科学、哲学的每

① 鲁迅：《坟·摩罗诗力说　三》，《鲁迅全集》第1卷，人民文学出版社2005年版，第74页。

② 鲁迅：《集外集拾遗·诗歌之敌》，《鲁迅全集》第7卷，人民文学出版社2005年版，第246页。

③ 鲁迅：《集外集拾遗·诗歌之敌》，《鲁迅全集》第7卷，人民文学出版社2005年版，第246页。

④ 鲁迅：《集外集拾遗·诗歌之敌》，《鲁迅全集》第7卷，人民文学出版社2005年版，第246页。

一项研究，都要在一定的研究范围内尽可能多地收集和占有具体的材料，进行“精细地钻研”，从个别的材料中概括出一般的规律来；而文艺作品则不同，它的对象是作为社会关系总和的人和人的生活、思想、感情，因此，文艺家必须再现以人为中心的具体感性而具有高度概括意义的完整的生活画面，必须将思想感情灌注到所要表现的对象中，一同“感得”和“体会”他们的欢乐和痛苦。正因为文艺与科学在把握世界的思维方式和表现的对象上不同，所以文艺有着与其他意识形态不同的服务于现实的特殊功能。鲁迅说：“文学和学说不同，学说所以启人思，文学所以增人感。”① 他还引用爱尔兰批评家道覃的话说：“美术文章之杰出于世者，观诵而后，似无裨于人间者，往往有之。然吾人之乐于观诵，如游巨浸，前临渺茫，浮游波际，游泳既已，神质悉移。而彼之大海，实仅波起涛飞，绝无情愫，未始以一教训一格言相授。顾游者之元气体力，则为之陡增也。”② 这一段话形象生动地描绘了文艺创作的审美的特点，即作品的倾向性不是借助直接的说教，而是蕴藏在形象的画面中。它使人昭然“直解”“灵府朗然”“兴感怡悦”，能起到启示人生真理，感染陶冶，潜移默化的作用。

基于对文艺的特征和文艺的特殊的社会作用的理解，鲁迅还通过我国文学史上的一些重要事实，揭示和肯定了形象思维这种艺术地掌握世界的方式。如在谈到唐宋传奇的时候，他指出，唐代传奇不仅“叙述宛转，文辞华艳”，富于“文采与意想”，而且“尽幻设语”“作意好奇”（引用胡应麟语）。他说：“云‘作意’，云‘幻设’者，则即意识之创造矣。”③ 又说，唐代传奇文“神仙人鬼妖物，都可以随便驱使……而且作者往往故意显示着这事迹的虚构，以见他想象的才能了”④。鲁迅将唐宋传奇作了比较，他说：“宋好劝惩，摭实而泥，飞动之致，眇不可期。”⑤ 又说：“唐人大抵描写时事；而宋人则极

---

① 许寿裳：《亡友鲁迅印象记》，人民文学出版社 1955 年版，第 27 页。

② 鲁迅：《坟·摩罗诗力说》，《鲁迅全集》第 1 卷，人民文学出版社 2005 年版，第 73 页。

③ 鲁迅：《中国小说史略·第八篇　唐之传奇文（上）》，《鲁迅全集》第 9 卷，人民文学出版社 2005 年版，第 73 页。

④ 鲁迅：《且介亭杂文二集·六朝小说和唐代传奇文有怎样的区别?》，《鲁迅全集》第 6 卷，人民文学出版社 2005 年版，第 335 页。

⑤ 鲁迅：《古籍序跋集·〈唐宋传奇集〉序例》，《鲁迅全集》第 10 卷，人民文学出版社 2005 年版，第 88 页。

多讲古事。唐人小说少教训；而宋则多教训。……加以宋时理学极盛一时，因之把小说也多理学化了，以为小说非含有教训，便不足道。”[①] 在鲁迅这许多论述中，“想象”“作意”“幻设”等与“摭实而泥”“教训”“理学化”等是对照起来表述的。鲁迅评价唐代传奇时的用语显然都属于形象思维的范畴。而宋代传奇则大多是宋儒理学的载道工具，所谓“摭实而泥”“多教训”“理学化”都是拘泥于事实，否认虚构，缺乏想象，或是脱离形象作抽象的说教，都有背于形象思维的规律。所以鲁迅说：“但文艺之所以为文艺，并不贵在教训，若把小说变成修身教科书，还说什么文艺。”[②] 对于这种失去了文艺特征，因而也宣告了自己的灭亡的宋代传奇，鲁迅是持明确的否定态度的。他说，到了宋代，“传奇命脉，至斯以绝”[③]。又说，“宋人虽然还作传奇，而我说传奇是绝了”[④]。对于唐宋诗歌，鲁迅也有类似的看法。他说：“我以为一切好诗，到唐已被做完。”[⑤] 又从唐末传奇的衰落谈到唐末诗歌的衰落，说：“千里《杨倡》，柳珵《上清》，遂极庳弱，与诗运同。”[⑥] 鲁迅在对唐宋传奇和诗歌的肯定、否定之间，有力地揭示了形象思维作为文艺创作根本规律的重要性。毛泽东说：“宋人多数不懂诗是要用形象思维的，一反唐人规律，所以味同嚼蜡。”[⑦] 文艺作品读来“味同嚼蜡”，也就是从根本上失去了文艺之所以为文艺的本质属性，而只能走上灭绝的道路了。

鲁迅对作家创作思维的看法还突出地表现在他所翻译、介绍并从中批判地择取了某些重要观点的外国资产阶级文艺理论著作中。他于 1924 年翻译的

---

① 鲁迅：《中国小说史略·附录〈中国小说的历史的变迁〉第四讲》，《鲁迅全集》第 9 卷，人民文学出版社 2005 年版，第 329 页。

② 鲁迅：《中国小说史略·附录〈中国小说的历史的变迁〉第四讲》，《鲁迅全集》第 9 卷，人民文学出版社 2005 年版，第 329 页。

③ 鲁迅：《古籍序跋集·〈唐宋传奇集〉序例》，《鲁迅全集》第 10 卷，人民文学出版社 2005 年版，第 88 页。

④ 鲁迅：《中国小说史略·附录〈中国小说的历史的变迁〉第四讲》，《鲁迅全集》第 9 卷，人民文学出版社 2005 年版，第 306 页。

⑤ 鲁迅：《书信（1934—1935）·致杨霁云》，《鲁迅全集》第 13 卷，人民文学出版社 2005 年版，第 307 页。

⑥ 鲁迅：《古籍序跋集·〈唐宋传奇集〉序例》，《鲁迅全集》第 10 卷，人民文学出版社 2005 年版，第 88 页。

⑦ 《毛主席给陈毅同志谈诗的一封信》，《诗刊》1978 年 1 月号。

日本文艺评论家厨川白村的《苦闷的象征》就是一个例子。这本为20世纪20年代中国文艺界人士"所爱重"、有着较大影响的书从整个思想体系上说是唯心主义的，但正如鲁迅所指出的，它"对于文艺，即多有独到的见地和深切的会心"①。例如，厨川白村在《苦闷的象征》里很重视文艺区别于科学的特征，他说："或一抽象底的思想和观念，决不成为艺术。艺术的最大要件，是在具象性。"② 在他看来，凡要表现一种思想内容，必须借助形象，即人物、事件、风景之类的具体感性的东西来体现，"而赋与这具象性者，就称为象征（即形象）"③。基于对文艺特征的认识，他认为艺术"不是自然的再现，也不是模写"，反对"浅薄的浮面的描写"④，强调在具象化的艺术形象中要灌注作家真实的思想感情，这样，"所描写的客观的事象这东西中""包藏着作家的真生命"⑤，才有真正的艺术"创造"。为要达到这种艺术创造的境界，他认为作家创作思维和读者鉴赏文艺两个方面都必须遵循有别于哲学和学说的特殊规律。"从创作思维过程来看"，厨川白村认为，随着"时代精神的变迁"，"为时运的大势所促，随处发动出来的力""潜伏在一代民众的心胸的深处"⑥，作家深刻地感受到它，将它"捕捉住"，成为从自己"无意识心理的底里涌出来的东西，再凭了想象作用，成为或一个心象"⑦，这"具象化的心象，存在作家的胸中。正如怀孕一样，最初，是胎儿似的心象"⑧。这

① 鲁迅：《译文序跋集·〈苦闷的象征〉引言》，《鲁迅全集》第10卷，人民文学出版社2005年版，第257页。

② ［日］厨川白村：《苦闷的象征　出了象牙之塔·苦闷的象征》，鲁迅译，人民文学出版社1988年版，第30页。

③ ［日］厨川白村：《苦闷的象征　出了象牙之塔·苦闷的象征》，鲁迅译，人民文学出版社1988年版，第30页。

④ ［日］厨川白村：《苦闷的象征　出了象牙之塔·苦闷的象征》，鲁迅译，人民文学出版社1988年版，第33页。

⑤ ［日］厨川白村：《苦闷的象征　出了象牙之塔·苦闷的象征》，鲁迅译，人民文学出版社1988年版，第34页。

⑥ ［日］厨川白村：《苦闷的象征　出了象牙之塔·苦闷的象征》，鲁迅译，人民文学出版社1988年版，第66页。

⑦ ［日］厨川白村：《苦闷的象征　出了象牙之塔·苦闷的象征》，鲁迅译，人民文学出版社1988年版，第61页。

⑧ ［日］厨川白村：《苦闷的象征　出了象牙之塔·苦闷的象征》，鲁迅译，人民文学出版社1988年版，第38页。

是指的形象的最初的孕育，即典型的生活现象触发了作者的艺术构思，并经过思索、体验，人物的形象、关系、命运在作家头脑中生根、萌芽、生长了。而要将作家的“心象”变成作品的形象，则需经过艰苦的再创造。厨川白村说：“作家的生育的苦痛，就是为了怎样将存在自己胸里的东西，炼成自然人生的感觉底事象，而放射到外界去；或者怎样造成理趣情景兼备的一个新的完全的统一的小天地，人物事象，而表现出去的苦痛。这又如母亲们所做的一样，是作家分给自己的血，割了灵和肉，作为一个新的创造物而产生。”① 一个作家再造一个新的形象的天地需要灌注多么强烈的思想感情，需要多么丰厚的形象积累，需要付出多么艰苦的创造性的艺术劳动，厨川白村的话是深知文艺的特征和创作的甘苦的！至于读者鉴赏文艺的过程，厨川白村认为是“先凭了理知和感觉的作用”，即先理解文句的意思，感受作品中的人物、事件、风景等形象，“将作品中的人物、事象等，收纳在读者的心中，作为一个心象”。这时候，作品形象触及了读者所经历体验过的现实生活，使读者领会到作家的“情绪、思想、精神、心气”，即作家的人生观、社会观、自然观以及宗教信仰等，才能起到文艺作品的特殊的社会作用。厨川白村概括地说：“倘说作家用象征（即形象）来表现了自己的生命，则读者就凭了这象征，也在自己胸中创作着。”② 这样，便从读者的角度，从文艺的特殊的社会效果上阐明了形象思维规律的重要性。

鲁迅为了防止思想的“俭啬”，对于厨川白村的《苦闷的象征》文艺理论著作的观点是取选择性的态度的。他扬弃了这部著作以“生命力为人类生活的根本”和用“潜在意识”来解释文艺的主观唯心主义观点，吸取了其中阐释文艺和创作思维的特征、重视文艺的真情实感、强调文艺的独创性等成分。这些观点的出发点虽然也是唯心主义的，但它们对于当时中国文艺界“萎靡锢蔽”的精神状态和封建主义的文以载道的文艺观却具有反对封建束缚的积极意义。在翻译这部文艺论著后不久，鲁迅提出反对“瞒和骗”的封建载道文艺，主张“正视人生”，号召作家“敢想，敢说，敢作，敢当”，“取下假

① ［日］厨川白村：《苦闷的象征　出了象牙之塔·苦闷的象征》，鲁迅译，人民文学出版社 1988 年版，第 38～39 页。

② ［日］厨川白村：《苦闷的象征　出了象牙之塔·苦闷的象征》，鲁迅译，人民文学出版社 1988 年版，第 47 页。

面，真诚地，深入地，大胆地看取人生并且写出他的血和肉来”①。鲁迅的这种文艺观点中是很明显地交融着厨川白村的某些观点的。20世纪20年代末，“革命文学”的某些倡导者在文学和政治的关系上，单纯强调“文艺是宣传”，否定客观存在的文艺的特殊规律，说文艺的“本质仅限于文字本身，除此以外，更没有什么形而上学的本质”。鲁迅针对他们的观点，指出这是“踏了‘文学是宣传’的梯子而爬进唯心的城堡里去了”②。鲁迅用唯物辩证法的观点阐明了文艺的特征：“我以为一切文艺固是宣传，而一切宣传却并非全是文艺……革命之所以于口号、标语、布告、电报、教科书……之外，要用文艺者，就因为它是文艺。”③ 他批判一切所谓革命文学家“作品虽然也有些发表了，但往往是拙劣到连报章记事都不如；或则将剧本的动作辞句都推到演员的‘昨日的文学家’身上去”④。由于他们在写作时，不敢正视现实，缺乏实际生活的感受，又根本否定文艺的特征，从概念到概念，不是按照生活本身的形式伴随着画面和形象去思维，因此人物的性格面貌极为模糊，甚至连表现人物性格的最起码的动作、语言都写不出来，这样的作品便只能是抽象的精神的传声筒，不能起到感染人教育人的作用。在30年代，鲁迅通过翻译普列汉诺夫的《艺术论》及研读其他马列主义的文艺论著，使他前期对于文艺特征和作家创作思维的特征的认识建立在更加科学的基础之上。他批判了所谓“忠实于主观”，“用人工来制造理想的人物”和“舍已有之典型而写可能之典型”的主观唯心主义的创作论，坚持文艺创作必须从现实生活出发，作家的创作思维活动要植根于现实生活，并且在更强烈、更典型地反映现实的时候，始终离不开从生活中得来的形象。他说：“我以为文艺大概由于现在生活的感受，亲身所感到的，便影印到文艺中去。”⑤ 这里，关于形象思维的感

① 鲁迅：《坟·论睁了眼看》，《鲁迅全集》第1卷，人民文学出版社2005年版，第255页。

② 鲁迅：《译文序跋集·〈壁下译丛〉小引》，《鲁迅全集》第10卷，人民文学出版社2005年版，第307页。

③ 鲁迅：《三闲集·文艺与革命》，《鲁迅全集》第4卷，人民文学出版社2005年版，第85页。

④ 鲁迅：《三闲集·文艺与革命》，《鲁迅全集》第4卷，人民文学出版社2005年版，第85页。

⑤ 鲁迅：《集外集·文艺与政治的歧途》，《鲁迅全集》第7卷，人民文学出版社2005年版，第117页。

情性和具体性的表述是放置在辩证唯物论的反映论的基础之上的。鲁迅还指出，文艺创作“倘使无一和活人相似处，即非具象化了的作品”①；他自己的小说就是“历来所见的农村之类的景况，也更加分明地再现于我的眼前”②而写出来的。他说：“作者用对话表现人物的时候，恐怕在他自己的心目中，是存在着这人物的模样的，于是传给读者，使读者的心目中也形成了这人物的模样。”③ 对照厨川白村在《苦闷的象征》中的有关论述，可以看到鲁迅上面的论述是明显地吸取了厨川氏某些观点和提法的，但鲁迅坚持从生活出发并高于生活的唯物论反映论的马克思主义原则：作品的“具象化”形象来源于现实；作家“心目中”“人物的模样”是“历来”积累的生活形象，经过改造、更新，从而“更加分明地再现”出来的典型形象，这种形象唤起读者类似的生活体验，因而给读者以形象的感受和感情的感染，从而起到“陶情淑性”的美感教育作用。

鲁迅后期关于创作思维特征的许多精辟论述，主要是通过总结自己的创作经验而得到阐发的。它切实、具体，深知创作的甘苦又能升华到理论的高度。根据作家创作思维和艺术构思的进程，鲁迅的观点有如下几点值得特别注意。

其一，在生活素材的积累和题材的选择上，鲁迅主张从生活中选择创作原型，同时又不局限于某一真人真事，而是在广泛熟悉真人真事的基础上，“杂取种种人”④ 进行重点的拼凑、改造和生发。鲁迅说：“所写的事迹，大抵有一点见过或听到过的缘由，但决不全用这事实，只是采取一端，加以改造，或生发开去……”⑤ 又说，“留心各样的事情，多看看，不看到一点就

---

① 鲁迅：《书信（1936　致外国人士）·致徐懋庸》，《鲁迅全集》第 14 卷，人民文学出版社 2005 年版，第 36 页。

② 鲁迅：《集外集拾遗·英译本〈短篇小说选集〉自序》，《鲁迅全集》第 7 卷，人民文学出版社 2005 年版，第 411 页。

③ 鲁迅：《花边文学·看书琐记》，《鲁迅全集》第 5 卷，人民文学出版社 2005 年版，第 559 页。

④ 鲁迅：《且介亭杂文末编·〈出关〉的“关”》，《鲁迅全集》第 6 卷，人民文学出版社 2005 年版，第 538 页。

⑤ 鲁迅：《南腔北调集·我怎么做起小说来》，《鲁迅全集》第 4 卷，人民文学出版社 2005 年版，第 527 页。

写”，“模特儿不用一个一定的人，看得多了，凑合起来的”①。鲁迅说的“一端”是生活中触发艺术构思的具体感性而又具有概括意义的事物；同时这“一端”又使作家“浮想联翩”“联类不穷”，把经过长期观察、体验、思索而得来的有关的感性材料复活和调动起来。在鲁迅看来，“杂取”这一系列的人物和生活的形象才能形成创作的原型。这里，将个性化与概括化结合进行的形象思维，在鲁迅运用起来，便具有了不同于一般作家的特色。单凭思想意图，不从生活中捕捉形象，无法写出“具象化”的作品；拘泥于某一具体形象，不留心各样的事情，拓取大量的生活素材，进行长期的形象孕育，无法进行深广的艺术概括。不了解鲁迅进行艺术构思的这一特色，就无法认识鲁迅作品的深广意义。有的人根据鲁迅“偶阅《通鉴》，乃悟中国人尚是食人民族，因此成篇”② 的话，说明《狂人日记》的艺术构思正是起于这种思想意图的。也有人把阿Q说成是“思想性的典型”和“精神的性格化和典型化”，认为鲁迅研究了“国民的劣根性”，然后再用阿Q的形象来体现它。这些看法都把典型的塑造说成了对“思想意图”的图解，否认艺术构思来源于生活形象。事实上，许多材料证明，鲁迅构思这两篇作品是早就有丰富的生活形象的积累的。鲁迅写作《狂人日记》以前对中国历史和社会生活的深湛研究，写作《阿Q正传》之前对中国国民性的深入探讨和对辛亥革命失败教训的反复思索，这些深刻有力的思想之所以能发生指导作用，而构成整个创作思维过程血肉相关的组成部分，是因为他脑海里原来就储存着大量经过想象和思维的作用而复现和保留下来的生活形象，这就为他的思维活动提供了广阔的形象的天地，他的深刻的思想才能以形象为基础，用形象和画面的生发、展开来体现。也还有一种看法，认为狂人和阿Q典型的构思的起点只是某一个固定的原型，如说狂人形象的原型是周遐寿在《鲁迅小说里的人物》中说的那个患迫害狂的精神病人，把阿Q形象的原型看作周遐寿提供的本来也做短工，但不能吃苦，后来渐渐“降入下流”的阿桂。然而，这些看法正是忽视了鲁迅艺术构思中“杂取种种人”的重大特色的。自然，上述材料不失为

① 鲁迅：《二心集·答北斗杂志社问》，《鲁迅全集》第4卷，人民文学出版社2005年版，第373页。

② 鲁迅：《书信（1904—1926）·致许寿裳》，《鲁迅全集》第11卷，人民文学出版社2005年版，第365页。

"狂人"和"阿Q"形象的来源之一，但是，狂人和阿Q都是高度典型化的人物形象，它们有着深广的社会内容和普遍的概括意义，因此，应该从作者记忆中的更广阔的范围内去寻找这些形象所赖以植根的生活和思想的种子。作为一个寄寓着鲁迅对现实和历史的清醒而深刻的认识的狂人的形象，因为在他的敏感多疑、直言无忌，甚至荒诞不经的独特性格中体现了"五四"人们痛恨"吃人"礼教、冲决封建罗网、反对宗法制度的时代精神，这个形象的原型绝不只是生活中的疯子。早在辛亥革命前夕，鲁迅便发出了"今索诸中国，为精神界之战士者安在"的呼吁，他从那些"立意在反抗，指归在动作"，具有"改革之新精神"的摩罗派诗人拜伦、雪莱等人的言行中看到了"精神界之战士"的形象；更重要的是在他所接触过的现实生活中，如资产阶级革命派，被反动派骂为疯子，而且又自称为疯子的章太炎，被称为"焕强盗"的陶成章，写过大气磅礴的《革命军》的年轻的反清闯将邹容等人身上看到了"精神界之战士"的某些品质，而这一切又经过十月革命后新的时代环境的影响，于是他笔下的反封建的叛逆猛士的形象便与他对"新世纪的曙光"的讴歌和"听将令"的文学活动一同出现了。关于阿Q的形象，鲁迅故乡那个替人打短工，又做过小偷的阿桂的悲惨遭遇和这个阿桂在辛亥革命中的兴奋心情，特别是在街上挥臂嚷叫"我们的时候来了"的行动，当然是鲁迅赖以创造阿Q典型的重要原型之一；鲁迅的一位叫"桐少爷"的本家叔父在亲戚家帮忙时向烧饭的老妈子跪下去求爱的情节也可能成为鲁迅写阿Q这个人物的素材，但是不能仅仅把这几件事实看作阿Q典型创造的原型。试想，如果没有鲁迅在少年时代与贫苦农民的接触，知道他们"是毕生受着压迫，很多苦痛的"生活经验的积累，没有对贫苦人民"哀其不幸""怒其不争"的感情体验和强烈要求，没有对于溃烂在清朝末年半封建半殖民地社会的精神、病态的许多具体感受和体会，没有他在东京看到的中国人"麻木精神"的影片这一类事情的深刻触动，没有对辛亥革命前后中国社会变动及对这个革命失败的深沉思索，没有这一切，没有这许多储积在作者脑海里的生活原型，阿Q典型的塑造是不可能有如此广阔的活动天地的。鲁迅说他写《阿Q正传》，是要把他"眼里所经过的中国的人生"再现出来，可见这部作品概括的社会历史内容是多么深广。通过上面论述表明：作为形象思维和艺术构思的起点，鲁迅把个性化与概括化结合起来进行的特点是，坚持在生活中选取“模特儿”，又要“杂取种种人”，用以构成既“具象化”又有概括性的生活图画。

其二，在情节的提炼和主题的深化上，鲁迅的主张是，情节的典型化和主题思想的充分展示以形象为依据进行“生发”，伴随着形象进行深入的“开掘”；而主题思想的每一步深化，又促使形象不断地“缀合”“抒写”，从而不断地更新和再造形象。鲁迅说：“选材要严，开掘要深。”① 对于生活素材，“只是采取一端，加以改造，或生发开去，到足以几乎完全发表我的意思为止”②。又说，“创作则可以缀合，抒写，只要逼真，不必实有其事也”③。从这里可以看到，从纷纭复杂的生活中感触和捕捉容易引起联想的具有深刻社会意义的形象和事物，即鲁迅所说的“采取一端”，“杂取种种人”，只是形象思维的第一步，而从捕捉形象到使形象的意义步步加深和更新、再造形象则是更为艰苦的过程。这里，主题思想的“开掘”“改造”和“生发”是经过作家的“逼真”而“不必实有其事”的想象与虚构来进行的。在这个过程中，作家的逻辑思考是重要的。不运用逻辑思考，将无法对纷纭复杂的现实生活进行提炼和概括，但逻辑思考只能积极地通过综合和概括使形象更完整、更鲜明、更真实，而决不应去损害和破坏形象。以鲁迅写于 1919 年下半年的短篇小说《一件小事》为例，作者通过作品中的人物“我”说，几年来“所谓国家大事”“都不留什么痕迹”，所谓“文治武力”也“背不上半句”，惟独 1917 年冬天遇到的一件表现了人力车夫高贵品质的小事，经过了两年，仍然使他“忘记不得”，而且“总是浮在我眼前，有时反更分明”。“五四”后新的现实的激发和作者新的思想因素的灌注，使这一件小事的意义不断深化，而且始终伴随着它的特征面貌时时“浮现”和愈益“分明”地显露出来，主题思想的每一步深化，都是形象的生发和提炼、综合和概括的过程。这样，鲁迅便从革命民主主义的思想高度，从探索中国革命力量出发，把一件小事的

① 鲁迅：《二心集·关于小说题材的通信》，《鲁迅全集》第 4 卷，人民文学出版社 2005 年版，第 377 页。

② 鲁迅：《南腔北调集·我怎么做起小说来》，《鲁迅全集》第 4 卷，人民文学出版社 2005 年版，第 527 页。

③ 鲁迅：《鲁迅书信集（上卷）·徐懋庸》，人民文学出版社 1976 年版，第 465 页。

意义提炼到了本质的深度：在对资产阶级旧民主主义革命提出根本性怀疑的同时，正面歌颂了劳动人民的崇高品质，提出了小资产阶级知识分子向劳动人民学习的重大课题。再以短篇小说《药》的创作为例，当鲁迅从生活中发现这样的事实，即一些被杀的犯人的血被某些人用馒头蘸着吃来治病的时候，引起了他的深思。这一典型的生活现象强烈地触发了他的艺术构思，使他的形象思维活动顿时活跃起来，他生活经验中那些有关的原料便凭借记忆和想象生发开来。这时候，他会联想到他早已怀着深沉的悲愤纪念着的秋瑾女士的被难，那些被杀犯人的血可能就是秋瑾这样的革命者的血；他会联想到那些以人血染红顶子的屠杀革命者的反动分子和在精神上操着屠刀“杀人”的旧礼教；他还会联想到他少年时期父亲的久病和死正是封建传统和迷信造成的，而广大贫苦人民也正是在这种封建思想统治下过着愚昧而悲惨的生活……在这一系列联想的过程中，作品的主题思想在情节生发、改造和补充中逐渐明确，为了表现革命者的寂寞和群众的愚昧，鲁迅把被杀害的犯人确定为在反清斗争中英勇无畏而又脱离群众的资产阶级革命者（作品中的夏瑜就是影射秋瑾的），馒头上蘸的正是革命者的血；把以人血治病的人确定为贫苦人民（作品设计了华老栓一家人），他们本应是民主革命的基本群众，然而他们对这个革命并不理解，甚至于无知到用革命者的血来治病。同时，还补充设计了这样的情节：被反动派杀害、为革命而流血的牺牲者，与受封建毒害致死、用革命者的血来治病的人，他们的坟墓被安排在挨近的同一个地方，两个死者的母亲同时来祭奠自己的儿子，而这两个母亲之间不仅没有仇恨，反而互相安慰和体贴。这样，一个人血馒头的情节核心经过生发和改造，便沟通了反动势力、革命者和人民三个方面的关系。作品经过情节的提炼和主题的开掘，深刻地揭露了对革命进行血腥镇压，对人民群众实行思想统治的反动派的罪恶，并且从探索革命出路的思想高度上提出了革命者和群众的关系问题，指出了旧民主主义革命者脱离群众的致命弱点。

至于与主题的深化同时进行的人物形象的塑造，鲁迅的主张是，尽可能多地掌握一些生活原型作素材，对许多近似的性格进行“拼凑”“缀合”，有重点地加以综合和概括。在这个形象孕育的过程中，如同画家作画一样，“静观默察，烂熟于心”，典型化与个性化达到了水乳交融的地步，在进入创作过程时，才能“凝神结想，一挥而就”①。这样创造出来的人物个性化与典型化胶结得如此紧密，以阿Q为例，与这个人物的整个生命相适应，连他的穿戴都是通过想象规定好了的，“戴上一顶瓜皮小帽，就失去了阿Q，我记得我给他戴的是毡帽”②，围绕和促使阿Q行动的具体环境也通过细心的体察作了具体安排。曾经有一个剧本和一幅漫画，在表现阿Q经常光临的酒店时，招牌上写着“太白遗风”的字样，鲁迅就指出，“我们绍兴乡下根本就没有……那样文雅的句子，顶多是‘不二价’”③。这都说明孕育形象时对形象熟悉的程度要求多么高！当然，形象的孕育，不仅在于通过想象去规定形象的细节，更主要的是要在形象孕育的过程中，不断地去感触、发现、积累那些能够体现事物本质、具有深刻社会意义的形象，要在形象和画面的生发和组合中更新、再造新的形象，体察、显现、不断加深形象的意义。鲁迅一方面主张“杂取种种人，合成一个”，另一方面又主张“画眼睛”，这就是说，在广泛采取素材构成形象时，不是形象的平均的缀合，而是要求抓住艺术形象的本质意义和性格特征，力求神似。经过这样将个性化和概括化紧密结合起来的典型创造，作家笔下的人物一旦形成，就会形成性格发展的生动逻辑，它是如此有力地支配着事件和材料，甚至于会影响和改变作家原来构思中的某些意图。鲁迅说，他写人物，往往“令人难以放下笔。一气写下去，这人物就逐渐活动起来，尽了他的任务”④。事实上往往有这种情况，小说作家在进行艺术创造的过程中，在他的先进世界观或世界观中的先进成分指导下，最初的构思使他的形象描写有了一个正确的出发点，但是当他笔下的人物性格逐渐鲜明，和它周围的生活环境形成一个有机的整体，并且形象和形象之间也逐渐有了基本真实的关系的时候，他笔下的性格化的生命就会产生出一种活跃的力量来，不仅要求作家考虑自己的构思，也要求考虑形象本身已显示出来

---

① 鲁迅：《且介亭杂文末编·〈出关〉的“关”》，《鲁迅全集》第6卷，人民文学出版社1958年版，第538页。

② 鲁迅：《且介亭杂文·寄〈戏〉周刊编者信》，《鲁迅全集》第6卷，人民文学出版社2005年版，第154页。

③ 转引自《阿Q的作者鲁迅先生谈阿Q》，《鲁迅研究年刊》1974年创刊号。

④ 鲁迅：《南腔北调集·我怎么做起小说来》，《鲁迅全集》第4卷，人民文学出版社2005年版，第527页。

的完整性，从而按照性格发展的生动逻辑把它一气写下去，而不要任意破坏它。因此，一部小说往往会改变原来设计的故事情节、人物活动甚至性格，作品的主题思想也会跟着发生某种改变，更加深刻化。如鲁迅开始写阿Q这个人物时，并“没有料到”会给他“大团圆”的结局。然而在辛亥革命的浪潮波及未庄，处于这种特定的境况下的阿Q与周围的环境，与假洋鬼子、赵太爷等人物之间早就有了真实生动的关系的时候，情形就不同了，阿Q的性格本身的力量突破了原来的构思：他产生了朦胧的革命要求，而从未庄到县城，政权却落到了善于投机钻营的假洋鬼子之流的手里。于是阿Q便必然被封建反动势力加上莫须有的罪名而遭到镇压，导致了“大团圆”的结局。这是作家在艺术构思中极为活跃的思维状态。每个进行了真正艺术创造的作家都会深刻地体会到这种创作的喜悦的。

其三，这里已经涉及如何对待作家在形象思维和艺术构思中的感情态度问题。鲁迅很重视作家创作思维过程中鲜明强烈的感情，同时又认为这种主观态度必须与艺术形象的客观真实性相统一。

鲁迅说：“能憎才能爱，能生与爱，才能文。”① 又说：“研究是要用理智，要冷静的，而创作须情感，至少总得发点热。”② 他认为好的诗歌必须具有初露肺腑的真情实感：“呼唤血和火的，咏叹酒和女人的，赏味幽林和秋月的，都要真的神往的心，否则一样是空洞。”③ 他认为优秀的无产阶级诗歌也应该是“对于前驱者的爱的大纛”和“对于摧残者的憎的丰碑”，这里，在鲁迅看来，作家的感情态度绝不是他的直白地宣布的抽象的意图，而是作家在长期的生活经历中所培养出来的，渗透在作家的立场、思想、性格和艺术趣味之中的东西。他说：“现在很有懂得理论，而感情难变的作家。然而感情不变，则懂得理论的度数，就不免和感情已变或略变者有些不同，而看法也就因此两样。”④ 因为文艺是离不开形象的，而形象正是感情的发酵素。作家整

① 鲁迅：《且介亭杂文二集·七论“文人相轻”——两伤》，《鲁迅全集》第6卷，人民文学出版社2005年版，第419页。

② 鲁迅：《而已集·读书杂谈》，《鲁迅全集》第3卷，人民文学出版社2005年版，第460页。

③ 鲁迅：《集外集拾遗·〈十二个〉后记》，《鲁迅全集》第7卷，人民文学出版社2005年版，第312页。

④ 鲁迅：《南腔北调集·论“第三种人”》，《鲁迅全集》第4卷，人民文学出版社2005年版，第451页。

个形象思维的过程始终伴随着形象，因而也始终渗透着作家鲜明强烈的感情活动。鲁迅说，进行创作必须“连自己也烧在这里面，自己一定深深感觉到”①。这就强调说明了作家在形象思维过程中主观感情态度的重要性。

当然，在指出作家主观态度的鲜明性的同时，鲁迅又认为作家的主观感情态度还必须与艺术形象的客观真实性统一起来。鲁迅坚决反对以主观随意性来损害、歪曲作品艺术形象的客观真实性，主张作家必须把自己的倾向性渗透在艺术形象的整体之中。关于写诗，鲁迅曾经谈道：“我以为感情正烈的时候，不宜做诗，否则锋芒太露，能将‘诗美’杀掉。”② 鲁迅在这里当然不是否认写诗的感情，而是说诗人的感情必须灌注到诗的含蓄、蕴藉的艺术形象中去。好的诗要有强烈的创作冲动，但“感情正烈”的时候，在构思上缺乏思考和酝酿，艺术上缺乏推敲和加工，感情不能很好地凝聚在艺术形象之中，便会“锋芒太露”，主观感情的平实粗率、剑拔弩张的随意表露必然导致损害或破坏形象，从而否定了诗的美学价值。在小说等叙事性的文学作品中，作家的思想感情也必须渗透到以人物为中心的形象和画面中，并严格遵循艺术形象的客观规律性。鲁迅在评价《红楼梦》的时候，指出这部作品“正因写实，转成新鲜”③。又说，这部小说“敢于如实描写，并无讳饰，和从前的小说叙好人完全是好，坏人完全是坏的，大不相同，所以其中所叙的人物，都是真的人物”④。这里，所谓“叙好人完全是好，坏人完全是坏”，就是“忠实于主观”“凭空造出”，对自己笔下的人物“爱之欲其生，恶之欲其死”，用主观随意性来损害人物的真实性，否认生活本身的逻辑和人物性格发展的内在根据。这样，由于破坏了形象思维的规律，写出来的人物，过分夸张他们某种好的或坏的品质，加以神化或丑化，从而造成人物性格上的失真。如鲁迅在谈到《三国演义》“描写过实”的缺点时就曾经指出：“……一个人不

---

① 鲁迅：《集外集·文艺与政治的歧途》，《鲁迅全集》第 7 卷，人民文学出版社 2005 年版，第 120 页。

② 鲁迅：《两地书·三二》，《鲁迅全集》第 11 卷，人民文学出版社 2005 年版，第 99 页。

③ 鲁迅：《中国小说史略·第二十四篇　清之人情小说》，《鲁迅全集》第 9 卷，人民文学出版社 2005 年版，第 242 页。

④ 鲁迅：《中国小说史略·附录　中国小说的历史的变迁》，《鲁迅全集》第 9 卷，人民文学出版社 2005 年版，第 348 页。

能事事全好，也不能事事全坏。譬如曹操他在政治上也有他的好处；而刘备，关羽等，也不能说毫无可议，但是作者并不管它，只是任主观方面写去，往往成为出乎情理之外的人。”① 而鲁迅说的“如实描写”，写出“真的人物”，则是指的作家严格遵循形象思维的规律，从作家主观思想与艺术形象的客观真实性的统一上，让人物按其自身所处的社会地位和性格逻辑来活动，这样，才能通过不同的人物典型揭示生活的全部生动性和复杂性。

关于表现无产阶级革命和塑造无产阶级英雄人物的问题，是从生活出发，揭示革命斗争的复杂性，将感情灌注在典型形象之中，写出真实可信的英雄人物；还是从观念出发，将革命斗争简单化、庸俗化，把无产阶级英雄人物写成没有性格行为内在根据的，无可企及的神：在这个区分唯心主义还是唯物主义创作思想的根本问题上，鲁迅也是基于辩证唯物论，坚持革命现实主义的创作原则，认为作家的主观感情态度必须服从于作品艺术形象的客观真实性的。这种观点从他对法捷耶夫的长篇小说《毁灭》的评价中可以充分看出来。他说：“莱奋生不但有时动摇，有时失措，部队也终于受日本军和科尔却克军的围击，一百五十人只剩了十九人，可以说，是全部毁灭了。……这和现在世间通行的主角无不超绝，事业无不圆满的小说一比较，实在是一部令人扫兴的书。平和的改革家之在静待神人一般的先驱，君子一般的大众者，其实就为了惩于世间有这样的事实。”② 又说：“革命有血，有污秽，但有婴孩。这‘溃灭’正是新生之前的一滴血，是实际战斗者献给现代人们的大教训。虽然有冷淡，有动摇，甚至于因为依赖，因为本能，而大家还是向目的前进，即使前途终于是‘死亡’，但这‘死’究竟已经失了个人底的意义，和大众相融合了。所以只要有新生的婴孩，‘溃灭’便是‘新生’的一部分。中国的革命文学家和批评家常在要求描写美满的革命，完全的革命人，意见固然是高超完善之极了，但他们也因此终于是乌托邦主义者。”③ 在鲁迅看来，

---

① 鲁迅：《中国小说史略·附录　中国小说的历史的变迁》，《鲁迅全集》第9卷，人民文学出版社2005年版，第333页。

② 鲁迅：《译文序跋集·〈毁灭〉后记》，《鲁迅全集》第10卷，人民文学出版社2005年版，第366页。

③ 鲁迅：《译文序跋集·〈溃灭〉第二部一至三章译者附记》，《鲁迅全集》第10卷，人民文学出版社2005年版，第372页。

无产阶级英雄人物并非没有缺点和错误，在某种艰难复杂的境遇中，他们在处理某些具体问题时也可能有一时的“失措”和“动摇”；作品中所反映的无产阶级革命斗争，道路也并非从来就是平坦、笔直的，而是充满了崎岖和曲折，反动势力可能在某时某地暂时得逞，革命的幼苗可能遭到挫折和扼杀。而鲁迅所批评的所谓“美满的革命，完全的革命人”，“神人一般的先驱”，“君子一般的大众”则是基于唯心主义的反现实主义的创作方法，就是不从生活实际出发，不根据人物性格发展的客观逻辑，不顾形象的现实性，从抽象概念出发，作违反生活实际的浮夸和捏造。这样，不能真实地表现无产阶级斗争生活的生动性和复杂性，既丧失了艺术的真实，又架空了革命文艺的政治作用。鲁迅的论述对于前几年在“四人帮”影响下文艺创作中存在的诸多禁令，如不能写社会主义时代的悲剧，主要英雄人物不能失败或死去，不能写英雄人物的缺点、错误和成长过程等，都是有力的针砭。

上面，我们只是接触到了鲁迅阐述文艺的特征和作家创作思维规律的某些方面。但是，即使从这些论述中，也可以看到这是鲁迅文艺思想的一个极为重要的组成部分。研究鲁迅的文艺思想，除了学习他关于文艺的外部规律，如文艺与生活、文艺与政治、文艺与作家世界观的改造等重要论述以外，研究鲁迅是如何阐述和发挥文艺这一反映现实和服务于政治的特殊武器的作用，还是一个必须引起重视和有待深入探讨的课题。让我们学习鲁迅，充分认识和更好地掌握形象思维这一文艺创作的根本规律，使文艺在实现四个现代化的伟大斗争中能够更好地发挥它独特的作用。

写于 1979 年

（载《鲁迅研究》创刊号，上海文艺出版社 1980 年 12 月第 1 版）

发展鲁迅研究三题

近几年来，鲁迅研究似乎失去了它在某些时候所曾产生的轰动的社会效应而逐渐趋于平静。但研究工作却在反思中摆脱身不由己的对于他种存在的依附关系而增强了独立思考和自主意识。在这鲁迅研究寻找自己的位置、向着自身固有的规律复归的时候，我觉得有以下几个方面的问题值得注意。

一、继续扩大研究范围，注重宏观总体审视

鲁迅研究者在考虑扩大研究范围时，不妨在一段时间内离开鲁迅研究，进行别的作家、别的课题的探讨，以便在更深更广的程度上扩大鲁迅研究的参照系。这对于进一步防止对鲁迅的神化、圣化，从现代意识复杂构成的总体上把握研究对象，更科学更充分地估价鲁迅的地位和作用，是有重要意义的。“登泰山而众山小”，经过对鲁迅较深入研究的人在看中国现代文学史上的其他作家作品时，确实会有这种感受。但无多姿多彩的“众山”，也显不出“泰山”的壮丽雄伟。而有一些人，研究了鲁迅，就觉得其他作家不值一顾，很少去看他们的作品，或者只是对他们作粗浅的、表面的涉猎，谈不上深入

探究，就轻描淡写一番，把他们拉来衬托鲁迅。然而，他们笔下的鲁迅固然“高大”了，却往往不能令人心服。近几年来，我与许多研究者一样，离开了鲁迅研究而从事其他作家、其他课题的探讨。在探讨中，不仅时时感到鲁迅的存在，而且通过比较看到了其他作家的特色，也更认识到了鲁迅及其创作的无与伦比的价值和意义。如我在从事了一段时间的郭沫若研究之后认识到，鲁迅与郭沫若，一位坚持改造国民性，一位热烈地追求个性解放，都不同程度地对“五四”改造人的灵魂的思想启蒙工作做出了杰出的贡献；他们的哲学人文思想，不论是进化论，还是泛神论，都突出或强调人的精神主体性的作用而具有各自的中国特色；他们的创作思想和方法，或者“由外而内”，或者“由内而外”，都对“五四”时代作出了高度概括的整体性的反映；在美的形态的把握上，他们虽然一个基于深沉的生命悲剧意识，一个则偏于弘扬正面的积极进取精神，但都具有崇高美的特征；他们的文学品格都反映或表现了壮阔的时代精神，但他们作为“五四”新潮中觉醒的普通的一员，都呈现出精神个体的相当的复杂性。总之，在世纪的转折点上，他们都是现代中国文坛最富有个人特色、时代精神和世界眼光的文化巨人和文学巨匠。在中西外延最广、内涵最丰富的两大文化体系空前交汇的情况下，他们都以某种世界性形象而出现。但是，从总体上看，鲁迅作为新文学的奠基人，更显出伟大思想家的特色，而郭沫若作为新诗和历史剧的开拓者，则更以敏感的哲人和热烈、开放的歌手而著称。在二人世界观发生根本转变的20世纪20年代末，郭沫若步履急骤而欠稳健。在处理思想启蒙和政治救亡的关系上，他激烈地批判个性解放、浪漫主义以至于走向极端，甘愿降低思想启蒙和美学的要求，并显示出极左的宗派主义面目。鲁迅则步履沉实稳健。他在实现由革命民主主义向共产主义的转变中，虽然思想中政治因素明显增强，但仍不失思想家本色，仍然把改造国民性、改变人的精神和心理结构放在极为重要的位置上。他们之间的这种不同，原因是多方面的。过去一些论者仅把它归于一个是浪漫主义者，情感波动幅度大，一位是现实主义者，思想的承传性、稳定性强。应该说这还是比较表层的看法，而深层的原因则是他们对于传统文化的认同不一样。郭沫若早期虽然也接受西方资产阶级个性自由、人的解放的思潮，用以作为猛烈冲决封建思想罗网的利器。但他对于中国传统文化缺乏深入剖析，尤其是对于其中实用理性和群体观念束缚个性发展的弊端没有足够的认识。1923年所发表的《论中德文化书》、《中国文化之传统的精神》中对孔子的歌颂就是以此为内容的。所以他接受马克思主义，主要是从阶级的、群众政治斗争的角度来接受，而忽视甚至否定了思想启蒙、思想革命的任务。而他在政治实践中所融合的传统思想的影响则反过来成为个性解放思想的束缚。鲁迅对中国传统文化的解剖则要深入得多。传统文化中，以血缘崇拜的家族制度为基础的群体本位观念和以实践理性为核心的封闭性生存的防御、排斥、同化机制，在鲁迅的笔锋下暴露出“软刀子杀人”的本相。对传统思想的深入解剖和彻底批判使他在接受马克思主义时，不是仅从政治实践着眼，仍然能把改造人的灵魂的工作放在重要位置上。他前期的以解放个性、改造国民性为主要内容的许多有独特价值的思想观点，如幼下本位观、现实——未来本位观、与大众共性相统一的个性本位观，仍然保留下来，并得到更新、改造而同他的马克思主义思想整合在一起，因此显示出自己的特色来。我在从事《中国近百年文学理论批评史》这一大型项目的研究中，还把鲁迅放在近百年中国美学文艺思潮及多元分途发展的文学理论批评观点中来认识。在这一过程中，由于对瞿秋白、周扬等人的文艺思想有了较深入的接触和探讨，因而也扩展了对鲁迅的文学理论思想和具体的文学批评观点进行历时性和共时性考察的幅度和深度。这样，便对作为思想家的鲁迅的文学理论批评不同于或超越于以上诸人的独特价值有了新认识。总之，在一段时间内较多地较深入地研究鲁迅以外的作家作品和文学课题（不是一般地涉猎），有助于更好地揭示鲁迅与其他现代作家、与整个中国文学在现代化历程中的内在机制。这里当然应有一个先决条件，就是对鲁迅要有相当的熟悉和研究，才能既撒得开，又收得拢，从而使鲁迅研究在更深更广的程度上放置在综合整体把握的视野中。要避免在对鲁迅作宏观考察时流于空疏的学风，这是一个很重要的途径。

二、把鲁迅当作复杂的精神个体来研究

鲁迅研究要超越对政治权威的依附，增强主体意识，向自身回归，很重要的一点，就是要把鲁迅当作一个具有深邃复杂的现代意识构成的精神个体来研究。这里，有几个关系要处理好。

一是“民族魂”与“世界民”的关系。鲁迅不仅是伟大的民族英雄，我们民族优秀精神的集合体；而且是一个有着自己独特的性格、情感、心理素质和思维方式的精神个体，人类中普通的一员。他有人类普通一员的矛盾、焦躁、激愤和痛苦，而这种普通人的情感与心态又是世界的、人类的，他是探索人类真理的代表。他不仅超越了家族，这个人与国家之间的层次，而凝聚着现实的、传统的民族文化心态；而且超越了国家这个人与人类之间的层次，而具有世界的眼光、人类的意识。鲁迅说：“一要生存，二要温饱，三要发展。”又说，一个人要能“感得全人间世，而同时又领会天国之极乐和地狱之大苦恼的精神”①，“非有天马行空似的大精神即无大艺术的产生”②。这样，便不仅把个体存在价值与社会群体价值融合起来，而且把个体生命意识与人类意识、宇宙意识的广阔领域联系并交融起来。对待这样一个多层次、多侧面、充满着深刻矛盾的精神个体，研究者仅从本民族的角度，而忽略了世界眼光，是决不能穷其堂奥的。

二是“思想启蒙”和“政治救亡”的关系。鲁迅一贯重视思想启蒙、思想革命。早期著名的“任个人而排众数，掊物质而张灵明”的“立人”然后“立国”的思想，“五四”时期面向国民大层所持的“启蒙主义”态度自不待言，即使在他实现世界观转变乃至已成为共产主义者的后期，当他十分重视政治、强调政治的威力的时候，仍然不停止深沉的文化反思，坚持改造国民性，注重文艺作品涵盖政治的现实的历史内容。他的思想启蒙观点始终与民族救亡的危机感和使命感交融在一起，然而他在任何时候都不忘人的灵魂改造这一最根本的任务。他总是把思想启蒙注于政治救亡之中，既反对文学简单地追随政治，又主张以深远的历史高度和开阔的心灵幅度来看待文学和政治的统一。鲁迅对人的问题的思考和设计，既然涵盖纷繁的政治、伦理的实际事件而展示出开阔深邃的境界，那么，鲁迅研究就必须从这个高度出发。对他的思想和作品的研究应该说就是研究人的心灵的变化史，人的意识现代化的历史。思想启蒙的任务在我们民族既然远远没有完成，鲁迅研究就会在

① 鲁迅：《集外集拾遗·诗歌之敌》，《鲁迅全集》第7卷，人民文学出版社2005年版，第246页。

② 鲁迅：《译文序跋集·〈苦闷的象征〉引言》，《鲁迅全集》第7卷，人民文学出版社2005年版，第257页。

现代化心灵探索的历程中显示出无穷的生命力。

三是“形而下”与“形而上”的关系。鲁迅一生在文化思想领域内冲锋陷阵，面对着敌人营垒和自己营垒中形形色色的论敌及“无物之阵”，不能不与他们在实际政治事件和具体是非问题上纠缠。他的思想启蒙工作，对于人的灵魂的探索也往往与民族独立、政治救亡结合在一起。正是在这里，在现实的民族民主革命斗争中，鲁迅的执着坚韧、爱憎鲜明的精神和切切实实、足踏在地上的积极入世的品格，对处于民族危亡、政治动荡中的中国人民曾起过极可宝贵的作用。但是，值得注意的是，一则如上所述，鲁迅作为一位伟大的思想家，他的文化反思启蒙工作往往超越了政治救亡、思想斗争等“形而下”的层次而带有探索、发掘、塑造人的灵魂的“形而上”的性质。再则，在“形而上”的层次上他还达到了“提倡启蒙，超越启蒙”[①] 的程度。他一生都对人的存在的意义进行着带哲理意味的思考。在他的思想性格和全部作品中，往往有一种对人生超越意义的探索而产生的看透了人生的孤独、悲凉感和对于死与生的强烈感受。他的对个体存在意义的追求与对国民性的改造、批判以及执着于现实的民族危机感、政治参与意识相融合，使鲁迅具有真正中国现代型的深沉的历史悲剧意识和人类命运意识。从《野草》那具有荒诞变形特征的艺术形象中可以最鲜明地看到鲁迅这种复杂的精神个体，而《狂人日记》、《阿Q正传》等作品中，人物性格那种高度哲理性升华和象征意蕴与他的形而上的超越感也不无联系。在他的美学文艺思想中，他发出冲决“瞒和骗”罗网的召唤，提出作家要“取下假面，真诚地，深入地，大胆地看取人生并写出他的血和肉来”。这种观点也浸透了反省理性和整个人生荒谬的形而上感受的。因此对他的清醒的现实主义精神，较之过去的理解，也是要广泛复杂得多的。

总之，时代发展到了20世纪。作为20世纪的思想巨人，鲁迅的现代意识在思维方式的构成上与过去已有很大的不同：过去的机械还原已转变为系统、综合概括和描述；机械因果严格决定性已转变为重视偶然性的非决定性观念；一维单向的思维方式转变为多元互补、立体的思维方式。鲁迅思想之所以那么丰富、复杂、深邃，简直以一个“把一切对立面结合起来的生命系

① 李泽厚：《中国现代思想史论》，东方出版社1987年版，第111页。

统”（黑格尔语）呈现在人们面前，这与他的思维方式的现代化是分不开的。即使在鲁迅后期，当他接受马克思主义之后，他的思想也不是马克思主义可以完全概括得了的。他的思想的独立的特色也正从这里可以看出来。

三、要注重研究方法的多元分途互补综合的特征

在一段时间里，青年研究者大多探讨的是“我心目中的鲁迅”，中老年研究者则多注重于探究“历史上客观真实的鲁迅”。这种分歧怎样才能得到较科学的解释？还有，既然为政治所囿而进行的鲁迅研究受到否定，而各人自己心目中的鲁迅，是否也是一种各取所需的实用观点？但它不同于政治实用观点的是，往往更注重用自己的心灵、情感需要去体会、探寻鲁迅的心灵、情感，这又是一种什么样的研究、批评模式？这种因对外开放、接纳西方思潮（包括哲学、人文科学及文艺思潮）而产生的研究方法多元化局面，应该怎样认识，采取什么态度？我以为，对西方思潮进行全面认识和择取，经过对我国传统文化进行整合和认同，并在此基础上发展多元分途、互补综合的研究方法是必要的和较为适宜的。

从当代西方哲学、人文科学思潮及其所派生的研究方法、模式看，大约有以下三种特别值得注意：一是基于当代经验分析哲学、逻辑实证主义哲学等科学主义思潮产生的重经验实证的科学、分析方法；二是从存在主义、生命哲学、心理分析哲学等人本主义思潮出发的重视人的存在和情绪、意志活动的解释、表现的方法；三是从马克思主义的实践哲学出发的着眼于人类本身的整体解放重视现实的实践的社会、历史（包括政治）的方法。与上述一种或数种哲学人文思潮、研究方法结合后便产生种种文学研究和批评的形态、方法，如结构主义、现象学、精神分析、读者反映以及原型等研究批评方法。这种种附着于新的学术思潮之上的研究批评方法，总是率先建构模式用演绎法来对作家作品进行各取所需的研究批评。它们并不是帮助读者对作家作品加深理解，更清楚地把握住作家作品的客观面目和历史价值，而是摒弃了对作家作品的价值判断，把本文与研究者的模式需要结合起来，从而对作家作品进行演绎分析。这几年来所谓“我心目中的鲁迅”的研究模式在很大程度上是受到了这种研究批评模式的影响的。因此，从文学理论批评的思潮、形

态和方法上看，从各个研究者所依附的学术思潮的角度切入，各自探寻、研究、塑造自己心目中的鲁迅的研究方法，还将发展。它是新时期理论批评研究增强主体性，向自身回归的潮流在鲁迅研究中的反映。这里，重要的问题是，不能仅仅拘泥于某一种模式和方法，而必须在多元并存、分途发展的前提下，尽可能做到它们之间的互补和融合。过去，仅用马克思主义的社会—历史的研究批评方法一统天下，而对这种方法又往往加以庸俗化的理解，所以急功近利的囿于政治实用的鲁迅研究便曾泛滥一时。现在许多研究者从新时期人的发现、人的多重需要出发，从西方科学主义、人本主义哲学思潮中得到启发，看重研究者心灵的本真状态，注意把个体主体性与社会主体性融合起来，各自研究、探寻自己心目中的鲁迅，一反过去那种庸俗社会学的政治实用的研究批评，让鲁迅这一复杂精神个体的许多未被注意的侧面，特别是与普通人相通又有人类普遍意识的心灵的世界展现在人们面前，开拓了鲁迅研究的新境界。但是如何吸取社会、历史的研究批评的长处，对鲁迅这一精神主体作深入的社会的历史的考察，仍然十分重要。因为我们知道，就人类作为本体对世界的关系而言，人的主体性具有双向发展的内涵：一方面，人是历史的产物。人的问题必须从具体的社会关系和社会现状来考察。构成历史动力的是经济（生产方式）而不是心理（主观要求）。社会生产方式的发展，标志着人类主体的外在客观过程。另一方面，人在做出行为或行为选择时，是有意识有目的的，有决定和选择某种因果的自由，因而人是自己在主动创造着历史，人的主体有构建和发展各种心理功能及其物态化形式的内在主观进展。这两个方面是以前者为基础，又相互联系、制约、渗透，并且相对独立自主地发展变化着。恩格斯说："人们通过每一个人追求他自己的、自觉期望的目的而创造自己的历史，却不管这种历史的结局如何，而这许多按不同方向活动的愿望及其对外部世界的各种各样影响所产生的结果，就是历史。"① 鲁迅的精神主体，归根结底仍然被近现代以来政治经济的客观历史进程所决定，在考察其主观"活动的愿望"及其"对外部世界"的"影响"的多样性及复杂性时决不应忘记这一点，并应作出极大的努力方能得其真髓。

① ［德］恩格斯：《路德维希·费尔巴哈和德国古典哲学的终结》，《马克思恩格斯选集》第4卷，人民出版社1966年版，第227页。

总之，从科学主义诸多方法中吸取以事实为依据的指向明晰实证追求的特征，从人本主义影响下诸多方法中吸取肯定人的情感、人的追求、人的本体存在意义的特征，从马克思主义中吸取真正社会历史批评的优点。这三者的互补和综合既可以探究出研究者各自心目中的鲁迅，又可以更接近历史的鲁迅的本来面目。这样鲁迅研究才可以既不脱离政治，又不致成为政治的依附物。它着眼于思想启蒙，着眼人的精神品格的重塑和再造，着眼于文化心理结构的现代化。从而，鲁迅研究学方可向本身回归，真正树立起现代型的独立的学术品格来。

（载《鲁迅研究月刊》1989 年第 2 期，北京鲁迅博物馆出版）

对马列主义真理的“坚韧不拔”的探寻

——兼论鲁迅思想质的飞跃中的一些问题

关于鲁迅怎样实现由革命民主主义到共产主义的伟大转变，怎样确立马列主义的世界观，这个问题是一个对于中国革命知识分子世界观的改造和前进的方向、道路具有普遍意义的问题。在今天，这个问题更有现实意义。“十年浩劫”造成了人们的思想混乱，三中全会以来党的政治路线和思想路线的贯彻执行，恢复了马列主义、毛泽东思想的本来面目：在四项基本原则的指引下，一个生气勃勃的思想解放运动正在继续发展。在这种情况下，以鲁迅为榜样，从鲁迅走过来的道路吸取经验，树立马列主义世界观，更加坚定对共产主义的信仰，这是引起鲁迅研究工作者对这个问题广泛关注并进行认真探讨的一个重要的现实原因。近几年来，关于这个问题，一些有分量的论文援引了大量翔实的资料，提出了许多发人深思的见解，使这个问题在进一步探讨中更加深化了。笔者在阅读这些论文的过程中受到了很大的启发，但是，对其中一些看法，特别是关于鲁迅在1927年国民党反动派发动“四一二”反革命政变前后一段时间里思想上所发生的质的飞跃问题，有一些不同的意见。例如，有的文章认为鲁迅不仅在五四运动以后几年间没有看到阶级矛盾和斗争的现象，就是到了1925年底写《论“费厄泼赖”应该缓行》的时候，甚至在1927年“四一二”政变前两天写《庆祝沪宁克复的那一边》的时候，鲁迅还没有看到社会上阶级的划分，没有以阶级对立和阶级斗争的观点观察社会问题；而一旦经过“四一二”事变，鲁迅便在现实的血的教训中很快具备了阶级和阶级斗争的观点。这种看法，对于鲁迅前期思想，尤其是在鲁迅思想发生质变之前的1925年至1927年这一段时间的量变（也包含部分的质变）缺乏足够的估计，因此使人感到“四一二”后鲁迅思想的质的飞跃似乎是一种缺乏足够的思想发展基础上的“突变”。另一些文章则与此相反，对于鲁迅前期，尤其是1927年在广州期间的思想发展作了充分的估计，《庆祝沪宁克复的那一边》已经是马列主义观点的文章，而鲁迅确立马列主义世界观则在“四一二”大屠杀后“轰毁”了进化论的“思路”后便立即实现了，因为他们认为，旧的“轰毁”之后，新的确立是随之俱来的。这样，鲁迅便无须乎经过1927—1928年间系统地学习马列主义理论，并在与创造社论战中严格地解剖自己，清理和提高自己的思想，便可以转变成马列主义者了。我认为，这两种说法都各有其偏颇之处。下面，拟通过对鲁迅思想发展的正面论述谈一谈看法。

由遵奉“革命前驱者的命令”到拿起马列主义理论武器

按照马克思主义的看法，“生活、实践的观点，应该是认识论的首先的和基本的观点”①。我觉得这应该是估价鲁迅前期思想的一个基本出发点。五四运动以后，鲁迅所处的环境是无产阶级领导的新民主主义的革命环境。在这个环境中，马克思主义已经在中国广泛传播并经过共产主义知识分子和中国共产党组织的艰苦工作逐步与中国革命的实践结合起来。鲁迅在这个特定的历史时期里坚持彻底的不妥协的反帝反封建的战斗，而且在战斗中他严于解剖自己，总是随着现实斗争的发展不断探索新的思想武器和前进的道路。虽

① ［俄］列宁：《唯物主义与经验批判主义·六　认识论中的实践标准》，《列宁选集》第2卷上，人民出版社1960年版，第142页。

然在五四运动之前的旧民主主义革命时期，鲁迅的基本思想是进化论和个性主义，而且在整个思想发展的前期，他始终没有能够从根本上摆脱进化论和个性主义的影响，但是作为一个严肃地探求救国救民道路并亲身为祖国和人民的将来坚持战斗的革命者和作家，他从俄国十月革命和世界上第一个无产阶级专政国家建立的事实中受到了鼓舞，从马克思主义在中国传播并逐步显示出革命威力的事实中得到了启发，从自己亲身经历的阶级斗争实践中引申、总结了必要的经验和教训。在这个时候，尽管他思想中的进化论和个性主义因素仍然在继续发挥某种程度的积极作用，但是，与这种思想处于对立统一的关系之中的是，他在对阶级、阶级斗争和革命专政的认识上，在对人民群众历史作用的认识上，逐步增加了历史唯物主义和辩证唯物主义的思想因素。在这里，鲁迅前期思想有一个量的积累和部分质变的过程。在这个过程中，1925 年至 1927 年大革命时期，又可以明显地看出鲁迅思想新的重大进展，即他已经初步了解了马列主义的学说，开始写出了一些具有马列主义观点的文章；只是最终摆脱进化论和个性主义的影响，并实现向马列主义世界观的重大的质的飞跃，则是在 1927 年“四一二”政变之后到 1928 年之间。

关于鲁迅“五四”前后的思想，有的同志在用瞿秋白的《〈鲁迅杂感选集〉序言》来说明问题的时候，往往出现片面性的毛病。瞿秋白说：“鲁迅在‘五四’前的思想，进化论和个性主义还是他的基本。他热烈的希望着青年，他勇猛的袭击着宗法社会的僵尸统治，要求个性的解放。可是，不久他就渐渐地了解到封建的等级制度和中国社会里的层层压榨。1924—1925 年，他的《春末闲谈》、《灯下漫笔》、《杂忆》（《坟》）以及整部的《华盖集》，尤其是 1926 年的《华盖集续编》，都包含着猛烈的攻击阶级统治的火焰。自然，这不是社会科学的论文，这只是直感的生活经验。”① 这里，瞿秋白明明白白说的是，鲁迅的思想在“五四”前进化论和个性主义是基本，而到了“五四”以后，情形逐渐有了变化，鲁迅通过对中国社会和历史的长期观察、深入剖析，实际上已经看到了阶级对立和阶级斗争的存在。可是有的同志在运用这篇“序言”来研究鲁迅前期思想时却不顾事实地说，瞿秋白是将进化论和个

① 瞿秋白：《〈鲁迅杂感选集〉序言》，《瞿秋白文集》（二）第 3 卷，瞿秋白文集编辑委员会编辑，人民文学出版社 1953 年版，第 988 页。

性主义看作鲁迅整个前期的基本思想。固然，瞿秋白在这篇论文里也曾谈到过鲁迅是在1927年以后一段较长的时间里“才从进化论最终的走到了阶级论，从进取的争求解放的个性主义进到了战斗的改造世界的集体主义”，他这里用“最终”二字，显然是指的鲁迅只有在这个时候才从根本上摆脱了进化论和个性主义消极影响的羁绊，并不是说的鲁迅从“五四”到1927年以前进化论和个性主义还是基本。

瞿秋白上述关于鲁迅思想的评价是符合客观事实的。首先，“五四”以后，尤其是大革命时期鲁迅愈来愈感到进化论思想武器的局限性，同时在自己思想中不断增生着新的内容，焕发出新的战斗力量，已经通过实际的观察逐步地接受了无产阶级社会革命论的影响，看到了阶级和阶级斗争存在的事实。早在1919年，鲁迅便热情地讴歌了俄国的十月革命，讴歌了第一个社会主义国家和马克思主义。他赞扬苏联人民，“他们因为所信主义，牺牲了别的一切，用骨肉碰钝了锋刃，血液浇灭了烟焰。在刀光火色衰微中，看出一种薄明的天色，便是新世纪的曙光”①。虽然鲁迅当时并未能够确切了解马克思主义的科学内容，并且是将马列主义与西方许多资产阶级思想武器都是同样地当作新的思潮来接受和吸取的，但是他却明确地将十月革命的胜利和无产阶级劳动人民掌权的铁的事实当作“新的世界的曙光”来歌颂，将俄国人民使用革命暴力当作粉碎旧世界、换来新世界的一种必要手段来歌颂。要知道，当时正是“五四”阵营中胡适右翼力主“多研究些问题，少谈些主义”，宣扬实用主义和改良主义的时候，正是反动派将布尔什维主义诬蔑为“过激主义”的时候，而鲁迅在这里却明显地受到了无产阶级社会革命论的影响，在思想上呈现出显著的社会主义因素。当然，更重要的是鲁迅当时的斗争生活实践是彻底的不妥协的反帝反封建的战斗。按照马克思主义的观点，“生活、实践的观点”，“必然会导致唯物主义”②。这种作为认识论的唯物主义观点当然就不是进化论的唯物主义自然观所限制、范围得了的。这种基于战斗实践所引申和总结出来的唯物主义观点与达尔文进化论的辩证发展观点结合在一起，

---

① 鲁迅：《热风·五十九“圣武”》，《鲁迅全集》第1卷，人民文学出版社2005年版，第373页。

② ［俄］列宁：《唯物主义与经验批判主义·六　认识论中的实践标准》，《列宁选集》第2卷上，人民出版社1960年版，第142页。

一同在鲁迅前期思想中发挥着积极的作用。固然，在“五四”时期鲁迅对马克思主义理论能否在中国发生作用表示过怀疑，也说过“未留心”李大钊发表的宣传和介绍马克思主义的文章，这说明他对马克思主义理论没有认真地了解和系统地学习过。但是他却认为自己在新青年时代是与李大钊这样的共产主义知识分子“站在同一战线上的伙伴”①。这些先驱者的理论著作他虽然没去看，但是对于他们在马克思主义思想指导下的行动，却是衷心拥戴的。这是因为他们在反帝反封建战斗的彻底性、不妥协性上很一致，立场也非常接近。这种接近和一致就必然彼此在某些重大问题上发生思想上的影响。鲁迅谈到他“五四”以后的创作活动是听“将令的”，是自觉遵奉“革命的前驱者的命令”的。这“革命的前驱者”就是指的以马克思主义理论为武器、正在领导着彻底的反帝反封建民主革命的无产阶级的政治代表，其中就包括李大钊这样的共产主义知识分子。到了大革命时期，鲁迅的思想更有了新的发展。我们知道，鲁迅自己曾经多次说过，“将来必胜于现在，青年必胜于老人”。这是他的进化论思想的基本观点。这种基本观点表达了他对于社会发展前途和依靠什么力量达到这个前途的看法。但是他通过对现实和历史的剖析，已经开始突破这种思想局限：其一，他所看到的“现在”已不是在进化论观点支配下的抽象的“现在”，而是从现实中看到了尖锐的阶级对立和斗争。因此，他用分析的眼光看待“现在”的结果，不是全部地否定“现在”，而是通过现实矛盾的发展更加切实地看到了“将来”。例如，1926 年 1 月他在《学界的三魂》中说过如下一段话：“在乌烟瘴气之中，有官之所谓‘匪’和民之所谓‘匪’；有官之所谓‘民’和民之所谓‘民’。有官以为‘匪’而其实是真的国民，有官以为‘民’而其实是衙役和马弁。所以貌似‘民魂’的，有的不免为‘官魂’，这是鉴别灵魂者所应当十分注意的。”这里，鲁迅在实际的观察中，已经看到不同阶级地位的人们，是有着对事物的不同看法的。即使是同一名词，它的内容也是不同的。在《春末闲谈》中，鲁迅指出：自古以来，所谓“君子劳心，小人劳力”，“治于人者食人，治人者食于人”的阶级区别，从来就是壁垒分明的。封建统治者不仅迫害、压榨人民，而且施展

① 鲁迅：《南腔北调集·〈守常全集〉题记》，《鲁迅全集》第 4 卷，人民文学出版社 2005 年版，第 539 页。

着各种麻醉术，像细腰蜂运用它神奇的毒针一样，使人民变成不能思想的仆役和战争的机械。然而，鲁迅又指出，尽管统治阶级煞费苦心，但却不能永远巩固他们的统治。“即以皇帝一伦而言，便难免时常改姓易代，终没有‘万年有道之长’，二十四史而多至二十四，就是可悲的铁证。”这里，他已经通过对历史的剖析看到了阶级和阶级斗争的规律。他在解剖国民性的病根——那压在广大人民头上的旧的社会制度和帝国主义、封建主义的意识形态时，斗争的锋芒便集中地指向它们，认为只有执着于现实的战斗，才能争取美好的将来。如果说，他的最初的杂文集《热风》主要是对封建社会各方面的广泛的社会批判；那么，他在1924年至1926年间写的《华盖集》、《华盖集续编》及《坟》的部分篇章则对统治者及其帮凶进行了深刻的政治揭露。在对《学衡》、《甲寅》封建复古势力的斗争中，特别是以北京女师大事件和“三一八”惨案为中心的斗争中，鲁迅有力地揭露了与帝国主义紧密勾结的封建军阀和官僚政客的残酷统治，揭露了形形色色的封建的、资产阶级文人的帮忙和帮闲的反动实质。鲁迅前期杂文中这种“神圣的憎恶和讽刺的锋芒”也通过他的小说创作，凝聚在具体的形象和典型里。在《阿Q正传》、《故乡》和《祝福》等小说的现实主义画面中，不是鲜明地描绘出阶级对立和阶级斗争的图景么？这些作品不是仅仅停留在对统治阶级生活的腐朽和精神空虚的描写上，而是从阶级关系上，从他们对农民的残酷统治上暴露了封建阶级。通过阿Q、闰土、祥林嫂这些被侮辱被损害者，作品深刻地暴露了统治者的罪恶和旧制度的黑暗。这种黑暗甚至于侵入劳动人民的心灵之中，严重地阻碍着劳动人民的觉醒。其二，与这种以阶级分析的眼光来看待社会现象紧密联系的，是鲁迅已不是笼统地看待现实中的“青年”，而是从现实生活中的矛盾出发，运用分析的眼光来看待他们了。1925年5月，他在杂文《导师》中一开头就说：“近来很通行说青年；开口青年，闭口也是青年。但青年又何能一概而论？有醒着的，有睡着的，有昏着的，有躺着的，有玩着的，此外还多。但是，自然也有要前进的。”这是大革命时期革命形势深入发展，阶级分化剧烈的情况在青年中的反映。鲁迅通过实际的观察深刻地看到了这一点。1926年，他在同许广平的通信中说：“在这几年中，我很遇见了些文学青年，由经验的结果，觉他们之于我，大抵是可以使役时便竭力使役，可以诘责时便竭力诘责，可以攻击时自然是竭力攻击。”① 他称这些青年是“挂新招牌的利己主义者”②，说他们“大抵是貌似新思想者，骨子里却是暴君，酷吏，侦探，小人”。鲁迅宣称：“先前我只攻击旧党，现在我还要攻击青年。”“无论什么青年，我也不再留情面……决定拳来拳对，刀来刀挡。”③ 对于狂飙社的一些青年如高长虹、向培良等，他就是采取这个态度，把他们的辱骂和吹捧都顶了回去。而对于语丝社、莽原社的一些青年如韦素园、韦丛芜等，则帮助他们并同他们一起从事文化战线上的战斗。正因为鲁迅已不是笼统地看待“现在”和“青年”，而是从现实的矛盾中剖析出阶级的对立和斗争，因此，对进化论的消极因素看得更清楚了，而对于进化论的变化发展的积极因素则赋予了更为丰富的革命的内容。

其次，从对敌人的反革命的本性认识中引申出革命专政的思想，从对敌斗争的复杂性和长期性的认识中提出将革命进行到底的主张。这种闪耀着战斗的唯物主义和革命的辩证法光芒的思想更显然不是进化论所限制得了的。这种思想认识的高度也是他“五四”以后思想矛盾合乎逻辑发展的必然结果。而鲁迅 1925 年 11 月写的《论“费厄泼赖”应该缓行》和 1927 年 4 月 10 日写的《庆祝沪宁克复的那一边》两篇重要文章则是这种思想认识发展的显著标志。关于这两篇文章，我觉得有这样两点是值得注意的：其一，两文都总结了深刻丰富的、革命的经验教训。有的同志认为它们只是总结了辛亥革命的经验教训，不可能总结“五四”和大革命的经验教训。我认为，两文固然主要是总结“五四”以前资产阶级领导的旧民主主义革命经验，但鲁迅也是将他亲身战斗在其间的新民主主义革命的深刻体会概括到文章中去了的。鲁迅说过：“论‘费厄泼赖’这一篇……是见了我的同辈和比我年幼的青年们的血而写的。”④ 这篇论文不仅立意和主旨是针对现实中阻碍革命进行的“费厄

---

① 鲁迅：《两地书·六九》，《鲁迅全集》第 11 卷，人民文学出版社 2005 年版，第 194～195 页。

② 鲁迅：《两地书·八五》，《鲁迅全集》第 9 卷，人民文学出版社 2005 年版，第 231 页。

③ 鲁迅：《两地书·七九》，《鲁迅全集》第 9 卷，人民文学出版社 2005 年版，第 216 页。

④ 鲁迅：《坟·写在〈坟〉后面》，《鲁迅全集》第 1 卷，人民文学出版社 2005 年版，第 299 页。

泼赖”论等谬论而发，而且全文八节几乎每一节都既论述了辛亥革命的经验又涉及了现实斗争的内容。至于《庆祝沪宁克复的那一边》也是通过总结中国辛亥革命以来的历史和对当时中国革命的现状的深刻分析来表达将民族民主革命进行到底的中心思想的。文章标题中所谓的“那一边”就是文中所说的“黑暗的区域里，反革命者的工作也还在默默地进行”，就是“复旧”的“危机”，这就是针对现实中的情形说的。文中还说道：“便是中国在事实上到现在为止凡有大度，宽容，慈悲，仁厚等等美名，也大抵是名实并用者失败，只用在其名者成功。”在论及要防止“使革命精神转成浮滑时”，也通过现代评论派在1926年下半年北伐战争顺利开展时改变腔调、投机革命和同年上半年“三一八”惨案时的议论作了比较，从而指出“这样的人们一多，革命的精神反而会浮滑、稀薄以至于消亡，再下去是复旧”。这些地方显然都是对现实的经验教训的概括和揭示。应该看到，所谓总结经验教训不一定都是着眼于某一革命运动全过程的概括，革命运动正在进行时，点点滴滴的经验，只要是能够提到理论高度上概括出事物具有普遍意义的规律来的，这种经验教训的总结也应该是很有意义的。这里涉及对鲁迅杂文内容深广程度的评价问题。鲁迅的一些重要杂文（包括上面提到的两篇）之所以往往使人感到既有深远的历史高度，又有宽广的现实幅度，是与他善于从理论的高度上对现实和历史进行深广的概括分不开的。其二，与这种提到理论高度上总结经验教训的特点相联系的，是这两篇文章从理论和实际经验的结合上具有了比较明确的阶级和阶级斗争的观点，并由此引申出来了必须对敌人实行革命专政和将革命进行到底的思想。这就是说，一方面，鲁迅在实际的观察中看到革命和反革命，压迫者和被压迫者存在的事实，得出体现一定阶级内容、反映一定阶级斗争规律的结论；另一方面，又是鲁迅初步了解和运用马列主义理论观点的结果。前一篇文章，作为文艺性的政论，通篇都是将形象的比喻和严密的论述自然地融合在一起的。阶级观点的表达不像一般政治论文那样直接，然而，尽管如此，文中的这样一些观点，如敌人在气焰嚣张时要“与之奋战”，而敌人失败后又要“打落水狗”的思想；对敌人不能妥协、仁慈的革命专政的思想；对“叭儿狗”这种封建买办分子产生的历史背景、阶级属性的主要特征的准确而深刻的剖析；“为人也则帮之，为狗也则不管之，为坏狗也则打之”的分清敌我，并打击主要敌人的思想；还有，与作者同时期其他杂文中提出“要求‘以血偿血’”的思想相一致，在本文中，针对敌人反革命手段愈益恶毒的现状，提出“应该改换些态度和方法”的重视革命暴力的观点等，都表明这篇文章不仅表达了作者对敌人的仇恨的感情和将革命进行到底的决心、愿望，而且通过夹叙夹议的方法进行了理论上的深入分析和高度概括。这种异常深刻的思想固然主要得力于作者在长期斗争中的实际经验，同时也与他从1925年起，开始学习和了解了马克思主义的学说分不开。1925年，鲁迅已注意到了“用 Marxism 于文艺的研究”① 这一重要现象；同年年底，《国民新报副刊》“甲种”上节译了列宁的《国家与革命》，而鲁迅曾主编过《国民新报副刊》“乙种”，又恰巧藏有这份报纸，因此鲁迅受到《国家与革命》的影响是自然的；1926年，在评价苏联诗人勃洛克等人的作品时，鲁迅也指出它们“还不是革命的诗”，“若用了纯马克思流的眼光来批评，当然也还是很有可议的处所”②。这些材料都说明鲁迅写作《论“费厄泼赖”应该缓行》一文是受到了马列主义观点的影响的。后一篇《庆祝沪宁克复的那一边》更直接引用了列宁的关于不要骄傲、要巩固胜利、要彻底消灭敌人的话来作为全文立论的中心，以表达文章反对“在凯歌中，肌肉松懈”，反对“大度，宽容，慈悲，仁厚”的“美名”，主张“巩固胜利”并“永远进击”的观点。作者对马克思列宁主义所表现出来的由衷钦佩的感情是通过直接运用它的科学论断以解决实际斗争中最迫切的也是带规律性的问题而表现出来的。由于作者有着长期剖析历史和现实所得来的实际经验，因此对列宁的观点体会得很深。文中的阶级和阶级斗争的观点不仅表现在对正面敌人要斗争到底、实行革命专政这一方面，而且表现在对暗藏的敌人要提高警惕和加强防范上。不仅如此，还与静止地看待阶级区分的形而上学的观点不同，鲁迅是运用革命辩证法的方法从事物的发展和变化上来看待阶级斗争的。在写本文前半个月，鲁迅在《黄花节杂感》一文中说过：“革命无止境，倘使世上真有什么‘止于至善’，这人间世便同时变了凝固的东西了。”在本文中，也是由于这种革命辩证法的运用，所以在革命转折的关键时刻对时局作出了经得起实践检

① 鲁迅：《集外集拾遗·〈苏俄的文艺论战〉前记》，《鲁迅全集》第7卷，人民文学出版社2005年版，第278页。

② 鲁迅：《集外集拾遗·〈十二个〉后记》，《鲁迅全集》第7卷，人民文学出版社2005年版，第312页。

验的考察和分析。两天以后，“四一二”政变的发生便充分地证实了他的见解是富于预见性的。鲁迅在广州时期所写的《庆祝沪宁克复的那一边》等文章之所以明显地运用了马列主义观点，是同他加强了同共产党人的联系并认真地学习了马列主义理论分不开的。如果说，鲁迅在北京时期与中共北方区委书记李大钊的联系，与党员学生刘弄潮、伍国祯等人的接触还是出于个人的交往和工作的联系，那么，在广州时期，情形就不同了。鲁迅从厦门来广州中山大学任教是中共广东区委会推荐的，广东区委会还委派青年共产党员毕磊（学生运动委员会副书记，书记为恽代英，委员有萧楚女、邓中夏等人）与鲁迅进行经常的密切的联系。毕磊等人将党主办的刊物《少年先锋》、《做什么》、《人民周刊》等赠送给鲁迅。这些刊物上登载了较多的马列主义原著及介绍文章，为鲁迅学习马列主义提供了有利的条件。如鲁迅在《庆祝沪宁克复的那一边》中引用列宁的话就刊载在《少年先锋》第一卷第八期上。鲁迅在这一段时间写的《黄花节杂感》、《扣丝杂感》等重要文章也是看了《少年先锋》上的文章，为驳斥“国民革命已经或快要成功了”的谬论而写的。还有，大约在3月下旬，时局极为紧张的重要时刻，毕磊还安排鲁迅与广东区委书记陈延年会见，使鲁迅更好地了解了我党的斗争策略和当时急剧变化的政治形势。因此，在广东期间，鲁迅已经与党组织发生了直接的联系。他当时清楚地知道毕磊等人的身份，经常应毕磊等人的邀请出席一些重要会议，发表演讲，或者从党的刊物受到启发写文章，可见他已经主动与革命步调一致，协同作战了。当然，鲁迅这时候的一些文章具有了马列主义的观点，行动上与革命的步调一致，并不等于他的世界观整个地发生了根本变化，这一点下面还要谈到。但是，在社会政治生活的某些重要方面，如在对敌斗争中能够看到阶级的对立和斗争并从它们的复杂性、长期性及发展变化上来看问题，这也应该是具备了阶级和阶级斗争观点的一种表现。因此，说鲁迅在本文中只能看出革命者的国籍的区别（俄国革命者和中国革命者），看不出不同国度中革命者的阶级的区别，是不符合鲁迅的思想实际和作品的实际的。

再次，在“五四”以后，特别是大革命时期，个性主义对于鲁迅思想的影响也在逐渐缩小和减弱，而人民群众创造历史的唯物史观的思想因素则得到了不断的增强和发展。虽然，在整个鲁迅思想发展的前期，他还不能够从阶级本质上认识人民群众推动历史前进的伟大力量，但他出于探寻中国革命力量的需要，深刻意识到了发动人民群众的重要性。他在《阿Q正传》等总结了辛亥革命失败教训的作品中，指出中国的资产阶级革命之所以失败，根本原因就是资产阶级脱离人民，害怕人民。而早在1919年，五四运动进入“六三”工人运动高潮期间，他写的短篇小说《一件小事》就从正面表现了对劳动人民崇高品质的歌颂，并且通过对比，批判了小资产阶级知识分子脱离群众、与群众格格不入的劣根性。以后，随着大革命形势的迅猛发展，工农群众充分地显示了自身力量的时候，鲁迅则进一步克服了他对群众革命力量认识不足的弱点。1924年鲁迅论述“天才”时明确指出，没有“使天才得以生长的民众”，便没有天才①。1926年在北伐战争节节胜利的大好革命形势下，鲁迅进一步指出了“世界却正由愚人造成，聪明人决不能支持世界”②的具有历史唯物主义性质的结论。从这一根本观点出发，他的思路伸入历史，批判了文字创造“归功一圣”的唯心主义的“凭臆之说”，提出了“所当绵历岁时，且由众手”③ 的劳动人民创造精神文化的光辉论点；笔锋指向现实，则深信中国“既然革命”，阿Q那样的贫雇农，必然“会做”革命党④，有着“聪明与智慧”但被剥夺了享受文化权利的工农子女，也是“能够下决心”，“能够奋斗”，“一定会成功，一定有前途”⑤ 的。

从以上三个方面的分析可以看到，瞿秋白认为鲁迅在“五四”前进化论和个性主义是基本，而在“五四”以后则增添了阶级论思想的因素的估计是正确的。同时，还要看到，有一些重要资料，如1925年鲁迅收藏《国民新报副刊》上关于列宁的《国家与革命》的节译的材料，以及1926年鲁迅在厦门大学平民学校关于信赖贫民子女的演说以及1927年鲁迅的《庆祝沪宁克复的那一边》的重要文章等，瞿秋白当时还没有能够掌握，而这些新的史料都进

---

① 鲁迅：《坟·未有天才之前》，《鲁迅全集》第1卷，人民文学出版社2005年版，第174页。

② 鲁迅：《坟·写在〈坟〉后面》，《鲁迅全集》第1卷，人民文学出版社2005年版，第302页。

③ 鲁迅：《汉文学史纲要·第一篇　自文字至文章》，《鲁迅全集》第8卷，人民文学出版社2005年版，第354页。

④ 鲁迅：《华盖集续编·〈阿Q正传〉的成因》，《鲁迅全集》第3卷，人民文学出版社2005年版，第397页。

⑤ 陈梦韶：《鲁迅在厦门》，作家出版社1954年版，第12页。

一步说明了鲁迅前期唯物史观的因素，经过量变的迅速积累，已经为思想上的质的飞跃准备了充分的条件。恩格斯曾经说过：“纯粹量的增多或减少，在一定关节点上就引起质的飞跃。”[①] 鲁迅也说过：“所谓突变者，是说 A 要变 B，几个条件已经完备，而独缺其一的时候，这一个条件一出现，于是就变成了 B。”[②] 看不到量变的不断积累，就不可能达到“一定的关节点”，这样来阐述思想上质的飞跃，就会显得突然，甚至出现虚假现象。当然，按照瞿秋白的观点，鲁迅前期是始终没有摆脱进化论的。就是说，鲁迅在没有经过“四一二”政变巨大震动之前，进化论思想的体系是还没有最后完全崩溃的。关于这个问题，我同意许多同志所引用的列宁的论断：“只有承认阶级斗争，同时也承认无产阶级专政的人，才是马克思主义者。”为了正确地理解列宁的这个论断，应该更多地看一看列宁的论述。列宁在作这个论断之前引述了 1852 年 3 月 5 日马克思致魏德迈的信，这封著名的信是众所周知的。之后，列宁说：“在这一段话里，马克思极其鲜明地表达了两点：第一，他的学说同资产阶级最渊博的先进思想家的学说之间的主要的和根本的区别；第二，他的国家学说的实质。”[③] 列宁还说：“马克思学说中的主要之点是阶级斗争。人们时常这样说，这样写。但这是不正确的。……谁要是仅仅承认阶级斗争，那他还不是马克思主义者，他可能还没有走出资产阶级思想和资产阶级政治的圈子。”[④] 在说了这些话之后，列宁才作出了我在上面所引的那个论断。在这里，详细地引用列宁的话是为了说明：一方面从理论上看，鲁迅前期具有阶级和阶级斗争的观点是可能的，这不仅是因为他的思想水平达到了资产阶级最渊博的先进思想家的水平，而且还应该将他已经开始接触并部分地接受了马列主义观点的情形估计在内；但另一方面，又正如我们上面所谈到的，鲁迅当时的思想又确实尚未达到承认无产阶级专政的高度，因此还不可能完全走出资产阶级思想和资产阶级政治的圈子，实现世界观的根本转变。当时

---

① ［德］恩格斯：《反杜林论第 1 编哲学》，《马克思恩格斯选集》第 3 卷，人民出版社 1972 年版，第 84 页。

② 鲁迅：《二心集·上海文艺之一瞥》，《鲁迅全集》第 4 卷，人民文学出版社 2005 年版，第 306 页。

③ ［俄］列宁：《国家与革命》，人民出版社 1964 年版，第 27 页。

④ ［俄］列宁：《国家与革命》，人民出版社 1964 年版，第 28 页。

鲁迅虽然具有阶级和阶级斗争的观点，在对敌斗争中爱憎分明洞悉阶级敌人的反动本性，揭示了他们的活动规律，认为要对他们进行不调和的斗争，实现革命的专政，并从斗争的发展上看到革命的艰巨性和长期性。但是由于鲁迅对工农群众尚未能从他们的政治态度和所处的经济地位的联系上科学地分析他们的阶级本质，因此不能基于马克思主义的群众观点看到无产阶级是革命的领导阶级，工农群众是革命的依靠力量，这样他对于中国革命的前途以及达到这前途的道路便看得不是很清楚。这就是鲁迅在民主革命斗争中思想上尚未能达到承认无产阶级专政水平的具体内涵。应该看到，在知识分子中，像这样部分接受了马列主义观点，但尚未能实现世界观的根本转变，确立马列主义世界观的情形在生活中是确实存在的。毛泽东同志在谈到知识分子世界观改造的问题时说："世界观的转变是一个根本的转变。"① 又在分析我国解放初期知识分子的现状时谈到过知识分子对待马克思主义的几种不同的态度，他说："五百万左右的知识分子对待马克思主义的状况是：赞成而且比较熟悉的，占少数；反对的也占少数；多数人是赞成但不熟悉，赞成的程度又很不相同。这里有三种立场，坚定的，动摇的，反对的三种立场。"② 毛泽东同志的这些话指出了人们对待马克思主义的态度有"赞成但不熟悉"的这样一种情况。我觉得鲁迅当时的情形与此颇为相似。他在斗争实践中接触并开始学习马列主义的学说，懂得了一些马列主义，写出了一些具有马列主义观点的文章，但不等于对马列主义很熟悉，也不能说从世界观的整体上看已经根本上改变了旧的思想体系，确立了马列主义的世界观。鲁迅世界观的根本转变只有在经历了1927年"四一二"政变之后才开始了质的飞跃过程。

由进化论思路的"轰毁"到牢固地树立马列主义世界观

在大革命高潮中，鲁迅由于置身在这次革命的策源地广州，因此较前更

① 毛泽东：《关于正确处理人民内部矛盾的问题·知识分子问题》，《毛泽东选集》第5卷，人民出版社1977年版，第384页。

② 毛泽东：《在中国共产党全国宣传工作会议上的讲话》，《毛泽东选集》第5卷，人民出版社1977年版，第405～406页。

加广泛密切地与中国共产党人发生了联系，看到了在工农群众运动和国共合作统一战线的推动下所出现的新的革命形势，看到了社会主义苏联经过国内战争和国民经济恢复时期之后又成功地为实现国家工业化而斗争。这样，他便愈来愈清楚地看到马克思列宁主义对世界革命和中国革命的意义，从而促使他从一般地受马列主义影响到自觉地学习和运用马列主义的理论武器，迈开了由革命民主主义向共产主义转变的重要的一步。列宁说：很多“自由时期的社会民主党人”是在狂热的、节日般的日子里，在革命口号引人注目的日子里，在无产阶级获得胜利、连纯粹资产阶级知识分子也被这一胜利冲昏了头脑的日子里第一次成为社会民主党人的，他们开始认真地学习，学习马克思主义，学习不屈不挠的无产阶级的工作精神，他们将永远是社会民主党人和马克思主义者。另外一些人，除了熟背一些词句，死记几个“引人注目的”口号，对“抵制主义”“战斗主义”等发表几句议论而外，则没有来得及或者没有本事从无产阶级政党那里学到任何东西①。在大革命高潮时期的广州，情形正是这样的。例如，据《广州民国日报》记载，在鲁迅到广州后不久列宁逝世三周年纪念日（1 月 21 日）这一天，广东各界在中山大学举行了大规模的纪念大会，会上演讲者既有共产党领导人邓中夏、孙炳文，又有国民党右派分子戴季陶、朱家骅、甘乃光等。“在这狂欢节般的日子里”，他们都一同颂扬列宁，推崇马列主义。还有一种情况，像鲁迅在《庆祝沪宁克复的那一边》中那样引用列宁等革命导师话的情形“在国共合作时期全国性和地方性的进步刊物上，并不是怎样罕见的”。但是，鲁迅与那些死记几个“鲜明的”口号，空谈两句“抵制主义”“冲激主义”的人不同，他在革命高潮中开始认真地学习马列主义，而且从这时候开始到终于成为马列主义者，又经历了一番“坚韧不拔”的努力。鲁迅这一番学习马列主义理论、树立无产阶级世界观的努力具有以下几个方面的特点：

在革命处于转折的关键时刻，在白色恐怖十分严重的日子里，他不避锋芒，置身于无产阶级队伍的行列里坚持战斗，不断地总结阶级斗争的经验教训，使自己的思想更趋深化。这是鲁迅在“四一二”反革命政变以后政治上

---

① 《拥护召回主义和造神说的派别》［1909 年 9 月 11 日（24）］，《列宁全集》第 19 卷，人民出版社 1989 年版，第 106～107 页。

最突出的表现，也是他在思想上得以实现向马列主义飞跃的一个重要原因。大革命失败后，一些曾经用马列主义词句装潢门面的资产阶级右翼分子，这时候剥落了假面，露出了反对共产主义的真相。许多小资产阶级革命民主派则被腥风血雨吓破了胆，对于本来没有在自己头脑里生根的马列主义产生了怀疑和动摇，中国向何处去？马列主义能否救中国？一些人感到前途渺茫，又害怕对准自己胸膛的屠刀，于是远远避开现实斗争的风暴，陷于失败、颓唐而不能自拔。然而鲁迅却在反革命逆流中表现出无产阶级大无畏的硬骨头精神，他义愤填膺地痛斥国民党右派的反革命罪行，挺身营救无辜被捕的学生和共产党员，抗议阴险的缉捕，残酷的杀戮，接着又因这一切无效愤而辞去中山大学的职务。反动派时而造谣说，“鲁迅到武汉去了”，“鲁迅逃跑了”，企图将鲁迅扣上共产党的罪名而加以陷害；时而又以名利为诱饵，要鲁迅继续主持中山大学的校务。然而鲁迅却不为这一切所动，与处于危难中的进击者共同前进，他继续写文章，作讲演，用各种巧妙的方式、曲折的手法，总结大革命失败的血的教训。他戳穿国民党右派假仁义的面孔，一针见血地指出：“世界现在常为受机关枪拥护的仁义所治理”①；又在学术讲演会上作题为《魏晋风度及文章与药及酒之关系》的讲演，联系现实，以古喻今，用孔融、嵇康等被杀的事例控诉国民党反动派血腥屠杀的罪行，用自称三民主义的信徒却任意加罪杀人的军阀来影射蒋介石，揭露他的三民主义的叛徒嘴脸。……而这许多闪耀着斗争火花的思想又凝聚为格言式的《小杂感》的内容：“防被欺。自称盗贼的无须防，得其反倒是好人；自称正人君子的必须防，得其反则是盗贼。”这里，鲁迅在大革命高潮时提出的要防止肌肉松懈、警惕暗藏敌人破坏的富于预见性的观点，已经为蒋介石对革命的叛卖和大革命失败的事实所证明。这个“防被欺”的著名论断表明鲁迅关于阶级和阶级斗争的思想已经大大深化，它在革命转折时刻所引起的警醒群众、揭露敌人的作用是深刻有力、震撼人心的！

在革命失败的血的教训面前，出于对人民、对革命的高度责任感，沉痛地、无情地解剖自己，是鲁迅思想的一贯特点，也是鲁迅实现世界观根本转

① 鲁迅：《而已集·〈尘影〉题辞》，《鲁迅全集》第3卷，人民文学出版社2005年版，第571页。

变的另一重要原因。作为一个伟大的思想家，鲁迅从不固步自封，将自己的思想拘囚在个人狭小的圈子里，他总是不断地从现实斗争和人民群众中吸取政治营养，并且对照自己的思想，严格地解剖自己。还在“五四”时期，鲁迅在杂文《无题》中便记载着，一个店员勇于改正错误的真挚的惭愧感情，也使他自己感到了惭愧，而且从这个店员的行为里，“渐渐觉得我的周围又远远地包着人类的希望”。在短篇小说《一件小事》中，通过对一个人力车夫高贵品质的歌颂和对一个小资产阶级知识分子自私心理的剖析，表达了鲁迅虚心向劳动人民学习和解剖、鞭策自己的愿望。1926 年，他在《写在〈坟〉后面》一文中，也是在大革命迅速发展的形势鼓舞下，在得出“世界却正由愚人所造成，聪明人决不能支持世界”的观点的同时，进行了更深刻的自我解剖。他不回避自己思想上的阴暗面，敢于暴露自己思想上的矛盾。他说：“我的确时时解剖别人，然而更多的是更无情面地解剖我自己。”这些例子可以清楚地看出鲁迅随着革命形势的发展，不断地从现实斗争和与人民群众的接触中扩大自己的视野、严于解剖自己的特点。这种特点在 1927 年“四一二”反革命政变后写的《答有恒先生》一文中表现得更为突出。所不同的是，过去他的解剖自己，虽然因为已经逐步地看到了现实和历史中的阶级对立、斗争而觉察到了自己进化论思想的局限。但从未经历过像这一次风云骤变中如此严酷的阶级搏斗。他曾经用“被血吓得目瞪口呆”来形容当时在思想上所受到的巨大震动。他说：“我一向是相信进化论的，总以为将来必胜于过去，青年必胜于老人……我在广东，就目睹了同是青年，而分成两大阵营，或则投书告密，或则助官捕人的事实！我的思路因此轰毁。”① 这种进化论的思路的轰毁，正是思想上受到剧烈震动的必然结果。鲁迅当时之所以会在思想上经历这样巨大的震动，发生这样重大的思想上的飞跃，是因为他在“四一二”反革命政变前后几年间已经深深地卷入斗争漩涡的中心，因而对现实中的人们特别是青年的阶级本质看得更清楚了。一方面，由于与共产党人发生了组织上的联系，并且在行动的步调上与党组织的部署取得了一致。因此，对于毕磊这样的在斗争中表现了革命魄力和才华的“共产青年”，鲁迅便能够从

① 鲁迅：《三闲集·序言》，《鲁迅全集》第 4 卷，人民文学出版社 2005 年版，第 5 页。

阶级本质上有了更清楚的了解；另一方面，鲁迅还曾因另一些右派青年的经常“拜访”而与他们也有较多的接触，如中山大学的“树的党”的青年，以及“非共产党而称为什么Y什么Y的”（即L. Y.“国民党左派青年团”；T. Y.“三民主义同志社”；K. Y.“左进青年社”等）的青年等。在“四一二”政变之前，鲁迅对这两类青年已经通过他们的言论、行动有了较清晰的认识。而当政变一旦发生，鲁迅看到，一方面，“杀戮青年的，似乎倒大概是青年，而且对于别个的不能再造的生命和青春，更无顾惜”①。而且，他们杀人的手段是极其凶残的：“用斧劈死”，“乱枪刺死”，简直是在玩“血的游戏”。另一方面，毕磊等共产党员和革命青年则在白色恐怖下英勇牺牲，以自己“真的血写的书”② 从正面为革命人民树立了伟大的榜样。这样，壁垒森严的双方进行阶级搏斗的事实，触目惊心地摆在鲁迅面前才使他受到剧烈震动而“轰毁”了进化论的“思路”。这“思路”的“轰毁”就是从根本上否定、抛弃了进化论的思想体系。

还要看到，鲁迅实现思想上的质的飞跃，除了事实的血的教训和严于解剖自己这两个因素之外，对于马列主义理论的认真的、系统的学习，是又一个必不可少的因素。从鲁迅当时的实际情况看，进化论的“思路”“轰毁”了，并不等于马列主义世界观自然而然地就建立起来。在破和立的关系上，破中有立，但破并不就是立。事实往往是这样，在一场迅猛袭来的大的斗争风暴中，人们思想上旧的东西轰毁了，清除这种旧的东西的流毒还需要一段时间，而在清理旧的东西的过程中逐步建立新的东西又需要时间。这是长期以来革命斗争的规律所证实了的。大革命失败后，中国共产党人前仆后继、继续战斗的事实，中国共产党单独领导中国革命向前发展的事实，使鲁迅明确地认识到，只有中国共产党的领导和马克思主义理论的指引，才能使中国革命走向胜利，革命者只有树立共产主义世界观才能经得住艰巨复杂的斗争考验。当时，他坚决批判了许多小资产阶级知识分子在革命紧急关头畏惧共产主义的心理，指出：“人一听到俄罗斯，一看见红色，就吓得一跳；一听到新思想，一看到俄国的小说，更其害怕，对于较特别的思想，较新思想尤其

① 鲁迅：《而已集·答有恒先生》，《鲁迅全集》第3卷，人民文学出版社2005年版，第473页。

② 鲁迅：《三闲集·怎么写》，《鲁迅全集》第4卷，人民文学出版社2005年版，第20页。

丧心发抖，总要仔仔细细底想，这有没有变成共产思想的可能性?! 这样的害怕，一动也不敢动，怎样能够有进步呢?”[①] 这里，鲁迅明确地指出了革命人民只有学习马列主义理论才能“进步”，同时也包括了他自己勇于接受新思想，认真学习马列主义理论的深刻体会和进一步用马列主义武装自己的迫切要求。1928 年 1 月开始的鲁迅与创造社、太阳社关于革命文学的论争，又进一步促进了鲁迅对马列主义理论的学习。我们知道，由于大革命失败后中国革命转由无产阶级单独领导的政治形势，也由于“五四”文学阵营长期的酝酿，创造社、太阳社提倡的无产阶级革命文学运动体现了历史发展的必然趋势。这个运动对于马克思主义理论（包括文艺理论）的宣传介绍，关于无产阶级革命文学这个响亮口号的提出，在当时因白色恐怖的威胁而消沉、颓丧的文艺界起了振聋发聩的革命作用。但是，由于这个运动的倡导者从世界观来看，大多还是小资产阶级革命者，他们又在大革命失败后的环境里因为对蒋介石的仇恨而滋生了革命的急性病，成员中又分别不同程度地受到日共福本和夫“左”倾路线和苏联“拉普”派机械论思想的影响，加以中国共产党内以瞿秋白为代表的“左”倾路线也与他们的活动有一定的联系，这样，他们在对政治形势和中国革命性质的理解、估计上，在文艺与生活、文艺与群众以及文艺的特征等问题上便出现了许多属于思想认识路线上唯心主义和机械论的错误。而他们又出于宗派主义情绪，错误地将鲁迅作为攻击的对象。面对着这种情况，鲁迅应该怎样看待无产阶级革命文学运动以及这个运动的倡导者们？既然革命文学倡导者们所传播介绍的马列主义理论在当时确实起过重大作用，而他们的严重弱点和缺点又与一些正确的然而却未能与中国革命实际达到较好结合的马列主义理论观点混杂在一起，因此，鲁迅在与他们进行论战时，就必须较之过去更为深入而系统地学习马列主义的理论。而在这种理论学习的过程中，因为鲁迅既对论争的对象进行解剖，同时又对照着解剖自己，因而能够切合斗争的实际和自己的思想实际。例如，在鲁迅看来，创造社“故作激烈的所谓‘唯物史观的批评’”[②] 正是违反辩证唯物论和历史唯物论，陷入了唯心主义和机械论的思想认识路线的；他们宣扬文艺要“超

---

① 鲁迅：《集外集拾遗补编·关于知识阶级》，《鲁迅全集》第 8 卷，人民文学出版社 2005 年版，第 228 页。

② 鲁迅：《准风月谈·关于翻译（上）》，《鲁迅全集》第 5 卷，人民文学出版社 2005 年版，第 313 页。

时代”，“其实就是逃避”[①]；他们宣扬小资产阶级知识分子应该去“教化”只有“自然生长性”的工农，这正是颠倒了个人与群众的关系的历史唯心史观的表现；他们忽而津津乐道自己掌握了“艺术的武器”，忽视“铁和火”的实际革命斗争，夸大艺术的作用，忽而又强调“文艺是宣传”，说文艺的“本质仅限于文字本身，除此以外，更没有什么形而上学的本质”。鲁迅指出，前者是他们不敢正视现实黑暗的结果，而后者则不仅抹煞了文艺的特征，而且是“踏了‘文艺是宣传’的梯子而爬进唯心的城堡里去了”[②]。至于他们认定“口头不说‘无产’，便是‘非革命’，‘非革命’即是‘反革命’”，这种荒唐的逻辑，正是他们对大革命失败后国内阶级关系进行唯心主义的估量的产物。在上述问题上鲁迅对创造社、太阳社的批评，归根到底是对唯心主义和机械论的思想认识路线的批评。这种批评促使鲁迅在进一步自我解剖的过程中对于自己过去进化论的唯心史观作了彻底的清算。鲁迅说：“我有一件事要感谢创造社的，是他们‘挤’我看了几种科学底文艺论，明白了先前的文学史家们说了一大堆，还是纠缠不清的疑问。并且因此译了一本蒲力汗诺夫的《艺术论》，以救正我——还因我而及于别人——的只信进化论的偏颇。”[③] 尽管鲁迅在1928年论争时对倡导无产阶级革命文学的积极的首创的意义估计不足，但是，他却从这场论争中深刻地体会到学习马列主义理论的作用，并吸取了鞭策、激励自己前进的力量。这里，正表现出一个严于律己的革命作家对人民、对革命事业的高度责任感。据许广平同志回忆，“自1927年底到上海，鲁迅从日文书中阅读了很多马列主义方面的著作”[④]，还教她学习《马克思读本》，能够“很通俗易懂地进行讲解”，可见他在研读马列主义著作上是“下过功夫”[⑤] 的。鲁迅在1928年日记的“书帐”中，也记载着大量有关马

① 鲁迅：《三闲集·文艺与革命》，《鲁迅全集》第4卷，人民文学出版社2005年版，第84页。

② 鲁迅：《译文序跋集·〈壁下译丛〉小引》，《鲁迅全集》第10卷，人民文学出版社2005年版，第307页。

③ 鲁迅：《三闲集·序言》，《鲁迅全集》第4卷，人民文学出版社2005年版，第6页。

④ 许广平：《鲁迅回忆录》，作家出版社1961年版，第81页。

⑤ 许广平：《鲁迅回忆录》，作家出版社1961年版，第81页。

列主义理论、社会主义运动史和无产阶级文艺问题的书籍[①]，这从又一个方面提供了鲁迅这一年内认真系统地学习马列主义理论书籍的证明。

如上所述，鲁迅从在事实的血的教训中“轰毁”了进化论的“思路”，到通过马列主义理论的翻译和学习“救正”了只信进化论的“偏颇”，是经过了“坚韧不拔”的努力才达到的。而鲁迅马列主义世界观确立的一个明显的标志，就是无产阶级专政观点的逐步形成。继1927年鲁迅在《庆祝沪宁克复的那一边》中提出明确的革命专政的思想之后，1927到1928年间，鲁迅又曾多次指出苏联“同路人”从革命前热情讴歌革命到革命后由于苦闷而逃跑或自杀，是因为“俄国是实在在革命”[②]，即真正实行无产阶级革命。“而现实的革命倘不粉碎了这类诗人的幻想或理想，则这革命也还是布告上的空谈”[③]。这就从反面说明了实行革命专政的必要性和重要性，1928年8月，鲁迅从文艺和政治的关系上谈道：“一讲无产阶级文学，便不免归结到斗争文学，一讲斗争，便只能说是最高的政治斗争的一翼，这在俄国，是正当的，因为正是劳农专政。”[④] 这种“劳农专政”的提法正是关于无产阶级专政思想的明确的表述。至于到了1930年，这种无产阶级专政的思想更得到了深刻的阐述。那时，在同梁实秋的斗争中，鲁迅尖锐地批判了他所宣扬的无产者应该“辛辛苦苦”爬上有产阶级去的谬论，指出：“在实际上，现今正在‘辛辛苦苦诚诚实实’想爬上一级去的‘无产者’也还多。然而这是还没有人‘把这个阶级观念传授了给他们’的时候。一经传授，他们可就不肯一个一个的来爬了，诚如梁先生所说，‘他们是一个阶级了，他们要有组织了，他们是一个集团了，于是他们便不循常轨的一跃而夺取政权财权，一跃而为统治阶级。”[⑤] 这里，明确地表达了“推翻资产阶级的统治，由无产阶级夺取政权”，

① 鲁迅：《日记（1927—1936）·日记十七（1928）书帐》，《鲁迅全集》第16卷，人民文学出版社2005年版，第108～118页。

② 鲁迅：《而已集·革命文学》，《鲁迅全集》第3卷，人民文学出版社2005年版，第568页。

③ 鲁迅：《三闲集·在钟楼上（夜记之二）》，《鲁迅全集》第4卷，人民文学出版社2005年版，第36页。

④ 鲁迅：《三闲集·文坛的掌故》，《鲁迅全集》第4卷，人民文学出版社2005年版，第123页。

⑤ 鲁迅：《二心集·“硬译”与“文学的阶级性”》，《鲁迅全集》第4卷，人民文学出版社2005年版，第207页。

并将一切权力“集中在国家即组织成为统治阶级的无产阶级手里”的无产阶级专政的思想。鲁迅还指出，即使是对于无产者来说，这种无产阶级专政的思想，也必须经过“传授”才能掌握，决不能自发地实现。

与鲁迅上述关于无产阶级专政的思想相联系的，是他对于无产阶级和中国共产党是中国革命的领导力量，工农群众是革命的主力军作用的明确认识。上面曾经谈到，鲁迅在1927年“四一二”政变之前，虽然对于工农群众力量的认识逐步有所提高，但尚未能从工农群众的政治态度和他们所处的经济地位的联系上科学地分析他们的阶级本质。鲁迅从阶级本质上认识革命的力量，树立马克思主义的群众观点，是在大革命失败之后的1927至1928年间。这时候工农群众运动处于低潮，然而鲁迅重新学习马克思主义理论，重新估计一切，站在历史唯物主义的高度，认定人的阶级性是“受‘支配于经济’（也可以说根据于经济组织或依存于经济组织）”[①] 的，所以从本质上和历史发展的方向上认清了工农的革命力量。在《关于知识阶级》一文中，鲁迅向知识分子提出了一个尖锐问题：“是在指挥刀下听命行动，还是发表倾向民众的思想呢?”如果“听命行动”就会“不但不同情于平民或许还压迫平民，以致变成了平民的敌人”。因此，他强调指出：“真的知识分子是不顾利害的”，他们应当“感到平民的痛苦”，“痛痛快快……为平民说话”。1928年，鲁迅在《醉眼中的朦胧》中又指出，知识分子必须向工农群众靠拢。他说在现在的“转换的时代”，“阶级的对立大抵已经十分锐利化，农工大众日日显得着重，倘要将自己从没落救出，当然应该向他们去了”。正因为鲁迅在革命的转折关头，学习和掌握了马列主义理论，树立了无产阶级的群众观点，认清了无产阶级和中国共产党是中国革命的领导力量，工农群众是革命的主力军，因此，他能够看到革命必然胜利的前途。如果说，1927年4月鲁迅在《〈野草〉题辞》中，还是用“地火在地下运行，奔突；熔岩一旦喷出，将烧尽一切野草，以及乔木，于是并且无可腐朽”的象征性的语言比较隐喻曲折地表达了对工农群众、革命力量和革命前途的信心的话，那么到了1928年初，情形就不同了。1927年9月，毛泽东同志亲自领导秋收起义，建立了井冈山第一个农村

① 鲁迅：《三闲集·文学的阶级性》，《鲁迅全集》第4卷，人民文学出版社2005年版，第128页。

根据地。鲁迅在大好形势鼓舞下，对党领导的革命运动的深入发展充满了信心。他于1928年2月23日在《醉眼中的朦胧》一文中指出：“不远总有一个大时代要到来”，暗示从毛泽东同志和中国共产党领导的武装斗争中，可以“知道中国的最近的将来”。而对国民党反动派的屠杀，鲁迅则坚定地说：“革命被头挂退的事是很少有的。”① 一系列事实都表明，共产主义者鲁迅在险恶的政治风浪中，正气磅礴，巍然如山。

鲁迅上述历史唯物主义观点的树立与唯物辩证法的思想是统一的。在大革命失败前后一段时间里，他已经能够运用辩证法对立统一的法则，分析事物的矛盾及矛盾的转化，全面地看问题；在大革命取得胜利的高潮中，他告诫人们要从胜利的大好形势中看到可能失败的不利因素，必须“永远进击”；而在大革命失败，无产阶级革命事业面临严重挫折的紧要关头，他又不因失败而气馁、颓唐，而是透过失败看到胜利的因素，看到“地火在地下运行、奔突”，通过对时代本质和历史前进方向的把握，坚信革命必然在艰苦曲折的斗争道路上取得胜利。经过1928年系统地学习马列主义理论，鲁迅更提高了运用辩证思维的能力。他已经能够洞悉事物的内在联系，对事物的各个对立面及其联系进行考察，从而反映它的对立统一关系，把握它的本质。例如，鲁迅对于进化论的思想，既从它用年龄的区分来认识社会现象的特点中看到它的唯心史观的根本弱点，又从进化论的变化发展观点中看到它同马克思主义辩证法的继承关系和一致性。因此，当他谈到“四一二”反革命政变对他的巨大震动时，既谈到进化论历史唯心主义的“思路”因此“轰毁”，又用“救正”了“他的只信进化论的偏颇”的话，精确地表述了他抛弃进化论思想中唯心主义的“思路”，而吸取了其中合理因素的一分为二辩证观点。从他读于1928年、译于1929年的普列汉诺夫的《艺术论》中可以找到他运用这种辩证法观点的依据。当普列汉诺夫谈到人的道德观念的变化是受“生产力的状态”所制约的时候，说马克思主义的这种变化发展的观点“不但并不和达尔文相矛盾，且将成为补足他所述说的东西，说明他所终于未曾说明的东西了吧，而也就是将那个，将在生物学上给他尽了那么大的贡献了的那原则，

① 鲁迅：《三闲集·铲共大观》，《鲁迅全集》第4卷，人民文学出版社2005年版，第107页。

来适用于社会现象的研究上而致的”。因此他说：“将达尔文和我所正在拥护的历史观来对峙，是非常地奇怪的事。”他认为唯物史观的支持者们的研究“不能替代达尔文主义者所给与我们的东西，和这完全一样，达尔文主义者的最有光辉的发见，也不能替代他们的研究，不过能够为他们豫备了地盘”①。普列汉诺夫的这种观点与马克思所说的，生物进化发展的理论是“用来当作历史上的阶级斗争的自然科学根据”② 的观点是完全一致的。由此可见，鲁迅看待问题的对立统一观点是直接得益于马列主义理论的学习的。又如，关于人性和阶级性的关系问题，鲁迅的看法也是辩证的。1928 年 8 月，他在《文学的阶级性》一文中就在这个问题上对形而上学的观点进行了批评，他说：“有些作者，意在使阶级意识明了锐利起来，就竭力增强阶级性说，而别一面就也容易招人误解。”他还从正面说：“在我自己，是以为若据性格感情等，都受‘支配于经济’（也可以说根据于经济组织或依存于经济组织）之说，则这些就一定都带着阶级性。但是‘都带’，而非‘只有’。”这就是说，在阶级社会中，人的社会关系最基本的是阶级关系，但人性并非完全是阶级性，而是认为有共同的非阶级性的因素存在，这样，就没有将阶级性简单化、庸俗化，而是阐述了人性和阶级性的辩证关系。鲁迅这种认识的得来也是与学习马列主义的理论分不开的。在他翻译的普列汉诺夫的《艺术论》中，当普列汉诺夫谈到达尔文认为人的“美的感情是天禀的”之后，说：“人类的本性，使美底趣味和概念之存在，于人成为可能。环绕着他的诸条件，则规定从这可能向现实的推移。所与的社会底人类（即所与的社会，所与的民族，所与的阶级），有着正是一种特定的这，而非这以外的东西的美底趣味和概念的事，就由此得到说明。像这样的，是从达尔文说及这事之处，自行流衍出来的最后的结论。而于这结论，唯物史观的支持者的谁也将不加反对，那是不消说得的。岂但如此呢，他们的各人，还将在这里发见这历史观的新的确证。他们之中，岂不是谁也未曾想要否定人类底本性的这或别的周知的特质，或关于这，来试加胡乱的解释么？他们单是说，倘若这本性是不变的，这就

① ［俄］普列汉诺夫：《艺术论·鲁迅译文集》第 5 卷，鲁迅译，北京鲁迅博物馆编，福建教育出版社 2008 年版，第 163 页。

② ［德］马克思：《马克思致斐迪南·拉萨尔》（1981 年 1 月 16 日），《马克思恩格斯全集》第 30 卷，人民出版社 1995 年版，第 574 页。

没有说明为变化不歇的现象之总和的那历史的历程，但倘若那本身即和历史底发展的行程一同变化，那么，就分明该有它的变化的什么外底原因在，云。”① 在这一段话里，又一次谈到了达尔文的学说与马克思主义学说之间的质的区别和一致性；还明确地说明马克思主义者并不否认“人类的本质”的存在，只是认为在阶级社会里，人的本性应该从人所置身于其中的社会、民族、阶级来得到说明。像这样具体地、历史地看待人性，就既没有将人性和阶级性简单地等同起来，又否定了有所谓永恒不变的人性。我们看到，鲁迅在对梁实秋的人性论进行批判时，正是从这种人性和阶级性的辩证关系来看问题的。这里，也许有人会说，鲁迅翻译普列汉诺夫的《艺术论》是在1929年下半年，书的出版是在1930年，怎么能由此书的翻译看出译者在1928年所受到的思想影响呢？然而，事实上，鲁迅说过：“这书所据的本子，是日本外村史郎的译本。”据鲁迅1928年的书帐记载②，可以看到，鲁迅是在1928年就有了这本书的，而鲁迅1928年所写的《文学的阶级性》一文的观点又可与普列汉诺夫的《艺术论》中的观点相互印证。因此，说鲁迅在1928年就在系统地学习马列主义理论的过程中，从普列汉诺夫的《艺术论》中受到教益，是有事实根据可查的。

学习鲁迅，走历史的必由之路

鲁迅在十月革命和五四运动之后，接受马列主义思潮的影响，在大革命高潮时期开始学习运用马列主义的理论，并于大革命失败后的20世纪20年代末在严峻的现实斗争中系统地学习马列主义并树立了共产主义世界观。他的思想的这种发展和变化不是个别的、偶然的现象，而是在中国新民主主义革命环境中知识分子寻求马列主义救国真理的客观历史规律的表现。在当时的伟大历史潮流中，大批革命知识分子都先后经历过这样的历史的转变。即以文学界而言，鲁迅、郭沫若、茅盾三位伟大的无产阶级战士和文学巨匠就

---

① ［俄］普列汉诺夫：《艺术论·鲁迅译文集》第5卷，鲁迅译，北京鲁迅博物馆编，福建教育出版社2008年版，第165页。

② 鲁迅：《日记（1927—1936）·日记十七（1928）书帐》，《鲁迅全集》第16卷，人民文学出版社2005年版，第108～118页。

是这方面的代表人物。他们一生追求共产主义，虽然各有自己不同的生活经历和不同的思想特点，但都走着共同的历史必由之路：他们都是在“五四”那场伟大的思想解放运动中开始感受到马列主义这个新生事物的生命力；都是在20世纪20年代初中国共产党领导下工农群众运动蓬勃开展的形势推动下开始学习马列主义理论的；更重要的是，他们都是在大革命失败后、中国革命处于严重的历史转折的关头，更自觉地表现出探求马列主义的勇气和毅力。当时，斗争形势错综复杂、变化多端。在白色恐怖下，一些腐朽反动的思想潮流冒充新生事物到处泛滥，一些倾向过革命的人忏悔了，背叛了革命。许多资产阶级、小资产阶级民主派，或者因为对眼前发生的问题迷惑不解，被天空上暂时出现的乌云遮住了视线，对前途失去了信心，怀疑马列主义能否救中国，产生了严重的信仰危机，或者出于对背叛革命的国民党反动派的愤慨、仇恨而滋生了革命的急性病，他们看不清中国革命的实际情形，而对革命形势作了错误的理解。在这种情况下，鲁迅、郭沫若、茅盾与知识界一些在中国共产党正确路线指引下，走在时代前列的革命知识分子一道，经过坚实的努力，终于在斗争实践和创作实践中树立了马列主义世界观，成为共产主义战士，明确地以文艺创作为无产阶级革命政治服务。只要用历史唯物主义的观点来观察和研究，就可以看出，他们的思想和行为不是出于个人的、偶然的思想动机，而是从代表时代前进方向的历史潮流中吸取了动力的。恩格斯曾经说过：“如果要去探究那些隐藏在——自觉地或不自觉地，而且往往是不自觉地——历史人物的动机背后并且构成历史的真正的最后的动力的动力，那末应当注意的，与其说是个别人物、即使是非常杰出人物的动机，不如说是使广大群众，使整个整个的民族，以及在每一个民族中间又使整个整个阶级行动起来的动机；而且也不是短暂的爆发和转瞬即逝的火光，而是持久的，引起伟大历史变迁的行动。”① 这里，把鲁迅、郭沫若、茅盾等人与俄国19世纪的革命民主主义者车尔尼雪夫斯基、赫尔岑等人作一番比较，就可以看出时代环境对于促成历史人物行为的动机是多么重要。半封建半殖民地的中国与十月革命前的俄国有许多相同或近似的地方。共同的反封建压迫的

① ［德］恩格斯：《路德维希·费尔巴哈和德国古典哲学的终结》，《马克思恩格斯选集》第4卷，人民出版社1966年版，第229页。

民主革命的任务是这两个国家产生革命民主主义的社会条件。但是，车尔尼雪夫斯基、赫尔岑一生所经历的整个历史时期都“是资产阶级民主派的革命性已在消亡（欧洲）而社会主义无产阶级的革命性尚未成熟”① 的时期。他们的革命民主主义所代表的只是无产阶级思想出现以前革命的思想。所以列宁指出：“车尔尼雪夫斯基没有上升到，更确切些说，由于俄国生活的落后，不能够上升到马克思和恩格斯的辩证唯物主义。”② 作为一个革命家，车尔尼雪夫斯基的作品洋溢着阶级斗争气氛，教育了整整一代俄国革命者，但他的唯物主义还存在着严重的缺陷，即用“人本主义”的哲学术语对唯物主义作了“不确切的肤浅的表述”③，不能把唯物主义推广到人类社会的历史方面，因而，他幻想通过旧的农民村社过渡到社会主义，没有也不能认识到资产阶级民主革命中无产阶级领导的重要性。与车尔尼雪夫斯基同一时期的赫尔岑也“已经走到辩证唯物主义跟前，可是在历史唯物主义前面停住了”④。他懂得辩证法是“革命的代数学”，并且超过黑格尔而跟着费尔巴哈走向了唯物主义，但无法领会历史唯物主义的根本原理，看不到能够领导斗争的力量和战胜旧制度的途径。因此当 1848 年革命失败，他亲眼看到举行起义的巴黎工人倒在血泊中，便大为震惊，陷入了精神破产的状态。鲁迅、郭沫若、茅盾等人虽然生活在与十月革命前的俄国相同或相似的半封建半殖民地的中国，但他们一生却跨越了资产阶级领导的旧民主主义革命与无产阶级领导的新民主主义革命两个历史阶段。十月革命以后，马克思主义之所以在中国广泛传播，是因为中国无产阶级已经作为一支独立的政治力量登上了历史舞台，无产阶级领导的新民主主义革命已经是世界无产阶级社会主义革命的一个组成部分，这个革命迫切需要马克思主义作为行动的指南。以鲁迅为光辉代表之一的中国的许多先进分子正是在这种社会条件下，由向西方资产阶级追求真理转向

---

① ［俄］列宁：《纪念赫尔岑》，《列宁全集》第 18 卷，人民出版社 1959 年版，第 10 页。

② ［俄］列宁：《唯物主义与经验批判主义·第四章第一节的补充车尔尼雪夫斯基是从哪一边批判康德主义的?》，《列宁选集》第 2 卷上，人民出版社 1960 年版，第 368 页。

③ ［俄］列宁：《费尔巴哈“宗教本质讲演录”一书摘要》，《列宁全集》第 38 卷，人民出版社 1959 年版，第 78 页。

④ ［俄］列宁：《纪念赫尔岑》，《列宁全集》第 18 卷，人民出版社 1959 年版，第 10 页。

以俄为师，开始认真学习马克思主义的理论。因此，鲁迅在20年代后五年的时间里开始学习并逐步接受马列主义理论不是出于个人的、偶然的动机，而是为“整个整个阶级行动起来的动机”，“持久的、引起伟大历史变迁的行动”所决定的。正因为这样，鲁迅从历史潮流的深处吸取了力量，为人民、为无产阶级革命事业而追求救国救民的真理，终于在大革命失败后一段时间里找到了马列主义。

当然，与许多通过自己独特的道路寻求马列主义，并树立了共产主义世界观的知识分子一样，鲁迅也是经过自己长期的摸索找到马列主义的真理的。这就是说，作为革命知识分子树立马列主义世界观的伟大榜样，鲁迅的道路不仅揭示了革命知识分子寻求马列主义的必要性和必然性，而且在怎样确立马列主义世界观的问题上，也以其独特的经验而给人以重大的启示。鲁迅学习马列主义理论的最重要的特点，就是将生活和实践的观点放在首要的位置上，用实践来检验自己所接触到的马克思主义学说，从而将马列主义理论与现实斗争的实际和自己世界观改造的实际紧密结合起来。鲁迅对于马列主义理论的重要性有很清楚的了解，他说：“要豁然贯通，是仍须致力于社会科学这大源泉的，因为千万言的论文，总不外乎深通学说。”① 又说：“马克思主义是最明快的哲学，许多以前认为很纠缠不清的问题，用马克思主义的观点一看，就明白了。”② 他还主张对于马列主义理论要“切实”地“译几部世界上已有定评的唯物史观的书”③，而且学习的时候应该“从基本的书籍上一一钩剔出来”，不能只“看几本别人的提要就算”④。然而，更重要的是，一方面，他强调要“用自己的眼睛去读世间这一部活书”⑤，“应该知道革命的实际”⑥。

① 鲁迅：《译文序跋集·〈文艺与批评〉译者附记》，《鲁迅全集》第10卷，人民文学出版社2005年版，第332页。

② 李霁野：《回忆鲁迅先生》，新文艺出版社1956年版，第38页。

③ 鲁迅：《三闲集·文学的阶级性》，《鲁迅全集》第4卷，人民文学出版社2005年版，第128页。

④ 鲁迅：《三闲集·文学的阶级性》，《鲁迅全集》第4卷，人民文学出版社2005年版，第127页。

⑤ 鲁迅：《而已集·读书杂谈》，《鲁迅全集》第3卷，人民文学出版社1956年版，第462页。

⑥ 鲁迅：《二心集·上海文艺之一瞥》，《鲁迅全集》第4卷，人民文学出版社2005年版，第308页。

他说：“倘若不和实际的社会斗争接触，单关在玻璃窗内做文章，研究问题，那是无论怎样的激烈，‘左’，都是容易办到的；然而一碰到实际，便即刻要撞碎了。”① 另一方面，在联系实际时他又强调要将自己也摆进去，即“无情面地解剖我自己”，他说：“革命者决不怕批判自己，他知道得很清楚，他们敢于明言。”② 又说：“从这一阶级走到那一阶级去，自然是能有的事，但最好是意识如何，便一一直说，使大众看去，为仇为友，了了分明。不要脑子里存着许多旧的残滓，却故意瞒了起来，演戏似的指着自己的鼻子道，‘惟我是无产阶级’！”③ 由此可见，鲁迅在学习马列主义理论的过程中始终强调实践（生活斗争的实践和思想改造的实践）的重要性，坚持从实践出发来接受和检验理论的正确与否。与那些脱离实践、将马列主义理论当作教条的人们不同，他不是表面地、片面地机械搬用马列的某些词句，而是善于领会马列主义的精神实质，从它那里学习观察处理问题的立场、观点、方法，用以指导自己的实践，又通过实践来检验、印证理论，使理论更切合实际，从而纠正自己在实践中的错误和缺点；同时也使理论变得更为丰富和切合实际。正因为这样，所以鲁迅在他思想上发生向共产主义的质的飞跃之前，能够从理论与实际的结合上初步运用马列主义观点来逐步纠正自己因进化论思想的局限而产生的唯心史观的弱点，逐步增加思想中唯物史观的因素，从而正确地运用马列主义的观点来阐释和解决革命实际中的一些重要问题。这样，当他在思想上发生质的飞跃的时候，便不会给人“突变”的感觉；而当他思想上发生质变，开始了向马列主义世界观飞跃的过程的时候，又不只是“轰毁”了旧的思路，而是进一步学习马列主义理论，正视自己思想中的矛盾，清除思想中“旧的残滓”，辩证地对待和纠正旧的思想武器中的“偏颇”，从而坚实地实现“从这一阶级走到那一阶级”的世界观的根本变化，通过他的全部“坚韧不拔”的工作显示出马列主义理论的强大生命力。

---

① 鲁迅：《二心集·对于左翼作家联盟的意见》，《鲁迅全集》第4卷，人民文学出版社2005年版，第238页。

② 鲁迅：《三闲集·醉眼中的朦胧》，《鲁迅全集》第4卷，人民文学出版社2005年版，第62页。

③ 鲁迅：《三闲集·现今的新文学的概观》，《鲁迅全集》第4卷，人民文学出版社2005年版，第139页。

总之，鲁迅在树立马列主义世界观方面所作出的伟大榜样，不仅深刻地揭示出在无产阶级革命时代里知识分子探求马列主义真理的历史的客观规律；而且以自己独特的思想转变的历程深刻地揭示了通向这历史的必由之路的具体途径。正是在这个意义上、鲁迅世界观的伟大转变，从一个重要方面又一次证明了毛泽东同志所作出的“鲁迅的方向，就是中华民族新文化的方向”这一英明论断的无比正确。历史发展到现在，由于“十年浩劫”，林彪、“四人帮”造成了一场大的思想混乱，一些人对社会主义失去信心，对马列主义产生动摇，产生了信仰的危机。剪灭四凶，党的十一届三中全会开展了拨乱反正的伟大斗争，坚持和贯彻马克思主义的政治路线和思想路线的结果，恢复了马列主义、毛泽东思想的本来面目，开展了伟大的新的思想解放运动。在这个新的历史转折的重要时期，我们纪念鲁迅，学习他孜孜不倦地探求马列主义真理、树立马列主义世界观的经验，对于我们学习和运用马克思主义的科学观点和方法，用实践来检验真理，从而在辩证唯物主义和历史唯物主义思想指导下，坚持四项基本原则，为促进安定团结、实现四个现代化而努力，是有重要意义的。让我们以鲁迅为榜样，走历史的必由之路，努力学习马列主义、毛泽东思想，树立共产主义世界观，让马列主义、毛泽东思想的真理永放光辉！

写于 1981 年

应该实事求是地科学地评价鲁迅

——评曹聚仁先生的《鲁迅评传》和《鲁迅年谱》

曹聚仁先生抗战时期曾在上海出版过《鲁迅手册》。1956 年在香港出版了《鲁迅评传》。1966 年又出版了《鲁迅年谱》。后两种书多次重版行销香港、南洋各地，在海外流传的时间长、范围广，在我国的外国留学生中也有较大的影响。

曹先生花了多年功夫致力于鲁迅年谱和评传的写作，在鲁迅研究和资料整理工作上做出了成绩，并且对“文革”前国内的鲁迅研究工作提出意见，这是应该受到欢迎的，有一些意见是可取的。例如，他谈到那时国内的鲁迅作品研究，有一种偏向，就是，“多评述他的思想”，“多强调他的意识形态和革命观点”，而忽视了在艺术表现上“写作技术”的研究，这个意见就是很重要的。他的著作虽然因为受了年谱和评传形式的限制，不可能用较多的篇幅对鲁迅作品的艺术成就进行探讨，但在《鲁迅评传》的《“鲁迅风”——他的创作艺术》中，就有着许多好的或精辟的见解，例如，他认为鲁迅的作品“冷”和“热”是结合得很好的，他说，“这是‘理智的结晶’，可是不结晶在冥想里，而结晶在经验里；经验是‘有情的’所以这结晶是有理趣的”，这种见解就比较新颖。在阐述鲁迅作品取材的特点时，他一方面指出鲁迅“与前驱者取同一步调”，将自己的作品看成“遵命文学”，是体现了一个“热诚的先觉者的苦心”；另一方面又认为鲁迅是“从病态社会不幸的人们中取材，揭出病苦，引起疗救的注意”的特定的角度来表达作品的社会意义的，这就在鲁迅作品取材问题上反对了一些简单庸俗的看法。在论述鲁迅短篇小说的“经济”的特点时，他指出鲁迅认为一方面不能“陪衬拖带太多”，另一方面又必须注意“以‘够将意思传给别人’为度”，否则“便说不上经济了”，这里对鲁迅原意的理解也是比较全面的。还有，他肯定了这样一种看法，即鲁迅作品中的古语大多是为增强讽刺效果而用的“反语”，同时又通过实例说明，鲁迅作品对于古语的运用不一定都是“反语”，而是在更广阔的范围内对古语进行了吸收、消化和运用。这种看法也是颇有见地的。此外，曹著还引用了港台一带鲁迅研究者的见解，如苏雪林女士对鲁迅作品艺术性的一些分析——关于鲁迅作品艺术风格和写作手法上含蓄的特点的分析，关于鲁迅作品语言民族特点的分析，都是颇为精辟的。曹著引用这些看法开阔了我们的眼界，包括曹著在内的中国港澳台以及欧美各国学者在鲁迅研究方面的成果，对于我们的鲁迅研究工作及发展社会主义文艺都是有借鉴意义的。

曹先生这两本著作都写于“文化大革命”之前。书中，他对于“文革”前的鲁迅研究状况提出了自己的看法。在他看来，那时候国内与鲁迅同时代的“那些接近鲁迅的人”都已没有胆量把真实的鲁迅说出来，他们或者“把鲁迅打扮成太伟大”，或者“要让鲁迅所戴的纸糊的帽子更高一点”，“送上神龛去”；而新中国成立后，一些后起的鲁迅研究者又是“颠倒黑白、乱说一阵”。如有的学者认为：“鲁迅的作品之所以伟大的根本原因，是在于它密切地和革命相结合，即：为着党或中国人民的反帝反封建的伟大的历史任务而斗争，并且光辉地发挥了它的战斗作用。”曹先生便认为这是“实在不了解鲁迅”的“教条式的”，“空洞”的说法。还说关于“鲁迅在上海的十年”是鲁迅“被围攻的时期”，是“鲁迅领导文学运动的时期”的论述“是错误的”，也是“将鲁迅捧到神庙里去”。于是，他认为自己作为鲁迅的“故交”，要“赶快把所知道的写出来”，“说真话”，“把真实的鲁迅，摆在天下后世人的面前”，以便“让后世人看清鲁迅的真面目”。这里，可以看到，在对鲁迅的思想和精神的评价上，曹聚仁先生想写出“真实的鲁迅”。“把鲁迅当作有血有肉的活人来描写”，这一意图无可厚非。曹先生说，“因为是‘人’，所以不免有‘人’的弱点”，“鲁迅是一个凡人”，“不是圣人”，这些看法都是对的。如果按照这些观点如实地研究鲁迅，揭示出他的成就与伟大，也不回避他的弱点、缺点和思想上的矛盾、发展，这是能够表现出真实的鲁迅形象的。

我们知道，“真实”是各种各样的。各个不同阶级的人，站在不同的阶级立场上，用不同的观点、方法看问题，对待“真实”可以有不同的理解。如果，本着实事求是的精神，从现象到本质看清事情的真相，坚持让事实说话，他们是能够基本上真实地记述和反映中国人民的斗争生活，对中国革命各个历史时期、各个方面的代表人物作出基本准确的评价的。一些同情并支持中国革命的外国著名学者和记者在这方面做出的成绩就是很好的范例。例如，斯诺在《西行漫记》中为毛泽东同志、周恩来同志所作的传记，史沫特莱在《伟大的道路》中为朱德同志作的传记都是优秀的著作。这些传记作品不仅以主要笔墨写领袖人物在他们不平凡的一生中所创建的伟大业绩和在斗争中所焕发的革命情操，而且还将他们作为革命队伍普通人中的一员，展示了他们多方面的精神生活，也不讳言他们在某些问题上的错误和缺点。斯诺在谈到《西行漫记》的写作时，曾经谈到尊重事实对于保证包括传记在内的报告文学的真实性的重要意义。他说，他的《西行漫记》之所以能够使人读后感到“对于中国的性格有了一个全新的概念”，一个重要原因就是这部书本身就是一个“以中国山河的血和泪撰写着”的“壮丽的故事”；而他的功劳“仅仅是把那些英勇的男女们所告诉我的记下来”，“仅仅是在于我有足够的判断力去让他们把自己的故事说出来”。这种让事实说话，忠实于现象和本质的真实的记载正是斯诺作为一个外国记者而能成功地反映共产党领导下的新的斗争生活的一个重要原因。作为港澳同胞的曹先生，在他的鲁迅评传和年谱的著作中，有尊重事实，对鲁迅及其作品进行了比较正确、真实的评价的部分，如关于鲁迅的生活、创作的历程的记述，对鲁迅前期思想的复杂性的评述，对于鲁迅作品艺术性的分析、评价等，提供了许多生动、真实的史料，也有一些正确的观点。但是，在关系到鲁迅思想品格和革命精神的某些重大原则问题上，曹著中似有曲解的地方，例如，曹先生有这样一种看法，他认为“人总是人，人是戴着面具到世界上来演戏的，你只能看他演得好不好，至于面具下面真实的人，那就不是我们能看见了”。正是本着这种基本观点，曹先生便认定，他在鲁迅研究上“说真话”，就是要将鲁迅做戏的“面具”揭开，以露出底下的“真实”来，这样，他便把鲁迅看成了一个具有两重性格的人，他的这种“真实”论便必然导致了对鲁迅的严重失真。我想就曹先生提出的“说真话”“把真实的鲁迅，摆在天下后世人的面前”，“让后世人看清鲁迅的真面目”等相关看法提出商讨。

一、关于鲁迅在对敌斗争中的态度问题

鲁迅一生同帝国主义、封建势力、买办阶级和代表他们利益的形形色色的反动文人进行不屈不挠的斗争，特别是在上海的十年间，他更与左翼文化运动共同着生命，坚定地站在无产阶级立场上，在国民党反动派发动的文化“围剿”中坚持着战斗，对于为国民党反动政治服务的买办资产阶级反动文人进行了揭露和斗争。他“横眉冷对千夫指，俯首甘为孺子牛”，为仇为友，界线分明；他善于从纷纭复杂的社会现象中分析出阶级对抗的实质，牢牢把握住敌人的阶级本性，使敌人无从遁形；他在对敌斗争中主张“韧性”战斗，由于他提倡打“落水狗”，表现出彻底革命的精神和顽强的战斗意志。由于他在斗争中分清敌我，团结了真正的朋友，打击了真正的敌人，所以他总是代表着广大群众的利益，始终坚持着斗争的正确方向。周扬说：“鲁迅生活和战斗在半封建半殖民地的旧中国，对于旧中国的一切，对于中国几千年历史，他不仅比我们许多人懂得多，而且看得深，看得远，他从旧营垒中来，站在坚决的、不妥协的革命的立场上，反戈一击，能给旧事物以致命的打击。……他主张‘壕堑战’主张韧性的战斗。……他要求改革要切实，要与人民群众紧密结合。……鲁迅是处处着眼于人民的利益的。为了改造旧中国，鲁迅不断寻找改革的武器和改革的道路。”① 周扬的这些话，有助于我们更好地理解毛泽东同志对于鲁迅的科学评价：鲁迅是“五四”以来文化新军的“主将”，“鲁迅的骨头是最硬的”，他代表全民族的大多数，“向着敌人冲锋陷阵”的“空前的民族英雄”；“鲁迅的方向，就是中华民族新文化的方向”②；“共产主

① 周扬：《学习鲁迅，沿着鲁迅的战斗方向继续前进》，《人民日报》1980 年 2 月 27 日。

② 毛泽东：《新民主主义论》，《毛泽东选集》第 2 卷，人民出版社 1991 年版，第 698 页。

义者的鲁迅”在反对国民党反动派文化“围剿”的斗争中成了“中国文化革命的伟人”①。

然而，在曹聚仁先生看来，鲁迅的对敌斗争，特别是十年内战时期对国民党反动派和反动文人的斗争却是在“演戏”，而对于肯定鲁迅这一时期战斗业绩的评价，则认为是在说“假话”，在他的“描画”下，鲁迅成了一个十足的敌我不分的资产阶级庸人。

让我们看看曹先生的具体论点，他的一个重要论点是，资产阶级反动文人并非敌人，鲁迅对他们的斗争是不必要的。他说：“笔者特地要提请读者注意，并不是鲁迅所骂的都是坏人，如陈源（西滢）、徐志摩、梁实秋，都是待人接物很有分寸，学问很渊博，文笔也不错，而且很谦虚的，有人看了鲁迅的文章，因而把他们看作十恶不赦的四凶，也是太天真了的!”（按：“四凶”应包括胡适在内，因曹先生笔误，写掉了）还认定鲁迅对他们的斗争是“门户之见”，“是不足取的”。关于“民族主义文学”，他也写道，“那些被鲁迅称为民族主义文学家的，连王平陵（官方代言人）在内，都是毛头小伙子，都是不足数的。那位给鲁迅痛骂了一顿的黄震遐，他就给打得发昏，还莫名所以的”；还断言，这些“官方的文人”不会有“围攻鲁迅的企图”。自然，在曹先生所谈到的上述人物中，有一些人如胡适、徐志摩的思想和作品，我们应当肯定它们在一定时期的历史地位和意义。但是，曹先生在这里所谈的是指十年内战这个特定的环境。在这个特定环境里，上述人物都是站在与人民革命相左的立场上。以新月社的几位主要成员来看，胡适早在1925年就参加了段祺瑞策划的善后会议，与孙中山倡导的国民会议反向而行；他认为中国不存在封建势力与帝国主义的统治，中国的落后是“贫穷、疾病、愚昧、贪污，扰乱”五大“恶魔”造成的；同时高唱“好政府”主义，用所谓“人权”与“约法”来反对人民暴力革命；1931年“九一八”事变后，他还创办《独立评论》，支持蒋介石“攘外必先安内”的反动政策。梁实秋则叫嚷“普罗列塔利亚是国家里只会生孩子的阶级”，他认为“革命的文学”“无产阶级的文学”根本不能成立，因为“文学家心目中并不会有固定的阶级观念，更不会有为某一阶级谋利益的成见”，而“伟大的文学乃是基于固定的普遍的人性”。

---

① 毛泽东：《新民主主义论》，《毛泽东选集》第2卷，人民出版社1991年版，第702页。

徐志摩这时候在诗集《猛虎集》和《云游》中也写下了一些有明显倾向的作品，如他在《秋虫》一诗中，就连同共产主义、马克思主义在内，笼统地说“思想被主义奸污得好苦”；《西窗》一诗中，写着“借用普罗列塔里亚的瓢匙”喝“青年的血”，那“滚沸过的”“可口的”“心血”。这些诗写在无数共产党员和革命人民惨遭国民党反动派屠杀的1927年下半年，其政治倾向不批自明。陈源在创办《现代评论》为段祺瑞反动政府效劳时有许多与人民敌对的言论，这更是众所周知的。至于曹先生所提到的王平陵和黄震遐二人，他们是国民党法西斯民族主义文学运动的发起人和主要成员，这个运动是当时国民党反动派在封闭书店、查禁书报等反动措施之外，妄图以“文学”的名义同革命文学运动相对抗的文化“围剿”的手段。同时，又是他们在“民族主义”幌子下掩盖和推行其向日本帝国主义投降卖国政策的文学运动。他们在文章中大量散布反苏媚日，歌颂希特勒、墨索里尼等法西斯头子的言论，正好给他们的“民族主义”的实际内容作了注脚。这个运动的发起人和主要骨干有上海市政府委员潘公展、上海警备司令部侦缉队长朱应鹏等。王平陵为国民党文化特务，黄震遐是反动军官。王平陵就写过《三民主义文艺的建设》一文，叫嚣国民党政府应该建立自己的文学以和无产阶级革命文学对抗。黄震遐在剧诗《黄人之血》中，借成吉思汗的孙子统帅黄色人种进攻俄罗斯，大肆宣扬投降日寇、进攻苏联的反动主张，他还在小说《陇海线上》中高呼“你们不要怯懦，不要顾惜”！“你们打倒了赤俄，你们到了莫斯科”“前进！前进!”赤裸裸地进行了反苏反共、媚日求降的反动宣传。曹先生提到的这些中国现代史上的人物的政治立场是有目共睹的。然而，曹先生对处于十年内战这个特定环境中的上述人物却用超阶级的“客观、平允”的态度来评价他们，把处于尖锐的阶级对立的双方，都当作游离于阶级斗争之外的、有着共同人性的“个人”来考察，看到了“好”的品质，却从鲁迅那里看到了他与敌人“差不多”的思想。事实上曹先生的这种观点与鲁迅的思想和精神恰好是背道而驰的。从十月革命和五四运动起，鲁迅就受到了无产阶级社会革命论的影响，明白了“世界上有两种人：压迫者和被压迫者”① “知道这‘新

① 鲁迅：《南腔北调集·祝中俄文字之交》，《鲁迅全集》第4卷，人民文学出版社2005年版，第473页。

的’社会的创造者是无产阶级”①。因此，从被压迫的中国人民，特别是贫苦农民的角度来看问题，对于谁是中国人民的敌人认识非常明确，他对帝国主义、封建主义及其在政治上、文化上的代表的斗争是彻底的，毫不妥协的。后期的鲁迅，更卓越地运用阶级斗争的理论，对于替国民党反动派服务的资产阶级反动文人进行了坚决批判，把他们当作反动阶级的代表，从个人与阶级，个性与阶级性的本质联系中深刻地揭露了他们反动的阶级实质。然而，在曹先生的笔下，新月派批评家梁实秋等“剿共铲共”的“刽子手和皂隶”的嘴脸看不见了；在“民族主义”幌子下的民族主义文学家对内反共反人民，对外“为王前驱”卖国投降的“宠犬”的狰狞面目被掩盖了；在思想文化战线上鲁迅曾经与之论战，进行过深入剖析和批判的一些反动倾向和观点在曹先生笔下竟然与鲁迅没有什么区别了。

依曹先生看来，在第二次国内革命战争时期参与围攻鲁迅的买办阶级的反动文人都并不是坏人，或者与鲁迅并无差别，那么，哪里还存在什么国民党反动派围攻和迫害鲁迅的事实呢？曹先生多次说“上海十年间”，鲁迅“有惊无险，太严重的迫害，并不曾有过”，“官方的文人，会有围攻鲁迅的企图，也是可笑的”。这样，鲁迅的对敌斗争成了向空中击拳，而20世纪30年代国民党反动派发动的文化“围剿”和以鲁迅为代表的左翼文艺工作者所进行的反文化“围剿”的斗争，也在曹先生的笔下化为乌有了。

曹聚仁先生否定鲁迅对敌斗争的另一观点，是用资产阶级政客、文人之间的你争我夺、勾心斗角来抹煞、曲解鲁迅对敌斗争的阶级性质。他说鲁迅的对敌斗争是“绍兴刑名师爷的调门”，是“士大夫党同伐异，气量褊狭”，他历数鲁迅在不同时期的活动，说鲁迅在北京“确有和胡适派交恶的……门户之见”；厦门时期，“在那个国民革命的白热狂潮中，他这个战士……也只好在小圈子中间闹斗争了”；“鲁迅在广州的不快意的生活，由于现代评论派人士的参加中山大学，重开厦大式的小圈子里的派系争斗”；而上海的十年，也是“在文人相轻的环境中、各以所长，相轻所短”，鲁迅同新月派、民族主义文学者都只是“对辩过一阵”。这样，鲁迅的对敌斗争变成了个人意气用事的门户偏见和文人相轻的恶习，无产阶级革命政治被庸俗化了，也完全混淆

---

① 鲁迅：《且介亭杂文·答国际文学社问》，《鲁迅全集》第6卷，人民文学出版社2005年版，第19页。

了无产阶级政治家同腐朽的资产阶级政治家的原则区别。

“政治，不论革命的和反革命的，都是阶级对阶级的斗争，不是少数个人的行为。”① 鲁迅一生光明磊落，胸坦怀荡，为着中国人民的解放事业无私无畏地英勇奋战，表现了一个无产阶级政治家的崇高品格和阔大胸襟。形形色色的阶级敌人在他的战斗光辉下露出鬼蜮的丑恶嘴脸，人民群众则从他所从事的艰苦卓绝的斗争中受到了极大的教育和鼓舞。对于资产阶级政客手段同无产阶级严肃的政治斗争的区别，鲁迅曾不止一次地划清过界线。例如曹先生加在鲁迅身上的“党同伐异”“文人相轻”之类观点就是鲁迅当年曾经深入剖析过的。20世纪20年代，陈西滢等人在受到以鲁迅为代表的进步知识界的沉重打击时，就曾经诬蔑以鲁迅为代表的革命者是“党同伐异”，妄图以此束缚住革命人民的手脚；然而鲁迅尖锐指出，所谓“党同伐异”正是历来反动派抹煞一切派别斗争的是非和意义，以混淆敌我阵线维护反动统治的惯用手段，革命者则必须针锋相对，就是要在社会斗争中区别“狗”与“人”，分清革命与反革命的界限，以革命的联合打破反革命的联合，如果说这就是“党同伐异”，那么，就是要把这种“党同伐异”的斗争进行下去。在30年代，主张性灵的林语堂等也曾反对“文人相轻”来掩盖文坛的黑暗，抹煞文艺领域内的阶级斗争。鲁迅指出，决不能被“新出的‘文人相轻’这一个模模胡胡的恶名所吓昏”② 以至对于文艺界的种种坏现象“一律拱手低眉”，不敢斗争。如果这样，正是中了这种论调的圈套。同时指出：“一有文人，就有纠纷，但到后来，谁是谁非，孰存孰亡，都无不明明白白。因为还有一些读者，他的是非爱憎，是比和事佬的评论家还要清楚的。”③ 现在，在这“谁是谁非，孰存孰亡”早已“明明白白”的时候，曹先生仍然用这种观点来看待鲁迅的对敌斗争，显然是不妥当的。

曹先生说鲁迅对于陈西滢、梁实秋、杨邨人等人的批判，“他的笔那么辛辣”，“有的时候真是令人可怕的。……但鲁迅对于真的黑暗势力，如段祺瑞、

---

① 毛泽东：《在延安文艺座谈会上的讲话》，《毛泽东选集》第3卷，人民出版社1991年版，第866页。

② 鲁迅：《且介亭杂文二集·文人相轻》，《鲁迅全集》第6卷，人民文学出版社2005年版，第309页。

③ 鲁迅：《且介亭杂文二集·再论“文人相轻”》，《鲁迅全集》第6卷，人民文学出版社2005年版，第348页。

蒋介石、汪精卫，他攻击得并不厉害，读者反而得不到什么印象”，这也是不符合事实的。鲁迅的《纪念刘和珍君》等著名作品，不是点名道姓地抨击了制造“三一八惨案”的段祺瑞及其反动政府吗？《小杂感》等文章不是把匕首和投枪直接刺向反动头子蒋介石、汪精卫吗？当然，因为段、蒋等人是人民的公敌，他们的反动面目较之陈西滢、梁实秋们要露骨得多，加之陈、梁等人的理论观点不容易被人识别，所以鲁迅将更多的笔墨去剖析和批判他们，这也是很自然的。而且，还更重要的是，鲁迅对于反动头子与投靠反动政府的买办阶级文人，不是把他们当成彼此不相联系的孤立的个人，而是当成整个反动阶级来抨击的：那些买办阶级文人“是一向在尽‘宠犬’的职分的”，他们以帝国主义和新旧军阀为后台，凭借反动政权的力量横行无忌，而这些反动头子及其政府如果没有这一批“最要紧的奴才”也无法推行其反革命政策。曹先生把这二者截然分开，一方面模糊了这些反动文人的阶级实质，另一方面对于那些反动政权的头子，由于没有把他们当作反动阶级的代表来看，因而也无法揭示其反动的阶级本质。

应该看到，关于分清敌我这个革命的首要问题，早在20世纪30年代，鲁迅便对曹聚仁先生进行过批评和帮助。1933年，曹先生在《杀错了人》这篇文章中，一方面说袁世凯杀革命党人是“杀错了人”，看不清这个北洋军阀头子的反动本质，另一方面又分不清哪个阶级是革命的力量，以年龄大小为标准，把“中年以上的人”说成反革命，把“二十五岁以下的青年”说成革命的，因此提出“应该多杀中年以上的人”。为了弄清这种观点，鲁迅专门写了《“杀错了人”异议》① 一文，用深刻的阶级分析观点指出：“袁世凯在辛亥革命之后，大杀党人，从袁世凯那方面看来，是一点没有杀错的，因为他已是一个假革命的反革命者。……所以我想，中国革命闹成这个模样，并不是因为他们‘杀错了人’，倒是因为我们看错了人。……对于‘多杀中年以上的人’的主张，我也有一点异议……”这里，不仅深刻地揭露了袁世凯的反动本质，而且有力地影射和抨击了承继袁世凯衣钵的新军阀头子蒋介石，告诉人们必须运用阶级和阶级斗争的观点，分清什么是真正的敌人，什么是真正

---

① 鲁迅：《伪自由书·“杀错了人”异议》，《鲁迅全集》第5卷，人民文学出版社2005年版，第100页。

的革命力量。可是曹先生直到他写《年谱》时，还把袁世凯杀革命党人，说成“使鲁迅觉得十分失望”的原因，竟然把自己对袁世凯的看法加在了鲁迅的身上，这不能不说是十分错误的。

二、关于鲁迅是不是超阶级、超党派的问题

曹聚仁先生说，鲁迅的“政治观”“带了浓厚的虚无色彩，并不相信任何政党会有什么成就的”。鲁迅“有了政治永远是一种骗局的看法”。这就是说，鲁迅是超阶级、超党派的。然而他又说，鲁迅“只能说是自由主义者……不一定是社会主义的前驱战士”；“他的一生，无论对辛亥革命、五四运动以及后来的解放运动，都只是革命的同路人”。这样一来，鲁迅又并非“超然”，成了资产阶级自由主义者和同路人了。他还把这种观点用来论述鲁迅的文艺观，说鲁迅“也不一定主张要‘文学家’去奉仕‘政治’集团的”。“他曾反对为艺术而艺术，却也反对为政治而艺术。”故在文艺思想上，鲁迅也成为超然于政治之外的虚无主义者和自由主义者了。正因为对鲁迅的政治观和文艺观作了这样的理解，于是，他根本否认了鲁迅在中国文化革命史上的地位和作用，多次说“若干文化运动……不是鲁迅所领导的，一定说是他在领导，他也是不领情的”。这就否定了鲁迅在中国文化革命中的“主将”和“旗手”的地位。

鲁迅究竟是超阶级、超党派思想的批判者，还是维护者？是“和革命共同着生命”的革命战士，文化革命的主将、旗手，还是资产阶级虚无主义者、自由主义者和同路人？这些问题必须认真弄清楚。

列宁分析 1905 年俄国革命时曾经指出：“无党性是我国革命的资产阶级性质的产物（或者也可以说是表现）。”又说：“在以阶级划分为基础的社会中，敌对阶级之间的斗争（发展到一定阶段）势必变成政治斗争。各阶级政治斗争的最严整、最完全和最明显的表现就是各政党的斗争。无党性就是对各政党的斗争漠不关心。”① 但是，“对斗争漠不关心，实际上决不是回避斗

① ［俄］列宁：《社会主义政党与非党的革命性》，《列宁论文学与艺术》（一），人民文学出版社 1962 年版，第 75～76 页。

争，拒绝斗争或者保持中立。漠不关心是默默的支持强者，支持统治者”。“在资产阶级社会中，无党性不过是依附于饱食者的政党、统治者的政党、剥削者的政党的一种虚伪、隐蔽和消极的表现。”① 与俄国资产阶级时期革命的情况相似，在我国，由于新民主主义革命的性质和任务所决定，非党的组织和思想、非党的革命性是大量存在的；阶级敌人打着非党的旗号，标榜着超阶级、超政治的立场向无产阶级党性进攻的情况也是经常出现的。在阶级斗争高度发展的二三十年代，鲁迅一直与超阶级、超党派的资产阶级观点尖锐对立，前期坚持彻底反帝反封建的革命立场，表现出鲜明的倾向性，后期共产主义者的鲁迅更坚持了鲜明的无产阶级立场，对于非党的革命性采取团结、联合的态度，对于利用非党性思想向无产阶级进攻的观点，则进行了批判。

鲁迅“不相信任何政党会有什么成就”吗？诚然，对于领导旧民主主义革命的资产阶级政党，鲁迅早已对它失望并对它进行过批判和否定，对于作为大地主，大资产阶级政治代表的国民党反动派，共产主义者鲁迅更对它斗争了十年之久。曹聚仁先生说鲁迅不相信任何政党，是想说明鲁迅既不满于国民党，又怀疑共产党，这样，便在超政治、超党派的观点下否认了鲁迅对中国共产党的信任、拥护和崇敬。然而，只要认真读一读鲁迅的著作，就可以看到，鲁迅绝不是超然于党派利益之上的“自由主义者”，也绝不是只与革命主力同走一段路的“同路人”。

从“五四”起，十月革命的巨大鼓舞，马列主义的广泛传播以及新民主主义革命现实的深刻影响，都在鲁迅思想上打下了鲜明的烙印：他从世界上第一个无产阶级专政的国家那里看到了无产阶级的力量，加以从小他就与农村，与贫苦农民有深刻的联系，因此，在无产阶级领导的反帝反封建斗争中，他站在革命农民的立场上，代表了“最大的革命民主派”农民的利益和愿望，自觉地“遵奉”无产阶级这“革命前驱者的命令”，反映了农民革命接受无产阶级领导的必然要求。他反对帝国主义和封建主义的彻底性和不妥协性，对软弱、妥协的资产阶级批判的深刻性，对农民问题在民主革命中的地位和作用的清醒认识，以及他的著作从内容到形式所显示的革命的实绩，这一切都

① ［俄］列宁：《社会主义政党与非党的革命性》，《列宁论文学与艺术》（一），人民文学出版社 1962 年版，第 76 页。

突出地显示了他在文化革命中的主将和旗手的地位。正因为他与无产阶级及其政党的密切关系有着这样深刻的社会的、历史的根源，所以，正当大革命失败后中国革命遭遇到严重挫折的紧要关头，中国社会各阶级的政治斗争最完全、最严整和最明显地表现为中国共产党和国民党反动派之间的尖锐斗争的时候，鲁迅没有因为革命的暂时挫折而动摇，而是在阶级斗争实践中，通过学习马列主义理论，认识到只有中国共产党才能领导中国革命走向胜利。他不顾蒋介石反动派反革命大屠杀的白色恐怖，庄严宣告，“惟新兴的无产者才有将来”[①]“那切切实实，足踏在地上，为着现在中国人的生存而流血奋斗者，我得引为同志，是自以为光荣的”[②]。他热切地寄希望于中国共产党，说：“在你们身上寄托着中国人和人类的希望。”并表示要在中国共产党领导下“作一名小兵，用笔”。为了实践他的诺言，他在自己一生的最后十年中，在极其错综复杂的阶级斗争中，运用马克思列宁主义理论，充分发挥了战斗力量，对于共产主义前途充满着必定胜利的信心。这一切正是无产阶级党性的最鲜明的体现！

关于鲁迅的文艺观，鲁迅明明白白说过：“一切文艺，是宣传，只要你一给人看。……用于革命，作为工具的一种，自然也可以的。”[③] 与此同时，鲁迅也是十分重视文艺的特征和特殊功能的。这就与曹聚仁先生说的相反，鲁迅是主张文艺为革命事业服务的。正是基于这个观点，鲁迅阐述了无产阶级文艺产生的原因，他说：“世界上的民众很有些觉醒了，虽然有许多在受难，但也有多少占权，那自然会有民众文学——说得彻底一点，则第四阶级文学。”[④] 又说：“无产文学是为了以自己们之力，来解放本阶级及一切阶级而斗争的一翼，所要的是全般，不是一角的地位……”这里，正是以极大的鲜明性和尖锐性揭示了无产阶级文艺的党性原则。

---

① 鲁迅：《二心集·序言》，《鲁迅全集》第 4 卷，人民文学出版社 2005 年版，第 195 页。

② 鲁迅：《且介亭杂文末编·答托洛斯基派的信》，《鲁迅全集》第 6 卷，人民文学出版社 2005 年版，第 610 页。

③ 鲁迅：《三闲集·文艺与革命》，《鲁迅全集》第 4 卷，人民文学出版社 2005 年版，第 84 页。

④ 鲁迅：《三闲集·文艺与革命》，《鲁迅全集》第 4 卷，人民文学出版社 2005 年版，第 83 页。

鲁迅的鲜明的革命立场和无产阶级党性，还突出地表现在他对一切超阶级、超党派的政治观和文艺观的尖锐批判上。鲁迅痛恨那种貌似超然物外，实际上却偏袒自己一方，隐藏着最狭隘、最自私的党派性的正人君子者流。当20世纪20年代现代评论派拿出这种武器的时候，鲁迅对他们进行了有力的揭露，指出“谁知道人世上并没有这样一道矮墙，骑着而又两脚踏地，左右稳妥……丑态，我说，倒还没有什么丢人，丑态而蒙着公正的皮，这才催人呕吐”[①]。又说：“不是上帝，那里能够超然世外，真下公正的批评。……世间都以‘党同伐异’为非，可是谁也不做‘党异伐同’的事。”[②] 这就尖锐地揭露了他们否认党派性正是坚持其资产阶级党派利益的手段。在30年代鲁迅更尖锐地揭露了资产阶级反动文人在超阶级、超政治的幌子下向无产阶级进攻的实质。如对梁实秋的“人性论”的批判就是如此。他指出梁实秋等人所说的“作家的阶级和作品无关，文学家是超于阶级之外”的观点，是资产阶级用来反对无产阶级革命的一种“武器”，因为“在阶级社会中，文学家虽自以为‘自由’，自以为超了阶级，而无意识底地，也终受本阶级意识所支配，并非别阶级的文化”。梁实秋“以资产阶级为文明的祖宗，指穷人为劣败的渣滓”，这就说明了他主张的不过是资产阶级的人性。同时，鲁迅在坚持马克思主义的阶级论、批判资产阶级人性论的时候，并未将问题简单化。他认为，在阶级社会里，人的思想感情“都带有阶级性，但是或‘带着’而非‘只有’”，这就从现实中真实的人出发，承认有共同的“人性”和“人之常情”的存在。而“人性论”的鼓吹者则夸大这种人性，否认在阶级社会中人的思想感情“都带”着阶级性，从而反对阶级论的观点。这里，鲁迅便指出了，这种表面上“对各政党的斗争漠不关心”，不是“保持中立”，而是在超阶级、超党派的幌子下支持强者，支持“统治者”，他们所标榜的非党性正是为“饱食者”“统治者”和“剥削者”的国民党反动派服务的。

后期鲁迅对“同路人”的所谓超阶级、超党派立场的批判以及对“同路人”的历史作用和阶级局限性的全面分析，突出地表现了他的无产阶级党性

---

① 鲁迅：《华盖集·答Ks君》，《鲁迅全集》第3卷，人民文学出版社2005年版，第119页。

② 鲁迅：《华盖集·并非闲话（二）》，《鲁迅全集》第3卷，人民文学出版社2005年版，第133页。

的鲜明立场，也有力地表明了曹先生视鲁迅为“同路人”的观点的错误。鲁迅在分析苏联20世纪30年代被称为“同路人”的文学团体——“绥拉比翁的兄弟们”时指出，这种“同路人”的立场，“是在一切立场的否定”，正如他们自己所说的，“从党人的观点看起来，我是没有宗旨的人物……对于政治，是没有操持的”。然而，鲁迅指出，他们的作品都是“非苏维埃的文学”①，“将这样的‘同路人’的最优秀之作，和‘无产作家的作品对比起来’”“还是截然不同”② 的，因此，他们的貌似超然的“没有立场的立场”正是资产阶级立场。联系到中国的实际情况，鲁迅指出，20年代末中国的一些“革命文学”倡导者，之所以大量翻译介绍“同路人”的作品，一个重要原因，就是“这种没有立场的立场，反而易得介绍者的赏识之故”③，所以，鲁迅多次批评，当时中国所谓“革命文学”也并非真正的无产阶级文学，而是资产阶级、小资产阶级文学。正因为“同路人”的立场是小资产阶级立场，所以决定了他们在参加革命队伍以后会发生分化、鲁迅运用唯物辩证法全面地分析了“同路人”的变化，说：“一切‘同路人’，也并非同走了若干路程之后，就从此永远全数在半空中翱翔的，在社会主义底建设的中途，一定要发生离合变化。”④ 鲁迅既看到了“同路人”坚持资产阶级立场以致脱离革命、反对革命的一面，又看到了“同路人”在一定条件下可以转变立场、继续革命的一面。他引用别人的话指出，苏联20年代“同路人”作者“终于也不能不拉进在一切战线上，沸腾着的斗争里面去了的，于是就参加了斗争”，后来与“无产者作家”“合流”，“形成苏维埃作家联盟”⑤。对“同路人”的作品，鲁迅也进行了具体分析，肯定了其一定的历史作用。他自己就翻译了

---

① 以上几句引文均见《南腔北调集·〈竖琴〉前记》，《鲁迅全集》第4卷，人民文学出版社2005年版，第445页。

② 鲁迅：《译文序跋集·〈竖琴〉后记》，《鲁迅全集》第10卷，人民文学出版社2005年版，第382页。

③ 鲁迅：《南腔北调集·〈竖琴〉前记》，《鲁迅全集》第4卷，人民文学出版社2005年版，第446页。

④ 鲁迅：《译文序跋集·〈十月〉后记》，《鲁迅全集》第10卷，人民文学出版社2005年版，第355页。

⑤ 鲁迅：《译文序跋集·〈十月〉后记》，《鲁迅全集》第10卷，人民文学出版社2005年版，第355页。

《十月》等"同路人"的作品，而且在谈到《十月》的作者雅各武莱夫时说："《十月》的作者是同路人，他当然看不见全局，但这确也是一面的实情，记叙出来，还可以作为现在和将来的教训，所以这书的生命是很长的。"[①] 在论及中国左翼文艺运动时，鲁迅还指出："左翼作家并不是从天上掉下来的神兵，或国外杀进来的仇敌，他不但要那同走几步的'同路人'，还要招致那站在路旁的看看的看客也一同前进。"[②] 可见鲁迅是站在党的立场上，站在党性和党的政策的立场上看待"同路人"的：他既能和"同路人"的资产阶级立场、观点划清界限，又全面地分析"同路人"，体现了党对"同路人"团结、改造的政策。了解了鲁迅这种自觉的党性立场，就可知把鲁迅说成"同路人"的观点的错误。

曹先生把鲁迅看作一个超阶级、超党派的资产阶级自由主义者和"同路人"，与他错误地理解鲁迅同共产党、与"左联"的关系分不开。一方面，他看不到当时党和"左联"领导人对鲁迅的信赖和尊重的事实，说："中共在上海的文化工作，无论左冀作家联盟，或是社会科学工作联盟，或戏剧工作者联盟，都有主要负责人如瞿秋白、周扬、潘汉年，他们对于鲁迅，只当作同路人看待，处于尊而不亲的地位。他们有其领导文化运动路线，并非要鲁迅来领导！"还将党的领导人和鲁迅的关系说成资产阶级政客间的利用的关系："中共懂得争取群众，争取鲁迅这样一个文化斗士，有时颇迁就他迎合他的意向的。"在谈到党中央对鲁迅逝世而开展的悼念活动时又说："中共的首领中，值得纪念的，非无其人，而独纪念了鲁迅，这是他们的聪明方法，显得蒋介石政权的愚蠢。"另一方面，又说鲁迅和"左联"、中国共产党之间"不一定协调"，因此认为后期鲁迅只是与中国共产党"愈来愈接近"，并不相信共产党"会有什么成就"，有时"拔刀相助"，为共产党说话，只是出于同情"在野党"的"正义感"。

然而，事实上大家都知道，共产主义战士鲁迅，特别是在晚年，他与党的关系极其亲切感人，完全出于崇高的阶级的革命的情谊。他在自己的著作

---

① 鲁迅：《书信（1927—1933）·致王志之》，《鲁迅全集》第 12 卷，人民文学出版社 2005 年版，第 411 页。

② 鲁迅：《南腔北调集·论"第三种人"》，《鲁迅全集》第 4 卷，人民文学出版社 2005 年版，第 451 页。

中，以党的公开代言人的身份，与阶级敌人和民族敌人进行战斗，还积极为党从事多方面的具体工作。这一点在许多老同志如冯雪峰、许广平等人的回忆著述中都有真切翔实的记载。至于说鲁迅与某些党和左联的成员产生过不同的意见，曾经有过一些争论，这是革命同志内部的事，是很自然的，决不会影响鲁迅对党的看法。周扬说："我们在处理同鲁迅的关系问题上有过差错，但我们是革命者。我们这些人当时虽有不少人已是共产党员，但思想上政治上还不成熟，有这样那样的缺点错误，但是对革命是忠诚的、坚决的。在这一个基本点上，我们和鲁迅是站在一条战线上的，是革命的同志。我们曾经有过对鲁迅不够尊重的地方，鲁迅对我们中的一些人，包括我在内，也曾有过批评和指责。但我们之间这种革命同志的关系，却是基本的，这是历史事实，并将被历史所继续证明。"① 由此可见，基于共同的共产主义信念和对中国共产党的信赖，鲁迅与党内革命同志的关系，绝不是如同曹聚仁先生所描绘的那种虚假的、冷淡的关系，而是建立在革命原则基础上的真诚的同志关系。这些地方也清楚地表明了鲁迅晚年的鲜明的无产阶级党性精神。

三、关于马克思主义是否对鲁迅思想发生重大作用的问题

曹聚仁先生从资产阶级的历史观点出发，脱离时代特点和阶级关系评价鲁迅，不能从中国近现代革命运动与鲁迅的深刻关系上来评述鲁迅的生平和思想，因此，一方面不能正确地阐明鲁迅在新的时代环境中形成的革命思想，特别是否认马克思主义对于形成鲁迅共产主义世界观的重要作用，另一方面又不加分析地把鲁迅与中外传统思想联结起来，从而导致了对鲁迅思想的曲解。

在曹先生笔下，看不清楚鲁迅的思想和活动与中国近现代革命运动的内在联系。《鲁迅年谱》虽然按历史顺序列举了许多重大历史事件，但它们都是独立的背景材料，对鲁迅思想几乎完全不发生影响。例如在写到少年时代的鲁迅前往南京水师学堂求学时，他提到了帝国主义列强的侵略和戊戌政变，

① 周扬：《学习鲁迅，沿着鲁迅的战斗方向继续前进》，《人民日报》1980 年 2 月 27 日。

但在具体叙述鲁迅的这一活动时，只说了“他家境实在困难，只好去洋务学堂”，加以“那学堂督监是他们周氏的本家”，所以促成了鲁迅这一行动。于是，少年时代的鲁迅不是由于痛恨上流社会，受改良主义思潮的影响而产生了追求真理的强烈愿望，而是纯粹出于偶然和家境的原因。关于鲁迅留学日本时期，也不从革命派和改良派斗争的背景上叙述鲁迅在《文化偏至论》等文中对洋务派反动本质的揭露和对改良主义思潮的批判，不提鲁迅“赴会馆，跑书店，往集会，听讲演”和参加光复会的反清革命活动。因此，根本不可能揭示鲁迅革命民主主义思想形成的历史原因。《鲁迅年谱》也记载了十月革命和五四运动的发生，但却没有表现这些伟大的历史事件对鲁迅思想和著作发生的深刻影响。鲁迅称颂十月革命是“新世纪的曙光”，称颂苏联人民是有“主义”的人民，以及鲁迅逐步深入地学习马克思主义的事实都被一笔抹煞了，不仅如此，曹先生还在《鲁迅评传》中直接否定马克思主义对鲁迅思想发展的作用，说什么“鲁迅的伟大，并不在于他接近了马克思主义”，“鲁迅的政治观……自比马克思学院的人深刻得多”。所以，后来大革命的迅猛发展对于鲁迅的鼓舞和大革命失败对于鲁迅的思想的震动也完全看不见了。这样，曹先生便从根本上抹杀了鲁迅前后期思想的质的变化，因而也否认了后期鲁迅是一个伟大的共产主义者。

历史唯物主义与唯心史观恰恰相反，前者不把历史人物的思想、行为看作个人的偶然的活动，或者只考察他的历史活动的思想动机，而是去分析这种个人活动和思想动机是由什么环境所决定的，是怎样决定的。评价鲁迅的生平和思想，特别是评价他对待马克思主义这样重大的问题都应该采取这种态度。恩格斯指出：“如果要去探究那些隐藏在——自觉地或不自觉地，而且往往是不自觉地——历史人物的动机背后并且构成历史的真正的最后的动力，那么应当注意的，与其说是个别人物、即使是非常杰出人物的动机，不如说是使广大群众，使整个整个的民族、以及在每一个民族中间又使整个整个阶级行动起来的动机；而且也不是短暂的爆发和转瞬即逝的火光，而是持久的，引起伟大历史变迁的行动。”① 这里，把鲁迅与 19 世纪的车尔尼雪夫斯基、

① ［德］恩格斯：《路德维希·费尔巴哈和德国古典哲学的终结》，《马克思恩格斯选集》第 4 卷，人民出版社 1966 年版，第 229 页。

赫尔岑等人作一比较，就可看出时代环境对于促成人物行为的动机是多么重要。半殖民地的中国与十月革命前的俄国有许多相同近似的地方，共同的反封建压迫的民主革命任务是这两个国家产生革命民主主义的社会条件，但是，车尔尼雪夫斯基、赫尔岑一生所经历的整个历史时期都“是资产阶级民主派的革命性已在消亡（在欧洲）而社会主义无产阶级的革命性尚未成熟”① 的时期。他们革命民主主义所代表的只是无产阶级思想出现以前的农民革命的思想。所以列宁指出：“车尔尼雪夫斯基没有上升到，更确切些说，由于俄国生活的落后，不能够上升到马克思和恩格斯的辩证唯物主义。”② 作为一个革命家，车尔尼雪夫斯基的作品洋溢着阶级斗争气氛，教育了整整一代俄国革命者，但他的唯物主义还存在着严重的缺陷，即用“人本主义”的哲学术语对唯物主义作了“不确切的肤浅的表达”③，不能把唯物主义推广到人类社会的历史方面，因此，他幻想通过旧的农民村社过渡到社会主义，没有也不能认识到资产阶级民主革命中无产阶级领导的重要性。与车尔尼雪夫斯基同一时期的赫尔岑也“已经走到辩证唯物主义跟前，可是在历史唯物主义前面停住了”④。他懂得辩证法是“革命的代数学”，并且超过黑格尔而跟着费尔巴哈走向了唯物主义。但在那无产阶级革命性尚未成熟的时期，他无法领会历史唯物主义的根本原理，看不到能够领导斗争的力量和战胜旧制度的途径，因此当1848年革命失败，他亲眼看到举行起义的巴黎工人倒在血泊中，便大为震惊，陷入了精神破产的状态。鲁迅虽然生活在与十月革命前的俄国相似的半封建半殖民地的中国，但他一生却跨越了资产阶级领导的旧民主主义革命与无产阶级领导的新民主主义革命两个历史阶段。十月革命以后，马克思主义之所以在中国广泛传播，是因为中国无产阶级已经作为一支独立的政治

① ［俄］列宁：《纪念赫尔岑》，《列宁全集》第18卷，人民出版社1959年版，第10页。

② ［俄］列宁：《唯物主义与经验批判主义·第四章第一节的补充车尔尼雪夫斯基是从哪一边批判康德主义的?》，《列宁选集》第2卷上，人民出版社1960年版，第368页。

③ ［俄］列宁：《费尔巴哈“宗教本质讲演录”一书摘要》，《列宁全集》第38卷，人民出版社1959年版，第78页。

④ ［俄］列宁：《纪念赫尔岑》，《列宁全集》第18卷，人民出版社1959年版，第10页。

力量登上了历史舞台，无产阶级领导的新民主主义革命已经是世界无产阶级社会主义革命的一个组成部分，这个革命迫切需要马克思主义作为行动的指南。以鲁迅为光辉代表之一的中国的许多先进分子正是在这种社会历史条件下，由向西方资产阶级追求真理转向以俄为师，他在斗争中逐步接触和学习马克思主义不是出于个人的、偶然的动机，而是为“整个整个阶级行动起来的动机”，“持久的、引起伟大历史变迁的行动”所决定的。19世纪20年代末，由于鲁迅在长期斗争中接触和学习了马克思主义理论，在政治思想上接受了无产阶级社会革命论，在哲学思想上逐步掌握和运用了辩证唯物主义和历史唯物主义的根本原理。他运用对立统一的法则，分析事物的矛盾及矛盾的转化，全面地看问题：在大革命取得胜利的高潮中，告诫人们要从胜利中看到可能失败的因素，“反革命者的工作也正在默默地进行”，投机分子也会“忽然脱胎换骨”混入革命队伍，因此不能“小有胜利，便陶醉在凯歌中”，必须“永远进击”①。而在大革命失败，中国革命面临严重挫折的紧要关头，他又与那些因革命失败而颓唐、动摇的小资产阶级民主派不同，能从失败中看到胜利的因素，看到“地火在地下运行，奔突”②，坚信“不远总有一个大时代要到来”③。他这种唯物辩证法的思想与历史唯物主义观点是统一的。如果说，在十月革命之后不久，他虽然“知道这新的社会的创造者是无产阶级”，但因为各资本主义国家的反动宣传，“还有些冷淡，并且怀疑”④；那么，到了大革命时期、由于工农群众在革命高潮中更明晰地显示了自身的力量，因而他从对革命形势“极快人意”的深切感受中，表述了“世界却正由愚人造成，聪明人决不能支持世界”⑤ 的具有历史唯物主义的观点。在国民党反动派的白色恐怖统治下，他更进一步认识到，人的“性格感情等，都受

---

① 鲁迅：《庆祝沪宁克复的那一边》，《人民日报》1975年10月15日。

② 鲁迅：《野草·题辞》，《鲁迅全集》第2卷，人民文学出版社2005年版，第163页。

③ 鲁迅：《三闲集·醉眼中的朦胧》，《鲁迅全集》第4卷，人民文学出版社2005年版，第66页。

④ 鲁迅：《且介亭杂文·答国际文学社问》，《鲁迅全集》第6卷，人民文学出版社2005年版，第19页。

⑤ 鲁迅：《坟·写在〈坟〉的后面》，《鲁迅全集》第1卷，人民文学出版社2005年版，第302页。

‘支配于经济’，也可以说根据于经济组织或依存于经济组织”，因而“一定都带着阶级性”①；同时，“事实的教训”也使他看到了只有中国共产党领导下的工农群众才能在革命遭遇挫折的关头坚持革命，把革命引向胜利。这样，他便从理论和实际的结合上得出了“惟新兴的无产者才有将来”② 和“确切地相信无阶级社会一定要出现”③ 的结论。可见鲁迅与车尔尼雪夫斯基等人之所以同为革命民主主义者，而达到了不同的思想高度，前者接受了马克思主义，发展成为共产主义战士，后者停止在马克思主义面前，最根本的原因是促使他们思想和行动的时代环境不完全相同，曹先生否认鲁迅在新的时代环境中接受了马克思主义的重大事实，完全是把人的思想行为与时代环境割裂开来的历史唯心主义观点。

曹先生不仅力图否定鲁迅与马克思主义的关系，而且把鲁迅的思想曲解为一个资产阶级与封建阶级思想的大杂烩。他忽而说鲁迅的思想是“兼容托尔斯泰的泛爱主义与尼采的超人学说”，忽而又说他有着从封建官僚制度承传下来的“绍兴师爷的脾气”；忽而说：“鲁迅是阿 Q”，阿 Q 与孔乙已，赵太爷“都出于破落的门庭，属于鲁迅自己那一台门的”，把鲁迅与封建地主、没落的士大夫知识分子等同起来；忽而又说鲁迅“就是吕纬甫”，把与封建势力妥协、颓唐消沉的资产阶级知识分子的劣根性强加于鲁迅。还把什么“恬淡的心怀”，“君子可使居贫贱”，“那个背后无人说，那个人前不说人”等的污水任意泼在鲁迅身上。

这里，只要有一点阶级分析的眼光，稍微尊重鲁迅作品实际的人就会知道，把《阿 Q 正传》中处于鲜明的阶级对立画面中的阿 Q 与赵太爷等同起来是何等荒谬，把鲁迅的思想说成就是他作品中人物的思想又是多么荒唐、可笑，难道鲁迅不是从一个受无产阶级社会革命论影响的革命民主主义者的立场出发，通过阿 Q 典型的塑造，广泛地概括和深刻地剖析了国民性的弱点，

---

① 鲁迅：《三闲集·文学的阶级性》，《鲁迅全集》第 4 卷，人民文学出版社 2005 年版，第 128 页。

② 鲁迅：《二心集·序言》，《鲁迅全集》第 4 卷，人民文学出版社 2005 年版，第 195 页。

③ 鲁迅：《且介亭杂文·答国际文学社问》，《鲁迅全集》第 6 卷，人民文学出版社 2005 年版，第 19 页。

并且对资产阶级领导的辛亥革命进行了深刻的批判吗？难道鲁迅不是借刻画吕纬甫的形象，对小资产阶级知识分子的软弱、动摇、妥协的弱点进行了有力的鞭挞吗？鲁迅那殖民地半殖民地人民最可宝贵的“硬骨头”性格，不是与孔孟之道中的思想糟粕部分水火不相容的吗？至于对列夫·托尔斯泰，鲁迅无论在他的思想发展的前期和后期都给予充分的肯定，他称颂托尔斯泰是“19世纪的俄国的巨人”①，是“偶像破坏的大人物”②，他迫切希望能将托尔斯泰的作品认真地翻译到中国来。他还不同意某些革命文学的倡导者指责托尔斯泰为“卑污的说教者”“浅薄的人道主义”，对于托尔斯泰的“人道主义的抗争”作了合理的解释和恰当的评价。他指出托尔斯泰的“不主张以恶报恶”，提倡“无抵抗主义”的用意是，“叫兵士不替皇帝打仗，警察不替皇帝执法，审判员不替皇帝裁判，大家都不去捧皇帝”③。但是对于被列宁称为用以“麻醉被压迫群众的精制的新毒药”的托尔斯泰的“新宗教”——“泛爱主义”，鲁迅则多次对它们进行过批判，他说：“托尔斯泰正因为出身贵族，旧性荡涤不尽，所以只同情于贫民不主张阶级斗争。”④ 这就尖锐地揭露了托尔斯泰鼓吹“泛爱主义”的阶级实质。由此可见，鲁迅对托尔斯泰是有分析的，笼统地说鲁迅“兼容”泛爱主义是不妥当的。曹聚仁先生提到的尼采，则是一位德国唯心主义哲学家。他讴歌强者，诅咒弱者，以“弱肉强食”“进化留良”的社会达尔文主义为武器，把帝国主义的侵略和弱小民族的被奴役说成天经地义。鲁迅在半封建半殖民地的特定历史条件下，从被压迫民族和人民的立场出发，运用了尼采的某些思想形式，从积极方面接受了尼采的一些影响。但在思想的内容和运用这种思想达到的目的上都与尼采不同。当时，接受了进化论思想的鲁迅，认为自然进化规律是普遍有效的，无论人类与自然、中国与外国都适用，因而告诫人们弱小民族有被强大民族灭亡的危险；

---

① 鲁迅：《集外集·〈奔流〉编校后记》，《鲁迅全集》第7卷，人民文学出版社2005年版，第180页。

② 鲁迅：《热风·随感录四十六》，《鲁迅全集》第1卷，人民文学出版社2005年版，第349页。

③ 鲁迅：《集外集·文艺与政治的歧途》，《鲁迅全集》第7卷，人民文学出版社2005年版，第118页。

④ 鲁迅：《二心集·“硬译”与“文学的阶级性”》，《鲁迅全集》第4卷，人民文学出版社2005年版，第209页。

同时，他又认为，更为重要的，是要在认识这种规律之后，奋发图强，急起直追，赶上强者并与强者作斗争，所以，鲁迅在1907年就不同意尼采“欲自强，而并颂强者”的观点，而对于拜伦的“亦欲自强，而力抗强者”的强烈反抗精神表示赞扬。1908年，鲁迅在《破恶声论》里还指出，“进化留良”是帝国主义“强大之邦”“攻小弱以逞欲”的反动理论，并将持这种理论的帝国主义者称为“兽性爱国主义”，这更是对尼采的超人哲学的直接批判。曹先生不加分析地将所谓“托尼学说”说成是贯穿鲁迅思想的“一贯体系”，而且还把鲁迅后期的思想杜撰为“在超人学说与马克思社会主义之间兼收并容”，显然是缺乏分析的。

为了把帝国主义资产阶级和封建阶级的思想加在鲁迅身上，曹先生还制造了我们前面谈到的那种“两种人格”论。他说：“鲁迅表现在文章的是一面，而他的性格，也许正和文章所表现的完全不相同。”还说：“一个是中年卸去外衣的真的鲁迅，一个是当他执笔时为着读者着想，在他的议论中加一点积极成分，意态奋进的鲁迅。”他很怕别人说他这样曲解鲁迅是以“小人之心”度“君子之腹”，然而这正暴露出他自己世界观的“小”来，经过他这样的曲解，鲁迅简直成了玩弄两面派权术的资产阶级政客了。

从以上曹聚仁先生谈到的鲁迅的三个主要方面来看，他笔下所谓“真实的鲁迅”究竟是什么人物呢？就是一个失去了是非爱憎，满脑袋充塞着虚无主义和自由主义，对于先进的世界观和新生事物怀疑抵触的资产阶级和封建士大夫阶级的人物。由此可见，他口口声声所说的对鲁迅的“真实”描绘，恰恰是按唯心史观对鲁迅形象的伪造，他所标榜的“客观平允”“全面的治史态度”，恰恰是背离了历史的真实。作为鲁迅的“故交”的曹聚仁先生对鲁迅精神竟然作了这样的理解，是使人感到遗憾的！

鉴于曹先生的《鲁迅评传》和《鲁迅年谱》一再重版，影响较大，虽然其中也有许多可取的东西，而错误和不妥之处却属于一些重大原则问题。因此出于真正真实、科学地认识、评价鲁迅的需要，笔者写了这篇文章，以就正于海内外广大读者。

写于1980年

郭沫若研究相关论文

新诗的开拓者——郭沫若

郭沫若在“五四”时期，以浪漫主义诗人著称。他以开一代诗风的新诗登上文坛，为我国新诗创作起了重大的开拓作用。从“五四”到大革命失败前后，他写有《女神》、《星空》、《前茅》、《瓶》和《恢复》等诗集。其中，《女神》是我国新诗最杰出的代表作。此外，在小说、戏剧、散文和文艺论文的写作上，也各有相当的建树。他的诗歌“由内而外”，通过表现“自我”和主观精神的发扬，去概括和表现时代、社会、人生，以“火山爆发式”的内发激情和雄浑奔放的独特风格集中地反映了“五四”反抗破坏、自由创造的时代精神，因而具有鲜明的积极浪漫主义特色。他是新诗中自由诗派的开创者，在打碎旧诗格律的镣铐，实现诗体大解放上做出了重大贡献。他的诗还在内容和形式上呈现出崇高美的特征，这在充溢着深沉的悲剧感的“五四”新文学创作中，也是独树一帜的。郭沫若本时期的主导思想是个性主义和革命民主主义思想。经过马克思主义理论的学习和参与群众政治斗争的实践，他在大革命失败时转变成为一个共产主义者；在创作上也开始了一个新的局面。

生平和思想发展

作为中国新文学的开拓者之一，郭沫若的成就是多方面的。无论是诗歌、戏剧，还是散文、小说、文学理论和批评等领域，他都取得了独特而卓著的成就。其中，尤以诗歌方面的成就最为突出。他开一代诗风，是中国新诗的奠基人。

（一）早期思想基础与文学起步

郭沫若（1892—1978），原名开贞，沫若是他留学日本后所取的名字。他于1892年11月10日诞生在四川省乐山县沙湾镇一个地主兼商人的家庭里。他的童年时代，帝国主义用炮艇政策打开了中国封建帝国的大门，使中国沦为半封建半殖民地的社会，此后中国人民掀起了反帝反封建的民主主义革命的浪潮。他在年幼时诵读《诗经》、《唐诗三百首》等的基础上，不仅对《庄子》、《楚辞》、《史记》、《西厢记》等古典文学作品作了广泛的涉猎，而且还有机会阅读梁启超、章太炎等人的政治论文、译著，以及林纾译的《迦茵小传》、《巴黎茶花女遗事》（《茶花女》）等小说。在传统文化的熏陶和民主主义思潮的启迪和影响下，他以“极浓重的民族感情、极葱茏的富国强兵的祈愿”迎接了辛亥革命的到来。他亲身参加过四川“保路运动”，目睹了“反正前后”作为四川首府的成都的社会现实，体味到军阀官僚统治的腐朽、荒淫、残暴，但因为他的家庭仍然是一个勃兴发展的地主家庭，所以不可能有像鲁迅那种破落地主子弟的恨世之感。富裕顺利的生活环境使他不可能接触社会的底层生活，从外部深刻地把握和解剖现实，而主要是在时代重大事件的触发和爱国主义思想支配下，从内部发展他的愤世的激情。而他在学校生活中，无论是反抗学校当局还是日常的人事冲突他也总是胜利者，这也培养了他的进攻型的性格。因此，他于1913年离开四川，走出夔门，固然也有对家庭包办自己婚姻的不满，但主要是为了实现自己雄心勃勃“奋飞”的志愿。

1913年，郭沫若赴日本留学。他选择了医学，原来是想拿它“来作为对于国家社会的切实贡献”，但是，一方面，在日本的生活，使他感受到军国主义的欺凌，“读的是西洋书，受的是东洋气”[①]；另一方面，国内北洋军阀政府对外屈膝卖国，对内连年混战，荼毒人民的政治局面，都促使他产生利用自幼所热爱和熟悉的文学“鼓动起热情来改革社会”[②] 的愿望。经过在日本前四年的学习，他受到泰戈尔、歌德、海涅、惠特曼的作品的影响，开始了新诗的写作。更重要的是，19 世纪欧美浪漫主义的文学传统使他受到了激进的民主主义和个性解放思想的影响，受到敢于大胆勇猛地冲决封建樊篱的浪漫主义精神的影响。

正在这时候，十月革命和五四运动发生了。郭沫若当时虽然远在日本博多湾，却强烈地感受到时代浪潮的冲击。从 1919 年下半年至 1920 年上半年，他的诗歌便出现了一个创作的“爆发期”。1921 年，郭沫若的著名诗集《女神》出版，其中大部分诗都写于这个时期。《女神》是中国现代第一部从内容到形式开拓了诗歌新天地的诗集。诗集中对“五四”狂飙突进的时代精神的反映，积极浪漫主义创作方法的运用和实现诗体大解放所取得的独创性成就，都使它真正成为中国新诗运动的光辉起点，奠定了郭沫若作为中国现代新诗开拓者和奠基者的地位。

郭沫若前期的思想，具有多种复杂矛盾的内容。在社会政治思想上，反帝反封建的民族民主革命立场的个性解放和革命民主主义思想是其主导思想。在日本留学时期，郭沫若因为接近泰戈尔、歌德的作品以及荷兰哲学家斯宾诺莎的著作而与泛神论接近起来。这种流行于 17、18 世纪欧洲资产阶级革命时期的哲学观点，由于它否认神是自然界的创造主，认为自然界本身就是神，因此，它是唯物主义自然观的先导，起过反对中世纪神权和冲决封建罗网的进步作用。郭沫若作为一个受过近代科学教育的人，不可能真正相信世界上有什么“神”，他自己就明白地表示过：“泛神便是无神。”他是从“五四”时代青年们追求个性解放的要求出发，从蔑视偶像权威、表现自我、张扬个性的角度来接受泛神论的影响的；同时，泛神论所提供的“物我无间”的境界，正适于诗人驰骋自己丰富的艺术想象力，把宇宙万物拟人化、诗化，视为有生命的抒情对象，因此，他的诗情在更为广阔的幅度上展示、迸发出来。自

① 郭沫若、宗白华、田汉：《三叶集》，上海亚东图书馆 1923 年版，第 165 页。

② 郭沫若：《〈郭沫若选集〉自序》，《郭沫若论创作》，上海文艺出版社 1983 年版，第 189 页。

然，这里，泛神论的“一切和谐”“物我无间”、陶醉于大自然的观点也妨碍了诗人用阶级观点来看待社会现象，因而具有消极的一面。诗人对个性解放的追求，也未认识到它必须以人民大众和社会的解放为前提。在文艺思想上，则主张艺术的无目的性和非功利主义，崇尚天才，强调直觉的作用，主张“自我表现”和感情的“自然流泻”。这些观点出于个性主义和浪漫主义对诗歌创作的要求，出于对文艺特征的强调，在当时既具有反对封建传统和封建载道文学的积极作用，又具有揭示文艺本身的特殊规律的长远意义。

（二）文学之路与转换之途

1921年，创造社成立。郭沫若是它的发起人和最主要的成员。这个与文学研究会同年成立，同样发生了广泛影响的文学团体，它对中国新文学运动的重大贡献，与郭沫若的卓越的文学活动有着密不可分的关系。1921、1922这两年，郭沫若曾三次回国，祖国的现实黑暗使他在日本时期对“五四”中国的美丽憧憬和企图以个人反抗达到社会进取的愿望归于破灭。1923年，出版了诗集《星空》，所收诗多为1922年的作品。诗集中，《女神》那种火炽的内发情感消退了，诗人怀着“深沉的苦闷”，向闪耀着寒星的幽光的太空寻求安慰，过去为诗人所赞美的大自然一变而为寄托抑郁、孤寂情绪的所在。

1922年，郭沫若从日本帝国大学医科毕业后回国。继《创造季刊》之后，他与郁达夫、成仿吾等创造社成员创办了《创造周报》和《创造日》两个刊物，前期创造社活动至此达到最盛时期。由于受到“二七”运动以后革命形势发展的影响，又尝到了“五四”退潮时期“人生的苦味之杯”，就使郭沫若从忧伤和痛苦中抬起头来，世界观开始酝酿着新的变化。他开始突破个性主义的局限，高呼“反抗资本主义的毒龙”①，确认推翻现存制度的重要性。认识到不合理的社会制度改革之前，“一切什么梦的现实，我的尊严，爱的福音，只可以作为有闲阶级的吗啡、椰子酒”②，这种对个性主义的批判也

① 郭沫若：《我们的文学新运动》，《沫若文集》第10卷，人民文学出版社1959年版，第285页。

② 郭沫若：《太戈尔来华之我见》，《沫若文集》第10卷，人民文学出版社1959年版，第146页。

包含着与泛神论消极影响的决裂：面对着布满“荒坟”“粪臭”的现实和“人世间难疗的怆恼”，他否定了过去常用以寄托“爱的福音”的大自然，激烈地认为自然“只在谄媚富豪”，因而声称不再迷恋“矛盾万端的自然”的“冷脸”①。郭沫若思想上的这种变化在斗志昂扬，闪耀着阶级意识光辉的诗集《前茅》（写于1923年5月至1924年5月）中得到鲜明的反映。

但是，此后郭沫若的创作仍然呈现出复杂的面貌，创作道路仍然是曲折的。1924年，郭沫若写了一些表现“生的苦闷”（如《漂流三部曲》）和“性的苦闷”（如《叶罗提之墓》、《喀尔美萝姑娘》）的小说和一些抒写“牧歌情绪”的散文（如《小品六章》）。1925年2、3月间，又写了爱情诗集《瓶》。上述作品或者揭露了使进步知识分子理想遭到破灭的不合理的经济制度和恶劣的社会环境，或者暴露了造成青少年病态心理的畸形社会和封建礼教，但是也流露出比较浓厚的感伤、颓废的情调，色彩比较黯淡，甚至带着个人主义的病态特征。这是作者把文学当作“苦闷的象征”，因而偏重于个人内心生活的抒发的结果。在艺术表现上，他初次写爱情组诗和抒情散文，并进行了“自我小说”（又称“身边小说”）和“心理小说”的尝试。这些作品作为艺术上多方面地探索和多种风格的表现仍然具有不可忽视的意义。

郭沫若在革命深入发展的形势下，世界观的矛盾日益突出。他日益关心政治，逐步摆脱纯文学的活动，迫切感到学习社会科学著作和进行自我解剖的必要性。1924年，他翻译了日本进步经济学家河上肇博士的介绍马克思主义的著作——《社会组织与社会革命》一书，较多地接触和认识了马克思主义。由过去单纯憎恨资本主义社会，到认识了“资本主义之内在的矛盾和它必然的历史蝉变”，使他“深信社会生活向共产制度之进行，如百川之朝宗于海，这是必然的路径”。加之这一年，郭沫若曾赴宜兴调查卢、齐之战的战迹，军阀混战的罪恶，人民生活的苦难，使他对充满阶级矛盾的现实有了更深切的认识。这样，在1925年以“五卅”运动为标志的革命高潮到来时，他便在革命形势的鼓舞和教育下，世界观发生了更大的变化，进一步批判了个性主义。及至1926年他去广州任广东大学文学院长时，文艺思想又发生了巨

① 郭沫若：《前茅·怆恼的葡萄》，《沫若文集》第1卷，人民文学出版社1957年版，第311页。

大变化。他不再强调天才和灵感，他运用阶级观点从文学和革命的关系，从文学的社会作用上，具体地批判了文艺的无目的论和非功利主义的观点。而且还以“表同情于无产阶级的社会主义写实主义的文学”① 的定义，初步提出了革命文学的实际内容。虽然他这时关于文艺问题的论述还带有早期革命文学理论所难以避免的不适当地夸大文艺的作用的缺点，但它代表了一部分作家在大革命浪潮推涌下的觉醒和进步，是我国从“五四”以来就具有社会主义因素的新文学的一个重大发展。从“文学革命”到“革命文学”，这不仅标志着郭沫若文艺思想的重大变化，而且也标志着文学运动在第一个十年的前进方向和发展道路。

（三）革命与文学

1926 年 7 月，郭沫若投笔请缨参加了北伐战争。1927 年，当窃取北伐军总司令职权的蒋介石背叛革命的面目刚刚暴露时，郭沫若便于 3 月 31 日奋笔疾书，写了《请看今日之蒋介石》的讨蒋檄文，以见证人的身份和铁的事实揭开了蒋介石制造一系列流血事件的内幕和反革命两面派的嘴脸。文章明确指出：“蒋介石已经不是我们国民革命军的总司令，蒋介石是流氓地痞、土豪劣绅、贪官污吏、卖国军阀、所有一切反动派——反革命势力的中心力量了。他自己已经变成一个比吴佩孚、孙传芳、张作霖、张宗昌还要凶顽、还要狠毒、还要狡猾的刽子手。”他还号召：“我们尤须急于地打倒他、消灭他、宣布他的死罪!”这篇文章在革命失败的严重关头，鲜明地划清了敌我界限，表现了作者坚定的无产阶级立场和用马克思主义阶级分析方法分析复杂事物的能力。它表明作者已经成为比较成熟的无产阶级革命家，一个马克思主义者了。接着郭沫若参加了“八一”南昌起义，由周恩来、李一氓同志介绍加入了中国共产党。这次起义虽然失败了，但郭沫若坚信：“中国革命的火，依然要燃起来”，“种子进了农村！这应该是深入，是进展；而不是失败”②。严峻

---

① 郭沫若：《革命与文学》，《沫若文集》第 10 卷，人民文学出版社 1959 年版，第 323 页。

② 郭沫若：《革命春秋》，《沫若文集》第 8 卷，人民文学出版社 1958 年版，第 253 页。

的考验，激烈的征战，还激发了他深沉炽烈的诗情。在他经由香港返回上海所写的诗集《恢复》（1928年1月）中便充满了这种无产阶级的英雄气概和革命乐观主义精神。这部诗集是作者“保持态度的彻底，意志的通红”的诗的宣言。其主调雄浑沉洪，是革命深入进展的“鞺鞑的鼙鼓”，也不乏抒情色彩浓郁的革命诗章。

从1928年起，郭沫若旅居日本。他运用历史唯物主义观点对中国的古文字和古代社会历史进行了深入系统的研究，特别是论证了中国奴隶制社会的存在，使托派的所谓“唯物史观不适合中国国情”的理论遭到破产。在此期间，他还积极支持留日青年和国内文艺界的革命文化活动。文学作品方面，写了长篇自传《我的童年》、《反正前后》、《创造十年》（1946年又写了续篇）、《北伐途次》等。还写了历史小说七篇，大部分编入小说集《豕蹄》（1936年10月出版）中。

从“五四”时期到抗战爆发之前，郭沫若在创作方法上经历了由浪漫主义到现实主义的转变。作为转变的标志，在诗歌方面是诗集《恢复》，小说方面是历史小说集《豕蹄》。郭沫若创作方法的这种转变与当时的文学潮流有关，既是“五卅”后政治动乱把文学引向残酷现实的结果，又与作者以及许多作家对创作方法的认识分不开。郭沫若在实现自己的世界观的转变时，曾经简单地把浪漫主义与个人主义等同起来，又把浪漫主义与现实主义对立起来，这样便全盘否定了浪漫主义，并决心转向现实主义的创作方法。他这样做的结果，从消极方面看，放弃了自己惯用的浪漫主义创作方法，忽略了艺术个性的一贯性和连续性，而对于现实主义创作方法，又不能很快地熟练地把握，于是，便降低了对自己的创作的美学要求，这是《恢复》等作品艺术魅力不如《女神》的一个重要原因；从积极方面看，作品的历史的、现实的内容较前充实，增强了客观性，内心活动的抒发建立在更加深厚的现实基础上，这些新特点为郭沫若抗战时期历史剧的革命浪漫主义的新发展增添了可贵的因素。

抗日战争爆发后，郭沫若的爱国热情高涨，他离开在日本的妻子儿女，又一次投笔请缨，回到烽火连天的祖国。他是全国文艺界抗敌协会的主要领导人之一，并在抗日统一战线中担任了军事委员会政治部第三厅厅长，在中国共产党和周恩来的领导下广泛地从事抗日救亡活动。他这个时期的创作，除了《战声集》、《蜩螗集》等诗集，长篇自传体作品《洪波曲》和一些单篇散文以外，标志着他一生另一个创作高峰的，是他从1941年至1943年所写的许多大型历史剧。郭沫若以他对历史的独特理解和革命浪漫主义的大手笔所写的《屈原》、《虎符》、《南冠草》等作品，既忠于历史事实，又有强烈的现实感和鲜明的现实针对性。反抗暴虐政治，反抗外来侵略者的压迫，要求被压迫者的自由生存权和强烈的爱国主义，是这些作品共同的思想特色；同时，这些历史剧和《女神》一样，具有"火山爆发式的内心情感"，还以独特的浪漫主义手法——大波大澜的情节，独特而强烈的戏剧冲突和浓郁激越的诗情，着力突出人物壮美的情怀，渲染出雄浑悲壮的艺术气氛，从而有力地表达了富于现实战斗意义的主题，发挥了历史剧古为今用的作用。

抗战胜利后，郭沫若坚持了反内战、争民主的斗争，勇敢地站在运动的前列。他于1948年到解放区，在这里迎来了全国解放的曙光。

《女神》及其他前期诗作

《女神》出版于1921年，其中大部分诗篇作于1919年下半年至1920年上半年五四运动高潮时期。在郭沫若之前，我国新诗坛已经出现了一些写新诗的诗人，已经出版了几部新诗集，但真正以开放、热烈的心灵和雄伟的气魄对"五四"时代作了高度概括和反映的是郭沫若，真正从内容到形式开一代诗风，成为新诗奠基作的诗集是《女神》。

（一）《女神》的思想情感与艺术风格

《女神》分为三辑：第一辑包括《女神之再生》、《湘累》和《棠棣之花》三个诗剧。这种诗剧形式虽有戏剧的特点，但诗的特征更为鲜明。第二辑中的诗最能体现作者雄浑奔放的风格特征，是《女神》中最重要的部分，如《凤凰涅槃》、《天狗》、《炉中煤》、《地球，我的母亲!》等；第三辑大多为一些清新冲淡风格的小诗，其中一些写于五四运动发生之前。通观整部《女神》，反抗破坏、自由创造是贯穿诗集的基本思想内容。在现代中国认识世界、走向世界的历史进程中，在十月革命和五四运动发生之后的历史环境里，一方面是对现实政治黑暗和陈腐封建传统的猛烈反抗和破坏，另一方面更有对中华民族的光明未来和理想世界的自觉追求和创造。郭沫若立足于“五四”时代现实，面向世界潮流，在《女神》的诗歌中，灌注着勇猛地冲决封建樊篱、改造社会的强烈要求和追求美好理想的无比热力。这正反映了五四革命运动的特征，传达出20世纪黎明期中华民族伟大觉醒的时代精神。

“五四”时期主编《学灯》(《时事新报》副刊，《女神》中许多主要诗篇在这个副刊上发表）的宗白华曾说过，郭沫若“宜于做雄浑的大诗”①。他举出的《凤凰涅槃》就是一首代表作。这首长诗通过凤凰“集香木自焚，复从死灰中更生，鲜美异常，不再死”的传说，预告了旧世界、旧中国的灭亡和新世界、新中国的诞生。“涅槃”在这里不是佛教的寂灭，而是充满了辩证哲理的新生。在彻底破坏腐朽事物的基础上与旧世界决裂，在毁弃旧我的剧痛中追求新生和未来。“五四”时代的特征在这里得到了诗意的概括和哲理的升华。这“凤凰”虽然融合了西方“菲尼克司”（phoenix）的传说，但主角的名称仍采用了符合中国人欣赏习惯的称谓，同时，故事发生在被中国人看作是送旧迎新、一元复始的旧历除夕将近的时刻，地点也是中国传说中衰败、荒凉的丹穴山上。正是在“寒风凛冽”的“冰天”的背景上，为自己安排火葬的凤凰，临死前回旋低昂起舞，它们天上地下，忽古忽今，翱翔在神异的领域和宏大的境界中，哀哀的歌声响彻寰宇，凤鸟“即即”而鸣，凰鸟“足足”相应。它们对整个旧世界发出强烈的咒骂和控诉，把旧世界比作“屠场”“囚牢”“坟墓”“地狱”；它们对宇宙万物发出“天问”式的质问，这种对宇宙“为什么存在”的根本性怀疑，对宇宙奥秘的寻根究底的探索，正是诗人对现实失望和愤慨情绪的曲折反映；它们还在滔滔泪水中倾诉悲愤，诅咒了五百年来中华民族沉睡、衰朽、死尸似的生活。它们的走投无路的处境和对黑暗势力的痛恨促成了它们对旧世界的决绝态度和在火中自焚的动机，强烈地激发起它们同旧中国连同旧我一道彻底决裂的无比的英雄气概：

啊啊！
火光熊熊了。

① 宗白华：《宗白华致郭沫若信》，田寿昌、宗白华、郭沫若：《三叶集》，上海亚东图书馆1923年版，第27页。

香气蓬蓬了。
时期已到了。
死期已到了。
身外的一切！
身内的一切！
一切的一切！
请了！请了！

这里，凤凰从容、自觉而又坚决有力的举火自焚的行动鲜明地揭示了在彻底破坏的基础上追求新生和创造光明的题旨。下面的“群鸟歌”则将美和丑造成了强烈、尖锐的对照，所谓“丑就在美的旁边，畸形靠近着优美，粗俗藏在崇高的背后，恶与善并存，黑暗与光明相共”①。种种凡鸟的浅薄和猥琐的表演，不仅鞭挞了现实中的丑恶和庸俗，更重要的是进一步衬托出凤凰自焚行为的崇高和壮美。最后，在“凤凰更生歌”中，凤凰更生了。凤凰复沓回旋、急骤酣畅的歌唱，将大和谐、大欢乐的景象渲染得声情并茂、色彩富丽。这是经过斗争冶炼后的真正的创造和新生。它表达了诗人对五四运动新机运的歌颂，也是祖国和诗人自己开始觉醒的象征。

《女神之再生》虽以诗剧的形式出现，而实质上仍然是一首“雄浑的大诗”。剧诗中展示了一个乌云蔽日、愁云惨雾的世界，那“倦了太阳只在空中睡眠，全也不吐放些炽烈的光波”。以此为背景，诗剧通过象征着南北军阀混战的共工、颛顼相互屠戮和农叟、牧童的出场，揭露了“乌烟瘴气”的旧中国的黑暗，为人民生活的苦难提出了血泪的控诉；而失败了的共工怒触不周山，天柱折裂之后，那些以往在痛苦的经历之中认识到“新造的葡萄酒浆，不能盛在那旧了的皮囊”的女神们，经过这一番浩劫，更不屑于去做那些修补残局的工作。她们不仅预言自己创造的“新鲜太阳”将“照彻天内的世界，天外的世界”，而且，为了不致使光明和黑暗永远循环往复地继续下去，还要“时常创造新的光明、新的温热”，去供给这象征着“美的中国”的“新造的太阳”。

《女神》中其他一些歌颂祖国、怀念祖国的“恋歌”和“颂词”，也鲜明

① ［法］维克多·雨果：《雨果论文学》，柳鸣九译，上海译文出版社 1980 年版，第 30 页。

地体现着“五四”时代精神。当时，郭沫若既与一些狭隘民族主义和国粹主义者不同，又与主张全盘西化甚至美化资本主义制度的人迥异，他一方面坚持向西方寻求救国真理，重视吸取西方资产阶级的民主、平等、个性解放思想，主张学习西方的科学技术和物质文明；另一方面又不满于资本主义制度的腐朽、反动，反对帝国主义的侵略，具有明确的反帝爱国的立场。《晨安》一诗以雄浑的笔力抒写出20世纪黎明期的世界潮流给诗人带来的历史性狂喜。在这“千载一时的晨光”里，诗人面对“年青的祖国”“新生的同胞”，面对着“敬畏的俄罗斯”“敬畏的先驱者”，面对着古今中外许多伟人伟绩，壮丽河山，一口气喊出了二十七个“晨安”。《炉中煤》则将眷念祖国的热情熔铸到凝炼的艺术形象和比较严整的诗行中。诗人把祖国比作“年青的女郎”，把自己比作因思念祖国而炽烈燃烧着的炉中之煤。这里有着深刻的寓意：火红的炉中煤恰切地表达了诗人对祖国的赤诚，而它的必须燃烧自己、将自己化为灰烬才能生出光和热的特点，更揭示出诗人为祖国不惜赴汤蹈火的耿耿忠心。

对自我的歌颂，对劳动人民和革命者、叛逆者的歌颂，在《女神》的思想内容中占有重要地位。“诗人是感情底宠儿”①，“真理要探讨，梦境也要追寻。理智要扩充，直觉也不忍放弃”②，郭沫若创作《女神》时说的这些话表明了一个浪漫主义者是把情感和想象提到了首要地位的。在《女神》中，诗人追求自我的真诚袒露和主观意力的发扬。无论是反抗破坏或者自由创造，都有诗人自我在意气昂扬地呼啸着。如《天狗》一诗，“天狗”，就是诗人“自我”的化身。它突入宇宙，吞噬月、日、一切星球以至整个宇宙，与本体合一，具有了“全宇宙的能的总量”。这天狗不仅在宇宙中像天体、万物一样运动不息、奔驰不已，而且也在自身的物质的、精神的微观世界中奔跑起来，它自啮其身，对于“皮”“肉”“血”“心肝”等自己肉体上的东西，无情地“剥”“食”“吸”“啮”，而毁掉旧的形骸的结果，“天狗”——“自我”便进一步发现了自己：“我便是我了，我的我要爆了！”这里，既是对自我意识的更敏锐、更自觉的发现和把握，又是自我的极富冲击力和爆炸力的极度扩张。

① 田寿昌、宗白华、郭沫若：《三叶集》，上海亚东图书馆1923年版，第16页。

② 田寿昌、宗白华、郭沫若：《三叶集》，上海亚东图书馆1923年版，第44页。

由于这个自我与本体的合一，便彻底否定了宇宙间绝对创造主的存在。这个自我俨然是“可与神祇比伍”的“雄伟的巨制”，“便是天上的太阳也在向我低头”(《金字塔》)；这个自我与“全宇宙的本体”融合起来的结果，引起诗人高唱“我赞美这自我表现的全宇宙的本体”(《梅花树下醉歌》)。

《女神》诗中在崇拜、赞美自我的同时，也袒露自我，对自我进行了批评和谴责。天狗自噬其身，进一步获得精神上的解放（《天狗》)；凤凰自己燃起一场熊熊大火，要将“身内的一切、身外的一切”毁掉(《凤凰涅槃》)；“地之子”认为“一切的人类”连同自我一起都是地球这位母亲的“不肖的儿孙”，他歌唱着“要强健我的灵魂”来报答地球——母亲的“深恩”(《地球，我的母亲》)；诗人还认为自己的灵魂已“陷入泥涂”，因而要努力地将它拔出，“快登上山顶”(《登临》)。《女神》歌颂“自我”并非返回内心，拘囚于个人主义狭小的天地里。它“由内而外”，通过自我去感应和反映时代、社会、人生。相反，其中一个重要内容就是对劳动人民、对革命者、叛逆者的歌颂。在《地球，我的母亲!》中，诗人认为“一切的人类”连同自我一起都是地球这位母亲的“不肖的儿孙”，唯有那“田地里的农人”和“炭坑里的工人”是地球的“孝子”“宠儿”，是全人类的保姆和普罗米修士。《匪徒颂》在赞美世界上一切叛逆者、革命者的同时，也热烈赞美了“实现布尔什维克”的列宁。而在《巨炮之教训》中，更是列宁的“最终的胜利总在吾曹，至高的理想只在农劳”的霹雳般的声音，把他“从梦中惊醒了”。这种抒写与贯穿《女神》的反抗、破坏和创造的基调形成一个整体，成为“五四”时期“社会改造”“劳工神圣”声浪中响亮的音符。但是，也应该看到，《女神》中在歌颂列宁这“社会革命的匪徒”的同时，对于资产阶级革命者如华盛顿、克伦威尔等也给予了同样的赞美和倾慕（《匪徒颂》)；在歌颂工人农民的同时，也将寄寓在他们身上的“至高的理想”和“为自由而战、为人道而战、为正义而战”的资产阶级革命口号混淆在一起。由此可见，他还不能用无产阶级阶级论的观点来考察社会革命的性质和工农群众在社会斗争中的地位；他只是同等看待和急迫吸取一切反抗陈规的革命和一切外来的思想。在这一点上，作为“五四”时期一般具有民主主义思想、要求进步和改革的青年们的共同特点，《女神》也鲜明地反映了“五四”的时代特点。

《女神》中还有许多抒写自然的诗篇。和我国过去写自然的诗篇不同，在

《女神》中，由于诗人受到泛神论的影响，认为“自然是神体之庄严相”，“以自然为慈母，以自然为友朋，以自然为爱人，以自然为师傅”①。因此，诗中对自然的抒写，不只是欣赏自然，而是强烈到人和自然合而为一。对于立足于“五四”革命现实并具有革命民主主义思想的郭沫若来说，这些诗篇往往通过物我无间的境界揭示出他的充实、美好和洋溢着战斗激情的内心。在《立在地球边上放号》一诗中，那立在地球边上的抒情主人公的形象，是一个目光遍及寰宇、激情奔腾澎湃的巨人，他将自我、人生溶入怒涌的白云、无限的太平洋、滚滚的洪涛等壮阔的空间意象，以及不断的毁坏、不断的创造、不断的努力的永恒流逝的时间意象之中。于是，一幅绚烂壮阔的宇宙时空图景便与反抗破坏、自由创造的“五四”时代精神，与诗人激励奋发、积极进取的精神交融在一起了。在《太阳礼赞》、《日出》等诗中，诗人既以雄浑的笔力、瑰丽的色彩着意渲染大自然气象万千的景象，又借自然物的形象，用华美的语言、宏朗的调子向人们预告着光明的即将到来：“青沉沉的大海，波涛汹涌着，朝向东方。光芒万丈地，将要出现了哟——新生的太阳!”同是抒写自然，郭沫若显然不是对着“小河”“细雨”“草儿”低吟浅唱以抒发个人哀怨、寄寓闲情逸致的诗人。他的思想意境和艺术魅力远远超过了同时代的诗人。骄阳皓月、雷霆雨雪、江河海洋、高山大川以至整个宇宙都成为他抒发奔放感情的对象。那些具有“冲淡”风格特色的诗篇如《夜步十里松原》、《春之胎动》、《霁月》等，在将恬静悠远的情思表达得自然而有情趣这一方面，同古典诗歌的“冲淡”风格一脉相承，但它们在冲淡中没有隐逸遁世的情味，宁静中避弃了不忮不求的淡漠态度。诗人的主观感情色彩渗透在这些诗的意境中，强烈到人和自然融合为一，呈现出清新、开阔而又宁静、幽深的诗境，显示出一种新的“冲淡”诗的风格特色来。

从所抒写的内容和艺术表现上看，《女神》有着鲜明的积极浪漫主义的特色。“五四”时期社会主义的理想和中国人民的气势磅礴的反帝反封建的革命运动，是产生《女神》的积极浪漫主义的现实基础。诗集中对于新中国的预言和歌颂，对于光明的渴望和追求，以及热爱生活和自然的感情，强烈地表

① 郭沫若：《〈少年维特之烦恼〉序引》，《沫若文集》第10卷，人民文学出版社1959年版，第179页。

达了中国人民，特别是青年知识分子的革命愿望、要求和理想，洋溢着理想主义和乐观主义的激越情调；而对于现实黑暗的诅咒和控诉，特别是与旧世界、旧中国和诗人旧我彻底决裂的坚决态度，更表现出诗人在革命理想的鼓舞下一往无前的英雄气概。与这种积极浪漫主义精神相适应，诗中喷发式、一泻千里的情感表达方式，在广大的甚至虚幻的境界纵横驰骋的想象方式，以及浪漫主义的独特手法，如奇特的想象，极度的夸张，瑰丽的语言和神话的色彩等，因为恰切地表达了“火山爆发式的内发情感”而化为诗的力量，开放出绚丽多彩的艺术花朵。在艺术风格的审美特征上，《女神》属于崇高美。它和中外古代文艺作品中所表现的崇高美不同，很少掺杂悲愤和痛苦，更不渲染不幸、悲惨、恐怖、死亡，而是主要呈现出一种正面的崇高，一种富于乐观进取精神的壮美。凤凰在火中自焚、更生的壮举，女神们再造崭新世界的努力，屈原对于自由创造的呼唤和爱国激情的抒发，聂嫈、聂政愿自由之花开遍中华的理想和行动……这一切所引起的美感特点不是宁静平和、赏心悦目的快感，而是一种对伟大事物的惊叹，一种点燃智光、拨动心弦的奋发情绪，是对自己的力量和人的尊严的自豪感。那些抒写自然的诗篇，不仅以其异乎寻常的规模、体积、威力使人感到惊异或惊奇而引起崇高美的感受，而且，人和自然强烈交织到合而为一，也因为人的本质对象化而使人感到震惊和自豪。泛神论思想的影响使《女神》的崇高美呈现出一种特异的色彩。

关于诗的形式，《女神》在旧诗格律严重地束缚人们思想的情况下，敢于革新，进行了多方面的创造。当时，郭沫若在诗歌理论上主张感情的“自然流露”，说“诗的本职专在抒情”。“抒情文字便不采诗形，也决不失其为诗。”① 因此他在诗歌形式上主张“绝端的自由，绝端的自主”。《女神》中最具特色、最能激动人的就是那些突破了从来诗歌的樊篱和束缚的气势磅礴的自由体诗。但是在自由体之中，也有某种统一的格律，这主要表现在诗行富于变化，参差中可寻出某种规律，节奏顿数于和谐中有规律的变化和大体押韵这几个重要方面。诗集中也有一部分形式、格律相当严谨的格律体诗。郭沫若很重视诗歌创作要有丰富的真情实感，加以他有深厚的中外诗歌艺术的

① 郭沫若：《论诗三札》，《沫若文集》第10卷，人民文学出版社1959年版，第211页。

修养，所以革命激情一旦倾泻出来，虽然似乎不经过对诗的形式的推敲和加工，也便“于自然流露之中，自有它自然的谐乐，自然的画意在”①。《女神》不讲求诗歌形式的匀称、调和、精细、隽秀，着重表现出强悍、粗犷、巨大、单纯的风格，显示出强烈的动荡和力的痕迹，呈现出中国诗歌从未有过的粗砺雄强的形态，这也是在形式上崇高美的突出表现。

总之，《女神》由于内容和创作方法、风格和形式的独创性，使它真正成为中国新诗运动的光辉的起点，奠定了郭沫若作为中国现代诗开拓者和奠基者的地位。

（二）后《女神》时代的创作

1923年10月，郭沫若出版了另一部诗集《星空》。诗集包括《献诗》在内的31首诗均为1921年至1922年在日本和上海两地所作。这时候，已是“五四”退潮时期，郭沫若几次返国，更多地接触到了国内现实政治的黑暗，使他的思想处于矛盾苦闷之中。与《女神》一脉相承的是，诗集仍然着重从自我的精神主体出发去表现特定时期的时代内容。诗人没有更多地直接表现现实社会的丑恶和黑暗，而是着力抒发自我内心的苦闷、矛盾的情感和人生的哲理思考以及对前途的探索精神。在《人生的苦味之杯》中，以“呱呱坠地的新生儿”“来在这空漠的、冷酷的世界”作为象征，表现在“天光……破晓”的晨光中，人们“日日朝朝新尝着诞生的苦闷”的衷情，这种苦闷是“新思潮”困惑了头脑，感到梦醒了无路可走的苦闷，是觉醒了的灵魂在挣扎中前进的苦闷。那些歌唱返回大自然的诗篇，如《南风》、《孤竹君之二子》等，则从自然以及接近自然的原始人的生活、小儿的生活中探寻自然的人性美。另一些诗篇，如《星空》、《洪水时代》，与《凤凰涅槃》、《女神之再生》相似，有着俯瞰历史、极目宇宙人生的历史感和空间感，以及从纵横交织的时空经纬中凸现出来的强烈的现实感。在美的类型和艺术风格的总体上，这个诗集与《女神》的偏于崇高不同，它富于优美，感伤的美。雄浑奔放的格调虽仍然时时可见，但更多的则呈现出幽静、淡远、清新、明丽的冲淡风格

① 郭沫若：《论诗三札》，《沫若文集》第10卷，人民文学出版社1959年版，第211页。

的特色，如《天上的市街》、《白云》、《江湾即景》、《夕暮》等诗都是以精粹隽永的诗句谱成的“韵和音雅”的浅吟低唱，并渗透着诗人特有的真率赤诚的诗情。

诗集《前茅》中的诗大多作于1923年，出版则在1928年。写作《前茅》的前后几年间，共产党所领导的群众运动日益高涨，马克思主义的思想影响日益扩大。1923年4月携家眷归国定居上海的郭沫若感受到新的革命浪潮的冲击。他告别了《星空》中的“深沉的苦闷”和“低回的情趣”，也不再对人生作开阔的哲理思索，在艺术上则开始减弱了对诗歌美的追求，他把自己对现实政治黑暗的揭露和对革命的预言和歌唱称作粗犷的“革命时代的前茅”。在《我们在赤光之中相见》和《太阳没了》两诗中，诗人将磅礴的气势和浓郁的诗情熔铸于艺术形象中，有较强的艺术感染力。前一首诗通过多种象征性形象的叠加组合和意象的延伸、推移，有力地揭示出诗人对革命前途的坚定乐观的信念；在后一首诗中，诗人借助宏阔的境界、巨大的形象、瑰丽的色彩和低昂反复的音调，表达了广大革命人民悼念列宁逝世的深沉悲痛和激越的情怀。从诗集内涵的总体看，许多诗篇由于诗人讴歌革命而缺乏生活实感，又不太注意艺术表现形式的锤炼，所以明显地给人以空泛粗放的感觉。

写于1925年1至2月的《瓶》，是一组包括《献诗》在内共43首的抒情短诗集。这个诗集表现和讴歌爱情，内容彼此连贯，抒发和记叙了一个进入中年的男子追求一位少女由初恋、热恋到失败的心灵的历程。这个诗集还呈现出“郭沫若式的爱情，郭沫若式的情歌，郭沫若式的锦心绣口”① 的特殊面貌：爱情表白的露骨的直率，如醉如痴的激情，自然流畅的内心独白，新颖、奇谲的想象与幻想方式，都确是郭沫若式的。诗集中缠绵悱恻的情调和某种人生如梦的感慨的流露，充分地揭示了爱情这种人的精神主体内容的独特性和复杂性。

诗集《恢复》是在1928年1月5日至16日仅10天的时间内写成的。出版也在同一年。当时，正处于大革命失败后国民党反动派施行白色恐怖的严重政治形势下。这部包括24首诗的诗集是一个革命家在严重的白色恐怖的日子里“保持态度的彻底，意志的通红”的诗的宣言。《我想起了陈涉吴广》、

① 张光年：《论郭沫若早期的诗》，《诗刊》1957年创刊号。

《黄河与扬子江对话（第二）》、《如火如荼的恐怖》等诗篇，揭露了现实社会的黑暗与残酷，歌颂了工农群众新的阶级觉醒与革命力量，表现了作者鲜明的无产阶级的爱憎感情。作者通过诗的形象，无情地撕毁了“新军阀”蒋介石夸称着“全民”的虚伪面纱，号召要以“如火如荼”的革命暴力粉碎国民党反动派的白色恐怖。他赞扬推翻暴秦的陈涉、吴广起义，把这场农民起义与现实斗争联系起来，认定“在工人阶级领导之下的农民暴动”，是“战取那新生的太阳”，“改造全世界的力量”。《诗的宣言》、《对月》、《巫峡的回忆》、《血的幻影》等则是抒情色彩浓郁的革命诗章。这些诗篇通过诗人独特的情感体验，抒发了革命人民在失败和悲痛中崛起、奋进的强烈感情，悲剧性的崇高感使诗的主调雄浑沉郁，是诗人思想深化的自白，又是革命深入进展的“鞺鞑的鼙鼓”。虽然这个诗集中的一些诗缺乏如《女神》、《星空》中那种基于浪漫主义美学追求的哲理意蕴和奇诡阔大的诗意诗境，但却另有一种革命诗歌所特有的理性精神和情感力量。因此，仍不失为一部优秀的无产阶级革命诗集。

前期小说和历史剧

郭沫若是一个杰出的诗人，同时也是一个出色的剧作家，在小说创作方面也用力甚勤，并且形成了自己这一流派的风格。这些都是他进入新文学领域以后所做出的重要贡献。

（一）“寄托小说”和“身边小说”

郭沫若前期发表了近30篇短篇小说，分别收在《塔》、《橄榄》、《水平线下》、《山中杂记及其他》等集子里，还写有中篇小说《落叶》。这些小说表现和揭示出了他的世界观实现根本转变前夕，矛盾复杂的精神世界和探索前进的心灵历程，记录了他在艺术上多方面的探索和追求，同时也反映了“五四”退潮时期和大革命前夕知识分子的心理状态和现实的某些本质方面。

郑伯奇在《中国新文学大系·小说三集·导言》中说，郭沫若前期小说“寄托古人或异域的事情来抒发自己的情感的，可称寄托小说”。他列举的这种“寄托小说”的代表作品有《牧羊哀话》、《Lobenicht 的塔》、《鹓雏》（后改名《漆园吏游梁》）和《函谷关》（后改名《柱下史入关》）等篇。

《牧羊哀话》是郭沫若的第一篇小说，写于1919年2—3月间，是我国小说中较早地表现了反帝意识的作品。它“借朝鲜为舞台，把排日的感情移到了朝鲜人的心里”①。牧羊小姐佩荑的父亲闵朝华是李朝子爵，因反对日本与奸臣勾结无效而隐居，他写的《怨日行》中以“炎日”“炎阳”比喻日本帝国主义，唱出了“安得后羿弓，射汝落海涛？安得鲁阳戈，挥汝下山椒”的反抗歌声，但他的后妻却与家人石虎有私，勾结石虎，把他的《怨日行》当作“反诗”向当局告密，并指使石虎谋杀崇华父女，却不意错杀了石虎之子尹子英。而尹子英的恋人正好是佩荑小姐，于是被弄得家破人亡的牧羊小姐的哀婉歌声，便日日朝朝回响在金刚山间。这篇小说情节离奇曲折，大自然的风光被描绘得绚丽多彩，充满浪漫情调。但因为作者并未经历过朝鲜人民反帝爱国的实际生活，因此“概念的描写，科白式的对话”② 的缺点相当突出。

《Lobenicht 的塔》选取了康德写完第一批判书——《纯粹理性批判》之后七年，第二批判书——《实践理性批判》的写作正在进行，第三批判书——《判断力批判》开始孕育时的一段思想和生活。“位我上者灿烂的星空，道德律令在我心中”，康德受牛顿和卢梭的影响本来是将“外界自然”和“人的内在宇宙”截然分开，从而强调了人的主体性的。但他在第二批判书正在写作，孜孜于探索人的伦理学主体性的时候，感到了有将人的内外两个宇宙，即“头上的星空”和“心中的道德律”加以沟通的必要。但是怎样将二者联系在一起呢？康德在探索中感到烦恼，作者在康德漫长学术生涯的时间跨度中寻取了这个酝酿着重大突破的重要时刻。小说写道：“撤去了内外藩篱的美，无关心的美，美的洪流超荡了时空境界；康德教授虔敬地立在窗前，连他自己的身心都融化在白光里了。《第三批判书》的受胎便在这个时候。”由此可见，这篇小说正是在回答人天关系是什么的总体构架中，使人领略到以人为中心的意义，强调以“冲破内外樊篱”的美（即康德《第三批判书》中所提出的

① 郭沫若：《创造十年》，《沫若文集》第7卷，人民文学出版社1958年版，第54页。

② 郭沫若：《〈牧羊哀话〉·跋语》，《郭沫若论创作》，上海文艺出版社1983年版，第529页。

关于审美的“反思判断力”）来沟通自然和社会、认识与伦理的关系，郭沫若曾经借用“灰色是一切的理论，只有人生的金树常青”① 的话来点明这篇作品的主题，便说明了作者的突出人和社会性的意图。

《函谷关》、《鹓雏》两篇小说，前者所写的是老子出关而又入关的故事。这位企图返回自然去过避世生活的老子在出关时，骑着青牛，闯入沙漠，入关时却只剩下了手中的牛尾巴。因为他进入沙漠后不到三天，坐骑青牛就饿倒了，他是靠着吸牛血，用牺牲青牛换来了自己的生命的。因此，他拿着这作为珍贵的教训的牛尾巴说：“人间终是离不得的，离去了人间，便会没有生命。与其高谈道德跑到沙漠里来，倒不如走向民间去种一茎一穗。”后者以庄子游梁的历史素材作为中心线索，以高洁的“鹓雏”鄙视鸱鸮口中的死鼠的寓言故事作为象征依托，通过庄子打草鞋、向河堤监督贷粟被拒和游梁说惠施被捕三个生活小故事，让庄周在贪欲野心、政治权势中四处碰壁，饱尝了世态炎凉。庄周由嚼麻屑到饥渴着肉的鲜味，再到碰壁后发出了“人的滋味就是这么样”的浩叹，这一历程一方面表明了“独与天地精神往来”的庄子无法摆脱人际关系来寻求精神的独立和自由，另一方面也表明了庄子本身作为血肉之躯的存在，在主观上仍然是珍惜生命和生活的。这两篇小说通过对历史人物的独特创造所揭示的老庄思想“出世”而又“入世”的精神实质，既显示出郭沫若“五四”时期对老庄思想的独特理解（当时，许多文学革命的参加者都只是批判老庄思想），又充分地揭示出郭沫若在“五四”退潮后革命深入发展的形势下关注社会现实、追求人生真理的积极进取的态度。

郭沫若作品中那些写“自己身边的随笔式的小说”，被郑伯奇称为“身边小说”。这种小说从内容上看又可分为两类。

一类是抒写爱情或情欲，表现了灵和肉的冲突的。这类作品中，短篇小说有《残春》、《叶罗提之墓》、《喀尔美萝姑娘》等，中篇小说有《落叶》。《残春》写留日学生爱牟与看护妇S姑娘产生了恋情，但他已经结了婚，于是，只有在梦中与S姑娘相会，正当他快要接触S姑娘的肉体时，忽有人来报，他的夫人杀死了他的两个孩子，使他的好梦惊破。郭沫若说：“我那篇《残春》的着力点并不是注重在事实的进行，我是注重在心理的描写。我描写

① 郭沫若：《创造十年续篇》，《沫若文集》第7卷，人民文学出版社1958年版，第187页。

的心理是潜在意识的一种流动。"①《叶罗提之墓》写少年和青年时代的叶罗提与他的堂嫂之间的变态的性爱关系。小说从叶罗提对嫂嫂的手的爱慕开始，发展到牵手、吻手；最后吞下嫂嫂手上戴的顶针而死。作品以上述典型细节作为中心线索，着力于人物内象的心态描写，结构也是如电影镜头组接的跳跃式的。作者大胆的爱情描写和性心理揭示，明显地是以封建宗法制度和旧礼教作为抨击对象的。《喀尔美萝姑娘》是写一个留学日本的已婚的大学生对于一个卖糖饼的美貌少女的热恋和追求，结果以失恋和美的幻影的破灭而告终。因此，也是属于对"幻美的追寻"的作品，艺术上既具有浪漫主义的充满激情的抒写，又运用了较多的表现梦境之类的现代派的手法。《落叶》以郭沫若自己和安娜的恋爱作为素材，着力表现了一个争取人格独立、个性解放和婚姻自主的日本少女——菊子的形象，男女主人公爱情破灭的悲剧结局使作品的内容有了更普遍的意义。

另一类"身边小说"是属于袒露心境，带着"自叙传"的性质并强烈地控诉了旧社会的罪恶的。如包括《歧路》、《炼狱》和《十字架》三篇带有连续性的短篇在内的《漂流三部曲》，以及分为上、中、下三篇的《行路难》就是这方面的代表作。这些作品中的主人公爱牟是作者自己的化身。前一部"三部曲"写爱牟从日本回国后，理想的破灭和心灵上所受到的伤害。后一部"三部曲"则是写的爱牟在日本的贫困生活。在这些小说中，作者以自己的生活经历为基础，毫不隐晦事实的真相，借助日常生活的自叙传式的手法和单纯的抒情风格，痛切地诉说出来，从而把自己的心灵披露在作品中。郭沫若说："读了我那〈三部曲〉的人听说有些人为我流了眼泪。"② 这些小说与郁达夫的《茑萝行》、《行路难》等作品一样，发挥了重大的现实作用。

（二）《三个叛逆的女性》与前期剧作

郭沫若前期除了写过如《湘累》、《棠棣之花》、《孤竹君之二子》、《广寒

① 郭沫若：《批评与梦》，《沫若文集》第 10 卷，人民文学出版社 1958 年版，第 113 页。

② 郭沫若：《创造十年》，《沫若文集》第 7 卷，人民文学出版社 1958 年版，第 166 页。

宫》等历史题材的诗剧以外，还写了三个独幕历史剧，即出版于1926年的《王昭君》、《卓文君》、《聂嫈》，合称《三个叛逆的女性》。郭沫若在自己最早的这三个历史剧中就表现出他的浪漫主义史剧创作的原则。这就是，一方面把自己立足于新时代的主观感情灌注在历史人物之中，即他所说的“借古人的骸骨来，另行吹嘘些生命进去”①；另一方面又不违背重大的历史事实，要有对历史事实的正确认识，这也正如他说：“我自己的态度，对于古人的心理是想力求正当的解释；于我所解释得的古人的心理中，我能寻出深厚的同情的内部的一致时，我受着一种不能止遏的动机，便造出一种不能自已的表现。”②《三个叛逆的女性》就是既闪耀着“五四”时期个性解放，反对强权的时代精神的光芒，又对历史作出了作者自己独到解释的剧作。

《卓文君》写于1923年2月，它取材于卓文君守寡后不从父命私奔司马相如的历史故事。这种历史事实本来就是对于“从一而终”的封建礼教的背叛。但是历来的封建卫道者却视之为“有伤风化”的“淫奔”，在一些文人笔下则被当作风流韵事来表现。郭沫若对卓文君私奔行为的态度则是“严正地替她辩护”，从正面来表现“她的行为是道德的”。他的意图“完全是在做翻案文章”③。这样，他便一方面发掘出卓文君“不从父命”的叛逆性格和反抗精神；另一方面则尖锐地嘲讽了卓文君的父亲卓王孙、她的公公程郑这些披着“道德家”外衣的封建卫道士。在文君反对父辈的斗争中，程郑问文君：“你做儿女的责任呢?”文君断然回答说：“便是我自己做人的责任！盲从你们老人！绝不是什么孝道!”又说：“……你们男子们制下的旧礼制，你们老人们维持着的旧礼制，是范围我们觉悟了的青年不得，范围我们觉悟了的女子不得!”这种敢于主宰自己命运的觉醒了的人的声音，强烈地冲击封建礼教罗网的反抗精神，明显地从“五四”新思潮中吸取了力量，从妇女解放的角度表现了强烈的个性解放的思想和人道主义精神。

---

① 郭沫若：《〈孤竹君之二子〉幕前序话》，《郭沫若全集》第1卷，人民文学出版社1982年版，第238页。

② 郭沫若：《〈孤竹君之二子〉幕前序话》，《郭沫若全集》第1卷，人民文学出版社1982年版，第238页。

③ 郭沫若：《写在〈三个叛逆的女性〉后面》，《郭沫若论创作》，上海文艺出版社1983年版，第357页。

如果说《卓文君》是伦理思想范围内反抗封建旧道德、旧礼教，那么，《王昭君》的思想锋芒则指向了封建王权和现实暴政。这个剧本写于1923年7月。历来的戏曲和诗词中，都把昭君出塞写成是由于画师的卑劣和君王的误选而造成的悲剧。郭沫若则把王昭君遭遇的"命运悲剧的解释"改成"性格的悲剧"，从而一反历来文人笔下王昭君充满哀怨情怀的形象，着力突出了她作为封建王权叛逆者的倔强性格。她不仅不为"入选进宫"而感到荣幸，不仅不像其他宫人那样去向画师行贿以争宠于皇帝，而且对于画师毛延寿的威逼和敲诈，也坚决拒绝。特别是当汉元帝知道了事情的真相杀了毛延寿要册封昭君为皇后时，她更对荣华富贵全不放在眼里，并敢于直面天子，愤怒控诉元帝的罪恶，公然对抗皇上意旨，自愿到"高荒极北"去受苦。这种保持人格独立和个性尊严的人道主义精神，不仅是对封建王权的揭露和反抗，也必然对"五四"时期现实政治的黑暗有强大的冲击力。

在三个历史剧中，最鲜明地体现了郭沫若前期思想的发展的是写于1925年"五卅"惨案高潮中的《聂嫈》。郭沫若曾经亲自到过"五卅"惨案的现场，目睹了那血淋淋的残酷场面。帝国主义者的凶残，民族耻辱的深重以及中国人民"空前的民气"，"希望的光辉"①，在这一事件中集中强烈地表现出来。正是这一重大事件促使郭沫若更加关注现实的政治斗争。剧本突破了历史材料中聂嫈、聂政"重然诺，轻生死"，"士为知己者死"的局限，通过重点塑造聂嫈形象表现姊弟俩的勇于献身的英雄主义精神。当聂政刺杀了韩哀侯和韩相侠累而毁面剖腹自杀后，聂嫈立即赶赴韩城不惜牺牲自己，以宣扬弟弟反暴锄奸的业绩，鼓舞人们以英雄主义的精神唤起民族的觉醒。贯穿整个作品的"均贫富，茹强权"的思想表明作者已将个性解放的要求与反对强权政治的斗争结合了起来，这正表现了郭沫若当时思想发展的趋势。

这些历史剧有着强烈的戏剧冲突，注重以情感浪头的推涌来推动剧情的发展。浓烈的诗的意趣在规定的戏剧情境中迸发、流露出来，感人肺腑。与这种浪漫主义的激情倾吐交融在一起的，是作者所受到的德国表现主义的影响：剧本不重视"第四堵墙"的作用，人物间的对话常表现出向观众直接袒

---

① 郭沫若：《为"五卅"惨案怒吼》，《沫若文集》第10卷，人民文学出版社1959年版，第407页。

露情怀和发议论的特点。但又基本上不离开特定的戏剧情境，这就使剧本具有强烈的干预现实生活的作用。三个历史剧在剧本写成后都很快上演，不仅成为“中国妇女大众高歌着的奋斗之曲”①，而且充分发挥了历史剧为现实革命斗争服务的战斗作用。

① 邓颖超：《为郭沫若先生创作二十五周年纪念与五秩之庆致祝》，《新华日报》1941年11月16日。

人·泛神论·浪漫主义艺术

——郭沫若前期诗歌思想与艺术综论

郭沫若曾多次谈到过，他的泛神论思想受到斯宾诺莎的影响，也与我国古代以及印度的哲学思想有着精神上的联系。但是，作为一个浪漫主义诗人，他的泛神论思想之所以不同于过去时代的泛神论及其类似的思想，一个重要特点就是重视人的精神主体性原则，致力于人格本体建构，又通过精神主体“自内而外”的探求，“自我”与“神”“本体”融合为一，从而把自我的内心要求和人的主观能动精神置于泛神论本体观和认识论的最突出的位置上。了解了这一特点，才能充分地揭示泛神论对他的浪漫主义创作的影响，反之，也才能从其浪漫主义形象本体结构中把住泛神论哲理所生发出的象征性意蕴。

一

突出“人”和“自我”的泛神论思想与浪漫主义艺术形象世界的交融、渗透，在郭沫若诗歌创作中首先一个重要表现，就是大大展开了诗的抒写幅度，开拓了题材领域。

“泛神便是无神。一切的自然只是神底表现，我也只是神底表现，我即是神，一切自然都是我的表现。”[①] 这一段话最能代表郭沫若泛神论思想的特征。按照这种泛神论观点，一方面，“人”和“自我”由本体所派生，是客观物质世界的一部分，是感性存在，因而它们受制于自然关系和社会关系；另一方面，又强调“自我”，人的能动性，强调人的精神主体性。他说：“哲学中的Pantheism（泛神论）确是以理智为父以感情为母的宁馨儿。”[②] 这就把泛神论和人的精神主体交融在一起看待。在精神主体的“理智”和“感情”两个方面，感情又是他所要突出的主要方面。这样，郭沫若的“人”“自我”在由本体、自然派生出来以后，又经过主观精神的扩张，达到了主体与客体交融，人与自然合一的境地。按照泛神论的本体观来看，本体、神既内在于一切个别事物，又超越于一切个别事物，因此，无穷尽、多种多样的世界现象，包括自然现象和社会现象都是神的表现，也是自我的表现。这样，当郭沫若把他的浪漫主义主体性原则、主情主义与本体的永恒、无限、绝对，与世界万物有生命、有感情的存在结合在一起的时候，其抒写的题材范围就大大扩展开来，黑格尔说，浪漫型艺术的“绝对的内在主体性在它的实际存在中既然表现为人，而人和整个世界又是联系在一起的，所以无论在精神主体方面还是在精神所紧密联系到的外在事物或材料方面，都是极其丰富多彩的”[③]。在文艺史上，近代积极浪漫主义文学由于注重精神主体的建构，把想象和情感提到首要地位，又“由内而外”，广泛联系着社会生活，因此题材范围较之过去时代的艺术已经扩大了。“五四”时代，郭沫若的个性解放追求既向内，探索自我，又向外，探索个人与社会的联系，“自我”中凝聚了社会关系，反映了时代精神，加以泛神论思想提供了个体心灵和情感驰骋的广阔天地，因而诗的题材也大为扩展，变得丰富多彩。

诗人冯至在谈到《女神》对他的影响时，就特别强调了他对题材的感受。

---

① 郭沫若：《〈少年维特之烦恼〉序引》，《郭沫若研究资料》（上），王训昭、卢正言、邵华等编，中国社会科学出版社1986年版，第148～149页。

② 郭沫若：《郭沫若给白华先生信》，田寿昌、宗白华、郭沫若：《三叶集》，上海亚东图书馆1923年版，第16页。

③ ［德］黑格尔：《美学》第2卷，朱光潜译，商务印书馆1979年版，第278～279页。

他说："《女神》出版了，我的面前展开了一个辽阔而丰富的新的世界，""《女神》给我的影响，首先是使我看到诗的领域是这样宽广。"① 事实正是这样。通观郭沫若前期的诗歌创作，可以看到，诗人火山爆发式的内发情感，随着想象和幻想的翅翼飞腾，诗中"心理时间"的观念打破"物理时间"的限制。自焚后死而复生的凤凰，唱着永恒的恋歌的湘水女神，炼石补天的女娲，以至翩跹起舞的嫦娥，斫树不止的张果老等古代神话传说；屈原、聂政、孤竹君之二子、苏武、大禹等历史人物和故事，既追溯往古，又返回现世、昂首未来。而当诗人向世界上一切崇高事物和人物祝贺"晨安"，向一切中外"匪徒"三呼万岁，情思借炉中之煤萦绕在祖国"年青的女郎"身畔，又神驰于爱尔兰绝食的烈士马克思威尼的时候，他使"现在"成了连绵不断的"过去"的"现在"和"未来"的"现在"。由于"自我"与"本体"，与作为"本体"的表相的自然万物交融在一起。于是，这个"自我"便在时间和空间交相渗透中向永恒、无暇、绝对的本体伸展。这个"自我"气吞日月，志在寰宇，"是全宇宙的能的总量"，它俨然是"可与神祇比伍"的"雄伟的巨制"，"便是天上的太阳也在向我低头"，"我赞美这自我表现的全宇宙的本体"。那些抒写和歌颂大自然的诗篇，泛神论的脉搏跳动得更为强烈、鲜明。郭沫若崇拜宇宙中一切"大"的事物，他歌唱大海，礼赞太阳，尊崇地球，神往星空，又讴歌宇宙间"不断的毁坏，不断的创造，不断的努力"的永恒不朽的过程，讴歌它的常动不息的伟力。然而，郭沫若肯定大自然生生不息的运动和伟力，不是出于人对大自然伟大灵性的宗教式的虔诚崇拜心理（如华兹华斯），也不是脱离或摒弃自然，完全用主观心灵去取代客观自然（如德国浪漫派中某些人），他所表现出来的是人与自然的合一，即人的自然化和自然的人化。这种观点很接近斯宾诺莎的泛神论观点，也与我国古代老庄具有泛神论色彩的天人合一观有相似之处，但它不是只承认必然，否定偶然，只强调要人去顺应、符合自然，忽视人的主观能动性，而是极大地强调了精神主体的主观意志和创造精神。这又不同于斯宾诺莎和法国唯物主义"自然人"的观点，以及道家纯任自然的"无为"之说。这里，应该充分估计到康德唯心主义哲学和19世纪初浪漫主义思潮对郭沫若泛神论突出精神主体性的影响，注意到他对尼

① 冯至：《我读〈女神〉的时候》，《诗刊》1959年第4期，第7页。

采、柏格森等人的现代哲学思潮以及西方现代派文学如表现主义、象征主义等流派有益成分的吸取。郭沫若正是以面向世界的开放眼光，立足于“五四”时代现实，为新世纪黎明期的世界潮流所感召，使他从中西文化思想汇合的高度上对中外传统思想作了新的反思和回顾。着力于“人格的创造”，追求一种理想人格。一个大写的“我”，以汪洋浩瀚、常动不息的大自然作背景，挥洒在“五四”时代广阔的历史画面上。

郭沫若不仅从宏观上表现和歌颂大自然，也从微观上探索自然微妙的奥秘。在《春之胎动》中诗人把对春日即将到来时的独特而细腻的感受渗入大自然景物的抒写中。《夕暮》一诗，诗人昂首望见天上的白云、荒秃的群山，白云成为“团团睡在天上”的“一群白色的绵羊”，“四围苍老的群山”则“好像疲狮一样”，诗人自己因为和拟人化后的景物发生思想情感的交流而与之融成一片了。在《天上的市街》中，诗人这样想象牛郎织女的自由生活：“我想他们此刻，定在天街闲游，不信，请看那朵流星，那怕是他们提着灯笼在走。”牛郎织女神话传说本来就是人与自然融合在幻想中的表现，而这里，关于“流星”的想象更使这种融合变得生动感人了。勃兰兑斯曾把华兹华斯的抒写自然的诗歌称为“真诚的自然主义”作品，他在谈到这些诗歌时说：“就其实质内容而论，这种自然主义和古希腊的自然观十分近似……它是富有生气的，因为它浸透了业已在本世纪一切文学领域内复兴、在对待自然的感情方面已成为主导性因素的泛神论精神。……其表现形式是，人在自我忘却和近乎无意识的状态下，作为宇宙伟大和声中的一个音符和自然融为一体。”① 郭沫若也曾通过翻译瓦特裴德的《文艺复兴·序论》赞赏过华兹华斯诗歌中这种泛神论观点。如果去掉华兹华斯作品中对自然的宗教崇拜的内容，郭沫若上述诗歌如同华兹华斯一样，人的精神主体性作为自然的一部分，其丝丝入扣的密合程度确实如同宇宙伟大和声中的一个音符一样。

由于从人与自然合一的泛神论观点抒写和讴歌自然，郭沫若还表现出对最接近自然的小儿和原始人的生活的尊崇和歌颂。他的许多诗歌都通过这种题材的抒写流露出他的具有赤子之心的纯真感情。这种题材，明显地受到了

---

① ［丹麦］勃兰兑斯：《十九世纪文学主流》第4分册，徐式谷、江枫、张自谋译，人民文学出版社1984年版，第43页。

19 世纪初欧洲浪漫主义“回到自然”的口号的影响。但是，欧洲浪漫主义者“回到自然”的风尚是由于对资本主义社会的城市化和工业文明的厌恶而产生的。郭沫若则不同，他看到了资本主义制度的缺陷，但他把资本主义制度的腐朽同资产阶级的工业文明是加以区别的。因此，在他的诗歌中又出现了一种特殊的题材，这就是对近代工业和科学文明的歌颂，或是在一些诗歌的抒写中，溶入了近代科学的成分。突出人和自我的泛神论思想中溶入近代科学的成分，使他的诗歌更具有了动的精神和蓬勃的生命力。应该注意的是，郭沫若还曾谈到 20 世纪初由于相对论、量子论的出现所引起的以物理学革命为中心的科学新成就，这种自然科学的革命赋予了郭沫若的自然观以新的因素，使他泛神论观点更具 20 世纪新的时代特征和现代意识，也使他的诗歌艺术形象中出现了新的因素，新的浪漫主义艺术概括，这一点留待下面再作详细论述。

二

突出“人”和“自我”的泛神论思想还有助于郭沫若进行诗创作的综合和概括，使他能创造出富有特色的浪漫主义艺术形象或典型来。

我们知道，现实主义和浪漫主义都要求典型性和典型化，但浪漫主义是按照愿望、理想以至幻想的形式来表现典型环境中的典型人物，它不注意外部行动、情节和环境的真实，而是注重人物心灵和内心体验的真实。关于浪漫主义典型化，雪莱曾经作过这样的阐述，他说：“雅典诗人所写的悲剧有如一面明镜，观者在这镜中照见自己，仿佛置身于隐约假托的环境中，摆脱了一切，只剩下那理想的美满境界和理想的精神，人人都会感到，在自己所爱慕所愿意变成的一切事物中，这样的境界和精神就是其内在典型了。”① 在“隐约假托”的环境中，撇开生活的具体过程和细节，从生活的整体上表现“美满的境界和理想的精神”，以创造注重心灵真实的“内在典型”，十分恰切地说明了浪漫主义典型化的特征。郭沫若的突出自我的泛神论思想则更加强

① ［英］雪莱：《为诗辩护》，《十九世纪英国诗人论诗》，刘若瑞编，缪灵珠译，人民文学出版社 1984 年版，第 133 页。

了这种特征，使作品的浪漫主义艺术概括更富于哲理意蕴。如前所述，郭沫若的泛神论思想，由神、本体派生的自我，经过能动地无限扩张，向本体复归，达到与本体并合为一，我即是神，于是一切自然都是自我的表现。与本体合一的自我既在空间和时间上与本体一样向宏伟、永恒、无限伸展，又内在于一切个别事物，使个别事物融合着自我与本体。这样，人的主体性便在外在世界和内在心灵两方面突出了精神主体性因素，从而使浪漫主义艺术形象在个别与一般，具体与概括，有限与无限，形和神，象征物和象征义等一系列辩证关系上具有了新的特色。

事实正是这样。郭沫若诗歌中这种自我、本体既内在于一切别事物，又超越于一切个别事物的特点，一方面，有助于作者的主观精神突入时代现实的核心，从而更有力地概括时代的特征，更鲜明地反映时代精神；另一方面，又使浪漫主义创作突破了自身经验的实感，甚至突破了时代、人生的局限，而进入一种开阔高远、意蕴无穷的本体界。例如，在《我是一个偶像崇拜者》一诗中，诗人所崇拜的“偶像”，既不是超乎自然的绝对创造主，也不是纯客体的自然物，而是融合了自我和主观精神的宇宙万汇。对立的自然现象和精神现象经过诗人自我观照，互相超越，彼此转化，所以诗的最后归结为“我崇拜偶像破坏者，崇拜我！我又是个偶像破坏者哟”！这种破坏和创造的精神体现了“五四”时代狂飙突进的特征，同时又揭示了宇宙万事万物对立统一辩证发展的内在规律，这里正说明了交融着自我和人的主观精神的泛神论思想的巨大力量。又如，《立在地球边上放号》一诗，那抒情主人公的形象，竟是一个立在地球边上，面对着北冰洋怒涌的白云和太平洋万顷波涛的巨人，他的目光遍及寰宇，激情奔腾澎湃。这首诗很有点像陈子昂的《登幽州台歌》。两首诗都境界高远，极目古今，苍茫辽阔，雄浑自然，都有“前不见古人，后不见来者”的非凡气度。但陈子昂把自我、人生从千古时空的历史长河中抽出、孤立起来，使短暂的自我、人生与永恒、无涯的时空对立，于是时间的对比和空间的对比便强烈地表现出宇宙永恒、人生有限的伤感情绪，发出了“念天地之悠悠，独怆然而涕下”的慨叹。而郭沫若则将自我、人生融入怒涌的白云、无限的太平洋、滚滚的洪涛等壮阔的空间意象，和不断毁坏、不断创造、不断努力的永恒流逝的时间意象之中，于是一幅绚烂壮阔的宇宙时空的图景便与反抗破坏、自由创造的“五四”时代精神，与诗人激励奋发，积极乐观的精神交融在一起了。

过去一些评论者往往只看到郭沫若前期诗歌所反映的具体的时代生活内容，认为这些诗歌只是通过浪漫主义的激情倾吐，直接地赤裸裸地抒发“五四”时代精神，却相对地忽略了作品哲理概括的意蕴，忽略了诗歌较之于一般的形象与情感更高一级的美学范畴——意境的探讨，这种看法是片面的。当然，不容否认，郭沫若从登上“五四”新诗坛的时候起，就是最富于当代性、最鲜明地反映了时代精神的诗人。他继承了欧洲19世纪初积极浪漫主义关注社会政治的优秀传统，又与我国古代以屈原为代表的楚骚浪漫主义积极入世的理性精神一脉相承，他的浪漫主义作品始终保持着对社会政治生活的尖锐而紧张的关注。他的浪漫主义在实现对“个性”的开拓时，离不开现实的社会政治的范围。但是，也应该看到，郭沫若是我国近现代对哲学、抽象思辨有兴趣，作过探讨的为数很少的思想家、文学家中的一个。他由庄子、王阳明被导引到老子、孔门哲学，印度哲学，以及近世初期欧洲大陆唯心派诸哲学家，从而“发现了一个八面玲珑的形而上的庄严世界”①。同时，他对抽象思辨的探讨也未离开个性解放的追求。五四运动的爆发，新世纪黎明期曙光的照耀，使他的个性解放要求和哲理思辨的探讨熔铸着新的时代精神。形而上的哲理思辨的探讨没有导致他对自我的分解和挖空，而是促使他在更高的层次上追求精神价值，肯定“自我”，注重人格本体建构，并“由内而外”，批判旧势力、旧传统，迎接新的世界。他的突出了“人”和“自我”的泛神论哲理就是这样在中西哲学、文化思想的汇合中逐渐形成的。还要看到的是，自然科学新成就所提出的哲学问题，也促使他的泛神论和与之相融合的个性主义思想具有新的特色。正如前面所提到的，郭沫若曾经谈到20世纪初相对论、量子论所引起的以物理学革命为中心的科学新成就，肯定其中的“科学精神和进取主义”②。他认为现代物理学所揭示的宇观、微观世界是一个高能运动的，时空互相渗透、各部分相互联系的复杂网络。自然科学这种新成就、新特点促使人们的世界观（运动观、物质观、时空观）和思维方式

① 郭沫若：《伟大的精神生活者王阳明》，《〈文艺论集〉汇校本》，黄淳浩校，湖南人民出版社1984年版，第56页。

② 郭沫若：《论中德文化书——致宗白华兄》，《〈文艺论集〉汇校本》，黄淳浩校，湖南人民出版社1984年版，第18页。

发生变化，它的发展还具有人文倾向。因此，自然科学的变革刷新了郭沫若的自然观，使他的泛神论思想中原有的辩证法因素更为增强，泛神论的现代意识更加明显，人的精神主体性因素更加突出。我们看到，在郭沫若的诗歌中，由于这种影响，诗的意象的内蕴，表现出强烈的历史感和宇宙感，有着强烈的自主意识、创造意识和怀疑意识。在否定旧事物、旧世界时，对整个旧的社会秩序，思想规范和一切偶像都加以否定，甚至对整个人生、整个宇宙都发生怀疑；在追求自由新生，憧憬理想世界时，又向本体扩张，与一切美好事物交融，于是，自我化为本体的结果，便抛弃了自我，进入极度欢乐、无拘无束、徜徉自得的境界。

试再看，《天狗》一诗，诗人笔下“自我”化身的“天狗”，突入宇宙，“把月来吞了”，“把日来吞了”，“把一切星球来吞了”，“把全宇宙来吞了”，于是，“自我”溶于万物，与宇宙本体合一，人的精神获得了等同于本体的力量，这“我”化为了“月底光”“日底光”“一切星球底光”“X光线底光”，这“光”又转化为“能”，“我”便具有了“全宇宙能的总量”。这天狗不仅在宇宙中像天体、万物一样运动不息，奔驰不已，而且也在自身的物质的精神的微观世界里奔跑起来，它自噬其身，毁掉旧的形骸，“天狗”——“自我”便进一步发现了自己，“我便是我呀！我的我要爆了”。黑格尔认为：“这种精神返回它本身的情况（即所谓‘内在主体性原则’——朱光潜注）就形成了浪漫型艺术的基本原则。”[①] 又说：“主体性就是精神的光，照耀着精神自己，照耀着前此是昏暗的地方（前此精神还没有达到自觉——朱光潜注）；自然的光（即眼睛的光，目不能自见——朱光潜注）只能照耀到一个对象，而精神的光却以它本身为对象或照耀的领域，使它认识到它本身。”[②] 郭沫若的“自我”就是这种能照见自己又不断地发现自己的“精神的光”，所谓“我便是我”，就是这种“精神与本身的统一”，“而且认识到自己”。精神返回自身的结果，既有了更鲜明的自我意识，又能更独特地概括时代，具有开阔丰厚的内容意蕴。

郭沫若笔下的浪漫主义形象大多是如同上述立在地球边上放号的巨人和

① ［德］黑格尔：《美学》第2卷，朱光潜译，商务印书馆1979年版，第275页。

② ［德］黑格尔：《美学》第2卷，朱光潜译，商务印书馆1979年版，第278页。

驰骋于宇宙中心的天狗这一类既受泛神论影响又注重精神返回自身的“内在典型”。那许多忽古忽今在虚幻的境界中活动的“内在典型”的精神世界都是具有20世纪现代意识的“人”。“五四”时代的民主和科学的精神灌注生气于这些形象，通过这些形象表现了反抗破坏、自由创造的精神，20世纪“动”的精神，喊出了当时青年内心的“甜”和“辣”，“苦”和“哀”。如《凤凰涅槃》中凤凰的形象，它们面向时代和人生，在“茫茫宇宙”的辽阔背景上翱翔起舞。愤怒控诉旧世界的丑恶和不义，沉痛倾诉自身的屈辱和哀痛，还提出了一系列“宇宙为什么存在”的疑问。关于这最后一个内容，过去的评论不是忽略它，就是容易简单地把它看成屈原“天问”式的诗句。然而实际上它不仅是诗人对现实失望和愤慨情绪的曲折反映，而且体现了新的科学思想对诗人的推动和影响。在《波斯诗人莪默伽亚谟》一文中，郭沫若正是在运用相对论、量子论科学地探讨了宇观、微观世界之后，提出与“凤歌”类似的问题：“……但是为什么会有这宇宙存在？宇宙的第一原因，假使是有时，究竟是什么？”“……然而量子电子究竟为什么存在？他们的第一原因，假使是有时，究竟是什么？”这些问题在中国“五四”时期的历史条件下，正是人的意识觉醒的表现。现代科学的动的精神，强调偶然性和人的能动作用等因素都促使郭沫若的泛神论、个性主义思想更富于现代意识，也使他的浪漫主义艺术概括具有了新的内涵。在长诗《星空》中，诗人也把现代、古代的天文学的知识与“自我”，与泛神论思想融为一体，从而展现了一幅神妙的星空的美景，诗人陶醉于辽阔星空的“合抱”中，竟然与“古代的天才”“中州的天才”一同“滔滔流泪”，哀哭我国古代已有科学精神的丧失（这一点，可参考《中国文化之传统精神》一文），并祷告“青春时代再来”，“自由时代再来”！这个“自我”神驰于宇宙天体之间，他任意调遣着星球，“要饮尽那天河中流荡着的酒浆，拼一长醉不醒！”在这个抒情主人公的形象中，当然包容着诗人于“五四”退潮期倾饮了人生的“苦味之杯”的时代情绪，但也应看到泛神论与现代自然科学交融后的影响，即可以看到诗人真率不羁、自由洒脱的胸襟。“要有出世的襟怀，方有入世的本领。”[①] 这里，借助“自我”的

---

① 郭沫若：《郭沫若给白华信》，田寿昌、宗白华、郭沫若：《三叶集》，上海亚东图书馆1923年版，第145页。

融合，自然科学知识与老庄思想的影响奇妙地汇合在一起了。

总之，“五四”时代历史转折时期整个动荡的革命生活，都使诗人或者激动兴奋，或者怀疑探索。他把人们在动荡时代的复杂的精神世界的内在完整性充分地表现出来，而泛神论的影响又使这种表现上升到本体界富于哲理意蕴的境界，大大增强了诗的综合概括的能力，于是出现了巨人般非凡的人物，复活更新后的神话故事和历史人物、时间与空间的化身，显示人类创造力的象征，忽而大胆地对现存事物提出挑战，忽而被怀疑折磨着，试图探索现代生活奥秘的惊人形象，等等。这些形象大多是象征性的，写意式的，然而却是有着丰富的历史内涵和哲理意蕴的浪漫主义形象。

三

强调精神主体性的泛神论思想对郭沫若浪漫主义诗歌的影响，还表现在他诗歌独特的美的形态——崇高或壮美的特征和独特的艺术风格——雄浑奔放、开阔洒脱的特征上。

郭沫若前期诗歌的美的形态，在一些情况下表现为优美，但主要表现是崇美；风格上有清丽、缠绵的一面，但主导风格是粗犷奔放、开阔洒脱。他说：“海涅底诗丽而不雄。惠特曼诗雄而不丽。两者我都喜欢。两者都还不足令我满足。”他所追求的是一种“雄丽的巨制”①。这种说法正是在突出美的形态和艺术风格的主导面的同时又兼顾到它们多样统一的特征。值得注意的是，关于美的形态和风格特征的问题，在追溯其艺术渊源关系时，应从东西文化思想的汇合上来加以考察。自然，西方文化思想的“动”的“创造”的精神，西方文艺的崇高美对郭沫若的影响是重要的，但东方文艺包括中国、印度文艺的壮美和开阔、洒脱的风格对他的影响也不能忽视。例如庄子所赞颂的“大美”，屈原所追求的鲜明强烈、色彩缤纷的美就都对郭沫若产生过影响。自庄子、屈原以后，我国一系列追求气势和力量之美的浪漫主义文艺都体现了这种“大美”即壮美的特征。这种“壮美”不同于西方美学所谓的

① 郭沫若：《郭沫若给白华信》，田寿昌、宗白华、郭沫若：《三叶集》，上海亚东图书馆 1923 年版，第 143～144 页。

“崇高”，后者是主体受到无限力量的压迫，但又在这压迫之中意识到了自身力量的结果。它产生出的审美愉快常常伴随有恐怖和痛感。庄子所赞颂的“大美”或“壮美”，是主体等同于无限的结果，它所产生的审美的愉快伴随着惊叹，但却没有恐怖和痛感，也丝毫不带有“崇高”中常有的那种宗教神秘意味。这是一种令人欢欣鼓舞、奋发昂扬的美。是一种明朗地肯定着人的自由和伟大的美[①]。应该说，郭沫若是综合了西方美学思想的崇高和东方美学思想的壮美而形成了自己独特的浪漫主义美的形态和美学风格的。他的诗歌的崇高的特征中，看不到西方美学所谓“崇高”中常有的受到“无限”的压迫而带来的恐怖和痛感，而是主体与无限融合为一，主体等同于无限，因此是一种正面的崇高，一种自由洒脱、奔放不羁的美，一种“大美”“壮美”。但这种崇高或大美又与中国古代强调人顺应、符合自然的天人合一的美学思想不完全相同，而是充分吸收了西方崇高美中特别强调人的主观精神的特征，因此，在正面的崇高中，又特别在无限的压迫面前激起主体情感和理性的高扬，强调心灵的众多理念和情感的灌注。

黑格尔在谈到崇高时说：“我们可以把泛神主义的艺术看作对崇高的第一种肯定的掌握方式。”[②]“由于诗人要在一切事物中见出神性，而且也确实见到了，他也忘却了他的自我，同时也体会到神性内在于他自己的被解放和扩张的内心世界；这就在他心里产生了东方人所特有的那种心情开朗，那种自由幸福，那种游魂大悦；他从自己的特殊存在中解放出来，把自己沉没到永恒绝对里。”[③] 他又说，东方泛神主义“更强调的是在一切现象里观照太一实体和抛舍主体自我。主体通过抛舍自我，意识就伸展得最广阔，通过摆脱尘世有限事物，就获得完全的自由，结果就达到自己消融在一切高尚优美事物中的福慧境界”[④]，这样，就不仅把泛神主义与崇高联系起来了，而且通过泛神论和自我的扩张、抛舍的论述，沟通了西方的崇高和东方的壮美的关系。那么，在郭沫若的诗歌中，他的泛神论思想同他的崇高或壮美，同他的独特

① 参见李泽厚、刘纲纪：《中国美学史》第1卷，中国社会科出版社1984年版。

② ［德］黑格尔：《美学》第2卷，朱光潜译，商务印书馆1979年版，第80页。

③ ［德］黑格尔：《美学》第2卷，朱光潜译，商务印书馆1979年版，第85～86页。

④ ［德］黑格尔：《美学》第2卷，朱光潜译，商务印书馆1979年版，第90页。

的艺术风格的交融是怎样体现出来的呢?

首先,从那些抒写和讴歌自然的诗篇来看他的泛神论思想与诗歌的崇高特征的关系。在这一类诗篇中,表面上看,似乎是自然界的崇高和泛神论的关系,实际上仍然是交融着诗人主观情感的社会生活所表现出来的崇高,以及这种崇高与泛神论的关系。由于郭沫若把自我与神、自然融为一体,因此,他笔下的自然形象不仅有着异乎寻常的规模、面积、体积、威力,而且更重要的是,经过诗人想象的飞腾和感情的灌注,经过诗人以自己全部生命和人格进行艺术创造,自然形象便浸染着、渗透着诗人的主观感受,自然现象与诗人主体血肉交融,被赋予了生命和感情。于是,诗中雄奇、瑰丽的形象和澎湃的激情,便使人惊赞、仰慕,唤起人们对自身力量的自觉意识和对生活的巨大热情,激起人们以全部生命的力去努力创造,去追求光明,从而产生出一种积极进取的崇高和壮美的感受。例如在《太阳礼赞》一诗中,诗人写道:“青沉沉的大海,波涛汹涌着,潮向东方。光芒万丈地,将要出现了哟——新生的太阳!天海中的云岛都已笑得像火一样地鲜明!我恨不得,把我眼前的障碍一概划平!……太阳哟!你请把我全部的生命照成道鲜红的血流!太阳哟!你请把我全部的诗歌照成些金色的浮沤!”这里,不仅是潮向东方的汹涌波涛和光芒万丈喷薄欲出的太阳这两个组接在一起的巨大画面所显示的气象万千的境界,而且在自然画面中灌注着涌溢的心灵内在的热情。你看:天上的云彩“已笑得像火一样地鲜明”,借助于“通感”现象,将人的听觉和视觉沟通,以诉之于听觉的“笑”声,和诉之于视觉的云彩的状貌,彼此相生,饱孕着阳光的朝霞就声态并作、真正人格化了。下面的诗句,诗人要求太阳把自己“照得个通明”,把自己“全部的生命照成道鲜红的血流”,把自己“全部的诗歌照成些金色的浮沤”。从泛神论的观点看,就是本体、自然进入自我,而自我也沉入到本体、自然中去;从崇高的特征来看,在象征着光明和新生的太阳这一伟大自然物面前,诗人震撼激荡,产生一种奋发向上的感情。他感到自己的灵魂尚有渺小、卑琐、平庸之处,因而自觉地、强烈地要求净化自己的灵魂,以学习、赶上和超越对象。这“通明”,这“鲜红的血流”,这“金色的浮沤”,就是辉煌的太阳的光焰本身,也是人格化了的太阳,诗人从太阳的“无限”里深味到本身的“无限”了。就这样,泛神论思想与崇高、壮美的,审美感受通过诗的想象和激情被联结在一起了。

其次，再从那些高度概括了时代总特点、创造了鲜明的浪漫主义形象的诗篇来看泛神论思想与崇高的关系。如火中自焚的凤凰，炼石补天的女神，美妙、生动、有着神奇威力的地球，这些形象完全可以与歌德、雪莱、惠特曼等欧美诗人笔下受泛神论影响的浪漫主义形象媲美。这里，要特别指出的，是郭沫若诗歌中浪漫主义形象所受到的东方型泛神主义艺术的影响。在他所创造的浪漫主义形象中，关于自我与宇宙的创造力合一，从现实人生中去创造另一种人生，某种与现实融合又凌驾于现实人生之上的永恒的、超人的事物，甚至藐视一切人生变幻的内容，加以个性气质和风格特征上的自由洒脱、真率不羁等，都表现出这种影响。黑格尔说，在东方泛神主义艺术中，“神内在于万物这个信仰就把尘世的自然和人类存在本身提高到本身独立的伟大庄严的地位。……在诗人主体方面……既然充满了这种被灌注生气的伟大庄严，心情就泰然自得，自由自在，宽弘开朗……和一切值得赞赏和喜爱的对象，一齐享受最幸福、最欢乐的徜徉自得的内心生活”①。黑格尔所说的这种东方泛神主义艺术的特点与我国道家的哲学、美学观点颇为接近。庄子主张“天地与我并生，万物与我为一”，主张“道”的无限和自由，人的无限和自由；他的美学主张天地之大美、无限美、法贵天真等就与黑格尔所指出的观点有类似之处。当然，郭沫若的哲学、美学观点仍与老庄有很大的不同。庄子认为“天地”“万物”与“我”本是一个混沌、齐备的整体，一切的差别都可消泯，“人”要像“道”一样完全纯任自然。郭沫若则在区分主体与客体使之处于对立地位的前提下，通过强调主体的情感和理智的作用，以达到主客体的统一，这就不同于庄子而充分突出了人的作用。因此，他决不会把自然法则、人类命运看成是被因果链条支配而不可改变的。但是，上述东方型泛神论哲理的色彩，东方型的崇高和壮美的特色却仍然在郭沫若诗歌的浪漫主义形象中留下了明显的印记。在郭沫若笔下，为什么凤凰集香木自焚，对死亡抱着泰然自若、甚至欢迎的态度？这里，作为“五四”时代人们摧毁旧世界，换取新世界，毁掉旧我，以求新我的变革精神的体现当然要看到，但难道没有东方泛神主义那种把自己沉没在永恒里以求得自我解放的心理？难道没有庄

---

① ［德］黑格尔：《美学》第2卷，朱光潜译，商务印书馆1979年版，第86～87页。

子对死亡采取的审美性的超越（即一种自自然然的一死生、泯物我、超利害、同是非的对人生的审美态度）以获得自由和欢乐的态度？为什么从死灰中更生的凤凰与本体合一后并非厌弃人生，出世超脱，而是既出世又入世，享受着自我重生的大和谐、大欢乐，表现为一种乐观进取的人生态度和理想？这同东方泛神主义艺术那种抛舍自我以求得身心解放的哲理难道没有精神上的联系？与庄子的虽然出世超脱，却仍然珍爱生命以求人生的无限和自由难道没有精神上的联系？可见从中西文化思想、文艺思想的汇合上来看郭沫若的泛神论与崇高美的关系，看泛神论与他的独特艺术风格的关系，可以使我们更清楚地看到他的浪漫主义艺术形象世界是何等丰富多彩：他不但开创性地综合了东西方的神话传说世界，而且把历史和现实，自然和社会，幻想世界和理想世界，人和生灵万物等联系在一起，通过无羁而又多义的浪漫意象，纷呈出“丰富华严”“无穷无尽”的“灿烂形象”。这正是泛神论的诗意的体现，也正是崇高、壮美及与之相适应的独特艺术风格的诗意的体现。

当然，也应该看到，郭沫若前期的诗歌，并非总是将泛神论思想与崇高的美学特征融合得很好的。如果说诗集《女神》中二者的融合还是主导特征的话，那么到了诗集《星空》，则由于诗的美学特征较多地转向了“优美”“感伤”，因此泛神论思想较少与崇高相联系，而是较多地表现出“优美”和“感伤”的特征了。而到了诗集《前茅》的写作时期，诗人批判了泛神论思想，也不太注重艺术家的创作个性，因此虽然并不缺少革命的呼喊和阶级斗争意识，然而却缺乏真挚的热情迸发和哲理思辨的色彩，也不易看到泛神论影响所带来的浪漫主义艺术特色了。

四

郭沫若因为强调“我即是神”，强调用自我的心情对宇宙万汇进行综合、创造以生出“有情的宇宙”，因此这种突出自我情感的泛神论思想，便促使他的诗歌通过想象或幻想的变形变意的规律，造成一系列美丽奇幻的意境，形成了他的诗歌所独有的特殊形态的意象群。

首先，泛神论的影响促使诗歌的意象大幅度、多义性的变形。“五四”开创期的许多新诗，虽然从内容、意境和形式上都带来一些新的东西，然而却使人感到平、实、浅，缺乏足够的思想、艺术魅力。造成这种情形的原因，对时代精神把握的程度，创作概括力的大小当然是重要的，但缺乏抒写个体内在心灵的活跃、大胆、自由的想象、缺乏绚丽多彩的诉之于情感和观照的审美意象也是一个重要原因。不能说当时许多新诗只是单纯情感的发泄或者仅仅是现实图景的白描。它们的作者也常运用中国诗论中常说的“比兴”手法，把情感对象化、客观化，通过外物和景象而抒发、寄托、表现情感和观念，但却常常缺乏炽烈的情感、无羁的想象，缺乏因自我的独特情感与生活真实双重特征的化合而产生的崭新形象，看不到变形的想象性意象，因此很难拓开新诗广阔的艺术天地。然而，郭沫若的诗歌在这方面则做出了开拓性的突出贡献。他的渗透着精神主体性的泛神论思想则有助于他获得这种成就。一方面，这种泛神论强调诗人“对于宇宙万汇……用心情去综合，去创造”，另一方面，却并不摒弃自然，否定客体，而是由自我又与神、自然万物水乳交融，达到物我同一的程度。这样，被神内在于其间的“我”的心灵的热情、内在的情绪无限扩张，经过想象的综合、再造，诗人笔下的自然物便呈现出不同幅度、不同形态的变形，形成富有特色的意象群。

郭诗中有一类意象群变形幅度不大，基本上运用传统的“比兴”手法，但已脱出了单纯用譬喻来说明某一概念的形态，而是出现了一系列诉之于情感和观照的审美意象。如在《炉中煤》中，诗人既将祖国拟人化，比喻为“年青的女郎”，又将自己拟物化，比喻为“炉中煤”，再将“炉中煤”拟人化，比喻为“黑奴”，复杂而巧妙的借喻、隐喻结构，将多种有物质实感的形象迭加和组合起来，形成了富于立体感的总体形象。又如《瓶》第六首：“星向天边坠了，石向海底沉了，信向芳心陨了。春雨洒上流沙，轻烟散入云霞，沙弥赞美菩萨。是蔷薇尚未抽芽？是青梅已被叶遮？是幽兰自赏芳华？”对姑娘回信的怠慢，由失望到揣测，又由盼信到怕信，复杂多变、曲折入微的感情，既通过略去了本体和比喻词的借喻，增加了设譬的含蓄和韵味，又通过博喻方式展示多种形象的特征，进行多种形象的类比，因而又显得设色繁丽，富于表现力。

另一类意象群变形幅度大，在西方浪漫主义、表现主义等创作方法的基础上大大改造和发展了我国传统的“比兴”手法，完全脱出了单纯比喻的质朴状态，个体内心情感的波涛展现出深层的奇丽幻美的形象，有强烈的艺术感染力。这类意象群受泛神论影响甚为明显，也最能代表郭沫若诗歌独特的艺术风格。如诗人把自我想象为“天狗”，天狗又吞噬宇宙各天体，以至于自身化为全宇宙的能的总量，它不仅驰骋于宇宙的宏观世界，而且奔跑于自我的微观世界。诗人把自我想象为“凤凰”，这凤凰又一雌一雄把“自我”分化为二，凤之歌表现了阳刚的一面，有着男性的凌厉、粗犷、豪放；凰之歌表现了阴柔的一面，凝聚着女性的委婉、缠绵、忧伤。凤倾向于对外在世界的探寻、诅咒、追求；凰倾向于自我内心的袒露、诉说、倾吐。凤凰集香木举火自焚后又打破了原故事死亡、再生、死亡的轮回观念，死后的凤凰鲜美异常不再死，在大和谐、大欢乐中获得了永生。作为“夫子自道”的屈原既融合了儒家积极入世的理性精神，又有着道家无为不羁的情怀，还倾泻着“五四”时代人们追求个性解放、呼唤自由创造的激情。这一类意象群，主观色彩强烈，联想奇特，境界开阔。“宇宙主体”确实被“从新看作个有生命有活动性的有机体”①，时间变成了心理时间，空间变成了心理空间，通常物理学的时空关系中那种不可逾越的界限被打破，心理时空成为人的精神主体任意驰骋的广阔天地。因此，从艺术表现上看，主客体的关系不是一般的移情于物，因为在这里不只是让物的某种特点染上感情色彩，以表现人的一时一地的感情，而是客体成了主体，成为特定的人格化身。在《太阳礼赞》中，当诗人写到太阳初升的情景时呼喊道：

> 出现了哟，出现了哟！耿晶晶地白灼的圆光！从我两眸中有无限道的金丝向着太阳飞放。

阳光和诗人的眼光物我交感的结果产生了奇特的形象。用“耿晶晶地白灼的”来形容“阳光”，用“无限道的金丝”来形容“眼光”，于是“阳光”和“眼光”有了形体，本来诉诸视觉的东西变得诉之触觉了，有着似乎可以捉摸得到的物质实感。从物这方面说，太阳的光之所以具有“耿晶晶地白灼”的物质实感，是因为诗人主观感情的灌注、眼光注视的结果；而从诗人主观方面看，他的眼光之所以含有“无限道的金丝飞放”，又是阳光照射诗人、自然融入自我主体的结果。这种物我感通、物我同一造成的特殊艺术效果，正清楚

---

① 郭沫若：《郭沫若致白华先生信》，田寿昌、宗白华、郭沫若：《三叶集》，上海亚东图书馆1923年版，第16页。

地说明了泛神论思想对郭沫若诗歌艺术表现力的重大影响。

其次，泛神论的影响还促使意象在变形的同时变意，从而赋予意象以不能穷尽的象征性意蕴，进入不可言说的本体界。我们知道，郭沫若曾经从接受“新思潮”的角度受到过西方现代派文学的影响。他的创作方法除了中国传统的古典浪漫主义和西方近代浪漫主义以外，还从西方象征主义、表现主义和意识流文学中吸取了创作概括和艺术表现上的有益成分。他曾从弗洛伊德精神分析说谈到梦境的表现方法，并称他那写了梦境的《残春》为表现“潜在意识的一种流动”的小说，由此文谈到梦境的象征意义，并得出结论说：“真正的文艺是极丰富的生活由纯粹的精神作用所升华过的一个象征世界。”① 他对于盛行于20世纪初以德国为中心的表现主义思潮和创作方法更是极为推崇。专门写了《自然与艺术》、《印象与表现》两篇论述表现主义的论文。表现主义因为强调要在无限扩张的激情的前提下，通过事物的深层幻象以揭露事物的实质，所以也常用象征性的形式和方法。郭沫若因为在浪漫主义的激情倾吐和形象概括中常融合着表现主义、象征主义的表现形式和方法，所以更和泛神论思想发生了一种特殊的联系。从泛神论的观点来看，融合了“自我”的神、本体既内在于万物，又超越于万物，这样，当诗人对宇宙万象用主观心情去进行综合、创造的时候，便往往以外在某种具体事物为象征物，用双关、暗示等手法创造出能唤起读者的想象的暗示性形象和意境，使其情思的延伸和意象的推移指向太一、本体，从而揭示出无尽的内容意蕴，并将作者内心的感受深刻地暗示出来。郭沫若在选取外在的象征物时，不像现实主义作家运用象征的方法那样，按照现实生活本来的样子来刻画象征物以揭示象征义，而是在选取象征物后使其大幅度变形，并把变形和变意结合起来，使象征物起到言在此而意在彼的作用。

例如在《地球，我的母亲!》中，地球这大自然的形象，不仅经过诗人想象的变形，成了一位有着丰富情感和博大胸怀的母亲；而且由变形而变意，具体的母亲的形象生发出一种指向无限的暗示性观念，她成了“五四”时代爱和美的理想的象征，成了无限创造力和不断变革、蓬勃进取的时代精神的

---

① 郭沫若：《批评与梦》，《郭沫若研究资料》（上），王训昭、卢正言、邵华等编，中国社会科学出版社1986年版，第170页。

象征。特别值得注意的是《湘累》，评论者往往忽略了这个诗剧由于想象变形变意而造成的暗示、象征性意境。诗中的娥皇、女英，不仅经过诗人想象的综合、再造，成为了两位唱着痴情恋歌的富于现代情调的女性，而且她们歌唱的内容既是对爱情的歌唱，又是通过对恋人的痴情的怀念和盼望，向一切思乡怀土、眷念祖国的人们奏出的一曲“招魂曲”。这湘灵所歌唱、怀念的对象，没有具体的外在形象，它只有一个名称（“爱人”），一个代名词（“他”），甚至只是一种精神，一种情绪。但是由于这水上歌声写得哀婉动人，与千古时空的慨叹融合在一起，造成绵绵不尽的情思；加以被放逐中的屈原又听清和感受到了其中盼归的内蕴，于是在特定剧情的条件下，湘灵和屈原的关系便造成了一种似隐似现、含蓄不尽的境界和氛围。这种贯穿全剧的总体构思和情境便具有了审美上的随意性，显示出多层意蕴和复杂感情，构成了一种特殊的、诗的神韵美，从而容易引起人们的联想、探索和寻味。人们会想到，这种境界是郭沫若这位海外赤子眷念祖国的炽烈情怀的暗示和反映，还会想到，似乎湘灵所召唤的，“不是屈原，也不是任何人。在苦难重重的日子里，这是一首伟大的民族的招魂曲”①。

由上所述，可见郭沫若诗歌中的象征性意蕴，是他基于个体内在心灵的揭示，通过意象的变形变意而生发出的一种对时代对人生的高度哲理概括，这种哲理就是本体、神既内在于一切个别事物又超越于一切个别事物的泛神论观点。由于自我精神主体进入本体界，从自然和社会的总体上体会到那涵盖一切的宇宙间事物的发展规律，如生命辩证发展过程——出生、成长、死亡以及从死亡中再生的精神上的不死鸟式的过程，如不断改造、不断毁坏、不断努力的宇宙间新陈代谢、除旧布新、破旧立新的辩证发展规律等。在这种情况下，诗人对时代对人生的感受便上升到哲理的高度，而使诗歌具有了一种可以无限领略的内在生命。

上面在“人、泛神论、浪漫主义”这个总题下从四个方面揭示了郭沫若的泛神论思想与他的浪漫主义诗歌艺术形象之间的内在联系。最后应该强调的是，由于郭沫若特别重视人的精神主体性在创作中的作用，重视人的感情

① 唐弢：《诗人，卓越的无产阶级文化战士》，《郭沫若研究资料》（中），王训昭、卢正言、邵华等编，中国社会科学出版社 1986 年版，第 156 页。

的真诚、袒露和主观意志的发挥，又不忽略艺术的独特审美规律，所以他前期的诗歌从总体看，既具有强烈的当代性，反映了鲜明的时代精神；又不拘限于狭隘实用的功利框架。既具有泛神论式的思辨的特色，使诗歌具有象征性意蕴；又不流于所谓“席勒式”的纯哲理思辨，它总是伴随着浪漫不羁的意象群，构成象征，具有非概念所能穷尽的审美特征，因而能激发读者自己的哲理思辨潜能，引起读者联想的大舒张、大飞跃。我们在强调文学的当代性，强调文学反映壮阔的时代和时代精神时，怎样注意文学的意向性和思辨性的特征，注意文学独特的审美观照的特征，这正是从郭沫若前期诗歌的深入探讨中所应获得的效益。

(1985 年 6 月初稿，1986 年 1 月修改，载文化艺术出版社《郭沫若研究》第 5 辑)

论《女神》中象征性形象的创造

长期以来，在探讨《女神》的形象内涵和艺术表现特征时，往往出现这样一种倾向，就是根据一般浪漫主义所具有的“主观性”特点，只是强调诗人直接地、赤裸裸地抒发感情，或是借历史人物、神话故事倾泻自己的激情和感受。例如，有一种说法曾经流行一时，这就是将《女神》称颂为“五四时代精神的号角”。虽然作出这种评价的人，并非简单地将《女神》看作抽象的概念、精神、口号的传声筒，他们的论述也不缺少对作品的激情、形象和浪漫主义特色的分析，但是往往忽略了较之一般的形象、情感更高一级的美学范畴——意境的探究。我以为，造成这种情形的原因之一，是对《女神》中与大量的浪漫主义形象相辉映的象征性形象，没有给予足够的重视和进行深入的探讨。因此，在研究《女神》的积极浪漫主义特色时，充分地注意和探讨它在运用象征性艺术方法方面的成果和经验，对于了解《女神》的艺术独创性，进一步认识它在中国新诗史上的开拓作用是有着重要意义的。

一

在“五四”时期，一些文学革命的倡导者们，为了反映历史转折时期急剧多变的复杂的现实生活，从各个方面表达“五四”时代精神，他们对外国的文艺思想、艺术方法和表现方法等的吸取都是毫不俭啬的。在进步的现实主义和积极浪漫主义成为文学主流的同时，一些著名作家对包括象征性手法在内的多种艺术方法和表现方法等，也进行了理论上的探讨和创作上的实践。例如，鲁迅、沈雁冰、郁达夫、朱自清等人，都在不同程度上提倡过象征主义艺术方法或象征性的形式和方式[①]。同时，周作人的意见也不应忽视。他在谈到“象征是诗的最新的写法”之后说：

> 凡诗差不多无不是浪漫主义的，而象征实在是其精意。这是外国的新潮流，同时也是中国的旧手法；新诗如往这一路去，融合便可成功，真正的中国新诗也就可以产生出来了。[②]

这里，周作人既恰切而充分地估价了象征性方法在浪漫主义诗歌中的地位和作用，又指明了这种方法的来源，从中国新诗继承借鉴、融合新机的发展趋势上，强调了这种方法的重要意义。他的这种见解对于我们理解《女神》如何在积极浪漫主义的基础上，成功地运用象征性形式和方法是很有启发的。上述作家这种收纳新潮，开阔艺术视野，采纳多种艺术方法和表现方法的精神和做法，正是“五四”文学革命后作家思想解放，艺术上勇于探索和创新的文艺新潮流的鲜明体现。

就在诗集《女神》诞生前后，郭沫若写了《艺术之象征》[③]、《批评与梦》等文章，对象征性方法进行了探讨。他对艺术中的象征的看法，集中地表现在下面一段话里。他说：

---

① 参看鲁迅的《〈黯淡的烟霭〉译后记》、《集外集拾遗·〈十二个〉后记》、《〈小约翰〉引言》；沈雁冰的《我们现在可以提倡表象主义的文学么?》（载 1920 年 2 月《小说月报》11 卷第 2 期）和郁达夫的《文艺赏鉴之偏爱价值》（《敝带集》）等文。

② 周作人：《扬鞭集序》，《语丝》作品选，张梁编选，人民文学出版社 2011 年版，第 321～322 页。

③ 郭沫若：《艺术之象征》，载《学艺》第 3 卷第 1 号，1921 年 5 月 30 日。

> 文艺的创作譬如在做梦。梦时的境地是忘却肉体、离去物界的唯心的活动。创作家要有极丰富的生活，并且要能办到忘我忘物的境地时，才能做得出好梦来。真正的文艺是极丰富的生活由纯粹的精神作用所升华过的一个象征世界。①

这里，郭沫若将文艺创作比喻为做梦，将象征看作真正文艺的标志。他指出作家既要基于生活经验来抒发内心感受和体验，又要像做梦一样做到忘我忘物，这样，经过意识的改装、精神的升华，才能出现“象征世界”。

郭沫若在谈到歌德的《浮士德》对他创作的影响时还说：

> 《女神之再生》和《湘累》以及后来的《孤竹君之二子》都是在这个影响之下写成的。助成这个影响的不消说也还有当时流行的新罗曼派和德国新起的所谓表现派。……那一派的人有些是崇拜歌德的，特别是把歌德的“由内而外”（“Von Innen nach Aussen”）的一句话做为了标语。在把《浮士德》第一部译过了之后的我，更感觉着了骨肉般的亲热。②

值得注意的是，郭沫若在这里是从积极浪漫主义与象征主义艺术方法（所谓新罗曼派和表现派就包括了象征派在内）的关系上，来谈它们对自己创作的影响的。以积极浪漫主义为主要创作倾向的歌德的诗歌，虽然与后来的象征派诗歌有着质的不同，但歌德在文艺主张和创作实践两个方面，都十分重视象征的作用。他说：“如果特殊表现了一般，不是把它表现为梦或影子，而是把它表现为奥秘不可测的东西在一瞬间的生动的显现，那里就有了真正的象征”③。他把这种一般在个别具体形象中的集中而强烈的显现，称为“显出特征的整体”④。由此可见，在文艺主张上，他是把象征看作一种理想的表现方法的。从创作上看，歌德的《浮士德》之所以能够对文艺复兴以后三百年精

---

① 郭沫若：《批评与梦》，《〈文艺论集〉汇校本》，黄淳浩校，湖南人民出版社1984年版，第157页。

② 郭沫若：《沫若文集》第7卷，人民文学出版社1958年版，第68页。

③ 朱光潜：《关于艺术的格言和感想》，《西方美学史》下卷，人民文学出版社1979年版，第417页。

④ 朱光潜：《论德国建筑》，《西方美学史》下卷，人民文学出版社1979年版，第419页。

神生活发展的历史，作出独特、鲜明的高度概括和深刻反映，是和作品成功地塑造了浮士德、靡诽斯特等著名的象征性形象分不开的。关于这一点，郭沫若在对《浮士德》的评价中也有所涉及。郭沫若认为《浮士德》"实在是一个灵魂的忠实的记录，一部时代发展的忠实的反映"，"一部极其充实的现实的作品"；同时又认为这部作品具有"由内而外"的"主观"和"幻想"的特点，作者"以他敏锐的直觉，惯会突进对象的核心"，因此，"它所充实着的不全是现实的形，而主要是现实的魂。一个现实的大魂（时代精神）包括各种各样的现实的小魂（个性），诗人的确是紧紧地把它们抓住了，而且时而大胆，时而细心地把它们形象化了"①。郭沫若在这里指出的，在现实生活的基础上，以丰富的幻想和热情来表现生活的理想的方法，当然主要是积极浪漫主义的。但借助"现实的形"，通过暗示和联想，使抽象的时代精神和哲理思考得到形象化体现的方法，则明显是象征性的形式和方法。郭沫若后来说过，剧诗《女神之再生》所引用的《浮士德》结尾的诗句中，所谓"永恒之女性"的形象就是"反对专制独裁的民主和平"，"保障""人类的幸福"的象征②。诗集《女神》之所以用了这么一个象征意味很浓的书名，也显然受着歌德的启示和影响。

至于包括象征主义在内的新浪漫主义和表现主义的艺术方法和表现方法，如上所引，郭沫若也认为是可以从中有所择取以作为创作借鉴的。在象征派诗人看来，现实世界是虚幻的，痛苦的，而属于诗人主观的另一世界则是真的、美的。诗的目的就是要求通过晦涩难解的语言刺激感官，产生恍惚迷离的神秘联系，形成某种"意象"，从而从总体上将作者的主观世界更深地暗示出来。郭沫若一方面认为象征派之所以会有这种神秘、颓废的情调和色彩，是因为它"是自然主义的嫡系"，"是'受动的艺术'"。在这种艺术中，"人性的积极的创造精神，压伏在物质的重压之下还没有发芽。吃了桑枳的懒惰的蚕，只撒了些粪粒而没有吐丝。人类的'自我'还在摇篮中睡觉"③。尽管这

① 郭沫若：《"浮士德"简论》，《郭沫若全集　文学编》第 16 卷，人民文学出版社 1978 年版，第 276 页。

② 郭沫若：《"浮士德"简论》，《郭沫若全集　文学编》第 16 卷，人民文学出版社 1978 年版，第 281 页。

③ 郭沫若：《未来派的诗约及其批评》（下），《创造周报》第 17 号，上海泰东图书局 1923 年版，第 5 页。

种分析有不够恰切之处，但他对于象征派诗歌的内容是取明显的批判态度的；另一方面郭沫若又看到了象征主义艺术方法的某些长处，曾尝试着运用象征派诗人惯用的象征、暗示的手法来创造形象，这一点不仅从《女神之再生》、《湘累》等诗篇中表现出来（这一点下面将会详细论述到），而且，也在其他文学体裁的创作中作过尝试。例如，他的短篇小说《残春》，就采用了象征派喜欢写的梦境的象征手法。他说："我那篇《残春》的着力点并不是注重在事实的进行，我是注重在心理的描写。我描写的心理是潜在意识的一种流动。——这是我做那篇小说时的一个奢望。若拿描写事实的尺度去测量它，那的确是全无 Climax 的。但是若是对于精神分析学或梦的心理稍有研究的人看来，他必定另外可以看出一种作意出来，另外可以说出一番意见。"① 这种不注重事实的描写，而注重在梦境中通过曲折的造意和奇异的幻象，来揭示潜意识的流动，正是一种造成暗示性形象和意境的表现方法。

上面所谈到的，主要是郭沫若对于象征性形式和方法在理论上的认识和探讨。这些认识和探讨表明，郭沫若在《女神》中，为了表达在"五四"怒潮中觉醒的青年知识分子反抗黑暗、追求新生的沸腾的内心世界，为了表现"五四"时代的革命精神和乐观主义精神，他在积极浪漫主义之外，还有意识地对象征主义的艺术方法和表现方法进行了探讨，因此，仅从文学的定义出发，用一条积极浪漫主义的尺子去衡量，用浪漫主义的某些概念去硬套，显然是与郭沫若当时的广泛涉猎、勇于探索的艺术独创精神大相径庭的。

二

在《女神》中，通过高度概括的象征性形象，最为集中、强烈地表达出郭沫若在"五四"狂飙突进时期的历史感受，鲜明地反映出"五四"时代精神的，是长诗《凤凰涅槃》和剧诗《女神之再生》。在这两首长诗中，诗人不仅仅直抒胸臆，写出像"凤歌""凰歌"中那些直接揭露现实黑暗、倾诉内心苦闷的诗句，或仅仅借助共工、颛顼争帝等个别的象征性形象来揭露军阀统治的罪恶；也不是把"凤凰更生歌"或女神们的"合唱"孤立出来，仅仅表

① 郭沫若：《批评与梦》，《〈文艺论集〉汇校本》，黄淳浩校，湖南人民出版社 1984 年版，第 152～153 页。

达出对光明和未来的热烈向往和追求，在诗篇中，诗人借助客观之躯（神话或传说），来表达自己的主观精神经历，侧重点是主观因素。诗人的“火山爆发式的内发情感”，借“凤凰”或“女神”之口表达出来，神话的色彩、奇丽的想象、极度的夸张、急骤的旋律等形式和手法，因为表达这种激情而开放出绚丽的艺术花朵。但是贯穿全诗的构思和基本表现方法，却是象征性的，全诗的总体形象也都是言在此而意在彼的象征性形象。《凤凰涅槃》的总的构思和整体形象就是以“‘菲尼克司’（phoenix）……集香木自焚，复从死灰中更生，鲜美异常，不再死”① 的传说故事为基础的；而《女神之再生》则是以女神们在天柱折裂之后不愿再炼石补天，而要另造一个新的太阳的神话故事为剧诗的贯穿线索，以这两则故事为核心意象所创造的象征性形象，对于“五四”时代彻底破坏、猛烈反抗、自由创造的革命变革，对于一般生命的辩证发展过程，是寓意极为深广的象征，它们的象征意义富于哲理意蕴，有着超越时空的概括意义。

值得注意的是，黑格尔在谈到艺术的象征方式时，曾经着重指出埃及象征艺术，把“长生鸟”作为象征物的重要意义②。他与郭沫若一样，将长生鸟烧死自己，复从死灰中更生的故事提到十分重要的位置上，说明这一类故事有着作为象征形式的极为丰富的内涵，它们有着强烈的暗示性和启示力，能够将对于事物发展有普遍意义的生命辩证过程，十分形象有力地显示出来。不同于黑格尔的是，郭沫若在“五四”时期新的历史条件下，在这种一般生命发展过程中注入了革命的内容。因此这一类象征性核心意象的选取，正是郭沫若在“五四”时代精神感召下，进行哲理思考和艺术发现的产物，不从诗篇的总的构思和整体形象上充分看到这种象征性形象的象征意义，就不能看到这两首长诗对于“五四”时代精神进行概括的思想高度和哲理特色。

在《凤凰涅槃》中，正是基于这种象征性的总体构思，诗人以凤凰自焚复从死灰中更生的核心意象为中心，发挥主观独创性，使情思的延伸和意象的推移，沿着基本构思的脉络发展，像用一条主线将颗颗珍珠串联起来一样，

① 《凤凰涅槃》引言，《郭沫若全集　文学编》第1卷，人民文学出版社1982年版，第34页。

② 关于这一材料的引文见黑格尔《美学》第2卷第64、67页。《中国现代文学研究丛刊》1983年第1辑拙作《读〈凤凰涅槃〉》一文已对此作了考证。

诗中许多个别形象经过生发、改造、补充和更新，组合成一个完整的象征性形象。于是，在诗中便出现了“序曲”“凤歌”“凰歌”“凤凰同歌”“群鸟歌”和“凤凰更生歌”这样既有内在联系，又能展开描写和抒情的通盘布局。在这种通盘布局下，一方面，诗人的激情在相当宽广的幅度上爆发出来。他将凤凰拟人化，赋予他们以思想感情和生命活力，于是凤凰口吐人言，它们诅咒、控诉、揭露、抨击；毅然诀别、从容自焚，然后享受新生后的极度欢乐，加以用群鸟的滑稽表演来抨击现实，这样，便赋予了象征体以丰富的形象的血肉。另一方面，也正因为有一个渗透、贯穿全诗的基本构思，诗人在广阔幅度上爆发出来的激情，才能附丽于诗的总体象征性形象，“凤歌”“凰歌”“凤凰更生歌”“群鸟歌”等多种个别形象，才会被组合到整体结构中而升华到一个新的意境高度上。如果说，在“五四”时期，通过激情的倾吐和形象的刻画，对于旧世界进行诅咒、控诉、揭露和抨击，或是对光明、未来作热烈的追求，是一般现实主义或积极浪漫主义诗人能够做到的话，那么郭沫若的《凤凰涅槃》等诗篇在思想特点和艺术独创性上的一个重要表现，就是他创造了较之一般的“形象”和“情感”更高级的美学范畴——意境。王国维说：“古今词人格调之高，无如白石。惜不于意境上用力，故觉无言外之味，弦外之响，终不能与于第一流之作者也。”① 又说：“言气质，言神韵，不如言意境。有境界，本也。气质、神韵，末也。有境界而二者随之矣。”② 像《凤凰涅槃》这样的诗篇，就是创造了个性形态奇异独特而又高度概括了时代精神、有着丰富的哲理意蕴的“意境”或“境界”的。这种“意境”和“境界”，通过有限表现无限，具有无穷之味和不尽之意：当时旅居日本的郭沫若，在“五四”怒潮的激荡下，不正是想象着要像凤凰自焚那样，将旧我连同旧世界一起，在一场熊熊燃烧的革命烈火中同归于尽吗？同时诗人不是还想象着要像凤凰在死灰中更生那样，蜕化出诗人的新我，并创造一个新的世界来吗？这种破坏不是虚无主义的破坏，而是自觉的革新的破坏，因此，在这种自觉的彻底的破坏的基础上，对于光明和未来的追求，就具有更坚定的

---

① 王国维：《人间词话》定稿（六十四则），《王国维文集》第1卷，中国文史出版社1997年版，第151页。

② 王国维：《人间词话》删稿（四十九则），《王国维文集》第1卷，中国文史出版社1997年版，第160页。

信念和更灿烂的理想主义的光辉。因此，这首诗的象征性形象的艺术概括力，是如此之强大：每当事物的发展由量变到质变，特别是发生革命性变化的时候，每当我国新民主主义革命和社会主义革命的历史进程，处于重大的转折时期，我们便很容易想到火中自焚并获得永生的凤凰的壮美形象。

与《凤凰涅槃》类似，剧诗《女神之再生》也有一个贯串全篇的象征性的总体构思。郭沫若说："《女神之再生》是象征着当时中国的南北战争。共工是象征南方，颛顼是象征北方，想在这之外建设一个第三的中国——美的中国。"这一次，对于共工、颛顼因争帝的丑剧而导致的盗寇式的破坏，女神们是十分鄙弃的；对于因这种破坏而损坏的天体，女神们再不屑于去作修修补补的工作。"新造的葡萄酒浆，不能盛在那旧了的皮囊。为容受人们的新热、新光，我要去创造个新鲜的太阳!"女神们不愿意再去"补天"，而要重新创造一个新的太阳，开辟一个新的天地。由女娲炼石补天的传说到上述构思的形成，是诗人发挥主观独创性，经过丰富的想象和幻想才得到的。在诗的意象的凝聚和提炼上，这是一个实质性的改造。正是这个基本构思，将共工、颛顼的象征性形象，农叟、牧童的现实性形象，以及女神们自己的对话、合唱等个别形象和内容都贯穿起来，构成全诗的总体形象，作为诗人要"建设一个第三的中国——美的中国"的象征，这个总体形象有力地揭示了在彻底破坏的基础上进行再创造的象征意义。

如上所述，《凤凰涅槃》和《女神之再生》中的象征性形象，如同郭沫若对歌德《浮士德》的评价那样，诗人正是"抓住了现实的大魂"，"以他敏锐的直觉"，"突进时代的核心"，从"显示特征的整体"上，对"五四"时代精神作了色彩鲜明、闪耀着哲理光辉的高度概括。因此，它们对于整部诗集来说，在很大程度上是笼罩全局的。这两个形象是贯穿整部《女神》的灵魂。郭沫若将他的第一部诗集命名为《女神》，后来又将《女神》、《星空》和《瓶》三个诗集的合集命名为《凤凰》，也说明这两个形象从生活的总体上反映时代精神的艺术概括力量。"女神"和"凤凰"就是中国的象征，中华民族的象征，诗人自我的象征，自然万物大和谐的象征。"再生"的"女神"是"永恒的"，"更生"的"凤凰"是"永生的"，因此，女神的再生，凤凰的更生就是中国的新生，中华民族的觉醒，诗人新我的诞生，自然万物无限生命力的获取。新生后的这一切都是超越时空，永恒存在的。在《女神》中，无论是那些“借古人的皮毛来说自己的话”的历史人物的形象，那个为思念祖国而炽烈燃烧着的炉中煤的形象，或是无限美妙、有着神奇威力的地球——母亲的形象，那个气吞宇宙，毁坏一切，噬啮自身的天狗形象，以至于太阳、大海，皓月、明星等自然物的形象……从这一切形象中，都可以看到女神和凤凰的瑰丽伟美的身影。

自然，在“女神”和“凤凰”这“形象化了”的“现实的大魂”的笼罩下，《女神》中其他诗篇的象征性形象又有着具体的构成形象的不同方法。如果说，《凤凰涅槃》和《女神之再生》主要是以一个贯穿全篇的故事造成整体的象征性形象的话，那么，另一些诗篇则常常将不同时间、不同地点、彼此不相干的人事凑在一起，抓住它们与作者所要表达的思想感情之间的某种类似和联系，用诗人主观的想象和幻想把它们调和统一起来，使不同的事物融合为完整的象征性形象，构成一种意蕴丰厚、寓意深远的意境，从而将诗人在特定处境中的内心感受和复杂情绪，从总体上更深地暗示出来。

诗剧《湘累》就是采取这种方法构成象征性形象的。诗剧一开始，是洞庭湖中娥皇、女英的精灵，在唱着苦苦思念爱人归来的恋歌，接着通过刚上场被放逐到洞庭湖滨的屈原的独白，表达了他的思乡盼归的感情。以后，湘灵的哀婉缠绵的歌声时断时续，与湘灵的歌声相呼应，屈原期望归去又不得归去的矛盾感情也贯穿全剧的始终。娥皇、女英的传说和屈原被放逐的故事本来是发生在不同时间、不同地点的两件事，但诗人抓住它们与自己思想的某种类似和联系，利用这两则故事在中国人民中广为流传、为人民所熟悉的特点，于是便在特定的生活经验和审美经验的条件下，构成了容易唤起人们想象的暗示性形象和意境。表面上看来，娥皇、女英的歌声是对爱情的歌唱，实际上却是通过对恋人的怀念和盼望，向一切思乡怀土、眷念祖国的人们奏出的一曲“招魂曲”。剧中，屈原这个历史人物的本意，也不是在历史事实的基础上发展历史精神，像作者抗战时期写的多幕剧《屈原》中的主人公那样。这里只是作者的“夫子自道”，借古人来抒发感情。所以表面上写的是屈原，实际上是作者自己，抒发的是另一种感情。因此，诗剧中屈原的形象实际上是一个象征性人物。而且，作者将湘灵和屈原的故事联系起来，剧中湘灵呼唤恋人归去的“招魂曲”，以及屈原从歌声中听出了女媭、船夫听不到的呼唤他归去的内容，二者之间造成一种似隐似现、若明若暗的朦胧感。这种因朦胧感而造成的含蓄委婉的美和诗人借屈原之口抒发坦荡奔泻感情所造成的雄浑豪放的美交融在一起，大大增强了诗剧艺术形象的感情浓度，形成了一种扑朔迷离、意蕴深厚的艺术境界。这种境界引起人们的联想、探索和寻味。大家会想到，它是郭沫若这位海外赤子眷念祖国的炽热情怀的暗示和反映；还会想到，诗中关于屈原愤世嫉俗、追求个性解放和自由创造的抒写内容，也是郭沫若期望伸张个性、报效祖国而又不能如愿的矛盾心理所激起的情感的回流。人们还会想到更多，例如，似乎剧中湘灵召唤的“不是屈原，也不是任何人。在苦难重重的日子里，这是一首伟大的民族的招魂曲”① 等等。

歌德在谈到“寓意”和“象征”的区别的时候说：

> 寓意把现象转化为一个概念，把概念转化为一个形象，但是结果是这样：概念总是局限在形象里，完全拘守在形象里，凭形象就可以表现出来。
>
> 象征把现象转化为一个观念，把观念转化为一个形象，结果是这样：观念在形象里总是永无止境的发挥作用而又不可捉摸，纵然用一切语言来表现它，它仍然是不可表现的。②

《女神》中像《湘累》这一类作品，如果仅仅看到作者借屈原之口所抒写的“我有血总要流，有火总要喷，不论在任何方面，我都想驰骋”之类的感情和形象，还是不够的。只有从总体象征性形象着眼，才能从有限见无限，从似乎“不可捉摸”“不可表现”中，看到深远的寄托和无穷的意蕴。又如在《电火光中》这首诗里，出现了中国古代的著名历史人物苏武、法国画家弥勒的名画《牧羊少女》和德国著名音乐家贝多芬的肖像画等三个形象。这三个处于完全不同境遇中的人物，经作者突出它们的某些特征，借助想象的组合，竟成了用以寄托感情的物象。诗人之所以突出苏武“望南翘首”“眼眸中含蓄着无限的悲哀”的特征，之所以将“牧羊少女”想象成为苏武的“弃妇”，她眼中也“含蓄”着“悲愤、怨望、凄清”，都是为了将诗人自己踯躅日本都市街头的“幽暗”的乡思深刻地暗示出来。那贝多芬的形象：“蓬蓬的头发，好像奔流的海涛”，“高涨的白领如同带雪的山椒”，“如狮的额，如虎的眼”，

---

① 唐弢：《诗人，卓越的无产阶级文化战士》，《郭沫若研究资料》（中），王训昭、卢正言、邵华等编，中国科学出版社 1986 年版，第 156 页。

② ［德］歌德：《关于艺术的格言和感想》，转引自朱光潜：《西方美学史》下卷，人民文学出版社 1979 年版，第 416～417 页。

“好像‘大宇宙意志’自身的头脑”，“笔尖上正在倾泻着怒潮”等经过极度夸张的特征，则是蓬勃的生命力和自由创造精神的象征。这些形象的连续出现，“解除了”诗人“无名的愁苦”，促成了诗人的思乡情绪由“幽暗”向开朗的迅速转换。由此可见，我们从这三个形象所看到的，不只是它们各自的个别的特征，而是从诗的总体形象上深刻地暗示出诗人思乡的爱国情绪和为祖国要有所作为的蓬勃奋进的精神。这样，诗人直抒胸臆赞美苏武、贝多芬而产生的雄奇、伟美的冲击力与感染力，便与诗的总体形象的暗示力和启示力融合在一起，从而使诗的形象避免了因感情奔泻而容易出现的浅薄、乏味，从而显示一种蕴蓄与奔放辩证统一的美。

还要看到，在《女神》的一些抒写自然的诗篇中，象征性形象的构成又采取了另外的形式和手法。概括地说来，就是灌注生命于无生命的自然物，把它们人格化，揭示出他们内藏的不可思议的“意蕴”，使万物间都取得沟通和联系，并将诗人的主观世界具体化、形象化，使自然万物成为体现诗人主观复杂微妙的感情和情绪的东西。这样，通过在物我同一中物我交感的原则，使作为象征体的自然物形象与所象征的观念融为一体，从而达到对诗人主观思想情绪的集中、强烈的揭示和表现。这里，郭沫若采用这种方法显然与他所受到的泛神论的影响分不开，因为泛神论就是把神看作是在自然中无处不在的一种周流不息的生命的主宰的。同时，从艺术方法来看，《女神》中这些抒写自然的诗篇，也明显地吸取了象征主义艺术方法的某些特点。在象征派诗人看来，宇宙万物都在可见事物上隐蔽着看不见的事物，大自然如同一座符号和形式的储存库，一座“象征之林”，诗的象征便是沟通真实的自然界与隐蔽的另一世界的媒介。郭沫若扬弃了象征派诗歌在内容上的悲观、颓废情调和在艺术表现上的神秘色彩，对于这种方法在表现主观世界和抽象事物方面，以思维的形象性和表达的含蓄性见长的特点则进行了借鉴和吸取。在《炉中煤》中，诗人通过“炉中煤”“黑奴”“年轻的女郎”等复杂而又巧妙的隐喻、借喻结构，将多种有物质实感的形象叠加和组合起来，在物与物以及物与我“感通”的情况下，多侧面地表现炉中煤这一象征物的特征：这炉中煤熊熊燃烧，有着像淳朴的黑奴一样诚挚炽热的心肠；它原本是有用的栋梁，被活埋在地底多年，“到今朝总得重见天光”；它在献出光和热的同时，必须燃烧自己，甚至要将自己化为灰烬……这些特点从多方面揭示出炉中煤这一形象的内藏的“意蕴”；它使人联想到诗人对祖国的赤诚而生发的眷念祖国的情绪；联想到诗人在经历了漫漫长夜之后，从新的时代曙光中看到了希望的由衷喜悦；甚至于还会联想到诗人为祖国不惜燃烧自己、化为灰烬的献身精神……这样，诗人以炉中煤为核心意象而组成的总体象征性形象，便显得既凝炼、含蓄，又鲜明、强烈，寓意深广。

三

《女神》中象征性形象，还因为熔铸着诗人艺术方法的特色和创作个性，所以它们又与其他许多诗人笔下同类形象的创造有着不同的特点。

《女神》的象征性形式和方法的运用，是与积极浪漫主义的艺术方法相结合的。郭沫若独有的积极浪漫主义的感情基调，基于这种感情基调的独特的感情表达方式、想象方式和形象描写手法，都使他笔下的象征性形象因为交融着这种艺术表现形态和方法，而呈现出独特的面貌。这里，先要看到，在作为象征体的核心意象的选择上，《女神》就与现实主义诗歌不同，现实主义作家大多借助于平凡的、常见的事物，通过刻画它们固有的形象特征，让抽象的、一般的、无限的哲理以具体的、特定的、有限的形象作依托。如鲁迅的散文诗，作为象征物的，大多是秋夜的天空，夜空的寒星，落尽了叶子的枣树(《秋夜》)，饱经生活磨难的老妇人(《颓败线上的颤动》)，实际生活中的过客、老翁、小女孩(《过客》)等；周作人、刘半农笔下的象征性形象，则是小河(《小河》)和破冰前进的航船(《敲冰》)等。而在《女神》中，作为可观照、可想象的象征物的，则大多是神话传说、历史故事、大自然的宏伟景物，或是现代都市及科学文明等。

当然，《女神》中象征性形象的特色，更重要的还表现在对所选取的核心意象的艺术处理和诗人运用形象思维的独特性上。我们知道，在通过象征体来揭示丰富、深刻的象征意义的时候，围绕着作为象征体的核心意象，有一个情思延伸、意象推移以更新并再造象征性形象的过程。在现实主义作家创造象征性形象的时候，往往抓住象征体固有的显著的形象特征，进行排比铺陈、精雕细镂的刻画和描述，想象在实有的具体情境中驰骋，感情的波涛被心中的闸门节制住，回旋激荡。在这些作品中，沉郁顿挫的感情抒发、含蓄幽深的寄托暗示与真切细腻的实物描写、形神兼备的形象刻画融合在一起，实景画面与象征性的想象画面叠印在一起，这样，通过对象征体的多方面抒写和描绘，构成蕴蓄深厚的意境，包孕丰富的生活和斗争的哲理，从而赋予象征物以内涵丰富的象征意义。

这里，有必要举出在“五四”前夕新诗园地里，产生过广泛影响的周作人的长诗《小河》作为例子。因为这首长诗所写的“小河”的形象，常被许多评论者用来作为反面例证，说明《女神》所反映的时代精神的强烈和艺术境界的开阔高远。然而，这样的比较是否恰当呢？一则这首长诗写于五四运动发生前的1919年1月，而人们常用来作比较的《女神》中的大部分诗篇，则写于五四运动发生之后。所以，不同环境的作品，在思想内容上是无法比较的。再则，周作人倾向于写实主义，郭沫若倾向于浪漫主义，他们的诗歌渗透着各自的创作个性和艺术风格。离开它们各自创造的形象的特色，生硬地比较艺术上的优劣，也是不妥当的。还是让我们来看看周作人笔下“小河”的形象吧。这条小河流动不息，充满生命的活力，它“稳稳地向前流动”，河水像乳汁一样哺育着两岸的土地，经过的地方“全是乌黑的土”，并且“变成一片锦绣”。当土堰和坚固的石堰拦住它的时候，它知道“要保他的生命，总须流动”，所以仍是“终年挣扎”，不停地转动，把堰下转成深潭。虽然它最后尚未能冲垮堰坝，却蕴蓄着一股引而未发的力量。诗人感情的潮水随着小河稳稳向前流动，眼看要喷涌而出了，却又像堰坝拦住了河水一样，感情的回流汇成蕴藉丰厚的“深潭”。诗人的想象也不是在幻想的境界中奔驰，而是随实有的景物和感情的抒发而呈现、展开；在形象描写的手法上，则抓住小河的固有的形象特征，进行描绘和赞美，从形与神上入微传神地刻画了小河的形象与性格。显然，诗人笔下这个诗意盎然、富于哲理特色的小河的形象，是一个象征性形象。它寄托着“五四”前后觉醒的小资产阶级知识分子追求自由，渴求伸张个性，并以自身的力量造福于人类的强烈愿望。应该说，这也是从一个侧面反映了“五四”时代精神的。“五四”前后流行的一些新诗，喜用“比喻说理”，“缺少了一种余香与回味”，而“周启明氏的《小河》长诗”，则能“融景入情，融情入理”①，因此被朱自清称为“著名的象征的长诗”②，这正是抓住了该诗的特色的十分恰切的评价。

---

① 朱自清：《中国新文学大系·诗集·导言》，《朱自清序跋书评集》，生活·读书·新知三联书店1983年版，第93页。

② 朱自清：《中国新文学研究纲要》，《文艺论丛》第14期，上海文艺出版社1982年版，第16页。

郭沫若在《女神》中的象征性形象创造就大不相同了。他在《女神》中所表达的感情基调是浓烈奔放的，感情的表达方式是爆发式的，情感的波涛像激流一样澎湃，没有什么心灵的堤坝能闸住诗人奔腾的感情潮水；想象在神异的领域和宏大的境界中天上地下、忽古忽今地驰骋，没有什么时空观念能限制住诗人想象和幻想的翅翼的飞腾。在形象的描写上，他不重视象征体固有的形象特征，也不对它进行细致的刻画和描述，而是带着强烈的主观性，注重诗人内心体验的真实。象征物的固有特征往往被诗人主观赋予的特征所替代，失去了本来的面貌。尤其是郭沫若主张“诗是人格的表现”，诗是诗人心中“诗意诗境的自然流露”，所以象征性形象往往成了诗人“自我”的诗意的体现。

总括上面的论述，可以看到，在《女神》中，对于象征主义艺术方法的批判的吸取，象征性形式和方法的独创的运用，不仅没有使《女神》离开现实的真实，而且在对现实真实的想象的反映和概括，意境的形成和深化等方面，都大大丰富了诗歌的积极浪漫主义。在激动人心的《女神》时代，郭沫若这种不拘一格、大胆引进外国诗歌创作的艺术方法和表现方法，为开一代诗风而进行的大胆探索和做出的卓越贡献，对于我们今天诗歌创作的繁荣和发展，是有着重大借鉴意义的。

（载《中国现代文学研究丛刊》1983 年第 4 期）

《女神》创作灵感试论

郭沫若在《女神》许多诗篇的创作过程中，经常出现一种特别强烈的灵感爆发状态，这是大家知道的，他自己也明确地肯定过。他说，创作灵感“在我看来是有的，而且也很需要”。他称这种灵感的爆发为“神经性的发作”。他说：“每每有诗的发作袭来就好像生了热病一样，使我作寒作冷，使我提起笔来战颤着有时候写不成字。”① 他还通过《凤凰涅槃》、《地球，我的母亲》等著名诗篇的创作过程，对这种创作灵感的爆发作了具体的说明。显然，强烈的灵感爆发状态是《女神》浪漫主义形象思维过程中一个显著的特征，如实地承认这种灵感爆发现象，探讨它的特征和作用，分析它产生的原因，这对于理解郭沫若的创作个性和艺术风格的特色是很有意义的。

我们知道，大凡成功的文艺作品，在它的创作过程中，往往出现创作冲动强烈、创作欲望旺盛的“兴会”“感兴”之类的心理现象，这种才情焕发、豁然贯通、文思喷发的特征正是一种“灵感”袭来的标志。郭沫若在《女神》

---

① 郭沫若：《创造十年》，《沫若文集》第 7 卷，人民文学出版社 1958 年版，第 59 页。

创作中的灵感爆发状态有着一般创作灵感的共同特点，也有它自身的特殊性。关于这种特殊性，郭沫若自己曾作过十分清楚地表述，他说："这种现象并不是什么灵鬼附了体，或是所谓'神来'，而是一种新鲜的观念突然使意识强度集中了，或者先有强度的意识集中因而获得了一种新鲜观念而又累积地增强着意识的集中度的那种现象。这如不十分强烈的时候，普通所谓诗兴，便是这种东西。如特别强烈可以使人作寒作冷，牙关发战，观念的流如狂涛怒涌，应接不暇。"① 这后一种情形正是最能显示《女神》创作灵感的特征的。这就是说，从诗的一般创作过程看，现实主义诗人也有"诗兴"和"灵感"，这种"诗兴"和"灵感"也能对独特形象的产生起触发的作用，并且它们作为一种推动创作活动、促使作家想象特别活跃的心理机能，也能使形象趋于完美。但是，在现实主义诗人的创作过程中，这种灵感对艺术构思的推动作用一般不如浪漫主义强烈，构思过程显得比较迟缓，诗人沉郁顿挫、盘旋缭绕的感情，通过入微传神的形象刻画从容地凝聚在含蓄、蕴藉的艺术形象之中。即使是浪漫主义诗人，也有像华兹华斯那样经历着热—冷—热的间歇的构思过程；还有像李贺那样"字字皆雕镂""五脏应为愁"的构思的艰苦历程。而郭沫若式的灵感爆发，构思迅疾，则如"狂涛怒涌，应接不暇"。与一般的"诗兴""灵感"不同，火山爆发式的内发感情一旦喷涌，诗人"便和扶着乩笔的人一样"，"有时连写也写不赢"，诗的构思在感情的强烈爆发，想象和幻想瞬息千里、变化莫测的情形下迅速完成。这种灵感爆发、诗思敏捷的特征，不仅在那些被郭沫若自称为"即兴诗"的抒情短诗的创作中是如此，即使在结构比较复杂的长篇叙事诗、剧诗的创作中也是如此。《凤凰涅槃》于上半天听课时在抄本上写成了前半，晚上行将就寝时伏在枕上写成了后半；《地球，我的母亲》也只是经过半天构思在短暂的时间内完成的。《女神》中许多诗因为灵感强烈，看来似乎没有构思过程，然而即使题材相同的诗篇也很少有构思雷同之处；而且，似乎篇篇都经过周密思考，仔细推敲。郭沫若谈到《女神》等诗集的创作时曾说："有时是情兴来时立即挥成。情感来时觉得发热发冷的时候也有；有时虽有情兴，而搁了数年数月方始写成的也有。大概立即挥成

① 郭沫若：《诗歌的创作》，《郭沫若论创作》第三辑论诗歌创作，上海文艺出版社 1983 年版，第 276～277 页。

的东西是比较动人的，而后来方始写成的偏于技巧。”① 可见最能体现《女神》诗歌创作特色的是那些灵感骤发、迅即完篇的诗章。

这些看来似乎没有然而实际上却仍有构思过程的作品，其构思的特色意味着什么呢？从认识论上看，诗的构思从形象的萌生、孕育到完成的全过程都似乎是在灵感的强烈迸发中同时完成的；从心理学的角度看，构思中以想象为中心环节的感觉、知觉、记忆等综合地再造表象和形象的心理活动的全过程，也几乎是伴随着灵感的发生而同时进行的；从作品构成上看，诗人对现实美的特殊感受、认识所形成的作品的独特内容和与之相适应的独特的表现形态和方法，也几乎是同时完成的。黑格尔对于这种不仅表现为“高度的熟练”，而且表现为“很轻巧地完成作品的潜能”的艺术创造力曾经给予了高度的评价。他说：“真正的艺术家都有一种天生自然的推动力，一种直接的需要，非把自己的情感思想马上表现为艺术形象不可。”在这种“真正的艺术家”的创作活动中，“按照艺术的概念，这两方面——心里的构思与作品的完成（或传达）是携手并进的”②。《女神》创作中那种由于灵感爆发而呈现出来的艺术创造力极为旺盛的状态，表明郭沫若正是这样一种艺术天才。

《女神》的创作实践表明，不承认灵感的存在，或是看不到灵感这种心理现象在艺术创造活动中的地位和作用是不符合文艺创作的客观规律的。因为事实上任何一个有鲜明创作个性的作家，从捕捉现实美的特殊的敏感性，到在神思飞扬中使形象臻于完美的整个构思过程，都与创作灵感息息相关；任何一个优秀作品，都离不开灵感所标志的形象思维由量变到质变的飞跃，都离不开这最富于生命活力的艺术创造。布莱克说：“一个人如自问心中并无灵感，就不该妄想当艺术家。”③ 他的话道出了作家、艺术家们在灵感袭来、文思喷发时所深味和领略到的创作的喜悦。一些著名美学家也都承认灵感这种心理现象，并把它当作艺术家创造活动中的一种重要特征来研究。自然，对

① 郭沫若：《诗作谈》，《郭沫若论创作》第三辑论诗歌创作，上海文艺出版社 1983 年，第 216 页。

② ［德］黑格尔：《美学》第 1 卷，朱光潜译，人民文学出版社 1979 年版，第 362、363 页。

③ ［英］布莱克：《〈雷诺治论艺术〉一书批注》，《欧美古典作家论现实主义和浪漫主义》，中国社会科学出版社 1981 年版，第 253 页。

创作灵感的承认和看重，必须与对灵感的科学阐释，与探讨灵感产生的原因联系在一起。如果把灵感看成与理性对立的纯粹直觉的感性活动，或是看作与必然性相对立的纯粹偶然性和突发性的东西，便会不自觉地陷入“神灵凭附”一类神秘的唯心主义臆造中去，从而给创作带来危害。俄国著名画家列宾说，所谓灵感不过是“顽强地劳动获得的奖赏”，车尔尼雪夫斯基也指出，灵感“是一个不喜欢拜访懒汉的客人”。黑格尔对灵感的产生和灵感的科学含义更作了精辟地论述，他说：“最伟大的艺术作品也往往是应外在的机缘而创造出来的。”“艺术家应该从外来材料中抓到真正有艺术意义的东西，并且使对象在他心里变成有生命的东西。在这种情形之下，天才的灵感就会不招自来了。一个真正的有生命的艺术家就会从这种生命里找到无数的激发活动和灵感的机缘。”黑格尔不仅论述了灵感的产生是因为外力的推动，外在“机缘”的“击发”，而且对灵感的含义作了科学的阐释，他说：“艺术的灵感究竟是什么？我们可以说，它不是别的，就是完全沉浸在主题里，不到把它表现为完满的艺术形象时决不肯罢休的那种情况。”① 他对灵感含义的这一高度概括明确地指出了创作灵感贯穿于艺术构思全过程的重要作用。我在上文所引用的郭沫若关于灵感的看法也与黑格尔的论述相似。郭沫若所说的“突然使意识强度集中”的“新鲜的观念”，也就是黑格尔所说的“从外来材料中抓到真正有艺术意义的”在艺术家“心里变成有生命的东西”。因此郭沫若说：“我并不想一味骂斥灵感。我无宁认为诗人的努力倒应该是怎样来诱发伟大的灵感吧。”② 下面，为了进一步理解《女神》创作灵感的特征和作用，破除灵感论的神秘观念，我们对《女神》中一些诗进行剖析，对它们的创作灵感的诱发和产生过程作一些具体的探讨：

首先，《女神》的创作灵感是在诗人对“五四”时代的总的特点的深切把握和敏锐感受的基础上产生的。从《女神》的诞生可以看到，其中诗篇的强烈激情和巨大灵感来自时代生活的土壤，来自诗人对时代的总的特点的深切把握和敏锐感受。诗人说“民七民八之交，将近三四个月的期间差不多每天

① ［德］黑格尔：《美学》第1卷，朱光潜译，人民文学出版社1979年版，第365页。

② 郭沫若：《诗歌的创作》，《郭沫若论创作》，上海文艺出版社1983年版，第277页。

都有诗兴来猛袭”。正是时代的召唤，人民的心声使他产生了要通过《女神》“去寻那与我的振动数相同的人”，“去寻那与我的燃烧点相等的人”，“去在我可爱的青年的兄弟姊妹胸中，把他们的心弦拨动，把他们的智光点燃”的强烈欲望。在《女神》中，凤凰自焚、在烈火中永生的壮举发生在除旧迎新、万象更新的“除夕”将近时分；“地之子”由“知识未开的婴孩”到“发现”了自己，也“发现”了地球——“母亲”的爱重恩深、无穷威力，正好是“天已黎明”的时刻；那“日出”前“环天都是火云”的瑰丽景象，“无数的白云正在空中怒涌”的“好一幅壮丽的北冰洋的情景”；那“天狗”成为“全宇宙的能的总量”的时刻，“屈原”听到水中湘灵呼唤而更加激起爱国热情的时刻，都发生在“千载一时”的历史转折时期。这个转折时期就是十月革命和五四运动发生后中华民族开始觉醒，我国旧民主主义革命向新民主主义革命转变的重要历史关头。这时候，郭沫若虽然远在日本的博多湾上，却强烈地感受到“五四”革命浪潮的冲击。五四运动前夕，他在异国“念的是西洋书，受的是东洋气”，又眼看“有国等于零，日见干戈扰”的国内现实。帝国主义的欺凌，异民族的歧视和国内政治的混乱、现实的黑暗，使他心头郁积着个人的悲愤和民族的苦难。他深感个性受到严重压抑和束缚的痛苦，慨叹着：“我不是个‘人’，我是破坏了的人”，而个性的压抑和民族的苦难交融在一起，更使他发出了“万恨摧肺肝，泪流达宵晓”，“欲飞无羽翼，欲死心如痈”的伤痛的呼声。是十月革命后新世纪的曙光和五四运动的爆发消融、粉碎了他心头的冰块，在这位敏感的哲人和诗人面前拓开了前所未有的新的境界。在中华民族的伟大觉醒和人民群众的新的斗争生活的激发下，他感到了理性的胜利，人的觉醒，充分意识到了人的尊严，人的力量。欧洲个性解放思潮由于融合到“五四”时代彻底反帝反封建的革命精神之中而焕发着新的时代光彩，而泛神论的我即神、神即自然的观点的影响，又使自然万物在诗人眼里都充溢着内在的常动不息的力量，这种思想影响与个性解放思想的结合，使郭沫若对人的力量的自信和歌颂有着更为广阔的胸怀和更为磅礴的气势。总之，是时代精神的感召，革命浪潮的激荡和融合了泛神论、个性解放思想的革命民主主义思想的指引，使诗人的思想带着哲理思考的特色并产生了涌溢的诗情。正因为诗人站在时代的制高点上，历史转折时期的历史风云激荡着他的心胸，这样，第一等襟抱产生第一等真诗，在这个时候才出现了诗的创作爆发期。不平凡的立意和强烈的创作冲动正为“诱发”他的创作灵感准备了充分的前提条件。郭沫若说：“忠于一种正确的思想即真理，以这为生活的指标，而养成自己的极端犀利的正义感，因而能够极端真挚地憎与爱，这便是诱发灵感的源泉。你的生活范围愈大，你的灵感的强度也就愈大。”① 又说：“作一诗时，须要有个前无古人后无来者的心理，要使自家的诗之生命是一个新鲜鲜的产物，具有永恒的不朽性。这么便是‘创造’。”② 这些话都说明，对于时代的总的特点的深切把握和对于时代精神的强烈、敏锐的感受是创作灵感爆发的基础。离开了这个基础，把灵感理解为“神灵凭附”时的“迷狂”状态，以为在离群独居或放诞不经的生活中抓住一些离奇古怪、想入非非的念头就可以产生出诗的“灵感”，这不过是一种空想。黑格尔早就对这种空想进行过尖锐的讽刺，他说：“单靠心血来潮并不济事，香槟酒产生不出诗来；例如马蒙特尔说过，他坐在地窖里面对着六千瓶香槟酒，可是没有丝毫的诗意冲上他脑里来。同理，最大的天才尽管朝朝暮暮躺在青草地上，让微风吹来，眼望着天空，温柔的灵感也始终不光顾他。”③《女神》的创作也说明，并非任何外界事物都能引起诗人的灵感，只有“为自己的民族和时代而创造”的激情才是巨大灵感产生的基础。

其次，从外界事物的“机缘”中抓住有真正艺术意义的东西，捕捉到不落常套的艺术构思是《女神》创作灵感得以“诱发”的直接原因。应该看到，由对时代的总的特点的把握和对时代精神的敏锐感受而形成的创作冲动、写作欲望还只是灵感产生的基础。没有这个基础，灵感无由产生，然而仅有这个基础却也不能导致一首诗的创作灵感的直接“诱发”。每一首优秀诗篇固然要有强烈的创作要求和不平凡的立意，但要真正变为艺术成果则需要有由具体的创作灵感的激发而产生的独特的艺术构思。这里，直接诱发创作灵感，使作者的强烈的写作愿望变为艺术成果的具体现实的关键，就是黑格尔所说

① 郭沫若：《诗歌的创作》，《郭沫若论创作》，上海文艺出版社 1983 年版，第 277 页。

② 郭沫若：《做新诗的原则》，《郭沫若论创作》，上海文艺出版社 1983 年版，第 246 页。1922 年 12 月 15 日从日本寄回的家书。

③ ［德］黑格尔：《美学》第 1 卷，朱光潜译，人民文学出版社 1979 年版，第 364 页。

的，“艺术家应该从外来材料中抓到真正有艺术意义的东西，并且使对象在他心里变成有生命的东西”，也就是郭沫若所说的“新鲜的观念”。这种“真正有艺术意义的东西”“新鲜的观念”可以是“通过一种外缘，一个事件，或是像莎士比亚那样，通过古老的民歌、故事和史传”而获得。有了这种东西，才会“有强度的意识集中”，“变成有生命的东西”，从而“灵感也就不招自来了”。以《凤凰涅槃》的创作为例，那时，诗人在“五四”时代精神感召下，清楚地看到了社会上正在加速进行的除旧布新、破旧立新的转换和斗争，这种现实的感受和哲理的思考，不仅使他在一般生命辩证发展过程中注入了革命内容，使诗人根据时代的要求、自身的情怀拓以新境，立以新意；而且使他在强烈的创作冲动下去进行艺术发现，去捕捉现实中具体感性而又有潜在容量的、有美感意义的事物。只有当他抓取到了这真正有艺术意义的东西的时候，才可能触发创作灵感，产生独特的形象，开始独特的构思。在这首长诗中，直接“诱发”诗人创作灵感的就是“菲尼克司”（即我国传说中所谓的“凤凰”）“满五百岁后，集香木自焚，复从死灰中更生，鲜美异常，不再死”的传说故事。十分有趣的是，黑格尔从美学研究的角度，郭沫若从诗歌创作原型的角度，两人都不约而同地利用了这个故事，敏锐而深刻地看到了这个故事的艺术意义和思想容量。黑格尔在谈到埃及象征艺术把“长生鸟”作为象征物的重要意义时，说：“我们可以把长生鸟（原文为 phoenix）这个形象放在最高的地位，作为一个带有普遍意义的象征，来说明这个阶段（指真正象征阶段）的观点。长生鸟把自己烧死，但是又从火焰和灰烬中跳出来，不但回生，而且还童了。”[1] 黑格尔将这个长生鸟故事说成是最能揭示“一般的生命辩证过程，即出生、成长、死亡以及从死亡中再生”[2] 的哲理的、美学的内涵的。郭沫若立足于“五四”革命现实的基础上，敏锐地发现凭借这个故事可以创造出鲜明奇特的象征性形象用以揭示反抗的、破坏的、创造的“五四”时代精神，因此，正是这个故事激发了他的创作灵感，变成了“他心里有生命的东西”，从而确定了贯穿全诗的独特的艺术构思。从这首长诗发表

---

① ［德］黑格尔：《美学》第 2 卷，朱光潜译，人民文学出版社 1979 年版，第 67～68 页。

② ［德］黑格尔：《美学》第 2 卷，朱光潜译，人民文学出版社 1979 年版，第 64 页。

前两天郭沫若给友人的一封信中，可以看到郭沫若创作这首诗的灵感的由来。这封信引用了诗人三年前写的一首旧诗，抒发了“有国等于零，日见干戈扰，有家归未得，亲病年已老。……悠悠我心忧，万死终难了”的民族积愤和个人积愤；与此同时，他又向友人倾诉自己的现实感受，写道：“我不是个‘人’，我是破坏了的人，我是不配你‘敬服’的人，我现在很想能如phoenix一般，采集些香木来，把我现有的形骸烧毁了去，唱着哀哀切切的挽歌把他烧毁了去，从那冷净了的灰里再生出个‘我’来!”[①] 写这封信后的第三天，郭沫若便爆发了创作这首诗的灵感。他说：“上半天在学校的课堂里听讲的时候，突然有诗意袭来，便在抄本上东鳞西爪地写出了那诗的前半。在晚上行将就寝的时候，诗的后半的意趣又袭来了，伏在枕上用着铅笔只是火速地写，全身都有点作寒作冷，连牙关都在打战。就那样把那首奇怪的诗也写了出来。”[②] 显然，创作这首诗的“灵感”的爆发，是诗人获得“phoenix”集香自焚，复从死灰中更生的构思直接引起的。这一构思，奇幻、独特、鲜明，又具有揭示一般生命辩证发展过程的哲理内涵，它与诗人在“五四”高潮时期的哲理思考和感情状态合拍，所以形成了一种能够特别强烈地“击发”诗人想象和幻想的、潜在容量很大的核心意象。这种核心意象一经获得，它就像磁石吸引铁屑一样，情思的延伸和意象的推移过程迅疾进行，“凤歌”“凰歌”“群鸟歌”“凤凰更生歌”等诗节中激情澎湃、形象绚丽的诗句附丽于总的构思，赋予核心意象以丰满的血肉，于是一个经过生发、补充、更新、再造的总体象征性形象便得以形成。

《女神之再生》的构思也有类似的情形。应该说，与这首诗有关的炼石补天，共工、颛顼争帝等素材已经在诗人的脑海里储积了许久，如他在1919年游日本栗林公园紫云山写的一首旧体诗中，就曾登山望远，对着国内封建割据、生民涂炭的政局发出“稊米太仓中，蛮触争未了”的慨叹，用共工、颛项争帝的传说故事来隐喻南北军阀的混战；还用了“长啸一声遥，狂歌入云杪”的诗句来抒发自己爱国救民的抱负和理想。在剧诗写作过程中，郁达夫

① 田寿昌、宗白华、郭沫若：《三叶集》，上海亚东图书馆1923年版，第11页。

② 郭沫若：《我的作诗经过》，《郭沫若论创作》，上海文艺出版社1983年版，第205页。

赠给他的诗——《百无聊赖者之歌》，也直接引起了他对女神最后合唱的构思①。但是，在这许多素材中，诗剧《浮士德》结尾的几句诗，“一切无常者，只是一虚影，不可企及者，在此事已成；不可名状者，在此已实有；永恒之女性，领导我们走”，所提供的“永恒之女性”的形象才是触发这个剧诗的独特构思的核心意象。这女神的形象是民主和平的化身，是自由创造精神的化身，也是诗人心目中“美的中国”的理想的体现者。诗人之所以能够捕捉住这个核心意象，是与他在“五四”高潮时期诀别了虚无、失望的情绪，内心感到圆满、充实的乐观精神分不开的，也与他具有丰富的中外文学的修养有密切的关系。在获得了这个核心意象之后，他脑海中储存的有关材料因为这种构思的“契机”，一下子被照亮了，调动了，从而使这些素材在与核心意象的融汇中被赋予了新的意义。

正因为郭沫若在《女神》的创作中经常遇到这种诗的意趣袭来，灵感爆发的状态，因此他常常称自己为“即兴诗人”，歌德也曾称自己的“全部诗都是应景即兴的诗”，他还解释说，所谓“即兴”就是“来自现实生活、从现实生活中获得坚实的基础”的意思。本来，“即兴”的原文是“趁时机”，意思就是“从现实出发”。对于积极浪漫主义诗人来说，这所谓“从现实出发”，一方面意味着艺术形象的创造是在本质上符合于现实生活的发展倾向的；另一方面也是把从现象转化来的“新鲜观念”作为构思的出发点和归宿的意思。在郭沫若和歌德那里，提供诗的机缘和诗的材料的，则大多是神话传说、历史故事、自然景物或现实的城市生活、科学文明等领域的特殊具体事物。除了上述《凤凰涅槃》和《女神之再生》两首长诗以外，又例如，郭沫若因为他在日本房州海湾上有过“披襟临海立，相对扇峰高”的实际感触，这种感知过的事物形成记忆表象，经过对这记忆表象的改造、组合，才会有《立在地球边上放号》一诗中那样囊括宇宙、气吞山河的巨大形象出现；在《电火光中》，无论是想象中的非实体对象苏武的形象，还是眼前出现的“牧羊少女”的画像、贝多芬的肖像等实体对象，这些客观存在的个别特殊事物在诗人头脑里转化为感觉印象，这些感觉印象经过诗人的感情、想象、幻想有目的地按照一定逻辑去改造、组合，才会由此创造出暗示着诗人思想情绪的总

① 郭沫若：《女神之再生·书后》，《民铎》1921年第2卷第5号。

体性形象来。郭沫若还曾从日本房州海湾内“海上布艨艟”的现实图景，生发出“地形同渤海，心事系辽东”的联想；与此相类似，面对着博多湾海岸上的俄罗斯巨炮，则产生出托尔斯泰和列宁同时在梦境中出现的奇特构思。

由上所述，可见在《女神》中，那种特别强烈的灵感爆发状态总是与诗人获得独特的核心意象，以及由此生发出来的独创的艺术构思密切相关的。我们常说郭沫若以《女神》为代表的早期诗歌创作的最大特点是真情的抒写，用诗人自己的话来说，就是“诗意诗境的自然流泻”“真情流露”“情绪之纯真的表现”“自发其心花”等；然而，我们还要进一步看到，郭沫若早期诗歌之所以会具有这种真情抒写的特点，一个重要原因，是由于诗人对个别特殊事物有独具慧眼的发现。正是这种触发独特构思的“契机”，使得他的特别强烈的“灵感”得以直接诱发，诗人富于“赤子之心”的纯真感情才得以自然流泻，诗人“心中的诗意诗境”才能“体相兼备”地再现出来。如果认为浪漫主义形象的创造，既然不必像现实主义那样熟悉现实生活的具体过程和细节，就认为诗人只要掌握生活的总的特点，具有对时代的敏锐感受，或者甚至于只要凭抽象的概念、哲理、原则就可以写出好诗来，这种看法将创造浪漫主义形象的特殊规律与诗歌创作的一般规律割裂并对立起来，很容易导致对浪漫主义的错误理解。在谈到诗歌创作的灵感的时候，何其芳曾经说：“过去说写诗要有灵感。其实所谓灵感，就是诗人在想象中捕捉住了动人的不落常套的构思。”[①] 这个见解之所以颇为精辟，就因为它在诗歌理论中阐述和表明了“艺术的真正生命正在于对个别特殊事物的掌握和描述”[②]。这一观点的重要性。郭沫若在以《女神》为代表的早期诗歌之所以其中大多数篇章都富于艺术的生命力，很重要的一个原因，就在于这些诗歌不仅没有违背在艺术中把握和描写个别这条重要规律，而且还通过他的创作个性和艺术风格使这种规律得到了创造性地运用和体现。

再次，《女神》创作灵感的产生还与作者“完全沉浸在主题里”，于顷刻

---

① 何其芳：《诗歌欣赏》，《何其芳文集》第 5 卷，人民文学出版社 1983 年版，第 395 页。

② ［德］歌德：《1823 年 10 月 29 日（论艺术难关在掌握个别具体事物及其特征）》，［德］爱克曼：《歌德谈话录（1823—1832）》，朱光潜译，人民文学出版社 1978 年版，第 10 页。

间创造出艺术形象的构思特色分不开。这里，应该看到的是，《女神》中许多诗篇的创作，不仅说明了灵感的产生是由于作者从外来材料中抓到了真正有艺术意义的东西，逮住了不落常套的艺术构思，而且还十分有力地表明了创作灵感是促使诗人“完全沉浸在主题里”，使艺术形象臻于完美的重要心理机能。理解了这一点，才能更清楚地看到创作灵感在创造独特而完整的艺术形象上的重要作用。我在本文的前面谈到过，郭沫若具有这样一种诗的天才，即在他的创作思维过程中，一旦灵感爆发，诗人心里的构思与作品的完成是同时在顷刻间进行的。自然，在这种灵感强烈爆发状态中，感情激荡是其显著的特征，但是，这种感情激荡的特征并不是与理性对立的，因而也并不排斥和否定他的创作灵感的思维的性质。《女神》中许多优秀诗篇的创作实践表明，灵感爆发状态并不是像某些唯心主义美学家所说的那样，仅仅具有情绪的特征，仅仅是诗人的主观情绪对意象的任意直觉式的把握。他们这样看，势必将灵感看成一种浅薄、空洞、混乱的感情，看成纯粹的内心活动而使之神秘化。然而我们看到，《女神》中那些优秀诗篇尽管是诗人在灵感爆发中顷刻完成的，却绝不是单纯的感情激荡，而是确实做到了溶理于情，溶理于物，使情合乎理，形造乎神，从而创造出形、神、情、理兼备的意境浑成的诗的形象来。以《地球，我的母亲!》为例，对于地球这个概括的大自然的形象，诗人以兴托、象征、写意的手法勾勒其外部形态，并着重揭示其内在的精神品格。在这“形”“神”统一的过程中，诗人的主观通过诗中的“我”——“地之子”渗透其间，而诗人的主观又包含着感情的灌注和蕴情于理两个方面，他的革命民主主义理想、个性解放的要求和泛神论的哲理，一句话，诗人的人格、诗人的全部生命都通过浓郁的感情的灌注而溶化在地球这个大自然的形象之中。正因如此，诗中所创造的地球——母亲的形象，实际上正是爱和美的象征，自我意识觉醒的象征，无限创造力的象征。通过对地球——母亲的抒写和歌颂，有力地揭示出“五四”时代“地之子”执着现实，热爱生活，破除偶像崇拜，追求个性解放的激越情怀和美好品格。在这种独特的内容之中，还融合着劳工神圣、劳动神圣的思想影响，表现出诗人基于泛神论观点的哲理思考的特色。

这里，还要看到的是，如果按照黑格尔的理解，灵感“是完全沉浸在主题里，不到把它表现为完满的艺术形象时决不肯罢休的那种情况”，那么，

《女神》的创作灵感作为一种强烈的、有理性内容的“情感”，其形象思维的特质，还突出地表现在艺术形象的构造和表现的特色上。我们看到，《女神》中诗篇的创作，一旦灵感袭来，便如天风海涛，汹涌澎湃，不可遏止，但每篇都似乎经过周密思考，仔细推敲，可见到谋篇、布局的功力。意象的推移和情思的延伸，既自然真切，又脉络清晰。而这些使形象臻于完美的艺术传达上的努力，又都是在灵感爆发的顷刻间迅疾完成的。例如，要论形象的奇特、情感的喷发以及节奏的急骤，气氛的紧张，在《女神》中最甚的莫过于《天狗》一诗了。然而，在诗的形象的发展中，由“天狗”突入宇宙，溶入万物，与宇宙本体合一；到获得光和热、获得无尽的能量；再到它“飞奔”“狂叫”“燃烧”，始而奔驰于外界，继而自啮其身，幻想境界中形象的发展是层层深入、秩序井然的。正是借助这种既奇特突兀又真切自然的特有逻辑，“天狗”——这个气吞日月星辰，囊括宇宙万物的“我”的形象便被推到了宇宙的中心，这个“我”拥有冲决封建罗网、破除偶像崇拜的万钧之力，这个“我”有着向自己精神世界的阴暗面进行解剖和斗争的清醒敏锐的自我意识，这个“我”以大写的“我”字挥写在广阔无垠的宇宙的背景上，唱出了激越的光和热的赞歌，唱出了自我力量和狂飙突进的时代精神的赞歌。又如《凤凰涅槃》，由“序曲”“凤歌”“凰歌”“凤凰同歌”“群鸟歌”和“凤凰更生歌”组成通盘布局，各章之间开阖自如，既有内在联系，又将描写和抒情幅度充分展示开来。“序曲”在富于悲壮气氛的象征性背景上突现出凤凰举火自焚的核心意象，先立主干。接着“凤歌”“凰歌”两章“因枝振叶”，展开抒写幅度，凤和凰的歌唱，感情是那样炽烈奔放，一泻千里；想象是那样了无羁绊，瞬息万变：它们时而南北东西对整个旧世界喷射出火一样愤怒的激情；时而对于宇宙万汇发出“天问”式的质问和抗争；时而痛不欲生地倾吐个人和民族的郁积；时而呼天抢地追寻着人生的道路。就这样，这两章既由凤凰自焚的核心意象辐射出涌溢的诗情和联翩的意象，这种诗情和意象又反过来加强了凤凰自焚行为的动机，使全诗的核心意象得到发展。这样，在下一章“凤凰同歌”中，当诗人以凝炼、雍容的笔墨表现凤凰自焚前与旧世界、旧我毅然诀别的英雄气概时，从整体布局上又一次回到了全诗的主干，这在新的基础上又一次突出诗的主干的感情的“升华”，进一步拓开了全诗的开阔高远的境界。接下去，诗情和意象本可以顺着主干和核心意象发展，直接写凤凰从死灰中更生的情景，但是诗的抒写幅度又一次展开来，与第一章“一群的凡鸟，自天外飞来观葬”相呼应，穿插了“群鸟歌”一章，在凤凰从容自焚所燃起的漫天大火旁，这群凡鸟的种种丑恶滑稽的表演所达到的艺术效果，正如雨果所说的“丑就在美的旁边，畸形靠近着优美，粗俗藏在崇高的背后，恶与善并存，黑暗与光明相共”①。在鲜明的对照下，“凡鸟”的滑稽丑怪的形象有力地衬托了凤凰自焚的悲壮和崇高。经过结构布局上的这一番开阖腾挪，核心意象不断地更新、再造，终于导致了“凤凰更生歌”中鲜美异常、不再死的凤凰的出现，诗的境界向永恒和空阔伸展，永生的凤凰在这一片大和谐、大欢乐的景象中翱翔翱翔、欢唱欢唱。这样，长诗便最终完成了它的象征性的富于哲理意味的高度概括。像长诗这样宏伟而精密的构思竟然是在灵感骤然闪现的耀目的光芒照耀下迅疾完篇的。这样的艺术天才，除了天生的资禀以外，没有经过广泛的学习，坚持不懈的努力所得来的丰厚精湛的艺术修养以及多方面的从训练得来的高度的技巧、技能的熟练是不可能做到的。

写到这里，我禁不住这样设想，或许是因为对郭沫若常说的灵感爆发状态以及他所主张的诗歌形式“绝端的自由，绝端的自主”等观点缺乏正确的理解吧，或许是被他诗歌的激情的迸发、形象的绚丽所吸引吧，我们至今很少看到有人对《女神》中上述一类优秀诗篇在构思和谋篇布局上所显出的功力作认真的剖析、细密的鉴赏。然而，这些优秀诗篇的艺术成果表明，在诗人创作灵感爆发时，诗的构思确实是大胆奇幻而又缜密真切的。我们不要忘记郭沫若在主张灵感爆发、形式的自由时还说过另一些话，那就是“表现要力求真切，不许有一毫走碾”②。对于艺术创造中这种“自由”与“秩序”的关系，许多美学家的言论都可以在理论上为郭沫若声援。雨果说：“一个普通人只能作出规规矩矩的东西，只有非凡的天才才能驾驭创作。创作者居高临下，驾驭一切；模仿者就近观察，事事循规蹈矩，前者按照他本性的法律创造，后者遵循他流派的规则行事。艺术之于前者，是一种灵感，而于后者，仅仅是一种科学。”他把艺术独创性是实实在在地看作灵感的产物，然而他又

① ［法］维克多·雨果：《雨果论文学》，柳鸣九译，上海译文出版社1980年版，第30页。

② 郭沫若：《做新诗的原则》，《郭沫若论创作》，上海文艺出版社1983年版，第245页。1922年12月15日郭沫若从日本寄回的家书。

说："当然，自由不是混乱；独创性在任何情况下都不能当作荒谬的借口。在文学作品里，构思愈是大胆，创作愈应无懈可击。"① 他又是对构思的大胆、独创与刻意求工作了辩证的理解的。关于浪漫主义的虚幻构思和奇特形象，布莱克这样说过："神灵和幻景并不像现代哲学所设想的那样朦胧一团，或者空无一物；与一切短暂的、无常的自然的产物相比，它们更有组织，更精雕细刻。……一切幻景比他肉眼所见完美得多、组织细密得多。神灵就是组织起来的人。"② 这些话强调了幻想世界也有它特有的形象发展的内在逻辑，因此，浪漫主义的独创性决不是"一堆谵语"似的怪诞的独创性。只有在内容与形式、主体与对象统一情况下的独具风格的完整的艺术作品才能表现出艺术家真实的自我，才具有真正的艺术的独创性。

综上所述，通过《女神》创作灵感的探讨，可以看到，对创作灵感应该有科学的阐释和正确的理解，它是作家思维活动中精神状态由量变到质变的飞跃。作为一种进行艺术创造的重要心理现象，它是作家在长期生活实践和艺术实践中出现的创作欲望旺盛、创作冲动强烈的鲜明体现，具有顷刻间才情焕发、豁然贯通，文思喷发的明显特征。一个创作个性鲜明、艺术风格独特的作家、艺术家，在创造形、神、情、理兼备的艺术形象的时候，从捕捉现实的特殊美到使形象臻于完美的整个构思过程，都与灵感的爆发密切相关。真正的艺术独创性总是离不开创作灵感的，优秀的浪漫主义诗歌的创作更是如此。因此，如实地承认灵感的美学价值，研究它的特征、内涵和独特作用，特别是探讨它形成和诱发的过程，这对于研究像《女神》一类"开山"之作的艺术独创性显然是必不可少的一环。

（载《文艺论丛》第20辑，上海文艺出版社1984年6月）

① ［法］维克多·雨果：《雨果论文学》，柳鸣九译，上海译文出版社1980年版，第89～90页。

② ［英］布莱克：《布莱克画展简介》，《欧美古典作家论现实主义和浪漫主义》（一），中国社会科学出版社1981年版，第254页。

表现·创造·变形

——郭沫若诗歌艺术新论

在东西方文化交汇和冲突的历史背景下，生活在20世纪黎明时期的郭沫若拥有一颗热烈、开放、敏感的心灵。具有新的时代特色的现代审美意识在他的美学文艺观中得到了鲜明的体现。在个体存在的巨大意义和价值日益突出的时代条件下，他的文艺观表现出充分主观性和情感性的特征。

郭沫若一方面师承18世纪末、19世纪初欧洲浪漫主义的传统，把情感和想象放在首要地位，主张自我情感的自然流露和艺术表现；另一方面，又与20世纪初现代主义诸流派接近，特别是受到表现主义的影响，主张“重新创造自我”，揭示人的深层的情绪世界，在自觉地吸取西方文艺思想的同时，东方人的艺术表现观也对他有着潜移默化的作用。例如，中国古代道家的“天人合一”观，就主张艺术表现要使人与宇宙精神的“道”相融合，达到大美、无限美的境地。印度美学也要求通过超然的瑜伽式的冥想，表现“永恒的情感程式”，达到“梵我一如”的境界。这些观点经过西方自然流露和主体创造的文艺思想的改造和融合，也在他的文艺观和创作中留下了明显的印记。因此，正是东西方文化思想和文艺观点的交流和汇合，使郭沫若的浪漫主义艺术观和创作在审美特征上显示出丰富复杂的内涵。

情感的自然流泻和艺术表现

过去，对于浪漫主义创作方法的特征，往往有一种片面的看法，这就是把浪漫主义看成人的自然情感的赤裸裸直接抒发，或只是时代精神一般观念的传声筒。简言之，就是把浪漫主义看成主观情感或时代精神的直陈复写和自然表现。对郭沫若前期的浪漫主义文艺创作也往往有类似的看法，即或者强调他的基于天才、生命、直觉、灵感的情感自然流露的观点，忽视其间具有的综合、创造完整意象和意境的艺术表现特征；或者强调他对时代重大课题的关注，通过自我倾泻激情，直陈形象，传达出时代精神的一般观念。

这里的首要问题是对郭沫若前期的"人"和"自我"的丰富复杂内涵的理解问题。他的下面一段话最能说明他对"人""自我"的理解和对浪漫主义表现内涵的理解。他在赞扬了创作中的"主情主义"和泛神论的宇宙观之后说："泛神便是无神。一切的自然只是神底表现，我也只是神底表现，我即是神，一切自然都是我的表现。人到无我的时候，与神合体，超绝时空，而等齐生死。"①"忘我之方……不求之于静，而求之于动。以狮子搏兔之力，以全身全灵以谋刹那之充实，自我之扩张，以全部精神以倾倒于一切！"②

从郭沫若多种言论来看，他前期深受西方自然人性论的影响。"泛神便是无神，一切的自然只是神底表现，我也只是神底表现。"在他看来，所谓"人"和"自我"是自然的一部分，它派生于自然。自我的需求、欲望、精神都是从自然中生成的，是人的自然本性的表现。所以他主张文学要与自然一样无目的，无功利，主张生命是文学的本质，文学创作具有自然发生的过程等。这些地方与我国老庄道家"天人合一"的思想有着渊源关系，同时也受到斯宾诺莎的神即自然、人即自然一部分的泛神论思想的影响。但是，郭沫若并不主张人的本体存在与宇宙自然存在无区别的同一，不主张将人的有意

① 郭沫若：《〈少年维特之烦恼〉序引》，《〈文艺论集〉汇校本》，黄淳浩校，湖南人民出版社 1984 年版，第 228～229 页。

② 郭沫若：《〈少年维特之烦恼〉序引》，《〈文艺论集〉汇校本》，黄淳浩校，湖南人民出版社 1984 年版，第 229 页。

识有目的的活动与大自然无意识无目的的活动等同起来。他说："我即是神，一切自然都是我的表现。"他的看法是，从本体，自然中派生的人、自我，虽然应该纯任自然，然而却有着独立于自然的人的本体建构，人的内在精神价值。这正是人和自我能动地扩张，充分发挥主观意力和创造精神的原因。同时从这里也可看到，郭沫若这种自我的无限扩张，人的主观能动性的无限追求又并不摒弃、脱离本体和自然，以致把自我孤立起来，或抽象化、神秘化，而是使极度扩张的自我达到与神、自然的合一，具有如同神、自然本身一样的无限的创造力。这就是"人到无我的时候，与神合体，超绝时空而等齐生死"的意思，这里又回复到"天人合一"的境界之中，然而是在充分显示了人的自觉性和主观能动精神的更高基础上的回复。由上所述，可见郭沫若的浪漫主义所展示的自我—超我—无我的过程，并不是泯灭自我的过程，而是自我与本体、自然合一、获得本体、自然的无穷创造力的过程。在这一过程中，要充分地估计到康德的天才论，尼采的重新估计一切价值的学说和柏格森的生命哲学对郭沫若的影响①。了解了郭沫若的"人""自我"的哲理内涵，了解了郭沫若的自我是这样具有自然人性、富有独立的创造精神，又涵盖宇宙、社会、人生的大我，就可以知道他所说的诗是个体情感的自然流露，艺术是人格内在冲动的表现等观念，既是真实的、感性的、具体的人的情感的自然表现，又是独立的精神个体、独立的艺术个性所进行的艺术上的发现、综合、创造和探索。东方人的"天人合一"，"梵我一如"的艺术表现观正是经过西方近现代哲学、美学思想的融合才在郭沫若的浪漫主义艺术创造中发挥了作用的。

恩斯特·卡西尔在论及浪漫主义作为表现艺术的特征时曾经对情感自然流露的观点作过辩证的分析。他指出，被誉为浪漫主义之父的卢梭，曾"反对所有古典主义和新古典主义传统的艺术理论"，是他最早地提出了"艺术并不是对经验世界的描绘或复写，而是情感和感情的流溢"的观点。卡西尔对此给予了高度评价，认为这个后来为歌德所仿效的观点，是欧洲许多世纪的

① 郭沫若与康德的关系见郭沫若：《论道德与良心》（《创造周报》第 9 号）、《中国文化之传统精神》，与尼采的关系见郭沫若：《文艺上的节产》（《创造周报》第 19 号）、《鲁迅与王国维》（《沫若文集》第 12 卷）；与柏格森的关系见《三叶集》（第 57 页）和郭沫若：《生命底文学》（《学灯》1920 年 2 月 23 日）。

摹仿原则“让位于‘独特的艺术’”的标志，这是“一个遍及整个欧洲文学的新原则的胜利”①。但是，他又强调说，“为了理解这种独特的艺术的真正意义，我们就必须避免片面的解释”，这就是不要把过去摹仿说“对物理对象的事物之复写”变成了“对我们的内部生活，对我们的感情和情绪的复写”，而忽略了“作为创造和观照的艺术品”的“构型过程”②。这里，所谓情感的自然流泻作为文艺主体的创造，实际上是情感的艺术表现。就是说，通过对自我内在情感形态和本质的发现、创造、综合、探索，从而使情感具有一种以“完整形式呈现出来”的“构型过程”。郭沫若认为，一方面，作家要“养成完美高尚的诗人人格”，“诗的创造是要创造‘人’”。这人格的创造，以“感情的美化”为中心，通过理智的扩充，直觉的运用，梦境的追寻，真理的探讨，从而塑造出凝聚着“一些矛盾方面的结晶体”的“完满”的“全人格”③；另一方面，诗人要“多研究古昔天才诗中的自然音节，自然形式”，讲究“自然的谐乐，自然的画意”，“情绪的律吕，情绪的色彩”。这样，因“直觉”“灵感”而激活的诗的情感世界，方才“体相兼备”“体相一如”，成为“真诗，好诗”④，值得注意的是，郭沫若写诗，由于灵感爆发状态十分强烈，如“狂涛怒涌，应接不暇”，所以看起来似乎没有什么“构型过程”。诗的构思，从形象的萌生、孕育到完成的过程，以想象为中心环节的感觉、知觉、记忆等综合地再造表象和形象的心理活动过程，诗的独创内容和与之相适应的独特表现形态、方法的形成过程，这些认识的、心理的、作品构成方面的诸多过程，都似乎是在灵感强烈迸发中同时完成的。正因为如此，所以人们往往不容易在诗人情感急剧地自然流泻中看到独特的艺术概括和诗的“构型过程”。然而事实上，郭沫若的许多诗篇，尽管激情的表达，如天风海涛，汹涌澎湃，不可遏止，却仍可以看到使形象臻于完美的艺术传达上的努

① ［德］恩斯特·卡西尔：《人论》，甘阳译，上海译文出版社 1986 年版，第 178 页。

② ［德］恩斯特·卡西尔：《人论》，甘阳译，上海译文出版社 1986 年版，第 180～181 页。

③ 田寿昌、宗白华、郭沫若：《三叶集》，上海亚东图书馆 1923 年版，第 45 页。

④ 郭沫若：《论诗》，《〈文艺论集〉汇校本》，黄淳浩校，湖南人民出版社 1984 年版，第 266 页。

力，可以看到借助情感的自然流泻所达到的独特的艺术概括。例如，要论情感的喷发、形象的独特以及节奏的急骤、气氛的紧张，在《女神》中最甚的莫过于《天狗》一诗了。然而，这首诗在意象的推移和情思的延伸中，由“天狗”突入宇宙，吞噬一切月、日、星球，吞噬整个宇宙，与宇宙本体合一；到它化为月、日以及一切星球的光，化为宇宙的energy的总量；再到它“飞奔”“狂叫”“燃烧”，始而奔驰于外界，继而自啮其身，幻想境界中形象的发展层层深入，秩序井然。诚如英国浪漫主义诗人和画家布莱克所说：“神灵和幻景并不像现代哲学所设想的那样朦胧一团，或者空无一物；与一切短暂的、无常的自然的产物相比，它们更有组织，更精雕细刻。”“一切幻景比他肉眼所见完美得多，组织细密得多，神灵就是组织起来的人。”① 正是借助一种既奇特突兀又真切自然的幻想的逻辑，“天狗”——这个气吞日月星辰、囊括宇宙万物的“我”的形象便被推到了宇宙的中心。这个“我”拥有冲决封建罗网、破除偶像崇拜的万钧之力，这个“我”有着向自己精神世界的阴暗面进行反思和解剖的清醒敏锐的自我意识。这个“我”以大写的“我”字挥写在广阔无垠的宇宙的背景上，唱出了激越的光和热的赞歌，唱出了自我力量和狂飙突进的时代精神的赞歌，短诗是如此、抒情长诗《凤凰涅槃》、《地球，我的母亲!》等，更在独特构思的基础上对时代、人生、宇宙进行了富于哲理意味的象征性的概括。

怪诞、变形手法的改造和运用

郭沫若前期的创作方法不仅以浪漫主义作为主导，而且从西方现代派文学中得到借鉴，受到西方现代主义文学思潮和创造方法的影响。它不仅在作为创作方法内在基础的总体艺术观上与现代派文学接近，而且现代主义一些具体文学流派如意识流文学、象征主义文学以及表现主义文学都对他有直接的影响。他在1992—1923年两年内，连续写了《自然与艺术》、《文艺上的节产》、《印象与表现》、《批评与梦》、《未来派的诗约及其批评》、《瓦特裴德的

① ［英］布莱克：《布莱克画展简介》，《欧美古典作家论现实主义和浪漫主义》，中国社会科学出版社1981年版，第254页。

批评论》等一系列文艺论文，对现代派文学作了介绍和评价。郭沫若从总体艺术观上沟通了浪漫主义和现代主义，又在浪漫主义的基础上对一些现代主义流派的具体艺术观以及特征性艺术手法进行了择取和吸收。

郭沫若特别推崇20世纪初兴起于德国的表现主义，对之寄予“无穷的希望”。他说：“18世纪的罗曼派和最近出现的表现派（expressionism），他们是尊重个性，尊重自我，把自我的精神运用于客观的物料，而自由创造。”① 这是在强调自我内在生活和心理的根本点上，把浪漫主义与表现主义沟通起来，他还进一步在艺术与表现、模仿的关系上大力肯定表现主义创作概括的独特性。他说：“艺术家不应该做自然的孙子（按：指‘模仿’），也不应该做自然的儿子（指‘再现’），是应该做自然的老子（指‘表现’‘创造’）。”② 艺术要给自然以生命，“剪裁自然再加以综合创造”。艺术“要打破一切自然的樊篱，传统的樊篱，在五百万重的枷锁中解放出我们纯粹的自我！”③ 郭沫若认为，构成这致力于“表现”和“创造”的“自我”的，主要不是理性，而是生命和情感。埃德施米特就说过，在表现派作家那里，“感情得到无限的扩张”，他们“以巨大的、包容一切的感情”，“在最为切实的核心中进行探寻，重新创造”，从而表现事物的“形象”——“事物更深一层的形象”，使“一切都和永恒结缘”④。这里，自我和永恒结缘就是“天人合一”，“梵我一如”。“事物更深一层的形象”，即所谓“幻象”，也与我国及印度古代象征型艺术那一整套象征、暗示、寓意的体系类似。除了表现主义以外，郭沫若也很重视象征主义的形式和方法。他说，“真正的文艺是极丰富的生活由纯粹的精神作用所升华过的一个象征世界”⑤，把文艺中“象征”的作用提到了对生活进行

① 郭沫若：《印象与表现》，《郭沫若论创作》，上海文艺出版社1983年版，第608页。

② 郭沫若：《自然与艺术——对于表现派的共感》，《〈文艺论集〉汇校本》，黄淳浩校，湖南人民出版社1984年版，第129页。

③ 郭沫若：《印象与表现》，《郭沫若论创作》，上海文艺出版社1983年版，第614页。

④ ［德］埃德施米特：《创作中的表现主义》，《现代西方文论选》伍蠡甫主编，袁志英译，上梅译文出版社1983年版，第149、151～153页。

⑤ 郭沫若：《批评与梦》，《〈文艺论集〉汇校本》，黄淳浩校，湖南人民出版社1984年版，第157页。

总体概括的高度上。郭沫若还从弗洛伊德的“精神分析”说出发，用“潜在意识的一种流动”① 的观点写小说，以揭示人物最深处的生命的冲动。所有这些现代派的影响都为他的浪漫主义创作概括融进了明显的新特色。

对于现代派文学常用的怪诞、变形的形式和方法，郭沫若往往从浪漫主义艺术形象奇妙幻想性的角度去理解并接受，而对现代派中一些过于强调下意识、本能、直觉而出现的离奇古怪、虚无缥缈的表现，则持否定态度。他曾以希腊雕塑的发展过程比喻现代主义艺术，认为它们已经经历或必将经历“由混乱到澄清”的过程。他在谈到现代主义艺术时说：“他们的表现是非常怪特的grotesque（奇形怪状），我觉得他们也还没有到澄清的地步。现代的艺术，还是混乱的时代，可以说是走到希腊的牧羊神时代了。”② 这所谓混乱的时代是指的原始希腊人的时代。关于希腊牧羊神，他解释道：“它是森林的象征，但是他是人首兽身牛角羊蹄，它没有一些儿森林的形似。”③ 原始希腊人在这里“不是表现森林，表现的只是他们自己的情绪”④。即对森林的恐怖情绪。而希腊人后来创造的太阳神、月神的雕塑却在艺术表现上由混乱达到了澄清的地步。他说：“太阳神是个壮美的男神乘驷马，持弓矢，射狼犬，这是象征运转不已的太阳，吐放光线以驱逐黑暗。月神是极优美的女神，以弓矢射鹿，我们看他用这优柔的鹿来象征夜的世界，便有一种说不出来的美感。”又说：“希腊雕刻的精神和发展的程序，我以为正是艺术的正途。他的自我表现的精神，和澄清自我的倾向，这是艺术家的两种必要的努力。”⑤ 他还从总的方向上肯定了对现代派艺术进行改造的重要性，说他们“所走的方面是不错，将来再由混乱而进于清澄，由Dionysos（戴奥尼索斯）的精神，

---

① 郭沫若：《批评与梦》，《〈文艺论集〉汇校本》，黄淳浩校，湖南人民出版社1984年版，第152页。

② 郭沫若：《印象与表现》，《郭沫若论创作》，上海文艺出版社1983年版，第614页。

③ 郭沫若：《印象与表现》，《郭沫若论创作》，上海文艺出版社1983年版，第612～613页。

④ 郭沫若：《印象与表现》，《郭沫若论创作》，上海文艺出版社1983年版，第613页。

⑤ 郭沫若：《印象与表现》，《郭沫若论创作》，上海文艺出版社1983年版，第613页。

求出 Apolls（阿波罗）式的表现，我可断言世界的艺术界不久有一个黄金时代出现”①。郭沫若的这些看法表明，在古希腊人那里，虽然想把情绪和观念体现为一定的艺术形象，但这种情绪或理念还无法从具体现象中找到定性的形式。这样，就只能将自然的形状和自然的现象无限夸张，以致扭曲自然的形状而背离现实。这牧羊神作为森林的象征，竟然是“人首兽身牛角羊蹄”，“没有一些儿森林的形似”，就表明这种怪诞是一种感性外形被无限夸大的畸形现象和粗野形式。但是，郭沫若并未完全否定现代派怪诞变形的方法。在他看来，对客观外在事物作极度的夸张和大幅度变形的方法是可以运用的，但仍须是有某种客观外在形象的形似，并富于现实精神。例如，他说的希腊人后来的雕塑，以“乘驷马，持弓矢，射狼犬”的“壮美的男神”来象征太阳，用“以弓矢射鹿”的“极优美的女神”象征月亮。这里的象征有夸张，有变形，但所创造的太阳神、月神形象就有某种形似和现实性。它们所造成的象征性或暗示性形象或意境，赋予了怪诞、变形以合理且丰富的内涵，从而使人感到“有一种说不出来的美感”。

郭沫若的《凤凰涅槃》、《女神之再生》、《湘累》、《地球，我的母亲!》、《天上的市街》等诗篇或诗剧中，诗人现实中自我的情感借凤凰、女神、屈原、地球、牛郎织女等神话传说、历史人物、大自然形象等倾吐和表达出来，已经是一种变形。而凤凰竟然集香木自焚，又从死灰中诞生出新生的不再死的凤凰来，惯于炼石补天的女神这一次在天塌地裂之后竟然不屑于再去修补天体，而要去创造一个新鲜的太阳。历史上那位屡遭君王、祖国遗弃而不改忠君爱国之心的屈原，竟然成了“五四”时期梦醒了无路可走的凄苦迷茫、烦恼愤怒、孤傲清高的知识分子。地球这哺育万物的“母亲”竟然成为一位终日劳动不停，有着博爱胸怀而且威力无穷的现代开放型母亲的形象。还有，那神话中被阻隔在天河两岸的牛郎织女，竟然可以骑着牛儿来往，那水深浪阔的天河也竟然变得“浅浅的”“不甚宽广”的了。这种奇谲的构思，它是大幅度的变形，然而，尽管这种变形已经达到了奇幻怪诞的地步，他们却都具有人的特点，有着浓郁的人间性。无论是诅咒黑暗、讴歌光明的凤凰，创造

① 郭沫若：《印象与表现》，《郭沫若论创作》，上海文艺出版社 1983 年版，第 614 页。

新鲜的太阳的女神，唱着痴情的恋歌的娥皇、女英，还是烦恼悲愤、痛不欲生的屈原，美丽动人、亲切宽厚的地球——母亲，幸福欢乐的牛郎织女等，他们的性格、情感、心理、行为都表现出人的一般方式，反映了人的内心世界、内在情感，感受到人性的制约，表现出人的行为的有限性，绝不是脱离人的有限性、人的制约的漫无边际、光怪陆离的夸张。这里，浪漫主义的激情倾吐、奇妙幻想，同表现主义、象征主义借助大幅度变形而产生的独特的暗示、象征等手法结合起来，大大增强了作品艺术概括的力度和幅度。凤凰、女神、屈原、地球——母亲等浪漫主义形象的创造，正是通过变形、怪诞的形式和方法，紧紧抓住了“现实的大魂（时代精神）”，突入历史时代的核心，从总体上对时代、人生、宇宙作出哲理性概括和象征性的反映，从而构造了超越时空的深远意境，具有了永恒的意义。

人格创造说和独特的艺术概括方式

郭沫若前期无论是浪漫主义的自然流泻和艺术表现论，还是以表现主义为中心的现代派的深层表现和主体创造论，二者都是为了要表现自我，又澄清自我。这就是通过人格的创造、情感的美化，使自我得到充实和完善，从而用“全生命”“全人格”创造出个性鲜明、奇谲，又有高度概括性和象征意蕴的浪漫主义典型形象来。歌德说：“艺术要通过一种完整体向世界说话，但这种完整体不是他在自然中所能找到的，而是他自己的心智的果实，或者说，是一种丰产的神圣的精神灌注生气的结果。”① 在歌德看来，作家“须以整个的人格进行创作”，艺术品必须是“显出特征的整体”，而这两方面都必须是作家“心智的果实”。郭沫若的交融着现代主义因素的浪漫主义艺术概括，就是这种由“自己的心智”“灌注生气”而产生的“完整体”。从创造主体说，他强调“诗的创造是要创造‘人’”，“诗——不仅是诗”，诗“为人格底创造冲动底表现”②，“创造生命底文学，第一当创造人：当先储集多量的 energy

① 朱光潜：《西方美学史》下卷（转引歌德语），人民文学出版社 1979 年版，第 428 页。

② 郭沫若：《论诗》，《〈文艺论集〉汇校本》，黄淳浩校，湖南人民出版社 1984 年版，第 267、255 页。

以增长个体底精神作用”①。郭沫若在这里所说的“人格”是以个性意识觉醒为基础的个体人格，他强调的主体性是个体主体性，通过个体主体性去感应、体现社会主体性。而且在个体主体性中，虽然他也说过：“真理要探讨，梦境也要追寻，理智要扩充，直觉也不忍放弃。”② 但他强调的主要是生命、情感、直觉等感性的东西。他说：“文学是反抗精神的象征，是生命穷促时叫出来的一种革命”，只要“凡是有青春的血液在脉管中流动的人”，就要高唱“人性战胜了礼教的凯旋歌”③。这就是说，在他看来，只有自己的心情、感情的生命，才具有永恒的、无限的活力，才能冲破封建专制和礼教统治的理性板结层，在创作上才能充满创造的活力，“立地生出有情的宇宙”，创造出一个全能的、充满生机的艺术世界来。从作品主体看，他要求作家把“自然的种种素材融合成一种新的生命，融合成一个完整的新的世界”，诗人“作一诗时，须要有个前无古人后无来者的心理。要使自家的诗之生命是一个新鲜鲜的产物，具有永恒的不朽性，这么便是‘创造’”④。又说：“生命底文学是个性的文学，因为生命是完全自主自律的。”⑤ “个性最彻底的文艺是最为普遍的文艺。”⑥ 这就是说，文学作品愈是“自主自律”的“个性的文学”，愈具有“新鲜的生命”，才愈是普遍的文学。由此可见，从作品主体看，郭沫若最为强调的，也是艺术概括的独特性，即“显出特征的整体”。

这里，独特的艺术概括还必然涉及独特的艺术概括方式。关于概括方式，歌德曾提出了“为一般而找特殊”，还是“在特殊中显出一般”的问题。他说：“第二种程序才特别适宜于诗的本质，它表现出一种特殊，并不想到或明

---

① 郭沫若：《生命底文学》，《郭沫若论创作》，上海文艺出版社 1983 年版，第 4 页。

② 郭沫若：《论诗》，《〈文艺论集〉汇校本》，黄淳浩校，湖南人民出版社 1984 年版，第 265 页。

③ 郭沫若：《〈西厢〉艺术上之批判及其作者之性格》，《〈文艺论集〉汇校本》，黄淳浩校，湖南人民出版社 1984 年版，第 238、241 页。

④ 郭沫若：《做新诗的原则》，《郭沫若论创作》，上海文艺出版社 1983 年版，第 246 页。

⑤ 郭沫若：《生命底文学》，《郭沫若论创作》，上海文艺出版社 1983 年版，第 4 页。

⑥ 郭沫若：《论诗》，《〈文艺论集〉汇校本》，黄淳浩校，湖南人民出版社 1984 年版，第 255 页。

指到一般。谁若是生动地把握住这特殊，谁就会同时获得一般而当时却意识不到，或只是到事后才意识到。”① 歌德还把上面两种艺术概括方式看作“寓意”和“象征”的分别。他说：“寓意把现象转化为一个概念，把概念转化为一个形象，但是结果是这样：概念总是局限在形象里，完全拘守在形象里，凭形象就可以表现出来。象征把现象转化为一个观念，把观念转化为一个形象，结果是这样：观念在现象里总是永无止境地发挥作用而又不可捉摸，纵然用一切语言来表现它，它仍然是不可表现的。”② 歌德所说的概念是逻辑推理的概念，而所谓观念（Idee），按朱光潜的注释，“原义为感觉印象”，则为形象思维的概括。可见这显出“一般的”“特殊”是具体的感觉印象。基于浪漫主义的特殊性，郭沫若所强调的是以直觉、灵感为动因的情感、情绪（郭沫若并不否定理性，而且还有他未曾意识到的感性情感中所积淀的理性）。他说：“我想诗人底心境譬如一湾清澄的海水，没有风的时候，便静止着如像一张明镜，宇宙万汇底印象都涵映着在里面；一有风的时候，便要翻波涌浪起来，宇宙万类底印象都活动着在里面。这风便是所谓直觉，灵感（inspiration），这起了的波浪便是高涨着的情调。这活动着的印象便是徂徕着的想象。这些东西，我想来便是诗底本体，只要把他写了出来的时候，他就体相兼备。”③ 在这里，郭沫若所强调的，是同歌德一样谈到了由“感觉印象”到“形象”的转化，但郭沫若则进一步揭示了这个转化的过程。这就是以感觉印象为材料，以直觉、灵感为动因，以想象为形式，以“高涨着的情调”（情感）为内容的形象思维过程。郭沫若多次提到，他的许多著名诗歌就是由于外在事物触发了创作灵感，然后在灵感爆发中借助想象掀起阵阵情感的波涛，从而构成作品体相兼备的整体形象的。众所周知的《凤凰涅槃》的创作就是例证。从这首长诗发表后两天郭沫若给友人的一封信中，可以看到郭沫若创作这首诗的灵感由来。这封信引用了诗人三年前写的一首旧诗，抒发了“有

① 朱光潜：《西方美学史》下卷（转引歌德语），人民文学出版社 1979 年版，第 416 页。

② 朱光潜：《西方美学史》下卷（转引歌德语），人民文学出版社 1979 年版，第 416 页。

③ 郭沫若：《论诗》，《〈文艺论集〉汇校本》，黄淳浩校，湖南人民出版社 1984 年版，第 259 页。

国等于零，日见干戈扰。有家归未得，亲病年已老。……悠悠我心忧，万死终难了”① 的民族积愤和个人积愤。与此同时，他又向友人倾诉自己的现实感受，写道：“我不是个‘人’，我是破坏了的人，我是不配你‘敬服’的人，我现在很想能如 phoenix 一般，采集些香木来，把我现有的形骸烧毁了去……从那冷静的灰里再生出个‘我’来。”② 写这封信后的第三天，郭沫若便爆发了创作这首诗的灵感。他说：“上半天在学校的课堂上听讲的时候，突然有诗意袭来，便在抄本上东鳞西爪地写出了那诗的前半。在晚上行将就寝的时候，诗的后半意趣又袭来了，伏在枕上用着铅笔只是火速地写，全身都有点作寒作冷，连牙关都在打战。就那样把那首奇怪的诗也写了出来。”③ 这首诗的灵感的爆发，是诗人获得“phoenix”集香木自焚，复从死灰中更生的构思直接引起的。这一构思奇幻、独特、鲜明，又具有揭示一般生命辩证发展过程的哲理思考，所以形成了一种能够特别强烈地“击发”诗人想象和幻想的、潜在容量很大的核心意象。这种核心意象一经获得，它就像磁石吸引铁屑一样，情思的延伸和意象的推移过程迅疾进行，“凤歌”“凰歌”“凤凰同歌”“群鸟歌”“凤凰更生歌”等诗节中激情澎湃，形象绚丽的诗句附丽于总的构思，赋予核心意象以丰满的血肉，于是一个经过生发、补充、更新、再造的总体象征性形象便得以形成。郭沫若还说过他的爱情诗集《瓶》只是“苦闷的象征”④，他前期的小说则大多是一些“幻美的追寻，异乡的情趣，怀古的幽思”的作品。激发他创作这些作品的是对生活、对人物、对某种情绪的直感；是直感的观察，直感的思维，直感的创造。郭沫若说：“灵魂深处流泻出来的悲哀，然后才能震撼读者魂魄。不然，只抱个死板的概念去从事创作，这好像用力打破鼓，只是生出一种怪聒人的空响罢了。”⑤ 由此可见，

---

① 郭沫若：《夜哭》，田寿昌、宗白华、郭沫若：《三叶集》，上海亚东图书馆 1923 年版，第 9～10 页。

② 郭沫若：《郭沫若致白华先生信》，田寿昌、宗白华、郭沫若：《三叶集》，上海亚东图书馆 1923 年版，第 11 页。

③ 郭沫若：《我的作诗的经过》，《郭沫若论创作》，上海文艺出版社 1983 年版，第 205 页。

④ 郭沫若：《诗作谈》，《郭沫若论创作》，上海文艺出版社 1983 年版，第 221 页。

⑤ 郭沫若：《论国内的评坛及我对于创作上的态度》，《〈文艺论集〉汇校本》，黄淳浩校，湖南人民出版社 1984 年版，第 145 页。

郭沫若前期浪漫主义特有的“由特殊显出一般”的艺术概括方式，既不是从一般的普遍性概念出发去找形象，作个别例证和说明，也不是在离奇、病态、梦幻的个性追求中导致艺术表现的丧失。他是在强调感性的生命、天才、直觉、灵感的基础上，以情感的艺术表现和综合创造而达到创作概括的目的的。

（载《郭沫若学刊》1988 年第 3 期，四川郭沫若研究学会）

郭沫若前期“寄托小说”新探

郑伯奇在《中国新文学大系·小说三集·导言》中说，郭沫若前期小说“寄托古人或异域的事境来抒发自己的情感的，可称寄托小说”。最能体现这种寄托小说特征的，是郭沫若的《Lobenicht 的塔》、《鹓雏》（后改名《漆园吏游梁》）和《函谷关》（后改名《柱下史入关》）三篇作品，它们分别以德国近代哲学家康德、中国古代哲学家庄子和老子作素材，所写都是古人的事，或是古人兼异域的事，这些作品一方面形象地揭示出几位哲学家哲理思想的精神实质，表现出郭沫若对他们哲学思想的独特理解；另一方面也显示出郭沫若自己在大革命前夕将自我精神主体与人生哲理相融合的独特精神面貌。从艺术表现上看，这些作品，或者借助多种象征物组成象征本体，或者将寓言故事和人物的行动、细节相融合，或者把绚丽的诗情与个性色彩鲜明的议论相交织，无不寄托着人生的哲理，包孕着丰厚的哲理意蕴。

冲破内外藩篱的人情美

与过去不重视康德哲学对郭沫若思想影响有关，《Lobenicht 的塔》这篇小说历来不被人注意。现代文学史著作在论及郭沫若前期小说时，大多不提此篇；有的关于郭沫若前期思想和创作研究的专著，在论及郭沫若小说的象征、哲理的特征时，也避开这一篇。近一两年来，这篇小说的研究开始被重视，出现了一些新的看法。如有的同志视此篇作品为郭沫若对先验的、唯美的精神世界的追求；有的则从弗洛伊德的精神分析说出发，把它理解为文化生产与性能量的关系的表现，等等。这些看法都是新颖独特，很有启发意义的。但我认为，还可以从另一角度对这篇小说进行新的探讨。

应该说，这篇小说在郭沫若前期思想和创作的发展历程中，无论是从思想性或艺术性上看，都是很重要的。它高度浓缩和概括地表现了康德哲学思想的丰富内涵，又表达出作者自己对人生哲理的追求。郭沫若说：“作这篇文章的用意，与其说为了纪念康德，倒是想借以讽喻哲学家。尽管哲学家或思想家是怎样的冷静、超然，过着如冷霜、如机械的理智生活，但是人生的情趣终不免要来萦绕，而且在黯默中还要给他以助力。恶魔说过：‘灰色是一切的理论，只有人生的金树长青。’这意义可惜没有表现十足。”[①] 而这有着明显积极意义的“人生金树长青”的哲理，主要不是通过抒情和议论来达到，也不仅是运用个别的象征手法，而是通过作品的总体构思，形成一个象征性的本体结构，并借助审美感受的飞升使人领略到一种超越本体结构、富有哲理意蕴的更普遍、更永久的意义。

《Lobenicht 的塔》选取了康德写完第一批判书——《纯粹理性批判》之后七年，第二批判书——《实践理性批判》的写作正在进行，而第三批判书——《判断力批判》开始酝酿和孕育时的一段思想和生活。这样长的时间跨度，这样恢宏的艺术构思在作品中却被凝聚于一个焦点上。这个焦点从表现形式上看，是康德一个月以来所感到的异常的焦躁和烦恼，而从实质上看，则反映了他的哲学思考正处在一个关键的时刻。正如小说所写的，康德“平生所尊敬的只有两个人：一个是牛顿，一个便是卢梭。牛顿指示了他以头上的星空；卢梭指示了他以心中的道德律”。牛顿力学所揭示的自然因果关系引起了他对客观物质世界的哲学沉思。他的第一批判书就是在牛顿启示下对宇

① 郭沫若：《创造十年续篇》，《沫若文集》第 7 卷，人民文学出版社 1958 年版，第 187 页。

宙、自然规律的认识；而卢梭的自然人性论和民主平等思想则启示他认识到人本身便是目的，他的第二批判书就是从人本身去寻找伦理道德的根源，建立对人的尊严和权利的信念，追求人格本体建构的圆满和完美。这样，“牛顿完成了外界自然的科学，卢梭完成了人的内在宇宙的科学”。第二批判书的写作就是竭力使人从自然因果规律的链条中解放出来，形成自然和自由、认识和伦理、感性与理性截然分开的双重世界。然而，小说写道，在康德的第二批判书正在进行时，他愈来愈感到人的内外两个宇宙，即“头上的星空”和“心中的道德律”有加以沟通的必要。因为人对自然规律的认识虽然不能解决人本身的伦理问题，但人本身的内在建构却应该由内而外去感应和作用于客观外在物质世界。于是，怎样把内宇宙和外宇宙统一起来，在自然与社会、认识与伦理、感性与理性之间找到具体的中介或桥梁，就成了他最苦恼和孜孜探索的问题。正是这个原因促使康德再一次阅读了卢梭的《爱弥儿》。小说写道：“他（指康德）自己说过：他从前只是一个学究，他为智识欲所迫，不足时觉着好奇心的不安，有进步时便觉得满足。他那时以学问为人类的光荣，他鄙屑一切无知的庸众。……但是卢梭把他引回到正路来，那种盲目的偏重从他心头消逝，他知道尊敬人，他知道假使他的探求在人权的恢复上不想有什么贡献时，他会比寻常的工人还要没有用处。”由此可见，康德正是从社会性的“人”，从这种人的感性情感、人性美出发去解决天人关系——“头上的星空”和“心中的道德律”的关系的。而这正是他的第三批判书所要回答的“人是什么”的答案。

关于康德哲学回答“人是什么”这一真正核心和出发点，郭沫若在小说中通过总体的象征性构思有着鲜明生动的表现。作品写道：因为《爱弥儿》而失眠、打破了刻板的生活规律的康德，起床后满心烦躁。过去从他的寝室的南面窗户望出去，本可以看到 Lobenicht 的塔的塔尖，其上“竖着一个黄金的十字架——这是康德新建的批判哲学的象征：横的自然观和纵的道义感要构成一个新的金钥开发人天的哑谜”。这十字架常常引起他的新的哲学思考。然而，这一次当他再次打开南窗时，却被邻家的一排一个月来逐渐长高了的白杨树梢遮住了视线。他因此而烦躁、愤怒了。那么，他怎样才能重见塔尖，重见那象征着人天哑谜的十字架呢？这“金钥”是什么，又怎样去解开这人天的哑谜呢？康德吩咐仆人去邻家交涉，要用高价买下白杨树并将它砍去。

恰巧，那位邻家太太正是三年以前在街上搀扶起跌倒了的康德的那一位，而康德也曾将一朵红蔷薇花赠予她；这朵花至今仍被那位太太珍存于她的首饰匣中。正是以蔷薇花为象征的人生情趣和人性美使问题得到了解决。邻家太太欣然同意砍去白杨树梢，康德终于又重睹了 Lobenicht 的塔尖和十字架。小说最后写道：

> “啊，Lobenicht 的塔！”
>
> 塔尖上的十字架不断地放着白光，而他是征服了自然的外观，和 Ding an Sich（本体）觌面了的一样。
>
> “啊，Lobenicht 的塔！”
>
> 撤去了内外藩篱的美，无关心的美，美的洪流超荡了时空的境界；康德教授虔敬地立在窗前，连他自己的身心都融化在白光里了。
>
> 《第三批判书》的受胎便在这个时候。

这里，所谓“撤去了内外藩篱的美，无关心的美”，就是说自我的升华和扩张，不仅突破了人与外在自然的界限，使二者和谐相处，而且人的情感和理性，人的审美情操也渗透到人自身的内在自然（即人的自然存在和作为生命情欲的心理感受、需要、能力等）之中。康德在第三批判书中提到的审美的“反思判断力”就是这种美。它没有具体目的（功利，有概念），但有一般的合目的性（与伦理、认识及感性均有牵连），它借助一种先验的“共通感”与“人类集体的理性”即社会性联系了起来，因此它又是一种“依存美”。就这样，“康德在审美现象和心理形式的根底上，发现了心理与社会、感官与伦理，亦即自然与人的交叉”①。由此可见，康德是从哲学角度把审美根源归结为社会性（尽管是先验的）的，所谓“无关心的美”也是一种“非功利而又产生愉快”“无概念而又有普遍性”“无目的而又合目的性”的审美特征的表现。郭沫若这篇小说的结尾，强调了“撤去内外藩篱的美；无关心的美”，并认为“《第三批判书》的受胎便是在这个时候”，正说明了他对康德哲学、美学思想的理解是以“人生的金树长青”作为主旨的。如果说郭沫若 1922 年写《星空》序诗在利用康德的话时还是将“头上的星空”与“心中的道德律”对

① 李泽厚：《批判哲学的批判》，人民出版社 1984 年版，第 380 页。

峙的话，那么在1924年写《Lobenicht的塔》时，则基于康德的社会性的人和审美特征在探求解开人天哑谜的金钥了。应指出的是，尽管康德所谓的人的“社会性”，美的“社会性”是属于他的先验唯心主义体系中的抽象空洞的资产阶级人性论观点，郭沫若虽然在这时还“动摇于唯物与唯心之间”，有过分看重人的主观精神和追求幻美的一面，但他已开始认识到人的实践主体的重要性，看到了“梵的现实，我的尊严，爱的福音”是受制于“经济制度”的①，看到了“文艺乃社会现象之一，故必发生影响于社会”②。这些观点又是显然不同于康德的。正因如此，这篇小说在通过康德思想来表现“人生的金树长青”的主旨时，由子受题材的限制，不能将康德“现代化”，所以这个主旨不能“表现十足”。这里，把康德的哲学、美学思想与郭沫若在特定历史条件下对人生哲理和美的追求加以区别，是十分重要的。

如上所述，小说《Lobenicht的塔》通过一连串象征性的细节和情节构成了一个象征本体。作为外表物质现象象征的白杨阻隔了人的精神，而象征着人生的情趣和美感的红蔷薇又换取了白杨的树梢，“暗默”中打通了物质现象的阻隔，塔尖上金色的十字架是自然与人、认识与伦理（即康德的第一批判书和第二批判书）交叉联结方式的象征，而那要启开人天哑谜的“金钥”则是人的情感、无关心的美的象征。这篇小说正是在以人为中心、回答人天关系是什么的总体构架中，将白杨、红蔷薇与塔尖十字架及金钥，构成了一个象征世界，并以这种特征鲜明的总体结构作为依托，生发出一种超越作品本体、指向无限的核心观念。这就是康德哲学思想体系的象征意蕴。三大批判书的内在联系显示了出来，同时这个体系中最关键的所在——第三批判书的本质内涵也得到了凸现。就这样，康德超越了牛顿与卢梭，提出了“真善美”统一的“人”的理想，为近代自然科学与民主思想作了先验的、唯心主义哲学意义上的总结。郭沫若也从中吸取了合理成分，表达了自己在大革命前夕追求人的实践主体的积极进取态度和对人生的哲理思考。

---

① 郭沫若：《太戈尔来华之我见》，《〈文艺论集〉汇校本》，黄淳浩校，湖南人民出版社1984年版，第188页。

② 郭沫若：《文艺之社会的使命》，《〈文艺论集〉汇校本》，黄淳浩校，湖南人民出版社1984年版，第115页。

“出世”而又“入世”的人生哲理

关于《函谷关》和《鹓雏》两篇小说，所有的评论者几乎都认为，作者的基本意图是倾向于对老庄道家思想的批判。然而只要联系郭沫若在“五四”时期对中国文化传统思想总的态度去考察，就可看到事实并非如此。从“五四”前后几年直到1923年，郭沫若与鲁迅等文学革命的倡导者们不同，他在猛烈地批判封建礼教，抨击反动官僚政治的同时，对孔子和老庄道家的哲学社会思想主要是持肯定的态度。他把西方资产阶级个性解放思想与中国传统思想中肯定人的价值和积极入世的精神融合起来，试图在“五四”新的历史条件下探求一种新的汉民族特有的文化心理结构。这里，对这两篇小说的考察，应联系作者在同时发表的《中国文化之传统精神》、《论中德文化书》等论文及当时的中西文化思想交流的历史背景。据郭沫若、成仿吾、宗白华等人当时所提供的一些资料看，在第一次世界大战后，欧洲一些人因看到战争的残酷，人们精神上所受到的创伤，以及战后经济的衰退，转而想从东方哲学思想，特别是老庄思想中去求得对自己疲倦、损伤了的心灵的安慰。如：德国的《文艺月刊》上曾刊载《亚洲之魂灵》一文，文中写道：“孔子以家庭为本位，给社会国家一个感情组合的基础。不似欧洲社会是以个人与群众的利害关系为基础，容易破坏堕落。”又说：“老子的思想直接道着欧洲近代社会的弊病，所以极受德国战后青年的崇拜；战前德国青年在山林中散步时怀中大半带了一本尼采的Zarathustra，现在德国的青年却带着老子的道德经了。”① 但在欧洲人看来，他们所理解的东方精神，包括孔门哲学和老庄哲学的基本精神，则如宗白华在德国给郭沫若的一封信中所说的，是“静观”出世的②。“五四”前后几年间，我国许多学者，包括一些文学革命的倡导者，就都认为包括我国古代哲学思想在内的东方哲学思想的基本精神，是“安息”“退隐”，非个人、反进取的③。而郭沫若则在上述几篇论文中提出了不同的

① 郭沫若：《论中德文化书》，《〈文艺论集〉汇校本》，黄淳浩校，湖南人民出版社1984年版，第27页。

② 郭沫若：《论中德文化书》，《〈文艺论集〉汇校本》，黄淳浩校，湖南人民出版社1984年版，第18页。

③ 如陈独秀的《东西民族根本思想之差异》等文，陈文见《独秀文存》，安徽人民出版社1987年版，第27页。

看法。他说："我国的文化在肯定现世以图自我的展开……我国的儒家思想是以个性为中心，而发展自我之全圆于国于世界，这不待言是动的，是进取的精神。便是道家思想也无甚根本上的差别。老子的无为清静说每为后人所误解，误认为与佛教思想同科，我辈似宜有所辨证。无为二字并不是寂灭无所事事，是生而不有为而不恃的积极精神。"① 郭沫若对老庄道家思想也有批评，特别是在同儒家思想作比较时，认为"老氏入而不仁"，"孔氏"则"出而能入，入而大仁"，不满于道家的"利己主义"的人生哲学②。但从总体和基本倾向上说，他是对于老庄道家的"出世"而又"入世"，"无为"而"无不为"的哲理持肯定态度的，并且还把它作为儒家精神的补充来看待。他说："我们这种二而一的中国固有的传统精神，是要为我们将来的第二的时代之两片子叶的嫩苗而伸长起来的。"③ "我辈肯定人生，则当于积极进取的动态中以求生之充实。我国固有的传统精神亦正示授我们一个生活的指标。"④ "要有出世的襟怀，方有入世的本领。"⑤ "我们要唤醒我们固有的文化精神，而吸吮欧西的纯粹科学的甘乳。……我们要在我们这个新时代里制造一个普遍的明了的意识；我们要乘着个动的进取的同时是超然物外的坚决精神，一直向真理猛进!"⑥ 由此可见，在整个"五四"时期，郭沫若介绍和阐释老庄道家思想并不是为了否定、批判它，而是把它作为传统文化精神、民族文化心理的一个组成部分，要从中吸取"出世"而又"入世"、"无为"而又"无不为"的积极成分，想借此形成一种既肯定个体价值，尊重个人独立自由，又

① 郭沫若：《论中德文化书》，《〈文艺论集〉汇校本》，黄淳浩校，湖南人民出版社1984年版，第19～20页。

② 郭沫若：《伟大的精神生活者王阳明》，《〈文艺论集〉汇校本》，黄淳浩校，湖南人民出版社1984年版，第60页。

③ 郭沫若：《中国文化之传统精神》，《〈文艺论集〉汇校本》，黄淳浩校，湖南人民出版社1984年版，第16页。

④ 郭沫若：《论中德文化书》，《〈文艺论集〉汇校本》，黄淳浩校，湖南人民出版社1984年版，第22～23页。

⑤ 郭沫若：《郭沫若致白华信》，田寿昌、宗白华、郭沫若：《三叶集》，上海亚东图书馆1923年版，第145页。

⑥ 郭沫若：《论中德文化书》，《〈文艺论集〉汇校本》，黄淳浩校，湖南人民出版社1984年版，第28页。

积极入世、参与社会现实生活的人格理想。他自己那种既奔放不羁、打破一切成规，又关心国家民族命运、积极投入现实政治斗争的富于中国特征的开放型性格，应该说也是融入了中国传统文化精神的因素的。

用上述精神来看《函谷关》和《鹓雏》，就可以较为清楚地看到它们的思想、艺术特征了。

从人物形象的内涵来看，小说中老子和庄子都不满于现实，力图通过摆脱人际关系来肯定人的价值，寻求精神的独立和自由；但他们又无法超脱人世，只落得在现实中到处碰壁，饱尝世态炎凉；他们都要求保持个体本性，返回自然，宁可否定一切文明和文化，过着原始的无知无识、浑浑噩噩的生活，但作为血肉之躯的存在，又珍惜生命和生活，脱不开人间情趣的萦绕。《函谷关》通过老聃和关尹对老子道家思想的不同理解，从总体上揭示了道家思想“出世”而又“入世”的精神实质。关尹把老子思想描绘为成为一种超脱人类、超脱丑恶世界的虚无飘渺的幻美，这只是表面的、片面的看法。郭沫若通过老聃出关而又入关，出关时骑着青牛，入关时只剩下手中的牛尾巴的总体构思，实际上否定了关尹对老子思想的片面理解。老聃自标特异，为要表明自己是“普天之下的唯一的真人”而西出函谷关，到寥无人迹的沙漠去过返回自然的避世生活，然而他的坐骑青牛饿倒了。他本人是靠着吸牛血，用牺牲青牛换来了自己的性命，终于只剩下一条牛尾巴而返回关内。老聃那些尖锐地自我嘲弄的话，如“我的根本谬误是在一方面高谈自然，一方面又万事都从利己设想。只要于己有利，便无论是什么卑贱的态度都是至高的道德”。显然，作者在这里已离开了老聃原型，表现出对老子思想的批判；还有老聃的那些引以为训的话：“人间终是离不得的，离去了人间便会没有生命。与其高谈道德跑到沙漠里，倒不如走向民间去种一茎一穗。”显然也有将老子思想“现代化”并注入了作者自己理想的地方。但是，老子的出世而又入世，无为而无不为的精神却仍然是清楚地贯穿在整部作品中的。郭沫若说过：“老子的道德经，在善读者读之，是神经麻痹者的兴奋剂，绝不是妄想贪眠者的催睡药。”[①] 小说中，从关外回来、手执牛尾的老聃所说的那一套又一套亢昂

① 郭沫若：《论中德文化书》，《〈文艺论集〉汇校本》，黄淳浩校，湖南人民出版社1984年版，第28页。

兴奋、尖锐自我解剖的话，与其说是对《道德经》的批判，不如说是郭沫若当时所理解的《道德经》真精神的体现。

再看《鹓雏》。在这篇小说中，郭沫若既未像在《三个泛神论者》（见诗集《女神》）中一样，对庄子仅仅持歌颂的态度，说“我爱我国的庄子，因为我爱他的 pantheism，因为我爱他是靠打草鞋吃饭的人”；也未讽刺批判庄子，像一些评论者所说的那样。他只是通过历史生活的真实和深层的人性的真实的描写表现出渗透于二者之中的哲学的真理性和普遍性。那个鹓雏的寓言故事可说是作品本体象征的核心意象，庄子自比为食竹实、饮清泉、居梧桐的“鹓雏”，向往着冰雪北国的纯洁天地，对鸱鸮口中那象征着人间权力的死鼠则投以鄙弃的嘲讽。可是，当他拒绝一切功名利禄，靠打草鞋为生，过着最原始的返回自然的生活时，只能落到嚼麻屑、为饥火煎熬的可悲境地，以至于演出了向河堤监督贷粟被拒、游梁访惠施被捕的悲剧；尽管他淡泊地对待人生，梦想像动物一样“居不知所为，行不知所之”，“生而不知其所生”，但当他看到水中成双成对的游鱼时，却激起了他对死去的夫人的怀念，也由此激起了他对曾经悼念过他夫人的惠施的友情。因此，他由嚼麻屑到“饥渴着人的鲜味”，固然受着外在环境的逼压，同时也是出自珍爱生命和生活的要求。这样，作者通过对庄子思想矛盾性的揭示，有力地表现了他既“出世”又“入世”、既超脱不羁又珍爱生活的独特的精神面貌。特别要看到的是，郭沫若还把老庄两个人物放在特定的历史背景中来表现。老子生活在保留着氏族“美好”传统的早期奴隶社会中；庄子则处于早期奴隶社会已经崩溃的奴隶制全盛时代，随着社会物质文明的迅速发展，氏族传统中原始的民主精神和人道精神逐渐消退，野心、贪欲与物质财富、政治权势同步猛增，人际关系充满了狡黠、自私、贪婪和野心。《函谷关》中的关尹，《鹓雏》中的河堤监督和惠施就是这方面的代表。作者一方面写老子、庄子如何向往原始的“美好”传统，以及这种理想如何在现实中的碰壁，另一方面写关尹、河堤监督和惠施如何为了求得自身权力的满足而不惜曲解、损害他人。老庄想返回自然，过淡泊无为的生活，神往于氏族社会的“美好”传统，这并不是他们的过错；而对于惠施、河堤监督等人，作者也并未作过多的谴责。这里，重要的是作品通过老庄哲学思想的矛盾写出了历史发展的必然，揭示出在贪欲与道德、物质与精神、逸乐和苦痛的二律背反和严重冲突中前进的历史本来面目。这里，富于哲理性的历史小说，作为一种文艺品种，不必作出什么准确的是非判断和答案，它借助历史人物寄托作者的情感，让人们在玩味，感叹中去思索、探求，起到包古孕今、借古鉴今的作用。因此，这两篇小说在艺术表现上并不以尖锐泼辣、深沉精到的讽刺鞭挞见长（如鲁迅以老庄为题材的《出关》、《起死》等小说），而以寓意、象征性的总体构思和充满激情的、诗意的抒写而显出自己的特色。艺术上的这种特色正是被作品内容的独特性所决定的。

"形而上的庄严世界"和"人生的苦味之杯"

郭沫若上述"寄托小说"，无论是精神主体冲破内外藩篱，使自我与时代，人生相沟通，还是以"出世"的襟怀求得"入世"的本领，都把哲理思辨与人生道路的探求交融起来。这种哲理性的历史小说的写作，有着郭沫若独特的思想和生活的内在依据。郭沫若前期，曾对哲理思辨发生过兴趣，这在近现代文学家中是颇为少见的。他的哲理兴趣又往往是与他对人生道路的探求紧紧胶结在一起的。郭沫若前期思想发展有两个十分重要的时期，一是"五四"前几年在日本留学初期，一是"五四"退潮至大革命前夕。关于前一个时期，郭沫若曾经回忆说，当他赴日本求学初期，正是遇到了人生道路上"最彷徨不定而且最危险的时候"，这就是，他经历着"是肯定我一切的本能来执着这个世界呢？还是否定我一切的本能去追求那个世界"①。而这时候，正是通过对中外哲学著作的研读，使他"精神上""彻悟了一个奇异的世界"。他说："我素来喜欢庄子，但我只是玩赏他的文辞，我闲却了他的意义，我也不能了解他的意义，到这时候，我看透他了，我知道'道'是什么，'化'是什么了。我从此更被导引到老子，导引到孔门哲学，导引到印度哲学，导引到近世初期欧洲大陆唯心派诸哲学家，尤其是司皮诺若（Spinoza）。我就这样发现了一个八面玲珑的形而上的庄严世界。"② 应该说，除了"大陆唯心派

① 郭沫若：《太戈尔来华之我见》，《〈文艺论集〉汇校本》，黄淳浩校，湖南人民出版社 1984 年版，第 185 页。

② 郭沫若：《伟大的精神生活者王阳明》，《〈文艺论集〉汇校本》，黄淳浩校，湖南人民出版社 1984 年版，第 56 页。

诸哲学家”，特别是斯宾诺莎（实际上他是以泛神论形式出现的唯物主义者）以外，康德的先验主体性哲学，强调重新估计一切的尼采超人哲学以及柏格森的生命哲学等，在这一时期对郭沫若都有影响。五四运动的爆发，给他带来了个性解放和民族解放的新希望，他的革命民主主义的社会政治观点作为其哲学思想的一个组成部分，使他的“形而上”的“奇异”“庄严世界”溶入了火辣辣的时代气氛；他不是像某些德国浪漫派和西方现代派成员那样“否定我一切的本能去追求那个世界”，而是发扬了中外积极浪漫主义传统，“肯定我一切的本能来执着这个世界”。同时，他的哲理思想又使他能“以哲理作骨子”①，写出了《女神》中如《凤凰涅槃》、《地球，我的母亲!》等一些高度概括地象征性地反映了现实变革和渗透着鲜明的时代精神的作品。在后一个时期，从日本回国后的郭沫若，目睹了国内军阀混战、民不聊生的现实政治黑暗，尝到了“人生的苦味之杯”；“五四”退潮后，因为一时尚未看到前进的道路，又使他感到“美丽幻景”的破灭，“日日朝朝新尝着诞生的苦闷”。这是在新思潮中觉醒了的、更敏锐的人的矛盾和痛苦，而这种矛盾和痛苦又在国内阶级斗争激化的新形势下变得更为突出。

这时候，郭沫若所经历的思想矛盾不是如何对待人的价值问题的个性主义本身的矛盾，而是已经逐渐接触到资产阶级个性主义和无产阶级集体主义的矛盾。也就是说，是以个人为本位，由个人的改造进到全民性的改造以达到变革社会的目的；还是以人民为本位，在群众的政治斗争中实现物质生产方式的根本改造，从而达到人民群众个性的普遍觉醒。在这个较之个性主义本身的矛盾要深刻得多的矛盾中，郭沫若又从哲学思想上进行了紧张的探讨。20世纪20年代初、中期，郭沫若写了《中国文化之传统精神》、《论中德文化书》、《惠施的性格与思想》、《伟大的精神生活者王阳明》、《〈少年维特之烦恼〉序引》、《波斯诗人莪默伽亚谟》、《生命底文学》、《自然与艺术》及《文艺上的节产》等一系列重要论文，对我国以儒、道两家为代表的中国传统社会哲学思想和以康德、歌德、尼采、柏格森为代表的西方近现代社会哲学思想进行了广泛的探讨。而他对中外多种哲学思想的探讨，又都围绕着一个中

① 宗白华：《宗白华致郭沫若信》，田寿昌、宗白华、郭沫若：《三叶集》，上海亚东图书馆1923年版，第25页。

心进行，这就是他所说的“从这种宇宙观所演绎出来的人生哲学”①。这里，“我即是神”“坚决地生活于全、善、真”的个性主义观和泛神论哲理仍然是这种人生哲学中的重要内容，但由自我而感应社会人生，呼唤革命，积极迎接和投入现实政治生活的要求已逐渐明确，因此，他写于这一时期的《Lobenicht的塔》、《鹓雏》和《函谷关》等贯穿着“人生的金树长青”“出世”而“入世”的人生的情趣和精神等哲理小说，呈现出将哲理与现实人生融为一体、将哲理与幻美融为一体的鲜明特色，就是十分自然的事了。

1925年以后，尤其是郭沫若参加大革命后，他全身心投入政治斗争的旋涡中心，表现出杰出的政治才干；而在社会哲学思想上，则随着由个性主义到集体主义、由革命民主主义到共产主义世界观的根本转变，他完全否定了个性主义思想，甚至于激烈到完全否定自我，提出要作政治的“留声机器”的口号，在他思想上开始出现了“左”的严重倾向，他很少再进行哲理的探讨，几乎完全否定了文学本身特有的规律，于是在诗歌创作上降低了对自己的美学和哲理的要求，出现了许多标语口号式的作品。自然，从诗集《恢复》开始，他于20世纪30年代初写了收集在《豕蹄》中的大部分历史小说，表现出现实主义的倾向，这是他整个创作探索的一个组成部分，是客观的历史时代使然，因此也是不应多作苛求的。但是，回头来看他的激动人心的《女神》时代，看他在20年代初在诗歌、小说创作上生气勃勃、富有成效的思想追求和艺术探索，仍可以使我们得到这样的启示：与人生思考交融在一起的哲理探求，与新的内容相适应的多种创作方法、艺术手法的尝试，对于创作道路的开拓是何等的重要！

（载作家出版社《中国现代文学研究丛刊》1987年第1期）

① 郭沫若：《波斯诗人莪默伽亚谟》，《〈文艺论集〉汇校本》，黄淳浩校，湖南人民出版社1984年版，第215页。

历史剧《屈原》的思想艺术特色

郭沫若的历史剧《屈原》写于1942年1月。它的主题的核心，用作者自己的话来说，就是把“时代的愤怒复活在屈原时代里去了”①。从一方面看，是战国时代这个历史转折关头的时代精神激发了作者的激情。屈原所处的战国时代的中期，是一个大变动的时代。当时秦国要并吞六国，而楚国则联合魏、赵、燕、韩等国反对秦国。秦国和楚国都比较进步，都有统一中国的可能性。秦国并吞六国，统一中原，在历史上有进步作用，但也给弱小的六国人民带来灾难。郭沫若对这一段历史有一个独到的看法，就是他所说的：“中国由楚人来统一，由屈原思想来统一，我相信自由的空气一定更浓厚，艺术的风味也一定更浓厚。”② 在他看来，历史没有走这条道路，不但是楚国的悲剧，也是“我们民族的悲剧”③。而历史之所以没有走这条道路，最重要的原

① 郭沫若：《序俄文译本史剧〈屈原〉》，《郭沫若全集　文学编》第17卷，人民文学出版社1989年版，第250页。

② 郭沫若：《论古代文学》，《沫若文集》第12卷，人民文学出版社1959年版，第321页。

③ 郭沫若：《论古代文学》，《沫若文集》第12卷，人民文学出版社1959年版，第320页。

因，就是由于楚国以怀王、襄王为代表的统治集团的阻挠和破坏。屈原是一个杰出的政治家，他力主联合几个小国，特别是联合齐国抵抗秦国。他曾一度被怀王重用，任司徒，但这只是一时的。昏聩无能的怀王终于“内惑于郑袖，外欺于张仪，疏屈平而信上官大夫、令尹子兰”①，罢掉屈原的左徒官，屈原愤而作《离骚》。屈原的遭遇不是个人狭小天地里的小悲欢、个人的忧戚，而是楚国的悲剧、时代的悲剧、民族的悲剧。屈原的愤怒是时代的愤怒、民族的愤怒。这种历史转折关头的愤怒，是《屈原》所表现的时代的愤怒的一个重要的方面。但还有更重要的一方面，就是郭沫若所处的抗战时期的特定历史环境。1942 年左右这一段时间正是抗日战争形势空前严重的时期。这时候，日本侵略者已将其主要军事力量转移到对中国共产党领导的抗日民主根据地战场，同时又加紧了对国民党的政治诱降，而国民党反动派则进一步推行投降、分裂、倒退的政策，与共产党在国统区坚持的抗战、团结、进步的路线相对立。国民党政府连续发动了三次反共高潮，特别是 1941 年 1 月，在第二次反共高潮中发动了皖南事变。这一事件震动了国内外，广大人民和进步势力对国民党反动派的滔天罪行表示万分愤怒。周恩来写了“千古奇冤，江南一叶，同室操戈，相煎何急”的诗篇来表示抗议。郭沫若说：“我写这个剧本是在 1942 年 1 月，国民党反动派的统治最黑暗的时候，而且是在反动统治的中心——最黑暗的重庆。……代表人民力量的中国共产党在陕北遭受着封锁，而在江南抵抗日本帝国主义的侵略最有功劳的中共所领导的八路军之外的另一支兄弟部队——新四军，遭了反动派的围剿而受到很大的损失。全中国进步的人们都感受着愤怒，因而我们便把这时代的愤怒复活在屈原时代里去了。换句话说，我是借了屈原的时代来象征我们当前的时代。”② 郭沫若正是在历史的时代精神和现实的时代精神息息相通之处构思、立意，从而表现了作者要“复活”“时代的愤怒”的创作意图，突现出作品的主题，这就是，写以屈原为代表的爱国者，在决定国家、民族前途的历史转折关头，在反对分裂投降、主张团结御侮的重大斗争中，表现出对敌人的诬陷、迫害的

① 司马迁：《史记卷八十四·屈原贾生列传》，《史记》第 8 册，中华书局 1975 年版，第 2485 页。

② 郭沫若：《序俄文译本史剧〈屈原〉》，《郭沫若全集　文学编》第 17 卷，人民文学出版社 1989 年版，第 250 页。

神圣的愤怒，和为真理斗争到尽头的民族气节和奋斗精神。

这个主题形成了全剧的构思中心和思想中心。正是紧扣这个中心，作者笔力集中，激情奔涌，构思出全剧的强烈的戏剧冲突和大波大澜的情节。

全剧共分五幕。第一、二幕是“开端”。“开端”中，第一幕以屈原《橘颂》的意境为中心交代了“大波大澜”“战乱”年代的背景，为下面突出屈原的主要性格特征作了铺垫。真正的“开端”是第二幕。这一幕波澜陡起，南后在张仪的要挟下，设下陷阱诬陷屈原，屈原以“淫乱宫廷”蒙冤获罪，而刚愎自用、独断专横的怀王毫不了解真情就当众罢掉屈原左徒的官职，从而激起了屈原极大的愤怒。从这里开始，作者以屈原的愤怒感情作为揭示他的性格特征的主要手段，紧紧把握住这撼人心魄的感情基调，这喷发式的表达方式，把屈原的愤怒引向深化。第三幕、第四幕和第五幕的第一场是剧情的“发展”部分。在第三幕中，乡亲们好意地为屈原招魂反而更加深了屈原感到不为人了解的悲愤感情。第四幕南后当众诽谤和戏弄屈原，屈原沉痛地告诫南后，痛斥张仪，感情的积聚更富于爆炸力了。第五幕第二场是“高潮”和“高潮”之后的迅速“结局”。这里写屈原的愤怒经过充分的酝酿和不断深化后，力度不断增强，终于在“雷电颂”中来了个总爆发。

由上所述，可见作者写屈原，没有写他“明于治乱，娴于辞令”的政治才干，没有写他“入则与王图议国事，以出号令。出则接遇宾客，应对诸侯”的政治风度；也没有着重写他反侵略、反投降的政治主张。作者着重表现的，是在大波大澜的政治环境中，在国内外敌人合谋的政治陷害中，屈原的神圣的愤怒。我们看他在受南后诬陷时所说的话：“唉，南后！我真没有想出你会这样的陷害我！皇天在上，后土在下，先王先公，列祖列宗，你陷害了的不是我，是你自己，是我们的国王，是我们的楚国，是我们整个儿的赤县神州呀！”这当然不仅是个人蒙冤受屈时的愤怒，而是一个伟大的爱国者的愤怒，是民族的愤怒、时代的愤怒。从这种强烈的感情倾泻中，我们似乎感到了屈原在《离骚》中的怨愤：“惟夫党人之偷乐兮，路幽昧以险隘，岂余身之殚殃兮，恐皇舆之败绩。”“长太息以掩涕兮，哀民生之多艰。”也使我们似乎感受到了白色恐怖下国统区人民对国民党顽固派倒行逆施的愤怒感情。在“雷电颂”中，我们看到的屈原已不同于“五四”时期诗剧《湘累》（也是郭沫若所写）中那个“萃之仅限于我一身，放之则可泛滥乎宇宙”的屈原了。作者赋予他的，是基于人民本位立场的时代的愤怒，是与人民精神上的深刻联系。因此这个独白中，自然形象便具有了更加汪洋浩瀚的气势和更为沉洪雄伟的力量。开始时，屈原向风、雷、电呼唤，从大自然的伟力中鼓荡着“那浩浩荡荡的无边无际的伟大的力”，接着，屈原将“自我”与自然的伟力、与时代的愤怒和战斗的激情完全融合为一。风的怒吼，雷的轰鸣，电的闪耀，这一切力量汇合、交融，产生了“无边无际的怒火”，产生了烧毁“一切罪恶黑暗”的“火”。“火”——这是贯穿整个“雷电颂”核心意象。它是时代的愤怒的象征，是炽热战斗激情的象征。所以屈原激情的呼喊：“火！你，你这宇宙中的最伟大者呀，火！你在天边，你在眼前，你在我的四面，我知道你就是宇宙的生命，你就是我的生命，你就是我呀！”最后，屈原向东皇太一庙里的怪力乱神泄愤，一方面猛烈地抨击反动统治的威势、虚假和丑恶，另一方面又深情地赞颂人民的正义、真诚和勇敢。屈原对钓者和婵娟的怀念使他心目中的光明有了具体的内容。这里，也展示了屈原的愤怒感情所具有的时代的人民的基础。

南后是另一个刻画得很好的人物。这是一个邪恶的女人。她自私、嫉妒、阴狠，有强烈的占有欲。她的丑恶的灵魂在连齐抗秦和连秦绝齐的两条政治路线斗争中，在对屈原的诬陷中赤裸裸地暴露出来。她在宫廷的显赫地位使她说话、行动毫无顾忌，因而性格特征更为外露。但这是一个有深度的人物形象。她的卑劣无耻、肆无忌惮与屈原的诚恳真挚、宽怀大度形成鲜明的对照。

婵娟的形象也写得较好。她原是一个善良天真的少女，但随着剧情的发展，她却在关键时刻坚定地维护屈原，无畏地痛斥南后，和宋玉的无耻背叛相反，她逐步显露出她纯金般的内心。正是她，逐步显露出“橘树”的品格、气质和风度。所以，当她无意中以自己的牺牲换取了屈原的安全，而屈原火化《橘颂》祭奠她的时候，我们感到只有她是最配接受这一荣誉的。这个人物是“诗的魂”，是“屈原辞赋的象征”。她不仅有自己的性格和性格发展的逻辑，而且对屈原的精神品格也是很好的照应、烘托。

从艺术上看，这个历史剧的第一特点是诗情洋溢，做到了戏剧性和抒情性的高度融合，表现了悲剧性崇高美。在整个戏剧中，大起大落、大开大阖的悲剧冲突与炽热雄浑、豪迈奔放的壮美诗情交融在一起，凝聚成一个个激情的浪头，构成一个个紧张的场面。同时构思中心明确，一个最强烈的音响基调——时代的愤怒贯穿全剧，所以在三四个小时内，便能收到突出的演出效果，特别是屈原的雷电独白，具有诗的激情、意境和内在旋律。它的豪迈奔放的感情基调，喷发式的感情表达方式和在开阔广大的境界中大幅度跳跃地驰骋想象、幻想的方式等，表明它本身就是与《女神》中许多优秀诗篇相比美的诗篇。然而它又没有造成戏的停滞和中断，而是戏剧化了的诗，或者说是一个抒情体的戏剧场面。还要看到的是，在全剧中，既有"雷电颂"这样壮美情怀的抒发，又有"橘颂"这样的优美境界的铺陈。然而这两种境界都被赋予了一种"贯穿情绪"，这就是火一样的愤怒，火一样"为真理斗争到尽头"的激情。当屈原用"橘颂"诗卷祭奠婵娟时，在毁烧太一庙的熊熊大火的背景下，屈原的"雷电"性格和"橘树"的精神交融在一起，在抒情气氛和艺术特色上更显得丰富多样，又和谐统一。在现代剧作家中，如果说，曹禺善于通过错综复杂的性格的、心理的冲突来展示人物间微妙的关系，以含蓄、隽永的诗情来揭示人物灵魂深处的隐秘；田汉善于将传奇色彩融入戏剧冲突之中，通过悲欢离合的曲折情节以揭示人物热烈真挚、缠绵悱恻的情怀，那么，郭沫若的史剧创作，则善于在突兀跌宕、大开大阖的悲剧冲突中，使人物性格借助强烈的对照、映衬和冲撞，出现大幅度的感情波澜，喷射出一种雄浑奔放的崇高美来。

其次，从特定戏剧情境中的人物性格特征出发，采取复沓回旋和对比烘托的手法，将戏剧性和抒情性高度融合起来。屈原性格的特定素质，照郭沫若的理解，他是处于"被恶势力逼到真狂的界线上而努力撑持着建设自己"①。作者抓住这一性格特征，在一个个紧张的戏剧场面中集中地表现它，就像音乐的主旋律在变奏中多次复沓回旋一样，使它不断深化，同时又借助南后、怀王与屈原性格的冲突、撞击以及婵娟对屈原性格的烘托来表现，这样就把他的性格鲜明地揭示了出来。自从南后的诬陷发生后，屈原一方面感情处于高度亢奋状态，以致有着近乎狂人的思路、感情、感情表达方式和想象方式；另一方面他又能把握住自己，在激情中努力充实和完善自己的人格，

① 郭沫若：《〈屈原〉与〈釐雅王〉》，《沫若文集》第3卷，人民文学出版社1957年版，第314页。

并且对现实有清醒的认识，使激情的倾泻具有强烈的目的感。正是从这种特定性格出发，屈原“与雷电同化”，他把自己完全沉浸到自然物里，并且也把自然物沉浸到自我里，自然物成了与我融为一体的有生命的东西。感情的喷发，如狂如痴，想象大开大阖，幅度大，跃动快，思路异常敏捷地跳跃、奔突，一条线索紧跟着另一条线索。此情此境中的屈原确实近乎发狂了，然而正是借助这种近乎发狂的心理状态和奇特的想象方式，强烈地表现出摧毁黑暗势力的激情！

综上所述，郭沫若基于一个革命浪漫主义诗人和剧作家对现实的强烈感受和火山爆发般的激情，从时代的愤怒中领略到了崇高壮美的诗意；又基于一个史学家对于历史的精辟见解与丰富知识，从历史时代的悲剧精神中发掘出与当今时代相通的共鸣点，从而使历史的激情与现实的激情汇合起来，形成了戏剧的绚烂的构思和涌溢的诗情。

写于1980年

郭沫若的个性主义思想及对中国传统文化的认同

在“五四”时期，鲁迅与郭沫若都是具有个性主义和民主主义思想的启蒙思想家。鲁迅个性主义的主要表现是在批判“国民性”的弱点上。他“自外而内”，通过对封建专制主义和封建精神揭露和抨击，沉痛地剖析封建思想统治造成的人与人之间淡漠、冷酷的关系，和人民精神上的愚昧、落后、不觉悟的状态。郭沫若个性主义的内涵，则主要表现为追求一种理想的人格规范，明确地提出了“人格创造”的理论。他“由内而外”，着力于人格本体建构，注重内心要求和人格的真诚，又由“小我”推广为人类的“大我”，借助精神主体感应时代、社会、人生，“自我”内在地凝聚着社会力量，从而鲜明地反映出“五四”时代精神。

郭沫若的这种人格本体建构的特征，概括起来说，就是主张人格的真诚、袒露和主观意力的发扬。也就是说，与一切伪饰和矫情相对立，强调人的感情和内心要求的真与诚；不避讳因自我矛盾而产生的思想上的阴暗面，主张坦率地披露善恶并存的复杂的人性，反对消极的、虚假的自我解脱，追求自我的扩张，提倡发扬真实而奔放的创造精神。

追求自然人性和精神主体的真诚

我们知道，在人类自我意识的发展史上，个性的发现具有重要的意义。布克哈特在谈到意大利文艺复兴时期的文化时指出，文艺复兴使“人类精神在向意识到它自己的内在生活方面迈进了一大步”①。又说：“文艺复兴于发现外部世界之外，由于它首先认识和揭示了丰满的完整的人性而取得了一项尤为伟大的成就。……这个时期首先给了个性以最高度的发展，其次并引导个人以一切形式和在一切条件下对自己做最热诚的和最彻底的研究。”② 在我国“五四”时期磅礴于思想界的革命民主主义思潮中，实行“民治”、追求个性解放，反对大一统的封建专制主义和“中世纪”式的封建意识，也是一个极其重要的内容。这时候，郭沫若是第一批从理论倡导到创作实践上真正把人当作精神个体、探索“自我”灵魂、追求内心思想独创表现的作家中的一个突出的代表人物。他在人格本体建构上所做出的贡献，是“五四”时代个性主义、民主主义思潮的一个组成部分，是他从反帝反封建的民族民主革命立场出发，反抗封建传统、抨击黑暗现实、追求自由新生精神的独特而鲜明的表现。

郭沫若特别注重人的纯真的“赤子之心”“真实的至诚”。在他这个时期的言论中，经常用“精赤裸裸的人性”“人性中一点灵明的精髓”等说法来表明人的纯真感情萌发的重要性。在封建时代，人的意识，无论是内心自省和外界观察，都处于睡眠或者半醒的朦胧状态之中，人们只是作为一个种族、民族、党派、家族或社团的一员。所谓意识到自己，只是就一般的范畴来说。由于封建统治和小生产的狭隘意识的结合，人们被等级专制、因循守旧、封闭蒙昧的力量和意识所束缚，精神上处于奴隶屈从状态，对待一切事物的态度，大多是天经地义地“你应当如何”，少有发自内在心灵的“我应当怎样”。而郭沫若这时候所强调的，则是人应有自由的、完美的人格，应该单纯、粗

---

① ［瑞士］雅各布・布克哈特：《意大利文艺复兴时期的文化》，何新译、马香雪校，商务印书馆 1979 年版，第 307 页。

② ［瑞士］雅各布・布克哈特：《意大利文艺复兴时期的文化》，何新译、马香雪校，商务印书馆 1979 年版，第 302 页。

犷、无拘无束。在他看来，人成了精神的个体，精神应该自主其意志。所以他对与大自然，对于人的自然本性以及与自然接近的原始生活和小儿的讴歌，都是为了歌颂人格的自由、精神意志的自主。他说："试看天空！那里日月巡环，云雨升降，丝毫没有目的。试观大地！他在司掌一切生物之发育与生长，没有什么目的。我们做人的也应当这样！我们要不怀什么目的去做一切的事！人类的精神为种种的目的所搅乱了。人世苦由这种种的'为'（读去声）而发生。我们要无所为（去声）而为一切！我们要如赤子，为活动本身而活动！"[①] 他还说："我只想当个饥则啼寒则号的赤子。因为赤子的简单的一啼一号都是他自己的心声，不是如像留声机一样在替别人传高调。"[②] 他在文艺上则强调"诗意诗境的自然流泻""真情流露""情绪之纯真的表现""自发其心花"等也是与他在人格本体建构上强调人格的真诚、自由分不开的。郭沫若这种观点，明显地受到诸如17世纪唯物主义哲学家斯宾诺莎、18世纪启蒙思想家等人的自然人性论的影响。他们把人看作自然的一部分，认为认识了自然也就认识了人，人的本性就是自然的本性，人的权利就是自然的权利。他们在否定精神实体的同时，明显地表现出把人和自然等同起来的倾向。郭沫若曾多次谈到他受斯宾诺莎的神即自然，人、自我即自然之一部分的观点的影响。而在《匪徒颂》中，他更曾三呼"教人'返自然'的卢梭万岁"。但郭沫若在看到人的自然本性的同时，又特别注重精神主体的作用。这里，充分看到德国狂飙运动时期的歌德、19世纪初德国古典哲学家康德以及其他一些中外唯心主义哲学家对郭沫若的影响是十分重要的，因为正是他们，特别是以康德为代表的德国唯心主义哲学完成了认识史上由以自然为本体到以人为本体的转变。同时，后者也正是郭沫若致力于人格本体建构、追求感情的真与诚的更重要的原因。他把歌德的思想按照自己的理解，归结为"主情主义""泛神思想""对于自然的赞美""对于原始生活的景仰""对于小儿的尊崇"等几个方面，就明显地在赞美自然的人的同时，突出了人和自我感情的重要性。他引用歌德《少年维特之烦恼》中维特的话说："我这心情才是我唯

① 郭沫若：《中国文化之传统精神》，《〈文艺论集〉汇校本》，黄淳浩校，湖南人民出版社1984年版，第11页。

② 郭沫若：《批评与梦》，《〈文艺论集〉汇校本》，黄淳浩校，湖南人民出版社1984年版，第149页。

一的至宝，只有他才是一切底源泉，一切力量底，一切福佑底，一切灾难底。"① 他认为歌德的泛神论思想的特征也是以"自我之扩张"达到"与神合体""我即是神"② 的地步。至于郭沫若与康德哲学的关系，常被研究者所忽视，特别是在康德哲学自然与自由、认识与伦理、感性与理性的关系上，郭沫若所接受的以何者为主，更无人作出探讨。郭沫若在诗集《星空》的序诗中，引用了康德在《实践理性批判》中的话："有两样东西，我思索的回数愈多，时间愈久，他们充溢我以愈见刻刻常新、刻刻常增的惊异与严肃之感，那便是我头上的星空和心中的道德律。"而在自然观和人的精神主体之间，郭沫若更强调的是后者。他常用康德的"至上的命令"来表达自己内心的要求，"我们人类的心中却有一个百世不易的命令者在"，"我相信人是有良心，而良心才是我们一切行动的指导者"③。"吾人本性内存的道德律，如借康德的话来说明，便是指'良心之最高命令'。康德说我们的良心命令我们'常使你的行动之原理为普遍法而行动'!"④ 这种"道德律令"根据康德自己的解释就是"意志自律"。它包含着这样的含义："人不是物（只知服从），也不是神（只知立法），而是服从自己立法的主人。道德律令是绝对服从又法由己立；它以人为目的而普遍有效。这就是'意志自律'也就是自由。"⑤ 郭沫若一再强调这种"法由己立"的"意志自律"和"为普遍法而行动"的"原理"，正从哲学的主体性上说明了他对人格真诚、内心要求以及基于此的由己及人，推广到社会、人生、宇宙的伦理学主体性的追求。康德的上述哲学观点固然是以先验的、抽象的形式出现的，但也反映了软弱的德国资产阶级在法国大革命影响下对容克地主、封建官僚政治统治的不满和反抗，而郭沫若的精神主体性观点，则不像康德哲学那样抽象、朦胧，它以明朗、确定、积极进取

① 郭沫若：《〈少年维特之烦恼〉序引》，《〈文艺论集〉汇校本》，黄淳浩校，湖南人民出版社 1984 年版，第 228 页。

② 郭沫若：《〈少年维特之烦恼〉序引》，《〈文艺论集〉汇校本》，黄淳浩校，湖南人民出版社 1984 年版，第 229、228 页。

③ 郭沫若：《论道德与良心（答辩）》，《创造周报》第 9 号，上海泰东图书局 1923 年 7 月 7 日，第 15 页。

④ 郭沫若：《中国文化之传统精神》，《〈文艺论集〉汇校本》，黄淳浩校，湖南人民出版社 1984 年版，第 15 页。

⑤ 李泽厚：《批判哲学的批判》，人民出版社 1984 年版，第 292 页。

的特征强烈地反映了“五四”时期社会时代阶级的要求和动向，具有反对帝国主义奴役和封建专制政治的实质内容。由上所述，可见郭沫若前期思想中的所谓人性和人的主体性，既不仅是吃饭、睡觉、饮食男女的自然属性，又不是脱离感性的纯理性，更不是宗教观念、禁欲主义等神性内容，而是不离人的血肉之躯的自然性与社会性的融合，是具有物质自然基础的感性存在与具有社会普遍性质的精神主体的融合。

自我袒露，主张暴露内心矛盾

追求人性的自然和内心要求的真诚，必然同时注重人格的袒露，不避讳暴露善恶并存的复杂内心和精神的矛盾痛苦。我们知道，由于人是社会关系的总和，因此，反映着社会关系的对立和冲突的人的意识必然具有自我分化、自我克服、自我统一的辩证内容。不存在纯粹内在的自我，人的自我意识总是各种互相冲突的目标、心意、思想、激动的对立统一的联系和有机的组合。在西方中世纪，以个人为本位的基督教“罪感文化”中，就强调灵与肉的分裂，把肉体的痛苦和精神的磨折当作意念超升、心理洗涤的必经之路。到了近现代，与古典主义相对立，浪漫主义与现实主义文艺更致力于表现人的复杂、矛盾的内心世界。从卢梭的“赤裸裸地揭露”自己的“善和恶”的主张到雨果提倡的“崇高优美与滑稽丑怪存并”的美学原则；从歌德笔下“浮士德”式地不断克服内心矛盾、作无限追求的精神，到陀斯妥耶夫斯基小说中那种灵魂拷问、痛苦超越的特征，贯穿在这些文艺作品中的严重冲突、深沉的悲剧精神和崇高感，表现出鲜明的近现代型的自我意识的特征。我国“五四”时期的新文学在接受西方个性主义、民主主义思潮影响时，其中所表现的个人自我意识的觉醒，就包含着这种以对人、自我的心灵探索为主要内容的深沉的历史悲剧感和人类命运感。作为新文学的开拓者的鲁迅的现实主义创作、郁达夫的浪漫主义创作都在这方面显出各自的特色。郭沫若的作品能够像他们那样表现出深沉的悲剧精神。他的主导风格是昂扬急切、雄浑奔放的，作品中表现出那种新世纪的呼唤者、时代精神的礼赞者的激情，表现出那种新世纪黎明期特有的乐观主义和开拓创造精神。但是，不可忽略的是，他的积极乐观和开拓创造精神之所以不是一种浅薄平庸的进化观点，而是显示出一种真实的气势磅礴的革命进取力量，一个重要原因就是他并不回避自我意识中的弱点和内在矛盾，不回避历史的悲剧感，这使他的作品既具有我国传统美学思想中以正面的积极进取精神为内容的“壮美”的特色，又明显地受到了西方美学中“崇高”特征的影响。在这种“崇高”中，主体自我常常在无限压迫中有一种内心矛盾的痛感，但又在这种痛感中充分地意识到了自身的力量。因此，他的创作中的乐观进取精神仍然与“五四”新文学所特有的悲剧历史感有着内在的联系，从而具有一种包括毁弃旧我在内的冲击封建罗网的巨大力量。

郭沫若的自我袒露和剖析反思的特点，清楚地表现在他对“人”的概念的理解上。他在谈到歌德时说：“他是浮士德、神、超人；而同时又是靡非斯特菲勒斯、恶魔、狗。所以威朗德（Wieland）说：‘歌德会被人误会，因为很少有人能够掌握这样一种人的概念。’”① 基于这种对“人”的丰富生动的现实形态的理解，郭沫若还在“五四”高潮时期，当他以丰富的幻想和热情，肯定人生，追求美好的生活和理想的时候，就曾不断地解剖自己，袒露自己思想和性格中阴暗的东西。在1920年上半年，郭沫若就同田汉、宗白华等人在通信中本着“人格公开”的信条相互倾述情怀，各自作着自我解剖。郭沫若虽与田汉未谋一面，但就在给田汉的第一封书信中诉说自己旧式婚姻的痛苦，诉说自己与安娜结婚后的负罪感。他在给田汉的信中说：“我常恨我莫有Augustine，Rousseau，Tolstoi的天才，我不能做出部赤裸裸的《忏悔录》来，以宣告于世。……我罪恶的负担，若不早泻个干净，我可怜的灵魂终久困顿在泪海里，莫有超脱的一日。”② 在给宗白华的信中更具体地说到了“忏悔”的内容，他说：“我不是个‘人’，我是坏了的人，我是不配你‘敬服’的人，我现在很想能如phoenix一般，采集些香木来，把我现有的形骸烧毁了去，唱着哀哀切切的挽歌把他烧毁了去，从那冷净了的灰里再生出个‘我’来！”③ 这种自我解剖的热诚在当时引起了田汉、宗白华等人的强烈共鸣。田

① 郭沫若：《论诗三札·二　致宗白华》，《郭沫若论创作》，上海文艺出版社1983年版，第240页。

② 田寿昌、宗白华、郭沫若：《三叶集》，上海亚东图书馆1923年版，第44页。Rousseau，Tolstoi，即卢梭、托尔斯泰。

③ 田寿昌、宗白华、郭沫若：《三叶集》，上海亚东图书馆1923年版，第11页。phoenix，即菲尼克斯长生鸟。

汉在给郭沫若的回信中说："与其说你有诗才，无宁说你有诗魂，因为你的诗首首都是你的血，你的泪，你的自叙传，你的忏悔录啊。"[①] 宗白华也称赞郭沫若说："你有忏悔的真忱，向上的猛进，你的罪过也不过是你心中的 Mephistopheles，适所以砥励你的人格底向上的创造罢了！你从西洋文艺……卢梭、托尔斯泰……中养成一种真诚底精神，忏悔底勇气，很是可喜。"[②] 创造社酝酿成立时期其成员的交往很有些像法国以雨果为首的浪漫派在开始形成时的成员间的相互关系。正如勃兰兑斯在谈到法国浪漫派时所说的："他们都很年轻，可是都已经具有对他们来说构成生命的那些东西。这一个拥有他曾付出昂贵代价的欢乐，另一个却有着刺激人心的痛苦；正是从一些生命的基本要素中，每个人都吸取了他自己的那一份热诚。"[③] 这也正是"五四"时期进步青年自我袒露、清醒反思的真实写照。

"五四"高潮时期，郭沫若这种自我解剖的精神，也通过他的浪漫主义创作，概括、熔铸到他的创作之中。在长诗《凤凰涅槃》中，凤凰这一对象征性形象，不仅包容着在烈火中埋葬旧社会、追求新社会的内涵；而且也有这样的含义：当新的时代携带着雷霆和暴风雨到来而理想又指向新前景和无限的未来时，凤凰"自我"感到在宏大的历史潮流面前自身的渺小和重压的痛感。他在愤怒地诅咒现实黑暗的同时，也沉痛地呼喊："呵呵，生在这样个阴秽的世界当中，便是把金刚石的宝刀，也会生锈……"还哀叹自己这"飘渺的浮生，到底要向哪儿安宿"。然而，正是这种悲剧精神，有力地烘托出凤凰举火自焚，毁弃旧我、旧社会，追求新我、新社会这一行为的崇高和壮美。在《天狗》一诗中，那"自我"的化身——"天狗"，在突入宇宙、获得无穷能量的同时，又自噬其身，对于"皮""肉""血""心肝"等自身肉体上的东西，无情地"剥""食""吸""啮"，而毁掉旧的形骸的结果，"自我"便进一步获得了精神上的解放，在自己"神经""脊髓""脑筋"上飞跑起来，于是"我便是我了"，自我意识经过自我分化、自我克服后又在新的基础上达到了

① 田寿昌、宗白华、郭沫若：《三叶集》，上海亚东图书馆 1923 年版，第 79 页。

② 田寿昌、宗白华、郭沫若：《三叶集》，上海亚东图书馆 1923 年版，第 76 页。Mephistopheles 即靡非斯特菲勒斯。

③ ［法］勃兰兑斯：《十九世纪文学主流》第 5 分册，李宗杰译，人民文学出版社 1982 年版，第 14 页。

更敏锐、更自觉地把握。在《地球，我的母亲!》中，诗中的“我”——“地之子”在“黎明”时分“醒”来后，有了清醒、自觉的自我意识。他发现“以往的我，只是个知识未开的婴孩”，并表示要“强健”自己的“灵魂”，以报答地球——“母亲”的“深恩”。还要学着地球劳动，“永久不停”。正是诗文中这种“不怕有罪恶”，“能忏悔，能革新”的自我解剖精神，使郭沫若在“五四”时代“喊出了人人心中最神圣的一种热情”①。

概括地说，从“五四”高潮到低潮时期，郭沫若从来没有把“自我”的内心世界封闭起来。他如实地把自我看成是现实中的活人，因此他总是真诚地袒露“自我”的善和恶、美和丑、圣洁和鄙俗，总是把自己内心世界的矛盾冲突、动荡不安和盘托出。1922年至1925年，从“五四”退潮至“五卅”运动期间，他既写了斗志昂扬、闪耀着阶级意识光辉的诗集《前茅》和《我们的文学新运动》等论文，又写了表现美丽憧憬破灭后的抑郁情怀的诗集《星空》，还写了表现“生的苦闷”（如《歧路三部曲》）和“性的苦闷”（如《叶罗提之墓》、《喀尔美萝姑娘》）的小说，及抒发如醉如痴的恋情的爱情诗集《瓶》等。正因为郭沫若通过自己的作品所表现出来的是真率的、赤裸裸的“自我”，是充满矛盾、动荡的“自我”，因此，他的性格才在内心世界的矛盾冲突中，呈现出现实形态的丰富性和复杂性，从而使作品真正通过精神主体性的充分表现，喊出当时青年的苦和哀、甜和辣，反映出特定时代人们充满矛盾冲突和情绪的内在完整性的性格特征来。

发扬主观意力和自我的积极进取精神

这里，应该看到的是郭沫若在强调人的性格的复杂性的同时，并不否定人的性格的主导面的存在。他崇尚和追求个性的真诚、袒露，更注目于人的主观意力和创造精神的充分发挥。如果说，创造社其他如郁达夫、田汉、冯沅君等在真挚感情的自由抒发、内心矛盾的大胆袒露等方面更能显出他们的创作个性特征的话，那么，郭沫若则因为在个性的真诚、袒露的基础上融合了主观意力和创造精神而呈现出自己的特色。正是人格本体建构这几个层次

① 闻一多：《〈女神〉之时代精神》，《郭沫若研究资料》（中），王训昭、卢正言、邵华等编，人民文学出版社1986年版，第193页。

的有重点的综合，构成了郭沫若“人格创造”说的丰富内涵；而同时，他几乎在每次提出“人格创造”“创造‘人’”的观点的时候，都把人的主观精神的发扬放在首要的地位上。例如他说：“我想诗的创造是要创造‘人’，换一句话说，便是在感情的美化。”[①]“诗是人格底创造底表现，或为人格底创造冲动底表现”[②]，这里说的“感情的美化”“人格底创造底冲动”是从发扬主观精神着眼的。又说，人们应追求“自己之净化与自己的充实以至于无限”，应树立“以全部精神灌注于一切”的“全我生活的楷模”，“我辈肯定人生，则当于积极进取的动态之中以求生之充实”。至于他所说的“把一己的全我发展出去，努力精进，圆之又圆，灵不偏枯，肉不凌辱。犹如一只帆船，既已解缆出航，便努力撑持到底。犹如一团星火，既已达到燃点，便尽性猛烈燎原”[③]，这些话则更在灵、肉两方面都圆满发展的人格要求的基础上进一步激烈地提出了主观精神高扬的问题。郭沫若一方面重视从内在需要即“自我实现”的冲动中激发出主观能动性和创造性，因此他讲求修养，锻炼意志，重视人生理想、精神价值，另一方面又“由内而外”，由精神主体出发，去感应时代和人生，在人格主体中积聚着社会力量，鲜明地反映时代精神。马克思在对人的发展作历史的考察时，曾把资本主义以前社会人的活动的综合性特征称之为“原始的丰富”。郭沫若也曾通过对原始生活的赞美，赞扬过这种“原始的丰富”，表达出对于接近自然的淳朴远古生活的向往。但从总体来看，在更多的情况下，他所提出的由于肉体、精神多种因素的综合作用而造成的“人”的“圆满”特征，则与那种“原始的丰富”不同，而是在近代社会文明巨大进步的条件下，具有强烈的现代意识的人。这种人有着“哲学”“科学”“教育”“艺术”“文学”多方面的渊博知识，他们的人格是“球形的发展”，“把自己的个性发展到了极度——在深度如在广度”[④]。而同时，对于近代资

① 郭沫若：《论诗》，《〈文艺论集〉汇校本》，黄淳浩校，湖南人民出版社1984年版，第267页。

② 郭沫若：《论诗》，《〈文艺论集〉汇校本》，黄淳浩校，湖南人民出版社1984年版，第255页。

③ 郭沫若：《波斯诗人莪默伽亚谟》，《〈文艺论集〉汇校本》，黄淳浩校，湖南人民出版社1984年版，第216页。

④ 郭沫若：《中国文化之传统精神》，《〈文艺论集〉汇校本》，黄淳浩校，湖南人民出版社1984年版，第13页。

本主义社会所造成的人的个体存在的片面化、人的本质的空虚化，郭沫若又有着明晰的厌憎感情。他是在中国特有的历史条件下，从反帝反封建的革命民主主义和个性解放的立场来看待“人”的问题，而且显然还有着浪漫主义理想化的色彩。

在发扬主观意力和创造精神方面，郭沫若从反帝反封建民族民主革命的立场出发，更多地接受了西方现代哲学思潮、社会思潮和文学思潮的影响。例如对于尼采的强调本能的“超人”学说和重新估价一切的破坏、创造精神，就像茅盾当时对尼采哲学的态度一样，他也是采取只“挑些合用的来用，把不合用的丢了，甚至忘却也无妨”的态度来对待的。他一方面曾经就尼采的思想提出这样一个问题让人们思索：“尼采为什么说内养不充的人不能待，也不能怠？……你们可以加一番绰有余裕的思索了。”[①] 这里，明显地强调了尼采的自我内心创造精神；另一方面，他又认为尼采哲学思想具有“反抗有神论的宗教思想”，“反抗藩篱个性的既成道德”和“以个人为本位而力求积极的发展”[②] 的特征。这样，郭沫若便将尼采追求精神自由和内心创造精神与重新估价一切、超越一切的反抗破坏精神结合起来，从而从内心要求出发以发扬主观意力，达到与“五四”反帝反封建的狂飙突进精神合拍的目的。郭沫若还曾为柏格森的“生命哲学”所吸引。他与柏格森视生命为纯粹的精神活动不同，认为“精神作用只是大脑作用的总和，大脑作用底本质只是个 energy 底交流”，基于此，他认为“一切生命都是 energy 底交流。宇宙全体只是个 energy 底交流”，“energy 常动不息：不断地收敛，不断地发散。energy 底发散便是创造，宇宙全体只是一部伟大的诗篇。未完成的、常在创造的、伟大的诗篇”。还说：“创造生命底文学，第一当创造人：当先储集多量的 energy 以增长个体底精神作用。”[③] “energy 愈充足，精神愈健全，文学愈有生命，愈真、愈善、愈美。”[④] 这样，便从生命本能和人的精神力量上突出了精

---

① 郭沫若：《文艺上的节产》，《〈文艺论集〉汇校本》，黄淳浩校，湖南人民出版社 1984 年版，第 134 页。

② 郭沫若：《论中德文化书》，《〈文艺论集〉汇校本》，黄淳浩校，湖南人民出版社 1984 年版，第 27 页。

③ 郭沫若：《生命底文学》，《郭沫若论创作》，上海文艺出版社 1982 年版，第 3 页。

④ 郭沫若：《生命底文学》，《郭沫若论创作》，上海文艺出版社 1982 年版，第 4～5 页。

神主体的多层结构，而这种精神主体又因为与宇宙本体融合在一起而上升到了本体论的高度。对于深受康德哲学和柏格森哲学影响的德国20世纪初的表现主义文学，郭沫若之所以感兴趣，接受其创作影响，一个重要原因，也是对其主张以人为中心、艺术“由内而外”的表现和精神上的强烈追求等观点发生了共鸣。他将“印象派”和“表现派”作比较后说：“impression是由外而内接触，expression，是由内而外的扩张。”① 他还对这种由内而外的扩张作了形象的表述，说：“艺术家总要先打破一切客观的束缚，在自己的内心中寻找出一个纯粹的自我来，再由这一点发出去，如像一株大木从种子的胎芽发现出来以至于摩天，如像一场大火由一株星火燃烧起来以至于燎原，要这样才能成个伟大的艺术家，要这样才能有真正的艺术出现。”② 郭沫若多次赞扬，并从中感到“骨肉般亲热”的两位德国表现派作家的作品——恩斯特·托勒的《转变》和格奥尔格·凯撒的《伽莱市民》，就都是教人“尊重人”、着力塑造“美的灵魂”和高扬人的主体意志的作品③。

从我国古代思想的影响来说，郭沫若与“五四”时期文学革命倡导者们不同，他肯定孔子、老子，持儒道互补的观点，还赞颂被他称为“儒家精神的复活者”的王阳明。在这些思想观点中，他特别注重吸取传统思想中高扬个体人格，提高主体能动性、独立性和历史责任感的思想因素。他从中西文化思想的比较上指出：“中国的固有精神与希腊思想则同为入世的”、中国的“文化在肯定现世以图自我的展开”④。而这种精神的主要体现者则是孔子和儒家学派。他说孔学儒家有一个“博大的人生哲学之系统”⑤，它“是以个性为中心，而发展自我之全圆于国于世界，这不待言是动的，是进取的精神”⑥。他高度赞扬孔子，并用西方近代文化伟人来比附，如说“我们所见的

① 郭沫若：《印象与表现》，《郭沫若论创作》，上海文艺出版社1983年版，第608页。

② 郭沫若：《印象与表现》，《郭沫若论创作》，上海文艺出版社1983年版，第613页。

③ 参见郭沫若的《印象与表现》和《创造十年》。

④ 郭沫若：《论中德文化书》，《〈文艺论集〉汇校本》，黄淳浩校，湖南人民出版社1984年版，第8页。

⑤ 郭沫若：《论中德文化书》，《〈文艺论集〉汇校本》，黄淳浩校，湖南人民出版社1984年版，第25页。

⑥ 郭沫若：《论中德文化书》，《〈文艺论集〉汇校本》，黄淳浩校，湖南人民出版社1984年版，第19页。

孔子，是兼有康德与歌德那样的伟大的天才，圆满的人格，永远有生命的巨人”①。对于以老子为代表的道家，郭沫若则认为他们有一个“合理的形而上学之建设”，还否定老子思想纯为出世的看法，认为“无为二字不是寂灭无所事事，是生而不有为而不恃的积极精神”。他也将老子现代化，认为老子与尼采两人“同是反抗有神论的宗教思想，同是反抗藩篱个性的既成道德，同是以个人为本位而力求积极发展”。他还从“道家的合理的形而上学之建设与儒家的博大的人生哲学之系统”的互补关系上，看到中国文化传统精神的特征是“实践理性的探讨”，他说：“我们不论在老子，或在孔子……都能听到两种心音：——把一切的存在看做动的实在之表现！——把一切的事业由自我的完成出发！”② 郭沫若对孔、老的评价有着明显的现代化的倾向，他没有指出孔、老本人思想的弱点，未能从孔、老与后世封建主义意识形态的联系上，对其消极影响给予批判的剖析。但是他肯定孔、老的基本精神，是将孔子的儒家学说看成一种人生哲学。其核心是人，是对人的世俗生活的肯定，老庄哲学也有对人的价值的肯定和积极入世的一面。这种看法无疑是有意义的。他的看法还有两点应该特别指出：一是他将老、庄思想的上述特点与墨家哲学中“不唯信神而且信鬼”、否定人的价值的有神论观点，与佛教“否定现世以求自我的消灭”的观点对照起来考察，从而更加突出了中国固有文化精神中高扬个体人格、积极入世的进取精神的特点。另一点是他从中西文化思想的比较上指出中国文化传统精神既不像西方文化思想那样“毫无节制，任情放纵”③，又较之西方文化“于纯粹理性方面则不免有偏枯之憾”④。在他看来，中国文化精神尽管具有高扬主观意力和个体人格的特点，然而却是一种社会性、伦理性的心理感受和满足，一种以理节情的平衡。这种从中西文化比较而得来的关于中国文化思想特征的分析是颇为精彩的。郭沫若之所以赞

① 郭沫若：《中国文化之传统精神》，《〈文艺论集〉汇校本》，黄淳浩校，湖南人民出版社1984年版，第13页。

② 郭沫若：《中国文化之传统精神》，《〈文艺论集〉汇校本》，黄淳浩校，湖南人民出版社1984年版，第16页。

③ 郭沫若：《中国文化之传统精神》，《〈文艺论集〉汇校本》，黄淳浩校，湖南人民出版社1984年版，第14页。

④ 郭沫若：《论中德文化书》，《〈文艺论集〉汇校本》，黄淳浩校，湖南人民出版社1984年版，第25页。

颂王阳明，把王阳明称颂为“伟大的精神生活者”“儒家精神的复活者”[①]，也是因为在他看来，王阳明一生“努力净化自己的精神，扩大自己的精神，努力征服‘心中贼’以体现天地万物一体之仁的气魄”[②]，那种“不偏枯，不独善，努力于自我的完成与发展而同时使他人的自我也一样地得遂其完成与发展”的精神，实是“孔门哲学的真义”[③]。郭沫若在“五四”时期与一些文学革命的倡导者不同，他在运用西方个性主义、民主主义乃至现代西方种种思想文化学说猛烈地冲击封建礼教、摧毁旧的偶像的同时，又大力赞扬孔子，赞扬儒家学说的“真精神”。他持这种特异态度的原因是复杂的：从文化思想的继承关系看，他受到严复、康有为、梁启超等人虽揭露中国封建思想传统的腐朽却肯定先秦思想文化和肯定孔、老的观点的影响；从现实的需要看，他以为我所用的态度在一定程度上将孔子、老子现代化，正是借助他对孔、老的理解为“五四”时代个性解放、民主主义思潮找到一股力量，而在1922、1923年，他在这方面的探讨更多则与下列情况分不开，即“五四”退潮后中国反封建的思想革命已为逐渐激化的政治斗争所冲淡，在思想界继续批判儒、道的同时，借助对孔、老的全面评价，对中国民族固有的文化精神和文化心理结构进行探讨，也是从一个侧面反映了新文化运动向前发展的需要；从中西文化思想的汇合、交流上看，欧战后西方科学文化界对中国传统文化十分关心，企图从中国传统文化中吸取力量，以摆脱西方科学文化的局限和困境，并用以安慰许多人在战后被弄得疲倦了的心灵，然而他们却将中国传统文化的基本精神笼统地说成是“静观”“出世”。郭沫若对此持不同意见，他的关于中国文化“在肯定现世以图自我的展开”[④]的观点，以及一些以这种观点为中心内容的论文就是针对西方对中国固有文化的误解而发的。

综上所述，可以清楚地看到郭沫若前期思想从中西文化的交流、汇合上

---

① 郭沫若：《伟大的精神生活者王阳明》，《〈文艺论集〉汇校本》，黄淳浩校，湖南人民出版社1984年版，第57页。

② 郭沫若：《伟大的精神生活者王阳明》，《〈文艺论集〉汇校本》，黄淳浩校，湖南人民出版社1984年版，第55页。

③ 郭沫若：《伟大的精神生活者王阳明》，《〈文艺论集〉汇校本》，黄淳浩校，湖南人民出版社1984年版，第62、64页。

④ 郭沫若：《论中德文化书》，《〈文艺论集〉汇校本》，黄淳浩校，湖南人民出版社1984年版，第19页。

致力于人格本体建构的鲜明特征，他追求个性的真诚、袒露，追求创造精神和主观意力的发挥。这种“自内而外”的个性系统，真正做到了面向世界潮流，又有极大的开放性。他既吸收西方人文主义、启蒙主义、德国古典哲学和浪漫主义等传统文化思想，又注目于西方现代哲学、社会思潮和文学思潮，既与我国古代孔子儒学老庄哲学有着精神上的联系，又重视宋明新儒家理学的影响。正是从纵向的历史感和横向的空间感和纵横交汇处凸现出来的现实感上，郭沫若致力于人格本体建构，鲜明强烈地突出了“人”的现代意识，赋予了“人”以 20 世纪黎明期的火炽精神和理想色彩。

郭沫若“五四”时期致力于人的内在精神建设的特点在中国近现代思想史上有着深远的意义。我们知道，欧洲自文艺复兴以来，为个性的自由解放、人格的平等独立奋斗了几个世纪，才获得了资产阶级革命的伟大胜利。而在中国近代资产阶级民主革命中，由于反帝爱国、救亡图存成为压倒一切的革命的首要任务，民族主义成为最重要的社会政治思潮，因而西方资产阶级的个人自由、平等、独立、人权等思想虽然已经传入中国，却未能在反封建斗争中得到磨炼和广泛传播。与欧洲那时为个人争自由不同，民族主义则是为国家争自由，为了反抗外国侵略，求得祖国的富强独立。这样，个人人格的独立自由便必然会受到限制，甚至还得牺牲个人的自由。“五四”前后几年的思想解放运动便带有思想启蒙的补课性质。在这种特定的情势下，作为思想解放运动的一个组成部分，郭沫若注重精神主体性，致力于人格本体建构，强调人的自我意识的觉醒、理想的圆满人格的追求，对于打破封建专制政治和思想统治的束缚，改变人们长期以来精神上的奴隶屈从状态有着重要作用。即使在今天，在新的时代条件和世界观的前提下，强调个性的丰富性、独特性，强调新的精神主体性，郭沫若当时的探求也是有借鉴意义的。但是，还应该看到，郭沫若作为启蒙主义者，既不同于仅仅为 1789 年资产阶级政治革命造了舆论而未能直接参与政治斗争的法国启蒙主义思想家，又不同于远离政治斗争的德国古典唯心主义思辨哲学家，他的追求个性解放、反封建的思想启蒙主义总离不开政治和政治斗争。“五四”前后几年的思想解放运动本来就离不开群众的政治行动，而不到数年，从 1924 年开始的大革命更使中国进入到阶级大搏斗的年代。在这种情况下，郭沫若前期的个性主义思想便经历了由精神主体到实践主体的变化，他日益关心政治，从呼唤和推翻旧制度的政治革命，到自己实际上投入大革命政治斗争的漩涡之中。这个转变是中国近现代客观历史发展的必然。郭沫若适应了这种形势，走在了政治斗争的最前列。但如何在新的历史条件下探寻新的精神主体的任务则被搁置一旁，而形成了一种新的必须继续探求的课题。

（载《华中师范大学学报》1986 年第 3 期）

论郭沫若前期浪漫诗学主体的复杂性和独特性

五四运动前后，郭沫若在以民主和科学为旗帜的伟大的思想解放运动中，显示出个体心灵的真正觉醒。他强烈地追求个性解放，并形成了彻底反帝反封建的革命民主主义思想。由于“五四”以后现实矛盾错综复杂，革命历程坎坷曲折，由于20世纪现代意识在新旧思想冲突、交替，东西方文化汇合、撞击中具有丰富的内涵，所以，郭沫若前期浪漫主义其社会的、哲理的、情感与心理的内涵，也颇为复杂和独特。怎样既看到这种浪漫主义精神主体在特定境遇中的丰富性和复杂性，又从总体上把握它一贯的主体倾向和独特面貌，是本文所要探讨的课题。

一、“五四”历史现实与作家的主体精神

我们知道，就人类作为本体对世界的关系而言，人的主体性具有双向发展的内涵：一方面，人是历史的产物。人的问题必须从具体的社会关系和社会现状来考察。构成历史动力的是经济（生产方式）而不是心理（主观要求）。社会生产方式的发展，标志着人类主体的外在客观过程。另一方面，人

在作出行为或行为选择时，是有意识有目的的，有决定和选择某种因果的自由，因而人是自己在主动创造着历史，人的主体有构建和发展各种心理功能及其物态化形式的内在主观进展。这两个方面是以前者为基础，又相互联系、制约、渗透，并且相对独立自主地发展变化着。恩格斯说："人们通过每一个人追求他自己的、自觉期望的目的而创造自己的历史，却不管这种历史的结局如何，而这许多按不同方向活动的愿望及其对外部世界的各种各样影响所产生的结果，就是历史。"① 郭沫若前期因为"在唯心与唯物之间摇摆"②，不能运用历史唯物主义的观点考察人和现实的关系，对精神主体的看法是矛盾的，偏于唯心主义。但他前期的精神主体，归根结底仍然被"五四"时代的客观进程所决定，在主观"活动的愿望"及其"对外部世界"的"影响"方面显示出来。

对于"五四"时期的郭沫若，研究者们一般都把他看成新世纪的呼唤者，时代精神的礼赞者。研究重点大多放在《女神》、《星空》中那些表现了雄浑奔放风格的诗篇上，肯定他当时的文学创作所具有的"理想化的激昂"和"时代的最强音"的主要特色。这种研究当然是很重要的。但是，如果把这种主要特色与"五四"时期新文化表现了"转折时期"的深刻精神矛盾的悲剧特征对立起来，把它与20世纪西方文学普遍存在的人类命运感、危机感隔离开来，那么，这种富于乐观、开拓精神的主要特色，就容易理解为浅薄空洞、盲目虚幻的东西。只要把郭沫若前期浪漫主义个性当作既是与时代、政治紧密相联，又有着充分的主体性和复杂性的精神个体来看待，就会从郭沫若前期创作的全部复杂性来看问题。收集在《女神》中的"五四"以前的诗篇和"五四"退潮后所写的《星空》中的大部分篇章，虽然表现了苦闷、忧伤的情感，却是他整个精神个体的有机组成部分，不应给予贬抑性的评价。至于被作者称为"苦闷的象征"的《瓶》，和一些表现了"幻美的追寻、异乡的情趣、怀古的幽思"的小说，也不应看作是创作上的歧途。

郭沫若前期浪漫主义精神主体，熔感性和理性、情感与哲理于一炉。它

---

① ［德］恩格斯：《路德维希·费尔巴哈和德国古典哲学的终结》，《马克思恩格斯选集》第4卷，人民出版社1966年版，第227页。

② 郭沫若：《前记》，《郭沫若全集　文学编》第15卷，人民文学出版社1990年版，第144页。

既向内，探索“自我”，注重人格本体建构；它又向外，感应现实客体，体现时代和人生。基于中国近现代急剧变化的社会政治生活，他的作品中出现了乐观意识和忧患意识交织融合的状况，形成了人的解放与民族解放、个体存在价值与群体意识叠合的双重内涵。

德国哲学家W. 施太格缪勒在《当代哲学主流》这部重要著作中，论及现代人的充满矛盾的生活和意义时说：“对世界的神秘和可疑性的意识，在历史上还从来没有像今天这样强烈，这样盛行；另一方面，或许从来也没有像今天这样强烈地要求人们面对今天社会生活中经济、政治、社会、文化等方面的问题采取一种明确的态度。……一方面生活不安定和不知道生活的最终意义，另一方面又必须作出明确的实际决定之间的矛盾。”① 20世纪的世界思潮如此，处于反帝反封建的民族民主革命高潮中的近现代中国，也有相类似的情况。一方面，民族危机深重，国内政局混乱，历史转折时期动荡不安的社会生活使忧国忧民的感情和个性遭受压抑的痛苦同时产生；另一方面，革命运动频繁，政治斗争激烈，“五四”以后马克思主义与中国革命实际逐步结合，这又促使人们在实际政治、文化等问题方面，迅速作出抉择。失望中带有希望，否定中有肯定，挫折中有追求。这与西方人对世界的荒谬和绝望感情是大不相同的。郭沫若作为一个面向未来、面向世界的海外赤子，作为与民族母体血肉相连的敏感诗人，更强烈地感受到大时代脉搏的跳动。一方面，他的乐观意识不是远隔时代的封闭的文化心理环境中生发出的“知足者常乐”之类的虚幻自足，而是在世界新思潮影响下，基于个体心灵的真正觉醒，从民族危机深重，个人饱受屈辱的焦灼、忧患的悲剧感中辐射出来的；另一方面，他的孤独、忧患意识又与消极浪漫派或现代派的主要倾向不同。消极浪漫派和现代派一些人，或者如黑格尔、勃兰兑斯所说的，因为“自我集中于自我本身”，“无法离开这种孤独自闭的情况”②，必然排除整个外部世界。个人的“反思狂热将不可避免地导致个性的分解或挖空”③。或者如高尔基所说

① ［德］施太格缪勒：《当代哲学主流》上卷，王炳文、燕宏远、张金言等译，商务印书馆1986年版，第25页。

② ［德］黑格尔：《美学》第1卷，朱光潜译，商务印书馆1979年版，第83页。

③ ［德］勃兰兑斯：《十九世纪文学主流》第2分册，刘半九译，人民文学出版社1981年版，第30页。

的，他们“傲慢不逊地卖弄他们自己的病态的稀奇古怪的玩意儿”[①]，往往陷于颓废、绝望、迷狂的泥潭。而郭沫若的某种焦灼忧患感，则是出自个体心灵觉醒与社会群体责任感相交融，思想启蒙与政治救亡相交融的双重探求之中。这样，他便在新的历史条件和新的世界观基础上，把乐观群体意识和孤独忧患意识交织，形成了他的浪漫主义精神主体的多层次的复杂内涵。

如果从欧洲浪漫主义思潮形成发展的历史进程看，更可以进一步了解郭沫若前期精神主体其乐观意识和忧患意识相交融的浪漫主义特征。在欧洲浪漫主义思潮中，曾经出现一种名为感伤主义的“前浪漫主义”时期。它产生于英国，后来在其他国家出现过。与古希腊文学和法国古典主义比较，它不同于这些文学强调理性世界的和谐平衡，而是从情感的内省，即以个性内在世界的情感自我观察和自我分析为特征。德国“耶拿派”理论家史雷格尔兄弟在论及浪漫主义时指出：“浪漫主义”的本质是“以幻想的形式给我们以感伤主义的内容”，而所谓“感伤主义”，“这是令我们感动和感情在其中占着统治地位的东西”。“浪漫主义诗歌”的本质就在于它“能够凭借诗意的内省的翅膀翱翔于被描写者与描写者之间，在现实的与理想的利害关系方面是绝对自由的”[②]。这种对浪漫主义的概括，虽因为当时的历史条件的限制而失之于片面，但在阐述浪漫主义内在主体性的根本原则时，特别强调了情感内省的感伤主义内容，是值得重视的。以后，黑格尔在论述浪漫主义艺术时，指出浪漫主义精神的返回自身，与本身和解，实质上是精神分裂的运动过程。他在强调浪漫型艺术不回避表现冲突，丑陋，肉体与精神的痛苦和扭曲时，又认为由于浪漫型艺术精神达到“自己与自己相融合”[③]，因而较之于静穆和悦的理想美具有更高的精神美。雨果同样认为近代艺术与古代艺术的区别，就在于精神上的“分裂”和“忧郁”，并要求艺术把丑陋的和可笑的（怪诞的），与崇高和优美的结合起来[④]。别林斯基更进一步认为，浪漫主义“是精神苏

---

① ［苏］高尔基：《论文学》续集，人民文学出版社 1979 年版。

② ［苏］波斯彼洛夫：《文学原理》，王忠琪、徐京安、张秉真译，生活·读书·新知三联书店 1985 年版，第 192 页。

③ ［德］黑格尔：《美学》第 2 卷，商务印书馆 1979 年版，第 274 页。

④ ［苏］波斯彼洛夫：《文学原理》，王忠琪、徐京安、张秉真译，生活·读书·新知三联书店 1985 年版，第 195 页。

醒，复活”，是“向着无边世界底阴暗的远方，对一切隐秘的和神秘的事物的不安的追求”。另一方面，浪漫主义又“以非常壮伟的姿态反叛起来，抗拒着天性”，拥有“被这精神所提高的人类底青春底骚乱，获有崇高的高贵的特色”，在浪漫主义艺术中，“新的，沸腾着充沛的年青生命的民族革新了旧世界，展开了人类底新时期”①。黑格尔、雨果、别林斯基，都指出了浪漫主义不同于感伤主义的吁求崇高、超个人的理想的特点，也指出了它与感伤主义相联系的一面，即浪漫主义精神要求掌握感情内省的个性的方面。苏联美学家波斯彼洛夫曾经根据浪漫主义理论的历史发展，对浪漫主义精神作了一个总结性的概括：“浪漫主义世界观是在感情内省的基础上形成的，感情内省是在专制的封建社会里出现了进步的资产阶级关系以后，在个性的道德与思想自决过程中产生的。”② “浪漫主义精神是人类个性的内在的、精神世界的特性，这种个性历史地发展到具有在情感内省的基础上体验自己崇高理想的能力”。他还指出，浪漫主义这种“崇高理想”，既包括“英雄精神”，也包括“宗教道德理想（茹科夫斯基和早期的勃洛克）或追求异国原始状态的理想（夏多勃里昂、拜伦的长诗《岛》、普希金的《茨冈》）”③。这种对浪漫主义精神主体的概括，就包含着忧患意识与乐观意识内在交融的观点。而且，在思想精神上既完全适用于积极的革命的浪漫主义，在某些特点上也适用于消极浪漫主义。如前所述，郭沫若浪漫主义精神主体中忧患意识与乐观意识交融的特征，主要是“五四”时代国际国内的历史环境所决定的，是中国反封建思想革命中“个性的道德与思想自决过程中产生的”。但是，他明显地也受到近代欧洲浪漫主义文艺思潮的影响，这种影响还交融着 20 世纪现代主义思潮的某些影响。郭沫若多次谈到雪莱、海涅、惠特曼等积极浪漫主义诗人对他的诗歌创作的巨大推动作用，也曾表示出喜爱华兹华斯、柯勒律治、骚塞等

① ［俄］别林斯基：《智慧的痛苦》，《别林斯基选集》，满涛译，时代出版社 1953 年版，第 310、309、307 页。第 2 句未找到。

② ［苏］波斯彼洛夫：《文学原理》，王忠琪、徐京安、张秉真译，生活·读书·新知三联书店 1985 年版，第 278 页。

③ ［苏］波斯彼洛夫：《文学原理》，王忠琪、徐京安、张秉真译，生活·读书·新知三联书店 1985 年版，第 279 页。

具有浓厚感伤主义情调的作品。而魏尔伦、波特莱尔等象征主义诗人的作品，他也曾有所涉猎并表示“都可以做我的朋友”①。郭沫若所受到西方近现代文艺思潮的影响，我们将在本文第三部分详细论述。这里只是说明，郭沫若以抒发理想信念，表现“崇高”美感、宏扬英雄精神为主导的，而又交织着乐观意识和忧患意识的精神主体，正是循着近代浪漫主义思潮的某些基本特征，又是在新的历史条件下，在新的世界观基础上发挥了崭新的创造。

二、“理想化的激昂”与“人生的苦味之杯”

司汤达说：“一切伟大作家都是他们时代的浪漫主义者。”雨果也说过：“时代是按照诗人的形象而产生的。”郭沫若作为“五四”时代最富于当代性和时代精神的诗人，他的创作鲜明地反映了“五四”狂飙突进的时代精神和革命形势深入发展中的人的心灵历程。他的浪漫主义精神主体的主导倾向，是对人的尊严和自我价值的充分肯定，是基于个体意识觉醒的对社会政治的强烈关注，是在理想人性追求中的积极乐观的人生态度和昂扬进取精神。

诚如茅盾所说，郭沫若是“五四”诗坛的“霹雳手”。在“五四”高潮期，与历史转折关头破旧立新的巨大变革相对应，他那以《女神》为代表的诗歌，以雄浑的、豪放的、宏朗的调子掀起了紧张、激动、奋发的情感风暴，猛烈地冲决封建罗网，以“药石的猛和鞭策的力”，冲破东方古典文学灰青、忧郁的“中和”美，也冲破了西方世纪末文学的感伤、颓丧氛围，表现出东方20世纪黎明期特有的乐观情调和崇高精神。郭沫若说：“我始终是感觉着只有在最高潮时候的生命感是最够味的。”② 正因如此，他才以新世纪的呼唤者，时代精神的礼赞者姿态出现，在他的创作中对“五四”时代蓬勃进取的革命现实进行了高度概括的、象征性的反映，“在我们的人生中替我们创造另一种人生”。长诗《凤凰涅槃》中，举火自焚的凤凰毁弃旧我，破坏旧社会，再创新我，实是生命辩证发展过程的反映，是五四运动破旧立新精神的反映。因此，凤凰对旧事物的破坏，不是虚无主义的否定，而是内心闪耀着理想光

① 郭沫若：《论诗》。

② 郭沫若：《序我的诗》，《沫若文集》第13卷，人民文学出版社1961年版，第121页。

芒的革新。凤凰更生后那种大和谐、大欢乐的景象，与历史乐观主义精神紧密相关。剧诗《女神之再生》，写炼石补天的女神们，在这一次天塌地裂后，再不屑于去做修补它的工作。她们不仅要“新造”一个“太阳”，以“照彻天内的世界，天外的世界”，而且，为了使“新造的太阳”不致“倦怠”，还要“时常创造些新的光明，新的温热去供给她”。这个诗剧以歌德名著《浮士德》结尾的诗句作为引言，“永恒之女性，领导我们走”。它的含义与永生的凤凰一样，即人类永远在永恒女性哺育下，不断成长、发展。郭沫若说，整部《浮士德》，“披着一件中世纪的袈裟，而包裹着一团有时是火一样的不知满足的近代人的强烈冲动”①，“个性发展的辩证式的看法，是整个《浮士德》悲剧的中心线索。个性是在发展，而且取着辩证式的发展，推而广之，时代的发展是这样，甚至宇宙的发展也是这样”②。这也正如歌德所说，“我们的激情实际上像火中的凤凰一样，当老的被焚化时，新的又立刻在它的灰烬中出生”③。《凤凰涅槃》与《女神之再生》，是最能代表“五四”时代精神的。通过这两首长诗可以看到，《女神》中所表现的，“五四”时代特征在这里得到了诗意的概括和哲理的升华。

即使在“五四”低潮期，郭沫若在惋惜失去了“高潮时”“最够味”的同时，仍然在痛苦中关心着现实人生，时代政治，仍然闪耀着对未来的希望之光并希望重造理想的自我。有时候，他仰望星空，预告着“青春时代”“自由时代”的“再来”④。并从星空中幻化出美好的、充满人间温暖情趣的天上世界⑤。有时候，他俯瞰历史，极目古今，预告“第二次洪水时代的再现”⑥。

---

① 郭沫若：《〈浮士德〉简论》，《沫若文集》第13卷，人民文学出版社1961年版，第513页。

② 郭沫若：《〈浮士德〉简论》，《沫若文集》第13卷，人民文学出版社1961年版，第518页。

③ [德] 歌德：《歌德的格言与感想集》，程代熙、张惠民译，中国社会科学出版社1982年版，第54页。

④ 郭沫若：《星空》，《沫若文集》第1卷，人民文学出版社1961年版，第157页。

⑤ 郭沫若：《天上的市街》，《沫若文集》第1卷，人民文学出版社1961年版，第172页。

⑥ 郭沫若：《洪水时代》，《沫若文集》第1卷，人民文学出版社1961年版，第162页。

有时候，他返回远古，返回自然的歌唱中，仍然对照着批判现实制度的黑暗，冀求在充分发扬人的自然本性中重造“磅礴的大我”①。他的小说，或表现“生的苦闷”（如《漂流三部曲》）和“性的苦闷”（如《喀尔美萝的姑娘》、《叶罗提之墓》），以感情的生命、喷涌的激情、尖锐的灵与肉的冲突，向现实黑暗和封建礼教继续猛烈冲击，或在怀古的幽思中，通过冲破“内外藩篱”的人性美，出世而又入世的哲理，揭示出“人生之树常青”的人生哲学（如《鹓雏》、《函谷关》）。他的独幕剧集《三个叛逆的女性》，更是“解放女性”、讴歌“大逆不道”的叛逆精神的颂歌。

除了上述肯定人的个体价值，批判封建传统和现实黑暗、宏扬理想信念和乐观精神的主导倾向之外，郭沫若的精神主体中还有另一条明显的线索，就是贯穿着的人的孤独感和忧患感，表现出强烈的怀疑意识和忏悔意识。罗素在论及欧洲18世纪末19世纪初的浪漫主义运动时说，“孤独本能对社会束缚的反抗，不仅是了解一般所谓的浪漫主义运动的哲学、政治和情操的关键，也是了解一直到如今这运动的后裔的哲学、政治和情操的关键”②。浪漫主义“后裔”，显然是指西方19世纪末20世纪初出现的现代反理性主义的哲学思潮和文学思潮。处于20世纪初期历史转折点时期的郭沫若，既接受了西方已目为“古典”的近代浪漫主义传统，又受到西方现代哲学、文学思潮的影响，因此，他的浪漫主义精神主体便不能完全脱离“孤独本能对社会束缚的反抗”的特征。

在郭沫若前期思想和创作中，曾经历过两次精神危机，也经历了两次思想的转折时期。第一次是五四运动前后，当他还在日本留学时，便基于个体心灵的觉醒和民族使命感而产生过深沉的忧患、怀疑意识。这种忧患、怀疑意识还被提到人生哲理的角度进行探究。郭沫若回忆，当他赴日本留学初期，由于婚姻问题失意，因生理缺陷而导致医学事业受挫，旅居异国受到民族歧视等原因造成了他“剧度的神经衰弱症”。他在精神上正处于“最彷徨不定而且最危险的时候。有时候想去自杀，有时候又想去当和尚”。他企图在形而上学的哲理玄想中，寻求精神的寄托。因此，“每天只把庄子和王阳明和新旧约

① 郭沫若：《孤竹君之二子》，《沫若文集》第1卷，人民文学出版社1961年版，第201页。

② ［英］罗素：《西方哲学史》下卷，商务印书馆1982年版，第222页。

全书当作日课诵读，清早和晚上又要静坐”。大量中外哲学著作的研读，使他“发现了一个八面玲珑的形而上学的庄严世界”。同时，也更促使他从哲学角度探讨人生问题。他说：“我时常问自己，是肯定我一切的本能来执着这个世界呢？还是否定我一切的本能去追求那个世界？”这样，社会生活中实际问题的触发和人生最终意义的哲理探讨，便使他的忧患、怀疑意识从世界观深处产生出来。从1916年到1918年，郭沫若在《寻死》、《夜哭》、《春寒》等旧体诗，在《死的诱惑》、《新月与白云》等新诗中，忧患意识不是一般的悲凉、焦灼心情，而是表现为以生死反思为特征的一种强烈情感。在这些诗作中，几乎每一篇都提到死。“出门寻死去，孤月流中天”，“偷生实所苦，决死复何难”①。“有生不足乐，常望早死好”，“悠悠我心忧，万死终难了”②。“欲飞无羽翼，欲死身如瘫”③。这种对待死亡的态度，与我国传统文化思想中“朝闻道，夕死可矣”（儒家），“其生若浮，其死若休”（道家）的态度不同，因为它们或者只是出于某种道德伦理观念的驱使，或者只是一种摆脱人世烦恼的超然态度，而且都抽去了个体心灵在死亡面前的具体情感和意绪。郭沫若这种对死亡的态度与现代主义的“为死而在”（存在主义）也不同，因为“为死而在”虽然以死启示出真正个人存在的价值，把死看作摆脱世俗社会枷锁，取得堂正自由的场所，但是，这种态度，把世界和人生看成绝对荒谬和痛苦，因而毫无社会伦理道德观念的因素可言。郭沫若这种以生死反思为特征的忧患意识，一方面是出于个体存在价值的思考，另一方面，这种心灵觉醒还有具体的社会内涵和现实生活的契机。这就是个人在封建婚姻制度下所受到的心灵创伤，以及“念的是西洋书，受的是东洋气”的民族屈辱感。正因为郭沫若在“五四”前有这样深沉的孤独感和忧患感，所以他在“五四”高潮期写下的一系列诗篇，所追求的新生是死亡废墟中诞生的新生，所呼唤的创造是彻底毁坏的创造，所向往的光明是黑暗中破晓的光明，所歌颂的欢乐是极

① 郭沫若：《寻死》，田寿昌、宗白华、郭沫若：《三叶集》，上海亚东图书馆1923年版，第9页。

② 郭沫若：《夜哭》，田寿昌、宗白华、郭沫若：《三叶集》，上海亚东图书馆1923年版，第10页。

③ 郭沫若：《春寒》，田寿昌、宗白华、郭沫若：《三叶集》，上海亚东图书馆1923年版，第10页。

度痛苦之后的欢乐。举火自焚的凤凰，创造“新鲜太阳”的女神，投水前的屈原，他们对封建传统和现实黑暗的破坏，对宇宙真理和人生奥秘的追求，以及梦醒后无路可走的痛苦，都是感情浓烈的，理性态度鲜明的。这种情感的、理性的抉择，正是自我意识的充分显露和外化。同时，在死亡和新生、破坏和创造、黑暗和光明、痛苦和欢乐的辩证转化过程中，“自我”的自审意识和忏悔意识又鲜明地贯穿其中。郭沫若在写作《凤凰涅槃》前三天，写信给宗白华，忏悔自己，“我不是个‘人’，我是坏了的人，我是不佩你‘敬服’的人，我现在很想能如 phoenix 一般，采集些香木来，把我现有的形骸烧毁了去，唱着哀哀切切的挽歌把他烧毁了去，从那冷净了的灰里再生出个‘我’来!”① 他还多次称自己为“罪恶的精髓”。“我常恨我莫有 Augstine、卢梭、托尔斯泰的天才，我不能做出那赤裸裸的《忏悔录》来，以宣告于世……我的罪恶的负担，若不早泄个干净，我可怜的灵魂终久困顿在泪海里，莫有超脱的一日。”郭沫若这种自我坦露和剖析反思的特点，基于他对“人”的概念的理解。他在谈到歌德时说：“他是浮士德、神、超人；而同时又是靡非斯特菲勒斯、恶魔、狗。所以威朗德（Wieland）说：‘歌德会被人误会，因为很少有人能够掌握这样一种人的概念。’”② 正是基于对“人”的哲理的、社会的复杂内涵的理解，否定旧我的自审意识和忏悔意识才明显地体现在《女神》之中。凤凰集香木举火自焚，包含着对旧我的否定。“呵呵，生在这样个阴秽的世界当中，便是把金钢石的宝刀也会生锈。”这表现了对人的精神阴暗面的清醒认识。还有那“自我”的化身——“天狗”，在突入宇宙，获得无穷能量的同时，又自噬其身，在毁掉皮、肉、血、心肝等旧形骸时，“自我”进一步获得了精神上的解放。此外，“地之子”在地球——“母亲”面前的自责、忏悔；雷峰塔下，“我”对锄地老农的仰慕之情等，都属于这类感情。闻一多曾高度评价郭沫若《女神》中这种“不怕有罪恶”，“能忏悔、能革新”的自我解剖精神，说诗人正是从这里“喊出人人心中最神圣的一种热情”③。田汉也

① 田寿昌、宗白华、郭沫若：《三叶集》，上海亚东图书馆 1923 年版，第 11 页。

② 郭沫若：《论诗三札·二　致宗白华》，《郭沫若论创作》，上海文艺出版社 1983 年版，第 240 页。

③ 闻一多：《〈女神〉之时代精神》，《郭沫若研究资料》（中），王训昭、卢正言、邵华等编，中国社会科学出版社 1986 年版，第 193 页。

称《女神》是诗人自我的“血”“泪”“自叙传”和“忏悔录”①。由上所述，即使在“五四”高潮期，在郭沫若的思想和创作表现出对个体价值作充分肯定的时候，也融入了忧患、怀疑意识，贯穿着自审、忏悔精神，从而，更鲜明地表现出人的意识觉醒后个体心灵的丰富性和复杂性。

郭沫若前期另一次精神危机和思想转换，发生在“五四”退潮后的20世纪20年代初期。这一时期，他由日本归国，更多地看到现实政治的黑暗，国内阶级斗争形势的发展又促使他在个人与国家民族前途的问题上作出抉择，“采取一种明确的态度”，另一方面，以尼采、柏格森、弗洛伊德为代表的西方现代反理性主义的哲学心理学思潮和现代派文学思潮的影响，自然科学新成就——爱因斯坦的相对论、量子论的影响，又促使郭沫若从人和自我，人与宇宙两方面重新认识“人”的问题，并产生了“对世界的神秘性和可疑性的意识”。1922年到1923年，他几次提到德国人“对于相对论量子论等科学上的新论争”②。而且，他还在谈到宇宙的“有限无限”、亚原子世界的“电子量子”和质能关系式等量子论问题之后说：“为什么会有这宇宙存在？宇宙的第一原因，假使是有时，究竟是什么？”“量子电子为什么存在？它们的第一原因，假使是有时，究竟是什么？”他认为“答应我们这种问题的权能，在他的（指科学——引者）识分之外，也怕是在我们人类智力的范围以外”。郭沫若认为，正是这样，才产生了许多“怀疑尽了头的人”③。这种对宇宙终极真理和“生活最终意义”的探索和怀疑，与“五四”退潮时由于政局混乱而产生的失望苦闷情绪，以及回国后个人理想的破灭融合一起，使他的孤独感和忧患、怀疑意识又一次明显暴露出来。在诗集《星空》中，这种孤独、怀疑意识表现得最为集中。《苦味之杯》一诗，作者伤痛地呼吁，“呵呵，苦味之杯哟，人生是自见此地之光，不得不尽量倾饮……我们不得不日日朝朝新尝着诞生的苦闷……人为什么不得不生？天为什么不得不明？人生的苦味之杯哟，我为什么不得不尽量倾饮？”这是“五四”以后被新思潮弄敏了头脑之

① 田寿昌、宗白华、郭沫若：《三叶集》，上海亚东图书馆1923年版，第79页。

② 郭沫若：《论中德文化书》，《〈文艺论集〉汇校本》，黄淳浩校，湖南人民出版社1984年版，第18页。

③ 郭沫若：《波斯诗人莪默伽亚谟》，《〈文艺论集〉汇校本》，黄淳浩校，湖南人民出版社1984年版，第213页。

后的伤痛和苦闷，也是人作为觉醒了的个体对自身存在价值发生疑问和探究。现实是如此黑暗，“自我”所有的又是更敏锐、更裂心的痛苦。而人一旦觉醒，意识到自我的存在、自我的尊严，就更要和这毁坏自我价值的社会发生尖锐的冲突。当自我产生出浓重的忧患、孤独情感，意识到自身与社会的悲剧性对立的时候，郭沫若创作中与《女神》时期不同的另一种浪漫主义特征就充分表露出来。这就是意欲返回远古、返回自然、返回童年的思想情绪的抒发。作者肯定原始的、自然的、粗犷的美，把它们置于现代文明，黑暗现实的对立面加以肯定、讴歌、赞美，用以寄托自己的伤痛、苦闷的情怀，并赋予它们以浓重的理想化色彩。例如，在《孤竹君之二子》中，诗人认为正是夏启所开创的“私产制度”，“种下了无穷无际的罪恶和不幸”，所以才有“滔滔不尽的夏启的追随者”，才有“险狠、阴贼、贪婪，涌聚如蜂”。这实际上是“借古人的骸骨，另行吹嘘些生命进去”，强烈地谴责了近代文明发展中所混杂着的丑恶、污秽。诗人赞扬“原人的纯洁，原人的真诚”，和大自然的“雄浑，坦荡，清明”，实际上也是为了求得自己忧患情怀的解脱，体现了现代人在近代文明时代对高尚情感的渴求。诗剧中写道，正是这种原始大自然的生活，造成了“眼前生动着的自然”，“心中磅礴着的大我”，“造化的精神在我胸中喷涌”的局面。可见，郭沫若仍然是从现代意识、现代文明的水准上，重新发现和感悟着辽远的过去和古老的自然。这种情形在长诗《星空》中表现得更为鲜明。在这首长诗中，诗人把自我溶入辽阔幽渺的星空之中，任意调遣着宇宙众多的天体，又从星光中发出了对古代天才的问讯：“泪珠一样的流星坠了，已往的中州的天才哟！可是你们在空中落泪？哀哭我们堕落了的子孙，哀哭我们堕落了文化，哀哭我们滔滔的青年，莫几人能知，哪是参商，哪是井鬼？悲哉！悲哉！”这种巨大的伤痛，悲怆感情为何而发？其中包含着什么内涵？过去的解释大多认为其中只有一般的对现实人生的失望、愤慨和追怀往古的情感。然而，只要把这首诗与郭沫若1923年写的《论中德文化书》、《中国文化之传统精神》结合来看，就可知道，诗中有更具体的内容和更高的精神视角。郭沫若认为，我国周秦之际，科学并非不发达，连女人小孩都有科学知识，如星学知识。据《诗经》记载，“村女山童”，“也知道在恒星的推移中，寻觅出无穷的诗料”①。“星座中的二十八宿，在我们近代

① 郭沫若：《星空》，《沫若文集》第1卷，人民文学出版社1961年版，第157页。

的青年，能举其名的恐怕已不可多得，更不能期望其能在天体中一一按名指实了。”① 而《诗经》中为当时妇女用作歌咏对象的“彗彼小星，维参与昴”（即“参商”“井鬼”），则符合现代天文学的知识。然而，古代这样的科学传统却在后来漫长的封建社会中，被阻遏而中断了。这样，郭沫若“从近代文明、科学技术的角度对中国古老文化进行了反思，同时，又从中国文化传统的历史变迁中探寻现实黑暗的深层原因，并瞩目未来，展示出乐观的前景”。

郭沫若前期两次精神危机和思想转换有如上述。由于他前期思想经历着“在唯心与唯物之间摇摆”② 的历程，没能真正获得马克思主义的辩证唯物主义世界观，因而“不知道生活的最终意义”，有若“对世界的神秘性和可疑性的意识”，忧患感和失落感便由此而生；另一方面，客观现实的历史进程，又迫使他在社会、政治、文化问题上，“作出明确的实际决定”。这样，郭沫若前期的精神主体始终处于矛盾状态之中，正是这种矛盾推动了他的思想向前发展。这种矛盾状态产生的时代条件，是中国近现代社会生活中，救亡图存的民族民主革命斗争十分激烈，思想启蒙的要求又极其迫切，所以，时代并没有为他准备孤独封闭地进行自我反思的场所。郭沫若第一次精神危机，由于十月革命、五四运动的发生，而获得了创造性的转换，后一次精神危机，也在 1923 年以后革命深入发展的历史进程中，尤其是在大革命风暴中，随着他向马克思主义立场的根本转变而获得了实际的解决。

综上所述，可见郭沫若前期思想和创作，无论是作为主导倾向的乐观意识，还是时时出现的忧患意识，无论是执着于现实的当代精神，瞩目未来的理想主义，还是返回往古、返回自然、返回古老文化的历史反思，不同的思想因素的叠合，都表明了郭沫若在“五四”新思潮中个体心灵的觉醒，其浪漫主义精神主体的丰富、复杂和独特。同时，通过艺术个性反映出来的“五四”时代精神也呈现出多彩斑斓的面貌。

三、西方思潮的冲击与中国传统文化的认同

应该看到，郭沫若浪漫主义精神主体的丰富、复杂内涵，不仅是“五四”

① 郭沫若：《论中德文化书》，《〈文艺论集〉汇校本》，黄淳浩校，湖南人民出版社 1984 年版，第 24 页。

② 郭沫若：《前记》，《沫若文集》第 10 卷。人民文学出版社 1959 年版，第 2 页。

时代要求的产物，而且是在“五四”时期东西方文化思想和文艺思潮交汇、碰撞中形成的。在第一次世界大战后，西方文化背弃文艺复兴以来的文化传统，向东方文化靠拢。中国的以儒、道为主的传统文化，成了西方仿效的对象。中国现代文化，则是借西方之火烛照老大民族的魂灵。西方自文艺复兴的人文主义、启蒙主义、浪漫主义，至20世纪初的现代主义，中国人都不同程度地汲取了它们的营养。同时，东西方又都以重构民族文化精神为中心，用更新了的现代意识重新审视、评估、认可本民族的文化传统，从而使本民族传统文化呈现出新的活力与价值。这是两种不同的世界文化流向。郭沫若浪漫主义精神主体，正是在这两种文化流向中形成了丰富、复杂的内涵。

在对西方文艺、文化的借鉴方面，首先要看到的是，郭沫若在接受资产阶级人文主义、启蒙主义影响的同时，更受到欧洲19世纪初浪漫主义的影响。欧洲19世纪初浪漫主义从政治态度和世界观的总倾向上，可分为积极的浪漫主义和消极的浪漫主义。消极的浪漫主义出于保守的、反动的立场，反对启蒙运动，反对资产阶级革命和新兴的资本主义社会、美化中世纪的封建制度和天主教统治。积极浪漫主义继承了启蒙运动尊重个性自由、追求人的解放的优秀传统，另一方面又与启蒙思想家们所预言的“理性王国”相对立，抨击资本主义现实。它也提倡返回自然，返回原始生活，但不是倒退，而是出于对资本主义城市文明和工业文化的厌恶和愤懑，并往往与当时正流行于欧洲的空想社会主义“乌托邦”理想融合起来。同时，尽管浪漫主义在社会、文艺思潮上存在着这两种基本倾向，但也应该看到二者作为统一的创作方法的共同性。苏联的美学家万斯诺夫说：“浪漫主义的共同性就在于否定资产阶级制度及其生活性质，在于不接受资本主义现实并把人道主义的理想或幻想与之相对立，在于以此为基础发展艺术文明。”因此，浪漫主义体现在具体作家身上有着复杂的特征。当时浪漫主义的主要成就，一般说首先是由政治观点进步的浪漫主义作家作出的，但具有保守的，甚至反动的政治观点的浪漫主义作家，其世界观也可能有进步的因素，他们的艺术往往也会反映出时代的情结，并可能有重大的艺术价值。由此可知，当时浪漫主义在文学和文化发展中所取得的重大进展，是它作为文艺思潮和创作方法的总体而发挥作用的。郭沫若注目于雪莱、海涅等积极浪漫主义作家，也是从浪漫主义的思想和艺术的总体特征上来接受这个传统的。他对于柯勒律治、华兹华斯、骚塞等诗人表示兴趣，就是一个明证。在郭沫若的创作中，对于历史转折关头重大社会问题的关注，反抗破坏、自由创造的时代精神的综合概括，社会政治和美学思维的宏大气势，都离不开他在新思潮中觉醒了的精神个体，离不开那敏感、痛苦、探索的心灵。郭沫若那种对于光明和新生的热烈追求，对于历史进程及其规律性“奥秘”的探索，对于社会主义前途的憧憬，也往往同他返回自然、返回远古、神往于原始社会没有人剥削人、人压迫人的社会倾向交织在一起。

郭沫若还在哲学、文艺方面有着广阔的视野。哲学方面，他不仅对笛卡尔、斯宾诺莎等大陆唯理派哲学家有着浓厚兴趣，而且受到从康德到叔本华、尼采、柏格森等近现代唯心主义哲学家的影响。文学方面，他对于20世纪初流行的西方现代主义流派有过广泛的涉猎。1922年到1923年，他连续写了《生命的文学》、《自然与艺术》、《文艺上的节产》、《印象与表现》、《批评与梦》、《未来派的诗约及其批评》、《瓦特裴德的批评论》等一系列文艺论文，对现代派文学作介绍和批评。他特别推崇德国表现主义运动。对象征主义、意识流文学也作过某些肯定。出于浪漫主义精神主体的要求，他着重从现代主义文学中吸取发现自我，强调自我，“由内而外”地表现和创造的观点。郭沫若认为，“18世纪的罗曼派和最近出现的表现派（expressionism），他们是尊重个性，尊重自我，把自我的精神运用于客观的物料，而自由创造”①。他把歌德的创作思想归结为“主情主义”，又常说表现派“复活”了歌德的思想精神，也表明了上述观点。他还说，“真正的文艺是极丰富的生活由纯粹的精神作用所升华过的一个象征世界”②。强调自己的小说《残春》是运用精神分析说，表现人的心理的“潜在意识”的“流动”③。这些都是突出人的精神主体，致力于揭示个体内在心灵深层结构的表现。我们知道，现代主义文学作为一种在现代工业文明条件下的艺术观，它是在人与社会、人与自然的关系被扭曲和异化的情况下，探求人的生存价值和意义，以求人的重新发现。“五四”时期的中国，虽然尚未出现资本主义中的，在“物”的奴役下的异化现

---

① 郭沫若：《印象与表现》，《郭沫若论创作》，上海文艺出版社1983年版，第608页。

② 郭沫若：《批评与梦》，《郭沫若论创作》，上海文艺出版社1983年版，第538页。

③ 郭沫若：《批评与梦》，《郭沫若论创作》，上海文艺出版社1983年版，第534页。

象，但在反抗人的外在束缚方面，在破除一切封建桎梏对人的个性压抑方面，仍然需要强调人的尊严和个体存在价值。这样，郭沫若基于反帝反封建民族民主革命的要求，在个性解放的追求中，便不仅会同过去的欧洲浪漫主义思潮合拍，也会与现代主义思潮找到某种共鸣点。自然，现代主义的思想特征并非浪漫主义能够全部概括的。现代主义之所以要重新发现自我，是因为这种自我是与社会分裂的，丧失了人的社会本质的自我。那种个人精神的孤独感，对人生意义与价值的空虚感，这一切所造成的世界的荒谬性，命运的不可知性，才是西方现代主义精神主体的总结特征，这种特征是建筑在对人的悲剧根源的特殊理解基础上的。在现代主义看来，人的悲剧根源不是自然的、社会的、命运的外在原因，而是人本身，是人本身造成了自己的悲剧。

郭沫若交融着乐观意识与忧患意识的精神主体，与现代主义有着本质不同。他虽然也有受挫后的失望、梦醒后的伤痛、理想坍塌后的迷惘，但它是在社会政治和道德伦理领域里反对封建统治对个性的压抑，所以，他对于人的悲剧原因的理解，主要从社会历史的外在原因去寻找，这就使它与现代主义的世界荒谬感与人心失落感显出了区别。当然，也应看到，郭沫若作为面向世界大潮、现代意识强烈的哲人和文学家，他的忧患意识与现代主义仍有某种联系。如本文前面所引，郭沫若在《波斯诗人莪默伽亚谟》一文中提到了相对论、量子论等自然科学新发现，提出了“为什么会有这宇宙存在”等一系列问题，这种对人生、宇宙终极真理的怀疑和探究，就明显地带有西方现代主义思潮的印迹。即使他写于“五四”高潮期的诗作，这种影响也是存在的。如《凤凰涅槃》中的“凤歌”和“凰歌”，《湘累》中屈原的苦闷失望情绪。“宇宙呀宇宙，你自从哪儿来，你坐在哪儿在……”“凤歌”一节就对宇宙“为什么存在”提出了根本性怀疑。这固然是诗人对现实失望和愤懑情绪的曲折反映，同时也与郭沫若所接触到的自然科学新发现相映证。这种科学发现所提出的哲学问题，也是现代主义哲学、文学思潮发生的一个重要原因。它们的综合影响进一步增强了郭沫若精神主体的忧患意识和怀疑精神。

从对中国文化的“认同”方面看，郭沫若注重通过东西方文化的对照来审视和抉取中国传统文化。他既不同于“五四”文学革命倡导期一些持全盘西化论者，又不同于清末到“五四”前夕的国粹主义者，以及“五四”退潮期由崇信西方文化倒退为反对西方文化的新复古派。某些民族虚无主义者笼统地把西方文明视为动态的、积极的、入世的文化，又抽象地把中国文化目为静止的、消极的、出世的文化，在对比中肯定前者而否定后者。一些新复古派看到了欧战以后资本主义的弊端，从而视西方科学文明为洪水猛兽，转而赞扬中国只讲道的“静的文明”。郭沫若则是从彻底的反帝反封建的革命民主主义立场出发，主张对中西文化都采取辩证分析的态度。他在1923、1924年间，连续撰写出《中国文化之传统精神》、《伟大的精神生活者王阳明》、《论中德文化书》、《惠施的性格和思想》等论文，将中西文化加以对照比较。郭沫若一反中国文化为“静观”“出世”型文化的时论。他认为中国文化其“固有精神与希腊思想同为入世的”，“我国的文化在肯定现世以图自我的展开”①。孔学儒家有一个“博大的人生哲学之系统”，道家“无为二字不是寂灭无所事事，是生而不有为而不恃的积极精神”②。同时，他认为我国周代以前的先民，就受过“深瞻的文化的洗礼”③，有丰富的自然知识。周秦之际的青年，更“趋向于自然现象的客观的研究”④。及至佛教传入中国，我国固有的“动的进步的文化精神”，才“被后人误解”。“于是纯粹科学之不能诞生便一直达到我们现在。”“静观的印度文化”才“遗误我们”。对于西方文化，他认为“欧战之勃兴乃是极端的资本主义当然的结果”，“科学自身并不能负何等的罪责”。他崇敬“推翻”资本主义“祸本”的“伟大实行家”马克思、列宁，认为“要唤醒我们固有的文化精神，而吸吮西欧的纯粹科学的甘乳”，“要善于利用科学文明而不受资本主义的毒害”。郭沫若这种对东西文化的态度，与形而上学的绝对化方法相对立，使他能够从中西文化的辩证分析中，择取精华。前期郭沫若自然贯穿着忧患意识，却从失望、忧伤、苦闷中激起反抗破坏、自由创造的力量，其重要原因也在这里。

［载《中国文学研究》1987年第3期，《中国文学研究年鉴》（中国社会科学院编）1987年号收入详细摘录］

---

① 郭沫若：《论中德文化书》，《〈文艺论集〉汇校本》，黄淳浩校，湖南人民出版社1984年版，第19页。

② 郭沫若：《论中德文化书》，《〈文艺论集〉汇校本》，黄淳浩校，湖南人民出版社1984年版，第19～20页。

③ 郭沫若：《论中德文化书》，《〈文艺论集〉汇校本》，黄淳浩校，湖南人民出版社1984年版，第24页。

④ 郭沫若：《论中德文化书》，《〈文艺论集〉汇校本》，黄淳浩校，湖南人民出版社1984年版，第25页。

论郭沫若前期强调精神主体的文化观和泛神论思想

在“五四”时期，郭沫若是现代意识强烈、富于创新精神的诗人和文学家之一，同时，他又是一位博古通今、学贯中西、有着博大学术襟怀的学者和哲人。他的泛神论思想由于突出人和自我，强调人的精神主体性，并把精神主体上升到宇宙本体论的高度而呈现出自己的鲜明特色。这种特色反映和体现了“五四”时代精神，又揭示了个人独特思想的内在机制。从历史渊源关系上看，既从西方近代斯宾诺莎、康德等人的哲学思想中得到借鉴和启发，又受到现代自然科学新成就及其所提出的哲学问题的推动和影响；既与我国及印度古代泛神论色彩浓厚的哲学思想有着精神上的联系，又与宋明理学新儒家的哲学思想有着密切关系。本文试图通过上述几个方面的综合研究，以揭示郭沫若泛神论思想的纵向的历史感和横向的空间感，以及从这种纵横交织的时空经纬中所产生的强烈的现实感，从而探讨他的泛神论思想突出精神主体性的基本特征及复杂内涵。

一

对于郭沫若突出人的精神主体性的泛神论思想，可以作这样概括地表述：一方面，由于神、本体内在于万物，又超越于万物，因此它不仅具有自然万物纷繁多样、常动不息的特征，而且在时空上也是无限、永恒、绝对的。这样，就为人、自我的情感活动提供了广阔的天地；另一方面，郭沫若又把人的主体性和情感提到首要的地位，充分看到了人在自然因果关系中的主观能动性，主张用“自我”的心情，以至整个人格和全部生命去综合、创造，于是，自我极度扩张，消融了主客体的界限，人和自然、本体融合为一，自我由极度扩张而转化为忘我、无我，进入自由的境地。人的精神主体性与泛神论本体观的交融，正是郭沫若泛神论思想的最基本的特征。

郭沫若的突出精神主体性的泛神论思想包括以下三个层次的内容：

首先，他认为人和精神主体由神、自然所派生，是神、自然的一部分，受制于自然的因果必然规律，因此，它作为客观物质世界的存在，是客体，具有受动性。郭沫若在谈到同他产生了“共鸣”的歌德的泛神论思想时说：“泛神便是无神。一切的自然只是神底表现，我也只是神底表现。”[①] 既然“神”“本体”内在于“自然”和“人”，“自然”“人”是“神”和“本体”的表现，那么，郭沫若所理解的“神”或“本体”的概念是什么呢？他认为本体“是普遍永恒而且是变化无定的存在”，“本体只是一个存在，这个存在混然自存，动而为万物，万物是它的表相”[②]。“本体不灭”，“本体则超绝一切”[③]。这是把“神”“本体”作为总体，从宏观上来看的。从微观上看，他说，“无穷大的宇宙是从无限小的质点聚积而成”[④]，“细胞的……原质”是

① 郭沫若：《〈少年维特之烦恼〉序引》，《〈文艺论集〉汇校本》，黄淳浩校，湖南人民出版社 1984 年版，第 228 页。

② 郭沫若：《伟大的精神生活者王阳明》，《〈文艺论集〉汇校本》，黄淳浩校，湖南人民出版社 1984 年版，第 62 页。

③ 郭沫若：《惠施的性格与思想》，《〈文艺论集〉汇校本》，黄淳浩校，湖南人民出版社 1984 年版，第 52 页。

④ 郭沫若：《惠施的性格与思想》，《〈文艺论集〉汇校本》，黄淳浩校，湖南人民出版社 1984 年版，第 49 页。

"原子"。"各个原子内容都是一种极复杂的宇宙。"[①] 这就是说，无论是从宏观或微观上看，郭沫若都认为本体具有物质实在的属性；它产生和存在的原因在自身，即"自因"；它具有空间上无限、时间上永恒的特点；它本身还是变化无定的。作为这种"神"和"本体"的表现的"人""自我"当然是客观物质世界的一部分，是感性存在。所以郭沫若充分肯定人的自然本性，他常用"赤裸裸的人性""人性中一点灵明的精髓"等表明人的自然纯真的需求、欲望、感情的重要性。他说："我只想当个饥则啼、寒则号的赤子。因为赤子的简单地一啼一号都是他自己的心声。……"[②] 这样，郭沫若的"人"的观点便明显地趋向于近代资产阶级自然人性论的观点，就是说，他所主张的人性不是动物性，也不是神性，而是自然性与社会性的融合，是具有现实物质基础的感性存在与具有普遍必然性质的社会性的融合。由此可见，不脱离生理血肉之躯的，具有内在感性欲望、自然情感的人、自我作为"神"来表现，作为"本体"、自然的一部分而存在，这是郭沫若突出精神主体性的泛神论思想的第一层含义。

其次，重视人的主观能动性，强调主观立志和意志力量，主张通过自我扩张，发扬个体主观意力，达到与本体融合，使精神主体具有本体的属性，被提到了宇宙本体的高度上。如上所述，郭沫若对"本体""神"的概念是基本上把它们理解为具有物质实在性的，但他也有把它们看作精神的地方。如他认为，宇宙存在着一种不断运动的"生动的力"，这种活动力"是创生万汇的本源，即是宇宙意志，即是物之自身"[③]。"'道'先天地而混然存在，目不能见，耳不能闻，超越一切的感觉而绝去名言。如'无'，而实非真无。这'道'便是宇宙的实在。"[④] 两段话，或者直接把"本体"看作客观精神，或者把本体看成不能为人类感官所感知的东西，缺乏明确的感性规定性。这样，

① 郭沫若：《波斯诗人莪默伽亚谟》，《〈文艺论集〉汇校本》，黄淳浩校，湖南人民出版社 1984 年版，第 213 页。

② 郭沫若：《批评与梦》，《〈文艺论集〉汇校本》，黄淳浩校，湖南人民出版社 1984 年版，第 149 页。

③ 郭沫若：《〈少年维特之烦恼〉序引》，《〈文艺论集〉汇校本》，黄淳浩校，湖南人民出版社 1984 年版，第 229 页。

④ 郭沫若：《中国文化之传统精神》，《〈文艺论集〉汇校本》，黄淳浩校，湖南人民出版社 1984 年版，第 11 页。

郭沫若的“人”“自我”所由产生的本体便带有二元论的色彩。从这种二元论色彩的本体出发，在认识论上则更倾向于唯心主义，即通过自我扩张，更突出地强调了精神主体性。他在说过“泛神便是无神。一切的自然只是神底表现，我也只是神底表现”之后，接着说：“我即是神，一切自然都是我的表现。”① 又说：“对于宇宙万汇，不是用理智去分析，去宰割，他是用他的心情去综合、去创造。他的心情在他身之周围随处可以创造出一个乐园……在死灭中立地可以生出有情的宇宙。”② 他还强调诗是诗人“人格创造冲动的表现”，明确地提出了“人格创造”说。而他所说的“人格”又是基于人的精神主体的深层结构的。这就是说，他除了重视一般的情感作用外，还尊崇直觉和灵感。他说：“我想诗人底心境譬如一湾清澄的海水，没有风的时候，便静止着如像一张明镜，宇宙万汇底印象都涵映着在里面；一有风的时候，便要翻波涌浪起来。宇宙万汇的印象都活动着在里面。这风便是所谓直觉，灵感(inspiration)，这起了的波浪便是高涨着的情调，这活动着的印象便是徂徕着的想象。”③ 他还依据弗洛伊德的精神分析说，承认积淀在人的精神主体内部的“潜在意识”的“流动”④。但他也不否认理智，他说：“真理要探讨，梦境也要追寻。理智要扩充，直觉也不忍放弃。”⑤ 正是以人的情感为主，包括理智、直觉、灵感在内的多种心理因素，构成了他的精神主体的丰富内涵。这种精神主体经过扩张，去拥抱自然、沉入本体，以全心灵、全人格去综合、创造，终于消融了主客体的差别，生出“有情的宇宙”，具有像本体一样无限的创造力，这便是郭沫若突出精神主体性的泛神论思想的第二层含义。

再次，自我“由内而外”，使整个心灵、全部人格感应着时代、社会、人生、宇宙，又夸扬、锻炼个体的主体意识，以主怀疑、反盲从和我即宇宙的积极进取精神去迎接和参与社会现实生活。郭沫若强调人的精神主体性，着

---

① 郭沫若：《〈少年维特之烦恼〉序引》，《〈文艺论集〉汇校本》，黄淳浩校，湖南人民出版社1984年版，第228页。

② 郭沫若：《〈少年维特之烦恼〉序引》，《〈文艺论集〉汇校本》，黄淳浩校，湖南人民出版社1984年版，第228页。

③ 田寿昌、宗白华、郭沫若：《三叶集》，上海亚东图书馆1923年版，第7页。

④ 郭沫若：《批评与梦》，《〈文艺论集〉汇校本》，黄淳浩校，湖南人民出版社1984年版，第152页。

⑤ 田寿昌、宗白华、郭沫若：《三叶集》，上海亚东图书馆1923年版，第44页。

意于自我的深层建构，并非拘囚于小我，或是抽象的、带神秘色彩的物我感通，而是“由内而外”，在自我中凝聚着社会关系，鲜明地反映着时代精神。在“五四”高潮时期，郭沫若从个性解放的要求出发，以“火山爆发式的内发情感”将他的爱付诸祖国、社会、人类，以至整个生生不息的地球、宇宙，这种爱的推广、扩大也使自我的实现达到深广、无限的境地，所以，诗人对着地球——母亲唱道：“从今后我要报答你的深恩，我要把自己的血液来，养我自己，养我的兄弟姐妹们。”① 他说：“宇宙自有始以来，只有一种意志流行，只有一种大力活用。从这种宇宙观所演绎出来的人生哲学，便是……人生一切的痛苦都要在他内部的自我中领略，把一切的甘苦都积在胸中，把自身的小己推广成人类的大我。”② 这里，自我精神的痛苦也绝不是狭隘的自我哀怜，而是通向祖国、人民、人世间的大苦恼。在“五四”时期，还包含着被“新思潮”弄敏了头脑而感到无路可以走的人们的苦恼，他们倾饮着“人生的苦味之杯”，“日日朝朝新尝着诞生的苦闷”③。同时，郭沫若还未停留在爱和苦恼的感情中。本体自然的辩证发展过程启示他以积极进取的革命变革精神，促使他投身到现实政治斗争之中。他在诗歌中歌唱道：“宇宙中何等的一大革命哟！新陈代谢都是革命底过程，暑往寒来都是革命底表现，风霆雷雨都是革命底先锋，朝霞晚红都是革命底旗纛，海水永奏着革命底欢歌，火山永远举着革命底烽火，革命哟！革命哟！革命哟！从无极以到如今，革命哟！革命哟！革命哟！日夕不息的永恒革命底潮流哟！”精神主体感应着宇宙本体、自然生命的辩证发展过程，于是人的精神与宇宙本体融合为一便迸发出火炽的革命激情来：

> 革命底精神便是全宇宙底本体了！
> 宇宙只是一个动！
> 宇宙只是一颗心！

---

① 郭沫若：《地球，我的母亲!》，《时事新报·学灯》1920年1月6日。此诗后来收集时，删去了这些诗句。

② 郭沫若：《波斯诗人莪默伽亚谟》，《〈文艺论集〉汇校本》，黄淳浩校，湖南人民出版社1984年版，第215页。

③ 郭沫若：《星空·苦味之杯》，《沫若文集》第1卷，人民文学出版社1957年版，第165页。

心是一个炸弹哟!
他的炸药便是这股真情!
这便是革命底精神!
只消我们一掷!
请看这个庞然的宇宙,
迸出鲜红的火云!
掷哟! 掷哟! 掷哟
把我们这砂上建筑的楼台打破了罢![①]

郭沫若强调自我精神主体性，既向内探索自我，在内在精神上充实自我；又向外探索时代、人生、宇宙，概括历史内容的特征。这种经过主观精神的扩张达到与神、本体的融合，从而鲜明地反映时代精神的特征，是郭沫若突出精神主体性的泛神论思想的第三层含义。

由上所述，综合郭沫若泛神论观点的三层含义，可以看出他的泛神论思想的特征。在他看来，人、自我由本体所派生，是具有“生动的力”的客观物质世界的一部分，是感性的能动的存在，它受制于自然关系和社会关系；同时，人具有了充分的主观能动性，人的情感被置于首要地位。通过情感既联系着表层精神结构的认知、理智，又联系着精神深层结构的潜意识、灵感，自我成为全心灵、全人格的自我，成为涵盖时代、人生、宇宙的大我。正是经过这个自我的扩张，达到人、自我与世界本体、客观自然的合一。于是，神、本体内在于一切个别事物，也内在于作为自然一部分的人、自我，它既是这个，又是那个，又是其他一切个别事物，无处不在；而人、自我又进入了神、本体，进入了一切个别事物，它也具有了永恒无限、无往而不在的特点。

过去，一些研究者在论及郭沫若前期的泛神论思想时，大多数只是停留在他的泛神论本体观和认识论的探讨上，即探究它们是主观的还是客观的，是唯物的还是唯心的，并由此引出了一些对立意见。本文对这个问题不拟作详细论述。我的基本看法是，郭沫若的自然观、本体观的基本倾向是唯物主

① 郭沫若:《宇宙革命的狂欲》，转引自朱谦之所著《革命哲学》，本诗系为该书所写的序诗。上海亚东图书馆 1921 年版，第 3～4 页。

义的，但也有唯心主义的内容；他的认识论的基本倾向是唯心主义的，但也有唯物主义的内容。这里的关键问题是，郭沫若泛神论思想本体观、认识论这种二元论的色彩说明他当时对哲学的根本问题尚无清楚的认识。这种情况反映了他在获得辩证唯物主义宇宙观之前动摇于唯物主义和唯心主义之间，或者说对二者都不满足的思想状态。关于这一点郭沫若后来多次说明过。1958 年，他在《波斯诗人莪默伽亚谟》（发表于 1922 年）一文前写的“说明”中说，这篇文章是“表示我在三十几年前所想不通的思想”。他这样说是因为在这篇文章中他提出了关于宇宙为什么存在和宇宙的第一原因的问题，并表示自己无法弄清这些问题（关于这个问题的引文和分析，本文第三部分将要提到并加以论述）。他在另一个地方谈到他当时的思想时还明确说过，他当时是“在唯心与唯物之间摇摆”①。郭沫若前期哲学思想中既然有着这么鲜明的二元论倾向，加以他的哲学思想又交融、凑合着多种中外思想学说；所以更不能将它体系化、思辨化。就是说，或者硬造一个完整的唯物主义哲学体系，或者凑出一个纯粹的唯心主义体系。应该看到，郭沫若并非纯思辨哲学家，他的兴趣不在于从本体论上探讨宇宙的本性是什么，宇宙是如何形成的，以及在认识论上探讨如何处理主客体的关系问题。他没有写过专门的哲学论文，也没有对本体论、认识论问题作过认真的讨论。在上述《波斯诗人莪默伽亚谟》一文中，他在提出了宇宙为什么存在和宇宙的第一原因的问题以后，不仅表示自己无法弄清这些问题，而且说：“形而上学者假拟出一个无始无终的本体，宗教家虚拟出一个全能全智的上帝，从而宗仰之冥合之，以图既失了的乐园之恢复，但是怀疑尽了头的人，这种不兑换的纸币，终竟要失掉了他的效力。”这说明他没有能力，也没有多大兴趣去认真探讨宇宙本体以及与本体“冥合”的认识论问题。

那么，郭沫若所感兴趣、所追求的是什么呢？他的回答很明确，就是追求一种从“宇宙观所演绎出来的人生哲学”，即所谓将自我“陶醉于神”“陶醉于业”，坚决地生活于全、善、真。他主张“把一己的全我发展出去，努力精进，圆之又圆，灵不偏枯，肉不凌辱，犹如一只帆船，既已解缆出航，便努力撑持到底，犹如一团星火，既已达到燃点，便尽性猛烈燎原”。他认为只

① 郭沫若：《前记》，《沫若文集》第 10 卷，人民文学出版社 1959 年版，第 2 页。

有这样的“陶醉”，才是“至善的生活”“不伪的生活”，才能把“自己的小己推广成人类的大我”①。正因为他把重视精神主体性的自我本体建构和人格“由内而外”的追求和创造摆在了突出的位置上，并作为一种人生哲学提到了宇宙本体观的高度来论说，所以对于人和人的精神主体性的追求就成了郭沫若前期泛神论哲学思想的真正核心、出发点和基础。这一最根本的特征不仅通过郭沫若的文艺论文直接表达出来，而且像盐之溶于水一样，体现在他的诗歌等创作中，他的作品不仅篇篇有“我”，篇篇有“人”，而且有“我唯一的至宝”——“我的心情”。这“心情”非同一般，它“以全部的精神以倾倒于一切”，“以全部的精神爱人！以全部的精神陶醉！以全部的精神烦恼！以全部的精神哀毁”②。有了这种情感的自由，才使郭沫若的泛神论思想表现出超越因果必然性的主动选择的特征，就是说，它不表现客观的因果，而表现主体的目的，它不是简单地服从本体界、自然界的因果规律，而是在主体的目的性中显现出本体的崇高，显现出主体作为本体的巨大力量和无上地位。黑格尔在谈到泛神论的时候说：“在泛神主义里……神内在于万物这个信仰就把尘世的自然和人类存在本身提高到本身独立的伟大庄严的地位。自然现象和人类关系中的精神本身的生活灌注生气和精神于这些现象和关系，而且在诗人主体方面的情感和灵魂与他所歌颂的事物之间造成一种特殊关系。既然充满了这种被灌注生气的伟大庄严，心情就泰然自得，自由自在，宽弘开朗……”③“他们尽情地向神、向一切值得赞赏的对象，抛舍自己，但是在这种自我抛舍中却仍然保持住自己的自由实体性，去对付周围的世界。所以我们看到他们在火热的情感生活中的狂欢极乐迸发为无穷无尽的丰富华严的灿烂形象，和欢乐、美丽、幸福的音调。”④郭沫若面向20世纪黎明期的世界潮流，立足于“五四”时代的革命现实，他将个人心灵的觉醒与狂飙突进的时代精神融合起来，“灌注生气和精神”于泛神论的“神内在于万物”的本体观中，

① 郭沫若：《波斯诗人莪默伽亚谟》，《〈文艺论集〉汇校本》，黄淳浩校，湖南人民出版社1984年版，第215、216页。

② 郭沫若：《〈少年维特之烦恼〉序引》，《〈文艺论集〉汇校本》，黄淳浩校，湖南人民出版社1984年版，第229页。

③ ［德］黑格尔：《美学》第2卷，朱光潜译，商务印书馆1979年版，第86页。

④ ［德］黑格尔：《美学》第2卷，朱光潜译，商务印书馆1979年版，第87页。

于是，自我、精神主体性取得了与本体相同的宇宙本质的地位。就像他在诗篇《天狗》中所抒发的那样，诗人自我化身的“天狗”，在吞噬了月、日、一切星球和全宇宙之后，自身与宇宙万物的力量迸合为一，自我便化为了月、日、一切星球、X光线的光，化为了全宇宙底能底总量。自我无限扩张的结果，不仅雄踞于宇宙中心，驰骋于宇宙永恒无垠的时空中，而且返回自身，在吞噬了“皮”“肉”“血”“心肝”等肉体上的东西后，精神回到了自身，于是，“我”便在自己“神经”“脊髓”“脑筋”上“飞跑”起来，这表明自我和神、本体融合后，无往不在地渗透到了精神主体的微观领域，出现了对自我意识的更敏锐、更自觉的把握。此外，在《地球，我的母亲!》中，地球——母亲的形象之所以在“地之子”——诗人的眼里，那么色彩缤纷，美妙生动，且具有巨人的气质和神奇的威力，在《凤凰涅槃》中，火中再生的凤凰之所以那么“新鲜、净朗、体美、芬芳”，在《日出》、《光海》、《太阳礼赞》等诗中之所以纷呈出雄浑壮丽，奇谲多彩的形象，一个重要原因，就是人的精神主体与内在于万物的神、本体紧相交融，于是，便在“火山爆发式的内发情感”中呈现出诗人“本身独立的伟大庄严”的形象，并且“迸发为无穷无尽的丰富华严的灿烂形象，和欢乐、美丽、幸福的音调”。

二

郭沫若的突出人的精神主体性的泛神论思想有着丰富复杂的内涵。从思想渊源关系上看，它是中外古代、近代以至现代多种哲学思想、社会思想综合影响的结果。在“五四”时期，郭沫若曾经从中西思想的比较、汇合上探索过理想的人格和人的精神主体的内在建构，这也有助于他的突出人的精神主体性的泛神论的思想的形成。

关于西方思想对郭沫若泛神论的影响，过去的研究者多只是谈到斯宾诺莎的泛神论的影响，却往往忽略了以康德为代表的德国古典哲学以及现代西方哲学对郭沫若泛神论思想的综合作用。这样，便不容易看到郭沫若泛神论思想中交融着人的精神主体性的重要特征，或者虽然看到了这种精神主体性，却不能从思想渊源关系的探讨上看到它的历史作用和积极意义，而简单地从本体论和认识论的角度用“唯心主义”对它加以否定。我们知道，斯宾诺莎把神看作自然界本身，坚持物质世界的统一性、永恒性和无限性，打击了主张创世说的经院哲学和宗教神学。但是他的唯物主义是机械论的，即认为一切事物都是必然的存在方式和动作，偶然也只是必然的反映形式。他认为世上的“一切都在神内，一切都依神的无限本性的法则而运行，并且都循着神的本质的必然性而出”①；“人的本质是由神的属性的某些样式所构成，亦即是由思想的样式所构成”②。这就是说，神、实体内在于万物，无所不包，又超越于万物，无往不在。人为神所派生，是神、自然的一部分，受必然性的支配，而排斥必然性中的偶然性，这就否定了人的主观能动性，特别是否定了性格、情感领域的不确定性，不稳定性，否定了精神主体的自主意识和创造意识。郭沫若虽然受到斯宾诺莎的泛神论和法国唯物主义启蒙思想家的影响，把人看作自然的一部分，但他又不同于斯宾诺莎和法国唯物主义者的“自然人”的观点，不认为人只是自然界的一部分，人的本性就是自然的本性。这里，充分估计到康德先验唯心主义哲学对郭沫若的影响是十分重要的。我们知道，如果说从斯宾诺莎到法国启蒙主义思想家的唯物论是以物质自然为中心的本体论，那么从康德到黑格尔的德国古典唯心论就是以人的意识为中心的本体论。正是康德第一次在先验唯心主义的体系中全面地提出了人的主体性问题。他不仅以“先验综合统觉”的形式提出了“自我意识”作为认识的主观能动性轴心，否定了旧唯物主义的静观反映论，而且在他看来，宇宙本体论和认识论并非哲学的全部内容。还要把人作为本体的存在，作为实践理性的主体提出来，因此、探讨人的存在价值和意义的人格本体论也是深刻的哲学问题。他明确地提出：“人是目的”，“他的存在即是目的自身”，那种既是感性个体的自然存在又服从抽象的、先验的“道德律令”的人，才是“作为本体看的人”，所以，他认为，哲学不仅应是宇宙本体论和认识论，还应包含人的主体的情感、理想、意向和责任感，而要建立人的自由意志的主体性，就要依靠伦理学（即人必须服从先天综合的“绝对命令”“道德律令”）和美学（即对人生的审美态度），特别是美学（“反思判断力”）成为沟通认识和伦理、自然与人、感性与理性的中介和桥梁。郭沫若在诗集《星空》的序

① ［荷兰］斯宾诺莎：《伦理学》，商务印书馆1983年版，第18～19页。
② ［荷兰］斯宾诺莎：《伦理学》，商务印书馆1983年版，第54页。

诗中所引用的康德的一段话经常为研究者们所提及，这就是康德在《实践理论批判》中所说的："有两样东西，我思索的回数愈多，时间愈久，他们充溢我以愈见刻刻常新，刻刻常增的惊异与严肃之感，那便是我头上的星空和心中的道德律。"引用者常以这段话来说明郭沫若前期思想动摇于唯物论和唯心论之间的二元论观点，这自然是可以的，但是郭沫若当时在"头上的星空"和"心中的道德律"之间，即在认识与伦理、自然与人、感性与理性之间，更强调的是什么呢？在他看来，沟通二者的中介和桥梁又是什么呢？郭沫若认为，人和自然都是神的表现，人也是自然的一部分，他是明确的承认人的自然感性存在的，但他又认为我即是神，一切自然都是我的表现，因此他更强调的是包含着情感、理性与伦理的人。他说，"我们人类心中却有一个百世不易的命令者存在"，"我相信人是有良心，而良心才是我们一切行动的指导者"①。又说："吾人本性内存的道德律，如借康德的话来说，便是指'良心之最高命令'。康德说我们的良心命令我们'常使你的行动之原理为普遍法而行动！'"② 这种"至上的命令""内存的道德律"也就是康德所说的"意志自律"。它的含义是，"人"不是只知服从的"物"，也不是只知立法的"神"，而是服从自己立法的主人。郭沫若在"头上的星空"和"心中的道德律"之间，强调后者，正表明他在强调精神主体性的时候既重视自我的内心要求，又不是个人的小我，而是通过自我去感应时代、人生、宇宙，使自我"为普遍法而行动"，从而推广为人类的大我。值得注意的是，郭沫若还很重视人的审美态度，并用以作为沟通"头上的星空"和"心中的道德律"之间，即认识与伦理、自然与人之间的中介。这从他对康德的批判哲学中的第三个批判——《判断力批判》的重视上可以看出来。在《判断力批判》中，康德认为"人是什么"的真正答案在美学，沟通自然与自由、认识与伦理、感性与理性这两个领域的中介或桥梁是人的"反思判断力"，是"非功利""无概念""无目的"而又"合目的"的审美判断力。郭沫若在他的"寄托小说"《Lobenicht 的塔》中，表明他对康德哲学这一核心观点有着清楚的认识。这篇小说

① 郭沫若：《论道德与良心》，《创造周报》第 9 号，上海泰东图书局 1923 年 7 月 7 日，第 15 页。

② 郭沫若：《中国文化之传统精神》，《创造周报》第 2 号，上海泰东图书局 1923 年 5 月 20 日，第 14 页。

选取了康德在写完第一批判书——《纯粹理性批判》之后七年，而第二批判书——《实践理性批判》的写作正在进行时的一段思想和生活。但小说描写的中心则是第三批判书——《判断力批判》的孕育和构思。小说中出现的那 Lobenicht 的塔尖，竖着一个黄金的十字架，这就是康德新建的批判哲学（第二批判书）的象征："横的自然观和纵的道义感要构成一个新的金钥开发人天的哑谜。"然而，这"新的金钥"是什么？怎样来开启这人天的哑谜呢？郭沫若通过艺术形象作了回答，这就是人的审美态度——那"撤去了内外藩篱的美，无关心的美"，那"超荡了时空的境界"的"美的洪流"，这"美的洪流"使康德"连他自己的身心都融化在白光里"，好像"和 Ding a sich（本体）觌面了的一样"。于是作者写道："《第三批判书》的受胎便在这个时候。"小说最后这一句话把全文的构思中心和作者的意图都突现了出来。正如席勒所说过的："人在他的物资状态中只承受自然的支配，在审美状态中他摆脱了这种支配。"① 这篇小说如此突出康德关于人的审美态度的看法，表明郭沫若正是紧紧抓住了康德哲学中把人的精神主体当作本体来看的特征的。前面谈到过，郭沫若不太重视宇宙本体论和认识论，而把人的精神主体提到本体论的高度上来认识和论说，这里，正可以找到它特有的思想渊源关系。

应该看到，在德国封建割据十分严重、国家四分五裂的情况下，在容克地主和专制官僚把人当作牲畜、工具加以奴役、驱使的情况下，康德提出人是目的和强调精神主体的要求，强烈反对把人当成实现反动统治者欲望的工具，这正反映了德国资产阶级在法国资产阶级革命的影响下要求独立、自由，争取人权、民主的进步要求。更重要的是，康德的主体性哲学既从认识论的角度较深刻地接触到了思维能动性问题，又将人的自由意志和伦理学主体性问题提到人的存在价值和意义上来论说，这一哲学思想的特征在近代哲学史上具有转折意义的理论价值不可低估，决非仅仅从本体论和认识论的角度用唯心主义的尺子可以否定的。中国"五四"时期的郭沫若，作为一个小资产阶级个性解放的追求者和革命民主主义者，呼唤一切社会革命、政治革命"匪徒"，主张用革命手段"把一切陈根旧蒂和盘推翻"。这种激进的社会思想和政治态度，显然不同于反映了软弱的德国资产阶级要求的康德。因为在康

① ［德］席勒：《审美教育书简》，《冯至全集》第 11 卷，河北教育出版社 1999 年版，第 133 页。

德来说，他虽然提倡民主自由、同情革命，而事实上却反对任何革命，例如，他就宣称过人民“无权暴动，无权反叛，更无权对君主加以暴行或处死”①。康德的这种阶级特征和政治态度使他的哲学经常处于科学与宗教、“现象界”与“物自体”、感性经验与先验形式的尖锐矛盾中，因而呈现出抽象、含混和异常晦涩的特点。而郭沫若那上升到泛神论本体高度的“我即是神”的主体性观点，他的昂扬的主观战斗精神，虽然也有二元论的色彩，却以明朗、确定、积极进取的特征，鲜明地反映了“五四”时期代表历史前进方向的社会阶级的要求和动向，具有反对帝国主义奴役和封建专制政治的实质内容。同时，郭沫若的重视人格精神本体建构的哲理内蕴，还在思想革命和内在精神建设上有着更为重要的意义。因为我们知道，在中国，与专制政治相结合的封建思想统治，连人的自然本性和欲求都要抹煞，当然更要扼杀人的情感、意志、创造力等内在精神性因素。在西方资本主义社会中，由于人与人的自然本性关系、人与自我的关系的严重扭曲和异化，人的地位被物或动物所取代，失去了人的本质，也失去了自我，变化莫测的本能和下意识被当成了人和自我的核心。在这种情况下，郭沫若的人格创造说把精神主体当作本体来强调的观点，正是要求人从“物”的奴役压迫和束缚下解放出来，主张人格的尊严和个性的自由、圆满的发展，主张通过内在精神建设以发扬主观意力和创造精神，从而力图使人能掌握自己的命运。这样，他的观点就成为对阴沉沉的、扼杀一切人的真声音的中国封建思想统治的尖锐抨击，并与资本主义社会“人”的贬值或“人欲横流”的现状处于对立状态。

郭沫若在接受西方现代哲学思潮方面，又较之于康德的人的主体性哲学思想进了一步。他所着重择取的是人格主体中发扬主观意力和创造精神方面的内容。例如，对于尼采，郭沫若重视他的强调人的“内养”充实的观点②，并以此为基础，从尼采主张“欺神灭像”“反抗藩篱个性的既成道德”和“以个人为本位而力求积极的发展”的角度③，赞扬了他的“超人”学说和重新

① ［德］康德：《道德形而上学》，转引自李泽厚：《批判哲学的批判》，人民出版社1984年版，第18页。

② 郭沫若：《文艺上的节产》，《创造周报》第19号，上海泰东图书局1923年9月16日，第8页。

③ 郭沫若：《论中德文化书》，《创造周报》第5号，上海泰东图书局1923年6月10日，第16页。

估价一切的精神。他还称赞并改造了柏格森的“生命哲学”，指出“一切生命都是energy底交流。宇宙的全体只是个energy底交流”，又说，“生命是完全自主自律的”，“创造生命底文学，第一当创造人！当先储集多量的energy以增长个体底精神作用”①。这些影响表明：郭沫若作为一位面向世界潮流的敏感的哲人，他急迫地想要找到一个打破中国封建旧传统的重新考察、重新评价一切的新的视角，这样，20世纪初世界各国的最新思潮便强烈地吸引着他，但他并不像许多西方现代派文学家那样，反对西方人文主义、启蒙主义和浪漫主义的传统，而是把西方近现代文化、哲学、文学思想交融起来，使其间突出精神主体性、发扬主观战斗精神的特征，很自然地融入他的泛神论哲学思想和革命民主主义的政治思想之中，共同服务于中国“五四”时期反帝反封建的民族民主革命的要求。

在关于中国古代哲学思想的影响上，郭沫若一方面较充分地看到并发掘出中国古代泛神论色彩浓厚的哲学思想中肯定人的价值和人与自然合一的内容，另一方面则使西方追求个性解放、强调精神主体性的思想与之相交融，往往赋予了中国古代思想以西方近代思想特征。我们知道，我国古代思想家对于规律、功能与实体、存在尚未能加以区分，总是把实体与功能、存在与规律混淆起来，视为一体，因此他们的哲学思想往往呈现出超经验超感性的泛神论色彩。郭沫若曾经多次提到他受到老庄道家有泛神论色彩的哲学思想的影响，许多研究者也曾谈到了这一点。但是，郭沫若是怎样理解老庄道家的泛神论思想的呢？他曾经谈到，20世纪20年代初，一些欧洲人在第一次世界大战后，为安慰自己疲倦了的心灵，曾经求助于我国老子的思想，并把道家思想说成是“静观”“出世”的。对此，他提出了异议。他通过对中国传统文化与印度、希腊、希伯来文化的比较指出：“假使静指出世而言，动指入世而言，则中国的固有精神当为动态而非静观。”“我国文化在肯定现世以图自我的展开”，“老子的无为清静说每为后人所误解，误认为与佛教思想同科，我辈似宜有所辩证。‘无为’二字并不是寂灭无所事事，是‘生而不有’‘为而不恃’的积极精神”②。郭沫若在具体阐释老子的“道”的观念时还说：

① 郭沫若：《生命底文学》，《郭沫若论创作》，上海文艺出版社1983年版，第3、4页。

② 郭沫若：《论中德文化书》，《创造周报》第5号，上海泰东图书局1923年6月10日，第12页。

“宇宙万有的生灭，皆是‘道’的作用之表现，道是无目的地在作用着。试看天空！那里日月巡环，云雨升降，丝毫没有目的。试观大地！他在司掌一切生物之发育与成长，没有什么目的。我们做人的也应当是这样；我们要不怀什么目的的去做一切的事！人类的精神为种种的目的所搅乱了。人世苦由这种种的‘为’（读去声）而发生。我们要无所为（去声）而为一切！我们要如赤子，为活动本身而活动！要这样我们的精神才自然恬淡而清静。……老子的‘无为说’对于我们是这样的声音。”① 对于庄子的“道”，他也阐释道：“道是一切的本体，一切都是道的表相，表相虽有时空的限制，而本体则超绝一切。……万汇是道的表相，我也是道的表相。体相一如，我与道体非二。本体不灭故我也不灭，本体无穷故我也无穷。故自时间上说：我与天地是并生；自空间上说，万物与我是一体了。”② 由此可见，在郭沫若看来，老子、庄子的充满泛神论色彩的本体论本来并非真正的宇宙发生论和认识论。他们的“道”不是自然本体，而是人的本体，它要求与自然合一，人向自然复归，不是否定人的价值，而是为了要使人进入一种绝对自由的有如自然本身的境界。因此，是把人作为本体提到宇宙的存在的高度上来看的。但是我们知道，老庄思想虽然不否定人的自身力量和价值，把人提到本体的高度，然而他们所谓人与自然、本体合一却把人的有意识有目的的活动等同于大自然无意识无目的的活动。而郭沫若的所谓“忘我”、所谓“与神合体”，固然也要求人像大自然的活动那样“纯任自然”，然而更重要的则是强调人的自我情感的发扬与扩张，即所谓“以全部精神以倾倒于一切”，从而与无限、永恒“拥抱”，以达到“永恒之乐，溢满灵台”的“忘我”境地。郭沫若当时还明确地表示过不完全赞同老庄道家的思想。他认为道家眼中的“本体”，“是无目的与机械的底本体”③，又说老子思想的缺点是“人而不仁”④，即老子的思想不同

① 郭沫若：《中国文化之传统精神》，《创造周报》第 2 号，上海泰东图书局 1923 年 5 月 20 日，第 11 页。

② 郭沫若：《惠施的性格与思想》，《创造周报》第 32 号，上海泰东图书局 1923 年 12 月 16 日，第 8 页。

③ 郭沫若：《中国文化之传统精神》，《创造周报》第 2 号，上海泰东图书局 1923 年 5 月 20 日，第 12 页。

④ 郭沫若：《伟大的精神生活者王阳明》，《〈文艺论集〉汇校本》，黄淳浩校，湖南人民出版社 1984 年版，第 60 页。

于佛家的出世，而是肯定现世，积极入世的，然而却不努力于自我的扩充，并参与齐家治国平天下的现实政治生活。正因为他看到了老庄思想有着不注重人的主观能动性的缺陷，因此，在上面所引的他对老庄思想的阐释中，也有将老庄思想加以现代化，即把近现代个性解放思想加在老庄身上的地方，这是应该引起注意的。

如果说，在“五四”时期，郭沫若对于老庄思想还不表示完全赞同的话，那么，对于孔子的儒家哲学以及复活了儒家精神的王阳明的哲学思想则可说是赞颂备至了。郭沫若多次提到，他在继承借鉴中国传统思想时，王阳明哲学思想的影响是一个关键。基于对王学的理解，他曾把王阳明的哲学思想归结为下列公式：

Ⅰ. 万物一体的宇宙观

公式——“心即理”

Ⅱ. 知行合一的伦理论

公式——“去人欲存天理”

工夫(1)“静坐”

(2)“事上磨炼”[①]

他解释说：“此处所说的‘理’是宇宙的第一因原，是天，是道，是本体，是普遍永恒而且是变化无定的存在。”“理不在心外，心即是理，这是王阳明的万物一体的宇宙观，也是儒家哲理的万物一体的宇宙观。”[②] 又解释说：“努力‘去人欲而存天理’，努力于体验‘天地万物一体之仁’，努力于‘致良知’，这便是阳明学说的知行合一的伦理了。入手工夫，一方面静坐以明知，一方面在事上磨炼以求仁，不偏枯，不独善，努力于自我的完成与发展而同时使他人的自我也一样地得遂其完成与发展——孔门的教义便在这儿，王阳明也正正见到了这儿了。”[③] 这里，“心即理”，就是人的精神主体性与宇宙本

① 郭沫若：《伟大的精神生活者王阳明》，《〈文艺论集〉汇校本》，黄淳浩校，湖南人民出版社 1984 年版，第 62 页。

② 郭沫若：《伟大的精神生活者王阳明》，《〈文艺论集〉汇校本》，黄淳浩校，湖南人民出版社 1984 年版，第 62 页。

③ 郭沫若：《伟大的精神生活者王阳明》，《〈文艺论集〉汇校本》，黄淳浩校，湖南人民出版社 1984 年版，第 63～64 页。

体存在的合一，外在的天理、规范已经变为内在的自然、情感甚至欲求了。这样，一方面，否定了外在的神意指令和外在的物质功利、幸福，强调了与人的感性存在相联系的主动欲求、自我意识，走向了近代自然人性论；另一方面更重要的是在强调意志自律、内心要求的基础上，突出了个体主观意志力量和战斗精神，突出了个体的历史责任感和道德的自我意识感。这样，“自我的完成与发展”同“他人的自我”的“完成与发展”同步进行，才能最后使自我与本体合一，达到“心即理”的地步。郭沫若认为王阳明“五十七年间在理想的光中与险恶的环境奋斗着的生涯，他努力净化自己的精神，扩大自己的精神，努力征服‘心中贼’以体现天地万物一体之仁的气魄”① 就是他的哲理基本精神的最好证明。这里，郭沫若没有指出王阳明所谓“破心中贼”的观点在主观上是为了巩固封建秩序，没有指出王学作为宋明理学后期代表对后世的严重消极影响，这是不妥当的。但是，他对王阳明思想实际上成为明中叶以来个性解放思潮哲学基础的客观意义却有着深切而独到的把握。从王阳明再上溯到孔子，郭沫若认为“孔子的人生哲学是由他那动的泛神论的宇宙观出发，而高唱精神之独立自主与人格之自律”，并引用《易传》中“天行健，君子以自强不息”和《大学》中“苟日新，日日新，又日新”的话作为这种动的进取精神的说明。这里，把孔子哲学说成泛神论，有不够确切之处，而他称颂孔子“是兼有康德与歌德那样的伟大的天才，圆满的人格，永远有生命的巨人，他把自己的个性发展到了极度——在深度如在广度”②，更对孔子进行了美化。但郭沫若的这些论述表明，他在接受中国传统哲学思想的影响时，主要是从孔子—王阳明的儒家学说中汲取了精神力量的。在“五四”时期，郭沫若与一些文学革命的倡导者不同，他基于个性主义和民主主义的要求，一方面对封建专制主义、旧礼教、旧偶像进行了猛烈的冲击，另一方面又大力赞扬孔子、赞扬儒家学说，从儒家学说积极入世、突出个体人格主动性和独立性的“真精神”中择取合理成分。他对孔子思想持这种态度的原因是复杂的：从文化思想的继承关系看，他受到了严复、康有为、梁

① 郭沫若：《伟大的精神生活者王阳明》，《〈文艺论集〉汇校本》，黄淳浩校，湖南人民出版社 1984 年版，第 55 页。

② 郭沫若：《中国文化之传统精神》，《创造周报》第 2 号，上海泰东图书局 1923 年 5 月 20 日，第 13 页。

启超等人虽揭露中国封建思想传统的腐朽却肯定先秦思想文化、肯定孔子的观点的影响；从现实的需要看，他在很大程度上借助对孔子的理解，为“五四”时代个性解放、民主主义思潮找到了一股力量，而在“五四”退潮后中国反封建思想革命的高潮已过，人们借助对孔子的全面评价，对中国民族固有的文化精神和特有的文化心理结构进行探讨，也是新文化运动向前发展的需要；从中西文化的交流、汇合看，欧战后西方文化界企图从中国传统文化中吸取力量以摆脱西方科学文化的局限，但他们把中国传统文化的基本精神理解为“静观”“出世”，郭沫若对此提出了异议，因此，促使他重新评价中国的传统文化，特别是推崇孔子—王阳明儒家学说的动的进取的精神和积极入世的人生态度。

综上所述，郭沫若接受中西哲学思想的影响经历了两条类似的历史行程：在西方，从斯宾诺莎、法国唯物主义者到康德、尼采；在中国，从老庄的道家到孔子、王阳明的儒学，经历了从自然人性论到强调人的自由主体性意识的历程。虽然郭沫若接受二者时都有“为我所用”，对它们加以现代化的地方，然而，正是从“五四”特有的历史条件出发，郭沫若在中西文化思想的汇合上提出了他的人格创造说，赋予了他的泛神论本体观和认识论以人的精神主体存在的重大特征。他正是借助“我即是神”的观点，以积极进取的态度，在探索自我、进行个体内在精神建设的同时，又“由内而外”，在自我中凝聚着社会关系，反映着时代精神，并向旧社会、旧制度、旧风气进行斗争，以迎接和投入社会现实生活。当然，还应该看到，郭沫若泛神论思想中的自我和精神主体性，虽然向内，探索自我；向外，探索社会人生，既有着内在精神本体建构的意义，又反映着社会时代阶级的实质内容，但它毕竟是精神的人，不是现实的人，不是历史地具体地属于一定社会阶级的人。思维的主体还有待于向历史的、物质现实的主体自我发展。由斯宾诺莎、法国唯物主义者的自然本体论到康德以至郭沫若的意识本体论，再到马克思主义的人类学本体论，还有一个发展过程。在 20 年代后半期，郭沫若逐步实现了由精神主体向实践主体的转变。但是怎样既把人放在历史运动中的实践主体的地位上，又与实践主体相结合发展新的精神主体性，郭沫若并未能解决这个问题。1925 年以后，郭沫若投身于大革命群众政治斗争之中，否定了自己过去的个性主义和泛神思想，甚至激烈到完全否定“自我”，提出在创作中“不要发出自己的声音”，必须做到“辩证唯物论”的“留声机”。这样，建构新的精神主体的任务便被搁置一旁了。这里，需要认识到的是，郭沫若在“五四”时期突出精神主体性的泛神论思想并非没有它的长远意义，因为在当今世界科学文明和工业文明迅猛发展的条件下，改造世界的“自我”人类主体愈益显得重要，作为个体“自我”的独特性、创造性和丰富性等问题也日益突出和重要。在这种情况下，郭沫若在“五四”时期对于精神主体和人格本体建构所作的努力和取得的成就，对于今天发展历史具体的真正自由圆满的个性，是仍然有着重要的借鉴意义的。

（载作家出版社《中国现代文学研究丛刊》1988 年第 4 期）

自然科学的时代精神与郭沫若的泛神论思想

关于郭沫若与自然科学的关系以及郭沫若前期自然观、哲学观的研究，过去大多止于这样两个方面：一是郭沫若前期思想和创作中的科学色彩，运用了哪些新的科学知识，诗的形象受到了哪些自然科学方面的启迪，揉进了哪些有关科学的新名词（如“探海灯”“X光线的光”等）；一是或者着重看他的自然观中的抽象的“动”的精神，或是强调他的自然观中的唯物主义思想成分。但是，究竟什么是自然科学的时代精神？近现代自然科学经历了怎样重大的革命性变革？这种新的时代精神和新的变革给郭沫若的泛神论自然观、哲学观带来了什么新的因素？它们怎样在郭沫若思想和创作的精神内涵、价值观念、思维方式和创作概括上发生影响？对这些问题，本文拟从以下几个方面进行初步探讨。

自然科学的人文化潮流带来泛神论的新构成

近代科学曾以与人文基础的分裂为代价而取得进展。在科学技术取得令人瞩目的成就的同时，由于没有自觉地意识到自然科学与人类价值理想之间潜存的矛盾与冲突，看不到科学技术力量要由历史的主体来驾驭，因此，使科学主义盛行。一方面，各门科学被限制在过于专门化的单纯技术方面的狭小天地里，从事科学研究的人缺乏哲学、人文科学理论概括的素养而不能导致科学研究的新突破，因而严重地阻遏了科学的发展；另一方面，哲学、人文科学研究者也往往被自然科学的范式所左右，被拘于客观的、绝对的历史理性中，而成为科学主义的俘虏。奥地利著名科学家、哲学家菲利普·弗兰克说："许多不同行业的著作家都悲叹我们现在的文明受到了严重的威胁，我们科学的迅速进展同我们对人类问题的了解的无能为力，两者之间存在着一条很深的鸿沟，或者换句话说，科学同人文科学之间存在着一条鸿沟。"又说："只要了解一下20世纪科学上最有创造才能的人物，我们就会发现，这些最伟大的人物都曾强调科学与哲学之间的密切联系是不可缺少的。"① 事实正是这样。19世纪末、20世纪初以来，自然科学出现了一种人文化的潮流：振兴人文理性，以人的科学来补充自然科学，强调人文方面的选择与超越在历史发展中的作用，以哲学和人文科学的价值判断与规范来指导人生的追求，驾驭科学技术的盲目力量，成为20世纪自然科学时代精神的一个重要特征。五四新文化运动之所以高举科学与民主两面旗帜，把介绍自然科学知识、重视科学技术力量，与反对迷信和盲从，提倡求实精神和理性主义，追求个性解放，崇尚自由平等权利的民主主义要求结合起来，就是这种自然科学时代精神的体现。20世纪20年代的"科玄论战"，之所以在科学与价值、科学与哲学、物质与人心等问题上展开激烈的论争，也表明了当时中国文化界对当代世界科学的时代精神的思考与探索。虽然这场论争以强调因果决定论的科学派的胜利而告终，但"玄学派所提出的问题和所作的某些（只是某些）基本论断，例如认为科学并不能解决人生问题，价值判断与事实判断有根本区别，心理、生物特别是历史、社会领域与无机世界的因果领域有性质的不同，以及对非理性因素的重视和强调等等，比起科学派虽乐观却简单的决定论的论点论证要远为深刻，它更符合于20世纪的思潮"②。

---

① ［奥地利］菲利普·弗兰克：《科学的哲学》，许良英译，上海人民出版社1985年版，第3～4页。

② 李泽厚：《论中国现代三次学术论战》，《中国现代思想史论》，东方出版社1987年版，第59页。

郭沫若并未参加“科玄论战”，但从他当时发表的一些文章看，他不像玄学派那样宣告西方物质文明破产，否定科学技术，并带有复古倾向；也不像科学派那样把有限的科学原则无限扩张而导致科学主义。他说：“利用厚生之道非仰之于科学不可……科学不仅不会在西方破产，我们还要望它来救济东方呢。”[①] 但他并不认为中国的落后主要在于科学技术落后。他从“精神方面力求全面发展”的人的价值和尊严角度看问题，认为创造了现代物质文明的资本主义有害于人的精神，所以说“要善于利用科学文明而不受资本主义的毒害”[②]。至于怎样建设精神文明，他的思想很驳杂。他把孔子、王阳明拉来加以现代化，认为儒家思想中有“努力于自我的扩张以向完成”的内容而大加肯定和赞扬，又把社会主义拉了来；而他理解的社会主义则是“使物质的分配平等，使各个人的精神都得以遂其全面的发展”的空想的社会主义。然而尽管如此，他却看到了西方物质文明的人文基础而致力于适合中国条件的自己的人文基础的建设，这个态度是十分明显的。他曾赞扬科学是我们人类精神所发展到的最高阶段，认为“科学家的职志亦在牺牲一切浮世的荣华而唯真理之启迪是务”[③]。我们正是从这种自然科学的人文精神来探讨自然科学与郭沫若泛神论的关系的。

我在另一篇论文中曾经提出郭沫若前期的泛神论思想是突出精神主体性的泛神论思想的观点。我以为，郭沫若固然受到斯宾诺莎的泛神论观点和老庄道家的具有泛神论色彩的思想的影响，认为人、自我为神、自然所派生，是神、自然的一部分，是感性的存在，它受制于自然的因果必然规律。但更重要的要看到从康德到尼采乃至德国表现主义思潮对郭沫若泛神论的作用。这种作用使他的泛神论溶入了重视人的主观能动性，强调精神主体的自主意识，承认性格、情感领域的不确定性、不稳定性的内涵。这种精神主体经过扩张，沉入本体，以全心灵、全人格去综合、创造，既向内探索自我，在内

---

① 郭沫若：《王阳明礼赞·附论一》，《郭沫若全集　历史编》第3卷，人民出版社1984年版，第298页。

② 郭沫若：《王阳明礼赞·附论一》，《郭沫若全集　历史编》第3卷，人民出版社1984年版，第298～299页。

③ 郭沫若：《论中德文化书》，《〈文艺论集〉汇校本》，黄淳浩校，湖南人民出版社1984年版，第21页。

在精神上充实自我，又向外探索时代、人生，终于消融了主客体的差别，生出“有情的宇宙”。而人、自我又进入了神、本体，进入了一切个别事物，具有了像本体一样的创造力，具有了永恒无限、无往而不在的特点。郭沫若这种突出人格主体，高扬主观意力和创造精神的泛神论思想，除了对中外哲学思想的创造性择取和融会之外，还应当把当代世界自然科学的新成就、新精神的推动和影响估计在内。加之郭沫若受过近代科学的系统教育，有深厚的科学素养，这种估计更是自然的，十分必要的。从这方面看，郭沫若的哲学思想不仅与中国古代哲学思想侧重于社会伦理问题不同，而且，较之同受自然科学影响的西方近代哲学思想，也有不同的内涵。

试看同具泛神论自然观、哲学观而对郭沫若有较大影响的斯宾诺莎。他所依据的是以哥白尼—牛顿的科学成就为基础的机械自然观；推崇的是数学上所运用的片面夸大理性思维作用的演绎法；遵循的是力学严格决定论的规律。从体现了斯宾诺莎泛神论观点的主要哲学著作《伦理学》就可以看到，传统的几何学对于斯宾诺莎的泛神论体系起着重要作用。他夸大了几何方法的运用范围，使之普遍化、绝对化，用几何学先列出定义、公理，然后对一系列命题加以证明和推论的方法来研究哲学问题。这种方法不仅不能适用思辨的内容，造成哲理表达上的艰涩、难懂，而且更重要的是反映了他的哲学体系的根本弱点。因为按照他的泛神论观点，世上的“一切都在神内，一切都依神的无限本性的法则而运行，并且都循着神的本质的必然性而出”①，“自然中没有任何偶然的东西（contingens），反之一切事物都受神的本性的必然性所决定而以一定的方式存在和动作”②，“人的本质是由神的属性的某些样式所构成，也即是由思想的样式所构成”③。既然一切事物都是神的不可思议的本性的显现，都受着一种绝对的逻辑必然性的支配，不承认物质世界的偶然性，否定精神领域中人的主体性和自由意志。这样，依靠几何学的方法来证明，推论出必然的结果，就成为最好的阐述其哲学思想的方法了。因此，黑格尔指出，斯宾诺莎把数学的方法运用于哲学领域“看起来好像是外在形

① ［荷兰］斯宾诺莎：《伦理学》，贺麟译，商务印书馆 1983 年版，第 18～19 页。

② ［荷兰］斯宾诺莎：《伦理学》，贺麟译，商务印书馆 1983 年版，第 29 页。

③ ［荷兰］斯宾诺莎：《伦理学》，贺麟译，商务印书馆 1983 年版，第 54 页。

式方面的缺点”，但这却是他的哲学的“主要缺点”①。罗素也说：“斯宾诺莎用几何方法……主张一切事情全可能证明，这是斯宾诺莎哲学体系的精髓命脉……我们不能接受他的方法，那是因为我们无法接受他的形而上学。我们不能相信宇宙各部分的相互联系是逻辑的联系。……但在斯宾诺莎讲，几何方法非用不可，而且和他的学说中最根本的部分是血肉相连的。”② 自然，应该看到，斯宾诺莎的重视数学与哲学的联系，也不是他个人的孤立现象，而是被他所处的时代的哲学思潮和科学思想的特征所决定的。与斯宾诺莎同时代的人，如笛卡尔把精神降低为数学逻辑的“智性”，莱布尼茨则认为计算胜于沉思。正如怀特海所说：“由于17世纪时数学家盛极一时，18世纪的思想便也是数学性的……19世纪时，数学的一般影响减弱了。文学上的浪漫主义运动和哲学上的唯心主义运动都不是从数学家开始的。……按照这个世纪一般的思想状况来说，数学远远退居到后面去了。”③

不同于斯宾诺莎，郭沫若所依据的是19世纪中叶的三大发现——能量转化与守恒定律、细胞学说、生物进化论为代表的有机论自然观，还有20世纪初以普朗克的量子说和爱因斯坦的相对论为代表的物理学革命，以及它所带来的自然科学的革命；其思维方式的基本内容则是对不同类型的系统作出整体的、综合描述的方式；遵循的是现代自然科学的非严格决定论，赋予理论体系以内在灵活性的概率论的规律。郭沫若说过，“宇宙中一切的质与能，在辗转相变”④，“一切物质皆有生命。无机物也有生命。一切生命都是energy底交流。宇宙全体只是个energy底交流”⑤，又说，“我们研究过生物学的人，要先求生命的基本单位”，这就是“细胞”⑥。而细胞又是由细胞核、细胞质、

---

① ［德］黑格尔：《哲学史讲演录》第4卷，贺麟、王太庆译，商务印书馆1978年版，第103页。

② ［英］罗素：《西方哲学史》下册，马元德译，商务印书馆1982年版，第96页。

③ ［英］怀特海：《科学与近代世界》，何钦译，商务印书馆1959年版，第32～33页。

④ 郭沫若：《波斯诗人莪默伽亚谟》，《〈文艺论集〉汇校本》，黄淳浩校，湖南人民出版社1984年版，第212页。

⑤ 郭沫若：《生命底文学》，《郭沫若论创作》，上海文艺出版社1983年版，第3页。

⑥ 郭沫若：《文学的本质》，《〈文艺论集〉汇校本》，黄淳浩校，湖南人民出版社1984年版，第271页。

中心体，以及“从细胞质中分泌出来”的“Zellenmembran”① 构成的。这些明显地是对能量守恒、转化定律及细胞学说的阐释。人们还常忽略作为有机自然观的重要内容的生物进化论对郭沫若的影响。他在少年时代就读过严复译的《天演论》和《群学肄言》，深受严复“做”《天演论》的影响。他说，“万物随天理之流行是逐渐在向着完成的路上进化”②，“本体含有一切，在不断地进化着，依两种相对的性质进化着。本体天天在向‘善’自新着。然而本体这种向‘善’的进化，在他的意思，不是神的意识之发露而是神之本性，即本体之必然性”③。基于这种进化论观点，他将孔子现代化，用以表述自己与斯宾诺莎、老子不同的泛神论观点。他说，孔子“认本体在无意识地进化，这一点又与斯宾诺莎 Spinoza 的泛神论异趣。我们觉得孔子这种思想是很美的”④。而孔子与老子的不同之处也在于“在老子眼中是无目的与机械底本体”⑤。对于相对论、量子论等 20 世纪物理学的重大革命，郭沫若也是注意到了的。如他说：“德国最近书报，少有机会阅读，但观他们对于相对论量子论等科学上的新论争，与乎艺术的表现主义的狂飙运动，他们对于欧洲固有的科学精神与进取主义；似乎并未全盘唾弃。”⑥（郭沫若这方面的具体阐述下节再谈）总之，以有机自然观和量子论为代表的近现代自然科学给郭沫若泛神论思想所带来的影响，有助于它打破传统的机械论自然科学所预设的历史理性，打破宿命论的历史观，从而突出人物的精神主体，突出在历史发展中人的精神的自我选择和超越的努力。他在集中地表达自己的泛神论观点时最有力地说明了这一点，他不仅说，“泛神便是无神。一切的自然只是神底表

① 郭沫若：《论诗》，《〈文艺论集〉汇校本》，黄淳浩校，湖南人民出版社 1984 年版，第 267 页。

② 郭沫若：《伟大的精神生活者王阳明》，《〈文艺论集〉汇校本》，黄淳浩校，湖南人民出版社 1984 年版，第 63 页。

③ 郭沫若：《中国文化之传统精神》，《创造周报》第 2 号，上海泰东图书局 1923 年 5 月 20 日，第 12 页。

④ 郭沫若：《中国文化之传统精神》，《创造周报》第 2 号，上海泰东图书局 1923 年 5 月 20 日，第 12～13 页。

⑤ 郭沫若：《中国文化之传统精神》，《创造周报》第 2 号，上海泰东图书局 1923 年 5 月 20 日，第 12 页。

⑥ 郭沫若：《论中德文化书》，《创造周报》第 5 号，上海泰东图书局 1923 年 6 月 10 日，第 11 页。

现，我也只是神底表现”，而且说，“我即是神，一切自然都是我底表现。人到无我的时候，与神合体，超绝时空，而等齐生死”①。这就是说，人、自我虽从自然因果律中派生出来，但却可以通过主观精神的扩张，而达到消融主客体境界的地步。这里，自然科学的时代精神便融合其中了。在《天狗》一诗中，“天狗”——这诗人自我的化身，突入宇宙，把月、日、一切星球、全宇宙来吞了。自我与神、自然迸合为一以后，自我具有了神、自然的无限创造力，“我是月底光，我是日底光，我是一切星球底光，我是X光线底光，我是全宇宙底energy底总量!”这个自我便“由内而外”，充溢和囊括了全宇宙。接着，自我又“由外而内”，返回自身，“我在我神经上飞跑，我在我脊髓上飞跑，我在脑筋上飞跑”。这样，整个宇宙——实体和它呈现的万象，包括人、自我的每个部分都成为一个奔腾不息的整体。而在这个活的整体中，一切物质，包括19世纪末最新发现的X光线的光，都转化成为能的总量，这里，最新科学知识的运用便与现代自然科学思维方式的特征交融在一起了。

现代自然科学的辩证思维方式与泛神论主体性的增强

如果说，在古代，与科学认识水平相适应的科学思维方式主要是直观综合的；近代以哥白尼“日心说”和牛顿经典力学为代表的机械观思维方式主要是以分析的方法、分解的方法和原子论的方法为特征的；那么，自从康德、拉普拉斯打开了机械自然观的第一个缺口，经过19世纪中叶自然科学三大发现有机自然观的建立，到20世纪初量子论、相对论诞生以后，便有了把微观机制的考察与宏观、宇观研究结合起来的辩证思维方式。这种科学思维方式的特征在于：由机械还原转变为系统分析，即将客体对象综合为一个系统，对之作出整体的、综合的描述；由机械因果律的严格决定性转变为重视偶然性的概率统计规律；由一维单向的理论追求转变为多元互补、立体的思维方式。而这三个特征的共同点就是科学思维中主体意识的增强。正如黑格尔在

① 郭沫若：《〈少年维特之烦恼〉序引》，《〈文艺论集〉汇校本》，黄淳浩校，湖南人民出版社1984年版，第228～229页。

19世纪中叶总结有机自然观的科学成果后指出的，“自然界自在地是一个活生生的整体”①，有机自然观不同于机械自然观的最大特点就是“出现了自我性的、主观的总体，即把一切对立面结合起来的生命系统”②。

关于上述自然科学的辩证思维方式对郭沫若泛神论主体意识的影响，还得从对郭沫若有较大影响的康德说起。康德不仅在先验主体性哲学观上与郭沫若的泛神论有着精神上的联系，而且在自然科学上也对郭沫若的自然观有过启示。郭沫若曾多次谈到康德—拉普拉斯的星云说的重要意义。但是，要看到的是，康德毕竟是生活在18世纪中叶机械论自然观占统治地位的时期。虽然他的《一般自然历史和天体理论》和拉普拉斯的《宇宙体系论》，如恩格斯所说打开了机械论自然观的第一个缺口，但他们从总体上还脱不开机械论自然观的体系。这是因为当时的工业和科学还处在初步的阶段，人们对自然界事物的知识还十分零碎。正如洛克谈到当时社会实践的水平时所说，“在事物世界里，他无论借什么奇能妙法，都不能超出把手头现成的材料加以综合或分离的范围”，因此康德认为，宇宙的发展、天体的起源可以用引力和斥力这两种对抗力量的物质运动来解释，但宇宙存在的原因却不能用物质或力学来解释。上帝不是宇宙的建筑师，但仍然是设计者；不作第一次推动，但仍然是宇宙的起始原因。他的“物自体”也是被他设想的在“关于每一件事物的少许知识背后存在着的一种神秘的自在之物”（恩格斯语）。18世纪末、19世纪初，当时哲学上从洛克到法国唯物主义到康德，之所以出现“实体”（洛克）、“物的本性”（瞿尔巴赫）和“物自体”（康德）等不可知的抽象的概念，正是那个时代工业和科学发展水平的反映。如果说斯宾诺莎的泛神论是以传统的几何学方法为依据，康德哲学也脱不出一般以感觉、知觉为基础的观察、归纳的认识方法的话，那么，郭沫若的泛神论自然观和哲学观则由于明显地受到19世纪中叶有机自然观和20世纪初以现代物理学为中心的自然科学革命的影响，因而具有了鲜明的现代科学色彩和社会意识的特征。郭沫若在提及康德——拉普拉斯的星云说时，是把它与后来的有机自然观的能量守恒、细胞说以及量子论的某些观点一同加以表述的，他写道：

---

① ［德］黑格尔：《自然哲学》，商务印书馆1980年版，第34页。

② 梁志学：《论黑格尔的自然哲学》，上海人民出版社1986年版，第144页。

> 科学对我们说，我们所居住的这个银河系统的宇宙，是有限而无限的；宇宙中一切的质与能，在辗转相变，一格兰姆的质化为三亿四千万“马力时”的功量；宇宙中无数的太阳在发射无量的光能，在凝聚成灿烂的螺旋星云而别成一新星系统……变化无论矣，但是为什么会有这宇宙存在？宇宙的第一原因，假使是有时，究竟是甚？
>
> 科学又对我们说一切生物都是由于原始的单细胞进演而成。一切的个体不成于唯一之细胞则为唯一的胎原细胞之所分化，细胞的要素是蛋白质，碳水化物，脂肪；组成这三种的要素的原质，不外NHCOSP等简单的原子——其实这些原子已非简单，各个原子内容都是一种极复杂的宇宙；量子电子（《沫若文集》本作“介子”“质子”）便是这宇宙中的恒星行星，N已可以分写H与Helium。……然而量子电子究竟为什么存在？他们的第一原因，假使是有时，究竟是甚？
>
> 科学不能答应我们。答应我们这种问题的权能，在他的职分之外，也怕是在我们人类智力的范围之外。①

这里，从康德——拉普拉斯的星云说到有机自然观的能量守恒、细胞说、生物进化说到量子论、相对论所探究的宇观、微观世界都有某种涉猎。尽管所涉及的自然科学的内容很驳杂，并且一些概念也并不很确切、周密，但与机械论自然观相对立的自然观的表述却是明显的。日本著名物理学家坂田昌一在谈到新旧自然观的变化时说，“至19世纪末为止的自然观是以古典的原子观和牛顿力学的巨大成就作为基础的，称之为力学的自然观。这种自然观认为自然界在微观方面是由永远不变的原子（atom）所组成；在宏观方面由牛顿力学支配世界上各个角落，是千古不变的永恒规律。19世纪自然观就是这两种思想和见解相结合的产物。这种力学的自然观培养起了物理学至上主义……然而，到了20世纪之后，原子物理学研究的显著发展”②，“新的形势下就产生出了下述那种新的自然观……从最小的基本粒子到最大的星云，全都处于不断地生成和消灭之中；它们相互关联、相互依存而组成了一个统一

---

① 郭沫若：《波斯诗人莪默伽亚谟》，《〈文艺论集〉汇校本》，黄淳浩校，湖南人民出版社1984年版，第212～213页。

② ［日］坂田昌一：《坂田昌一科学哲学论文集》，安度译，北京知识出版社1987年版，第63页。

的自然界。这种新的自然观……可以称之为辩证法的自然观”①。与机械自然观根本不同，郭沫若看到了宇观世界和亚原子世界“变化无论”的特点，而且借助新的科学知识揭示了质与能的“辗转相变”和原子的内部结构。也涉及自然科学新成就所提出的一些哲学课题，如亚原子世界的微观物理实在问题，宇宙是有限还是无限的问题，如何理解生命的起源、演化和本质的问题。

把郭沫若所勾勒的现代物理学的宇观、微观世界的图景与他的融合了中西传统哲学思想的泛神论所展示的图景叠印在一起，就可以对现代科学思维方式在郭沫若的泛神论思想中的体现有所把握；郭沫若理解的泛神论本体是天地万物一体“混然自存”的存在，而他所叙述的现代物理学的宇观、微观世界也是统一体中各部分间相互关系的复杂网络；郭沫若的泛神论，认为本体是“亦静亦动”，“如‘无’而非真无”的超越差别和对立的实在，而在他看来，基于相对论的现代物理学也把力和物质、运动和静止、存在和不存在等对立和矛盾的概念看作是可以转化、超越的；郭沫若的泛神论具有时空相互渗透的特征，即所谓“我即是神”“我与神合体，超绝时空，而等齐生死”“表相有时空的限制，而本体则超绝一切”等，而他所描绘的那一幅幅现代物理学的宇观、微观世界也明显地摒弃了经典物理学关于绝对时空的概念，建立了时间、空间具有同样地位并且不可分割地联系在一起的框架。郭沫若的泛神沦认为本体始终处于“变化无定”“无意识地进化”的状态中，而他所说的现代物理学的观点，也认为大至无限的宇宙，小至亚原子世界都处于高能运动中，宇宙网络的基本要素是动态的形式。……从比较中可以看到，由于现代物理学改变了经典物理学的一些基本概念，如经典物理学中关于绝对时空、基本质密粒子、物理现象的严格因果性以及客观描述自然等观念已为时空相互渗透、亚原子世界的高能运动以及科学观察中人的主观因素的增强等观念所代替，因此，这个变革可能给郭沫若世界观（包括运动观、时空观、物质观）和思维方式注入新的因素，使他的泛神论思想中原有的辩证法因素更为增强，泛神论的现代意识更加鲜明，人的精神主体性因素更为突出。这在他的诗歌中表现非常明显。他的诗歌由于突出了20世纪动的精神和人的主

① ［日］坂田昌一：《坂田昌一科学哲学论文集》，安度译，北京知识出版社1987年版，第64页。

观能动性，泛神论思想中熔铸了新的运动观、物质观和时空观，因此诗的意象中洋溢着新世纪黎明期所特有的鲜明强烈的自主意识和创造意识，表现出开阔高远的历史感和宇宙感。例如，在《我是一个偶像崇拜者》中，诗人所崇拜的“偶像”，既不是超自然的绝对创造主，也不是纯客体、彼此孤立的自然物，而是融合了自我主观精神、处于动态网络状态中的宇宙万象。他既崇拜水，又崇拜火；既崇拜生，又崇拜死；既崇拜光明，又崇拜黑暗；既崇拜人的精神，又崇拜人的自然本性（“力”“血”“心脏”）；既崇拜创造精神和人类创造的伟大成果，又崇拜“炸弹”“悲哀”“破坏”。这些对立的自然现象和精神现象经过诗人的自我观照，互相超越、彼此转化，正是辩证哲理和动的自然观的鲜明体现。其中，人的精神主体性作用极为重要，所以诗的最后归结为“我崇拜偶像破坏者，崇拜我！我又是偶像破坏者哟！”这里，正说明了交融着人的主观精神和新的思维方式的泛神论思想的巨大力量。在《立在地球边上放号》中，诗人把自我、人生溶入怒涌的白云、无限的太平洋、滚滚的洪涛等壮阔的空间意象，和不断地毁坏、不断地创造、不断地努力的永恒流逝的时间意象中。空间意象与时间意象彼此交织渗透，重辉叠映，构成了一幅绚烂壮阔的宇宙时空图景。自我、人生与宇宙的永恒、无限相交融，从常动不息的宇宙万汇中吸取了奔放的生命力，因此鲜明地体现了“五四”时代反抗破坏、自由创造的精神和诗人昂扬奋发、积极乐观的人生态度。在《凤凰涅槃》中，凤凰“集香木自焚，复从死灰中更生，鲜美异常，不再死”的神话故事本身便具有丰富的自然生命的辩证法因素。黑格尔曾多次指出这个神话故事具有“一般的生命辩证过程，即出生、成长、死亡以及从死亡之中再生”，并以之说明自己的辩证法思想。他说：“更为普遍的被人知道的，是拿不死之鸟来譬喻自然生命的一般神话；这不死之鸟终古地为它自己预备下了火葬的柴堆，而在柴堆上焚死自己；但是从那劫灰余烬当中，又有新鲜活泼的新生命产生出来。”[①] 他由此引申说：“当‘精神’脱却它的生存皮囊时，它并不仅仅转入另一皮囊之中，也不从它的前身的灰烬里脱胎新生；它再度出生时是神采发扬，光华四射，形成一个更为纯粹的精神。”[②] 郭沫若在

① ［德］黑格尔：《美学》第2卷，朱光潜译，商务印书馆1979年版，第64页。

② ［德］黑格尔：《历史哲学》，王造时译，生活·读书·新知三联书店1956年版，第111页。

运用这个故事时，则进一步体现了20世纪初的精神和思维方式的特征。长诗不是由精神到精神，更生后的凤凰在一派大欢乐大和谐的景象中，永远翱翔欢唱，它们所歌唱的“我”中，包含了“你”与“他”，包含了宇宙间一切永恒美好的事物。这是一个动态的事物间互相渗透的和谐整体。“我”在向本体融合、转化，精神无比升高时，并未摒弃自然，也不出世超脱，或成为纯粹的客观精神，而是积极入世，乐观进取，表现出更自由更广阔的生活之喜乐。

自然科学哲学旨趣的变化与泛神论的怀疑意识、忧患意识

从自然科学、自然哲学的角度探讨郭沫若泛神论思想中的怀疑意识和忧患意识，首先要追溯到19世纪欧洲浪漫主义运动与那时候自然科学、自然哲学的关系问题上去。17、18世纪，随着近代科学的发展，唯理主义和经验主义为了寻找可靠的知识根据以精确地把握认识对象，其哲学旨趣是把数学、物理学的思维模式引入哲学的领域，排除人生问题、价值论的人的内在灵性的探讨。19世纪的浪漫主义运动同以数学和智性为基础的科学思潮进行了抗争，反抗功利化、机械化的外在世界，促使哲学旨趣发生变化。浪漫主义运动在有限和无限的对立中去探求个体有限生命的“生之源”“死之所”以及自身生存价值和意义，探讨中充满着科技文明带来的人的异化的震颤、怀疑和困惑，也充溢着探索、追求和超越的伟力。这种怀疑、困惑和探索、超越的精神又往往通过浪漫主义作品同泛神论思想结合着。勃兰兑斯在论及浪漫主义诗歌时指出：“它浸透了业已在本世纪一切文学领域内复兴、在对待自然的感情方面已成为主导性因素的泛神论精神……其表现形式是，人在自我忘却和近乎无意识的状态中，作为宇宙伟大和声中的一个音符和自然融为一体。”① 在“自我”意识到自身与工业文明社会的悲剧性对立、产生出浓重的忧患、孤独感的时候，便意欲借助人与自然、本体的交融而返回自然、返回童年、返回远古，用以寄托自己伤痛、苦闷的情怀。这成为浪漫主义作品一

① ［丹］勃兰兑斯：《十九世纪文学主流第四分册·英国的自然主义》，徐式谷、江枫、张自谋译，人民文学出版社1984年版，第43页。

个很重要的特征。

近代以来，以自然科学为基础的工业文明更加繁荣和发展，人与世界、人与人、人与自身的关系的扭曲和异化愈益剧烈，将工具性价值的科学当作宗教来崇拜的科学主义愈益盛行，人生的意义和归依的哲学旨趣愈益趋于淡化。19 世纪末、20 世纪初以来，科学主义的迷梦开始破灭。西方哲学、人文科学兴起了批判科学主义的巨大潮流。自然科学中令人瞩目的成就伴随着自然哲学的突破一同出现。自然科学的哲学旨趣发生了明显变化。在自然科学体系中重视普遍原理概括和人的情感、追求和思考的科学家大大增加。例如萨里凡在《科学的界限》中指出，“20 世纪物理学已经把精神的作用带回宇宙中来，而在牛顿型的物理学中它差不多是被禁止的”①。爱因斯坦在评论罗素的认识论时指出：近代“产生了一种致命的‘对形而上学的恐惧’，它已经成为现代经验论哲学推理的一种疾病”，又在一封信件中说：“你会为‘形而上学者’爱因斯坦大吃一惊”“物理学就是企图在概念上构造一个关于实在世界及其规律的结构的模型。”② 自然，在科学体系中重视人的情感、精神，重视哲理概括的同时，也出现了否定唯物主义、宣扬唯心主义的东西。如前面所说到的，现代物理学革命已经在物质存在的形态、时空观念、运动形式以及科学研究的方法等方面提出了新的课题，特别是在对亚原子世界的研究中改变了机械因果决定论的观点，诸如电子有“自由意志”之类否定因果律的非决定论观点流行一时。而对因果规律的否定也导致了对不依存于观察者主体的客观世界的否定。于是，一些人（包括某些著名的科学家在内），便怀疑物质的客观存在，认为“怀疑时期”已经到来。例如彭加勒、海森堡、玻尔等物理学家都有这一类的看法。自然科学提出的这类问题形成了一种社会思潮。它在西方对人文科学的影响，是对人能主宰和穷尽宇宙的人文主义观念产生了怀疑，启蒙主义的理性精神、浪漫主义的肯定、崇拜自我的态度也受到否定。如文学上的现代派，就其总的倾向而言，是哲学上的反社会反传统的非理性主义，就精神主体的特征来说，是个人精神的孤独感，对人生意义

① 转引自［奥地利］菲利普·弗兰克：《科学的哲学》，上海人民出版社 1985 年版，第 257 页。

② 转引自［奥地利］菲利普·弗兰克：《科学的哲学》，上海人民出版社 1985 年版，第 8～9 页。

和价值的空虚感以及这一切所造成的世界的荒谬性、命运的不可知性。这种文学、社会思潮不能不说与自然科学的变革有着某种联系。

郭沫若在“五四”时代条件下，基于个体心灵的真正觉醒和强烈的社会使命感，民族危机感，产生过深沉的忧患、怀疑意识，而它们又是和对人的尊严、自我价值的充分肯定以及昂扬进取精神、积极乐观意识交融在一起的。他的这种浪漫主义精神主体中忧患意识和乐观意识内在交融的特点，一方面，与上述欧洲浪漫主义思潮有着明显的精神上的联系；另一方面，也受到20世纪初非理性色彩浓重的人本主义哲学思潮和现代主义文学思潮的影响。而其间，20世纪初自然科学革命所引起的新的哲学旨趣的变化既然更加重视人的主体精神、情感的作用，因此使郭沫若突出精神主体性的泛神论思想中增添了新的因素，而他的基于精神主体性的怀疑精神进一步的增强也是其中的表现之一。郭沫若前期诗歌，在否定旧事物、旧世界时，对整个旧的社会秩序、思想规范和一切偶像都加以否定，甚至对整个人生、宇宙都发生根本性的怀疑；而在追求自由新生和理想世界时，又把自我融入宇宙生命辩证发展过程中，与宇宙万象常动不息的伟力融合为一，以至抛弃自我，享受着自我重生的大和谐、大欢乐。怀疑的精神、超越的伟力，借助泛神论哲理所展开的浪漫主义想象，往往熔铸着科学思维和科学知识的力量。例如在《凤凰涅槃》中，凤凰在“茫茫宇宙”的辽阔背景上翱翔起舞，愤怒控诉旧世界的丑恶和不义，沉痛地倾诉自身的屈辱和哀痛之后，还提出了一系列宇宙“为什么存在”，宇宙“有限”“无限”，宇宙中“为什么有生命存在”等疑问。关于这一内容，过去的评论不是忽略它，就是容易简单地把它看成是屈原“天问”式的诗句。然而实际上它不仅是诗人对现实失望和愤慨情绪的曲折反映，而且体现了新的科学思想对诗人的推动和影响。在上面引用过的《波斯诗人我默伽亚谟》一文中，郭沫若正是在运用相对论、量子论探讨了宇观、微观世界之后，提出了与“凤歌”类似的问题：“但是为什么会有这宇宙存在？他们的第一原因，假使是有时，究竟是什么？”“……然而量子电子究竟为什么存在？他们的第一原因，假使是有时，究竟是什么？”这种对宇宙终极真理的探寻表明，郭沫若的“天问”是由于现代物理学的发展改变了经典物理学的基本概念，对因果关系决定论发生了怀疑所引起的。具体地说，这些问题的产生一方面是这时候郭沫若尚未研究和接受辩证唯物主义，在唯物主义和唯心主义之间有着动摇，因而不能坚持用唯物主义原理去理解哲学物质范畴中有关终极真理的问题；另一方面则是科学的发现尚未能深入物质世界的更深层次的表现。但他并未在哲学上直接导致否定物质世界的存在。同时，他虽然认为“科学”和“人类智力”不能回答事物的“第一原因”的问题，但并不像西方现代派那样否定人的力量、人的价值，也不像中国的国粹派或玄学派那样的否定科学技术。在“科玄论战”正在展开的20年代初，郭沫若在长诗《星空》中所表达的巨大的悲痛、忧患意识就是与他对自然科学和个性自由的双重肯定交织在一起的。在这首长诗中，诗人把自我融入辽阔幽渺的星空之中，任意调遣着宇宙众多的天体，又从星光中发出了对古代天才的问讯：“泪珠一样的流星坠了，已往的中州的天才哟！可是你们在空中流泪？哀哭我们堕落了的子孙，哀哭我们堕落了的文化，哀哭我们滔滔的青年，莫儿人能知，哪是参商，哪是井鬼？悲哉！悲哉！”这种巨大的伤痛、悲怆感情为何而发？其中包含着什么内涵？过去的解释大多认为其中只有一般的对现实人生的失望、愤慨和追怀往古的情感。然而，只要把这首诗与郭沫若1923年写的《论中德文化书》、《中国文化之传统精神》结合来看，就可知道，诗中有更具体的内容和更高的精神视角。郭沫若认为，我国周秦之际，科学并非不发达，连女人小孩都有科学知识，如星学知识。据《诗经》记载，“村女山童”，“也知道在恒星的推移中，寻觅出无穷的资料”。“星座中的二十八宿，在我们近代，能举其名的恐怕已不可多得，更不能期望其能在天体中按名指实了。”而《诗经》中为当时妇女用作歌咏对象的“慧彼小星，维参与昂”（即“参商”“井鬼”），则符合天文学的知识。然而，古代这样的科学传统却在后来漫长的封建社会中，被阻遏而中断了。这样，郭沫若从近代文明、科学技术的角度对中国古老文化进行了反思，同时，又从中国文化传统的历史变迁中探寻现实黑暗的深层原因，并瞩目未来，追求新的“青春”和“自由”的时代。对科学技术这“20世纪”“近代文明的严母”的讴歌便和追求个性解放、崇尚自由平等权利的民主主义要求再一次结合起来，从而鲜明地表现出自然科学的新的时代精神。

综上所述，可见郭沫若前期既重视自然科学又并非科学主义。他更倾向于从人的内心世界开辟哲学道路的人本主义。而这种倾向便使他容易接受19世纪下半叶至20世纪初自然科学革命的影响。在自然科学的新的时代精神中，对人的精神因素的重现，现代型科学思维方式的形成以及非理性色彩的生命意识、宇宙意识的体现，都作为他的自然观的一个组成部分而体现在他的泛神论思想中。应该说，这正是郭沫若前期思想、创作面向现代世界文化潮流、强烈体现“五四”科学、民主时代精神的又一个重要方面。而且，应该看到，这个问题关系到自然科学与哲学、人文科学的关系这个中国20世纪文化变革和精神文明建设的重要课题。20年代初“科玄论战”之后，随着群众政治斗争的剧烈展开，人们大多注目于尖锐的革命军事斗争和频繁的政治活动。一方面，自然科学的发展长期处于停滞状态，人文科学包括马克思主义从自然科学所汲取的主要是传统自然科学因果律线性思维方式，并由此建立起以决定论为指导的“科学”的人生观。20世纪自然科学革命所体现的新的时代精神和新的思维方式的特征没有作为现代意识的一个组成部分而被融合吸取。另一方面，个性独立、自由和解放的民主主义思想启蒙的任务也被忽视，关于人的问题的哲学思考，特别是作为个人的、感性的、多元化的人的个体主体性问题，很少予以重视。这些情形都大大阻碍了包括文学艺术在内的人文科学的发展，阻碍了以个性的全面发展为主要内容的现代文化心态的形成和精神文明的建设。郭沫若自1925年以后全身心投入政治斗争的漩涡之中，表现出杰出的政治才干，在中国革命史上做出了重要贡献。但他对于自然科学的关注减弱了；前期对于自然科学时代精神和思维方式的敏锐把握和融合，对于人、自然、社会的富于哲理性的思考，随着对个性主义和泛神沦的批判，对政治救亡的紧张关注而被湮没。20年代以后，他的诗歌很少从科学中吸取灵感，也少有泛神论式的哲理思辨，这便不能不影响到他的诗歌的艺术概括的崭新色彩和奇特魅力。总之，在现代世界哲学科学主义和人本主义两大思潮分途发展的背景下，如何在形而下的层次上，发展以事实为依据的指向明晰实证追求的严密的逻辑思维能力，并促成被压抑的感性生命的迸发，解放生命活力本身；在形而上的层次上，发展思辨理性，发展整体系统、多元互补的思维方式和能力，个体精神的自由指向神秘的永恒和无限的超越性的追求。对这两个方面进行批判的择取，重新整合和认同，对于发展人文科学意义重大。而对于具有巨大精神空间和思想自由特征的文学艺术，更应如此。对于前期郭沫若这样一个具有开放、热烈、敏感心灵的哲人和诗人，多方面、全方位地探讨其思想和创作的现代意识的构成，其意义也正在这里。

（载《中国现代文学研究丛刊》1989 年第 2 期）

论郭沫若前期浪漫主义艺术表现的特征

在东西方文化交汇和冲突的历史背景下，生活在20世纪黎明期的郭沫若拥有一颗热烈、开放、敏感的心灵。他的现代审美意识和文艺观在新的时代条件下，表现出了充分的主观性和情感性的特征。在他看来，“文艺的本质是主观的，表现的，而不是没我的，摹仿的”[①]。基于这种主体性的文艺观，在浪漫主义的审美特征上，郭沫若前期主张效法自然，在“自我”情感的自然流露和艺术表现中发挥自我的创造力；又主张超越自然，以极度扩张的自我心情去综合创造。这两方面的统一，使艺术的自我表现有了广阔的天地和深层的内涵，并形成了独有的浪漫主义艺术概括方式：由个别显出一般，通过自我特殊情感的抒写和人格的创造，生出有情的宇宙，达到对社会心理、时代情绪和人生哲理的高度概括和表现。

① 郭沫若：《文学的本质》，《〈文艺论集〉汇校本》，黄淳浩校，湖南人民出版社1984年版，第277页。

一

郭沫若前期主张艺术创造要纯任自然，自由地流泻个人的情感，赤裸裸地呈现自我。他说："诗的创造贵在自然流露。"① "诗是表情的文字，真情流露的文字自然成诗。新诗便是不假修饰，随情绪之纯真的表现而表现的文字。"② 又说，从事写作"总要使学者自发其心花，不要生抢活夺地只剪些纸花在枯枝上贴"③，"艺术是我的表现，是艺术家的一种内在冲动不得不尔的表现"④。要正确理解这些话必须首先理解他所说的"人"和"自我"的具体内涵。同时，还必须进一步了解郭沫若是怎样基于特定的"人"和"自我"，经由情感的自然流露和艺术表现，从而"由内而外"地进行创作概括的。

郭沫若前期所说的"人"和"自我"，既不能单纯地理解为具有本能和自然性的物性，也不能理解为脱离感性而主宰感性的纯理性——神性，而是应该理解为基于自然人性，又充分注意人的精神主体性，并通过人和对象世界的融合，把人提到本体的高度上来论说。这样，"人"和"自我"既不是"以理为本"，把超感性的先验规范放在突出的地位上，又不是"以物为本"，只看到生物族类和自然人性，而是以人的情感、心理为本，既与感性的、具体的人的个体血肉相连，又注重人的主观精神的扩张和能动性的充分发扬。郭沫若所说的艺术自我表现也不能理解为或是情感的自然发泄、自然表现，或是时代精神的传声筒，而是应该理解为，在人的自然情感流露的同时又对自我情感形态进行艺术的创造、发现、再造、更新的表现过程。

郭沫若的下面一段话最能说明他对"人""自我"的理解和对浪漫主义表

---

① 郭沫若：《白华兄》，田寿昌、宗白华、郭沫若：《三叶集》，上海亚东图书馆 1923 年版，第 46 页。

② 郭沫若：《做新诗的原则》，《郭沫若论创作》，上海文艺出版社 1983 年版，第 245 页。

③ 郭沫若：《做新诗的原则》，《郭沫若论创作》，上海文艺出版社 1983 年版，第 246 页。

④ 郭沫若：《印象与表现》，《郭沫若论创作》，上海文艺出版社 1983 年版，第 612 页。

现内涵的理解。他在赞扬了创作中的“主情主义”和泛神论的宇宙观之后说：“泛神便是无神。一切的自然只是神底表现，我也是神底表现，我即是神，一切自然都是我的表现。人到无我的时候，与神合体，超绝时空，而等齐生死。”①“忘我之方……不求之于静，而求之于动。以狮子搏兔之力，以全身全灵以谋刹那之充实，自我之扩张，以全部精神以倾倒于一切！”②

从郭沫若的许多言论来看，他前期深受西方自然人性论的影响。“泛神便是无神。一切的自然只是神底表现，我也只是神底表现。”在他看来，所谓“人”和“自我”是自然的一部分，它派生于自然。自我的需求、欲望、精神都是从自然中生成的，是人的自然本性的表现。所以他主张文学要与自然一样无目的、无功利，主张生命是文学的本质，文学创作具有自然发生的过程等。这些地方与我国“天人合一”的思想具有渊源关系，同时也受到斯宾诺莎的神即自然、人即自然一部分的泛神论思想的影响。但是，郭沫若并不主张人的本体存在与宇宙自然存在无区别的同一，不主张将人的有意识有目的的活动与大自然无意识无目的的活动等同起来。他在对我国传统思想进行介绍和表述时，或者只吸取了其中“纯任自然”的观点，或者甚而用现代强调人的自觉、人的主观精神的观点对它加以改造③。他还明确地说过，孔子的“本体观”与老子大不同之点是，“在老子眼中是无目的与机械底本体，在他是以‘善’为进化之目的”④。郭沫若认为，孔子“认本体在无意识地进化，这一点又与斯宾诺莎的泛神论异趣”。至于斯宾诺莎的泛神论，由于它只承认事物发展的必然性，否定偶然性，认为“自然中没有任何偶然的东西（contingens），反之一切事物都受神的本性的必然性所决定而以一定方式存在和动作”⑤。因此，他只承认人是本体、自然的一部分，否定人的主观能动性，如

① 郭沫若：《〈少年维特之烦恼〉序引》，《〈文艺论集〉汇校本》，黄淳浩校，湖南人民出版社1984年版，第228～229页。

② 郭沫若：《〈少年维特之烦恼〉序引》，《〈文艺论集〉汇校本》，黄淳浩校，湖南人民出版社1984年版，第229页。

③ 见郭沫若：《中国文化之传统精神》、《论中德文化书》等文。

④ 郭沫若：《中国文化之传统精神》，《〈文艺论集〉汇校本》，黄淳浩校，湖南人民出版社1984年版，第12页。

⑤ ［荷兰］斯宾诺莎：《伦理学》，贺麟译，商务印书馆1983年版，第29页。

说："意志不能说是自由因，只能说是必然的。"① "个别思想，或这个和那个思想，都是在某种一定的形式下表示神的本性的样式"② 等。而郭沫若的"人"和"自我"的概念便显然也不同于斯宾诺莎。他说："我即是神，一切自然都是我的表现。"他的看法是，从本体、自然中派生的人、自我，虽然应该纯任自然，然而却有着独立于自然的人的本体建构，人的内在精神价值。这正是人和自我能动地扩张，充分发挥主观意力和创造精神的原因。同时从这也可看到，郭沫若这种自我的无限扩张，人的主观能动性的无限追求又并不摒弃、脱离本体和自然，以至于把自我孤立起来，或抽象化、神秘化，而是使极度扩张的自我达到与神、自然的合一，具有如同神、自然本身一样的无限的创造力。这就是"人到无我的时候，与神合体，超绝时空而等齐生死"的意思。这里又回复到了"天人合一"的境界之中，然而这是在充分显示了人的自觉性和主观能动精神的更高层次上的回复。这里还有两点须特别指明：一是对"本体""神"的理解。郭沫若既不同于我国古代哲学思想的"自然无为""无往不复"的消极的循环论本体观，又不同于斯宾诺莎的自然界作为"整个个体""不致改变"的静止的形而上学本体观。他认为本体是无意地进化、向上发展的。作为本体表相的宇宙万汇和自我外相，也是"变灭无常"的。二是"人""自我"与本体、自然合一时，特别强调情感的活力和全心灵的创造，这就是他所最为推崇的"以狮子搏兔之力，以全身全灵以谋刹那之充实，自我之扩张，以全部的精神以倾倒于一切"的近乎迷狂的个体精神。由上所述，可见郭沫若的浪漫主义所展示的自我——超我——无我的过程，并不是泯灭自我的过程，而是自我与本体、自然合一，获得本体、自然的无穷创造力的过程。在这一过程中，要充分地估计到康德的天才论、尼采的重新估计一切价值的学说和柏格森的生命哲学对他的影响③。了解了郭沫若的"人""自我"的哲理内涵，了解了郭沫若的自我是这样具有自然人性，富有

---

① ［荷兰］斯宾诺莎：《伦理学》，贺麟译，商务印书馆 1983 年版，第 31 页。

② ［荷兰］斯宾诺莎：《伦理学》，贺麟译，商务印书馆 1983 年版，第 46 页。

③ 郭沫若与康德的关系见郭沫若：《论道德与良心》（《创造周报》第 9 号），《中国文化之传统精神》；与尼采的关系见郭沫若：《文艺的节产》（《创造周报》第 19 号）、《鲁迅与王国维》（《沫若文集》第 12 卷）；与柏格森的关系见《三叶集》第 57 页，郭沫若：《生命底文学》（《郭沫若论创作》第 3 页）。

独立的创造精神，又涵盖宇宙、社会、人生的大我，就可以知道他所说的诗是个体情感的自然流露，艺术是人格内在冲动的表现等观念，既是真实的、感性的、具体的人的情感的自然表现，又是独立的精神个体、独立的艺术个性所进行的艺术上的发现、综合、创造和探索。东方人的“天人合一”“梵我一如”的艺术表现观正是在西方近现代哲学、美学思想的融入中才对郭沫若的浪漫主义艺术观点发挥了作用。

恩斯特·卡西尔在论及浪漫主义作为表现艺术的特征时曾经对情感自然流露的观点作过辩证的分析。他指出，被誉为浪漫主义之父的卢梭，曾“反对所有古典主义和新古典主义传统的艺术理论”，是他最早地提出了“艺术并不是对经验世界的描绘或复写，而是情感和感情的流溢”的观点。卡西尔对此给予了高度评价，认为这个后来为歌德所仿效的观点，是欧洲许多世纪的摹仿原则“让位于‘独特的艺术’”的标志，这是“一个遍及整个欧洲文学的新原则的胜利”①。但是，他又强调说，“为了理解这种独特的艺术的真正意义，我们就必须避免片面的解释”，这就是不要把过去摹仿说“对物理对象的事物之复写”变成了“对我们的内部生活，对我们的感情和情绪的复写”②，而忽略了“作为创造和观照的艺术品”的“构型过程”③。卡西尔这种评价和分析对于理解郭沫若浪漫主义艺术表现的特征有很大的启示。郭沫若再三强调的艺术是情感的自然流泻和人格创造冲动的表现，不仅仅是情感的复写和自然的表现，而是在自然流露的基础上，以极大的敏感性和丰富的想象力对生活总的特点进行了概括、综合；他对生活的总体进行概括、综合，不是对时代精神的一般观念的传达，而是从个人独特的情感、艺术个性出发，通过独特的艺术构思而达到的对时代与生活的总体把握。因此，所谓情感的自然流泻作为文艺主体的创造，它实际上是情感的艺术表现。就是说，通过对自我内在情感形态和本质的发现、创造、综合、探索，从而使情感具有一种以

① ［德］恩斯特·卡西尔：《人论》，甘阳译，上海译文出版社 1986 年版，第 178 页。

② ［德］恩斯特·卡西尔：《人论》，甘阳译，上海译文出版社 1986 年版，第 180 页。

③ ［德］恩斯特·卡西尔：《人论》，甘阳译，上海译文出版社 1986 年版，第 181 页。

“完整形式呈现出来”的“构型过程”。郭沫若认为，一方面，作家要“养成完满高尚的诗人人格”，“诗的创造是要创造‘人’”。这人格的创造，以“感情的美化”为中心，通过理智的扩充、直觉的运用、梦境的追寻、真理的探讨，从而塑造出凝聚着“一些矛盾方面的结晶体”的“完满”的“全人格”①；另一方面，诗人要“多研究古昔天才诗中的自然音节，自然形式”，以完成“诗的构造”，讲究“自然的谐乐，自然的画意”，“情绪的律吕，情绪的色彩”。这样，因“直觉”“灵感”而激活的诗的情感世界，方才“体相兼备”“体相一如”，成为“真诗，好诗”②。这里值得注意的是，郭沫若写诗，由于灵感爆发状态十分强烈，如“狂涛怒涌、应接不暇”，所以看起来似乎没有什么“构型过程”。诗的构思，从形象的萌生、孕育到完成的过程，以想象为中心环节的感觉、知觉、记忆等综合地再造表象和形象的心理活动过程，诗的独特内容和与之相适应的独特表现形态、方法的形成过程，这些认识的、心理的、作品构成方面的诸多过程，都似乎是在灵感强烈迸发中同时完成的。黑格尔对于这种不仅表现为“高度的熟练”，而且表现为“很轻巧地完成作品的潜能”的艺术创造力曾经给予了高度评价，“真正的艺术家都有一种天生自然的推动力，一种直接的需要，非把自己的情感思想马上表现为艺术形象不可”③。在这种“真正艺术家”的创作活动中，“按照艺术的概念，这两方面——心里的构思与作品的完成（或传达）是携手并进的”④。正因为在郭沫若诗歌创作中具有这种由灵感爆发而呈现出的艺术创造力极为旺盛、构型过程极为迅疾的特征，所以人们往往不容易在诗人情感急剧地自然流泻中看到独特的艺术概括和诗的“构型过程”。然而事实上，郭沫若的许多诗篇，尽管激情的表达，如天风海涛，汹涌澎湃，不可遏止，却仍可以看到使形象臻于完美的艺术传达上的努力，可以看到借助情感的自然流泻所达到的独特的艺术概括。要论情感的喷发、形象的独特以及节奏的急骤、气氛的紧张，在

① 郭沫若：《致宗白华·论诗三札》，《郭沫若论创作》，上海文艺出版社1983年版，第242页。

② 郭沫若：《致宗白华·论诗三札》，《郭沫若论创作》，上海文艺出版社1983年版，第243页。

③ ［德］黑格尔：《美学》第1卷，朱光潜译，商务印书馆1979年版，第362页。

④ ［德］黑格尔：《美学》第1卷，朱光潜译，商务印书馆1979年版，第363页。

《女神》中最甚的莫过于《天狗》一诗了。然而，这首诗在意象的推移和情思的延伸中，由“天狗”突入宇宙，吞噬一切月、日、星球，吞噬整个宇宙，与宇宙本体合一，到它化为月、日以及一切星球的光，化为宇宙的 energy 的总量，再到它“飞奔”“狂叫”“燃烧”，始而奔驰于外界，继而自噬其身，幻想境界中的形象的发展层层深入、秩序井然，诚如英国浪漫主义诗人和画家布莱克所说：“神灵和幻景并不像现代哲学所设想的那样朦胧一团，或者空无一物；与一切短暂的，无常的自然的产物相比，它们更有组织，更精雕细刻……一切幻景比他肉眼所见完美得多，组织细密得多，神灵就是组织起来的人。”① 正是借助一种既奇特突兀又真切自然的幻想的逻辑，“天狗”——这个气吞日月星辰、囊括宇宙万物的“我”的形象便被推到了宇宙的中心。这个“我”拥有冲决封建罗网、破除偶像崇拜的万钧之力，这个“我”有着向自己精神世界的阴暗面进行反思和解剖的清醒敏锐的自我意识。这个“我”以大写的“我”字挥写在广阔无限的宇宙的背景上，唱出了激越的光和热的赞歌，唱出了自我力量和狂飙突进的时代精神的赞歌。短诗是如此，抒请长诗《凤凰涅槃》、《地球，我的母亲！》等，也在独特构思的基础上对时代、人生、宇宙进行了富于哲理意味的象征性的概括。前期小说和戏剧，作为基本上属于叙事型的文学，其构型过程和必要的创作概括更是显而易见的。但它们的共同特征都表现出郭沫若浪漫主义精神主体的复杂特性和独特性，以情感为中心的精神个体渗透到作品的艺术形象的整体中，显示出浪漫主义创作概括的独具特征。

二

郭沫若前期的创作方法以浪漫主义作为主导，同时又从西方现代派文学中得到借鉴，受到西方现代主义文学思潮和创作方法的影响。他不仅在作为创作方法内在基础的总体艺术观上与现代派文学接近，而且现代主义一些具体文学流派如意识流文学、象征主义文学以及表现主义文学都对他有直接的

① ［英］布莱克：《布莱克画展简介》，《欧美古典作家论现实主义和浪漫主义》，刘若端编，中国社会科学出版社 1981 年版，第 254 页。

影响。他在1922—1923年两年内，连续写了《自然与艺术》、《文艺上的节产》、《印象与表现》、《批评与梦》、《未来派的诗约及其批评》、《瓦特裴德的批评论》等一系列文艺论文，对现代派文学作了介绍和评价。郭沫若从总体艺术观上沟通了浪漫主义和现代主义，又在浪漫主义的基础上对一些现代主义流派的具体艺术观以及特征性艺术手法进行了择取和吸收。

从总体艺术观看，现代主义不同于浪漫主义。虽然二者都强调表现主观世界，但浪漫主义仍承认客体的作用，即主张强烈的激情需要从客观自然的人的生命和本性中倾泻出来，而激情的倾泻又非自然发泄和自然表现，是将情感给予某种程度的客观化、对象化，从而以形象为依托成为艺术的表现。这正如黑格尔所说的，浪漫型艺术“心情的历史就无限丰富，可以适应永远在改变的环境和情境，表现为最繁复的形象”①，它“无论在精神主体方面还是在精神所紧密联系到的外在事物或材料方面，都是极其丰富多彩的”②。现代派艺术观则漠视客体，否认自然，客观世界只起提供素材的作用。它主张通过艺术想象创造客体，表现主体，主体的想象和情感的巨大综合、升华作用可以超越自然，创造真理。现代主义文学作为一种在现代工业文明条件下的艺术观，它是在人与社会、人与自然、人与人、人与自我的关系被全面扭曲和异化的情况下，探求人的生存价值和意义，以求人的重新发现的社会哲学思潮在艺术观上的反映。在“五四”时期的中国，虽然尚未出现资本主义社会中在“物”的奴役下的异化和扭曲的现象，但在反抗人的外在束缚方面，不仅要像对待欧洲中世纪封建社会那样，反抗神权统治，而且更重要的是要反对东方型的封建官僚的统治，反对神权所依附的皇权的统治。所以，如果仅仅像18世纪唯物主义者那样，一般地用自然人性的观点反对神权，已远远不够。在“五四”时期的中国，必须借助个性主义的思潮，以彻底破除这种包括皇权和神权在内的一切封建桎梏。因此，对人的尊严和价值的探索和强调，便不仅会同过去欧洲浪漫主义思潮合拍，也会与现代主义思潮找到共同点。在郭沫若所受到的现代派文学的影响中，无论是他最重视的表现主义，还是象征主义、意识流文学的影响，其中最核心的东西就是突出自我，强调

① ［德］黑格尔：《美学》第2卷，朱光潜译，商务印书馆1979年版，第384页。
② ［德］黑格尔：《美学》第2卷，朱光潜译，商务印书馆1979年版，第379页。

自我的创造和表现。从创作概括上看，对他影响最大的，是自我“由内而外”地扩张，对人生、宇宙作出哲理性总体概括和反映的特征，是对自我的精神主体作深层探索和揭示的特征。从特征性的艺术手法上看，他所着重吸取的则是象征、暗示、怪诞、变形等形式和方法。

郭沫若特别推崇20世纪初兴起于德国的表现主义，对之寄予“无穷的希望”。他说：“18世纪的罗曼派和最近出现的表现派（expressionism），他们是尊重个性，尊重自我，把自我的精神运用于客观的物料，而自由创造。”① 这是在强调自我内心生活和心理真实的根本点上，把浪漫主义与表现主义沟通起来。他还进一步在艺术与表现、模仿的关系上大力肯定表现主义创作概括的独特性。他说：“艺术家不应该做自然的孙子（按：指‘模仿’），也不应该做自然的儿子（指‘再现’），是应该做自然的老子（指‘表现’‘创造’）。”②艺术要给自然以生命，“剪裁自然再加以综合创造”。艺术“要打破一切自然的樊篱，传统的樊篱，在五百万重的枷锁中解放出我们纯粹的自我！”③ 郭沫若认定，构成这致力于“表现”和“创造”的“自我”的，主要不是理性，而是生命和情感。埃德施米特就说过，在表现派作家那里，“感情得到无限的扩张”，他们“以巨大的，包容一切的感情”④ 在对象的“最为切实的核心中进行探寻，重新创造”⑤，从而表现事物的“形象”——“事物更深一层的形象”，使“一切都和永恒结缘”⑥，这里，自我和永恒结缘就是“天人合一”，“梵我一如”。“事物更深一层的形象”，即所谓“幻象”，也与我国及印度古代

---

① 郭沫若：《印象与表现》，《郭沫若论创作》，上海文艺出版社1983年版，第608页。

② 郭沫若：《自然与艺术——对于表现派的共感》，《〈文艺论集〉汇校本》，黄淳浩校，湖南人民出版社1984年版，第129页。

③ 郭沫若：《印象与表现》，《郭沫若论创作》，上海文艺出版社1983年版，第614页。

④ ［德］埃德施米特：《创作中的表现主义》，《现代西方文论选》伍蠡甫主编，袁志英译，上海译文出版社1983年版，第151页。

⑤ ［德］埃德施米特：《创作中的表现主义》，《现代西方文论选》伍蠡甫主编，袁志英译，上海译文出版社1983年版，第153页。

⑥ ［德］埃德施米特：《创作中的表现主义》，《现代西方文论选》伍蠡甫主编，袁志英译，上海译文出版社1983年版，第152页。

象征型艺术那一整套象征、暗示、寓意的体系类似。除了表现主义以外，郭沫若也很重视象征主义的形式和方法。他说："真正的文艺是极丰富的生活由纯粹的精神作用所升华过的一个象征世界"①，把文艺中"象征"的作用提到了从总体概括生活的高度上。郭沫若还从弗洛伊德的精神分析论出发，用"潜在的意识的流动"② 的观点写小说以揭示人物最深处的生命冲动。所有这些现代派的影响都为他的浪漫主义创作概括融进了明显的新特色。

对于现代派文学常用的怪诞、变形的形式和方法，郭沫若往往从浪漫主义艺术形象奇妙幻想性的角度去理解并接受，而对现代派中一些过于强调下意识、本能、直觉而出现的离奇古怪、虚无缥缈的表现，则持否定的态度。他曾以希腊雕塑的发展过程比喻现代主义艺术，认为他们已经经历或必将经历"由混乱到澄清"的过程。他谈到现代主义艺术时说："他们的表现是非常怪特的 grotesque（奇形怪状），我觉得他们也还没有到澄清的地步。现代的艺术，还是混乱的时代，可以说是走到希腊的牧羊神时代了。"③ 这所谓混乱的时代是指的原始希腊人的时代。关于希腊牧羊神，他解释道："它是森林的象征，但是他是人首兽身牛角羊蹄，它没有一些儿森林的形似。"④ 原始希腊人在这里"不是表现森林，表现的只是他们自己的情绪，即对森林的恐怖情绪"⑤。而希腊人后来创造的太阳神，月神的雕塑却在艺术表现上由混乱达到了澄清的地步。他说："太阳神是个壮美的男神乘驷马，持弓矢、射狼犬，这是象征运转不已的太阳，吐放光线以驱逐黑暗。月神是极优美的女神，以弓矢射鹿，我们看他用这优柔的鹿来象征夜的世界便有一种说不出来的美感。"又说："希腊雕刻的精神和发展的程序，我以为正是艺术的正途。他的自我表

① 郭沫若：《批评与梦》，《〈文艺论集〉汇校本》，黄淳浩校，湖南人民出版社 1984 年版，第 157 页。

② 郭沫若：《批评与梦》，《〈文艺论集〉汇校本》，黄淳浩校，湖南人民出版社 1984 年版，第 152 页。

③ 郭沫若：《印象与表现》，《郭沫若论创作》，上海文艺出版社 1983 年版，第 614 页。

④ 郭沫若：《印象与表现》，《郭沫若论创作》，上海文艺出版社 1983 年版，第 612～613 页。

⑤ 郭沫若：《印象与表现》，《郭沫若论创作》，上海文艺出版社 1983 年版，第 613 页。

现的精神，和澄清自我的倾向，这是艺术家的两种必要的努力。”① 他还从总的方向上肯定了对现代派艺术进行改造的重要性，说他们“所走的方向是不错，将来再由混乱而进于清澄，由 Dionysos（戴奥尼索斯）的精神，求出 Apolls（阿波罗）式的表现，我可断言世界的艺术界不久有一个黄金时代出现”②。郭沫若的这些看法表明，在古希腊人那里，虽然想把情绪和观念体现为一定的艺术形象，但这种情绪或理念还无法从具体现象中找到定性的形式。这样，就只能将自然的形状和自然的现象无限夸张，以致扭曲自然的形状而背离现实。这牧羊神作为森林的象征，竟然是“人首兽身牛角羊蹄”，“没有一些儿森林的形似”，就表明这种怪诞是一种感性外形被无限夸大的畸形现象和粗野形式。但是，郭沫若并未完全否定现代派怪诞变形的方法。在他看来，对客观外在事物作极度的夸张和大幅度变形的方法是可以运用的，但仍须具有某种客观外在形象的形似，并富于现实精神。例如，他说的希腊人后来的雕塑，以“乘驷马，持弓矢，射狼犬”的“壮美的男神”来象征太阳，用“以弓矢射鹿”的“极优美的女神”象征月亮。这里的象征有夸张，有变形，但所创造的太阳神、月神形象就有某种形似和现实性。它们所造成的象征性或暗示性形象与意境，在怪诞、变形中具有合理、丰富的内涵，从而使人感到“有一种说不出来的美感”。

在郭沫若的《凤凰涅槃》、《女神之再生》、《湘累》、《地球，我的母亲!》、《天上的市街》等诗篇或诗剧中，诗人现实中自我的情感借凤凰、女神、屈原、地球、牛郎织女等神话传说，历史人物，大自然形象，倾吐和表达出来，已经是一种变形，而凤凰竟然集香木自焚，又从死灰中诞生出新生的不再死的凤凰来。惯于炼石补天的女神这一次在天塌地裂之后竟然不屑于再去修补天体，而要去创造一个新鲜的太阳。历史上那位屡遭君王的遗弃而始终不改忠君爱国之心的屈原，竟然成了“五四”时期梦醒了无路可走的凄苦迷茫、烦恼愤怒、孤傲清高的知识分子。地球这哺育万物的“母亲”竟成为一位终日劳动不停、有着博爱胸怀而且威力无穷的现代开放型母亲的形象。还有，

---

① 郭沫若：《印象与表现》，《郭沫若论创作》，上海文艺出版社 1983 年版，第 613 页。

② 郭沫若：《印象与表现》，《郭沫若论创作》，上海文艺出版社 1983 年版，第 614 页。

那神话中被阻隔在天河两岸的牛郎织女，竟然可以骑着牛儿来往，那水深浪阔的天河也居然变得“浅浅的”“不甚宽广”的了。这种奇谲的构思，它是大幅度的变形。然而，尽管这种变形已经达到了奇幻怪诞的地步，他们却都具有人的特点，有着浓郁的人间性。无论是诅咒黑暗、讴歌光明的凤凰，创造新鲜的太阳的女神，唱着痴情的恋歌的娥皇、女英，还是烦恼悲愤、痛不欲生的屈原，美丽动人、亲切宽厚的地球——母亲，幸福欢乐的牛郎织女，他们的性格、情感、心理、行为都表现出了人的一般方式，反映了人的内心世界、内在情感，感受到人性的制约，表现出人的行为的有限性，绝不是脱离人的有限性，人的制约的漫无边际、光怪陆离的夸张。这里，浪漫主义的激情倾吐、奇妙幻想，同表现主义、象征主义借助大幅度变形而产生的独特的暗示、象征等手法结合起来，大大增强了作品艺术概括的力度和幅度。凤凰、女神、屈原、地球——母亲等浪漫主义形象的创造，正是通过变形、怪诞的形式和方法，紧紧抓住了“现实的大魂（时代精神）”，突入历史时代的核心，从总体上对时代、人生、宇宙作哲理性概括和象征性的反映，从而构造了超越时空的深远意境，并具有了永恒的意义。

郭沫若的另一些作品，如诗集《瓶》，小说《残春》、《叶罗提之墓》、《喀尔美萝姑娘》等则大胆地描述和抒写了男女间炽热的恋情和变态的性意识。作品赋予了人们因受压抑而潜藏内心深层的东西。生命的本能、喷涌的情欲、青春的骚动充溢在字里行间，针对着标榜禁欲主义实则人欲横流的虚伪礼教统治，这些作品更揭示了洋溢着血的蒸气的灵与肉的尖锐冲突来。那些被称为“寄托小说”的作品，如《Lobenicht的塔》、《函谷关》、《鹓雏》等，以中外历史上著名哲学家康德、老子、庄子的生活和思想为题材，透过这些大哲学家或者冷静刻板，或者超脱出世的外表，揭示出他们的哲理中所熔铸的现实生活的内涵，表现出生活的激流和他们情感世界中所激起的心灵的波涛。因此，这些作品也同样能抓住生活和情感世界的根本，通过象征性的形式和手法，把作者内心深沉的苦闷和对人生的哲理思考深刻地揭示和披露出来。

三

郭沫若前期无论是浪漫主义的自然流泻和艺术表现论，还是以表现主义为中心的现代派的深层表现和主体创造论，二者都是为了要表现自我，又澄清自我。这就是通过人格的创造、情感的美化，使自我得到充实和完善，从而用“全生命”“全人格”创造出个性鲜明、奇谲又有高度概括性和象征意蕴的浪漫主义典型形象来。歌德说：“艺术要通过一种完整体向世界说话。但这种完整不是他在自然中所能找到的，而是他自己的心智的果实，或者说，是一种丰产的神圣的精神灌注生气的结果。”① 在歌德看来，作家“须以整个的人格进行创作”，艺术品必须是“显出特征的整体”，而这两方面都必须是作家“心智的果实”。郭沫若的交融着现代主义因素的浪漫主义艺术概括，就是这种由“自己的心智”“灌注生气”而产生的“完整体”。从创造主体说，他强调“诗的创造是要创造人”，“诗——不仅是诗——是人格创造表现，是人格创造冲动底表现”“创造生命底文学，第一当创造人：当先储集多量的energy以增长个体底精神作用”②。郭沫若在这里所说的“人格”是以个性意识觉醒为基础的个体人格，他强调的主体是个体主体性，通过个体主体性去感应、体现社会主体性。虽然他也说过，在个体主体性中，“真理要探讨，梦境也要追寻，理智要扩充，直觉也不忍放弃”③。但他强调的主要是生命、情感、直觉等感性的东西。他说，“文学是反抗精神的象征，是生命穷促时叫出来的一种革命”④，“凡是有青春的血液在脉管中流动的人”⑤，就要高唱“人性战胜了无生命底礼教的凯旋歌”⑥。这就是说，在他看来，只有自己的心情、感情的生命，才具有永恒的、无限的活力，才能冲破封建统治专制和礼教统治的理性板结层，在创作上才能充满创造的活力。“立地生出有情的宇

① ［德］歌德：《歌德谈话录》1827年4月18日，转引自朱光潜：《西方美学史》下册，人民文学出版社1979年版，第428页。

② 郭沫若：《生命的文学》，《郭沫若论创作》，上海文艺出版社1983年版，第4页。

③ 郭沫若：《白华兄》，田寿昌、宗白华、郭沫若：《三叶集》，上海亚东图书馆1923年版，第44页。

④ 郭沫若：《〈西厢〉艺术上之批判与其作用之性格》，《〈文艺论集〉汇校本》，黄淳浩校，湖南人民出版社1984年版，第238页。

⑤ 郭沫若：《〈西厢〉艺术上之批判与其作用之性格》，《〈文艺论集〉汇校本》，黄淳浩校，湖南人民出版社1984年版，第241页。

⑥ 郭沫若：《〈西厢〉艺术上之批判与其作用之性格》，《〈文艺论集〉汇校本》，黄淳浩校，湖南人民出版社1984年版，第239页。

宙”，创造出一个全能的、充满生机的艺术世界来。从作品主体看，他要求作家把自然的“种种素材融合成一种新的生命，融合成一个完整的新的世界”①，诗人“作一诗时，须要有个前无古人后无来者的心理。要使自家的诗之生命是一个新鲜的产物，具有永恒的不朽性，这么便是‘创造’”②。又说：“生命底文学是个性的文学，因为生命是完全自主自律的。”③“生命底文学是普遍的文学，因为生命是普遍咸同的。”④ 这是说，文学作品愈是“自主自律”的“个性的文学”，愈具有“新鲜的生命”，才愈是普遍的文学。由此可见，从作品主体看，郭沫若最为强调的，也是艺术概括的独特性，即“显出特征的整体”。

这里，独特的艺术概括还必然涉及独特的艺术概括方式。关于概括方式，歌德曾提出了“为一般而找特殊”还是“通过特殊显现一般”的问题。他说：“第二种程序才特别适宜于诗的本质，它表现出一种特殊，并不想到或明指到一般。谁若是生动地把握住这特殊，谁就会同时获得一般而当时却意识不到，或只是到事后才意识到。”⑤ 歌德还说上面两种艺术概括方式有“寓意”和“象征”的分别。他说：“寓意把现象转化为一个概念，把概念转化为一个形象，但是结果是这样：概念总是局限在形象里，完全拘守在形象里，凭形象就可以表现出来。象征把现象转化为一个观念，把观念转化为一个形象，结果是这样：观念在形象里总是永无止境地发挥作用而又不可捉摸，纵然用一切语言来表现它，它仍然是不可表现的。”⑥ 歌德所说的概念是逻辑推理的概念，而所谓观念（Idee），按朱光潜的注释“原义为感觉印象”，则为形象思

① 郭沫若：《印象与表现》，《郭沫若论创作》，上海文艺出版社 1983 年版，第 612 页。

② 郭沫若：《做新诗的原则》，《郭沫若论创作》，上海文艺出版社 1983 年版，第 246 页。

③ 郭沫若：《生命的文学》，《郭沫若论创作》，上海文艺出版社 1983 年版，第 4 页。

④ 郭沫若：《生命的文学》，《郭沫若论创作》，上海文艺出版社 1983 年版，第 4 页。

⑤ ［德］歌德：《关于艺术的格言和感想》（1824），转引自朱光潜：《西方美学史》下册，人民文学出版社 1979 年版，第 416 页。

⑥ ［德］歌德：《关于艺术的格言和感想》（1824），转引自朱光潜：《西方美学史》下册，人民文学出版社 1979 年版，第 416～417 页。

维的概括。可见这显出“一般”的“特殊”是具体的感觉印象。基于浪漫主义的特殊性，郭沫若所强调的是以直觉、灵感为动因的情感、情绪（郭沫若并不否定理性，而且还有他未曾意识到的感性、情感中所积淀的理性），他说：“我想诗人底心譬如一湾清澄的海水，没有风的时候，便静止着如像一张明镜，宇宙万汇底印象都涵映着在里面；一有风的时候，便要翻波涌浪起来，宇宙万汇底印象都活动着在里面。这风便是所谓直觉，灵感（inspiration），这起了的波浪便是高涨着的情调。这活动着的印象便是徂徕着的想象。这些东西，我想来便是诗底本体。只要把他写了出来的时候，他就体相兼备。”① 在这里，郭沫若所强调的，是同歌德一样都谈到了由“感觉印象”到“形象”的转化，但郭沫若则进一步揭示了这个转化的过程。这就是以感觉印象为材料，以直觉、灵感为动因，以想象为形式，以“高涨着的情调”（情感）为内容的形象思维过程。郭沫若多次提到，他的许多著名诗歌就是由于外在事物触发了创作灵感，然后在灵感爆发中借助想象掀起阵阵情感的波涛，从而构成作品体相兼备的整体形象的。《凤凰涅槃》的创作就是一个突出的例证。从这首长诗发表两天后郭沫若给友人的一封信中，可以看到郭沫若创作这首诗的灵感由来。这封信引用了诗人三年前写的一首旧诗：“有国等于零，日见干戈扰。有家归未得，亲病年已老。……悠悠我心忧，万死终难了。”② 这首诗抒发了民族积愤和个人积愤。与此同时，他又向友人倾诉自己的现实感受，写道：“我不是个‘人’，我是破坏了的人，我是不配你‘敬服’的人，我现在很想能如 phoenix 一般，采集些香木来，把我现有的形骸烧毁了去，唱着哀哀切切的挽歌把他烧毁了去，从那冷净的灰里再生出个‘我’来！”③ 写这封信后的第三天，郭沫若便爆发了创作这首诗的灵感。他说：“上半天在学校的课堂里听讲的时候，突然有诗意袭来，便在抄本上东鳞西爪地写出了那诗的前半。在晚上行将就寝的时候，诗的后半的意趣又袭来了，伏在枕上用着

① 郭沫若：《白华先生》，田寿昌、宗白华、郭沫若：《三叶集》，上海亚东图书馆 1923 年版，第 7 页。

② 郭沫若：《白华先生》，田寿昌、宗白华、郭沫若：《三叶集》，上海亚东图书馆 1923 年版，第 9～10 页。

③ 郭沫若：《白华先生》，田寿昌、宗白华、郭沫若：《三叶集》，上海亚东图书馆 1923 年版，第 11 页。

铅笔只是火速地写，全身都有点作寒作冷，连牙关都在打战。就那样把那首奇怪的诗也写了出来。"① 可见，这一首诗的灵感的爆发，是诗人获得"phoenix"集香木自焚，复从死灰中更生的构思直接引起的，这一构思，奇幻、独特、鲜明，又具有揭示一般生命辩证发展过程的哲理思考，所以形成了一种能够特别强烈地"击发"诗人想象和幻想的、潜在容量很大的核心意象。这种核心意象一经获得，它就像磁石吸引铁屑一样，情思的延伸和意象的推移过程迅疾进行，"凤歌""凰歌""凤凰同歌""群鸟歌""凤凰更生歌"等诗节中激情澎湃，形象绚丽的诗句附丽于总的构思，赋予核心意象以丰满的血肉，于是一个经过生发、补充、更新、再造的总体象征性形象便得以形成。郭沫若还说过他的爱情诗集《瓶》只是"苦闷的象征"②，他前期的小说则大多是一些"幻美的追寻，异乡的情趣，怀古的幽思"③ 的作品。激发他创作这些作品的是对生活、对人物、对某种情绪的直感；是直感的观察，直感的思维，直感的创造。郭沫若说："灵魂深处流泻出来的悲哀，然后才能震撼读者魂魄。不然，只抱个死板的概念去从事创作，这好像用力打破鼓，只是生出一种怪聒人的空响罢了。"④ 由此可见，郭沫若前期浪漫主义特有的"由特殊显出一般"的艺术概括方式，既不是从一般的普遍性概念出发去找形象，作个别例证和说明，也不是在离奇、病态、梦幻的个性追求中导致艺术表现的丧失。他是在强调感性的生命、天才、直觉、灵感的基础上，以情感的艺术表现和综合创造而达到创作概括的目的的。

写于 1992 年 6 月

［载《文学评论》1992 年第 6 期，后经删改被收入《郭沫若百年诞辰纪念文集》（郭沫若故居、中国郭沫若研究会编，社会科学文献出版社 1994 年出版）］

---

① 郭沫若：《我的作诗的经过》，《郭沫若论创作》，上海文艺出版社 1983 年版，第 205 页。

② 郭沫若：《诗作谈》，《郭沫若论创作》，上海文艺出版社 1983 年版，第 221 页。

③ 郭沫若：《〈塔〉序引》，《郭沫若论创作》，上海文艺出版社 1983 年版，第 539 页。

④ 郭沫若：《论国内评坛及我对于创作上的态度》，《时事新报·学灯》1922 年 8 月 4 日。

郭沫若前期浪漫诗学的现代性观照

郭沫若前期对现代性的拥合和感悟有着丰富复杂的内涵。他的浪漫诗学在精神意蕴上既有理想化的激昂、个性扩张、讴歌现代文明的一面，又有忧患意识、自我谴责、返回自然的另一面；在创作方法上有浪漫主义直抒胸臆的特征，又有注重艺术“构型”、艺术表现的特征，还将浪漫主义与现代主义融合起来。此外他还通过生命本真情绪沟通了诗学价值观与形式论，构造了主体“发现”与客观“检察”并重的诗学批评观。

现代性作为现代化的后果与表征，有着丰富复杂的内涵。它以启蒙主义为核心，反对传统束缚、宗教教义、愚昧迷信；主张人性解放、人格独立，张扬理想主义、乐观主义和审美自主品格，与此同时，伴随着工业化、科技迅猛发展也带来风险和弊端，战争浩劫、生态危机，特别是人的精神的戕害：疏离感，方向与意义的迷失，心灵的漂泊等。因此，现代性又必然具有多元性和反思性的特点。在东西文化交汇和冲突的历史背景下，生活在20世纪黎明期的郭沫若拥有诗性敏感的心灵和诗哲思辨的头脑，他对现代性的拥合与感应使他前期的浪漫诗学呈现出丰富性和复杂性。但是，过去一些研究对其现代性探讨往往失之于简单和片面。如在精神内涵上只注重其理想化的激昂与个性扩张的一面，而忽视其忧患意识和自我审察的另一面；在创作方法上仅阐述其浪漫主义激情倾吐、直抒胸臆的一面，忽略其受象征主义、表现主义影响的另一面；诗学价值观上只强调其社会功利价值和意义的一面，而忽略其通过生命本真情绪融合功利和审美的另一面；理论批评上也大多只注意其强调主体性的一面，而忽略其注意批评客观检察的另一面。鉴于这些看法不能充分揭示郭沫若前期浪漫诗学的现代性；同时很容易将其诗学归于近代性的范畴，因此，就上述几个问题对郭沫若前期浪漫诗学的现代性特征进行探讨是十分必要的。

一、浪漫诗学精神的丰富性与复杂性

乐观意识与忧患意识，个性扩张与自我省察，讴歌文明与返回自然（包括远古和童年）等诸种关系的起伏消长、互补交融，是郭沫若前期浪漫诗学在精神意蕴上的突出特点。

诚如茅盾所说，郭沫若是"五四"诗坛的"霹雳手"。在"五四"高潮期，与历史转折关头破旧立新的巨大变革相对应，他那以《女神》为代表的诗歌，以雄浑的、豪放的、宏朗的调子掀起了紧张、激动、奋发的情感风暴，猛烈地冲决封建罗网，以"药石的猛和鞭策的力"，冲破东方古典文学灰青、忧郁的"中和"美，也冲破了西方世纪末文学的感伤、颓丧氛围，表现出东方20世纪黎明期特有的乐观情调和崇高精神，从而以新世纪的呼唤者，时代精神的礼赞者的姿态出现，在他的创作中对"五四"时代蓬勃进取的革命现实进行了高度概括的、象征性的反映。即使在"五四"低潮期，郭沫若仍然在痛苦中关心着现实人生、时代政治，闪耀着对未来的希望之光。

除了上述肯定人的个体价值，批判封建传统和现实黑暗，宏扬理想信念和乐观精神的主导倾向之外，郭沫若的精神主体中还有另一条明显的线索，就是贯穿着的人的孤独感和忧患感，表现出强烈的怀疑意识、忏悔意识和回归自然的愿望。

在郭沫若前期思想和创作中，曾经历过两次精神危机，也经历了两次思想的转折时期。第一次是五四运动前后。当他赴日本留学初期，由于婚姻问题失意，因生理缺陷而导致医学事业受挫，旅居异国受到民族歧视等原因造成了他在精神上“最彷徨不定而且最危险的时候。有时候想去自杀，有时候又想去当和尚”。他企图在形而上学的哲理玄想中，寻求精神的寄托。因此，“每天只把庄子和王阳明和新旧约全书当作日课诵读，清早和晚上又要静坐”。大量中外哲学著作的研读，使他“发现了一个八面玲珑的形而上的庄严世界”。同时，也更促使他从哲学角度探讨人生问题。他说：“我时常问自己，是肯定我一切的本能来执着这个世界呢？还是否定我一切的本能去追求那个世界?”这样，社会生活中实际问题的触发和人生最终意义的哲理探讨，便使他的忧患、怀疑意识从世界观深处产生出来。从1916年到1918年，郭沫若在《寻死》、《夜哭》、《春寒》等旧体诗，在《死的诱惑》、《新月与白云》等新诗中，忧患意识不是一般的悲凉、焦灼心情，而是表现为以生死反思为特征的一种强烈情感。郭沫若这种以生死反思为特征的忧患意识，一方面是出于个体存在价值的思考，另一方面，这种心灵觉醒还有具体的社会内涵和现实生活的契机。正因为郭沫若在“五四”前有这样深沉的孤独感和忧患感，所以他在“五四”高潮期写下的一系列诗篇，所追求的新生是死亡废墟中诞生的新生，所呼唤的创造是彻底毁坏的创造，所向往的光明是黑暗中破晓的光明，所歌颂的欢乐是极度痛苦之后的欢乐。举火自焚的凤凰，创造“新鲜太阳”的女神，投湖前的屈原，他们对封建传统和现实黑暗的破坏，对宇宙真理和人生奥秘的追求，以及梦醒后无路可走的痛苦，都是感情浓烈的，理性态度鲜明的。这种情感的、理性的抉择，正是自我意识的充分显露和外化。同时，在死亡和新生、破坏和创造、黑暗和光明、痛苦和欢乐的辩证转化过程中，“自我”的自审意识和忏悔意识又鲜明地贯穿其中。郭沫若在写作《凤凰涅槃》前三天，写信给宗白华，忏悔自己，“我不是个‘人’，我是坏了的人，我是不佩你‘敬服’的人，我现在很想能如phoenix一般，采集些香木来，把我现有的形骸烧毁了去，唱着哀哀切切的挽歌把他烧毁了去，从那冷静了的灰里再生出个‘我’来!”[①] 他还多次称自己为“罪恶的精髓”，“我常恨我莫有Augstine、卢梭、托尔斯泰的天才，我不能做出那赤裸裸的《忏悔录》来，以宣告于世……我的罪恶的负担，若不早泄个干净，我可怜的灵魂

① 郭沫若：《白华先生》，田寿昌、宗白华、郭沫若：《三叶集》，上海亚东图书馆1923年版，第11页。

终久困顿在泪海里，莫有超脱的一日”。郭沫若这种自我坦露和剖析反思的特点，基于他对“人”的概念的理解。他在谈到歌德时说：“他是浮士德、神、超人；而同时又是靡非斯特匪勒斯、恶魔、狗。所以威朗德说：‘歌德会被人误会，因为很少有人能够掌握这样一种人的概念。’”① 正是基于对“人”的哲理的、社会的复杂内涵的理解，否定旧我的自审意识和忏悔意识才明显地体现在《女神》之中，凤凰集香木举火自焚，包含着对旧我的否定。“呵呵，生在这样个阴秽的世界当中，便是把金钢石的宝刀也会生锈。”这表现了对人的精神阴暗面的清醒认识。还有那“自我”的化身——“天狗”，在突入宇宙，获得无穷能量的同时，又自噬其身，在毁掉皮、肉、血、心肝等旧形骸时，“自我”进一步获得了精神上的解放。此外，“地之子”在地球——“母亲”面前的自责、忏悔；雷峰塔下，“我”对锄地老农的仰慕之情等，都属于这类感情。闻一多曾高度评价郭沫若《女神》中这种“不怕有罪恶”，“能忏悔、能革新”的自我解剖精神，说诗人正是从这里“喊出人人心中最神圣的一种热情”②。田汉也称《女神》是诗人自我的“血”“泪”“自叙传”和“忏悔录”③。由上所述，即使在“五四”高潮期，在郭沫若的思想和创作表现出对个体价值作充分肯定的时候，也融入了忧患、怀疑意识，贯穿着自审、忏悔精神，从而更鲜明地表现了人的意识觉醒后个体心灵的丰富性和复杂性。

郭沫若前期另一次精神危机和思想转换，发生在“五四”退潮后的20世纪20年代初期。这一时期，他从日本归国，更多地看到现实政治的黑暗，国内阶级斗争形势的发展又促使他在个人与国家民族前途的问题上作出抉择；另一方面，以尼采、柏格森、弗洛伊德为代表的西方现代反理性主义的哲学心理学思潮和现代派文学思潮的影响，自然科学新成就——爱因斯坦的相对论、量子论的影响，又促使郭沫若从人和自我、人与宇宙两方面重新认识“人”的问题，并产生了“对世界的神秘性和可疑性的意识”。1922年到1923

① 郭沫若：《致宗白华·论诗三札》，《郭沫若论创作》，上海文艺出版社1983年版，第240页。

② 闻一多：《女神之时代精神》，《郭沫若研究资料》（中），王训昭等编，中国社会科学出版社1986年版，第193页。

③ 田汉：《沫若兄》，田寿昌、宗白华、郭沫若：《三叶集》，上海亚东图书馆1923年版，第79页。

年，他几次提到德国人“对于相对论量子论等科学上的新论争”①。而且，他还在谈到宇宙的“有限无限”、亚原子世界的“电子量子”和质能关系式等量子论问题之后说：“为什么会有这宇宙存在？宇宙的第一原因，假使是有时，究竟是什么？”“量子电子为什么存在？它们的第一原因，假使是有时，究竟是什么？”他认为“答应我们这种问题的权能，在他的（指科学——引者）职分之外，也怕是在我们人类智力的范围以外”。郭沫若认为，正是这样，才产生了许多“怀疑尽了头的人”②。这种对宇宙终级真理和“生活最终意义”的探索和怀疑，与“五四”退潮时由于政局混乱而产生的失望苦闷情绪，以及回国后个人理想的破灭融合一起，使他的孤独感和忧患、怀疑意识又一次明显暴露出来。在诗集《星空》中，这种孤独、怀疑意识表现得最为集中。《苦味之杯》一诗，作者伤痛地呼吁，“呵呵，苦味之杯哟，人生是自见此地之光，不得不尽量倾饮……我们不得不日日朝朝新尝着诞生的苦闷……人为什么不得不生？天为什么不得不明？人生的苦味之杯哟，我为什么不得不尽量倾饮？”这是“五四”以后被新思潮弄敏了头脑之后的伤痛和苦闷，也是人作为觉醒了的个体对自身存在价值发生疑问和探究。当自我产生浓重的忧患、孤独情感，意识到自我与社会的悲剧性对立的时候，郭沫若创作中与《女神》时期不同的另一种浪漫主义特征就充分表露出来。这就是意欲返回远古、返回自然、返回童年的思想情绪的抒发。作者肯定原始的、自然的、粗犷的美，把它们置于现代文明、黑暗现实的对立面加以肯定、讴歌、赞美，用以寄托自己的伤痛、苦闷的情怀，并赋予它们以浓重的理想化色彩。例如，在《孤竹君之二子》中，诗人认为正是夏启所开创的“私产制度”，“种下了无穷无际的罪恶和不幸”，所以才有“滔滔不尽的夏启的追随者”，才有“险狠、阴贼、贪婪，涌聚如蜂”。这实际上是“借古人的骸骨，另行吹嘘些生命进去”，强烈地谴责了近代文明发展中所混杂着的丑恶、污秽。诗人赞扬“原人的纯洁，原人的真诚”和大自然的“雄浑，坦荡，清明”，实际上也是为了求得自己忧患情怀的解脱，体现了现代人在近代文明时代对高尚情感的渴求。诗剧

① 郭沫若：《论中德文化书》，《〈文艺论集〉汇校本》，黄淳浩校，湖南人民出版社 1984 年版，第 18 页。

② 郭沫若：《波斯诗人莪默伽亚谟》，《〈文艺论集〉汇校本》，黄淳浩校，湖南人民出版社 1984 年版，第 213 页。

中写到，正是这种原始大自然的生活，造成了“眼前生动着的自然”，“心中磅礴着的大我”，“造化的精神在我胸中喷涌”的局面。可见，郭沫若仍然是从现代意识、现代文明的水准上，重新发现和感悟着辽远的过去和古老的自然。这种情形在长诗《星空》中表现得更为鲜明。在这首长诗中，诗人把自我溶入辽阔幽渺的星空之中，任意调遣宇宙众多的天体，又从星光中发出了对古代天才的问讯：“泪珠一样的流星坠了，已往的中州的天才哟！可是你们在空中落泪？哀哭我们堕落了文化，哀哭我们滔滔的青年，莫几人能知，哪是参商，哪是井鬼？悲哉！悲哉！”这种巨大的伤痛，悲怆感情为何而发？其中包含着什么内涵？过去的解释大多认为其中只有一般的对现实人生的失望、愤慨和追怀往古的情感。然而，只要把这首诗与郭沫若1923年写的《论中德文化书》、《中国文化之传统精神》结合来看，就可知道，诗中有更具体的内容和更高的精神视角。郭沫若认为，我国周秦之际，科学并非不发达，连女人小孩都有科学知识，如星学知识。据《诗经》记载，“村女山童”，“也知道在恒星的推移中，寻觅出无穷的资料”①，“星座中的二十八宿，在我们近代的青年，能举其名的恐怕已不可多得，更不能期望其能在天体中一一按名指实了”②。而《诗经》中为当时妇女用作歌咏对象的“彗彼小星，维参与昂”（即“参商”“井鬼”），则符合现代天文学的知识。然而，古代这样的科学传统却在后来漫长的封建社会中，被阻遏而中断了。这样，郭沫若从近代文明、科学技术的角度对中国古老文化进行了反思，同时，又从中国文化传统的历史变迁中探寻现实黑暗的深层原因，并瞩目未来，展示出乐观的前景。

综上所述，可见郭沫若前期思想和创作，无论是作为主导倾向的乐观意识，还是时时出现的忧患意识，无论是执着于现实的当代精神，瞩目未来的理想主义，还是返回往古、返回自然、返回古老文化的历史反思，不同的思想因素的叠合，都表明了郭沫若在“五四”新思潮中个体心灵的觉醒，其浪漫主义精神主体的丰富、复杂和独特。同时，通过艺术个性反映出来的“五四”时代精神也呈现出多彩斑斓的面貌。

---

① 郭沫若：《星空》，《沫若文集》第1卷，人民文学出版社1961年版，第157页。

② 郭沫若：《论中德文化书》，《〈文艺论集〉汇校本》，黄淳浩校，湖南人民出版社1984年版，第24页。

二、注重浪漫主义艺术表现的特征，并将浪漫主义与现代主义相交融

与上述浪漫诗学精神相对应，从文学思潮和创作方法看，这里首先对于郭沫若前期的浪漫主义特征应该有一个完整全面的理解。这就是要将郭沫若浪漫主义的情感自然流泻，自我真诚袒露与它所特有的艺术表现观念结合起来。郭沫若说：“文艺的本质是主观的，表现的，而不是没我的，摹仿的。”[①]正是基于这种主体性特征形成了他前期独有的浪漫主义诗学表现观。诚然，郭沫若很注意浪漫主义直抒胸臆和激情倾吐的特点，他说：“诗的创造贵在自然流露”[②]，“诗是表情的文字，真情流露的文字自然成诗。新诗便是不假修饰，随情绪之纯真的表现而表现的文字”[③]。又说，从事写作“总要使学者自发其心花，不要生抢活夺地只剪些纸花在枯枝上贴”[④]，“艺术是我的表现，是艺术家的一种内在冲动的不得不尔的表现”[⑤]，应该说，这种表现是一种艺术表现，郭沫若更注重的是浪漫主义的艺术表现。

恩斯特·卡西尔在论及浪漫主义艺术表现特征时曾对情感自然流露的观点作过辩证的分析。他指出，被誉为浪漫主义之父的卢梭，曾“反对所有古典主义和新古典主义传统的艺术理论”，是他最早地提出了“艺术并不是对经验世界的描绘或复写，而是情感和感情的流溢”的观点[⑥]。卡西尔对此给予了高度评价，认为这个后来为歌德所仿效的观点，是欧洲许多世纪的摹仿原

① 郭沫若：《文学的本质》，《〈文艺论集〉汇校本》，黄淳浩校，湖南人民出版社1984年版，第277页。

② 郭沫若：《白华兄》，田寿昌、宗白华、郭沫若：《三叶集》，上海亚东图书馆1923年版，第46页。

③ 郭沫若：《做新诗的原则》，《郭沫若论创作》，上海文艺出版社1983年版，第245页。

④ 郭沫若：《做新诗的原则》，《郭沫若论创作》，上海文艺出版社1983年版，第246页。

⑤ 郭沫若：《印象与表现》，《郭沫若论创作》，上海文艺出版社1983年版，第612页。

⑥ ［德］恩斯特·卡西尔：《人论》，甘阳译，上海译文出版社1986年版，第178页。

则“让位于独特的艺术”的标志，这是“一个遍及整个欧洲文学的新原则的胜利”。但是，他又强调说，“为了理解这种独特的艺术的真正意义，我们就必须避免片面的解释”，这就是不要把过去模仿说“对物理对象的事物之复写”变成了“对我们的内部生活，对我们的感情和情绪的复写”①，而忽略了“作为创造和观照的艺术品”的“构型过程”②。卡西尔这种评价和分析对于理解郭沫若浪漫主义艺术表现的特征有很大的启示。郭沫若再三强调艺术不仅仅是情感的复写和自然的表现，而是在自然流露的基础上，以极大的敏感性和丰富的想象力对生活的总的特点进行概括、综合。他对生活的总体进行概括、综合，不是对时代精神的一般观念的传达，而是从个人独特的情感、艺术个性出发，通过独特的艺术构思而达到的对时代与生活的总体把握。郭沫若认为，一方面，作家要“养成完满高尚的诗人人格”，“诗的创造是要创造‘人’”。这人格的创造，以“感情的美化”为中心③，通过理智的扩充、直觉的运用、梦境的追寻、真理的探讨，从而塑造出凝聚着“一些矛盾方面的结晶体”的“完满”的“全人格”④；另一方面，诗人要“多研究古昔天才诗中的自然音节，自然形式”，以完成“诗的构造”，讲究“自然的谐乐，自然的画意”，“情绪的律吕，情绪的色彩”。这样，因“直觉”“灵感”而激活的诗的情感世界，方才“体相兼备”“体相如一”，成为“真诗，好诗”⑤。这里值得注意的是，郭沫若写诗，由于灵感爆发状态十分强烈，如“狂涛怒涌、应接不暇”，所以看起来似乎没有什么“构型过程”。诗的构思，从形象的萌生、孕育到完成的过程，以想象为中心环节的感觉、知觉、记忆等综合地再造表象和形象的心理活动过程，诗的独特内容和与之相适应的独特表现形态、

① ［德］恩斯特·卡西尔：《人论》，甘阳译，上海译文出版社1986年版，第180页。

② ［德］恩斯特·卡西尔：《人论》，甘阳译，上海译文出版社1986年版，第181页。

③ 郭沫若：《白华兄》，田寿昌、宗白华、郭沫若：《三叶集》，上海亚东图书馆1923年版，第49页。

④ 郭沫若：《白华兄》，田寿昌、宗白华、郭沫若：《三叶集》，上海亚东图书馆1923年版，第45页。

⑤ 郭沫若：《白华兄》，田寿昌、宗白华、郭沫若：《三叶集》，上海亚东图书馆1923年版，第47页。

方法的形成过程，这些认识的、心理的、作品构成方面的诸多过程，都似乎是在灵感强烈迸发中同时完成的。黑格尔对于这种不仅表现为“高度的熟练”，而且表现为“很轻巧地完成作品的潜能”的艺术创造力曾经给予了高度评价：“真正的艺术家都有一种天生自然的推动力，一种直接的需要，非把自己的情感思想马上表现为艺术形象不可。”① 在这种“真正艺术家”的创作活动中，“按照艺术的概念，这两方面——心里的构思与作品的完成（或传达）是携手并进的”②。正因为在郭沫若诗歌创作中具有这种由灵感爆发而呈现出的艺术创造力极为旺盛、构型过程极为迅疾的特征，所以人们往往不容易在诗人情感急剧地自然流泻中看到独特的艺术概括和诗的“构型过程”。然而事实上，郭沫若的许多诗篇，尽管激情的表达，如天风海涛，汹涌澎湃、不可遏止，却仍可以看到使形象臻于完善的艺术传达上的努力，可以看到借助情感的自然流泻所达到的独特的艺术概括。前期小说和戏剧，作为基本上属于叙事型的文学，其构型过程和必要的创作概括更是显而易见的。但它们的共同特征都表现出郭沫若浪漫主义精神主体的复杂特性和独特性，以情感为中心的精神个体渗透到作品的艺术形象的整体中，显示出浪漫主义创作概括的独有特征。

其次，要看到的是，在郭沫若前期诗学主体中，浪漫主义与现代主义相交融的综合创造、夸张变形的艺术观特征也十分突出。郭沫若前期的创作方法以浪漫主义作为主导，同时又从西方现代派文学中得以借鉴，受到西方现代主义文学思潮和创作方法的影响。他不仅在作为创作方法内在基础的总体艺术观上与现代派文学接近，而且现代主义一些具体文学流派如意识流、象征主义以及表现主义文学都对他有直接的影响。他在1922—1923年两年内，连续写了《自然与艺术》、《文艺上的节产》、《印象与表现》、《批评与梦》、《未来派的诗歌及其批评》、《瓦特裴德的批评论》等一系列文艺论文，对现代派文学作了介绍和评价。郭沫若从总体艺术观上沟通了浪漫主义和现代主义，又在浪漫主义的基础上对一些现代主义流派的具体艺术观以及特征性艺术手法进行了择取和吸收。在郭沫若所受到的现代派文学的影响中，其中最核心

① ［德］黑格尔：《美学》第1卷，朱光潜译，商务印书馆1979年版，第362页。

② ［德］黑格尔：《美学》第1卷，朱光潜译，商务印书馆1979年版，第363页。

的东西就是突出自我，强调自我的创造和表现。从创作概括上看，对他影响最大的，是自我“由内而外”地扩张，对人生、宇宙作出哲理性总体概括和反映的特征，是对自我精神主体作深层探索和揭示的特征。从特征性的艺术手法上看，他所有重吸取的则是象征、暗示、怪诞、变形等形式和方法。

郭沫若特别推崇20世纪初兴起于德国的表现主义，对之寄予“无穷的希望”。他说：“18世纪的罗曼派和最近出现的表现派（expressionism），他们是尊重个性，尊重自我，把自我的精神运用客观的物料，而自由创造。”① 这是在强调自我内心生活和心理真实的根本点上，把浪漫主义与表现主义沟通起来。他还进一步在艺术与表现、模仿的关系上大力肯定表现主义创作概括的独特性。他说：“艺术家不应该做自然的孙子（按：指‘模仿’），也不应该做自然的儿子（指‘再现’），而应该做自然的老子（指‘表现’‘创造’）。”② 艺术要给自然以生命，“剪裁自然再加以综合创造”③。艺术“要打破一切自然的樊篱，传统的樊篱，在五百万重的枷锁中解放出我们纯粹的自我！”④ 郭沫若认定，构成这效力于“表现”和“创造”的“自我”的，主要不是理性，而是生命和情感。埃德施米特就说过，在表现派作家那里，“感情得到无限的扩张”，他们“以巨大的、包容一切的感情”⑤ 在对象的“最为切实的核心中进行探寻，重新创造”⑥，从而表现事物的“形象”——“事物更深一层的形象”，使“一切都和永恒结缘”⑦。这里，自我和永恒结缘就是“天人合一”，“梵我一如”。“事物更深一层的形象”，即所谓“幻象”，也与我国及印度古代

① 郭沫若：《印象与表现》，《郭沫若论创作》，上海文艺出版社1983年版，第608页。

② 郭沫若：《自然与艺术》，《〈文艺论集〉汇校本》，黄淳浩校，湖南人民出版社1984年版，第129页。

③ 郭沫若：《自然与艺术》，《〈文艺论集〉汇校本》，黄淳浩校，湖南人民出版社1984年版，第127页。

④ 郭沫若：《印象与表现》，《郭沫若论创作》，上海文艺出版社1983年版，第614页。

⑤ ［德］埃德施米特：《创作中的表现主义》，《现代西方文论选》，伍蠡甫主编，袁志英译，上海译文出版社1983年版，第151页。

⑥ ［德］埃德施米特：《创作中的表现主义》，《现代西方文论选》，伍蠡甫主编，袁志英译，上海译文出版社1983年版，第153页。

⑦ ［德］埃德施米特：《创作中的表现主义》，《现代西方文论选》，伍蠡甫主编，袁志英译，上海译文出版社1983年版，第152页。

象征型艺术那一整套象征、暗示、寓意的体系类似。除了表现主义以外，郭沫若也很重视象征主义的形式和方法。他说："真正的文艺是极丰富的生活由纯粹的精神作用所升华过的一个象征世界。"① 把文艺中"象征"的作用提到了从总体概括生活的高度上。郭沫若还从弗洛伊德的精神分析论出发，用"潜在的意识和流动"的观点写小说以揭示人物最深处的生命冲动。所有这些现代派的影响都为他的浪漫主义创作融进了明显的新特色。

对于现代派文学常用的怪诞、变形的形式和方法，郭沫若往往从浪漫主义艺术形象奇妙幻想性的角度去理解并接受，而对现代派中一些过于强调下意识、本能、直觉而出现的离奇古怪、虚无缥缈的表现，则持否定的态度。他曾以希腊雕塑的发展过程比喻现代主义艺术，认为他们已经经历或必将经历"由混乱到澄清"的过程。他谈到现代主义艺术时说："他们的表现是非常怪特的 grotesque（奇形怪状），我觉得他们也还没有到澄清的地步。现代的艺术，还是混乱的时代，可以说是走到希腊的牧羊神时代了。"② 这所谓混乱的时代是指原始希腊人的时代。关于希腊牧羊神，他解释道："它是森林的象征，但是他是人首兽身牛角羊蹄，它没有一些儿森林的形似。"③ 原始希腊人在这里"不是表现的森林，表现的只是他们自己的情绪"④，即对森林的恐怖情绪。而希腊人后来创造的太阳神、月神的雕塑却在艺术表现上由混乱达到了澄清的地步，他说："太阳神是个壮美的男神乘驷马，持弓矢，射狼犬，这是象征运转不已的太阳，吐放光线以驱逐黑暗。月神是极优美的女神，以弓矢射鹿，我们看他用这优柔的鹿来象征夜的世界，便有一种说不出来的美感。"又说："希腊雕刻的精神和发展的程序，我以为正是艺术的正途。他的自我表现的精神，和澄清自我的倾向，这是艺术家的两种必要的努力。"⑤ 在

① 郭沫若：《批评与梦》，《〈文艺论集〉汇校本》，黄淳浩校，湖南人民出版社 1984 年版，第 157 页。

② 郭沫若：《印象与表现》，《郭沫若论创作》，上海文艺出版社 1983 年版，第 614 页。

③ 郭沫若：《印象与表现》，《郭沫若论创作》，上海文艺出版社 1983 年版，第 612～613 页。

④ 郭沫若：《印象与表现》，《郭沫若论创作》，上海文艺出版社 1983 年版，第 613 页。

⑤ 郭沫若：《印象与表现》，《郭沫若论创作》，上海文艺出版社 1983 年版，第 613 页。

郭沫若看来，对客观外在事物作极度的夸张和大幅度变形的方法是可以运用的，但仍须具有某种客观外在形象的形似，并富于现实精神。在郭沫若的《凤凰涅槃》、《女神之再生》、《湘累》、《地球，我的母亲!》、《天上的市街》等诗篇或诗剧中，正是将浪漫主义的激情倾吐、奇妙幻想同表现主义、象征主义借助大幅度变形而产生的独特的暗示、象征等手法结合起来，从而大大增强了作品艺术概括的力度和幅度。凤凰、女神、屈原、地球——母亲等浪漫主义形象的创作，正是通过变形、怪诞的形式和方法，紧紧抓住了“现实的大魂（时代精神）”，突入历史时代的核心，从总体上对时代、人生、宇宙作哲理性概括和象征性的反映，从而构造了超越时空的深远意境，并具有了永恒的意义。

三、渗透生命本真情绪的诗学价值观和形式论

首先看基于生命哲学的本真情绪和生命体验，对浪漫诗学艺术价值观中的矛盾结构所进行的沟通和融合。郭沫若一方面重视文学的审美特征，甚至具有超功利的文学观；另一方面又重视文学的社会作用，乃至夸大文学的社会使命意义。这种矛盾态度是中外近代浪漫主义艺术观共有的特征，例如，雪莱和早期鲁迅就都是如此。郭沫若的浪漫主义文学思想中也具有这种矛盾的内涵。如他一方面认为“文艺也如春日的花草，乃艺术家内心之智慧的表现。诗人写出一篇诗，音乐家谱出一个曲，画家绘成一幅画，都是他们天才的自然流露，如一阵春风吹过池面所生的微波，是没有所谓目的”，“艺术的本身上是无所谓目的”①，“这没功利心便是艺术的精神”等；另一方面又说，“文艺乃社会现象之一，故必发生影响于社会”②，认为“艺术可以统一人们的感情并引导着趋向同一目标去行动。……如意大利未统一前，全靠但丁(Dante) 一部神曲的势力来收统一之效果……”③ 他甚至还高呼“反抗资本

① 郭沫若：《文艺之社会的使命》，《〈文艺论集〉汇校本》，黄淳浩校，湖南人民出版社 1984 年版，第 113～114 页。

② 郭沫若：《文艺之社会的使命》，《〈文艺论集〉汇校本》，黄淳浩校，湖南人民出版社 1984 年版，第 115 页。

③ 郭沫若：《文艺之社会的使命》，《〈文艺论集〉汇校本》，黄淳浩校，湖南人民出版社 1984 年版，第 116 页。

主义的毒龙”，“要在文学之中爆发出无产阶级的精神”①。他还将文学的艺术特性和功利价值的矛盾直接联系起来说：“就创造方面主张时，当持唯美主义；就鉴赏方面言时，当持功利主义。”② 这种将作品本质与读者效应对立起来的二元论观点表明郭沫若不是从社会学观念观察问题，而是从生命哲学和文艺本质主观论出发，通过强调情绪感兴和生命体验来沟通和融合艺术特性与功利价值的矛盾关系的。他说：“生命是文学底本质，文学是生命底反映。”③ 又说：“文学的本质是有节奏的情绪的世界。”④ 而这种情绪的世界又有如生命之泉发出的乐音，即“命泉中流出来的 strain，心琴上弹出来的 melody，生底颤动，灵底喊叫……”⑤。这就是说，在郭沫若看来，现代人的审美感受虽然“真理要探讨，梦境也要追寻，理智要扩充，直觉也不忍放弃”，但他强调的是生命、直觉、灵感、心理感应等情绪型的生理性的东西。因此，基于浪漫主义的特殊性，他在谈到诗的创作过程时说：“我想诗人底心境譬如一湾清澄的海水，没有风的时候，便静止着如像一张明镜，宇宙万汇底印象都涵映着在里面；一有风的时候，便要翻波涌浪起来，宇宙万汇底印象都活动着在里面。这风便是所谓直觉，灵感（inspiration），这起了的波浪便是高涨着的情调。这活动着的印象便是徂徕着的想象。这些东西，我想来便是诗底本体，只要把它写了出来的时候，他就体相兼备。”⑥ 这种以感觉印象为材料，以直觉、灵感为动因，以想象为形式，以“高涨着的情调”（情感、情绪）为内容的形象思维过程，清楚地提示了郭沫若浪漫诗学艺术观念中本真情绪、生命体验的重要性，这种本真情绪和体验是与艺术表现情绪的

---

① 郭沫若：《我们的文学新运动》，《创造周报》第 3 号，上海泰东图书局 1923 年 5 月 27 日，第 15 页。

② 郭沫若：《儿童文学之管见》，《〈文艺论集〉汇校本》，黄淳浩校，湖南人民出版社 1984 年版，第 192 页。

③ 郭沫若：《生命底文学》，《郭沫若论创作》，上海文艺出版社 1983 年版，第 3 页。

④ 郭沫若：《文学的本质》，《〈文艺论集〉汇校本》，黄淳浩校，湖南人民出版社 1984 年版，第 279 页。

⑤ 郭沫若：《白华先生》，田寿昌、宗白华、郭沫若：《三叶集》，上海亚东图书馆 1923 年版，第 6 页。

⑥ 郭沫若：《白华先生》，田寿昌、宗白华、郭沫若：《三叶集》，上海亚东图书馆 1923 年版，第 7 页。

特殊性能融合在一起的。另一方面，文学与时代、人生的关系，也在很大程度上是出于个体生命对时代情绪的心理感应，而不是社会哲学观念，如他说，“文学是反抗精神的象征，是生命穷促时叫出来的一种革命”①，“凡是有青春的血液在脉管中流动的人”②，就要高唱“人性战胜了无生命的礼教底凯旋歌”③。就是说，只有基于生命、人性的自己的心情、情绪，才具有永恒的、无限的活力，将时代情绪、历史内涵融进艺术作品，“立地生出有情的宇宙”来。他呼唤“反抗资本主义的毒龙”，“要在文学中爆发出无产阶级的精神”，也不是从无产阶级世界观和社会学观点出发，而是因为无产阶级精神可以体现“赤裸裸的人性”④，这种人性正是对畸形的资本主义压抑人性与个性的反抗。这样，郭沫若便从生命意识和本真情绪的特有角度将浪漫诗学中艺术特性与功利价值的矛盾对立关系协调统一起来，成为他创作和评价文学作品的一种特有的价值标准。

其次，生命体验和情绪表现还作为郭沫若浪漫诗学冲决文学形式束缚的力量，以实现对文学形式的大解放。同郭沫若认为文学的本质是主我的、表现的观点相一致，他认为诗的最基本的素质也“只是些单纯的直觉，浑然的情绪”⑤，正因如此，主要由直觉和情绪的自然流露而成的诗，便注重自然的表现，而不注重形式。他说，“抒情的文字便不采诗形，也不失其为诗”⑥，“形式方面我主张绝端的自由，绝端的自主”⑦。他认为必须“破除一切已成

---

① 郭沫若：《〈西厢〉艺术上之批判与其作用之性格》，《〈文艺论集〉汇校本》，黄淳浩校，湖南人民出版社 1984 年版，第 238 页。

② 郭沫若：《〈西厢〉艺术上之批判与其作用之性格》，《〈文艺论集〉汇校本》，黄淳浩校，湖南人民出版社 1984 年版，第 241 页。

③ 郭沫若：《〈西厢〉艺术上之批判与其作用之性格》，《〈文艺论集〉汇校本》，黄淳浩校，湖南人民出版社 1984 年版，第 239 页。

④ 郭沫若：《我们的文学新运动》，《创造周报》第 3 号，上海泰东图书局 1923 年 5 月 27 日，第 15 页。

⑤ 郭沫若：《论诗》，《〈文艺论集〉汇校本》，黄淳浩校，湖南人民出版社 1984 年版，第 267 页。

⑥ 郭沫若：《论诗》，《〈文艺论集〉汇校本》，黄淳浩校，湖南人民出版社 1984 年版，第 266 页。

⑦ 郭沫若：《论诗》，《〈文艺论集〉汇校本》，黄淳浩校，湖南人民出版社 1984 年版，第 267～268 页。

的形式，而专抱诗的神髓”[①]，“他人已成的形式是不可以因袭的东西”[②]。在他看来，“诗的文字便是情绪自身的表现”，“情绪的律吕，情绪的色彩便是诗”[③]。关于诗的韵律和节奏，他主张“诗是纯粹的内在律”，“便不用外在律，也正是裸体的美人”[④]，认为新诗“不要拘拘于押韵”，“须知没韵也能成诗”[⑤]。这就是要讲究“内在的韵律”，而它的含义便是“情绪底自然消涨”[⑥]，“要全体都是韵”[⑦]。这样，郭沫若便以情绪的自然表现为出发点，以内在神韵、内在韵律为内容，以无形式的形式和全体都是韵的“情绪的自然消涨”为形式，比较全面地阐释了自由诗的主张。至于小说、散文等文体，郭沫若虽然认为它们较之于诗歌在形式的要求上应有一定的规范，但仍然在总体上忽略技巧和形式的讲求，如他写的被称为“身边小说”的《漂流三部曲》，被称为揭示“潜在的意识的流动”的小说《残春》等，就以创作实践表明，他的凭借情绪自然表现、对艺术形式超越的浪漫主义主张是贯穿在他对艺术形式的整体看法之中的。

四、主体“发现”与客观“检察”并重的诗学批评观

在文学批评的观念、标准和类型、方法上，郭沫若上述浪漫诗学观是作为创造社注重文学的主观表现的批评的代表而出现的。这种批评注重从作品与客观世界的关系上揭示主观感情内在丰富性、完整性，注重从作品与读者

---

① 郭沫若：《论诗》，《〈文艺论集〉汇校本》，黄淳浩校，湖南人民出版社1984年版，第266页。

② 郭沫若：《论诗》，《〈文艺论集〉汇校本》，黄淳浩校，湖南人民出版社1984年版，第267页。

③ 郭沫若：《论诗》，《〈文艺论集〉汇校本》，黄淳浩校，湖南人民出版社1984年版，第266页。

④ 郭沫若：《论诗》，《〈文艺论集〉汇校本》，黄淳浩校，湖南人民出版社1984年版，第254页。

⑤ 郭沫若：《做新诗的原则》，《郭沫若论创作》，上海文艺出版社1983年版，第245页。

⑥ 郭沫若：《论诗》，《〈文艺论集〉汇校本》，黄淳浩校，湖南人民出版社1984年版，第253页。

⑦ 郭沫若：《做新诗的原则》，《郭沫若论创作》，上海文艺出版社1983年版，第245页。

的关系上揭示文艺的社会功利价值，鲜明地表现时代精神，而情绪感兴与生命体验则以狂飙突进的意气和个性主义的现代气息融通其间，形成了他们的文论批评价值标准的基本取向。而在批评的具体观念上，郭沫若又有他自身的特色。他一方面强调文学批评的主体性，认为“文艺是发明的事业，批评是发现的事业。文艺是在无之中创出有，批评是在砂之中寻出金。批评家的批评在文艺的世界中赞美发明的天才，也正自赞美其发见的天才”①。这所谓“发现”，就是注重“作家个性”和“审美情趣”，要求文学批评成为发现作家自我意识所没有达到的领域，其中包括意识和潜意识的内容。而且批评家对作家“发明”天才的发现，也是对自身的反思和肯定，充分重视批评的主体性。郭沫若称“文艺的批评譬如在做梦的分析”②，甚至认为“批评也是天才的创作”，就是这个意思。另一方面，他又认为文艺批评主体性的强调应当有限度，应当反对主观任意性。他认为泰勒的理性批评和法朗士的印象主义批评各有偏颇；对于周作人在“五四”时期强调主观欣赏的批评而完全排除客观检察的批评也提出异议。他说：“文艺批评中的成分客观的检察和主观的欣赏原只是互相联贯的作用。”③“真正的批评家要谋理性与感性的统一，要泯却科学态度与印象主义的畛域。”④ 由此可见，郭沫若的主观表现的文论批评主要是强调作家和批评家主体但又承认客体作用，不忽略批评家的对象性活动（作品、作家、读者等），贯穿着浪漫主义文艺思想的批评。对于漠视客体，认为可以通过客体来表现主体的以现代主义文艺思想为指导的批评观，对于那种认为批评家即批评家的“自我表现”，或主张批评要摆脱创作和作家而独立，宣称“作者死了”，“批评即写作”的批评观念，则虽然吸取了其中突出批评主体的能动性、独立性的某些特点，却仍与以自我为一切的主观随意性是很不相同的。

（载《华中师范大学学报》2002 年第 6 期）

---

① 郭沫若：《批评与梦》，《〈文艺论集〉汇校本》，黄淳浩校，湖南人民出版社 1984 年版，第 157 页。

② 郭沫若：《批评与梦》，《〈文艺论集〉汇校本》，黄淳浩校，湖南人民出版社 1984 年版，第 157 页。

③ 郭沫若：《批评—欣赏—检察》，《创造周报》第 25 号，上海泰东图书局 1923 年 10 月 28 日，第 2 页。

④ 郭沫若：《批评—欣赏—检察》，《创造周报》第 25 号，上海泰东图书局 1923 年 10 月 28 日，第 5 页。

郭沫若：浪漫主义文心与诗论

在东西方文化交汇和冲突的历史背景下，生活在20世纪黎明期的郭沫若拥有热烈、奔放、敏感的心灵。他的现代审美意识和文艺观在新的时代条件下，表现出了充分的主观性和情感性的特征。在他看来，“文艺的本质是主观的，表现的，而不是没我的，摹仿的”①。正是基于这种主体性特征，形成了他前期独有的浪漫主义文学思想和诗论观念。他的浪漫主义文学思想与诗论主张主要表现在以下几个方面：

一、基于泛神论哲理的自然流泻与艺术表现观点

郭沫若前期主张艺术创造要纯任自然，自由地流泻个人的情感，赤裸裸地呈现自我。他说：“诗的创造贵在自然流露。”②“诗是表情的文字，真情流

① 郭沫若：《文学的本质》，《〈文艺论集〉汇校本》，黄淳浩校，湖南人民出版社1984年版，第277页。

② 郭沫若：《白华兄》，田寿昌、宗白华、郭沫若：《三叶集》，上海亚东图书馆1923年版，第46页。

露的文字自然成诗。新诗便是不假修辞，随情绪之纯真的表现而表现的文字。"[①] 又说，从事写作"总要使学者自发其心花，不要生抢活夺地只剪些纸花在枯枝上贴"[②]，"艺术是我的表现，是艺术家的一种内在冲动的不得不尔的表现"[③]。

要正确理解这种自然流泻与艺术表现的观点，必须首先理解他所说的"人"和"自我"的具体内涵。同时，还必须进一步了解郭沫若是怎样基于特定的"人"和"自我"，经由情感的自然流露和艺术表现，从而"由内而外"地进行创作概括的浪漫主义文艺观。

郭沫若前期所说的"人"和"自我"，是一种融合了独特的泛神论哲理的人学观念。郭沫若说："泛神便是无神。一切的自然只是神底表现，我也只是神底表现，我即是神，一切自然都是我的表现。"[④] 又说："哲学中的pantheism（泛神论）确是以理智为父以感情为母的宁馨儿。"[⑤] 因此，这种人的观念，既不是"以理为本"，把超感性的先验规范放在突出的地位上；又不是"以物为本"，只看到生物族类和自然人性。这种"人"是以人的情感、心理为本，既与感性的、融入自然万物的人的个体血肉相连，又注重人的主观精神的扩张，与神、本体合一，具有生生不息自然力的人。基于这种泛神论哲理的人的观念，对于郭沫若的艺术观、诗学观才会有较正确、较深入的了解。例如，对于他在创作和诗论、文论中最著名的观点，即他的艺术的自我表现、自然流露的观点（包括所谓的灵感爆发状态），不能如一些人的看法，将它理解为对感情和情绪的自然发泄、自然表现，或是时代精神的传声筒，而是应该理解为，在人的自然情感流露的同时又对自我情感形态进行艺术创造的发现和更新的表现过程。

---

① 郭沫若：《做新诗的原则》，《郭沫若论创作》，上海文艺出版社1983年版，第245页。

② 郭沫若：《做新诗的原则》，《郭沫若论创作》，上海文艺出版社1983年版，第246页。

③ 郭沫若：《印象与表现》，《郭沫若论创作》，上海文艺出版社1983年版，第612页。

④ 郭沫若：《〈少年维特之烦恼〉序引》，《〈文艺论集〉汇校本》，黄淳浩校，湖南人民出版社1984年版，第228页。

⑤ 郭沫若：《白华先生》，田寿昌、宗白华、郭沫若：《三叶集》，上海亚东图书馆1923年版，第16页。

恩斯特·卡西尔在论及浪漫主义作为表现艺术的特征时曾对情感自然流露的观点作过辩证的分析。他指出，被誉为浪漫主义之父的卢梭，曾“反对所有古典主义和新古典主义传统的艺术理论”，是他最早地提出了“艺术并不是对经验世界的描绘或复写，而是情感和感情的流溢”的观点。卡西尔对此给予了高度评价，认为这个后来为歌德所仿效的观点，是欧洲许多世纪的模仿原则“让位于独特的艺术”的标志，这是“一个遍及整个欧洲文学的新原则的胜利”[①]。但是，他又强调说，“为了理解这种独特的艺术的真正意义，我们就必须避免片面的解释”，这就是不要把过去模仿说“对物理对象的事物之复写”变成了“对我们的内部生活，对我们的感情和情绪的复写”[②]，而忽略了“作为创造和观照艺术品”的“构造过程”[③]。

卡西尔这种评价和分析对于理解郭沫若浪漫主义艺术表现的特征有很大的启示。郭沫若再三强调艺术不仅仅是情感的复写和自然的表现，而是在自然流露的基础上，以极大的敏感性和丰富的想象力对生活的总的特点进行概括、综合。他对生活的总体进行概括、综合，不是对时代精神的一般观念的传达，而是从个人独特的情感、艺术个性出发，通过独特的艺术构思而达到的对时代与生活的总体把握。郭沫若“铭肝刻骨”于宗白华的“多研究古昔天才诗中的自然音节，自然形式”，以完满“诗的构造”的见解[④]，同时他认为，一方面，作家要“养成完满高尚的诗人人格”，“诗的创造是要创造‘人’”。这人格的创造，以“感情的美化”[⑤]为中心，通过理智的扩充、直觉的运用、梦境的追寻、真理的探讨，从而塑造出凝聚着“一些矛盾方面的结晶体”的“完满”的“全人格”[⑥]；另一方面，诗人要讲究“自然的谐乐，自

① ［德］恩斯特·卡西尔：《人论》，甘阳译，上海译文出版社1986年版，178页。

② ［德］恩斯特·卡西尔：《人论》，甘阳译，上海译文出版社1986年版，180页。

③ ［德］恩斯特·卡西尔：《人论》，甘阳译，上海译文出版社1986年版，181页。

④ 郭沫若：《白华先生》，田寿昌、宗白华、郭沫若：《三叶集》，上海亚东图书馆1923年版，第8页。

⑤ 郭沫若：《白华兄》，田寿昌、宗白华、郭沫若：《三叶集》，上海亚东图书馆1923年版，第49页。

⑥ 郭沫若：《白华兄》，田寿昌、宗白华、郭沫若：《三叶集》，上海亚东图书馆1923年版，第45页。

然的画意”，“情绪的律吕，情绪的色彩”。这样，因“直觉”“灵感”而激活的诗的情感世界，方才“体相兼备”“体相一如”，成为“真诗，好诗”①。这里值得注意的是，郭沫若写诗，由于灵感爆发状态十分强烈，如“狂涛怒涌、应接不暇”，所以看起来似乎没有什么“构型过程”。诗的构思，从形象的萌生、孕育到完成的过程，以想象为中心环节的感觉、知觉、记忆等综合地再造表象和形象的心理活动过程，诗的独特内容和与之相适应的独特表现形态、方法的形成过程，这些认识的、心理的、作品构成方面的诸多过程，都似乎是在灵感强烈迸发中同时完成的。

黑格尔对于这种不仅表现为“高度的熟练”，而且表现为“很轻巧地完成作品的潜能”的艺术创造力曾经给予了高度评价：“真正的艺术家都有一种天生自然的推动力，一种直接的需要，非把自己的情感思想马上表现为艺术形象不可。”② 在这种“真正艺术家”的创作活动中，“按照艺术的概念，这两方面——心里的构思与作品的完成（或传达）是携手并进的”③。

正因为在郭沫若诗歌创作中具有这种由灵感爆发而呈现出的艺术创造力极为旺盛、构型过程极为迅疾的特征，所以人们往往不容易在诗人情感急剧地自然流泻中看到独特的艺术概括和诗的“构型过程”。然而事实上，郭沫若的许多诗篇，尽管激情的表达，如天风海涛，汹涌澎湃、不可遏止，却仍可以看到使形象臻于完美的艺术传达上的努力，可以看到借助情感的自然流泻所达到的独特的艺术概括。前期小说和戏剧，作为基本上属于叙事型的文学，其构型过程和必要的创作概括更是显而易见的。但它们的共同特征都表现出郭沫若浪漫主义精神主体的复杂特性和独特性，以情感为中心的精神个体渗透到作品的艺术形象的整体中，显示出浪漫主义创作概括的独有特征。

二、与现代主义相交融的综合创造，夸张变形的艺术观特征

郭沫若前期的创作方法以浪漫主义作为主导，同时又从西方现代派文学中得到借鉴，受到西方现代主义文学思潮和创作方法的影响。他不仅在作为

---

① 郭沫若：《白华兄》，田寿昌、宗白华、郭沫若：《三叶集》，上海亚东图书馆 1923 年版，第 47 页。

② ［德］黑格尔：《美学》第 1 卷，朱光潜译，商务印书馆 1979 年版，第 362 页。

③ ［德］黑格尔：《美学》第 1 卷，朱光潜译，商务印书馆 1979 年版，第 363 页。

创作方法内在基础的总体艺术观上与现代派文学接近，而且现代主义一些具体文学流派如意识流文学、象征主义文学以及表现主义文学都对他有直接的影响。他在1922—1923年两年内，连续写了《自然与艺术》、《文艺上的节产》、《印象与表现》、《批评与梦》、《未来派的诗歌及其批评》、《瓦特裴德的批评论》等一系列文艺论文，对现代派文学作了介绍和评价。郭沫若从总体艺术观上沟通了浪漫主义和现代主义，又在浪漫主义的基础上对一些现代主义流派的具体艺术观以及特征性艺术手法进行了择取和吸收。在郭沫若所受到的现代派文学的影响中，无论是他最重视的表现主义，还是象征主义、意识流文学的影响，其中最核心的东西就是突出自我，强调自我的创造和表现。从创作概括上看，对他影响最大的，是自我"由内而外"地扩张，对人生、宇宙作出哲理性总体概括和反映的特征，是对自我的精神主体作深层探索和揭示的特征。从特征性的艺术手法上看，他所着重吸取的则是象征、暗示、怪诞、变形等形式和方法。

郭沫若特别推崇20世纪初兴起于德国的表现主义，对之寄予"无穷的希望"。他说："18世纪的罗曼派和最近出现的表现派（expressionism），他们是尊重个性，尊重自我，把自我的精神运用客观的物料，而自由创造。"① 这是在强调自我内心生活和心理真实的根本点上，把浪漫主义与表现主义沟通起来。他还进一步在艺术与表现、模仿的关系上大力肯定表现主义创作概括的独特性。他说："艺术家不应该做自然的孙子（按：指'模仿'），也不应该做自然的儿子（指'再现'），而应该做自然的老子（指'表现''创造'）。"②"是艺术家赋予自然以生命"，"剪裁自然再加以综合创造"③。艺术"要打破一切自然的樊篱，传统的樊篱，在五百万重的枷锁中解放出我们纯粹的自我！"④ 郭沫若认定，构成这效力于"表现"和"创造"的"自我"的，主要

① 郭沫若：《印象与表现》，《郭沫若论创作》，上海文艺出版社1983年版，第608页。

② 郭沫若：《自然与艺术》，《〈文艺论集〉汇校本》，黄淳浩校，湖南人民出版社1984年版，第129页。

③ 郭沫若：《自然与艺术》，《〈文艺论集〉汇校本》，黄淳浩校，湖南人民出版社1984年版，第129页。

④ 郭沫若：《印象与表现》，《郭沫若论创作》，上海文艺出版社1983年版，第614页。

不是理性，而是生命和情感。埃德施米特就说过，在表现派作家那里，“感情得到无限的扩张”，他们“以巨大的、包容一切的感情”① 在对象的“最为切实的核心中进行探寻，重新创造”②，从而表现事物的“形象”——“事物”“更深一层的形象”，使“一切都和永恒结缘”③。这里，自我和永恒结缘就是“天人合一”，“梵我一如”。“事物更深一层的形象”，即所谓“幻象”，也与我国及印度古代象征型艺术那一整套象征、暗示、寓意的体系类似。除了表现主义以外，郭沫若也很重视象征主义的形式和方法。他说：“真正的文艺是极丰富的生活由纯粹的精神作用所升华过的一个象征世界。”④ 把文艺中“象征”的作用提到了从总体概括生活的高度上。郭沫若还从弗洛伊德的精神分析论出发，用“潜在的意识的流动”的观点写小说以揭示人物最深处的生命冲动。所有这些现代派的影响都为他的浪漫主义创作融进了明显的新特色。

对于现代派文学常用的怪诞、变形的形式和方法，郭沫若往往从浪漫主义艺术形象奇妙幻想性的角度去理解并接受，而对现代派中一些过于强调下意识、本能、直觉而出现的离奇古怪、虚无缥缈的表现，则持否定的态度。他曾以希腊雕塑的发展过程比喻现代主义艺术，认为他们已经经历或必将经历“由混乱到澄清”的过程。他谈到现代主义艺术时说：“他们的表现是非常怪特的 grotesque（奇形怪状），我觉得他们也还没有到澄清的地方。现代的艺术，还是混乱的时代，可以说是走到希腊的牧羊神时代了。”⑤ 这所谓混乱的时代是指原始希腊人的时代。关于希腊牧羊神，他解释道：“它是森林的象征，但是他是人首兽身牛角羊蹄，它没有一些儿森林的形似。”⑥ 原始希腊人

---

① ［德］埃德施米特：《创作中的表现主义》，《现代西方文论选》，袁志英译，伍蠡甫主编，上海译文出版社 1983 年版，第 151 页。

② ［德］埃德施米特：《创作中的表现主义》，《现代西方文论选》，袁志英译，伍蠡甫主编，上海译文出版社 1983 年版，第 153 页。

③ ［德］埃德施米特：《创作中的表现主义》，《现代西方文论选》，袁志英译，伍蠡甫主编，上海译文出版社 1983 年版，第 152 页。

④ 郭沫若：《批评与梦》，《〈文艺论集〉汇校本》，黄淳浩校，湖南人民出版社 1984 年版，第 157 页。

⑤ 郭沫若：《印象与表现》，《郭沫若论创作》，上海文艺出版社 1983 年版，第 614 页。

⑥ 郭沫若：《印象与表现》，《郭沫若论创作》，上海文艺出版社 1983 年版，第 612～613 页。

在这里“不是表现的森林，表现的只是他们自己的情绪”①，即对森林的恐怖情绪。而希腊人后来创造的太阳神、月神的雕塑却在艺术表现上由混乱达到了澄清的地步，他说：“太阳神是个壮美的男神乘驷马，持弓矢，射狼犬，这是象征运转不已的太阳，吐放光线以驱逐黑暗。月神是极优美的女神，以弓矢射鹿，我们看他用这优柔的鹿来象征夜的世界，便有一种说不出来的美感。”又说：“希腊雕刻的精神和发展的程序，我以为正是艺术的正途。他的自我表现的精神，和澄清自我的倾向，这是艺术家的两种必要的努力。”② 在郭沫若看来，对客观外在事物作极度的夸张和大幅度变形的方法是可以运用的，但仍须具有某种客观外在形象的形似，并富于现实精神。例如，他说的希腊人后来的雕塑，以“乘驷马，持弓矢，射狼犬”的“壮美的男神”来象征太阳，用“以弓矢射鹿”的“极优美的女神”象征月亮。这里的象征有夸张，有变形，但所创造的太阳神、月神形象就有某种形似和现实性。它们所造成的象征性或暗示性形象与意境，在怪诞、变形中具有合理、丰富的内涵，从而使人感到“有一种说不出来的美感”。

在郭沫若的《凤凰涅槃》、《女神之再生》、《湘累》、《地球，我的母亲!》、《天上的市街》等诗篇或诗剧中，正是将浪漫主义的激情倾吐、奇妙幻想同表现主义、象征主义借助大幅度变形而产生的独特的暗示、象征等手法结合起来，从而大大增强了作品艺术概括的力度和幅度。凤凰、女神、屈原、地球——母亲等浪漫主义形象的创造，正是通过变形、怪诞的形式和方法，紧紧抓住了“现实的大魂（时代精神）”，突入历史时代的核心，从总体上对时代、人生、宇宙作哲理性概括和象征性的反映，从而构造了超越时空的深远意境，并具有了永恒的意义。

三、基于生命哲学对浪漫诗学矛盾结构的沟通和融合

一方面重视文学的审美特征，甚至具有超功利的文学观；另一方面又重

① 郭沫若：《印象与表现》，《郭沫若论创作》，上海文艺出版社 1983 年版，第 613 页。

② 郭沫若：《印象与表现》，《郭沫若论创作》，上海文艺出版社 1983 年版，第 613 页。

视文学的社会作用，乃至夸大文学的社会使命意义，这种矛盾态度是中外近代浪漫主义艺术观共有的特征，例如，雪莱和早期鲁迅就都是如此。郭沫若的浪漫主义文学思想中也具有这种矛盾的内涵。如他一方面认为“文艺也如春日的花草，乃艺术家内心之智慧的表现。诗人写出一篇诗，音乐家谱出一个曲，画家绘成一幅画，都是他们天才的自然流露，如一阵春风吹过池面所生的微波，是没有所谓目的”①，“艺术本身上是无所谓目的”②，“这没功利心便是艺术的精神”③ 等；另一方面又说，“文艺乃社会现象之一，故必发生影响于社会”④，认为“艺术可以统一人们的感情并引导着趋向同一的目标去行动。……如意大利未统一前，全靠但丁（Dante）一部神曲的势力来收统一之效果……”⑤ 他甚至还高呼“反抗资本主义的毒龙”，“要在文学中爆发出无产阶级的精神”⑥。他还将文学的艺术特性和功利价值的矛盾直接联系起来说：“就创作方面主张时，当持唯美主义；就鉴赏方面言时，当持功利主义。”⑦ 这种将作品本质与读者效应对应起来的二元论观点表明郭沫若不是从社会学观念观察问题，而是从生命哲学和文艺本质主观论出发，通过强调情绪感兴和生命体验来沟通和融合艺术特性与功利价值的矛盾关系的。他说：“生命是文学底本质。文学是生命底反映。”⑧ 又说：“文学的本质是有节奏的

---

① 郭沫若：《文艺之社会的使命》，《〈文艺论集〉汇校本》，黄淳浩校，湖南人民出版社 1984 年版，第 113～114 页。

② 郭沫若：《文艺之社会的使命》，《〈文艺论集〉汇校本》，黄淳浩校，湖南人民出版社 1984 年版，第 114 页。

③ 郭沫若：《生活的艺术化》，《〈文艺论集〉汇校本》，黄淳浩校，湖南人民出版社 1984 年版，第 124 页。

④ 郭沫若：《文艺之社会的使命》，《〈文艺论集〉汇校本》，黄淳浩校，湖南人民出版社 1984 年版，第 115 页。

⑤ 郭沫若：《文艺之社会的使命》，《〈文艺论集〉汇校本》，黄淳浩校，湖南人民出版社 1984 年版，第 116 页。

⑥ 郭沫若：《我们的文学新运动》，《创造周报》第 3 号，上海泰东图书局 1923 年 5 月 27 日，第 15 页。

⑦ 郭沫若：《儿童文学之管见》，《〈文艺论集〉汇校本》，黄淳浩校，湖南人民出版社 1984 年版，第 192 页。

⑧ 郭沫若：《生命底文学》，《郭沫若论创作》，上海文艺出版社 1983 年版，第 3 页。

情绪的世界。”[①] 而这种情绪的世界又有如生命之泉发出的乐音，即“命泉中流出来的 strain，心琴上弹出来的 melody，生底颤动，灵底喊叫……”[②]。这就是说，在郭沫若看来，现代人的审美感受虽然“真理要探讨，梦境也要追寻，理智要扩充，直觉也不忍放弃”，但他强调的是生命、直觉、灵感、心理感应等情绪型的非理性的东西。因此，基于浪漫主义的特殊性，他在谈到诗的创作过程时说：“我想诗人底心境譬如一湾清澄的海水，没有风的时候，便静止着如像一张明镜，宇宙万汇底印象都涵映在里面；一有风的时候，便要翻波涌浪起来，宇宙万汇底印象都活动在里面。这风便是所谓直觉，灵感(inspiration)，这起了的波浪便是高涨着的情调。这活动着的印象便是徂徕着的想象。这些东西，我想来便是诗底本体。只要把它写了出来的时候，他就体相兼备。”[③] 这种以感觉印象为材料，以直觉、灵感为动因，以想象为形式，以“高涨着的情调”（情感、情绪）为内容的形象思维过程，清楚地揭示了郭沫若浪漫诗学艺术观念中本真情绪、生命体验的重要性，这种本真主体情绪和体验是与艺术表现情绪的特殊性能融合在一起的。另一方面，文学与时代、人生的关系，也在很大程度上是出于个体生命对时代情绪的心理感应，而不是社会哲学观念，如他说，“文学是反抗精神的象征，是生命穷促时叫出来的一种革命”，“凡是有青春的血液在脉管中流动的人”，就要高唱“人性战胜了无生命的礼教底凯旋歌”[④]。就是说，只有基于生命、人性的自己的心情、情绪，才具有永恒的、无限的活力，将时代情绪、历史内涵融进艺术作品，“立地生出有情的宇宙”[⑤] 来。他呼唤“反抗资本主义的毒龙”，“要在文学中爆发出无产阶级的精神”，也不是从无产阶级世界观和社会学观点出发，而是因为无产阶级精神可以体现“赤裸裸的人性”[⑥]，这种人性正是对畸形的

---

① 郭沫若：《文学的本质》，《〈文艺论集〉汇校本》，黄淳浩校，湖南人民出版社 1984 年版，第 279 页。

② 田寿昌、宗白华、郭沫若：《三叶集》，上海亚东图书馆 1923 年版，第 6 页。

③ 田寿昌、宗白华、郭沫若：《三叶集》，上海亚东图书馆 1923 年版，第 7 页。

④ 郭沫若：《〈西厢〉艺术上之批判与其作者之性格》，《〈文艺论集〉汇校本》，黄淳浩校，湖南人民出版社 1984 年版，第 239 页。

⑤ 郭沫若：《〈少年维特之烦恼〉序引》，《〈文艺论集〉汇校本》，黄淳浩校，湖南人民出版社 1984 年版，第 228 页。

⑥ 郭沫若：《我们的文学新运动》，《创造周报》第 3 号，上海泰东图书局 1923 年 5 月 27 日，第 15 页。

资本主义压抑人性与个性的反抗。这样，郭沫若便从生命意识和本真情绪的特有角度将浪漫诗学中艺术特性与功利价值的矛盾对立关系协调统一起来，成为他创作和评价文学作品的一种特有的价值标准。

四、生命体验和情绪表现促使自由诗主张和主我的批评观念的形成

同郭沫若认为文学的本质是主我的、表现的观点相一致，他认为诗的最基本的素质也“只是些单纯的直觉，浑然的情绪”①。正因如此，主要由直觉和情绪的自然流露而成的诗，便注重自然的表现，而不注重形式。他说，“抒情的文字便不采诗形，也不失其为诗”②，“形式方面我主张绝端的自由，绝端的自主”③。他认为必须“破除一切已成的形式，而专挹诗的神髓”④。在他看来，“诗的文字便是情绪自身的表现”，“情绪的律吕，情绪的色彩便是诗”⑤。关于诗的韵律和节奏，他主张“诗是纯粹的内在律”，“便不用外在律，也正是裸体的美人”⑥，因此诗的关键在讲究“内在的韵律”，“情绪的自然消涨”⑦，“不要拘拘于押韵，总要自然。要全体都是韵”⑧。这样，郭沫若

① 郭沫若：《论诗》，《〈文艺论集〉汇校本》，黄淳浩校，湖南人民出版社1984年版，第267页。

② 郭沫若：《论诗》，《〈文艺论集〉汇校本》，黄淳浩校，湖南人民出版社1984年版，第266页。

③ 郭沫若：《论诗》，《〈文艺论集〉汇校本》，黄淳浩校，湖南人民出版社1984年版，第267～268页。

④ 郭沫若：《论诗》，《〈文艺论集〉汇校本》，黄淳浩校，湖南人民出版社1984年版，第266页。

⑤ 郭沫若：《论诗》，《〈文艺论集〉汇校本》，黄淳浩校，湖南人民出版社1984年版，第266页。

⑥ 郭沫若：《论诗》，《〈文艺论集〉汇校本》，黄淳浩校，湖南人民出版社1984年版，第254页。

⑦ 郭沫若：《论诗》，《〈文艺论集〉汇校本》，黄淳浩校，湖南人民出版社1984年版，第253页。

⑧ 郭沫若：《做新诗的原则》，《郭沫若论创作》，上海文艺出版社1983年版，第245页。

便以情绪的自然表现为出发点，以内在神韵、内在韵律为内容，以无形式的形式和全体都是韵的“情绪的自然消涨”为形式，比较全面地阐释了自由诗主张。至于小说、散文等文体，郭沫若虽然认为它们较之于诗歌在形式的要求上应有一定的规范，但仍然在总体上忽略技巧和形式的讲求，如他写的被称为“身边小说”的《漂流三部曲》，被称为揭示“潜在的意识的流动”的小说《残春》等，就以创作实践表明，他的凭借情绪自然表现、对艺术形式超越的浪漫主义主张是贯穿在他对艺术形式的整体看法之中的。

在文学批评的观念、标准和类型、方法上，郭沫若上述浪漫主义文艺思想是作为创造社注重文学的主观表现的批评的代表而出现的。这种批评注重从作品与客观世界的关系上揭示主观感情内在的丰富性、完整性，注重从作品与读者的关系上揭示文艺的社会功利价值，鲜明地表现时代精神，而情绪感兴与生命体验则以狂飙突进的意气和个性主义的现代气息融通其间，形成了他们的文论批评价值标准的基本取向。而在批评的具体观念上，郭沫若又有他自身的特色。他一方面强调文学批评的主体性，认为“文艺是发明的事业，批评是发见的事业。文艺是在无之中创出有，批评是在砂之中寻出金。批评家的批评在文艺的世界中赞美发明的天才，也正自赞美其发见的天才”①。这所谓“发现”，就是注重“作家个性”和“审美情趣”，要求文学批评成为发现作家自我意识所没有达到的领域，其中包括意识和潜意识的内容。而且批评家对作家“发明”天才的发现，也是对自身的反思和肯定，充分重视批评的主体性，郭沫若称“文艺的批评譬如在做梦的分析”②，甚至认为“批评也是天才的创作”，就是这个意思。另一方面，他又认为文艺批评主体性的强调应当有限度，应当反对主观任意性。他认为泰勒的理性批评和法朗士的印象主义批评各有偏颇；对于周作人在“五四”时期强调主观欣赏的批评而完全排除客观检察的批评也提出了异议。他说：“文艺批评中的成分，客观的检察和主观的欣赏原只是互相联贯的作用。”③“真正的批评家要谋理性

① 郭沫若：《批评与梦》，《〈文艺论集〉汇校本》，黄淳浩校，湖南人民出版社1984年版，第157页。

② 郭沫若：《批评与梦》，《〈文艺论集〉汇校本》，黄淳浩校，湖南人民出版社1984年版，第157页。

③ 郭沫若：《批评—欣赏—检察》，《创造周报》第25号，上海泰东图书局1923年10月28日，第2页。

与感性的统一，要泯却科学的态度与印象主义的畛域。”① 由此可见，郭沫若的主观表现的文论批评主要是强调作家和批评家主体但又承认客体作用，不忽略批评家的对象性活动（作品、作家、读者等）贯穿着的浪漫主义文艺思想的批评。对于漠视客体，认为可以通过客体来表现主体的以现代主义文艺思想为指导的批评观，对于那种认为批评家即批评家的“自我表现”，或主张批评要摆脱创作和作家而独立，宣称“作者死了”，“批评即写作”的批评观念，则虽然吸取了其中突出批评主体的能动性、独立性的某些特点，却仍然与他以自我为一切的主观随意性是很不相同的。

（载日本《郭沫若の世界》，岩佐昌暲、藤田梨那、武继平编著，花书院2010年7月20日出版）

① 郭沫若：《批评—欣赏—检察》，《创造周报》第25号，上海泰东图书局1923年10月28日，第5页。

壮心不已涌诗情

——读《沫若诗词选》

摆在我面前的是郭老逝世前不久留下的一个珍贵的纪念——《沫若诗词选》。诵读这本在揭批“四人帮”斗争中出版的郭老解放后的诗词选集，我的心情激动不已。在四害横行时，“四人帮”给郭老加上“尊儒反法”“复辟倒退”的罪名，使用种种卑劣的手段，妄图扼杀郭老的政治生命和诗的生命，并把打击、迫害郭老作为他们篡党夺权阴谋的一个组成部分，沉重的压力、深切的忧虑终于使年迈的郭老卧病不起。注意选集中诗篇作成的年月，可以看到，从20世纪50年代起，诗人每年都在歌唱，每年都有大量的诗歌问世；可是，从1973年春到1976年春，诗人的歌唱却整整中断了三年之久。这三年的沉默记载着“四人帮”疯狂迫害革命者、摧残革命文化的累累罪行，也凝聚着诗人和广大革命人民对这伙吸血魔鬼的深仇大恨。然而，正如郭老在杂文《黄钟与瓦釜》中所说的，“瓦釜”虽然“雷鸣”一时，却避免不了被“粉碎”的命运；而“时代的黄钟”则“只有发展，不会毁弃”，它像“雄伟的交响乐”“要响彻天地，响彻八垓，响彻今日，响彻未来”。终于，郭老的诗歌如同新时代的黄钟奏出了响亮的新声。随着党中央一举粉碎“四人帮”

的伟大胜利，郭老又一次获得了政治上的大解放，他的革命热情找到了新的喷火口，两年来，他以激情洋溢的笔触抒写自己壮心不已的晚年，诗情泉涌，这些新的篇章连同他解放以来的诗歌一起编选问世，成为激励我们继续长征的战斗号角。

邓小平同志在郭老追悼会上的悼词中说，郭沫若同志“一生热爱党，热爱祖国，热爱人民，对党的事业忠心耿耿，对伟大领袖和导师毛主席、对敬爱的周总理怀有深厚的无产阶级感情”，“他在几十年的革命斗争中，在重要的历史关头，都站在党的立场上，坚持无产阶级党性原则，全心全意地为中国人民和世界人民服务”。“他的笔，始终与革命紧密相联；他的心，和人民息息相通。”这是对郭老最崇高、最科学的评价。这种评价在郭老解放后的诗歌中也得到了充分的体现。

郭老解放后的诗歌，题材领域极为宽广。作为革命的思想家、政治家和著名的社会活动家，他站得高，看得远，生活面宽，有着开阔的政治、艺术的视野。他的诗，接触到当代社会生活的一切重要领域，反映了我们时代最重大的事件和最主要的生活内容；同时，他时时捕捉巨涛中的一朵浪花，撷取大树上的一片精美树叶，小中见大，从各个侧面反映丰富多彩的社会主义生活。他的浓烈的革命感情，是在相当宽阔的诗的领域里展示、迸发出来的。但是，如同乐章中的主旋律一样贯穿、激荡在他解放后所有诗篇中的，是他热爱祖国、人民，热爱党和领袖，热爱共产主义事业的无比深厚的无产阶级感情。

远在“五四”时期，当十月革命的炮声把旧中国从昏睡中震醒，五四革命运动的浪潮洗刷山河的时候，年轻的诗人郭沫若便写下了许多充满革命激情的爱国主义诗篇，倾注了他对祖国、人民和革命的挚爱之情，表现出他为祖国、人民和革命利益奋不顾身的斗争精神。在著名的长诗《凤凰涅槃》中诗人笔下的凤凰从容地为自己安排火葬，充满了英雄的牺牲精神。它们在一场象征着革命斗争的熊熊烈火中，毅然将旧我连同旧中国的黑暗一齐烧毁，然后从烈火中赢得自我和祖国的新生。随着新中国的诞生，女神时代的英雄精神和美好理想已经与社会主义的瑰丽现实结合在一起了，更生的凤凰翱翔得更加欢畅了。在《赞〈东方红〉》一诗中，郭老写道：

雄伟的人民大会堂就是全中国的征象，

它彷佛是火中再生的五彩斑斓的凤凰，
张开着两千多人构成的左右两个翅膀，
在群星中翱翔翱翔翱翔，欢唱欢唱欢唱。

新中国的诞生激发了郭老涌溢的诗情，开拓了他的诗歌的新天地。诗人满腔热情地歌颂新中国的缔造者——伟大领袖毛主席，毛主席像太阳，这暖人心房的太阳与天上的太阳互相辉映，"加倍明亮"地照耀着到处是蓬勃的生机，到处是激流涌进，到处是葱茏的诗意的祖国大地。诗人还把一腔衷曲献给敬爱的周总理："盛德在民长不没，丰功垂世久弥恢。忠诚与日同辉耀，天不能死地难埋。"这正是凝聚在亿万人民心头的共同赞语。诗人还向朱德委员长和其他许多老一辈无产阶级革命家献上热情的颂歌，在歌唱这些老革命家的诗篇中展现出从"创党开天澄广宇""赣水风雷井冈火"到"凯歌淮海""新民建国"的中国革命历史的画图，并以此为背景，诗人称颂了他们崇高的革命思想和品格，讴歌了他们在中国现代革命史上的丰功伟绩。这些诗篇，情真意切，感人至深！

更重要的是，郭老对祖国、人民、党和领袖的热爱，不仅表现在对它们的歌颂赞美上，而且表现在愿为祖国、人民和革命的利益奋斗献身的忠贞不渝的革命精神上。在诗集《百花齐放》中，郭老借百花中的许多品种抒发了这种革命情怀。那"实在是热爱中国"，"别名叫地丁"的蒲公英，以自己能够入药"治病救人"而感到自豪；"向着太阳，也向着农家"的"向日葵"，也为自己能为"促进工业化"贡献"植物油"而欣喜。尤其是那"菜子花"的形象，更展现了诗人崇高的精神境界，请听"菜子花"的自白：

我们把大地化成了一片黄金，
多谢春天，更要多谢广大农民。
劳动人民是真正的宇宙真宰，
为了他们，我们甘愿粉骨碎身。

如果说，在集香木自焚的凤凰和宁愿把自己化为灰烬的炉中煤形象中，诗人誓为祖国献身的热烈感情是和彻底反帝反封建的革命激情结合在一起的，那么，"菜子花"的"甘愿粉骨碎身"、将自己的一切献给祖国人民的精神则体现了诗人为巩固无产阶级专政、建设社会主义而奋斗到底的决心。"菜子花"的形象概括了千千万万无产阶级英雄人物全心全意为人民服务的崇高品质和为共产主义义无反顾的献身精神。在郭老笔下，“舍己为人情慷慨，粉身碎骨心皎洁”的雷锋，“克敌敢将身作盾，护军甘以血为油”的黄继光、邱少云，“甘愿粉身碎骨，敢下五洋捉鳖，倒海索奇珍”的焦裕禄等英雄人物身上都集中地体现着这种精神，“菜子花”的形象又是郭老自己一生的光辉写照。他为无产阶级革命事业献出了毕生精力和全部心血。

有鲜明的爱才有强烈的憎，正因为郭老热爱祖国、人民和革命事业，并甘愿为之奋斗终生，所以他才对敌人怀着刻骨仇恨，对敌斗争绝不留情。愈是在紧要的历史关头，郭老的阶级爱憎愈是强烈鲜明。在郭老一生所经历的国内革命斗争中，有两个历史关头是极为重要的。一个是20世纪20年代末，由于陈独秀推行右倾机会主义路线和蒋介石的反革命政变，轰轰烈烈的大革命归于失败，“朵朵红云”顷刻间“化为血雨飞散”；而以毛主席为首的中国共产党人则高举武装斗争的旗帜，南昌起义打响了第一枪，井冈山创建了第一个革命根据地，终于扭转了危局，把中国革命由失败引向胜利。在这个历史转折关头，郭老划清了革命和反革命的界线，不畏艰险，写了战斗檄文《请看今日之蒋介石》，愤怒地揭露了反革命头子蒋介石的反动嘴脸和鬼蜮伎俩；同时，严峻的考验、激烈的征战，还激发了他深沉炽烈的诗情，为我们写下了无产阶级革命诗集《恢复》。在这个诗集中，他无情地撕毁了“新军阀”蒋介石“夸称着‘全民’”的虚伪面纱，号召要以“如火如荼”的革命暴力粉碎国民党反动派的白色恐怖。他赞扬推翻暴秦的陈涉、吴广起义，并且把这场农民起义与现实斗争联系起来，认定“在工人阶级领导之下的农民暴动”是“战取那新生的太阳”“改造全世界的力量”。如果说经过这个历史关头的考验，郭老在共产主义理想和党的正确路线指引下成为真正的无产阶级歌手，那么，在将近半个世纪以后另一个历史转折的关键时刻——党中央取得了粉碎“四人帮”的胜利并领导全国人民进行新的伟大长征之时，郭老的诗歌就成为他用笔为社会主义新时期的革命斗争和经济建设服务的最鲜明、最集中的表现。他久被压抑后的感情爆发，连续写了《悼念周总理》、《毛主席永在》、《粉碎“四人帮”》、《怀念周总理》、《怀念毛主席》、《迎接一九七七年》、《贺五届人大、五届政协胜利召开》等一系列重要诗篇。毛主席和周总理的逝世，使他与全国人民一起“同心痛哭，倾盆大雨”“奔腾泪浪滔滔涌”，陷入深沉的悲痛之中，这种悲痛出于对毛主席和周总理的深切怀念和衷心爱戴。与此形成鲜明对照的，是他对祸国殃民的“四人帮”的极度痛恨。在传诵一时的《水调歌头·粉碎“四人帮”》中，郭老以通俗明快的语言呼出了“大快人心事，揪出‘四人帮’”的群众共同的心声。这黄钟大吕似的声音传遍中国，如春风拂煦，绽开了心花万朵；似凤凰高鸣，唱出了浩歌入云。由于郭老有着同国民党反动派长期斗争的经验，因此在扫荡“四人帮”的残渣余孽的斗争中，他的笔触深入历史，揭出“四人帮”一伙滋生的渊源，他用精炼的笔墨勾画出这伙小丑的反革命特征，以讽刺的怒火烧毁了他们身上的画皮。诗人还写道：“‘四人帮’是四只虎，虎视眈眈多威武，多威武，泥足巨人，过街老鼠。”对这伙小丑色厉内荏、穷途末路的狼狈相刻画得淋漓尽致。而“恨垄断论坛，是非颠倒，生吞历史，比附荒唐”的诗句又把他们大造反革命舆论的卑劣手段暴露无遗。郭老这种痛恨“四人帮”的感情由于他们迫害毛主席、周总理，阴谋篡党夺权而变得异常强烈。郭老痛斥“四人帮”对周总理“诽谤恣蹂躏”，一针见血地揭露他们对毛主席的迫害：“野心大，阴谋毒，诡计狂。真是罪该万死，迫害红太阳!”对我党领导人逝世的极度悲痛，对“四人帮”横行的无比仇恨，更使郭老深切认识到党中央一举粉碎“四人帮”的英明、正确。在扭转了“四人帮”造成的大混乱、大倒退的局面以后，中国历史终于发展到了“东风新有主”这样一个重要时刻。1978年二三月间，郭老在重病中写了《水调歌头·贺五届政协胜利召开》：“高举旗，齐步伐，再长征。九亿大鹏展翅，飞散满天云!”“二十三年后，煮酒论群英。”我们把这首诗和郭老在全国科学大会上的讲话《迎接科学的春天》和在文联三届三次扩大会议上的讲话《衷心的祝愿》放在一起诵读，可以看到，中国人民在历史转折关头所取得的重大胜利和新长征的壮丽前景，给郭老晚年投下了多么强烈的光辉，它使郭老直到生命最后一息都保持着火红的革命青春。

在国际交往中，郭老的诗，是各国人民友好往来的珍贵纪念，他的诗时而把我们带到金刚山“霜叶醉酣酥雨里，银河拜倒彩霞边”的北国明丽秋色里，与朝鲜战友一同讴歌“人民友谊乾坤远，国际精神日月高”的崇高情谊；时而又用“万木长毫”蘸“一池浓墨”，将诗兴浑洒在“云笺天上”以迎接来自南国的高棉战友，共同抒发“欢呼阵阵走惊雷”的战斗豪情。他的诗还把我们带到“素朴废雕镌”“孔雀翔林间”的胡志明主席府，共同领略“情同手足般”的中越人民的传统友谊，那“革命胡主席，万年万万年，同志胡主席，万年万万年”的激情的祝愿，表明中国人民是何等珍视中越人民的战友关系。然而，近年来越南当局却背叛这一传统，疯狂反华排华，郭老的诗对于这种卑劣行径正是有力的鞭挞！同日本人民有着深厚情谊并长期为中日两国友好事业奋斗的郭老，还在许多诗篇中热情地歌颂了“一衣带水，一苇可航”“情比肺肝，形同唇齿”的“赤县扶桑”的友好关系。他盛赞中日两国人民友好往来和文化交流的光辉历史：“中元以降二千年，两国相交似管弦”“唐史续编千万代，友情突破九重天”，又喜颂中日邦交恢复的新篇章：“喜雾霁云开，渠成水到，秋高气爽，菊茂花香。”今天，当中日和平友好条约签订，各国人民同贺这一团结友谊新篇章的时候，我们读着郭老的这些诗，感到特别亲切。由此可见，正是世界人民的斗争生活激发了郭老的诗情，郭老的诗又传达了世界革命人民的心声，这些诗篇必将作为各国人民友好往来的永久纪念而长留史册。

在国际反帝反霸权主义斗争的重要历史关头，郭老更是立场坚定，旗帜鲜明。他坚决顶住反动潮流，捍卫马列主义、毛泽东思想的纯洁性。从20世纪50年代中期到60年代初，这一段时间里，国际上一些著名的政界和文化界人士在大风大浪面前，从根本上动摇了对共产主义的信念。在这“高天滚滚寒流急”“万花纷谢一时稀”的严峻时刻，郭老顶住了险风恶浪。

从创作的内容和艺术表现上看，郭老解放后的诗歌运用了革命现实主义与革命浪漫主义相结合的创作方法。这些诗仍然保持着郭老惯有的风格特色，这就是豪放、热烈，饱含着强烈的情感，驰骋着丰富的想象，充满着对于未来的理想，浪漫主义的色彩非常浓厚。并且在无产阶级世界观的指导下，自觉地运用了“两结合”的创作方法，把理想和现实统一起来，把强烈的革命激情和生动的现实描绘统一起来。陈毅同志说郭老解放后的诗歌不同于过去“从人间想到天上”，而是“从天上想到人间”，“歌唱我们开辟更大的旅程，歌唱我们自己掌握自己的命运，歌唱我们自己就是命运之神”，还说郭老的诗歌体现了“用劳动实现自己的理想，用理想指导自己的劳动”的辩证观点，这就从精神实质上概括了郭老解放后诗歌运用“两结合”创作方法的特点。

紧扣时代脉搏，在现实生活中选材立意，将强烈的感情，丰富的想象凝聚在形象中，从而把现实与理想交融起来，是郭老诗歌运用“两结合”的创作方法的一个特色。《骆驼》一诗展示了在沙漠中旅行者紧随骆驼由黑暗走向黎明的现实生活的画幅，现实图景的描绘生动细致，形象的发展贴切自然，同时，画面中又蕴含着深远的意境，倾注了作者热烈的感情。显然，在骆驼的形象中，诗人是寄寓着对他最为崇敬的事物的深厚感情的，这个形象不由得使我们联想到伟大的中国共产党，旧中国苦难的中国人民不正是在中国共产党领导下，经过革命的“暴风雨”获得解放，又朝着更远大的目标，在党的指引下，不断地开辟着社会主义革命和建设的战斗旅程吗？诗中“纵使走到天尽头，天外也会有乐园”的诗句点明了全诗不断革命的长征精神，闪耀着革命辩证法的光芒。这首诗将现实的图景与丰富的想象、瑰丽的理想融合在一起，明显地体现了革命现实主义与革命浪漫主义的结合。在《赞雷锋》一诗中，作者将感情熔铸在人物形象的创造中，树立了高大的无产阶级英雄形象：“劈断昆仑，有宝剑，锋芒淬砺。平地起，电光石火，一声霹雳。”通过夸张的手法和雄奇的想象，将共产主义新人在中国大地上出现写得极有声势，极有气魄。然而，这种富有浪漫主义色彩的形象又是立足在现实生活之中的。诗篇通过具体描写表现了高大英雄形象产生的现实依据：“理安在？读《选集》，窍安在？忠党业。大海中，一滴水珠洋溢。”可见无产阶级英雄人物是时代环境的产物。

还有一些诗篇主要运用浪漫主义手法，特别偏重于表现主观的感情和理想，但也是从现实生活的抒写入手，由现实生发想象，进入理想世界的。在《登采石矶太白楼》一诗中，诗人登高远望，“日照长江如血，千里豁明眸”，胸襟开阔，意兴飞腾，从这种现实感受出发，生发奇想，竟然与李太白同舟泛流：“君打桨，我操舵，同放讴。”然而，诗笔又回到现实，一反李太白月下独酌的封建士大夫情趣：“有兴何须美酒，何用月当头！”于是他便驰骋幻想，邀着这位古代的大诗人一同放声歌唱毛主席的《水调歌头·游泳》：“畅好迎风诵去，传遍亚非欧。宇宙红旗展，胜似大鹏游！”《题五位白毛女合影》一诗也是从眼前一张照片的题咏入手，然后展开想象的翅翼：“李太白见了笑盈盈：白毛女已都黑发如云，我的‘白发三千丈’，也变成一片黑森森……”郭老解放后许多抒写自然的诗也属于这一类。这些诗既准确地勾勒出自然景物的特征，又赋予它们以生命的活力，带着强烈的主观感情色彩。例如，作者笔下的黄山奇景，“苍松郁郁森岩壁，直把花岗岩石当成泥。下有杜鹃花，似恐群峰高寒，为之披上‘红霞万朵百重衣’。天女含苞犹待放，锦带海棠正纷披。冰绡点缀银绣球，清香来自野蔷薇。想见春时桃花峰，红雨作浪随风飞。想见秋时枫叶丹，排空万里树红旗”。这些诗句不仅写出自然景物的姿态、色彩和芬香，而且发掘出它们奇拔、旺盛的生命力。那岩壁上的苍松，群峰间的杜鹃，春时的桃花，秋来的枫叶，抒发出他心头澎湃的激情，融进了社会主义火红时代的热烈气氛。

综上所述，在郭老解放后的诗作中，描绘了社会主义革命和建设的壮丽图景，展示出一个卓越的无产阶级文化战士的革命情怀。作为中国新诗的奠基人和近现代中国有着最长写诗经历的诗人，从反映“五四”暴风突进精神的《女神》到大革命后诞生的无产阶级革命诗集《恢复》，再到洋溢着社会主义革命激情的解放后的诗歌，我们可以看到，一个革命诗人，一旦为远大的共产主义理想所鼓舞，坚持与革命共同着生命，坚持艺术上的不断探索，他的诗会有多么久远的艺术生命力。邓小平同志称颂郭老“年愈老而志弥坚，他是永葆革命青春的先锋战士”。是的，郭老那火一样的生命始终炽烈地燃烧着，他的诗歌如同时代的黄钟一样将永远在我们心中震响！

写于1978年

（载《文学评论丛刊》第2辑，1979年出版）

悼念郭老　重读《女神》

卓越的无产阶级文化战士郭老与世长辞了，在我们沉痛悼念郭老的时候，郭老的光辉的革命的一生又鲜明地浮现在我们眼前。半个多世纪以来，郭沫若同志在思想文化战线上进行了多方面的卓有成效的工作。作为中国现代新诗的伟大开拓者和近代中国有着最长写诗经历的诗人，他在长期的新民主主义革命和社会主义革命过程中为我们写下了大量诗歌。这些诗歌的艺术生命力经久不衰。近两年来，随着党中央粉碎“四人帮”的伟大胜利，诗人又一次获得了政治上的大解放，他的革命热情找到了新的喷火口。他以富有激情的笔触抒写自己“壮心不已”的晚年，诗情泉涌，歌诗不断，为百花争妍的诗坛做出了新的贡献。现在，人民文学出版社在重印“五四”以来的优秀作品时，又一次出版了诗集《女神》。学习和研究郭沫若的诗歌，充分估价和肯定他在诗歌创作上的成就，对于批判“四人帮”的“空白”论，对于促进社会主义诗歌的“百花齐放”，有着重大意义。下面，仅就郭沫若早期的著名诗集《女神》作一些论述。

诗集《女神》出版于1921年，其中大部分诗篇写作于1919年下半年至1920年上半年五四运动的高潮时期。这时候，郭沫若虽然旅居日本，却敏锐地感受到时代浪潮的冲击。他的巨大的革命激情和革命浪漫主义精神植根于无产阶级领导的人民大众的反帝反封建的革命现实之中，正如诗人自己所说的，在五四运动那年，“个人的郁积，民族的郁积，在这时找到了喷火口”①，于是便出现了一个“诗的创作爆发期”②。正是因为从历史的潮流中汲取了诗情，因此，整部《女神》反映了“五四”时代的历史特征，贯穿着强烈的反帝反封建的革命精神。同时，诗集具有鲜明的革命浪漫主义特色，实现了诗体大解放，格调峻新，气势奔放，它的发表确定了郭沫若在我国新诗运动中伟大开拓者的重要地位。

通观整部《女神》，反抗破坏、自由创造是贯穿这本诗集的基本思想内容。当时，在十月革命和五四运动之后的历史环境中，在无产阶级思想的领导下，一方面是对现实黑暗和陈腐传统的猛烈反抗和破坏，另一方面更有对光明和理想的自觉的追求和创造。破坏是创造前的破坏，反抗是有理想的反抗。《女神》中对于封建樊篱的勇猛冲击、改造社会的强烈要求和追求美好理想的无比热力，正鲜明地反映了这种五四革命运动的特征，传达出“五四”时代精神的响亮声音。

《女神》中最能体现这种时代精神的是长诗《凤凰涅槃》和《女神之再生》。

《凤凰涅槃》以有关凤凰的传说作素材，借凤凰“集香木自焚，复从死灰中更生，鲜美异常，不再死”的故事，象征着旧中国和诗人旧我的毁灭以及新中国和诗人新我的诞生。在“浩茫茫”“阴莽莽”“寒风凛冽”的背景上，一对凤凰在为自己安排火葬。临死之前，它们强烈地诅咒那“屠场”“囚牢”“坟墓”“地狱”般的现实黑暗；在世世代代“倾泻如瀑”“淋漓如烛”的滔滔泪水中哭诉出民族的无穷的悲愤。在这样的世界里，有的只是“流不尽的眼泪，洗不尽的污浊，浇不息的情炎，荡不去的羞辱”；在这样的世界里，一切“新鲜”和“甘美”，“光华”和“欢爱”都被浓重的黑暗淹没了。于是他们痛不欲生：“我们生活在这样的世界当中，只好学着海洋哀哭……”“我们这飘渺的浮生，好像那海里的孤舟，左也是漶漫，右也是漶漫，前不见灯台，后

① 郭沫若：《序我的诗》，《沫若文集》第 13 卷，人民文学出版社 1961 年版，第 121 页。

② 郭沫若：《创造十年》，《沫若文集》第 7 卷，人民文学出版社 1961 年版，第 56 页。

不见海岸……”对现实的谴责交融着民族的悲愤、人民的苦难和“五四”前人们因找不到出路而抑郁苦闷的情绪，渲染出浓烈的悲壮气氛。而凤凰同声歌唱：“时期已到了。死期已到了。身外的一切，身内的一切，一切的一切，请了！请了！”终于将旧我连同旧世界的一切黑暗和不义在自己燃烧起来的一场漫天大火中同归于尽，更表现出与旧世界彻底决裂的英雄气概，准确地概括出五四运动中人民大众彻底革命、自觉革命的精神。至于那一群凡鸟的种种丑态，则在讽喻、鞭挞丑恶和庸俗的同时，进一步增强了凤凰自焚这场悲剧的沉痛性和壮美性。长诗中这种彻底革命的精神紧密结合着历史乐观主义的态度。最后，在凤凰更生歌中，诗人以汪洋恣肆的笔调和重叠反复的诗句所着意渲染的大和谐、大欢乐的景象，是经过斗争冶炼后的创造和新生。它虽然只是祖国和诗人自己开始觉醒的象征，却洋溢着炽烈的向往光明、追求新生的热力。和《凤凰涅槃》一样，根据上古时代共工与颛顼争帝和女娲炼石补天的神话故事写成的《女神之再生》，也突入到“五四”时代革命现实的核心，揭示了反抗、破坏和创造的主题。同是一个乌云蔽日、愁云惨雾的世界，那“倦了的太阳只在空中睡眠，全也不吐放些儿炽烈的光波”。以此为背景，剧诗通过象征着当时南北军阀混战的共工、颛顼相互屠戮和农叟、牧童的出场，揭露了“乌烟瘴气”的旧中国的黑暗，为人民生活的苦难提出了血泪的控诉。而失败了的共工怒触不周山、天柱拆裂之后，那些以往在痛苦的经历之中认识到“新造的葡萄酒浆，不能盛在那旧了的皮囊”的女神们，经过这一番浩劫，更不屑于去做那些修补残局的工作。她们不仅预言自己创造的“新鲜的太阳”将“照彻天内的世界，天外的世界”；而且，为了不致使光明和黑暗永远循环往复地继续下去，还要“时常创造新的光明、新的温热”去供给这象征着“美的中国”的“新造的太阳”。

这两首长诗就这样在时代的制高点上对五四革命运动和古老的中华民族的伟大觉醒，作了色彩鲜明的、象征性的反映；而其间的爱国主义的思想内容也因为渗透着“五四”时代的革命精神而洋溢着英雄主义和乐观主义的激越情调。当时许多进步诗人虽然也曾鞭挞过那使他们悲痛欲绝的祖国的现实黑暗，抒写出民族的悲愤——他们有的对丑恶和不义怀着愤懑不平而揭出现实的疮痍；有的热烈地向往光明，具有积极向上和乐观自信的精神；有的则从海外传来了身受屈辱和辛酸的弱国国民的悲愤沉痛的声音。但是，在他们的作品中，像郭沫若这两首诗里的那种革命的爱国主义，那种敢于同旧世界决裂，敢于向旧世界宣战的英雄气概和从斗争中追求新生的革命理想主义精神，却很少见到。

《女神》中其他许多歌颂祖国、怀念祖国的“恋歌”和“颂词”，也和对五四革命运动的礼赞分不开，从奔腾澎湃的爱国热情中可以看到火中凤凰的伟大身影。《晨安》一诗以雄浑的笔力抒写出五四运动给诗人带来的历史性的狂喜。在这“千载一时的晨光”里，诗人面对着“年青的祖国”“新生的同胞”，面对着“敬畏的俄罗斯”“敬畏的先驱者”，面对着古今中外的许多伟人伟绩、壮丽河山，一口气喊出了二十七个“晨安”。“五四”前夕，诗人曾将白云幻想成“解渴的凌冰”，想借它来解解自己“火一样的焦心”（《新月和白云》），窗外“清清的海水”也被描绘成忧伤的诗人用以求得解脱的场所（《死的诱惑》）①，而这时候，时间不到一年，同一事物却变得极其美好。那“诗一样诵着的白云”和汪洋浩瀚、“常动不息”、具有无穷生命力的大海，正揭示出在“五四”怒潮中觉醒的诗人的开阔的胸襟和如沸的内心。在新诗开创时期的诗坛上，很少有诗人能像他这样意气风发，气概雄伟。与《晨安》中气吞山河、雄浑豪放的力和美不同，《炉中煤》将眷念祖国的热情熔铸到凝炼的艺术形象和比较严整的诗行中而别具一种反复咏叹、深沉含蓄的美。诗人把祖国比作“年青的女郎”，把自己比作因思念祖国而炽烈燃烧着的炉中之煤。这里有着深刻的寓意：火红的炉中煤恰切地表达了诗人对祖国的赤诚，而它的必须燃烧自己、将自己化为灰烬才能生出光和热的特点，更揭示出诗人为祖国不惜赴汤蹈火的耿耿忠心。这炉中煤之所以“有着火一样的心肠”，而且竟“燃到了这般模样”，是因为作者在漫漫长夜之后从新的时代曙光中看到希望：“我想我的前身，原本是有用的栋梁，我活埋在地底多年，到朝总得重见天光。”正是燃烧着斗争烈火的“五四”革命现实供给他以无穷的热力，觉醒后的祖国引起他反复倾诉自己眷恋的感情：“啊，我年青的女郎！我自从重见天光，我常常思念我的故乡，我为我心爱的人儿，燃到了这般模样！”但是，“五四”后的中国只在新的斗争道路上迈开第一步，浓重的黑暗还远没有

① 《新月与白云》、《死的诱惑》两诗均写于 1918 年。《沫若文集》第 1 卷《女神》中标明《新月与白云》写于 1919 年夏秋之间，但据《沫若文集》第 7 卷第 56 页载，《新月与白云》实写于 1918 年。

驱除尽净。在诗人心目中，祖国的新生是被过于美化了，而他又未能看到获取斗争胜利道路，因此，当他回国后目睹半封建半殖民地中国“满目都是骷髅，满街都是灵柩”的惨象时，残酷的现实就像一瓢冷水泼在他炽热的心头上：“我从梦中惊醒了，幻灭的悲哀哟!”(《上海印象》)沉痛的呼喊再一次倾泻出他忧国忧民的激情。

对自我的歌颂，对劳动人民和革命者、叛逆者的歌颂，是《女神》的另一个主要内容。在《女神》中，无论是反抗破坏或者自由创造，处处都透过抒情形象呈现出鲜明的自我表现的特色；另一些以自我为中心的诗篇更对自我唱出了激越的颂歌。这个自我气吞日月星辰，气吞宇宙，“是全宇宙的能的总量”，它“如烈火一样地燃烧，如大海一样地狂叫，如电气一样地飞跑”(《天狗》)；这个自我俨然是“可与神祇比伍”的“雄伟的巨制”，“便是天上的太阳也在向我低头”(《金字塔》)；这个自我还与“全宇宙的本体”融合起来，引起诗人高唱“我赞美这自我表现的全宇宙的本体”(《梅花树下醉歌》)。这种对自我的极度夸张透露出强烈的追求个性解放的色彩。与欧洲资产阶级个性主义不同，《女神》中这种个性解放的思想反映着另一种社会历史关系：在20世纪初的欧洲，资产阶级个性主义早已脱离反封建革命而成为反动的思潮，而在“五四”前后的中国，当部分群众因长期受封建思想的桎梏而未能迅速觉醒和认识自身力量时，这种从革命的小资产阶级立场提出的发展个性、强调主观力量的主张，则具有反对偶像崇拜、冲决封建罗网的作用而和彻底反帝反封建的革命斗争联系起来。无论是火中自焚的凤凰，创造新鲜的太阳的女神，或是熊熊燃烧着的炉中煤和囊括宇宙的天狗，这一切形象中的自我都交融着诗人个人身受的屈辱和长久以来中国人民在帝国主义侵略和封建主义压迫下的民族的积愤，熔铸着充满反抗、斗争和理想的“五四”时代精神，因此，这个自我不是拘囚于个人主义狭小天地里的孤独高傲或忧伤颓废的自我，而是体现着时代要求和民族解放要求的自我。正是在这个意义上，诗中在崇拜和赞美自我的同时，也对自我进行批评和谴责；而这种批评和谴责，又往往是同对劳动人民、对革命者叛逆者的歌颂联系在一起的。在《地球，我的母亲!》中，他认为“一切的人类”连同自我一起都是地球这位母亲的“不肖的儿孙”，唯有那“田地里的农人”和“炭坑里的工人”是地球的“孝子”“宠儿”，是全人类的保姆和普罗米修士。《匪徒颂》在赞美世界上一切叛逆者、革命者的同时，也热烈赞美了“实现布尔什维克”的列宁。而在《巨炮之教训》中，更是列宁的“最终的胜利总在吾曹，至高的理想只在农劳”的霹雳般的声音，把他“从梦中惊醒了”。这种抒写与贯穿《女神》的反抗、破坏和创造的基调形成一个整体，成为“五四”时期“社会改造”“劳工神圣”声浪中响亮的音符。当时，许多资产阶级诗人在诗歌中对工人农民施以“珍贵”的怜悯心，并按照本阶级的美学理想来歪曲他们的形象，借以宣扬资产阶级的美德；一些进步的小资产阶级诗人虽然对工人农民寄予同情，并为他们的悲惨命运提出控诉，但只能听到这些被侮辱、被损害者的痛苦的呻吟。而《女神》则把歌颂列宁和歌颂工农联系起来，并将工农作为革命斗争理想的寄托者来描写，因而焕发出理想主义的光彩。

但是，也应该看到，《女神》中在歌颂列宁这“社会革命的匪徒”的同时，对于资产阶级革命者如华盛顿、克伦威尔等也给予了同样的赞美和倾慕(《匪徒颂》)；在歌颂工人农民的同时，也将寄寓在他们身上的“至高的理想和为自由而战、为人道而战、为正义而战”① 的资产阶级革命的口号混淆在一起。由此可见，诗人这时候在思想上还没有分清无产阶级社会主义革命和资产阶级民主革命之间的本质区别，还不能用无产阶级阶级论的观点来考察工农群众在社会斗争中的地位；他只是同等看待和急迫吸取一切反抗成规的革命和一切外来的思想，对工农的歌颂也是统一在这种彻底革命精神之中的。在这一点上，作为“五四”时期一般要求进步和改革的青年们的共同特点，《女神》也鲜明地反映了“五四”的时代特点。

郭沫若对于大自然怀着深情。和我国过去描写自然的诗篇不同，《女神》中抒写自然的诗篇不只是欣赏自然，而是强烈到人和自然合而为一：“全宇宙的本体”只是万物的“自我表现”，而人则是自然界的一个组成部分。对于立足于“五四”革命现实和具有革命民主主义思想的郭沫若来说，这些诗篇往往通过“物我无间”的境界揭示出他的充实、美好和洋溢着战斗激情的内心。《地球，我的母亲!》是其中最有代表性的一首。诗中喻为“地之子”的诗人以真挚的感情和丰富的想象，把地球这个大自然的形象当作母亲来反复咏叹，

---

① 这几句诗是按照《巨炮之教训》初发表时的原著摘引的，《沫若文集》中的这几句有改动。

赞颂备至。这位母亲快乐美丽又有着神奇的威力。她以自己身上丰美富饶的一切哺育着诗人，以自己的“声音言笑”“浮游生动”和“芬芳采色”安慰着诗人的灵魂。这种无往而不在的养育之恩使诗人不愿作离地飞行的小鸟，只羡慕翻掘泥土的蚯蚓；不愿坐车、乘马、着袜、穿鞋，只愿赤裸着双脚，永远和地球相亲；并由感激大地的养育之恩进一步感激劳动人民的养育之恩，高声赞美工人农民。无论是“地之子”对大地的执着的爱或是在“地之子”眼中地球的无限美妙、充满着新鲜活力，都透露出诗人对生活的乐观情绪和对未来的坚强信心，而和“五四”时代精神息息相通。另一些诗篇在表现大自然的美好的同时，还发掘出它的奔放的生命力来。在《立在地球边上放号》中，从眼前晴空中怒涌的白云和太平洋滚滚的洪涛想起“无限的太平洋提起他全身的力量来要把地球推倒”，并进而高声赞颂，“不断毁坏、不断创造”的大自然的威力。在《我是个偶像崇拜者》中，诗人表示他崇拜太阳、崇拜山岳、崇拜海洋、崇拜水、崇拜火、崇拜火山……崇拜一切自然现象，其目的都是为了以自然万物的力量来反对封建社会的一切陈规旧套和偶像崇拜，因此他高喊：“我崇拜偶像破坏者，崇拜我！我又是个偶像破坏者哟！”而在《太阳礼赞》、《日出》等诗中，诗人则抑制不住喜悦的心情，用华美的语言、宏朗的调子向人们预告着光明的即将到来：“青沈沈的大海，波涛汹涌着，潮向东方。光芒万丈地，将要出现了哟——新生太阳！”“哦哦，环天都是火云！好像是赤的游龙，赤的狮子，赤的鲸鱼，赤的象，赤的犀”。从太阳的光明和热力中，诗人自我得到了一种抨击现实丑恶的精神力量：“天海中的云岛都已笑得像火一样的鲜明！我恨不得、把我眼前的障碍一概剗平！”可见同是抒写自然，郭沫若显然不同于对着“小河”“细雨”“草儿”低吟浅唱以抒发个人哀怨、寄寓闲情逸致的诗人。他的思想意境和艺术魅力远远超过同时代的诗人。骄阳皓月、雷霆雨雪、江河海洋、高山大川以至整个宇宙都成为他抒发壮志豪情的对象。即使在那些笔致婉约、清丽幽静的篇章中，也都流转着一股清新的气息和足以使人愉悦、奋发的乐观主义色彩，洋溢着“五四”时代蓬勃进取的精神和诗人自己飞扬凌厉的朝气。

从所抒写的内容和艺术表现上看，《女神》有着鲜明的浪漫主义特色。郭沫若后来说过：“在中国的现代，浪漫主义和现实主义是同时并起的，浪漫主义在反帝反封建，现实主义也在反帝反封建……中国的浪漫主义没有失掉革命性，而早就接受到明确的理想，中国的现实主义没有染上西方的颓废影响，而早就具备着革命的灵魂。”① 又说：“文艺活动是形象思维，它是允许想象，并允许夸大的，真正的伟大作家，也必须根据现实的材料来加以综合创造……因而文艺活动的本质也应该就是浪漫主义。”② 这两段话从思想内容和艺术特征两个方面对革命浪漫主义作了清楚的阐明。《女神》的浪漫主义就是这种革命的浪漫主义。“五四”时期社会主义的理想和中国人民气势磅礴的反帝反封建的革命运动是产生《女神》的浪漫主义的现实基础。诗集中对于新中国的预言和歌颂，对于光明的渴望和追求，对于革命人民力量的自信，以及赞扬新生事物、热爱生活和自然的感情，都反映了时代现实，强烈地表达了中国人民、特别是青年知识分子的革命愿望，要求和理想，洋溢着革命理想主义和革命乐观主义的激越情调；而对于现实黑暗的诅咒和控诉，对于古今中外一切反对反动腐朽势力的叛逆者和革命者的歌颂，特别是与旧世界、旧中国和诗人旧我彻底决裂的坚决态度，更表现出在革命理想鼓舞下一往无前的英雄气概。与这种革命浪漫主义精神相适应，诗中浪漫主义所要求的多种多样的独特艺术手法，如瑰丽的想象和大胆的夸张，奇幻的构思和神话的色彩，激昂的音调和急骤的旋律等，因为恰切地表达了“火山爆发式的内发情感”③而化为诗的力量，开放出绚丽多彩的艺术花朵。这种浪漫主义不仅与当时追求抽象的“爱”和“美”，或充斥着悲观颓废情绪的消极浪漫主义根本不同，而且较之那种对现实不满、有着单纯的自我追求理想的积极浪漫主义，也高出一筹；它的诗情和灵感来自“五四”时代潮流的深处，洋溢着乐观主义的战斗精神。就其影响来说，正如《序诗》所说的，对群众起到了拨动心弦、点燃智光的鼓舞斗争的作用。从文学的继承和借鉴上看，《女神》的浪漫主义深受欧美近代积极浪漫主义的影响。作为反映资产阶级革命要求的反对神权统治、封建专制和张扬个性解放的思想熔铸其间，而一些作家的浪漫主义诗风，如惠特曼的雄浑豪放和歌德的宏伟端丽也影响到它。此外，我国古代浪漫主义诗人屈原和李白的影响也是一个很重要的因素。郭沫若对屈原有深深的爱好。他在诗剧《湘累》中所表达的那种沛然若决江河的反抗丑恶现实，

---

① 《浪漫主义与现实主义》，《红旗》1958 年第 3 期。

② 《浪漫主义与现实主义》，《红旗》1958 年第 3 期。

③ 郭沫若：《序我的诗》，《沫若文集》第 13 卷，人民文学出版社 1961 年版，第 121 页。

追求美好理想的精神，既符合于屈原的性格，又代表了“五四”时期诗人自己的处境和心情。这种精神贯穿在《女神》的很多诗篇里。李白也是郭沫若所喜爱的诗人，他曾将李白的《日出入行》按着新诗的款式分行写了出来，诗中的“吾将囊括大块，浩然与溟涬同科”的精神、气质和豪迈奔放的风格是与郭沫若的诗的风格息息相通的。这些都说明了《女神》正是我国古典诗歌浪漫主义传统在新的革命年代的继承和发展。

关于诗的形式，《女神》在旧诗格律严重地束缚人们思想的情况下，敢于革新，进行了多方面的创造，在促使诗体的解放上起了重大的开拓作用。“五四”时期，郭沫若在诗歌理论上主张感情的“自然流露”，说“诗的本职专在抒情。抒情的文字便不采诗形，也不失其为诗”①。“诗不是‘做’出来的，只是‘写’出来的。”② 基于这种理论，他在诗的形式上主张“绝端的自由，绝端的自主”③。这里，从诗的特征和浪漫主义对诗歌创作的要求出发，主张写诗要有基于生活的创作冲动，要有丰富的真情实感，这都是正确的。《女神》中大部分诗就有着“五四”反帝反封建斗争所产生的火一样的革命激情，加以郭沫若对中外诗歌素有研究，优秀的诗歌传统对他的诗歌创作起着美感上的潜移默化的作用，作者善用形象思维，所以革命激情一旦倾泻出来，便“于自然流露之中，也自有它自然的谐乐，自然的画意存在”④。当然，郭沫若在创作实践中也并不像他在诗歌主张中所说的那样，完全不注意诗的形式，许多好诗都是经过推敲和加工的。因此，随着诗情的汹涌澎湃，能做到笔致豪放，气势磅礴，节奏雄浑流转，音韵自然和谐；诗的形式不拘一格，叙事诗可以长到近三百行，抒情短诗可以短到三行，有时十多句构成一个长的诗节，有时一个诗节却只有两行，诗句也随着感情的表达而决定其长短，这些诗的自由形式由于恰切地表现了诗的革命激情和思想内容，因而足以动人心

① 郭沫若：《论诗三札》，《沫若文集》第10卷，人民文学出版社1961年版，第211页。

② 郭沫若：《论诗三札》，《沫若文集》第10卷，人民文学出版社1961年版，第205页。

③ 郭沫若：《论诗三札》，《沫若文集》第10卷，人民文学出版社1961年版，第213页。

④ 郭沫若：《论诗三札》，《沫若文集》第10卷，人民文学出版社1961年版，第211页。

魄，富有艺术魅力。如《凤凰涅槃》和《女神之再生》之所以能在奇幻新颖的意境和气魄宏大的艺术构思中色彩鲜明、高度概括地反映了“五四”时代精神，是和它们在诗歌形式上富有创造性分不开的，它们把叙事、抒情和剧诗的某些特点糅合在一起，大大扩充了诗的容量；同时，《凤凰涅槃》中的“凤歌”和“凰歌”，《女神之再生》中的女神们的“合唱”等部分，诗的语言不仅气势磅礴或是清新俊逸，而且极为精炼，诗句长短参差有致，节奏、韵律十分鲜明。一些短小的诗歌，艺术形式上更为完整，如《炉中煤》在严整的诗行中反复咏叹，灼灼炽人的感情熔铸在含蓄的诗的形象中；《夜步十里松原》寓情于景，情景交融，诗的形象和谐统一，浑然一体，具有强烈的艺术感染力。

自然，也应该看到，郭沫若这种过于强调自然流露，忽视形式上艺术加工的诗歌主张，也必然影响到他的诗歌在内容和形式上的统一，造成诗的形象不足或诗的整体形象不够和谐完美的缺点，这在《女神》的少数诗篇中，或是一些诗篇的某些部分表现得较为明显。如《笔立山头展望》、《天狗》、《晨安》以及《凤凰涅槃》的“凤凰和鸣”等地方，往往少含蓄、不深入，出现了许多单调的名词堆积和抽象的议论道理。此外，《女神》受外国诗歌的影响较大，采用了许多外来的形式和手法，这在当时的历史条件下为了突破根深蒂固的旧形式，开拓新诗的领域，是完全必要的。但是，诗歌怎样做到为群众所喜闻乐见，怎样实现民族化群众化的要求，毕竟是一个有待解决的课题。《女神》中的一些诗篇杂用外语词汇，使用欧化句法，甚至模仿象征派的手法，使人无法了解诗的含义，这都是很明显的缺点。但是，这些缺点在整部《女神》中是极次要的。总的说，它的形式打破了旧诗格律的镣铐，实现了诗体大解放，这种历史功绩是不可抹煞的。

现在，郭老虽然已经离开了我们，但是遗范长存，他的崇高的革命思想和品格，他的多方面的巨大成就，仍然是我们可以经常从中吸取营养的精神宝库。在当前诗坛万紫千红的大好形势下，重读《女神》，回顾诗人半个多世纪的写诗经历，我们心情激动不已。让我们更好地总结和学习革命老诗人的创作经验，迎接社会主义诗歌创作的更大繁荣吧！

（本文原载《华中师范学院学报》1978 年第 1 期，本刊转载时经作者略作改动）

丰富的辩证哲理　不朽的艺术形象

——读《凤凰涅槃》

在除夕将近、送旧迎新的庄严时刻，一对凤凰为自己安排火葬而燃起的熊熊大火映红了天际，迎着灿烂的朝霞，伴着澎湃的春潮，从死灰中更生了不朽的凤凰，它们俯视千古，昂首未来，尽情地翱翔翱翔，欢唱欢唱……

这里所展示的就是郭沫若的长诗《凤凰涅槃》中有着不朽艺术生命力的凤凰形象。

这首长诗诞生在我国民主革命发生伟大转折的“五四”时代。十月革命和五四运动的发生促进了古老的中华民族的觉醒，给中国人民带来了民族解放的新希望。在漫漫长夜中，被时代新潮唤醒的人们，一方面热烈地追求个性的解放和祖国的新生，向往光明和社会主义的前途，另一方面激烈地反抗旧道德、旧礼教、专制政治，抨击一切封建偶像和黑暗势力。这是一个生气蓬勃、狂飙突进的时代，一个充满着反抗和破坏、革新和创造的时代。

《凤凰涅槃》的诞生过程最能说明《女神》是“五四”革命现实和诗人理想相结合的时代的产儿。在写这首诗的前三天，郭沫若在给友人谈诗的一封信中，一方面引用了三年前自己的一首旧诗，抒发了“有国等于零，日见干戈扰。有家归未得，亲病年已老。……悠悠我心忧，万死终难了”的个人郁积和民族苦难，表达了“五四”前夕知识分子因找不到出路而苦闷、失望的典型心理。另一方面，又写道：“我不是个‘人’，我是破坏了的人，我是不配你‘敬服’的人，我现在很想能如 phoenix 长生鸟一样，采集些香木来，把我现有的形骸烧毁了去，唱着哀哀切切的挽歌把他烧毁了去，从那冷静的灰里再生出个‘我’来！”(《三叶集》) 就在写这封信后的第三天，他便爆发了创作这首诗的“灵感”。他说：“上半天在学校的课堂听讲的时候，突然有诗意袭来，便在抄本上东鳞西爪地写出了那诗的前半。在晚上行将就寝的时候，诗的后半的意趣又袭来了，伏在枕上用着铅笔只是火速地写，全身都有点作寒作冷，连牙关都在打战。就那样把那首奇怪的诗也写了出来。”(《我的作诗经过》) 显然，是历史转折时期的革命现实和体现了社会发展方向的时代精神，促进了诗人关于生命辩证过程的哲理思考，激发了他火山爆发般的涌溢的诗情。

周扬说：“他的有名的《凤凰涅槃》预告了旧世界、旧中国的灭亡和新世界、新中国的诞生。涅槃不是寂灭，而是新生。是经过剧痛和死亡的新生。这首诗充满了辩证的哲理，热烈地幻想，对自己祖国的眷念之情和对未来世界的光明理想。”(《悲痛的怀念》) 在彻底破坏腐朽事物的基础上与旧世界决裂，在毁弃旧我的剧痛中追求新生和未来。“五四”时代的特征在这里得到了诗意的概括和哲理的升华。

诗中那些热烈地追求理想、勇敢地冲决藩篱的浪漫主义精神，特别是发展的想象和激情，以及与之相适应的奇丽的形象与极度的夸张，宏大的境界与浓烈的色彩，激昂的音调与急骤的旋律，都呈现出以现实生活为基础的鲜明的积极浪漫主义特色。但是，贯穿全诗的凤凰集香木自焚，复从死灰中更生，鲜美异常，火中凤凰的总体形象，却是象征性的。这“凤凰”是中国的象征，中华民族的象征，诗人自我的象征，自然万物的象征；凤凰的更生就是中国的更生，中华民族的觉醒，诗人自我的诞生，自然万物生命力的获取。因此，如同更生后的凤凰永远不朽一样，新生后的这一切也是超越时空、永恒存在的。这里，诗人明显地运用了言在此而意在彼的象征性的形式和方法。这就是说，这种方法不是像现实主义那样真实具体地描写生活，也不像浪漫主义那样仅仅由作者直抒胸臆，单纯地倾吐激情、抒发感受，而是抓住生活的根本，运用双关、暗示等手法创造出能唤起读者想象的暗示性形象和意境，从而从总体上反映时代特征，并将作者内心的感受深刻地揭示出来。

值得注意的是，德国哲学家黑格尔在他的名著《美学》中专门论述“象征型艺术时”曾经指出：“正是一般的生命辩证过程，即出生、成长、死亡以及从死亡中再生，向真正的象征形式提供了适合的内容。”（《美学》第2卷）他还特别提到了埃及象征型艺术借助“长生鸟”的故事创造象征性形象的意义。他说：

> 我们可以把长生鸟这个形象放在最高的地位，作为一个带有普遍意义的象征，来说明这个阶段（指真正象征的阶段）的观点。长生鸟把自己烧死，但是又从火焰和灰烬中跳出来，不但回生，而且还童了。（《美学》第2卷）

黑格尔在这里所说的“长生鸟”就是郭沫若在长诗的序言中所说的“菲尼克司”。在中国，传说中的凤凰也与这种神鸟相似。黑格尔与郭沫若都不约而同地重视“菲尼克司”的故事，看来似乎是一种巧合，实际上正说明这种传说故事有着丰富的哲理意蕴，适宜于通过它们创造出暗示更深更广意义的象征性形象。

不同于黑格尔的是，郭沫若在五四运动后新的历史环境中，从彻底的反帝国主义和反封建主义的要求出发，在这种象征着一般生命辩证过程的“菲尼克司”的故事中注入了大破大立的精神和火辣辣的浪漫主义的激情，并且将浪漫主义手法同象征手法交融在一起，因此，鲜明地反映了五四运动的历史特征，具有浓郁的时代气息。

“序曲”一开始，如标题所示，点明了故事的主角是“凤凰”，这“凤凰”虽然融合了外国“菲尼克司”的传说，但不用“菲尼克司”的名称，这既符合中国人的欣赏习惯，又寄寓着将“凤凰”暗示为中国的意图；同时，故事发生在被中国人看作是送旧迎新、一元复始的旧历除夕将近的重要时刻，地点也是中国传说中衰败、荒凉的丹穴山上；加以用“寒风凛冽的冰天”作背景，这种环境描写便具有对黑暗的旧中国的强烈的暗示作用。与笼罩全局的“序曲”的环境描写相适应，在“凤歌”与“凰歌”中，感情基调是浓烈悲壮、炽热奔放的。为自己安排火葬的凤凰，在临死之前回旋低昂起舞，它们天上地下，忽古忽今，翱翔在神异的领域和宏大的境界中，哀哀的歌声响彻寰宇，凤鸟“即即”而鸣，凰鸟“足足”相应。它们对整个旧世界发出强烈的诅咒和控诉，把旧世界比作“屠场”“囚牢”“坟墓”“地狱”；它们抢天呼地对宇宙万物发出“天问”式的质问，这种对宇宙“为什么存在”的根本性怀疑，对宇宙万物奥秘的寻根究底的探索，正是诗人对现实失望和愤慨情绪的曲折反映；它们还在滔滔泪水中倾诉悲愤，诅咒了五百年来中华民族沉睡、衰朽、死尸似的生活。在这段悠长的岁月里，有的只是“流不尽的眼泪，洗不尽的污浊，烧不尽的情炎，荡不去的羞辱”；在这段悠长的岁月里，看不到“新鲜”和“甘美”，“光华”和“欢爱”，于是它们痛不欲生，集木自焚。凤和凰的歌唱，表露出诗人对民族屈辱历史的满腔义愤和对现实的严厉谴责，个人“苦闷”的郁积交融着民族的悲愤和人民的苦难。但是，诗人笔下的凤凰没有停留在苦闷、失望、悲愤、诅咒的伤痛感情中，它们在走投无路处境中对黑暗势力的痛恨，只是促成了它们对旧世界的决绝态度和在火中自焚的动机，强烈地激发起它们同旧中国连同旧我一道彻底决裂的无比的英雄气概。于是它们主动地点燃了与旧事物诀别的熊熊烈火：

啊啊！
火光熊熊了。
香气蓬蓬了。
时期已到了。
死期已到了。
身外的一切！
身内的一切！
一切的一切！
请了！请了！

当时，五四运动的怒潮洗刷祖国大地，争取民主、自由的思想革命和政治革命成了古老的中国发生伟大历史性变革的开端。在这种时候，凤凰这种从容、自觉而又坚决有力的举火自焚的行动，有着多么强烈、丰富的象征意义是可以想见的！应该说，正是在这里，凤凰自焚的沉痛和壮美得到了鲜明的揭示。全诗在彻底破坏的基础上追求新生和创造光明的题旨，也由此得到点明。在下面的“群鸟歌”中，作者与许多浪漫主义诗人和作家一样，将美和丑组成了强烈、尖锐的对照。所谓“丑就在美的旁边，畸形靠近着优美，粗俗藏在崇高的后面，恶与善并存，黑暗与光明相共”（《雨果论文学》），种种凡鸟的浅薄和猥琐的表演，不仅鞭挞了现实中的丑恶和庸俗，更重要的是进一步衬托出凤凰自焚行为的崇高和壮美。正因为凤凰毁弃旧我、再造新我的痛苦和欢乐，是五四运动中人民大众彻底革命、自觉革命精神的形象写照，凤凰对旧事物的破坏不是虚无主义的否定，也不是盗寇或奴才式的破坏，而是内心闪耀着理想光芒的革新的破坏，因此，火中凤凰的彻底决裂的态度必然与历史乐观主义的精神紧密结合。最后在“凤凰更生歌”中，凤凰更生了。凤凰复沓回旋、急骤酣畅的歌唱，将大和谐、大欢乐的景象渲染得声情并茂、色彩富丽。这是经过斗争冶炼后的真正的创造和新生。它表达了诗人对五四运动的歌颂，也是祖国和诗人自己开始觉醒、向往光明、追求理想的象征。

就这样，在《凤凰涅槃》中，诗人一方面通过双关、暗示等象征性形式和方法，借助独特奇幻的构思，为凤凰的形象从总体结构上安排了得以显示其深广意义的活动天地；另一方面又通过将凤凰拟人化和借凤凰之口直接倾吐感情，以及强烈的对照等明显的表露诗人主观性的手法，赋予凤凰以形象的血肉。这样，便将象征性与浪漫主义水乳交融起来，从而创造出火中凤凰的整体性形象。

长诗在结构上，以凤凰形象为中心，由“序曲”“凤歌”“凰歌”“凤凰同歌”“群鸟歌”和“凤凰更生歌”组成通盘布局，各章开阖自如，既有内在联系，又将抒写幅度充分展示出来。“序曲”在富于悲壮气氛的象征性背景上突现出凤凰举火自焚的核心意象，先立主干。接着，“凤歌”“凰歌”两章，“因枝振叶”，展开抒写幅度，凤和凰的歌唱，感情是那样炽烈奔放，一泻千里，想象是那样了无羁绊，瞬息万变：它们时而南北东西对整个旧世界喷射出火一样的激情；时而对于宇宙万汇发出“天问”式的质问和抗争；时而痛不欲生地倾吐出个人和民族的疾愤；时而抢天呼地追寻着人生的道路。于是，这两章既由凤凰自焚的核心意象辐射出涌溢的诗情和联翩的意象，这种诗情和意象反过来又加强了凤凰行为的动机，使全诗的核心意象得到发展。这样，在下一章“凤凰同歌”中，当诗人以凝练、雍容的笔墨表现凤凰自焚前与旧世界、旧我毅然诀别的英雄气概时，从整体布局上又一次回到了全诗的主干，进一步拓开了全诗开阔高远的境界。接下去，诗情和意象本可以顺着诗的主干和核心意象发展，直接写凤凰从死灰中更生的情景，但是诗的抒写幅度又一次展开，与第一章“一群的凡鸟，自向天外飞来观葬”相呼应，穿插了“群鸟歌”一章。经过结构上这一开阖腾挪，终于导致了“凤凰更生歌”中鲜美异常、不再死的凤凰的出现，诗的核心意象得以向永恒和空阔伸展。以音乐来作比方，长诗的这种结构形式，既像变奏曲，在主题的多次变奏中揭示其壮丽多彩，又像回旋曲，将若干互不相同的插段交织在基本乐段中，造成回旋反复、腾挪跌宕的效果。

长诗在形式上也富于独创性，它不仅打碎了旧诗格律的镣铐，实现了诗体大解放，而且把自由诗体和现代格律诗体很好地融合起来。随着结构的大开大阖，感情的自然消长，长诗诗节或长或短，诗行参差不齐，组成诗行的顿数也不一样，押韵也不严格，可以说是不拘一格，然而却是乱中有法。这个“法”又是由内容和情绪的变化而决定的。“序曲”叙述凤凰安排火葬的情景，“凤歌”“凰歌”写凤凰对社会黑暗的控诉和抒发内心悲愤感情。这时候凤凰百感交集，感情激荡，于是，诗行、诗节或长或短的安排最为明显，节奏也以急促、跳动的喷发式为主，甚至为了表达伤痛低沉的感情，用韵也有许多音调短促、有塞音音尾的入声韵。但这几章诗都大量运用了结构相似、字数相等的排比句和对偶句（对偶句还注意了平仄对仗）。因此，许多诗行以至一些诗节都显得句式整齐悦目，音调铿锵悦耳，富于音乐美和建筑美。“凤凰同歌”“群鸟歌”和“凤凰更生歌”或表现雍容、豪迈的英雄气概，或表达对丑恶的揶揄、嘲弄，或抒写极度欢乐和谐的兴奋感情，诗节、诗行便于差参之中见统一，节奏也于变化中见和谐，并且随着情绪的变化而押平声韵，尤其是“群鸟歌”和“凤凰更生歌”，其间各节结构几乎完全一致，大都字数整齐、句法回环复唱。前者只是每节的第四行为显示群鸟各自不同的丑态和性格，作了意思上的改动；后者许多节甚至只改动个别字。由上所述，可见长诗作为《女神》自由体诗的代表作，在自由体和格律体熔为一炉的试验中是收到了显著成效的。

郭沫若在评价诗剧《浮士德》的时候，曾经称赞歌德这部史诗式的作品“紧紧地抓住了”“一个现实的大魂（时代精神），包括各种各样现实的小魂（个性）”（《〈浮士德〉简论》），在《凤凰涅槃》中，郭沫若也是站在时代的制高点上，主观精神突入“五四”革命现实的核心，从而从总体上对“五四”时代的伟大历史变革作了高度的概括和色彩鲜明的象征性的反映。《凤凰涅槃》在思想内容上的特色就在于，它具有敢于同旧世界决裂、敢于向旧世界宣战的勇气，充满着创造的信心和乐观的精神。同时，在艺术表现上，诗中革命的辩证哲理的内涵与悲壮、崇高的诗美也达到了有机的统一。诗人不是从抽象的概念、哲理和原则出发，而是在把握时代总的特点的基础上，从个别特殊事物出发，在艺术上有独特的发现。他抓住了“凤凰涅槃”这个不落俗套的、容量很大的构思，形象思维活跃起来，产生了诗兴猛烈袭来的“灵感”爆发，情思延伸和意象推移的提炼、凝聚过程迅疾进行和完成。因此，所创造的凤凰的形象既个性鲜明奇特，又概括了时代的特征，富于哲理意蕴，构造了超越时空的深远意境，具有永恒的意义。每当社会上新旧更替、除旧布新的转换、斗争迅速进行，每当革命者以自己的英勇、无畏的牺牲来换取新的天地的时候，或是在人们在改造客观世界的同时，又致力于主观世界脱胎换骨的改造的时候，我们都很容易会想到火中凤凰的壮美的身影。1944年，诗人把早期的诗作《女神》、《星空》、《瓶》等编成合集出版的时候，就将这个合集命名曰《凤凰》。解放后在纪念抗美援朝战争中英勇牺牲的黄继光、邱少云二烈士时，也曾用“火中不灭凤凰俦”来称颂他们。在看了音乐舞蹈史诗《东方红》之后，又用火中凤凰来象征经过长期革命斗争后的新中国的诞生。他写道：

雄伟的人民大会堂就是全中国的象征，
它仿佛是火中再生的五彩斑斓的凤凰，
张开着两千多人构成的左右两个翅膀，
在群星中翱翔翱翔翱翔，欢唱欢唱欢唱。

火中凤凰的形象还对不少作家的思想和创作发生过重大的启迪作用。巴金曾经回顾说：“五十几年前我读他的《凤凰涅槃》，读他的《天狗》，他那颗火热的心多么吸引着当时的我，好像他给了我两只翅膀，让我的心飞上天空。《女神》中的诗篇对我的成长是起过作用的。”（《永远向他学习》）刘白羽也曾满怀激情地谈到以《凤凰涅槃》为代表的郭沫若的积极浪漫主义对自己的影响。他说：“我接触最早、印象最深的是郭老的文学作品，特别是《凤凰涅槃》，他歌颂火，歌颂火中的更生，这火爆裂开那冷酷如铁、腥秽如血、黑暗如漆的茫茫宇宙，迎来了庄严壮丽的火的欢唱、火的翱翔。这一切在我的心灵深处扎了根，我站在黑暗的门槛上望见了闪耀的黎明……从那时算起，半

个世纪过去了。如果说我胸中有一点点浪漫主义的火星，这火星是郭老播种下来的。”（《雷电颂》）

火中凤凰的形象是独特的，也是永恒的。它所播下的火种必将激发更多诗人的诗情，闪射出更为璀璨的艺术光华。

雄浑而幽婉的“层深”意境

——读《湘累》

诗剧《湘累》兼有戏剧和诗两方面的特征。它的情思浓郁、主观性强烈，不仅因为它在剧情开展中穿插着抒情诗，有着诗的意趣、氛围和境界，而且因为它所遵循的是浪漫主义的创作方法。郭沫若常说《湘累》等诗剧是“夫子自道”，是“借古人的皮毛来说自己的话”等，这就从历史题材处理的态度上表明了这种创作方法的特点。

但是，对于这篇诗剧主观性强的特点，不能仅仅理解为作者借历史人物之口，直接地、赤裸裸地倾泻自己的激情，因为这样看不符合作品的实际，有片面性的毛病。

我们知道，在艺术风格上，一个大作家的作品往往有其主导的风格，同时又呈现出风格的多样性。法国18世纪的布封曾说：“一个大作家决不能有一颗印章，在不同的作品都盖上同一的印章，这就暴露出天才的缺乏……”（《布封文钞》）我国明代的胡应麟认为杜甫的风格“正而能变，大而能化，化而不失其本调，不失本调而兼众调”（《诗薮》）也是这个意思。郭沫若的诗歌的风格便有这种“本调”和“众调”对立统一的特点。这种情况往往在他的同一篇作品中也体现出来，《湘累》就是如此。

对于这个诗剧，只要从作品所呈现的艺术形象的总体来看，就可以知道，它的风格是雄浑、炽烈和含蓄、婉约两方面的特征都具备的。在美的形态上，壮美与优美，刚阳与阴柔之美交融在一起，从而构成了一种既雄浑奔放又含蓄不尽的“层深”的意境。

从富于冲击力、激励人心的审美效果来看，这篇作品最引人注目之处，在于作者借历史人物屈原来浇自己的块垒，以诗涛喷涌、火山爆发式的激情，表达了“五四”时代反抗现实黑暗、破除封建束缚，追求个性解放，呼唤自由创造的精神。正是在这里，作品表现出一种刚阳之气、含着悲剧精神的崇高美，表现出狂放不羁、雄强凌厉的风格特色来。

我们看到，被放逐的屈原，身处逆境，报国救民的理想沦于破灭，个人的自尊心也遭到蹂躏。然而，尽管他极度焦虑、悲愤、忧伤，却在恶势力面前不自卑，不隐忍退让，更不屑于阿谀逢迎、偷生全躯，表现出独立不移、刚直不阿的高尚品格和铮铮气节。正是在把握屈原这种悲剧性格的基础上，作者赋予了他以“五四”时代特有的崇尚自由、追求个性解放的狂飙突进的时代精神。试看屈原的那些颇富爆炸力的话：

> 你怎见得我便不是扬子江，你怎见得我只是些湘沅小流？我的力量只能汇成个小小的洞庭，我的力量便不能汇成个无边的大海吗？
>
> 我效法造化底精神，我自由创造，自由地表现我自己。我创造尊严的山岳、宏伟的海洋，我创造日月星辰，我驰骋风云雷雨，我萃之虽仅限于我一身，放之则可泛滥乎宇宙。
>
> 我有血总要流，有火总要喷，不论在任何方面，我都想驰骋！

这些话直抒胸臆，激情喷发，想象大起大落，纵横驰骋，挟带着时代的风烟，传达出时代的强音，有一种振荡人心的精神力量。

作者直陈胸臆、尽情倾吐时，由于他善于从屈原所处的时代和“五四”时代息息相通的联结点上构思特定环境，并随着剧情发展构思具体情境，因此能激发人物的强烈感情和内心冲突，使之呈现出独特的、丰富多彩的面貌，从而避免了倾吐激情时最容易出现的空洞概念。有时候，作者写屈原从湘灵的水上歌声中得到启示，他由娥皇、女英想到自己是大舜皇帝，想到鲧、禹，还联想到自己被楚怀王放逐，思路迅疾跳荡、跃动，鲜明地表达了蒙受不白之冤的屈原激愤到近乎发狂的特殊心理；有时候，作者从女须误解屈原“疯癫识倒”为因由，借题发挥，猛烈地抨击那颠倒是非、混淆黑白的“混浊的世界”和反动统治集团；有时候，则借《楚辞》中的诗句所显示的境界加以铺陈，表达屈原忽而焦心如焚，忽而超脱飘逸，忽而希冀追求，忽而痛不欲生的大开大阖的感情；有时候又故作腾挪的曲笔：或以女须好心的规劝来“损伤”屈原的自尊心，激起他感情的回流，或以屈原的自我否定来使内心冲突加剧，以使激情得到强烈抒发。这些手法的运用正如作者所说是“借些历史上的影子来驰骋我创作的手腕”(《棠棣之花·附白》)。这种创作手腕无论从感情的表达方式或想象方式看，或从形象描绘的手法看，都表现出鲜明的浪漫主义特色。

但是，应该看到，作者还在积极浪漫主义的基础上运用了象征、暗示的手法。在这个诗剧中，象征、暗示不是出现在小型的字句或个别诗行上，而是在总体结构和总体情绪上造成了象征性的形象和意境。作者将传说中的娥皇、女英的故事和历史人物屈原的事迹这两件事联结起来，抓住它们之间的某种联系，并驰骋主观想象和幻想使它们得到调和统一，从而用象征、暗示的方式造成一种意在言外、含蓄不尽的意境，让诗剧的整个形象都浸透在超乎个别事物和具体环境之上的寓意和氛围中。

作品一开始，就是两位妙龄女子——洞庭湖中娥皇、女英的精灵在唱着切盼爱人归来的恋歌，接着是刚上场，被放逐到洞庭湖滨的屈原的独白。他隐约地听到了湘灵们的歌唱，发出了“可是谁在替我招魂吗”的询问。以后，湘灵哀婉缠绵的歌声时断时续，与湘灵的歌唱相呼应，屈原盼望归去又不能归去的矛盾感情也贯穿全剧的始终。诗人利用娥皇、女英的传说和屈原被放逐的故事为人们所熟悉的特点，在特定的生活经验和审美经验的条件下，构成了容易唤起人们想象的暗示性形象和意境。

从表面上看来，娥皇、女英的歌声是对爱情的歌唱，实际上却是通过对恋人痴情的怀念和盼望，向一切思乡怀土、眷念祖国的人们奏出了一曲“招魂曲”。这湘灵所怀念、歌唱的对象，没有具体的外在形象，它只有一个名称(“爱人”)，一个代名词(“他”)，甚至只是一种精神，一种情绪。但是，由于水上歌声是在诗剧的特定环境中出现的，因此歌唱的对象似乎是泛指，又似乎是有所指。作者从剧中人屈原的角度，写到了他对湘灵歌声的反映：湘灵呼唤恋人归去的歌唱内容，女须和船夫听不明白，唯有被放逐中百感交集的屈原听清和感受到了其中盼归的内蕴，于是，这歌声更加激起了他的感情的波涛，加深了他思乡怀土、痛恨现实黑暗、渴望报效祖国的情思和意愿。

就这样，诗剧在屈原和湘灵的关系上造成了一种境界和氛围，它既是明确可感的，又含蓄不尽，带着一种似隐似现、若明若暗的特色，使象征、暗示的对象具有一种审美上的随意性，显示出多层意蕴和复杂感情，构成了一种特殊的、诗的神韵美，从而容易引起人们的联想、探索和寻味。人们会想到，它是郭沫若这位海外赤子眷念祖国的炽烈情怀的暗示和反映；还会想到，剧中关于屈原愤世嫉俗、追求个性解放和自由创造的内容，也是郭沫若切望伸张个性、报效祖国而又不能如愿的矛盾心理的反映，正是这种矛盾心理激起了他抨击黑暗，呼唤自由创造的感情旋流，人们还会想得更多，例如，似乎剧中湘灵所召唤的，“不是屈原，也不是任何人，在苦难重重的日子里，这是一首伟大民族的招魂曲”（唐弢《诗人，卓越的无产阶级文化战士》）等等。

黑格尔在谈到艺术中象征的特点时说：“象征在本质上是双关的或模棱两可的。”（《美学》第 2 卷）歌德进一步谈到了象征的作用，他说：“象征把现象转化为一个观念（Idee 原义为感觉印象），把观念转化为一个形象，结果是这样：观念在形象里总是永无止境地发挥作用而又不可捉摸，纵然用一切语言来表现它，它仍然是不可表现的。”（转引自朱光潜《西方美学史》）《湘累》所用象征、暗示的方法就具有这种似乎“不可捉摸”“不可表现”而又“无止境地发挥作用”的艺术效果。

这里，还应该看到的是，象征、暗示的方法在概括丰富复杂的内容，揭示“似乎不可捉摸”“不可表现”的境界的时候，由于被象征、暗示的事物的不特指性，所以对象往往是被隐去了的。但是，用以作为寄托的象征物本身却必须诉之于具体可感的形象。这种形象表现得愈感人、愈有感情色彩和艺术味道，便愈能引发人的联想，具有意蕴无穷的艺术效果。很难设想，《湘累》中湘灵期待爱人归来的恋歌如果写成“我等你，等你，长久地，焦灼地，焦灼地又长久地，等了你仿佛整整一个世纪”这一类枯燥抽象的句子，会收到怎样的效果。然而，“水上歌声”却通过巧妙的构思，圆熟的技巧，将湘灵盼归的恋情诉诸真切自然，绚丽多彩的形象，表达得缠绵悱恻，如醉如痴。从而将形象内蕴和复杂感情独特而充分地揭示出来。

只要入象见意，对“水上歌声”作一番细心的鉴赏，便可对其艺术魅力有所领略。全诗紧扣盼归这一中心，随着诗剧剧情的发展形成似断实联的四段。

首段在竹林芦丛掩映，落叶翩跃飞舞的早秋黄昏景色下，传来湘灵的歌声，“泪珠儿要流尽了，爱人呀，还不回来呀”，朴实平凡的语句，直白自然地流露出思念的真情，接着用“从春望到秋，从秋望到夏，望到水枯石烂了”，真率而夸张的诗句极写望眼欲穿的恋情。首尾两句“爱人呀，回不回来呀”的复沓更增加了感情的浓度。第二段经过用直陈手法再次表达思念感情之后，诗人将“九嶷山上的白云”“洞庭湖中的流水”拟人化，使湘灵对着似乎有生命，有感情的对象倾诉衷情，向它们发出了寻找爱人的问讯。白云苍狗，湖水浩荡，本来就是变化莫测，浩渺迷茫的，这里进一步用“层层锁着”来形容九嶷山上的白云，用“微微波着”来描绘洞庭湖的流水，更使湘灵的情思伸向苍茫幽渺的境界。这种境界与下面两句“你们知不知道他？知不知道他的所在哟”相呼应，借助白云、湖水的兴托，暗示着爱人的难以找寻，将女性特有的细腻感情表达得哀婉动人。第三段，恋情的抒写达到高潮。先用“九嶷山上的白云有聚有消，洞庭湖中的流水有汐有潮”的对偶句，借白云有信，湖水有情来反衬爱人的无信，薄情；又引出了下面两句，“我们心中的愁云呀，啊！我们眼中的泪涛呀，啊！永远不能消，永远只是潮”，极言愁云和泪涛较之白云的聚消，湖水的汐潮更甚。上面两组对偶句子，每一组中，两个诗句互相补充，彼此映衬，整齐醒目，铿锵悦耳，手法上既是因物起兴，又带有比喻性质。后一组对偶句中，每句各拆成两个半句，中间的“呀”“啊”两个感叹词重叠使用，抒写的暂时中断造成强烈的感叹语气，更增强了诗的韵味。末一段直陈其义，既从湘灵传说的故事中采用了斑竹泪花的故事，使抒写绚丽多彩，又紧扣剧情，翻出新意，用“泪花儿怕要开谢了，你回不回来哟”一句表达出无尽的哀思，并与诗的首句相呼应，在进一层的抒写高度上归结“盼归”的主题，使全诗在感情升华中有了一个余味深长的结尾。

就这样，“水上歌声”叙物言情，索物托情，触物起情，赋、比、兴三种手法互相渗透，交相为用，情思真挚、诗情葱茏地揭示出“盼归”的内蕴，造成了独特、鲜明的暗示性形象和意境。因此，这首诗不仅在全剧象征性结构中起着重要的暗示和寓意的作用，而且本身也是一首不可多得的好诗。

由上所述，可见在《湘累》中，作者既通过历史人物之口直接倾吐情怀，又借助“水上歌声”和屈原行吟泽畔的“镜头”组接暗示内心的感受。于是，与丰厚容量和情绪宽度相适应，在风格上，雄浑豪放与婉约含蓄两种因素也交融起来，二者重辉迭映，相得益彰，显得艺术设色丰富，诗风多样统一，更增强了意境的深邃感。

《凤凰涅槃》和《湘累》都在积极浪漫主义的基础上运用了象征、暗示的形式和手法，造成了较之一般的“形象”和“感情”更高一级的美学范畴——意境，只是在风格上前者气魄雄伟、刚健豪放，后者则将强烈的抒发融入婉约隽永的意境中。郭沫若以后的诗篇及其他形式的作品（如历史剧、抒情散文）也常借助暗示和象征的方法创造出上述两种不同风格的意境。从《凤凰涅槃》到《屈原》中的“雷电颂”属于前者；从《湘累》中的“水上歌声”到解放后的诗篇《骆驼》属于后者。郭沫若不拘一格，大胆探索，在多种表现方法和多样统一风格的尝试中，能使人领略到不同的意境美，应该说，这正是他作为一个大作家、大诗人在美的探索中取得成功的重要标志。

奇峭的风格　磅礴的“大我”

——读《天狗》

在《女神》中，《天狗》一诗在鲜明地表达冲决一切藩篱的个性解放思想和狂飙突进精神方面，在创造异乎寻常的奇特形象和天风海涛般不拘一格的形式方面，都是颇具特色的。

在这首诗中，诗人以拟喻的手法将自己比喻为天狗。按照我国旧的迷信，曾流行着将日蚀、月蚀当成天狗吞食日、月的说法，而且，每遇日蚀、月蚀人们就常用敲锣打鼓之法以驱赶天狗。这样，天狗成了一个会给人类带来祸殃的反面形象。在此首诗中，诗人则一反传统的说法，不仅自命为天狗，而且借天狗来表现自我，将“我”的巨大形象赫然推到宇宙的中心。这个“自我”气吞日月星辰，囊括自然万物，有着狂暴凌厉的自我扩张的力量；这个“自我”又毁弃自身，换取新生，有着清醒的自我意识。全诗在风格上呈现出强烈的爆炸力和磅礴的气势。诗的感情表达如火山熔岩突然喷发、奔突，又如瀑布飞悬，一泻到底。但是，尽管诗的旋律、气氛紧张到快要炸裂的程度，诗的意象的推移转换也迅疾到使人眼花缭乱的地步，而诗情的发展又层次分明，井然有序。

第一段开头一句，突兀而起：“我是一条天狗呀！”感叹语气的肯定句式将贯穿全诗的核心比喻直陈出来。第二句就干脆用“我”作抒情主体。紧接着下面一系列的“我”为主语的诗句，借助对天狗吞食日月的故事的改造和廓大，诗人的想象在奇特虚幻的境界中奔驰，激情像闪烁的电光在无垠的空间猛烈地迸射开来；随着天狗“把月来吞了”，“把日吞了”，“把一切星球来吞了”，“把宇宙来吞了”，诗人“自我”也融于万物，与宇宙本体合而为一。于是，这个“自我”以万钧之力迅速膨胀扩大，“我便是我了！”诗人以飞腾的想象、如椽的巨笔绘下了“大我”，这个“大我”便由于诗人自己的宣布和强调而雄居于宇宙的中心了。

下一段，既然诗人的“自我”融入了万物，成为居于宇宙中心的“大我”，那么，这个“自我”便从自然万物中获得了光和热，获得了能量。由于物质存在的形式离不开运动，只要有运动便产生光和热，产生能量。因此，“我”所获得的光热和能量是无穷无尽的。不仅如此，这“光”既是“月底光”“日底光”“一切星球的光”，又是眼不可见的具有深邃透视力的 X 光线的“光”。“我”与不同形态的“光”融合为一，便具有了全宇宙的能的总量。

在“五四”时期，当光明与黑暗、正义与邪恶、向上与沉沦的斗争十分激烈，封建势力、封建伦理道德观念仍然严重地束缚着人们个性发展的时候，诗人以一个大写的“我”，宣布“自我”的存在，从“自我”中发现无穷无尽的光和能量，唱出了对光的赞歌，对宇宙的美和“自我”力量的赞歌。这种内容与“五四”这一场伟大历史变革分不开，也与诗人革命民主主义思想和泛神论的影响分不开。诗人由于热烈地追求个性解放而表现“自我”，便不是“小我”，而是与历史时代息息相通，反映了人民彻底反帝反封建革命要求的“大我”。这个“大我”体现在诗歌中，便往往凭借想象和情感的驱使，伸张到外在的社会生活和自然里，成为冲毁封建罗网和旧中国黑暗的巨大力量。而泛神论思想又恰恰与这种个性解放思想十分合拍，因为所谓神即自然、神即“自我”，这种三位一体的观念构成了泛神论思想中所谓“泛”“全体”“本体”“普遍灵魂”。这不同的名词实则是一个东西，它内在于一切事物，又超越于一切事物，无处不在。因此，在《天狗》中，诗人“自我”之所以能融于万物，追求个性解放的感情之所以能在那样宽阔的幅度上迸发出来，显然是与泛神论的诗意的体现有着密切关系的。

《天狗》中“大我”的奇特形象就是基于“五四”时代生活的土壤并熔铸着诗人世界观的复杂内涵而被创造出来的。这个形象一经创造出来，就在诗人幻想的世界中，以它自身特有的逻辑发展着。紧承上一段，这“天狗”既然汇聚了“全宇宙的能的总量”，终于储足了力量，它一旦爆发，就像原子裂变一样，“飞奔”，“狂叫”，“燃烧”起来。这热能、声音和速度，都不同于一般，而是

我如烈火一样地燃烧！
我如大海一样地狂叫！
我如电气一样地飞跑！

接着还一连用了三个“飞跑”。诗人闻一多在20世纪20年代评价《女神》时指出，“动”的精神，“映射于《女神》中最为明显”，“《女神》的作者富于西方的激动底精神”，并具有“反抗”的特点（参见《女神之时代精神》和《女神之地方色彩》）。这里，正清楚地揭示了“天狗”这一形象的历史的社会的内容。

这在宇宙中纵横奔突的天狗不仅是“外向”的，而且是“内向”的，它在突入宇宙，获得无穷能量的同时，又自噬其身，对于“皮”“肉”“血”“心肝”等自己肉体上的东西，无情地“剥”“食”“吸”“啮”，而毁掉旧的形骸的结果，“自我”便进一步获得了精神上的解放：

我在我神经上飞跑，
我在我脊髓上飞跑，
我在我脑筋上飞跑。

这就是说，“自我”不仅扩张到了全体宇宙的客观世界，而且渗透到精神细胞的微观领域，因此，这是对自我意识的更敏锐、更自觉地把握和追求。“我便是我呀，我的我要炸了！”这最后一句表明，诗人自己连同整个旧世界都要在冲击力、爆炸力极强的个性扩张中毁掉！

通过天狗自噬其身并进一步获得精神上的解放的内容，这首诗表达了贯穿《女神》的又一重要思想，这就是解剖自己，向自己精神世界的阴暗面进行剔除和清理的思想。在《凤凰涅槃》中，凤凰自己燃起一场熊熊大火，是要将“身内的一切，身外的一切”都毁掉；在《地球，我的母亲！》中，诗人这“地之子”，也歌唱着“要强健我的灵魂”来报答地球——母亲的“深恩”。

在《登临》中，诗人还认为自己的灵魂已“陷入泥涂”，因而要努力地将它拔出，他写道：“唉，泥上的脚印！你好像是我灵魂儿的象征！你自陷入泥涂，你自会受人蹂躏。唉，我的灵魂！你快登上山顶！”应该看到，这种思想特点是“五四”时期一些具有激进的革命民主主义思想的知识分子所共有的。它是“五四”时期自觉的、彻底的反帝反封建斗争在作家世界观中的反映，具有我国过去时代反封建斗争从未有过的鲜明特色。同时也应该看到，这种思想特点也与欧洲积极浪漫主义文艺作品中追求个性解放的思潮有着某种联系。如歌德在追求个性解放的同时，就赞颂过自我搏斗精神，他常用“蛇脱皮”比喻这种抛弃自我换取新生的革新精神。歌德的巨著《浮士德》既表现了浮士德追求光明、努力向上的一面，也表现了他接受魔鬼引诱、濒于沉沦的一面。郭沫若在留学日本初期就喜爱歌德的作品，很早就阅读了《浮士德》，并开始进行该书的翻译工作，因此受到歌德的影响是很自然的。闻一多在阐述《女神》所受到的西方文艺思潮的影响时，就注意到了诗集中这方面的内容并给予了高度评价。他认为《女神》中这种“能忏悔，能革新”的精神“是美德中最美的”，“是一切光明的源头”。而且，正因为《女神》表达了这种内容，所以“诗人不独喊出人人心中的热情来，而且喊出人人心中最神圣的一种热情”（《女神之时代精神》）。

由上所述，可见《天狗》一诗尽管形象奇特，情感喷发，节奏急骤、气氛紧张，然而，在诗人迅疾的构思中，却显示出了谋篇、布局的功力。由“天狗”突入宇宙，溶于万物，与宇宙本体合一；到获得光和热，获得无尽的能量，再到它“飞奔”“狂叫”“燃烧”，始而奔驰于外界，继而自噬其身，幻想境界中形象的发展，层层深入，脉络清晰。全诗二十九行，不仅诗句短小，旋律急骤，动作性强，而且每行以“我”的主语开头，前两段大都用“是”这个肯定语气的判断词来构成比喻。因此有强烈的主观色彩。在第三段前九行诗句中，后面两个三行的开头的形容词，分别叠用前三行最末尾的形容词，形成环环紧扣，步步进逼的句式，更加强了诗情抒发的澎湃气势。诗中我国民间家喻户晓的天狗吞食日月的故事，与西方近代科学文明和动的精神巧妙地融为一体，诸如“X光线的光”，“全宇宙底 energy 底总量”。“神经”“脊髓”“脑筋”等科学名词交融在诗的整体境界中，也有助于突出“天狗”这个不平凡的奇特形象。

“黎明期”火炽的爱国诗

——读《炉中煤》

在女神中，不仅整部诗集贯串着爱国主义的思想特色，而且有一些直接抒发思乡爱国情怀的诗篇，如《棠棣之花》、《炉中煤》、《晨安》、《黄浦江口》等。这些诗的时代色彩鲜明，爱国感情强烈，成为“五四”时代优秀的爱国主义诗篇。

郭沫若说：“‘五四’以后的中国，在我的心目中就像一位很葱俊的有进取气象的姑娘，她简直就和我的爱人一样。我的那篇《凤凰涅槃》便是象征着中国的再生。眷念祖国的情绪的《炉中煤》便是我对她的恋歌。”（《创造十年》，《沫若文集》第7卷）

由此可见，是五四运动的怒潮激发了这位海外赤子炽烈的爱国热情，他对祖国的眷念和讴歌正是献给觉醒的中国、新生的同胞的。诗人用“更生的凤凰”“年青的女郎”作为对祖国的象征和比喻，就清楚地说明了这一点。

用同属于“五四”时期的著名爱国诗人闻一多的诗歌来作比较，更可以清楚地看到郭沫若爱国诗歌的这种特色。闻一多所写的《太阳吟》、《忆菊》等著名诗篇，着重歌颂的是我国古老的文化，中华民族传统的美好品格，凝聚着我国人民智慧和血汗的古代建筑和我国人民历来认为有“品格”的花木等。正是借助这些特殊题材，诗篇抒发了诗人作为文明古国后裔的民族自豪感，突出了他鄙视帝国主义“文明”的弱国子民的坚贞情操。而郭沫若“五四”后的爱国诗则具有不同的历史角度和宽广的抒写领域。应该说，在“五四”时期，没有任何一个诗人能够像郭沫若的爱国诗那样，强烈地为革命激情所照亮，并鲜明地体现出崭新、火炽的时代风格来。诗人在“五四”爱国热潮的推涌下，激情勃发，对咏叹的对象进行抒写和美化，将自己朝思暮想的祖国写得亲切可爱、朝气蓬勃。贮满诗人心头的是思乡爱国的涌溢诗情，搏跳在他的诗歌中的，是追求个性解放、誓为祖国献身的一颗赤子之心。

从《炉中煤》一诗中可以看到，诗人心目中的祖国已不是沉睡的古老民族，而是青春焕发、蓬勃向上的“年青的女郎”。这形象的内涵包孕着诗人对中国现实变革的热情，以及对中国光明前途的理想和信念。同时，正因为“我”所思念的是一个这么充满希望、令人振奋的对象，因此，才出现了因“眷念祖国”而熊熊燃烧着的“炉中煤”的形象，出现了“炉中煤”向祖国袒露胸襟、倾诉衷肠的独特新颖的自白。不是五四革命运动后中国的特定环境，不是诗人激进的革命民主主义思想和浪漫主义理想化的要求，不会出现这样两个有着特定含义、贯串全诗的意象，也不会出现诗篇的思乡爱国的新意境。在第一段中，诗人对着“年青的女郎”倾诉：“我不辜负你的殷勤，你也不要辜负了我的思量。”前一句既包含着祖国对诗人的长期哺育之恩，也意味着新生的中国对诗人有着更高的要求和更殷切的期望；后一句和接着的“我为我心爱的人儿燃到了这般模样”，表明正是在新的历史条件下，由于新生的祖国和伟大时代的感召，“炉中煤”才剧烈燃烧，眷念祖国，并渴望为祖国效力的思绪才油然而生。第二段，“你该知道了我的前身？你该不嫌我黑奴鲁莽？”两个无疑而问的设词句的连用，警策有力，富于诗意，既增强了“我”与“年青的女郎”的知己亲密之情，又突出了“炉中煤”陈述自身经历的重要内容。“黑奴”的取喻有着浓郁的时代色彩，这是诗人在“五四”时期劳动神圣思潮影响下，同情和赞助被压迫人民、被压迫民族的解放斗争的民族民主革命思想的一种反映。下一段“炉中煤”向“年青的女郎”陈述自身经历时，之所以说“我活埋在地底多年，到今朝总得重见天光”，是因为这“今朝”有着祖国新生的含意，这“我”的“重见天光”也可以使人联想到诗人自我意识的觉醒和个性伸张的内蕴。在这千载难逢的时刻里，这“原本有用的栋梁”也可以为祖国再显身手了。最后一段，再一次强调“我自从重见天光，我常常思念我的故乡”更有力地表明："五四”后祖国新生的现实和理想是诗人诗情产生的时代基础，那“葱俊的”“有进取气象的”“年青的女郎”的形象则是“激发”诗人艺术构思的“契机”，是使“炉中煤”着火燃烧的直接原因。

这首诗不仅感情浓烈真挚，而且艺术上也很有特色。它最显著的特点是抒情中心突出，艺术形象的“燃烧点”把握得准，抒写既单纯集中又丰富多变。诗人以“炉中煤”向“女郎”自白揭示出两个形象的内在联系，将抒情主体和抒写对象结合在一起。这两个比喻又从日常生活中得来，平易亲切、新颖独特，因此鲜明集中地表现了诗人“眷念祖国的情绪”。诗的每一节都以“哦，我年青的女郎”开头，第一节和最后一节的后两句都用“我为我心爱的人儿，燃烧到了这般模样”结尾，形成回环叠唱、反复咏叹；加以诗句短小、用语精炼，每行都由三个音步组成，隔行押韵，一韵到底，因此，浓烈真挚的感情熔铸到严整、和谐的格律之中。这些手法和形式使诗的感情表达得更加集中强烈，诗的基调中有丰富的变奏，诗的核心意象处于不断推移和转换之中。我们看到，诗人既将祖国拟人化，比喻为“年青的女郎”（这是出现喻体，省略本体的借喻），又将自己拟物化，比喻为“炉中煤”（出现了喻体和本体——“眷念祖国情绪”，省略了比喻词的隐喻），再将“炉中煤”拟人化，比喻为“黑奴”（这也是借喻），这些比喻既有一脉相承的内在联系，又呈现出丰富多彩的面貌：复杂而巧妙的借喻、隐喻结构，将多种有物质实感的形象叠加和组合起来，形成了富于立体感的总体形象。在这种物与物及物与我“感通”的情况下，诗人多侧面地表现了“炉中煤”的形象：这“炉中煤”熊熊燃烧，有着像淳朴的黑奴一样鲁莽的热情和诚挚炽烈的心肠；它原本是有用的栋梁，被活埋在地底多年，“到今朝总得重见天光”；它在发出光和热的同时，必须燃烧自己，甚至将自己化为灰烬……这些特点从多方面揭示出“炉中煤”这一形象内藏的“意蕴”，激起人丰富的联想：它使人想到诗人对祖国的赤诚而生发的“眷念祖国的情绪”；想到诗人素有的救国救民的抱负和实现抱负所经受的挫折、磨练；想到诗人在经历了漫漫长夜之后从新的时代曙光中看到了希望的由衷的喜悦；想到诗人为祖国不惜燃烧自己的献身精神……这样，诗中以“炉中煤”为核心意象所组成的总体形象，便显得既凝炼、含蓄，而又鲜明、强烈，寓意深广。

以“全部生命”表现崇高美的诗篇

——读《立在地球边上放号》、《太阳礼赞》

在《女神》中，最鲜明地表现出雄浑豪放风格的抒情短诗，莫过于我们所要谈到的这两首了。这两首诗给人的主要感受和印象是：宏伟、强力、壮丽、炽热。诗中雄奇的形象和澎湃的激情使人惊赞、仰慕，唤起人们对自身力量的自觉意识和对生活的巨大热情，激起人们以全部生命的力去努力创造，去追求光明，去获取力的艺术，力的美。这是崇高与壮美的统一，诗人唱出的正是一曲表现崇高美的激情洋溢的赞歌。

两首诗的这种特殊的美学效果是怎样产生的呢？

一方面，诗人通过对自然现象的真实反映，展示了大自然的雄伟和壮丽的景色。诗中的自然形象具有异乎寻常的规模、面积、体积、威力，它们引起读者惊异、赞叹，一种狂暴的激情荡涤心胸，从而使人由这种自然形象产生对社会生活的某种关于崇高和伟大的联想；另一方面，更重要的是，经过诗人想象的飞腾和感情的灌注，经过诗人以自己全部生命和人格进行艺术创造，自然形象便浸染着、渗透着诗人的主观感受，自然现象与诗人主体血肉交融，成了有生命有感情的活的存在。这种在特定环境中强烈、丰富的典型感受便象征着一定的社会内容，从而达到对社会现实和时代精神的鲜明反映，表现出一种正面的崇高，一种富于乐观进取精神的壮美。

在第一首诗中，诗人把自己想象为一个站在地球边上目光遍及广阔天地，并发出了激情的呼唤的巨人。诗中紧扣“立在地球边上”这一着眼点，借助极目远望的开阔眼界，把地球北极的北冰洋和居于地球腹地的太平洋联结起来，把北冰洋晴空中无数怒涌的白云和太平洋汪洋浩瀚的万顷波涛两个宏大画面组接起来，于是，自然物的形象便以超乎人们常见的面积之大，数量之多和超乎人们常见之力，显示出它们的宏伟、壮观与伟力；更重要的是，通过对自然的抒写，可以看到抒情主人公的高大形象，窥视到他的充实的内心，感受到他的如沸的激情，而抒情形象所显示的这种独特感情、心理，正反映了被“五四”时代怒潮唤醒的革命知识青年的共同特征。

诗中因为受到泛神论思想的影响，从自然万物常动不息的力量中吸取了诗情，因而必然包含着对于宇宙间自发的力的赞歌，但其核心意象仍然是“五四”时代狂飙突进精神的反映。从诗集《女神》中可以看到，“五四”之前，郭沫若曾经在《新月和白云》一诗中将白云幻想成“解渴的凌冰”，想借它来解解自己“火一样的焦心”；在《死的诱惑》一诗中，窗外“青青的海水”，也被描绘成忧伤的诗人用以求得解脱的场所。而这时候，时间不到一年，同是白云，却在晴空中怒涌，同是海洋，却具有了无穷的力量。这种对照说明，正是“五四”革命现实的激发和诗人所受到的时代精神的感召，使他笔下的自然形象发生了大的变化。把握了诗人这种生根于时代生活和现实土壤的激情，对于下面两句诗就不会仅仅理解为对抽象的力的歌颂了：

啊啊，我眼前来了滚滚的洪涛哟！

啊啊，不断的毁坏，不断的创造，不断的努力哟！

抒写幅度从眼前的景物挥洒开来，确实上升到了某种哲理概括的高度。宏大的境界，磅礴的气势，使人从具体的景物一下子想开去，想到地球，想到日月星辰，想到千秋万代和无穷的未来，想到无边无际、无始无终的大宇宙，想到永恒不朽的过程。然而，这种对生命辩证发展过程的抒发毕竟寄寓着诗人对历史、时代和现实的思考。这是中国人民前仆后继斗争历史的象征。这种哲理性思考、对创造力的讴歌，在“五四”时期的先进知识分子中，不止郭沫若一人。例如李大钊就曾在《青春》一文中写道，人们应“以宇宙之生涯为自我之生涯，以宇宙之青春为自我之青春。宇宙无尽，即青春无尽，即自我无尽。此之精神，即生死肉骨，回天再造之精神也。此之气魄，即慷慨悲壮，拔山盖世之气魄也。惟真有此种精神与气魄者，乃能永享宇宙无尽之青春”（《李大钊选集》）。

下面由对力的歌颂到讴歌“力的绘画，力的舞蹈，力的音乐，力的诗歌，力的律吕”，这种抒写仍然没有离开诗人眼前太平洋“滚滚洪涛”的具体景物。“力的绘画，力的舞蹈”是洪涛的形态，“力的音乐，力的诗歌”是洪涛的声音，而“力的律吕”则是洪涛的节奏和音律。总之，这是对“力”的美化，赋予“力”以人们常见的艺术美的形象，同时又是对力的艺术的歌颂，对充溢着力的崇高美的歌颂。我们知道，郭沫若自己的诗歌，无论是从表现反抗破坏和自由创造的精神内容上看，从特别发展的想象和激情以及与之相适应的丰富多彩的浪漫主义手法上看，或是从他不拘一格、发挥艺术独创性并实现诗体的大解放看，都是这种力的艺术的大胆的和富有成效的实践。从这里，也可以看到郭沫若对自己诗歌的崇高美风格的自信和肯定。

第二首诗写海上日出的壮丽情景和东升后太阳的无比威力，通过对太阳的礼赞唱出了对光明和理想的颂歌。与上一首诗一样，诗人在表现客观自然景物的崇高和壮美时，不是一般地将自己的思想感情融入自然景物之中，而是借歌颂太阳来表现自己“全部的生命”，主观性特别强烈。在艺术上较之前一首，形象更为丰富，色彩更为瑰丽，感情的抒发奔泻流畅而又显出层次，想象的展示奔突多变而又转换自然。

诗的前三节主要借海上日出的情景来赞颂太阳。先用起兴手法，借助大海的潮向东方，引出日出前太阳“光芒万丈”的景象。这大海的形象似乎是被拟人化了，它的潮向东方的汹涌波涛，在欢呼和迎接太阳的出现，而喷薄欲出的太阳又先将它辉煌的光焰洒向海天相接的苍穹。这里，像两个组接在一起的镜头，使诗一开始就显得境界开阔，气象万千。接着又以被阳光照亮的云霞来进一步托出日出前的瑰丽景象。用“火一样地鲜明”来形容这种景象，已经很有色彩了；这里再取一个“笑”字，将朝霞拟人化，又借助于“通感”现象，将人的听觉和视觉沟通，以诉之于听觉的“笑”声，和诉之于视觉的云彩的状貌，彼此相生。于是，饱孕着阳光的朝霞的形象就声态并作，更富于感染力了。下面，诗人“恨不得把眼前的障碍一概划开”的强烈抒发，就直接表明了这种感染力的效果。经过这一番渲染、铺垫，日出前的客观景象既是饱和着感情色彩的，而强烈的主观感情的抒发又储足了力量，于是诗人正式写到日出的情景：

出现了哟！出现了哟！耿晶晶地白灼的圆光！

从我两眸中有无限道的金丝向着太阳飞放。

激情的呼喊，流露出向往光明的炽热、纯真的感情，似乎使人看到了诗人欢呼雀跃的神情。阳光和诗人的眼光物我交感的结果，产生了奇特的形象。用“耿晶晶地白灼的”来形容“阳光”，用“无限道的金丝”来形容“眼光”，于是“阳光”和“眼光”有了形体，本来诉诸视觉的东西变得诉诸触觉了，有着似乎可以捉摸得到的物质实感。这又一次“通感”手法的运用，多么鲜明、强烈地表达了诗人执着地迎接和向往光明的感情。

诗的后四节主要是通过写太阳的威力来礼赞、讴歌太阳。从前面几节对客观景物的描绘、抒写为主，到后面几节借客观景物作主观抒发、自我表现为主，其间感情的脉络和形象的转换是真切自然的。紧承第三节阳光和诗人眼光“交感”的景象，第四节开头“我背立在大海边头紧觑着你”的过渡性陈述，便自然地引发出来。第四、五节形象性不强，但以执着的态度表达了诗人切望永远承受太阳的照射，永远在太阳的光照下前进，和须臾不能离开太阳的强烈感情。经这两节的过渡，全诗的礼赞太阳的感情被推涌到了高潮：

太阳哟！你请把我全部的生命照成道鲜红的血流！

太阳哟！你请把我全部的诗歌照成些金色的浮沤！

前一句，诗人全部生命在太阳的光照下似乎要化为光明和热力流淌。这是“五四”时期在新的时代光芒照耀下觉醒的进步青年意识到自身的尊严、自身的力量的鲜明表现，也是对自己未来生命的热烈期望和理想化境界的执着追求。诗人要求自己的人格和诗的创造一致，“诗是人格创造的表现”，因此，他又把自己的全部诗歌想象、讴歌为饱孕着太阳光辉的激浪。这里表明，一方面他要求自己的诗歌要反映出历史的风云，歌唱出时代的强音，成为战斗的歌，另一方面又要求诗歌要像饱孕着阳光的浪花一样，自然涌现，“自发其心花”“真情流露”，成为战斗的生命和人格的体现。田汉在谈到《女神》的时候，曾经在给郭沫若的信中说过：“与其说你有诗才，无宁说你有诗魂，因为你的诗首首都是你的血，你的泪，你的自叙传，你的忏悔录啊。我爱读你这样的纯真的诗。”(《三叶集》) 这正是对郭沫若把诗与人格一致看作诗的最高境界的真实评价。

文学的崇高是这样一种审美感情!你在自然现象和社会生活的伟大事物面前,震撼激荡,产生一种奋发向上的感情,你感到自己的渺小、卑琐、平庸,然而却强烈地要求净化自己的灵魂,以学习、赶上和超越对象。黑格尔说得好:“大海给我们以无际与渺茫的无限的观念,而在海的无限里感到他自己的无限时,人类就被激起了勇气要去超越那有限的一切。”(《历史哲学》) 郭沫若要求太阳把自己“照得个通明”,把自己“全部的生命照成道鲜红的血流”,把自己“全部的诗歌照成些金色的浮沤”,就是要求净化自己的灵魂的兴奋愉悦情绪的表现。这“通明”,这“鲜红的血流”,这“金色的浮沤”,不就是辉煌的太阳的光焰本身吗?不就是人格化了的太阳吗?诗人从太阳的“无限”里深味到自身的“无限”了。

诗的最后两句,诗人心海中的云岛火一样地鲜明,心海中的怒涛奔腾澎湃,就是太阳将诗人照得个“通明”的结果,也就是诗人净化了的灵魂从对象中获得了“无限”的表现。古人云,好的诗“篇终接混茫”。这首诗由于巨大的激情和哲理思考的渗透交融,因而有一个意味深长的结尾。这一节诗与开头一、二节相照应,用“心海中的云岛”照应“天海中的云岛”,用“心海中的怒涛”照应大海中“汹涌的波涛”,又都统一于对太阳的礼赞,对自我力量的歌颂。显然,这种回环复沓不是简单的重复,而是进一层的感情抒发和形象的更新,再造。如果说一、二节为自然界太阳的出现造成了气势、渲染了气氛,那么,这最后一节里,诗人“心海中的云岛”的鲜明夺目,“心海中的怒涛”的汹涌澎湃,则预示着诗人心中的太阳也将喷薄而出了。这里,这个颇有余味的结尾进一步有力地表现了诗人对光明的未来和美好理想的坚定信念和乐观态度。

这两首诗气魄宏大,境界开阔,然而却是即景生情,缘物抒怀的即兴诗,即如歌德所说,此为“趁时机”“来自现实生活”的“应景即兴诗”。一首从眼前北冰洋的情景,太平洋的伟力抒写开去,一首从眼前海中日出的景象铺展开来。前者唱出了不断地毁坏和创造的力的赞歌,后者谱写了照彻天海和心海的光的颂词。这种感兴自由流露的特点使两首诗很少用陈述句,大多用感叹句。陈述句也是像“无限的太平洋提起它全身的力量来要把地球推倒”

或“青沈沈的大海，波涛汹涌着，潮向东方”这样笔力千钧的句子。感叹句则前一首多用排比的短语，短促有力，后一首多用排比句，气势浩荡。前一首尽管全诗诗行参差不一，各行顿数不等，又不押韵，然而却乱中有法，具有一种内在的节奏和韵律；后一首虽则两行一节讲究句的均齐和顿数的相等，但不拘泥于固定的约束，显得和谐中有变化。这两首都是郭沫若“立在海边上”，或者轰轰烈烈的怒涛卷地吼来，或者朝阳喷薄而出、冉冉上升时，诗人“禁不住血跳腕鸣”的昂奋情绪下写的，因此，它们具有一种“海涛的节奏”，正如作者所说，如果钟声是先扬后抑，“初扣的时候顶强，曳着嫋嫋的余音渐渐微弱下去”，那么涛声则是先抑后扬，“初起的时候从海心中渐渐卷动起来，愈卷愈快，卷到岸头来，‘啪’的一声碎成粉碎。”(《论节奏》)这两首诗的节奏的韵律正是这样。作者又把这称为听军歌军号军鼓时的“鼓舞调”。这些都表明这首诗在形式上也是与崇高美的特征相适应的。

这两首诗，明显地受到惠特曼诗歌的影响。处于资本主义上升时期的惠特曼充满了对于新时代和新事物的乐观憧憬。他以不拘一格的自由体诗歌颂着自然、劳动和创造，歌颂人的权利和尊严，预言着人类更光辉的“世界乐园”的出现，表现出鲜明的积极浪漫主义风格。郭沫若立足于“五四”革命现实，感受到惠特曼“太平洋”一样宽阔的诗风的激荡，从惠特曼热情奔放的自由诗中“找出了喷火口，也找出了喷火的方式”。上述两诗中雄健的、豪迈的、进取的、呼唤破坏和创造的抒情主人公形象，雄浑粗犷的格调和不拘一格的诗的形式，都表明了他在精神上、艺术上与惠特曼的联系，这样，也使人清楚地看到他的诗歌的崇高美与惠特曼的诗歌是有着明显的一脉相承之处的。

赤诚真率、丰富华严的颂诗

——读《地球，我的母亲！》

如果说，浪漫主义创作方法的一个重要特点是以丰富的幻想和热情描写理想化的对象，“在我们的人生中替我们创造另一种人生”（雪莱《为诗辩护》）的话，那么，郭沫若的《地球，我的母亲!》就是充分地体现了这个特点的一首长诗。这首诗写于1919年底。当时旅居日本的郭沫若，在国内五四运动爆发的消息传来后，精神上受到极大的鼓舞。他将全部的热情倾注到对美好事物的追求和对理想境界的抒写中，以对理想中的光明、美好人生的肯定来达到对现实中的黑暗、丑恶人生的否定，这正是以积极浪漫主义手法对“五四”时代精神的一种鲜明的反映。

这首诗在创作过程中，曾经出现过强烈的灵感爆发状态。郭沫若谈到，当时诗兴袭来，他在福冈图书馆后“僻静的石子路上”“赤着脚踱来踱去，时而又率性倒在路上睡着，想真切地和‘地球母亲’亲昵，去感触她的皮肤，受她的拥抱”，他说当时似乎“是有点发狂”，然而正是“在那样的状态中受着诗的推荡、鼓舞，终于见到了她的完成，便连忙跑回寓所把它来写在纸上”。

由此可见，正是“五四”时代浪潮的推涌，外界具体事物的触发，使诗人脑海中浮现了地球——“母亲”的形象。他把地球当作哺育自己、哺育人类、哺育万物的“母亲”来写，而自己则是“地之子”。地球——“母亲”的形象实际上是“五四”时代爱和美的理想的象征，是无限创造力的象征，是不断变革、蓬勃进取的时代精神的象征。通过对地球——“母亲”形象的抒写和歌颂，“五四”时代“地之子”执着现实、热爱生活、追求个性解放、追求美好理想的精神品格和激越情怀得到了鲜明有力的揭示。

在地球——“母亲”这个有生命有感情、充满着常动不息的创造力的大自然形象中，熔铸着一个革命民主主义者反帝反封建的要求和追求个性解放的精神，呈现出一个积极浪漫主义诗人在时代精神感召下强烈的自我表现的特色。

长诗在感情激发状态中很自然地显出四个层次。

第一层（包括前四节）写“地之子”醒来后发现地球的美好和“母亲”对自己的养育之恩。诗一开始出现在我们面前的就是地球——“母亲”将自己怀中的儿来摇醒，而“地之子”正在“母亲”背上“匍行”。这个形象所包含的“地之子”觉醒的内容既与“黎明”时分的大的时代环境和历史气氛息息相关，又与诗人同大地“亲昵”，似乎“感触她的皮肤，受到她的拥抱”的具体感受直接联系着。基于这种时代精神的感召和现实生活的独特感受，诗的想象的翅翼飞腾起来。“地之子”发现地球是一个理想的乐园，自己被母亲背负着在乐园中逍遥。而这一乐园的发现又使他认识到自己过去、现在、将来的衣、食、住都要依赖“母亲”的供给，进而对地球——“母亲”的恩爱产生无限感激之情。于是，他表示要常常生活在大自然的怀抱里，对于母亲表示自己的孝心。刚刚觉醒的“地之子”就是这样感触敏锐，一往深情，跳荡着一颗赤子之心。

接下去五个诗节形成第二个层次：“地之子”由发现地球——“母亲”对自己的“深恩”到进一步发现她对工农及整个人类社会、自然事物的广博的爱。这里，诗的抒写幅度大大地展开了。诗人胸怀宽广、视野开阔，通过“地之子”和地球——“母亲”的关系的歌颂，他把最大的热情、最响亮的歌献给了为人类创造财富、带来幸福和光明的工人、农民。“地之子”由向母亲表示自己的“孝心”扩大到“羡慕”母亲的“孝子”——“田地里的农人”，

“宠子”——“炭坑里的工人”，看到“母亲”是时常地“爱抚”和“怀抱”着他们。他还注目于未来，在眼前展现了一个“一切和谐”的理想化的世界。“地之子”由热爱母亲，到热爱地球上为“母亲”哺育和爱抚的“一切的草木”，“我的同胞”，讴歌它们“自由地、自主地、随分地、健康地享受着他们的赋生”。这是“五四”时代劳工神圣、劳动神圣的思潮与泛神论观点的奇妙结合，是“世界大同”的空想社会主义成分与泛神论观点的水乳交融。诗人笔下的工农由于既是自然之子，又是造福于人类的佼佼者，因而与当时一些作品中工农形象大多被描写为受人怜悯的弱者不同；诗中理想世界的抒写也由于泛神论的“一切和谐”和自然力永恒不息的观点而呈现出特有的追求光明、向往未来的热力。

随着地球形象的历史内涵和时代特征的揭示，长诗在第三个层次（包括十一十四节）中进一步将诗的内容上升到哲理的高度。“地之子”否定了地球之外的绝对创造主，将“自我”和“母亲”的形象推到了大圣大贤和宇宙主宰者的地位。这“地之子”不相信自己和“母亲”是什么虚无缥缈的“妄执无明”和“梦幻泡影”，他认定自己是“实有性”的存在，而生育和哺养他的“母亲”则是“实有性的证人”。他认为自己和自己的同胞都是从地球这母体中“生出”的，都是像古代伊尹一样的大圣大贤，绝不相信还有什么超自然的创造主存在。感情真挚热烈，字里行间渗透着富于真知灼见的哲理思考。泛神论主张本体即神，神即自然，实际上是否定了神的存在，而个性解放思想对个性自由的追求也强烈到自我就是神。这里，泛神论与个性解放思想的结合在“五四”时代条件下表现出强烈的冲决封建罗网、反对偶像崇拜、蔑视反动权威的革命精神。接着，因为诗人否定了超乎自然的绝对创造主，认定地球本身的物质实在性，大自然本身就是永恒力量的源泉，因此“宇宙中的一切”都成了地球——“母亲”的化身，雷霆是她“呼吸的声威”，雪雨是她“血液的飞腾”，无垠的宇宙是她“化妆的明镜”，太阳、月亮，也不过是她在镜中反映出来的“虚影”。这位母亲成为矗立在宇宙中的巨人，具有吐纳风云雷电的无穷的威力，而她的力量的来源却在大地本身，植根于大地的人的本身，因此，诗人说，“我想那天空中一切的星球，只不过是我们生物的眼球的虚影”，而且再次强调只相信地球“是实有性的证明”。

最后一个层次（包括末几节）：由进一步发现“母亲”的恩爱无往而不在

到在精神上与“母亲”融为一体，“地之子”由此获得了常动不息的永恒的力量。与诗的首节相呼应，“醒”过来的“地之子”这时候已经认识到“已往的我，只是个知识未开的婴孩”，于是深深的自我谴责使他更加对“母亲”满怀感激之情。他不仅从生活的哺育滋养，而且从精神的慰安陶冶上赞颂了“母亲”。那“一切的声音言笑”“一切的浮游生动”“一切的芬芳彩色”，既表现出“母亲”对“地之子”是如何爱护备至，而且从声音笑貌、动作神态和气息色彩等方面对“母亲”的形象作了写意式的描绘和着力的渲染，使这位昂首天外、有着神奇威力的“母亲”形象，与现实世界中一切日常生活的美好事物融合起来，使人感到她既可敬又可亲。“母亲”对“地之子”这种无往而不在的恩情，使“地之子”强烈地感到自己就是自然的一部分，于是他发出了“我的灵魂便是你的灵魂”“我要学着你劳动，永久不停”的歌唱。由对地球——“母亲”的崇敬相亲、赞颂备至，到在精神上与“母亲”溶为一体，于是，“地之子”便获得了自强不息的巨大能量，它如同地球的自转、公转一样，如同地球上一切物质不断的运动一样，永恒地持续下去。正如周扬所指出的，郭沫若“没有向我们遥指缥渺的天空，倒是告诉了我们地的意义”，“郭沫若的脚是站得很牢的”，“他的精力将是无穷尽的”，“他的《地球，我的母亲!》一诗，正表白了他的这个现实的态度”。

这里，应该看到的是，作者在运用积极浪漫主义创作方法概括和表达上述思想内容时，不是提供生活的图画，而是展示心灵的历程，不是按照现实本身的样子，而是按照愿望、理想以至幻想的形式，着重从内心体验的真实上达到对现实本质的概括。长诗中这种体现了诗人对时代的概括认识并带哲理性的浪漫主义形象，之所以写得鲜明生动而避免了空洞概念的毛病，是和长诗在构思过程、艺术手法和诗的形式等方面的特色分不开的。

首先，从构思过程看，作者不是从概念出发，仅仅停留在对于诗的素材的时代精神和哲理意蕴的抽象思考上，而是遵循形象思维的规律，从真实感受中捕捉独特、典型的形象以形成诗的构思的契机（指诗人在地上“赤着脚踱来踱去”“倒在路上睡着”所产生的“和‘地球母亲’亲昵”的形象感受）。正是这种构思的契机直接引爆了来源于“五四”革命现实的激情。而长诗在情思的延伸中又始终不脱离“母”“子”血肉关系的核心意象（从第一节“地之子”在母亲背上“匍行”，第四节他表示留恋“空旷”的大自然，到第九节

“只愿赤裸着双脚”永远和地球“相亲”，再到最后一节向“母亲”发出“我的灵魂便是你的灵魂”的歌唱，这些鲜明独特的形象都和构思的契机一脉相承)，又根据形象本身的生动逻辑展开想象、驰骋幻想以进行概括，扩大诗的境界（随着“母”“子”关系核心意象的回旋、复沓，经过四个感情层次，主题不断深化)，从而将时代精神、哲理思考和浓郁的情思熔铸在生动的形象中。

其次，这首诗从浪漫主义的特殊要求出发，成功地运用了人格化的艺术手法。在托物兴怀、感物咏志的诗篇中，这首诗是以兴托新奇、立意不凡而独具特色的。与现实主义诗歌中常见的情形不同，诗中用以作为兴托的事物不是自然界中某种个别景物，而是地球这个概括的大自然的整体形象；在对兴托景物的描写上，不重视对形象的固有特征的细微描绘，而是忽略形象的固有特征，以象征、写意、幻想的手法着重揭示地球——“母亲”形象的内在的精神品格。在赋予自然物以人的思想感情的时候，又与一般的“移情于物”的艺术手法不同。“移情”的方法是让物体的某种特点染上感情色彩，以表现人的一时一地的感情（如杜甫《春望》中的诗句，“感时花溅泪，恨别鸟惊心”，在赋予花上露珠、鸟儿鸣叫的景物特征以思想感情的时候，“物”还是物，然而却以“移情”的方法表现了诗人在安史之乱背景下特定的凄怆感情)。而郭沫若的这首诗却将地球作为一个整体加以人格化，把地球当作人来写，使之成为特定的人的化身（与这种方法相似的李白的《月下独酌》中“举杯邀明月，对影成三人”等诗句中的明月，就是与作者精神上完全共鸣的一个人格化了的形象)。作品通过“地之子”对地球——“母亲”的赞颂和歌唱，地球的形象中熔铸着诗人“自我”的人格，跳荡着感人肺腑的纯真的赤子之心。例如：

地球，我的母亲！
我羡慕那一切的动物，尤其是蚯蚓——
我只不羡慕那空中的飞鸟：
他们离了你要在空中飞行。

地球，我的母亲！
我不愿在空中飞行，

我也不愿坐车，乘马，着袜，穿鞋，

我只愿赤裸着我的双脚，永远和你相亲。

这里，通过一个天真、赤诚的孩子对“母亲”的真情流露，可亲可敬的“母亲”的形象被表现得多么鲜明、突出！在前一节中，“地之子”借助带着稚气的对比（用的是羡慕……不羡慕……的肯定、否定词语组成的对比句式）表现出来；后一节则在稚气的对比中，又用孩子气十足的“言之不足，故长言之”的略带夸张的感情来强化这种对比。这样，孩子的天真便有力地衬托出“母亲”的爱重恩深，从而使我们受到强烈的感染。在诗中，这种感情强烈的特色不仅表现在直抒胸臆的诗句中，而且渗透在那些绚丽的形象和奇特的幻想中。那一段“雷霆”是“呼吸的声威”，“雪雨”是“血液的飞腾”，“天球”是“化妆的明镜”的想象和幻想，就因为它们发自一个孩童的真心，因而，让形象裹着感情的血肉而激动人心。如果说所谓美既有含蓄委婉的美，又有真挚、直率的美的话，那么，诗中这种真情自然流泻，真可谓达到真挚、直率美的极致了。梁启超曾称赞这种感情“烧到‘白热度’”“一毫不隐瞒，一毫不修饰”的诗“是感情文中之圣”。又说，“这类文学，真是和那作者的生命分劈不开”，“语言和生命是迸合为一”的(《中国韵文里头所表现的情感》)。我们从人格化的地球——“母亲”的形象中正是领略到了这种特色的。

再次，从诗的形式上看，这首诗每节四句，诗节整齐，句子也比较均齐，还讲究押韵，基本上是隔行押韵，一韵到底，所以可说是比较自由的现代格律诗形式。全诗还运用了回环、复沓的手法，每节的开头与诗题相应，用稚子频频呼唤母亲的语气，重复“地球，我的母亲!”一句作为各诗节的开头。还运用了许多结构相似、字数相等、顿数相同的对偶句、排比句，使节奏更为和谐，从而造成了反复咏叹的效果，加以诗的结构完整，前后呼应，层次清晰，这种形式与诗的赞叹歌咏的颂诗内容相适应而显出了自己的特色。

“赤子之心”的自然流露

——读《光海》

郭沫若在他早期的诗歌创作中，有一个重要思想，就是认为“诗的创造贵在自然流露”。他说，“新诗便是不假修饰，随情绪之纯真的表现而表现的文字”，“要有纯真的感触，情动于中令自己不能不‘写’，不要凭空白地去‘做’”。“不要拘泥于押韵，总要自然。要全体都是韵。”（《致元弟》）当然，由于抒情对象不同，作者的情思有异，自然流露的诗也呈现出不同的风格。如果说《凤凰涅槃》、《天狗》等诗中，诗人是借助异乎寻常的形象，表达“大波大浪”、洪涛喷涌式的激情，表露出雄浑凌厉的风格，那么，这一篇《光海》则从日常景物、平凡生活中发现诗意，感情的表达，如“小波小浪的涟漪”，袒露出诗人纯真的“赤子之心”，另具一种奔放跃动、清新鲜亮的风格特色。

诗人带着自己的幼子来到海边的沙滩上嬉戏，这对于海边生活的人来说，是多么平常的生活场景，然而这常人常事却引起了诗人敏锐、鲜活的感受，激发了他的丰富的想象和联想，以至于诗兴勃发、心灵翱翔，展示了新鲜蓬勃、炫人心目的诗意诗境。

诗的头两段主要是对“光海”的概括抒写。诗人大处着笔，把形象的具象性和抽象性结合起来，一开始就直截了当地点题：“无限的大自然，成了一个光海了。”对于太阳光辉的照耀和大海波涛的闪动，作者抓住二者的主要特征，经过作者主观感情的溶化，将它们联结、交融起来，于是，太阳、大海经过诗人的组合、再造而形成新的“光海”。这是一种类似中国写意画般的形象表现手法。这种手法不是对具体事物的如实再现，而是大量舍弃、排除具体物象的非本质方面，以高度概括、提炼，创造出比具体物象更富有含义、更完美的形象。“光海”的形象，似乎在阳光中溶入了大海的汪洋浩瀚的体积和磅礴的气势，因而阳光好像有了形体；同时，大海又因为映衬着阳光辉煌的光焰而另具有一种色泽。经过对这两种巨大事物的本质特征的抽象、概括，便囊括了整个大自然，一幅晴天海边的特有景象便和盘托出。与“光海”这种基本色调相适应，“到处都是生命的光波，到处都是新鲜的情调”，作者又进一步采用移情于物的拟人化的手法，赋予了“光海”中的自然物以生命和感情。一连八个“笑”的形容词使得“海”“山”“太阳”“地球”“青松”“沙原”都成了活生生的存在，诗情涌溢酣畅，格调清新豁亮，似乎也带着大海的涛声，太阳的亮光。“我同阿和，我的嫩苗，同在笑中笑”“我们要在你怀儿当中，洗个光之澡!”诗人成了“光海”的一部分，完全与自然融为一体了。歌德的“主情主义”和“泛神论”的影响在这里表现得十分明显。郭沫若在留学日本初期便喜爱歌德的《五月歌》，曾对灿烂的春光唱过赞歌：“自然多么壮丽，向着我照耀！太阳多么辉煌！原野多么欢笑!”郭沫若的《光海》，形象更为绚丽多彩，抒写更为自然流畅。

这种属于艺术抽象的写意式的手法在更多的情况下是属于浪漫主义艺术方法的范畴的。高尔基的积极浪漫主义作品《玛尔华》，第一句就是“海在笑”，然而现实主义作家契诃夫对这种语句却不能容忍，他说：“海不笑，不哭；它哗哗地响，浪花四溅，闪闪放光……您看托尔斯泰的写法，太阳升上来，太阳落下去——鸟儿叫，谁也没哭，谁也没笑……”

然而，这首诗的浪漫主义特色主要不是表现在它的写意式的形象描绘手法上，主要是体现在“赤子之心”的自然流泻上。如果说，前两段对于“光海”的抒写，为真情的自然流露，展示了最好的自然环境，定下了乐观向上、新鲜蓬勃的基调，那么下面三段则展开了具体描写，并进一步构思了展示作者童心的特定环境。除自己的稚子阿和以外，诗人又看到了一群小学的儿童在沙滩上跳跃嬉戏的情景，这个场面把诗人带回到了十五年前的旧我。想到童年时代哺育自己的家乡，想到自己“心爱的同窗”。与整个诗的愉悦欢快的情调相一致，诗人的这位“同窗”，虽然已成为“故人”，但却将他的夭折说成是“灵肉解体”，而且想象这“解放了的灵魂”竟然在他“身旁欢笑”。因此，这种回忆不带一点忧伤的感情，而为诗情的发展增添了摇曳多姿的一笔。

关于这种童真感情的表达，明代的李贽说得好：“夫童心者，绝假纯真，最初一念之本心也。若失却童心，便失却真心；失却真心，便失却真人。”又说：“天下之至文，未有不出于童心焉者也。”他更把这种出于童心的文学与按照封建传统观念炮制出来的明道、载道的文学对立起来，称后者为“假人言假言，事假事，文假文”的文字（见《童心说》）。李贽所谓的童心、真心，不仅是指的对于儿童心理的表现，更重要的是强调在文学作品中要有赤子之心和真情实感。这也就是郭沫若常说的“情绪之纯真的表现”“自发其心花”“性情必真”等。这里，值得注意的是，有一种说法，认为浪漫主义创作方法在自然流露作者的真情实感时，既然不必像现实主义那样熟悉现实生活的具体过程和细节，诗人就只要掌握生活的总的特点，具有对时代的敏锐感受和一般的观念就可以产生创作冲动，出现“灵感”爆发。然而，事实却是，好的浪漫主义诗歌仍然与一般优秀诗歌一样，真情实感的抒写必须基于对生活中个别特殊事物的独具慧眼的发现。诗人何其芳曾说：“过去说写诗要有灵感。其实所谓灵感，就是诗人在想象中捕捉住了动人的不落常套的构思。”（《诗歌欣赏》）这个见解之所以颇为精辟，是因为它在诗歌理论中阐述和表明了“艺术的真正生命正在于对个别特殊事物的掌握和描写”（《歌德谈话录》）。浪漫主义诗歌虽然有自己的特点，但也离不开文艺的这一重要规律。同样，《光海》这首诗中“赤子之心”的自然流露也是与富于生命力的自然形象的创造，与孩童的天真、童年的回忆等具体构思分不开的。

正因为《光海》有这样独特的构思，因此，在诗的最后两段中，顺着这种独特构思的发展，诗人富于童心的纯真感情就流淌得更为酣畅感人了。当诗人写到他和幼子阿和登上灯台远眺的情景时，出现了这样的诗句：

阿和要我登，

我们登上了。

哦，山在那儿燃烧，

银在波中舞蹈。

一只只的帆船，

好像是在镜中跑。

用“燃烧”来形容阳光照耀下起伏的群山，用一个“银”字表达阳光照耀下跳荡的海浪，用一个“跑”字绘状帆船行驶的模样，用语准确、贴切，而且观赏景物、表达感情都是从儿童特有的眼光、心理出发的；又采用了儿童惯用的口语、语气，诗的节奏轻快、跳动，也带着儿童特有的感受，这样，便极其朴素、自然地传达出纯真的感情，形成了一幅鲜亮、清新的图画。

最后一段，通过诗人同阿和的一问一答，孩童的稚气天真更具体、充分地表达出来，“阿和，哪儿是爹爹？他指着空中的一只飞鸟”，顺应着这种稚气的举动，诗人的想象也像那只飞鸟一样欢快地飞腾起来：

哦哈，我便是那只飞鸟！

我便是那只飞鸟！

我要同白云比飞，

我要同明帆赛跑。

你看我们哪个飞得高？

你看我们哪个跑得好？

这里，诗人自己就成了一个儿童，成了自然的一部分，连想象方式也带着儿童独具的心理气质，加之从儿童的观感出发，运用童稚的语言、语气，隔行押韵，一韵到底，适于表达明朗欢快的感情，这一切都形成了全诗朴素自然、明丽豁达的风格。王国维说：“大家之作，其言情也必沁人心脾，其写景也必豁人耳目，其辞脱口而出，无矫揉妆束之态，以其所见者真，所知者深也。”（《人间词话》）在“五四”时代条件下，郭沫若从自己的思想感情、创作个性和艺术素养出发，既做到了“淡语皆有味，浅语皆有致”，又开拓了新的情趣和意境，因此赋予了诗歌以新的思想和艺术的生命。

别具一格的“冲淡”诗

——读《夜步十里松原》、《天上的市街》

郭沫若前期的诗，正如他自己所说，随着情思的变化，“大波大浪的洪涛便成为‘雄浑’的诗……小波小浪的涟漪便成为‘冲淡’的诗……”在《女神》中占主导地位的是像《凤凰涅槃》等以“雄浑”为特色的诗，但也有如《夜步十里松原》等以“冲淡”为风格特征的诗。到了诗集《星空》，随着诗人经历、志趣、情怀的变化，这一类“冲淡”风格的诗逐渐多起来。《天上的市街》等都属于这一类。但格调高亢、气势雄健的诗仍时时可见，并且影响着他的“冲淡”诗。这里，应该看到的是，郭沫若的“冲淡”诗，由于交融着新的时代特征和诗人的创作个性而具有与我国古典诗歌不同的特色。在将恬静悠远的情思表达得自然而有情趣这一点上，同古典诗歌的“冲淡”风格一脉相承，但它们在冲淡中没有隐逸遁世的情味，宁静中避弃了不忮不求的淡漠态度，诗人的主观感情色彩渗透在这些诗的意境中，甚至强烈到人与自然融合为一，呈现出清新、开阔而又宁静、幽深的诗境，因而显示出一种新的“冲淡”诗的风格特色来。

先看《夜步十里松原》，这首诗中出现了诗人常写的大海、太空等巨大的形象，但他笔下的大海已不是“波涛汹涌”，太空也不是“白云怒卷”，而是“安眠”的海，宁静的太空，再加上用拟人手法所写的“明星”“古松”，由于作者所寄寓、抒发的情思变化了，便托出了一种与雄浑豪放、刚健粗犷不同的诗的意境。诗中美丽的夜景于冲淡恬谧中展示了开阔幽深的境界，表露出诗人宏大的胸襟和超拔的意向。郭沫若在“五四”高潮时期充满乐观、进取、充实的内心世界，在这种特定的诗的环境中以另一种感情色调得到了富有生命力的鲜明表现，应该说，这也是前进的、革命的“五四”时代风格的一种反映。

从艺术表现上看，诗中高远幽深的诗境和新的冲淡风格特色是这样形成的：首先是诗人将许多个别形象融合成为一个和谐统一的总的完美形象。诗中采取由远及近的写法。“远望”中，是闪着“白茫茫一片幽光”的大海，头上是显得“高超、自由、雄浑、清寥”的太空。这种景色的出现又是与“无数的明星”“在眺望这美丽的夜景”密切相关，接着以明星眺望夜景作为过渡写到诗人近旁“十里松原中无数的古松”。这“十里松原”“沉默”不语，不仅与安眠的大海、静穆的太空、闪烁的群星在情调或气氛上相一致，又由近及远，把近景和远景连成一片。而在景中，又都糅合溶解着主观的情。这样，星光下静夜中这大海、太空、繁星和松林四种巨大的自然形象交相辉映、互为补充，便造成了开阔高远、宁静幽深的艺术环境和氛围。

其次，对外界形象观察的细密、感触的敏锐和构思的精巧是造成这首诗独特意境的又一重要原因。在诗的前几句造成开阔幽深的意境的基础上，诗的最后两句在写到古松和诗人物我交感的两句，通过对事物的炼意、精思，进一步接触到形象的最为独特之处。诗人写古松又写自己：

他们一枝枝的手儿在空中战栗，
我的一枝枝的神经纤维在身中战栗。

在这清寥、宁静的海边松原夜景中，诗人竟然感触到了古松枝梢的细微颤动，更有甚者，还因古松枝梢的颤动而感受到自我神经纤维的颤动。这种颤动是由于对美丽夜色的新鲜感受和由衷赞美而引起的。诗人已经化为自然的一部分，把自己融化到大自然脉搏的律动中了。这种描写将夜色衬托、点染得更加静谧、幽深，似乎使诗的总体形象发出一种悠长的余韵。这里，诗人借助物我感通、物我同一的原则，经过对自然景色的静观默察、细密精思，寻找到自己在特定感情状态中松原景色最为特殊之处，捕捉到松枝战栗这转瞬即逝的形象，从而把这种细微的感触凝定下来，化为诗句。黑格尔曾经说过：“艺术的任务首先就在于凭精微的敏感……从具体生动的现实世界里，窥探到它的实际存在中的一瞬间的变幻莫测的一些特色，并且很忠实地把这种最流转无常的东西凝定成为持久的东西。……供人长久观赏，这就是现阶段艺术所要解决的难题。”（《美学》第2卷第370页）黑格尔称艺术家这种“精微的敏感”为“巨匠的本领”，我国的司空图也把“素处以默，妙机其微”看作“冲淡”风格作者所必须具备的情怀和艺术素养问题。从郭沫若早期一些优秀诗篇中可以看出，当年这位年轻诗人在新的时代条件下经过对诗歌艺术的苦心追求，也是步入了这种艺术的堂奥的。

再看《天上的市街》。如果说，在《夜步十里松原》中，诗人的全部情绪由于倾注到海边松原夜景的宁静、幽深的艺术环境中而呈现出类似“冲淡”的风格特征，那么，《天上的市街》一诗有所不同，它的清新、明丽、淡远的风格特色则是借助幻想的形式通过诗人的理想境界来体现的。前者人和自然的融合以直接描写和抒发的方式表达出来，后者人和自然的密切关系则是通过幻想的境界以寄寓作者的人格和理想。

这首诗虽然在虚幻的境界中展开想象和表达理想，但诗人却立足于现实世界，注入了对于现实世界的真切感受，因而诗的幻想境界也是对时代生活内容的曲折反映。1921年10月，这首诗写成的时候，“五四”高潮已经过去，革命在深入向前发展，诗人从日本回到祖国，不仅与许多革命的小资产阶级知识分子一样，不能明确地看到中国革命前进的道路，而且在异国对“五四”后的中国过于美化了的印象，已被国内的残酷现实所破灭，因此，在诗集《星空》中出现了许多诅咒现实黑暗、抒发个人苦闷情怀的诗篇。他写道：“那险恶的风波，没有一刻的宁静，滔滔的浊浪，早已染透我的深心。”“污浊的上海市头，干净的存在，只有那青青的天海。”与这种丑恶的现实相对照，他将“星空”看作了自己的朋友和亲人，时而“仰望着那闪闪的幽光，感受了无穷的安慰”，时而对着星空倾诉，将流星想象为“哀哭”我们民族悲惨遭遇的“中州的天才”。在《天上的市街》这首诗中，更将星空在幻想的境界中表现得美丽、和谐，用以寄托自己对丑恶现实的不满、愤慨和对美好理想的渴慕、追求。这首诗除了在思想精神上反映了生活的真实以外，还在意象的推移和情思的延伸上显得平易、自然和富于人间的情趣，加以单纯而又灵活倩巧的结构布局、别开生面的想象，因此，幻想的世界既别致新颖，又有浓厚的生活气息，读来真切、感人。

诗的首段，将“远远的街灯”比喻、想象为“无数的明星”，又将“天上的明星”比喻、想象为“无数的街灯”，两个结构相似的排比句，使“街灯”和“明星”的意象互相映衬；两句间及通过比喻的“本体”“喻体”互换（第一句“街灯”是本体，“明星”是喻体；第二句“明星”是本体，“街灯”是喻体），把“天上”以及“人间”巧妙地联系起来，很自然地将诗的意境由现实生活引入幻想境界，在现实与理想交融中诗意浓郁地点出了“天上的市街”的题意。下一段便开始写幻想境界中的天上市街。诗人在“那缥缈的空中”之前冠以“我想”二字，即使人注意到这是幻想的境界，又增加了太空的神秘感。接着诗人在想象的“美丽的市街”和市街上陈列的“世上没有的珍奇”之前冠以两个“定然”的肯定词语，又在缥缈变幻、扑朔迷离的氛围中增强了诗人想象中美好事物的真切感，强调了诗人对美好理想的执着追求。这一段，对天上市街的描写是总的、概括性的，诗的下两段则是幻想中的特写镜头。这里写到“天河”，写到牛郎织女骑牛涉过天河来往，甚至写到他们提着灯笼在天上市街闲游。本来，我国传说中阻隔牛郎织女的天河是水深浪阔的，牛郎织女一年一度的艰难相会，成为封建制度下爱情不自由的象征。然而，在这首诗里，诗人翻出了新意，他笔下的“天河”变成“浅浅的”“不甚宽广的”了，“隔河的牛郎织女”也能够“骑着牛儿来往”。既然“天河”两岸历尽爱情艰辛的牛郎织女都能相爱、幸福相处，那么，“天街”理想世界中其他人们的融洽幸福的生活就更可以想见了。这里，诗人着力从自己内心体验的真实上写意式地勾画出一幅理想中的人生乐园的图景。特别是诗的最后一段，将“流星”的跃动想象为牛郎织女提着灯笼在走，更使这幅幻想中的图景独特生动、诗意葱茏，鲜明地点染出诗人在艰难处境中不失赤子之心的襟抱和情怀。这种独特的感受和别开生面的想象也是作者对艺术幻境进行苦思及精思的结果。

这首诗虽然只有短短的四节，但构思巧妙、想象独特，加以虚实相间、粗细得宜的多样手法的运用，将“天上”和“人间”，理想和现实交织在一起，使完美的幻想的境界得以创造出来。英国浪漫主义诗人和画家布莱克说：

“神灵和幻景并不像现代哲学所设想的那样朦胧一团，或者空无一物；与一切短暂的、无常的自然的产物相比，它们更有组织，更精雕细刻。……一切幻景比他肉眼所见完美得多，组织细密得多。神灵就是组织起来的人。”（《欧美古典作家论现实主义和浪漫主义》第1卷）这首诗就是通过独特的艺术形象，创造了比自然物“更有组织”的“完美”“细致”的幻想世界的。这个“天上的市街”的幻想世界既有着深邃变幻的太空的神秘感，又充满着人间的温暖和情趣，它曲折地反映了“五四”后向往未来、追求光明的小资产阶级知识分子的思想、感情、愿望和审美情趣，反映了生活真理，从而达到了艺术真实。

“锦心绣口”谱情歌

——读诗集《瓶》中的三首诗

这三首诗选自郭沫若的爱情诗集《瓶》。这个继《女神》、《星空》、《前茅》之后的又一诗集，写于1925年1月—2月，包括“献诗”在内共43首抒情短诗。它们表现和讴歌爱情，内容彼此连贯，抒发和记叙了一个年近中年的男子追求一位少女由初恋、热恋到失败的心灵的历程。郁达夫在这部诗集的后记中说：“我想诗人的社会化也不要紧，不一定要在诗里有手枪、炸弹，连写几百个‘革命’‘革命’的字样，才能配得上称真正的革命诗，把你真正的感情，无掩饰地吐露出来，把你的火山似的热情喷发出来，使读你的诗的人，也一样的可以和你悲啼喜笑，才是诗人的天职。”当然，郭沫若“火山似的热情”主要是通过《女神》、《前茅》中许多具有鲜明的反帝反封建倾向的作品表现出来的，而《瓶》这一类爱情诗应该说也是从一个侧面表现了时代的精神面貌的。就在1925年，鲁迅在《诗歌之敌》一文中曾对当时一些反对爱情诗的遗老遗少们进行过抨击，将他们指为“诗歌之敌”。他说：“听说前辈老先生还有后辈少年老成的小先生，近来尤厌恶恋爱诗……诗歌本以发抒自己的热情的，发讫即罢……对于老先生一颦蹙，殊无所用其渐惶。纵使稍稍带些杂念，即所谓意在撩拨爱人或是‘出风头’之类，也并非大悖人情。”《瓶》的这几首诗正是诗人在爱情上“赤子之心”的大胆袒露。

在文学史上，爱情，作为人类文明所哺育的一种精神生活，它在文学作品中必然得到反映。随着历史上文学的民主性和革命性精华的积累，它常以健康的和富有理想色彩的各种独特面貌留存在文学作品中。但是，在我国，封建时代旧文人的情诗，受到礼教和婚姻制度的严重束缚。正如恩格斯所指出的：“在整个古代，婚姻的缔结都是由父母包办，当事人则安心顺从古代所仅有的那一点夫妇之爱，并不是主观的爱好，而是客观的义务；不是婚姻的基础，而是婚姻的附加物。”（《家庭、私有制和国家的起源》）加以男女不平等，妇女的地位低下，所以封建文人笔下真正将爱情放在重要地位上的男女平等互爱的情诗，很少见到。那些大量的“思妇”“闺怨”“寄外”“寄内”“悼亡”之类的诗歌，只是限制在“由父母包办”的“那一点夫妇之爱”的范围内，并非科学意义上的近代的爱情。由于这种历史条件的局限，旧时代文人的情诗不可能具有与传统思想决裂、冲决封建罗网的自觉精神，在情趣和意境上，也只能是寄托遥深、意境朦胧，或雍容典雅、含蓄不露的。到了“五四”时代，在前所未有的思想解放和文学革命运动中，主张恋爱自由、婚姻自由，主张男女平等、妇女解放，成为整个革命民主主义和个性解放思潮的一个重要组成部分，因此，情诗也在内容和意境上有了新的面貌。这些情诗“率真行诚，无所讳掩”，是“醒过来的人的真声音”（鲁迅语），表现了新时代青年人思想意识的觉醒，具有反抗伪俗陋习、封建礼教和婚姻制度的积极作用。在题材上也有独特的发现和艺术表现上属于作家们自己的创造。朱自清在谈到“五四”后爱情诗的特点时说：“中国缺乏情诗，有的只是‘忆内’‘寄内’，或曲喻隐指之作；坦率地告白恋爱者绝少，为爱情而歌咏爱情的更是没有。这时期新诗做到了‘告白’的一步。”并且出现了“真正专心致志做情诗”的诗人（《中国新文学大系·诗集·导言》）。郭沫若的《瓶》以及散见于其他诗集中的情诗，便和“五四”时期一些优秀的爱情诗一样，表现出鲜明的开放的倾向。这是真正近代意义的爱情，内容上妇女不处于受歧视的从属的地位，男子祈求女子允诺，感情浓烈真挚，表达大胆直率，是真正出自内心的爱情的“告白”。《瓶》中的爱情诗还由于熔铸着诗人的创作个性和艺术风格，它们往往呈现出“郭沫若式的爱情，郭沫若式的情歌，郭沫若式的锦心绣口”（张光年《论郭沫若早期的诗》）的独特风貌。从所选的这三首诗就可以看到，爱情表白的露骨的直率，如醉如痴的激情，自然流畅的内心独白，新颖、独特的想象、幻想方式，都确实是郭沫若式的。

在《瓶》中，作者构思了能够激起浓烈恋情的特定环境：一位年近中年的诗人对于一位住在西子湖畔比他小十岁的美丽、善良、多情的少女产生了热烈的爱情。这位少女对诗人很尊重，爱慕他的才华，却不能产生超乎友谊之上的感情。然而，她的品格、教养和温柔、娴静的性格又使她不能断然地、粗暴地对待热恋着她的诗人，她的态度是待之以友谊，拒之以礼。这样，一方是如火如荼，如醉如痴，另一方是冷淡礼貌、勉强周旋，于是，焦渴的期待、温柔的憧憬、如狂的痴想、奇特的幻境等便油然而生。

所选的第六首，就把诗人盼望姑娘回信时的心情，写得复杂多变、缠绵悱恻：他始而对姑娘的怠慢感到失望，产生埋怨情绪（第一、二段）；继而对姑娘的心情作种种揣测、探究（第三段）；这样，由失望到探究的结果，便激发出又盼信又怕收到信的矛盾心理（第四段）；最后终于还是再次焦渴地盼望“飞鸿”早日到来（第五段）。感情瞬息变化，缠绵执着，形象描绘则采取博喻——众多比喻的方法使抽象的恋情变得鲜明强烈、绚丽多彩。头两段同是表达失望的感情，首段星坠天边、石沉海底两个比喻，在失望之余含有姑娘的心深不可测的意思；次段三个比喻于失望中又交织着埋怨情绪，以“流沙”“云霞”“菩萨”比喻姑娘，就包含着爱极而恨、盼极而恼的心情。但姑娘毕竟是他最爱的，也是他心目中最美的，于是，第三段在揣测、探究姑娘不回信的心理时，笔墨一转，连用了“蔷薇”“青梅”“幽兰”三个美好动人的物象，以倾注诗人对少女的爱慕和赞美。正因为姑娘这么可爱，所以唯恐不能得到她的爱，于是第四段又由盼信到怕信——害怕遭到姑娘的断然拒绝。为表达这种更大幅度的心情转折，又连用了两个比喻，意思是，如果来信是毒酒，何必盼它来得快呢？如果同姑娘的爱恋是在梦境中，干脆就陶醉在梦境中好了，何必让这不祥的来信把梦弄醒呢？所有这些譬喻都择自日常生活中常见的事物，语言也浅显易懂，但表达的感情却复杂多变、曲折入微；加之这些比喻都是略去了本体和比喻词的借喻，增加了设譬的含蓄和韵味，再因博喻方式通过展示多种形象的特征，进行多种形象的类比，所以又显得艺术设色繁丽，富于表现力。

第八首的构思也极独特、新颖。诗人设想自己和姑娘在一起，然而二人并非单独相处，而是置身于公开的场合。正是在这种二人羞于公开接触的场合中，大胆地袒露了“我的神魂已经把你抱拥”的炽热恋情，犹如“白云抱着月华何曾受毁”的表白。这种构思突出了主人公毅然和礼教、习俗战斗，而又怕毅然和礼教、习俗战斗极其矛盾的心境。

第十六首《春莺曲》的构思由姑娘寄赠的一枝梅花而引起。诗人以梅花为线索，抓住这个“诗眼”，大胆联想，开拓意境。想象以情思为动力，情思又从想象借形象。再由想象而联想、幻想，于是形象思维的翅羽迅速飞掠，展示出层层新意。诗人由梅花的清香想到它发自姑娘的心头，又把姑娘比喻为“这花中的魁首”，梅花成了爱和美的象征，因此，诗人因爱深、恋极而吞下梅花，死后便由身上迸出梅林来。而落花成阵又集成花塚，花塚中琴音缭绕更引来黄莺的歌唱。“莺之歌”进而将寄花、吞花、殉情、吊扫、同穴的全过程从客观叙述的角度重复一遍，于是诗人的主观抒发和莺的客观叙述歌唱便互为补充，重辉叠映，展现出一个奇特、绚丽、完整的诗的境界。表面看来，这个结局采取了与梁祝故事结尾相类似的表现方法，但诗的情趣和意境却大不相同。梁祝殉情化蝶的故事虽然赋予了爱情的专一和忠贞的理想化色彩，但男女主人公为礼教迫害致死，悲剧气氛很浓。而在这首诗中，主人公的殉情则完全是主动的，诗人因情急吞花而死的想象，没有一点沉郁悲伤的情调，他的殉情似乎只是为了享受爱情至上的欢乐，整个诗对爱情幸福的奇思遐想，以其新奇性和独特性而洋溢着肯定性喜剧的愉悦、欢快的情调。

关于这种为爱情而歌咏爱情的浪漫主义情诗的特点，黑格尔曾说道：“这里的美主要在于爱情这种情感并非始终都只是冲动和情感，想象围绕着爱情的关系创造出整个世界，把一切其他事物，一切属于现实生活的旨趣、环境和目的都提升为这种情感的装饰，把一切都拉入爱情这个领域里，使一切都由于与爱情的关系而获得价值。”由于艺术表现上具有这种借助想象把恋情提到至高无上的地位的特点，于是这种情诗在内容上便显出其特征和局限来，这也正如黑格尔所说：“从各面看，这种爱情里确实有一种高尚的品质，因为它不只停留在性欲上，而是显出一种本身丰富的高尚优美的心灵，要求以生动活泼、勇敢和牺牲的精神和另一个人达到统一。但是这种浪漫型的爱情也有它的局限性。在内容方面它缺乏自在自为的（绝对）普遍性。它只是个别主体的私人情感，其中不包含人类生存中的永恒旨趣和客观内容意蕴，例如家庭、政治目的、祖国、职业、社会地位、自由和宗教等方面的责任；爱情的内容只有恋爱者的自我，由另一个人（恋爱对象）的自我反映出来，恋爱者从这反映中又感到自己的自我。”（《美学》第2卷第327～332页）黑格尔要求浪漫主义情诗表现绝对普遍性和永恒的旨趣，这固然暴露出他的思想体系的唯心主义性质，但他指出这种诗没有客观内容意蕴而只表现自我的特点，却是非常中肯的。

不能说郭沫若的《瓶》完全没有客观的内容意蕴。如上所述，他的诗情所具有的破除封建束缚的开放性质，正是“五四”时代民主主义和个性解放思潮的一个组成部分。但是，这部诗集显然缺乏更为深刻的社会内容。恩格斯在评价《少年维特之烦恼》的时候，一方面指出了维特这位“富于幻想的哭泣者”的烦恼，是“市民的幻想”和“悲叹”，反映了市民阶级的利益，因而具有一定的不满封建等级观念，要求个性解放的意义；另一方面又认为这部小说并非如“真正的社会主义者”格律恩所说的具有“对社会的一种尖锐而深刻的批判”的内容，指出了维特的“烦恼”是“绝望的哀号”“可怜的哀泣”，他的殉情自杀也是一种“病态的要求”。（《马克思、恩格斯、列宁、斯大林论文艺》第39～40页）（这里，要顺便指出：上海译文出版社1982年出版的《少年维特之烦恼》，译者在书后附录《歌德与〈少年维特之烦恼〉》一文中引用恩格斯的话的时候，把恩格斯对《维特》一书的分析和对格律恩观点的不同看法，说成是对该书的“历史功绩”给予了“高度的评价”。这是完全颠倒了恩格斯的原意的。）郭沫若的《瓶》在体裁上不同于小说，但突破“自我”的圈子直接融合、概括更多的意蕴就会更有社会意义。郭沫若说：“《瓶》可以用‘苦闷的象征’来解释。”（《郭沫若诗作谈》）这个表白，说明作品沉湎于自我的抒发，流露出幻灭、颓丧的感情，也是为作者自己所否定了的。因此，应该看到，这部诗集正是反映了作者曲折前进的心灵历程的。

悲壮沉宏、昂扬激越的悼亡诗

——读《太阳没了》

从艺术风格上看，同是壮美的形态，这首诗既不同于《凤凰涅槃》的壮而宏大，《天狗》的壮而奇峭，《立在地球边上放号》的壮而飞动，《炉中煤》的壮而严整，也不同于《湘累》的壮而幽深，《光海》的壮而俊逸，它给人的突出印象是壮而沉宏。诗人悼念列宁逝世的深沉的悲痛，激越的情怀，借助宏阔的境界、巨大的形象、瑰丽的色彩和低昂反复的音调得到了尽情的抒写。

在《女神》时期，郭沫若常借助太阳来歌颂自己心目中崇高和美好的事物，表现出对光明和理想的热烈向往和执着追求，但以太阳的光辉形象来象征和讴歌无产阶级革命领袖，这还是第一首诗。诗中的这种立意和兴托，以及贯穿全诗的沉痛、悲壮的感情基调的把握，与作者随着时代的进展而引起的思想变化密不可分。在《女神》中，郭沫若便对十月革命以及领导了这一伟大革命的列宁表示了景仰和赞誉，但在他当时的认识中，无产阶级革命与资产阶级革命，无产阶级革命家和资产阶级革命家是“不分质”的，于是，在《巨炮之教训》中，把诗人从梦中惊醒的列宁的战叫声是为“自由”“人道”“正义”而战的资产阶级革命口号，《匪徒颂》中，资产阶级代表人物罗素、歌尔栋与无产阶级革命导师列宁也被同样的作为“社会革命的匪徒”而加以歌颂。到了《前茅》时期，随着马列主义的广泛传播和工人运动的日益高涨，作者对十月革命道路的正确和列宁的伟大，在革命实践中有了清晰的认识。他已经能将18世纪英法资产阶级革命与俄国的无产阶级革命明确地区分开来，认为中国“非如俄罗斯无产阶级专政一样，把一切的陈根旧蒂和盘推翻”，就“永远没有翻身的希望”。正由于对俄国十月革命的意义有了这样明确的认识，所以，当列宁逝世时，他表示了由衷的、巨大的哀痛。这首诗就是专为悼念列宁逝世而作的。作者在谈到当时的思想和这首诗的写作时说：“……从前在意识边缘上的马克思、列宁不知道几时把斯宾诺莎、歌德挤掉了，占据了意识的中心。在1924年初头列宁死的时候，我着实地感着悲哀，就好像失掉了太阳的一样。”(《创造十年》) 由此可见，诗中太阳这个巨大的象征性形象的选择，开阔境界的形成，沉宏而昂扬的氛围的渲染都与诗人自身的心灵探索的历程，在新的思想认识基础上的襟抱和真情实感分不开。

以太阳来比喻崇高、壮美的事物，这不是个别细节上的比喻，它从诗的总体构思着眼，有着据要而总其神的作用。在这首诗中，诗人以太阳来比喻列宁，不仅作为总体构思的核心的意象贯穿全诗的始终，而且还从各种特殊情境中揭示了太阳这一形象多方面的特征，从而与诗人笔下其他一些以太阳为总体形象的诗篇区别开来。我们看到，以太阳沉没时万象消沉的景象表现列宁逝世在世界人民中引起的巨大哀痛；用太阳的光波“荡尽天魔”、太阳的热流“决破冰垛”以及普罗米修斯盗天火给人类的故事来表现列宁思想摧毁旧世界、开辟新时代的作用；以太阳在那“黄梅时分”“时阴时晴”的处境来显示列宁开辟的十月革命道路的艰险曲折；以“群星”“月魄”与“太阳”形象的比较，表明列宁逝世的无可替代、无法挽回的巨大损失；最后，以“你我都是逐暗净魔的太阳”来讴歌列宁思想的深入人心，预示无产阶级革命事业的光辉前景。这样，通过“太阳”形象的内容意蕴的多方面揭示和描绘，全诗悼念列宁的悲壮激越的感情便寄寓于独特而完整的艺术形象中，较之诗人过去对太阳的歌颂，有了明显的更为丰富的内容。

在形象描绘的方法上，这首诗采取了以对照为主，将对照、烘托和映衬结合起来的手法，以收到色彩鲜明、富于立体感的审美效果。历来浪漫主义艺术很强调美和丑对照的原则。雨果说：“据我们的意见，滑稽丑怪作崇高优美的配角和对照，要算是大自然给予艺术的最丰富的源泉。……古代庄严地散布在一切之上的普遍的美，不无单调之感……崇高与崇高很难产生对照，人们需要任何东西都要有变化，以便能够休息一下，甚至对美也是如此。相反，滑稽丑怪却似乎是一段稍息的时间，一种比较的对象，一个出发点，从这里我们带着一种更新鲜更敏锐的感受朝美而上升。”又说：“正是从滑稽丑怪的典型和崇高优美的典型这两者圆满的结合中，才产生出近代的天才，这种天才丰富多彩，形式富有变化，而其创造更是无穷无尽，恰巧和古代天才的单调一色形成对比……”（《雨果论文学》）这首诗既没有欧洲古代作品单调一色的毛病，又避免了某些浪漫主义作品（如雨果早期的某些作品）为了造成强烈的对照而引起的人工做作和简单比较的缺陷，对照双方通过多种手法进行了细致具体、形象绚丽的描绘，因而，崇高和渺小，壮美和丑怪的对照显示出“形式富有变化”“创造无穷无尽”的特点。如对于正面形象的描绘，在第一句“太阳没了”之后，连用“弥天的暗云也暂时泯却了它的嘲笑，消沉的万象都像随以消亡，四海的潮音都在同声哀悼”，一连串的设喻修饰，通过独特的各种形象的类比，渲染出浓郁的感情色调和艺术氛围，将隐喻着列宁逝世的“太阳没了”的形象极有气势地烘托出来。对于反面形象也采用了类似的手法：“黑暗的魔怪会再来夜里跳梁，眼前的坦途会见些森森鬼影来往，已着火的炭块又会埋在死灰，未倒坍的冰山又会负势竞上。”也是通过“魔鬼”“怪影”“死灰”“冰山”等众多的比喻展示多种形象的特征，将黑暗势力的凶恶强大、斗争形势的险恶、反复，充分地抒写出来。这样，正反面形象的对照，由于对照双方是多种隐喻结构的叠加、组合，富于立体感，所以，对照就显得既鲜明强烈又细致真切。下面在“群星”“月魄”与“太阳”的比较中，诗人更浮想联翩：“我盼那散漫的群星淋成泪雨，我盼那倡优般的玉兔化作杜鹃”，这种比较也是更富于感情色彩的。最后一段：“你我都是逐暗净魔的太阳，各秉着赤诚的炬火，前走！前走!”这里用的互相映衬的手法，从列宁思想的巨大号召力和深远影响上，写出了“太阳”的威力。因为正是太阳的光和热点燃了人们心灵的火焰，激发了人们主人翁的自豪感，唤起了奴隶们自己解放自己的战斗激情，因此，无数个“太阳”的出现，正是列宁精神永存，“太阳”的辉煌光焰永远照耀人间的鲜明体现。

与悲壮低昂的感情抒发和瑰丽多彩的形象描绘相适应，这首诗在韵律和节奏，以及由此形成的音调和气势上，也有独特之处。一则这首诗讲究外在的有形律：音步自然和谐，每个诗节中，隔行押韵，特别是较多地运用了讲求平仄和对仗的对偶句，将字数相等或大致相等、结构相同或相似、意义相近或相关的两个诗句并列在一起。如第一段的第三、四两句，第二段的第一、二两句等。这种句式，整齐悦目，铿锵悦耳，同时，内容上互相补充、互为映衬，使形象更为鲜明突出，感情更为充沛强烈，气势更为磅礴有力，从而大大增强了诗的抒情浓度。再则，在内在的韵律，即郭沫若所说“情绪的自然消涨”方面，本诗注意了音调的腾挪跌宕和节奏的先抑后扬、抑扬相间。首段用起兴的手法表示“太阳没了”的深沉悲痛，虽然用的是弱调，但境界开阔、形象巨大，定下了全诗壮阔沉宏的基调；第二段情绪突然转折，似乎拔地而起，以昂扬的调子，象征性地大笔抒写了列宁的丰功伟绩，这是明显的“强”调；第三段，渐弱，又来一个转折，抒写斗争的艰巨；第四段更弱，较为冷静地绘状黑暗势力的跳梁、反扑；第五段感情又逐渐强烈，以沉痛的抒发和瑰丽的描绘，极写列宁逝世无可挽回的损失；末段特强，以雄强的号召作结。弱—强—较弱—弱—较强—强，这种节奏使作品如同海浪反复拍击崖岸那样，激起阵阵悲壮的感情，显得沉洪顿挫，浑重有力。

山回水转破夔门

——读《巫峡的回忆》

长江三峡，景物奇丽，气象万千。古往今来，不同时代的诗人，为三峡风光所吸引，从不同的角度和独特的方面捕捉和表现三峡景物的美，写出面貌各异、富有特色的诗篇来。郭沫若写于1928年初的《巫峡的回忆》也是一首既真实地表现了三峡景物的独特性，又交融着作者特定境遇下思想感情的好诗。

这首诗在艺术概括上的突出特点是以三峡航程作为兴托，寄寓作者在现实革命斗争中的情怀和志向，使三峡航程和景物具有从总体上暗示复杂多变的政治形势和揭示历史转折关头诗人激越情怀的作用。1928年元月，郭沫若刚刚经历了大革命的失败，思想上受到了巨大的震动。这中国现代革命史上难忘的一幕使他极其沉痛、愤慨，他伤痛地呼吁："我们昨日不是还驾御着一朵红云，为什么要让它化成一片血雨飞散?"又写下了《请看今日之蒋介石》这篇义正词严、大气磅礴、在当时产生过重大影响的讨蒋檄文。他的鲜明、坚定的政治立场使他的处境非常危险。1927年11月，他被迫逃到上海，不得已于1928年2月避居日本。这一段风云突变的不平凡经历，使他更加深味到人世的沧桑，感受到革命航程的曲折艰险。但是在严重的挫折中他并未颓唐绝望。从中国共产党领导的农村革命深入的形势中，他敏锐地预感到“暴风雨快要来时的先兆”，因而决心要“战取那新生的太阳，新生的宇宙!”他把现实斗争中的这种感受和十五年前关于三峡的回忆融合在一起，通过贯穿全诗的含义双关的构思和饱和感情的抒写，使巫峡行船的经历具有明显的象征意义。

本来，借三峡行舟寄托情怀，抒发特定处境下的独特感受和情感体验，这是许多以三峡风光作题材的诗篇所共有的。如李白在流放夜郎途经三峡时，曾经写过《上三峡》一诗，而当他遇赦得释，再次途经三峡回江陵时，又写了“朝辞白帝彩云间，千里江陵一日还，两岸猿声啼不住，轻舟已过万重山”的著名诗篇。与历来关于三峡景象的诗歌比较，郭沫若这首诗由于将20世纪20年代末政治斗争的风云变幻和诗人的革命情怀寄寓反映在三峡行舟的特殊风光中，因此显示出前所未有的特色。从我们现在的眼光看，用航船的曲折回旋来暗示、象征革命的艰巨经历，已经是比较常见了，然而在郭沫若写这首诗的时候，却不能不说是富有开创意义的。不是郭沫若这样的革命家和诗人，是不可能在新诗初创时期就有这样的襟抱和诗歌的立意的。

自然，诗的不凡的立意要通过兴托的景物比较完美地表现出来，达到神与物游、意与境谐、情与景融的境地，还必须既真实地再现客观景物的自然形态，又从诗人此时此地、此情此景中的思想感情出发对景物的自然形态进行艺术的再创造。在这首诗中，诗人对三峡行舟的客观情景是经过两次“改造”而创造了新的艺术形象的。一次是十五年前诗人初出夔门时就对三峡景物有了独特的感受。再一次则是十五年后回忆三峡景物时在记忆表象中的缀合和再造。1913年，还在少年时期的郭沫若初次出川，留下了关于三峡的富有特色的记忆。他在《初出夔门》这组散文中曾经这样记载道：“中国的地方我走过的可不算少，像三峡这样的风光我实在没有遇见过第二次……只记得进了瞿塘峡时是清早，我是站在官舱外的最前列的甲板上的，在下着微微的雨。……峡的两岸都是陡峭的岩壁，完全和人工削成的一样。峡道在峭壁中蜿蜒着。轮船一入峡后，你只见到四面都是岩壁，江水好像一个无底的礁湖，你后面看不见来程，前面看不见去路。你仰头上望时，可以看到那两岸的山顶都有白云叆叇，而你头上的帽子可以从后头梭落。天只有一小片。但等船一转弯，又是另外的一洞天地。山气是森严缥缈的，烟雨在迷蒙着，轮船所吐出的白色的烟雾随着蜿蜒的峡道，在山半摇曳，宛如一条游龙。”这种三峡行船的客观情景由“片断化为了整体，一瞬化为了永恒”，长期保留在他的记忆中。然而，当时初出夔门的他，感情是兴奋、新奇、轻快的，因而他又写道：“就那样在神韵缥缈中，不知不觉地便出了夔门。”

对照《巫峡的回忆》可以看到，这几节诗里只是经过诗人对景物略加“改造”，赋予了它的新的感情色彩，便对诗人现实中的情怀起着强烈的暗示作用。例如：诗人记忆中十五年前的客观景物原本是“下着微微细雨”，“烟雨在迷蒙着”，这里则改成“迷迷蒙蒙的含愁的烟雨”，而且“洒在那浩浩荡荡的如怒的长江”；原本是“轮船一入峡后，你只见到四面都是岩壁，江水好像一个无底的礁湖”，这里则是“峡中的情味在我的感觉总是迷茫，好像幽闭在一个峭壁环绕的水乡”；原来“后面不见来程，前面不知去向”的特殊感受，诗中则两次出现，而且加上了“虽然没有催泪的猿声，总也觉得凄凉”的抒写。这些抒发描写在真实再现原来情景的基础上或是仅仅加上“含愁”“如怒”“迷茫”“幽闭”“凄凉”等词语，或是仅仅将当时某种特殊感受以回环重复的手法表现出来，都能启示人们领略到巫峡行船的言在此而意在彼的双关暗示作用。

诗的后四节是在前面双关、暗示的描写的基础上进一步即景抒情，直接倾吐情怀：

> 我们谁不是幽闭在一个狭隘的境地，
> 一瞬的昙花不知来自何从，去向何往？
>
> 啊，人生行路真如这峡里行船一样，
> 今日不知明日的着落，前刻不知后刻的行藏。

大革命遭受失败这突然袭来的政治风暴使诗人震惊、惶惑、痛苦、悲愤，不是亲身参加过北伐战争，在大革命的“红云”中浮沉，与革命的命运血肉相连的人，不会有这种真情实感的流露。这里的直抒胸臆，是前面巫峡行舟的艺术形象的自然引申和发展，特别是诗人抓住“后面不见来程，前面不知去向”的核心境象加以改造，反复运用，使沉痛、悲愤的感情得到有力的表现。诗的最后两句：

> 我如今就好像囚在了群峭环绕的峡中——

但我只要一出了夔门，我便要乘风破浪！

这种抒写既切合船过三峡、冲出夔门时的真实情景和豁然开朗、精神振奋的心情，又暗示着诗人在新的革命形势鼓舞下终于要结束这种“幽闭”生活、展翅奋飞的愿望和理想。有了这个诗趣盎然、意味深长的结尾，前面行路难的慨叹和为革命失败而痛惜、悲愤的感情，才不会给人颓唐、失望之感，相反，只是更加衬托出诗人坚韧顽强、不屈不挠的奋斗精神。

由于这首诗是在沉思、回忆中抒发深沉的感情，而内容又是借助三峡行船的曲折回旋来象征人生道路的漫长、艰险的，因此，与这种内容相适应，在诗的形式上，诗情进展的节奏显得雍容徐缓、顿挫反复；同时，诗节多、诗句长，每行顿数较多，有时一行中甚至包含着两个句子。其中有些诗句不够精炼，有过于散文化的倾向，但因全诗构思独特、诗情浓郁，内容和形式又较好地达到了统一，因此，仍然有强烈的艺术感染力。

投笔请缨　肝胆照人

——读《归国杂吟》二首

在读了郭沫若许多破除旧诗格律、开一代诗风的新诗以后，再来欣赏他的功力深厚、同新诗一样“自发其心花”、倾注着真情实感的旧体诗，可以对诗人多方面的诗歌创作才能和艺术个性有进一步的体会。

这两首诗，一首七律，一首七绝，都是郭沫若1937年从日本回国，临抵上海前在舟中所作。此时正是“七七”卢沟桥事变发生、全民抗战的烽火开始燃起的时候。当时，流亡日本十年的郭沫若终于忍痛抛别在异国的家室，毅然回国参加抗日救亡运动。在中华民族面临着生死存亡的危急关头，诗人“哭吐精诚”，写了这两首诗。

先看第一首七律。首联第一句，“又当投笔请缨时”，这是在意义上笼罩全篇的一句。关于班超的“投笔从戎”和终军请缨出使南越的典故为历来爱国诗人所喜用，但经郭沫若用于诗的句首，且冠以“又当”二字，则显得新颖独特并富于概括力。诗人在大革命时期曾经投身北伐战争，参加过南昌起义，接着因白色恐怖逼使他长期流亡日本，直到抗战爆发才得以归国参加抗日斗争。将前后两次投笔请缨，用“又当”二字加以勾勒和贯通，不仅在中国革命曲折发展的背景上，表现出诗人为人民革命和民族解放事业百折不挠的顽强斗志，而且提笔点明大敌当前、国难当头的现实环境，揭示出诗人在抗战热潮鼓舞下如沸的内心，定下了全诗感情的基调。关于诗的开头，高尔基说得好："最难的是开始，就是第一句话。"我国古代诗论中也有"起句当如爆竹，骤响易彻"和"超然而起，悠然而止"的说法。这首诗的起句从现实到历史进行勾勒，起点既高，又着眼于全篇，因此它不同凡响，领起全诗，有容量，有魄力。正因为首句高屋建瓴，形成了一种势如破竹的气势，所以接着第二句"别妇抛雏断藕丝"，在诗人处理家庭和国家的矛盾上，其行动的坚毅、果断就成为顺理成章的了。"断藕丝"的比喻，既写出了他断然出走的决绝态度，又表现出他摆脱千丝万缕、袅袅不断的感情联系是多么不易。我们知道，郭沫若同他的日本籍夫人安娜伉俪甚笃，同甘共苦已有二十年，五个儿女也还年幼。这一次别离又非同寻常，何时再团聚，能否再团聚，都未可预期，因此他毅然出走必然忍受巨大的痛苦。郭沫若后来在叙述离家的情景时说："……眼泪总是忍耐不住地涌。走到看不见家的最后一步了。我自己毕竟是一个忍人，但我除走这条绝路之外，实在无法忍耐了。……国家民族临到了垂危的时候了，谁还能安闲地专顾自己一身一家的安全？处之死地而后生，置之亡地而后存。我自己现在所走的路，我相信正是唯一的生路。"这"唯一的生路"几个字正是对诗人离家归国、投笔请缨迫切性的最好说明。

次联"去国十年余泪血，登舟三宿见旌旗"，诗人追昔抚今，通过去国十年的历史回顾和登舟三宿的现实境遇的对照，进一步表现海外赤子今日得遂报国志愿，有难以言尽之思绪。"余泪血"三字对郭沫若流亡日本十年的生活作了鲜明的概括。大革命失败后，郭沫若去日本时本来就带着累累创伤，而在日本，军国主义政府又把他作为中国的"左派要人"进行监视，还曾一度非法逮捕他入狱；"九一八"事变后，他的处境更为困难；加之财源断绝，生活艰苦，家累沉重，所以用充满血和泪来表现日本十年的生活是并不夸张的。正因为诗人侨居敌国十年，饱尝政治流亡者所受到的歧视和酸辛，所以一旦祖国在望，抗日的大旗似乎已经在眼前飘动。两句诗在形式上对仗工稳，内容上互相对照。不仅读起来铿锵悦耳、一唱三叹，而且内容上能引起丰富的对比联想，诗人投笔请缨的宿愿通过这两句更加鲜明有力地流露出来。

三联"欣将残骨埋诸夏，哭吐精诚赋此诗"，两句形式上仍是对仗，但手法上不是对比而是照应。“欣”字固然是诗人兴奋心情的抒写，“哭”字也不能作悲伤解，而是诗人感慨万端、喜泪纵横情景的表达。两句诗的意思是，诗人愿将一生中剩余的年华贡献给祖国，即使为抗日而死也在所不惜；而喜极赋诗也是因为“自己确有一片真诚”要向久别的祖国和苦难中奋起的同胞倾吐。在这一联中，诗人的激情达到了高潮。到这里，我们才看到，诗人不是一般地投笔请缨，而是抱定肝脑涂地、誓为祖国献身的志向；不是一般的海外赤子还乡归国的兴奋情绪，而是喜极而泣，向祖国献出一颗存亡与共的炽热的心。如果说，上两联一路感情起伏跌宕，还没有出现抒情言志的高潮，那么，在这一联里，诗人就用浓情泼墨加以渲染，从而使感情达到了沸腾点。

末联“四万万人齐蹈厉，同心同德一戎衣”。“齐蹈厉”是行动迅疾貌，“一戎衣”是周武王“一着戎服而灭纣”的故事的活用。发出了全国人民迅疾行动起来，齐心合力抗击日本侵略者的呼号。使全诗在最激越处戛然而止，有了一个高亢雄伟的结尾。

再看“七绝”一首。上联互文对起，感情深沉雄浑，起势自然有力。“此来拼得全家哭”，这一次诗人离家，因为是在抗日烽火中告别自己在敌国的日本妻子和儿女，不同于一般的离别。一个“拼”字，极写诗人在国难当头经过激烈的内心矛盾，终于豁出一切，引国家为己任，置家室安危于不顾，显得极有分量、极有气势。这一句的“此来”与下一句的“今往”二字，既是对举，又可“互训”，平仄相符，读来自然上口，又将两句内容巧妙而紧密地联系起来，使它们处于对照的地位。下一句“今往还将遍地哀”，意思是，诗人离家既经受着巨大的痛苦，而他所奔赴的地方又是哀鸿遍地、苦难深重的祖国。当时，国内在共产党领导和推动下，虽然出现了抗日救亡的热潮，国统区也出现了一些新气象，但经过了大革命烈火锻炼的郭沫若对国民党政府的反动本质有清醒的认识，对人民群众在反动统治下的痛苦生活有着深切的感受，因而意识到了自己归国的重任。在这种对照中，郭沫若的革命家的品格便鲜明地突现出来了。

正因为作者在感情激越中意识到了自己归国的重任，因此，当他从新的时代要求的高度上回顾过去、展望未来时，便写下了下联中“四十六年余一死”的诗句。这句诗意味着，诗人一生四十六个年头已经过去了，这今后的岁月要怎样度过？下面“鸿毛泰岱早安排”一句便揭示出诗人这种深沉思考的内涵。这句诗借用司马迁的“人固有一死，或重于泰山，或轻于鸿毛”铸炼而成。它表明，在这国家存亡危急的关头，诗人早将一切考虑成熟了，家室安危、个人生死置之于度外。

读完这两首诗，诗人的内心世界向我们敞开了，他的形象也浮现到了我们面前：他经受着离家的裂心的痛苦，却因为即将投入火热的斗争而踌躇满志，他脑海中浮动着妻儿的面影，却又叠印着侵略者铁蹄下我国人民漂泊流亡苦难生活的凄苦画面；他清楚地看到了国难当头所要付出的代价，却又充满抗战必胜的信念，眉宇前舒卷着抗日救亡怒涌的风云。在这两首诗中，郭沫若倾注在《女神》、《瓶》、《恢复》等诗集中那种特有的火山爆发式的内发感情又一次通过旧体诗创作迸发出来，使他那高亢激越、雄浑豪放的独特创作个性和艺术风格得到了又一次耀目的闪现。

从诗的形式和艺术表现上看，郭沫若从内容出发，善于把格律的束缚变为创作的有利条件，使之成为表现真实思想感情的恰当形式。首先，在诗的总体构思上，这两首诗抓住了黄海舟中已离开日本、祖国在望这个特定环境，既便于诗人登上时代的制高点，追昔抚今，展望未来，对个人和民族的命运作一番新的考察，此情此景，又恰恰是他百感交集、心潮如涌，最容易爆发诗情的际会。郭沫若在谈到这首诗的创作时说：“细细考虑起来，真的登了岸后，这诗恐怕是做不出来的。”这说明正是特定环境的激发，使诗人诗情泉涌，一气呵成。律诗或绝句要求在极有限的文字中，通过高度概括，容纳丰富的内容，在解决这个不易统一的矛盾中，诗人首先在总体构思和立意上下功夫，选择一个笼罩全诗的“着眼点”。前一首把握住“又当投笔请缨”这个中心，关联一个感情层次。经过几次顿挫、腾挪，自然流涌，推向高潮。第二首则着眼于一个“拼”字，即诗人在国难当头那种豁出一切的决绝态度。诗人稳稳地控制这种激情，使其在离家返国的现实的“横”的方面和俯视人生道路的“纵”向发展上流转、贯注，从而在四句绝句中，感情的升华达到了对革命者的公私观和生死观进行哲理概括的高度。此外，在语言上，这两首诗的用语既平易好懂又精炼含蓄。在格式固定、限字限韵的律诗和绝句中，做到字字有功力，句句显精神，既不显得花巧，又不过分简约，使诗的风格于雄浑豪放中见深沉凝重。做到这一切没有对现代生活纯熟的把握和对古典诗歌技巧的精湛素养是很难达到的。

闪光的、隽永的“象征”

——读《骆驼》

诗人艾青说：“一首诗不仅使人从那里感触了它所包含的，同时还可以由它而想起一些更深更远的东西。”（《诗论》）诗歌这种以小见大，从有限见无限的特征和作用，可以通过多种构思和手法来达到：有的借助富有特征性的小景物或生活细节的刻画来唤起大的境界，表现重大内容；有的托物兴怀、感物咏志，让寄托于物的思想裹着感情的血肉抒发出来，以寄寓作者的情怀，唤起人们丰富的联想；有的则托义于物，以特定的、有限的形象作依托，采取言在此而意在彼的象征手法创造意境，具有寓意深远、超越时空的作用。《骆驼》的构思和手法就属于这最后一种。

要了解这首诗的形象的内涵和深远的寓意，首先必须知道它是怎样在现实生活中取材和立意的。这首诗写于 1956 年 9 月 17 日，这个日子应该引起注意。这一年，从 9 月 15 日至 27 日，中国共产党召开了第八次全国代表大会，郭沫若参加了这次大会，并在大会期间写了这首诗。这时候正是我国社会主义改造基本完成，即将进入全面的大规模的社会主义建设的重要时期。在这个重要的历史关头召开的“八大”，基于对当时国内政治、经济形势的正确分析，明确地提出了今后“全国人民的主要任务是集中力量发展社会生产力”。大会所制定的一整套路线、方针、政策为实现新时期这个重大任务和社会主义事业的远大发展指明了前进的方向。这次大会的路线在“十年动乱”的时期曾经成为“四人帮”攻击的一个重要目标。然而，正是在这次大会上，几十年来与党有着血肉一体关系的郭沫若敏锐地认识到大会的深远的历史意义。他在大会精神的鼓舞下，登上了时代的“制高点”，回顾党的历史，展望新时期的历史任务，激起了无比自豪与兴奋的心情。同时他又在生活中抓住了“骆驼”这一特定形象，使他歌颂党、歌颂党的事业的过去与未来的深远立意通过独特的艺术构思鲜明地体现出来。

在这首诗中，诗人不满足于一般地对党直抒胸臆的讴歌和对党的光辉业绩的形象的再现。他发挥了更大的主观独创性，运用了更丰富的想象，着眼于党的思想精神的实质，着眼于党的形象的全体，创造了“骆驼”这一含义双关、概括力极强的象征性形象。这就是说，诗中任重载远的骆驼，导引和卫护着旅行者从“黑暗”走向“黎明”，又不止息地进行“长征”的骆驼，实际上成为中国共产党的崇高、伟大形象的象征，成为党的光辉业绩和不断变革的“长征”精神的象征。

应该知道，像这种带哲理性的象征性形象的创造，因为是在“有形之外，无兆可求，不落迹象，难着文字”，弄得不好是很容易概念化的，然而这首诗并没有这种毛病，它真正做到了“缩虚入实，即小见大”（钱钟书语），创造了能够唤起美感、引人联想、发人深思的象征性形象。作者之所以能够比较成功地做到这一点，下面两个原因是重要的。

首先，诗人在利用象征物与被象征的内容之间的某种类似和联想以揭示象征意义的时候，对作为依托的象征物的选择和被象征的对象的设定，都充分地考虑到了一定的经验条件，即一定的民族、时代、阶级的人们的生活经验和审美角度。在这首诗中任重载远、被看作“沙漠之舟”的骆驼，它的特征和所可能展示的象征意义，对于中国人民来说，应该是比较熟悉的；而作为被象征的内容——中国共产党及其丰功伟绩，更是中国人民感受得最为亲切和深刻的。这样，当诗人抓住“骆驼”与“党的形象”之间的某种类似和联系，进行刻画和表现时，人们不需要作过多的思考就会从二者之间的关联上领会到“骆驼”这一形象的象征意义。诗中“骆驼”的形象之所以避免了有些象征性作品容易出现的或者空洞抽象或者朦胧晦涩的毛病，而呈现出既清晰明朗又寓意深远的特色，这是一个重要原因。

其次，更为重要的是，这首诗并非简单地用象征体来代替象征意，而是通过独特的构思，运用多种手法来勾勒、突出象征体的特征，从而使人们从对象征体的描绘、抒写中，清晰而多方面地领悟到它的象征义。下面，我们便逐节作一番分析。

诗的首节和末节都是概写，是骆驼引导旅行者由黑暗走向黎明又进而不断向前的艺术构思的总的体现。在首节的概写中，诗人始而用"沙漠的船""有生命的山"来比喻骆驼，继而直接写出它"昂头天外"的轩昂气概和高大身影，只几笔就突出了骆驼作为"导引者"和"卫护者"的特征，寄寓了作者对"骆驼"的赞颂和崇敬的感情，表达了旅行者将跟随骆驼"走向黎明的地平线"的信念。第二节对于旅行者在骆驼的导引、卫护下渡过的艰险历程和感受没有作细微曲折的描述和浓墨重彩的渲染，只通过四个短行的叙事和三个短行的抒情便集中紧凑、概括凝炼地表现出来。"高贵的赠品呵"一句，感情色调庄重典雅，由它领起的"生命和信念，忘不了的温暖"二句，言简意深，极有分量地表现了在"暴风雨来时"的"艰难历程"中骆驼的伟大功绩，它不仅把旅行者从垂危的境地中挽救出来，而且给了他继续前进的精神力量，这"忘不了的温暖"正是旅行者与"骆驼"在战斗旅程中血肉情谊的结晶。第三节开头，"春风吹醒绿洲"一句，像电影镜头的迅速转换，画面一闪，一个新的境界以轻快的节奏跃入了人们的眼帘。这个镜头表明，是"骆驼"和"旅行者"的艰苦奋斗引来了"春风"，而"春风"吹醒"绿洲"，则意味着骆驼已经导引着旅行者走完一段旅程。"绿洲"这沙漠中特有的景物给旅行者带来了多大的喜悦啊。紧接着，"垂着甘果"的"贝拉树"，以及"草茵和酸泉"三种有特征性景物的具体描写，与第一句的概括描写互为补充，表现了"绿洲"上一派生机勃勃的景象，点染出愉悦欢快的情绪。但是，登上"绿洲"并非到达沙漠的"彼岸"，远大的旅程还在前面，于是便有了下面理想境界的描写。如果说这一节前三句所展示的现实画面是明朗、绚丽的，那么，后四句美好理想的描写，则别具一种幽奇深邃的境界。"梦境"作为人的意识的改装，本来就是变幻幽深、容易驰骋神妙想象的场所，再加上"像粉蝶翩跹"的修饰语，更显示出梦境的辽阔无垠，色彩缤纷的特色。下面

“看到无边的漠地，化为了良田”的句子则是这理想的梦境的具体表述，与第一句沙漠特有的“绿洲”景象相呼应，紧扣沙漠主题表达了继续行进、变革现实的愿望。第四节最引人注目的是赋予长征旅程的描写以哲理抒情的特色。“骆驼”导引“旅行者”长征不歇脚的奋斗精神中已经熔铸着不断变革的辩证哲理，而“纵使走到天尽头，天外也还有乐园”的警句更画龙点睛地点明了全诗的哲理性主题。诗中这种哲理性警句是诗的形象发展和诗人感情灌注的自然结果，是诗人从长期斗争生活的矿藏中提炼出来的珍品，它们像箴言和座右铭一样引人深思、发人深省。

末节头两行对首节来说是回环叠唱，但这是新的意义上的回环叠唱，这里值得注意的是，作者赋予了骆驼形象以新的时代特征。和开头以“沙漠的船”“有生命的山”比喻骆驼不同，这里将骆驼比喻为“星际火箭”“有生命的导弹”，似乎离开了骆驼的生物形态的特征，使人感到突兀，不易理解。但是结合这首诗产生的历史背景看，作者用这两个比喻并非偶然。因为“八大”既然指出了今后“全国人民的主要任务是集中精力发展社会生产力”，因而发展科学技术的重要性便被提到了重要地位。1956 年“向科学进军”口号的提出就是这种历史趋势的反映。由此可知，这两个特殊比喻的运用与作者所处的特定的历史环境分不开，它们反映了诗人对新的历史任务的敏感。“火箭”“导弹”两个科技名词的入诗，对渲染骆驼形象的时代色彩是颇为有益的。

综上所述，可见诗人不是简单地用“骆驼”来象征中国共产党，而是通过独特的艺术构思，运用多种方法将“骆驼”这个象征体的内涵揭示出来，艺术地展现骆驼导引和卫护旅行者前进的历程和精神面貌，从而赋予“骆驼”丰富的象征意义。这种从生活全体着眼的构思和表现方法，借助象征来做到“物小蕴大”，更利于强烈而集中地表现对象，更利于造成深远的意境。“骆驼”的形象不由得引起我们对中国共产党这一总体形象的丰富的联想。我们会想到，旧中国苦难的人民不正是在中国共产党领导下，经过革命的“暴风雨”获得解放，又朝着更远大的目标，在党的指引下，不断地开辟着社会主义革命和建设的战斗的旅程吗？诗中“纵使走到天尽头，天外也会有乐园”的长征精神和辩证哲理，不是直到现在对于实现四个现代化所必须进行的一系列破旧创新的改革仍然有着很大的启示意义吗？这首诗就是这样紧扣时代脉搏，在现实生活中选材立意，将强烈的感情和丰富的想象，瑰丽的理想和深邃的哲理交融起来，凝聚在形象中，创造了生动鲜明而含义双关、有着高度概括力的象征性形象，因此，寄托遥深，意蕴无穷。

这首诗在形式上，虽然行无定句（诗行长短不一），章无定节（诗节行数不一），押韵也比较自由，但在参差里显得和谐，繁杂里显得单纯，加以语言平易、简劲、含蓄、凝炼，因此，在五节三十二行的短小篇幅里熔铸了大开大阖、高度概括的内容，在自由质朴的形式里充溢着诗的意趣。古人云：“诗宜朴不宜巧，然必大巧之朴；诗宜淡不宜浓，然必浓后之淡。”《骆驼》一诗在风格上便有这种“寓巧于朴”“寓绚于素”的特点。

飞瀑起浪花　重峦耸峰尖

——读《屈原》第五幕第二场

这是郭沫若驰名中外的历史剧《屈原》中的最后一场。作为戏剧结构的高潮和结局，在这一场中，戏剧冲突发展到了顶点，形成了富于艺术感染力的、扣人心弦的艺术场面。它最终完成了人物性格塑造，揭示了主题，并预示矛盾的解决方向。

如果说，《屈原》全剧诗情的推涌和戏剧冲突的发展，犹如飞瀑倾泻，重峦叠起，那么，这最后"高潮"和"结局"一场，则如飞瀑腾起的万叠浪花，重峦耸起的险峻高峰，其蓄势越大越险，其惊心动魄、感人肺腑的力量也就越大。

这个剧本写成并上演的20世纪40年代初，正值国统区白色恐怖笼罩之际，国民党反动派连续发动了三次反共高潮，大后方特务横行，狐鬼满路，冤狱遍于国中。特别是1941年1月国民党当局发动皖南事变，在抗战中屡建功勋的新四军遭到伏击，造成震惊中外的"千古奇冤"。郭沫若从广大人民对国民党顽固派倒行逆施的无比愤怒中感受到了不可阻挡的历史潮流。于是，早经他深入研究过的屈原所处的时代及其性格，由于现实的触发，更鲜明强烈地在他心田中活跃起来。因此，这个剧本的构思中心就是要“把时代的愤怒复活在屈原的时代里去”，也就是“借了屈原的时代来象征我们当前的时代”。(《序俄文译本史剧〈屈原〉》，《沫若文集》第17卷)

紧扣复活“时代的愤怒”的中心，这个戏在“开端”部分就波澜陡起、激情喷涌。我们看到，在第一幕借助《橘颂》的诗意为表达这“大波大澜的时代”和屈原的气节品格作了铺垫以后，到第二幕就风云突变，掀起了波澜。南后在张仪的要挟下，与靳尚密谋，设下了圈套陷害屈原，屈原以“淫乱宫廷”蒙冤获罪。楚怀王不辨真伪，当即免掉了屈原的左徒官职，宣布绝齐连秦，落入了张仪的政治圈套。个人的屈辱和国家、民族的危机感，使得屈原极其沉痛、悲愤。他呼喊道：“唉，南后！我真没有想到你这样的陷害我！皇天在上，后土在下，先王先公，列祖列宗，你陷害了的不是我，是你自己，是我们的国王，是我们的楚国，是我们整个儿赤县神州呀！”这当然不只是个人蒙冤受屈时的愤慨，而是引起人们古今感情强烈共鸣的一个伟大爱国者的愤怒，是民族的愤怒，时代的愤怒。以后，在第三、四幕和第五幕第一场剧情的发展部分，作者紧紧把握住这巨大的感情浪头，把屈原的感情引向深化。经过不明真相的乡亲们为屈原招魂，南后当着楚怀王、张仪和众人的面又一次诽谤和戏弄屈原。屈原的愤怒不断增强，终于在储足了力量之后于最后一场戏中来了一个总爆发。这个总爆发最强烈集中地抒发了“时代的愤怒”，同时也表现了“在这样的时代”人物“应该有”的“合理的发展”，预示着屈原到人民中去继续进行“抵御强暴、保卫楚国”的斗争的出路，显示出鲜明的理想主义色彩。

为了体现这场戏的总体构思，作者从全局出发，安排了特定的戏剧情境。这场戏的时间是“黎明前最黑暗的时刻”，即午夜已过，黎明到来之前的一段时光。地点发生在阴森、恐怖、充溢着怪力乱神重压的东皇太一庙内，最后又以这座东皇太一庙被烧毁结局。环境气氛由开始时的“雷电交加”“大风咆哮”到“雷电止息”“月光复出”，再到卫士燃起的焚烧庙宇的火光“愈燃愈烈”，这一切描写象征着光明和黑暗的剧烈矛盾，并预示着矛盾解决的方向。正是在这种艺术气氛中，屈原被囚进了东皇太一庙。南后、靳尚等人因慑于屈原在人民中的威望，害怕群众骚动，阴谋就在当晚经郑詹尹之手毒死屈原，并企图借大雷电之机火烧东皇太一庙，以掩盖自己的罪恶；而屈原这时明知随时有生命危险，却置个人生死于度外，他对楚国反动集团的愤怒和仇恨发展到顶点，又从婵娟、钓者的身上感受到人间的温暖和人民的力量，最后发展到遵从“卫士甲”的“意思”，“决心去和汉北人民一道，做一个耕田种地的农夫”。

根据这总体构思和特定情境，作者以屈原的性格的刻画为中心，组织了屈原的雷电独白，屈原与郑詹尹的对话，婵娟误饮毒酒以及屈原为婵娟死后举行火葬仪式等四个场面。

“雷电独白”本身就是一首壮美的抒情诗。它与《女神》中许多诗歌一样，有着“火山爆发似的内发感情”以及与这种感情表达相适应的奇特的想象、雄浑的格调和磅礴的气势。在自然形象的抒写上，也与《女神》一样，从大自然的伟力中发掘出奔放的生命力，抒情者自我与自然的密切关系强烈到了迸合为一的地步。但是“雷电独白”的屈原已不同于《湘累》中那个“萃之仅限于我一身，放之则可泛滥乎宇宙”的屈原了。从这时候的屈原形象中，已经看不到以个人为本位，追求个性解放和自由创造的精神，作者赋予他的，是基于人民本位立场的时代愤怒，是与人民在精神上的深刻联系，因此在“雷电独白”中，自然形象便具有了更加汪洋恣肆的气势和更为沉洪雄伟的力量。一开始，屈原便不是一般地向风、雷、电呼唤和祈求，由于抒情者将强烈感情灌注于自然形象之中，因此，风的咆哮，雷的轰鸣，电的闪耀，这些具体形象都不是单个的，彼此孤立的，在它们的鼓动激发下，呈现在我们眼前的是大自然的总体形象，是整个大自然的伟力，其间汹涌着洞庭湖、长江、东海的无边无际的波涛，囊括着“这在黑暗中哮咆着、闪耀着的一切的一切”。这里，给人感受最为强烈的是“那浩浩荡荡的无边无际的伟大的力”，是那无边无际的怒火。如果说，从单个的形象看，风的咆哮只能“吹走一些灰尘，吹走一些砂石”，雷的轰鸣只能把诗人载到那求得解脱的场所，电的闪耀只能像劈水一样劈开眼前的暂时的黑暗，那么，这一切力量的汇合，交融，就能产生“无边无际的怒火”，产生烧毁“一切罪恶黑晴”的“火”。“火”——这是贯穿整个“雷电独白”的核心意象。它是时代愤怒的象征，是炽热的战斗激情的象征。这时候的屈原，已经借助火的核心意象，将“自我”与自然的伟力，与时代的愤怒和战斗的激情完全融合为一。所以屈原激情地呼喊：“火！你，你这宇宙中的最伟大者呀；火！你在天边，你在我的四面，我知道你就是宇宙的生命，你就是我的生命，你就是我呀!”在《女神》时期，郭沫若就是“火”的讴歌者。凤凰在自己燃起的一场熊熊烈火中迎来了复生后的火的翱翔，火的欢唱；“炉中煤”为思念新生的祖国而有着火一样的心肠，“天狗”像烈火一样狂叫，奔突，日出时“环天都是火云”；诗人“心海中的云岛也已笑得像火一样地鲜明”……这一切“火”的歌唱都由于诗人对光明的景仰，对理想的执着追求而激发出来。在“雷电颂”中，屈原对火的讴歌，虽然也与对光明的景仰联系着，但主要是从悲愤感情的强烈抒发中产生的。与《女神》时期相比，这时候的郭沫若更多更深地看到了黑暗势力的顽固。这是“一切都睡了，都沉在梦里，都死了的时候”，是“比铁还沉重的眼前的黑暗”，是充满“阴谋”“污秽”和“自私自利”的黑暗。正是这种黑暗的沉重的压力激起了烧毁一切的反抗怒火。这种充溢着悲剧精神的壮美，较之《女神》时期主要表现正面的崇高的思绪，另有一番启人深思，激励斗志的作用。“雷电颂”中对光明的赞颂也不再像过去诗歌那样抽象、朦胧。当屈原向东皇太一庙中的怪力乱神泄愤时，一方面他狂烈地抨击反动统治势力的虚假和丑恶，另一方面又深情地赞颂底层人民的正义、真诚和勇敢。正由于这种爱憎分明的感情，所以他的强烈的抒发有了更明确的内涵：“但是我没有眼泪。”“我们只有雷霆，只有闪电，只有风暴，我们没有拖泥带水的雨！这是我的意志，宇宙的意志。”这里，屈原对钓者和婵娟的怀念使他心目中的光明有了具体的内容，也为屈原性格的发展作了准备。

屈原身陷囹圄、面临死亡威胁的关键时刻，正是他心潮怒涌、思绪万千的时候。在这种环境里，屈原不仅通过“雷电独白”抒发出爱国忧时的神圣的愤怒，表达了他对敌人、黑暗势力的深沉强烈的恨和对祖国、人民博大深切的爱。而且接着一个场面，在他与郑詹尹的对话中还写了他在悲愤和震怒之余对事情复杂性的清醒的认识，并且深自反省，清理自己的思路，又在冷静的剖析和深沉的思索中，揭示内心矛盾，从而拓开了新的思路。他认识到南后的诬陷不是私仇，而是楚国反动集团屈服于外国侵略者搞分裂、投降的结果，他没有沉溺在老百姓为他招魂所激起的愤慨中，而是从中看到了他们“厚道”的一面，他提出了“又聪明又厚道，又素朴又绚烂，亦圣亦狂，即狂即圣”的做人标准，而且不只是追求自己人格的完善和个性的圆满，还要求个个老百姓成为“绝顶聪明”有“好脾胃”“好性情”“好本领”的理想人物，他不满意自己，发现自己许多不足，特别提出了要“去学农夫”的要求，他还明确地认识到“大家都不想活的时候，生命的力量是会爆发的”。总之，他已从抒发时代的愤怒逐渐发展到看到了人民的力量。作为“雷电的独白”中博大浑融的感情的补充，这里则偏于理性的思考，屈原在深自反省中不断探索，从而使剧情在人物性格的更丰满的刻画中向前推进了。

这场戏的最后两个场面，主要是通过婵娟和卫士甲这两个底层人物，进一步烘托屈原的性格。作者说：“婵娟是象征着优婉的怀旧的感情，卫士象征着激越奋斗的感情。”（《沫若文集》第 17 卷）为使婵娟具有作者所说的象征意义，“开端”部分的《橘颂》，将婵娟的性格升华到了诗意的高度。婵娟由一个善良、淳朴的少女到显露出纯金般的心灵，坚定地维护屈原，无畏地痛斥南后，最后终于以自己的牺牲保全、换取了屈原的生命，她的品格，气质是在戏剧冲突中逐渐展示出来的。到最后当屈原以《橘颂》祭奠她的时候，我们看到，屈原对橘树的抒写和赞美，只有她是真正当之无愧的。屈原笔下的橘树，植根坚固，独立不移，枝叶纷披，果肉芬芳，加以诗的后半部分对美好情操的直接讴歌，橘树更成为胸怀磊落，正直无私，热爱祖国，坚持斗争的崇高人格的象征。由此可见婵娟是“诗的魂”，是“屈原辞赋的象征”。这里，通过婵娟形象所表达的“怀旧”感情，实际上包含着屈原回顾自己一生的内容，也是屈原精神的高度概括和写照。卫士甲的形象着墨不多。他从第四幕上场后曾目睹南后、张仪侮辱屈原，屈原义正词严痛斥张仪的场面，目睹婵娟在南后、张仪等人面前挺身而出揭露事实真相、维护屈原的场面。正是屈原、婵娟的精神感动了他，使他采取了断然救出婵娟的行动。他沉着、刚毅的性格特征，寥寥数笔，便被表现出来。而且在剧情发展上，屈原和婵娟的再次相会，《橘颂》的再次出现，特别是屈原的出走都与这个人物有直接关系。显然，卫士甲作为人民底层爱国抗秦的人物代表，在全剧的“高潮”和“结局”中，起到了这样独特的作用，也是作者不可多得的“神来之笔”。

综上所述，郭沫若基于一个革命浪漫主义诗人和剧作家对现实的强烈感受和火山爆发般的激情，从时代的愤怒领略到了崇高壮美的诗意，又基于一个史学家对于历史的精辟见解和丰富知识，运用“失事求似”和“发展历史精神”的史剧创作原则，从历史时代的悲剧精神中发掘出与当今时代相通的共鸣点，揭示出历史发展的方向，从而使历史的激情与现实的激情汇合起来，形成了整个剧本，特别是“高潮”“结局”这一场戏的绚烂的构思和洋溢的诗情。剧本在艺术表现上真正做到了戏剧性和抒情性的高度融合，开放出绚丽多彩的浪漫主义花朵。其间，最显著的特色有以下两个方面：

首先，大起大落，大开大阖的戏剧冲突与炽热雄浑、豪迈奔放的诗情的结合、交融。在现代剧作中，如果说，曹禺善于通过错综复杂的性格的、心理的冲突，展示人物间微妙的关系，以含蓄、凝炼、隽永的诗情来揭示人物灵魂深处的隐秘，田汉善于将传奇色彩溶入戏剧冲突之中，通过悲欢离合的曲折情节以揭示人物热烈真挚、缠绵悱恻的情怀；那么，郭沫若的史剧创作，则善于在突兀跌宕、大开大阖的戏剧冲突中，使人物性格借助于强烈的对照、映衬和冲撞，出现大幅度的感情波澜，喷射出火山爆发般的激情，因此，剧中诗情的推涌显示出一种雄浑奔放的美来。《屈原》高潮和结局的一场，这种特色更为显著，将这个“高潮”“结局”与全剧的“开端”和“发展”作为一个总体来考查，就更可以看出这种冲突剧烈，激情推涌的特色来。正是随着剧情的发展，屈原的愤怒不断增强，在最后这场戏剧冲突激烈、剧情尖锐的地方，人物内心活动也最为丰富，内心激情最为激烈。作者把握住这规定的剧情，在情节紧张展开的时刻，从容地腾出手来，在大雷电之夜的东皇太一庙内，让屈原独自抒发襟怀，安排了“雷电独白”这个出色的抒情场面。这长篇的“雷电独白”具有诗的激情、意境和内在旋律。它的豪迈奔放的感情基调，喷发式的表达方式和在开阔广大的境界中大幅度跳跃地驰骋想象，等等，表明它本身就是可与《女神》比美的优秀诗篇。然而，它在特定的剧情中，又没有造成戏的停滞和中断，而是戏剧化了的诗，或者说是一个抒情体的戏剧场面。与雷电交融的屈原的感情由于渗透、贯穿着他与黑暗势力激烈冲突，因此具有强烈的冲击力。自然界、宇宙间的伟力，如风的怒吼，雷的轰鸣，电的闪耀等，都化为了摧毁一切黑暗势力的无边无际的怒火。正因为作者紧扣全剧的构思中心，使剧烈的冲突聚成了一个个紧张的戏剧场面，蓄成一个个激情的浪头，这段抒情独白才能在戏剧性与抒情性的高度融合中将“时代的愤怒”表达得激动人心。

“雷电独白”和《橘颂》在同一场戏中先后出现，虽然有着壮美和优美的不同境界，然而却赋予了一种“贯穿情绪”，这就是火一样的愤怒，火一样“为真理斗争到尽头”的激情。当屈原用《橘颂》祭奠婵娟，拥着婵娟的尸体，“眼中复燃起怒火”的时候，在毁烧东皇太一庙的熊熊大火的背景下，屈原的“雷电”的性格和“橘树”的精神交融在一起，贯穿着火炽的基调。婵娟的尸体随同《橘颂》的诗卷一同燃烧，化为光明流去，屈原的精神也更发扬光大。由此可见，高潮和结局一场，在抒情气氛和艺术色调上是丰富多样，又和谐统一的。

其次，从特定戏剧情境中的人物性格特征出发，采取物我感通、物我同一的人格化的表现方法，是作者独特艺术风格的又一体现。这种表现方式，就是在“雷电独白”中，作为客体对象的风、雷、电和江、湖、海等形象，在《橘颂》中作为客体对象的橘树的形象，它们在抒情主体屈原的心目中，都不只是一种印象或观念的反映，不是以物我分离的状态呈现出来，而是主体与客体融成一片，“我”就活在客体物象里，这就不是一般地赋予对象以生命和思想感情，而是径直就把客体当成了主体来写。不过在这里，抒情主体的“屈原”与抒情诗中的“我”不同，剧中人物的抒情是将此时此境中“怎样想”的潜台词展现出来。以屈原为例，如作者所说，屈原在特定处境中“是被恶势力逼到真狂的界线上而努力撑持着建设自己”（《〈屈原〉与〈李鳌王〉》）。这种特征，也就是剧中屈原对郑詹尹所说的做人应达到的“亦圣亦狂，即狂即圣”的境地。这种境地中的屈原，一方面他的感情处于高度亢昂兴奋状态，以至于具有近乎狂人的思路、感情表达方式和想象方式，另一方面，他又能把握住自己，在激情中努力充实和完善自己的人格，并且凝聚着对现实的清醒的认识，使激情的倾泻具有强烈的目的感。正是从这种特定性格出发，屈原“与雷电同化”，他把自己完全沉浸到自然物里，并且也把自然物沉没到自我里，自然物成了与我融为一体的有生命的东西。他时而由眼前咆哮的风，想到翻浪涌浪的江、湖、海，又联想到“黑暗中咆哮着的、闪耀着的一切的一切”；时而将轰隆隆的雷鸣喻为车轮子滚动的声音，想象着自己被车载着到洞庭湖、长江、东海的边上去，又突发奇想要跳进滚滚波涛去寻求自由和解脱，时而把电光闪耀当作劈开黑暗的长剑，又由闪现的光明很快地联想到火，那在天边、在眼前、在四面燃烧着、滚动着的怒火；时而又对眼前东皇太一庙中的云中君、东君、湘君、湘夫人等怪力乱神泄愤，咒骂他们，要把他们烧毁！这一切，感情的喷发，如狂如痴，想象大开大阖，幅度大、跃动快，思路异常敏捷地跳跃、奔突，一条线索紧紧跟踪着另一条线索。

此情此境中的屈原确实近乎发狂了。然而正是借助这种近乎发狂的心理状态和奇特的想象方式，强烈地表现出摧毁黑暗势力的狂怒！

由上所述，可见《屈原》这个戏剧性与抒情性高度融合的高潮戏，充溢着博大浑融，丰富激越的感情，最鲜明地表现出以感情作为推动戏剧冲突、塑造人物的主要手段的浪漫主义特色。从《屈原》的创作过程可以看到，像《女神》创作中那样灵感迸涌、出神入化的情形，这一次又出现了。据作者说，整个剧本的写作时间不到十天。在创作过程中，他"妙思泉涌""天开异想""各幕及各项情节差不多完全是在写作中逐渐涌出来"，"就像水池开了闸，只是不断地涌出，涌到了平静为止"（《我怎样写五幕历史剧〈屈原〉》）。正是由于这种不同一般的特别强烈的感情的灌注和推动，这个高潮戏，才会在戏剧冲突白热化的当口，熔铸最为炽热奔放的诗情，并且用"与雷电同化"的人格化的表现方法来强化这种诗情，从而如同飞瀑激起千层浪花，重峦耸起峭拔峰尖一样，开放出绚丽的艺术花朵来。

性格的冲突　心灵的交往

——读《蔡文姬》第四幕第三场

五幕历史剧《蔡文姬》写于1959年，与《屈原》等20世纪40年代的历史剧不同，它不是悲剧而是喜剧，一种肯定性喜剧。郭沫若曾经将悲剧矛盾的规律概括为“负＞正”，把肯定喜剧的矛盾规律概括为“正＞负”。这就是说，肯定性喜剧以新生的生活方式作为表现对象，写新生的东西与反面事物的矛盾发展过程，前者战胜后者，使人们愉快地笑着进入美好的理想境界。郭沫若基于他一贯的浪漫主义史剧创作理论，将现实时代感受注入历史题材并浸注了作家的高度热情，在社会主义时代，创造了新型的历史喜剧《蔡文姬》，《蔡文姬》取材于史书和古代杂剧中文姬归汉的故事而有新的创造。郭沫若说：“蔡文姬就是我——是照着我写的。”又说：“我写《蔡文姬》的主要目的是替曹操翻案。”作者将自己抗战初“别妇抛雏”回国“投笔请缨”的经历与感情熔铸在历史故事中，又将他认为曹操“是一位了不起的历史人物”的独到的史学见解作为再造传统人物形象的根据。这样，文姬归汉的故事便被赋予了新的内容，有了新的立意。剧本以曹操接蔡文姬归汉为主线，着力塑造了才情横溢、感情悱恻、品格高尚的爱国女诗人蔡文姬的形象，还一反成说，刻画了与传统小说、旧戏舞台上白脸奸臣完全不同的曹操的形象，创造性地突出了他作为政治家的文治武功、雄才大略，作为诗人的文采风流、豪放潇洒，勾勒出平凡亲切而又雍容威重的新的性格。正是曹丞相贤明政治的感召，使蔡文姬克服了个人感情的矛盾，思想上升华到了“忧以天下”“乐以天下”的境界；而思想上获得新生的蔡文姬又转而促使曹操克服了自身刚愎自用、偏听偏信的弱点，这才最终完成了剧本由悲到喜的转折，导致“重睹芬华”“熏风永驻”的喜剧结尾。

剧本开始时，流落匈奴十二年的蔡文姬得知曹丞相派人接她回去，感情陡然掀起了波澜。文姬能否归汉？其间要经过怎样的矛盾冲突？在矛盾冲突中，蔡文姬的爱国诗人的形象，曹操的卓越的政治家和文学家的形象能否在舞台上站立起来？作家通过艺术形象所力图表达的这种创作意图成为贯穿全剧的总的悬念。戏剧冲突的第一个浪头是文姬在归汉与否的去留问题上所展开的内心冲突，是汉朝使节董祀所执行的曹操的尊重民族团结的指导思想和另一使节周近的大汉族主义思想的矛盾冲突。文姬的丈夫始而为周近所激怒，继而在董祀的感召下回心转意。下一个戏剧冲突的浪头是文姬归汉途中，夜半拜谒父墓，哭倒在父墓旁。其间穿插着十二年前文姬流亡匈奴悲惨遭遇的回忆和归汉途中《胡笳十八拍》的创作，渲染出浓郁的悲剧气氛。董祀向文姬陈述了十一二年来故乡在曹丞相贤明政治的治理下所发生的巨大变化，并将“到底个人事大，还是天下事大”的问题提到她面前，促使她从悲痛中惊醒，感奋。上述戏剧冲突两次“扣子”的挽紧和解开，使文姬归汉已成定局，贯穿全剧的总的悬念似乎已经解决。然而不然，矛盾冲突还反映在文姬归汉这一行动制定者曹操本人的思想性格中。作为封建统治阶级人物，曹操的性格有直率刚毅，情操高尚的一面，也有唯我独尊，刚愎自用的一面。因此，当周近巧言令色向曹操进谗诬陷董祀，而无知狭隘的右贤王去卑又从旁应和的时候，曹操便信以为真，一怒就罚，下达了“董祀暗通关节，行为不端”，“着即令其自裁”的饬令。这样，作者便在把握住曹操复杂性格的基础上，又引出了戏剧冲突的浪涛。这一情节直接关系到文姬归汉故事的喜剧结局问题。如果曹操果真处死了认真贯彻他的意图的董祀，就不仅会贬损他自己的形象，而且也会使蔡文姬蒙受冤屈。文姬归汉的事件就只能以悲剧告终，而达不到以肯定性喜剧方式歌颂贤明政治的目的。还要看到，周近进谗，曹操轻信，这一戏剧契机的形式，这一新的“扣子”的挽紧，也包含着作者总结我国封建社会专制统治的沉痛历史教训在内，这对于在社会主义社会里，反对封建残余势力也有明显的借鉴意义。

正是在上述剧情发展的基础上，第四幕第三场写蔡文姬据理力争、曹操醒悟、董祀获救的过程，在更深一层的“正>负”的矛盾冲突中完成了全剧的喜剧构思，曹操的封建时代卓越政治家的复杂性格和蔡文姬的爱国女诗人的鲜明形象得到充分刻画，贯穿全剧的文姬归汉的总悬念得以解开。因此，这是由“悲”到“喜”的关键的一场，是全剧“高潮”之所在。

“高潮”这一场戏具有独特的艺术动人力量。作者构思了尖锐的、丰富多变的戏剧情境，让具有特殊性格的人物在特定的境遇中，置身于危机爆发的关键时刻；同时又不是不管人物性格的内在逻辑，简单化地开展冲突，而是牢牢地把握人物性格特征，让冲突双方按照各自鲜明、独特的性格行动，引导人们进入人物丰富的内心世界，从而在真实的性格冲突中以内在情绪的力度牢牢扣住观众的心弦。戏开场时，曹操已经听信了周近的谗言，下达了饬令，而去卑的无知附和又加剧了紧张气氛，以致使曹操开始时根本不愿接见蔡文姬。尖锐的戏剧情境为凸现人物性格准备了条件。曹操偏听偏信、刚愎自用，但不徇私情、执法如山的封建专制政治家的特征，和他的诗人气质、长者风度胶结在一起，这使他既显得气度恢宏，严厉威重，又不乏亲切、宽厚、洒脱的气度。而蔡文姬此时已从儿女私情中振拔出来。她的饱经磨难的生活阅历，对曹操、董祀的感激和“优以天下”“乐以天下”的更高思想境界的开拓，都使她在拯救董祀的事件中，显得有胆有识，有理有节，风度谦恭而雍容，感情深沉而激越。处于特定境遇中的这种丰富鲜明的性格，以独特的方式行动，就能从人物性格中挖出“戏”来。例如，文姬“披发跣足”匆匆赶来，对曹操先不说救董祀的事，而是以“董祀之罪当死，文姬之罪也就不容宽恕”进行“自责”，“请求处分”。后来，又先后在“行为不端”“暗通关节”的问题上两次以退为进，把为董祀辩解的症结明确地提出来，然后加以申述。这样，曹操既不徇私情，又宽厚仁爱，蔡文姬也在上司兼长辈面前既懂礼节、知分寸，又巧妙地坚持原则。于是，二人的问答对应，便由于身份、教养、阅历不同，由于真实性格的“碰撞”而生出“戏”来。又如蔡文姬为董祀申辩的内容尽管是前几幕中出现的，申辩的方式又只能是长段的陈述，但是因为这些陈述情真意深，闪耀着性格的光彩，因而仍然感人至深。蔡文姬的辩白，与其说是辩白，不如说是倾吐衷肠。在倾吐衷肠中剖析自己，并表达对曹丞相的感激之情和对祖国文化事业的报效之决心。值得注意的是，蔡文姬在陈述中对董祀形象的鲜明再现，使这场戏在复杂的性格纠葛中更增加了感情的浓度和力度。我们看到，在文姬归汉的过程中，董祀不仅忠实地传达了曹操的意图，宣传了曹操的文治武功和正确主张，而且不是单纯地执行任务，还将曹的意图化为自己的血肉。蔡文姬感情真挚，体察人情，因此能将诸多复杂问题处理得合情合理。她真诚地倾吐的这一切，通过董祀形象的再现激情地表达了曹丞相的功德，这便使曹操不仅认识到自己偏听轻信、误判忠良的错误，而且又使他不能不深深为之感动。这样，曹、蔡二人在性格冲突中便包孕着深刻的、内在的心灵交往。正是借助于这种内在情感的冲激、交流，曹操由毫不容情到逐渐“有所思索”，终至于完全醒悟，并立即雷厉风行，下达追回原判的饬令；蔡文姬也在陈述、辩明事实真相的过程中，以更高的思想境界对自己的感情进行了清理、剖析，导致思想境界的新的升华。人物心灵世界这种“正＞负”的矛盾发展过程是曹、蔡两个性格迸发出光彩的一个重要原因，因为“心灵从这种对立中挣扎出来，仍然坚持自己的性格，就愈能显示主体性格的深厚和坚强”（黑格尔语）。就这样，这场戏不是凭作者的主观随意性和外在动作强度来实现戏剧冲突，而是在性格冲突中特别注意和表现了内在情绪的力度。性格的外部冲突和心灵的内部冲突的交错融合、相得益彰，才避免了人为的、外在冲突的单薄、肤浅，使冲突从内心深处迸发出来，饱含深沉、强烈的激情，从而产生出独特的艺术感染力量。

由于这场戏展开了真实的性格冲突，它在艺术表现上的另一重要特点是人物台词的动作性。这场戏的人物语言不只是一般的“性格化”“有生活气息”或“半口语加吟诵调”，其特点更在于戏剧语言以丰富的动作性见长。这就是说，不仅曹操的语言凝重亲切、大方豁达，文姬的语言激越情深、雍容谦恭，都符合他们在特定境遇中的身份、性格；而且更重要的，是能够通过精彩的台词，将人物复杂微妙的关系和各人内心的隐微的心曲揭示出来。曹、蔡二人的语言既不是单纯的询问和辩解，又不是简单的思想感情的互相表白，他们的台词表达了由于意愿的抵触而构成的性格冲突，表达了因为互相尊重而产生的内心情感的交流，以及各自内心矛盾所激起的感情的回流。这种语言的特点，需要作者精细地构思语言环境，不仅做到什么人物说什么话，还要做到什么场合说什么话，因此它是更见功力的。

在戏剧结构上，场面的选择、配置，主次轻重得当，转换、联结，自然而有变化。这场戏的地点始终在丞相府后园中的松涛馆内，但随着时间的推移和上下场人物的变化而形成了五个场面。以曹、蔡二人的关系为主的重点场面被融成两个，其他首、中、尾三个场面虽属次要，但在突出主要场面使之富于变化上都起了重要作用。开始去卑附和周近的场面造成了尖锐、具体的情境和有力的悬念，为深入开掘重点场面作了情绪上和心理上的准备。蔡文姬在曹操面前申辩的两个重点场面也注意了场面的调度。这两个场面由于主要内容是蔡的大段申辩，本来很容易显得沉闷、呆板，但作者一方面在蔡的台词上下了功夫，使之具有吸人的魅力，另一方面在场面调度上很注意表现曹操、周近、曹王以及二位侍女的情绪反应和心理变化。蔡文姬在进行申述时，二婢从旁作证，还多次出现了曹操、周近、曹丕三人无言徘徊，曹操欲言又止的局面，文姬退场后又出现“曹操在园中徘徊、有所思索”的场景。这些地方剧情有时看似“沉默”“停顿”，实际上人物内心活动很剧烈。这是无声的动作，无声的独白，能起到“此时无声胜有声”的作用。曹操命文姬中途退场，一个过渡场面将重点场面隔开也显得自然贴切。最后，曹操醒悟、周近服罪、文姬说情，这个喜剧性色彩的结尾既意味着“高潮”一场由悲到喜转变的完成，又为全剧最后一幕“重睹芬华”的大团圆喜剧性结尾作了准备。

自叙传式的抒情体小说

——读《歧路》

这是一篇自叙传式的小说。虽然小说的主角不是以第一人称“我”出现的，但小说中的“他”，仍然会使读者直截了当地感到就是作者本人。正是通过作者的“自我”表现和主观抒情，作品提供了五四运动后为社会所压迫，不满现实，而又找不到出路的小资产阶级知识分子的形象，披露了他们的心灵历程和复杂的精神面貌。

郭沫若于1923年由日本九州帝国大学医科毕业后携带妻儿回到上海。在学医期间他就写出了《女神》，并开始了创造社的文学活动，这时更全力地从事文学工作。继《创造季刊》之后，又创办了《创造周报》和《创造日》，使创造社的活动达到了顶峰。但同时，他却遭到了经济生活的窘迫和自己思想矛盾的困扰。在学生时期，他还有定期的官费补助，而这时候，尽管他和他的朋友们为书店编杂志已成为他们的“职业”，然而却得不到书店的正式聘书，也没有固定的薪水，用钱得到书店去“十块五块地要”，于是他成了“过着奴隶加讨口子生活的人，连坐电车的车费都时常打着饥荒”。刚踏入社会的郭沫若因此尝到了“人生的苦味之杯”，甚至于不得不将妻儿重又送回日本去。在世界观上，“二七”大罢工后国内阶级斗争形势的发展，使他深感旧的思想武器的软弱无力。“所谓个性的发展，所谓自由，所谓表现，无形无影之内遭了清算”，而他对马克思列宁主义“并没有明确的认识”，只是“感受着一种憧憬”。(《创造十年》,《沫若文集》第7卷第166页）还只能用个性主义进行探索和战斗。作者当时的处境和思想状况便鲜明地反映在小说《歧路》中。

小说中所写的事，自然不是件件为作者所亲历，所叙述的生活状态，也与作者实际生活有些不同，但重要的是小说中有感情真实的抒发，心灵火花的爆喷。作者以自己的生活经历为基础，毫不隐晦事实的真相，用他的诚恳与直率，借助自叙传式的方式和单纯的抒情格调，痛切地诉说出来，从而把自己整个心灵披露在作品中，呈现在读者的面前。作品这种至情流露、感人至深的社会效果，正如郭沫若所说：“我把妻子送走之后，写了那《歧路三部曲》，尽情地把以往披在身上的甲胄通统剥脱了。人到下了决心，唯物地说时，人到了不要面孔，那的确是一种可怕的力量。读了我那《三部曲》的人听说有好些人为我流了眼泪。”(《创造十年》,《沫若文集》第7卷第166页）

作品的抒情格调之所以感人至深，一个重要原因，是因为作品写出了悲剧性格，渲染了浓郁的悲剧气氛。作者将悲剧主人公身上的“美”、潜藏的“价值”揭示出来，又深切地表现出这个人物在社会恶势力压迫下所遭到的痛苦、不幸和摧残，将美的有价值的东西撕毁给人看，因此产生了强烈的悲剧力量。这种悲剧性首先表现在作品主人公报国救民美好理想的破灭上。“他”在日本学医十年，然而国内政局的混乱、社会的腐败，却使他不愿开业行医，因为当时国内不仅有效的医药极为缺乏，而且在贫富悬殊的社会中，医学又不能有效地为广大人民服务，对于社会制度的改造更是无济于事。但是他抱着文学“可以转移社会”的目的，弃医从文之后，情形又怎样呢？在这“文学不值一钱的中国”，物质生活的匮乏，使他无法从事文学工作，加以社会上“攻击他的文章”，“苛刻的言论”，又使他精神上受到压抑而自暴自弃。于是，他的文学理想，也如同“一粒种子落在石田，完全没有生根苗叶的希望”。“理想的不能实行，实行的不是理想”，这就是他回国一年来理想归于破灭的悲剧生活的概括。其次，与美好理想联系在一起的，是“他”的爱情和家庭生活的悲剧。“他”的日本籍妻子因为同他结婚受到了“破门的处分”，“他”也因为反叛封建的包办婚姻而有家不能归。他们为着纯洁的爱情，勇敢地冲破封建罗网，表现出反对礼教传统，追求个性解放的精神品格。而在他们婚后的生活中，妻子是那样的勤俭、善良、温厚，做丈夫的是那样的有理想、有抱负，并兢兢业业地为社会工作，然而这样的家庭却被逼得天南海北、各据一方了，丈夫想送妻子回国，为一张船票的票价也要踌躇再三。这些地方愈是揭示出主人公身上的美，就愈能揭示生活的严酷和社会的丑恶。

从抒情格调的美学特征来看，这篇小说与郭沫若《女神》时期的作品不同，它缺乏崇高，偏于感伤。然而这种感伤不是一般的离情别绪、自伤自悼，而是深深地烙印着时代的苦闷，涂上了时代病的色彩。例如，他认为医学无用，而文学工作又没有物质上的保证，感伤之余，竟然自暴自弃到否定了自己过去全部写作成绩，发展到极端时，甚至企图自杀。主人公这种感伤的情感富于冲动性，它大开大阖，大起大落。虽然偏于伤痛，激愤，却仍然植根于时代的土壤之中，流贯着浪漫主义的激情，带着郭沫若作品特有的力度和气势。它既托出了当时知识分子正视现实、探索前进的心灵，又成为猛烈冲击封建城堡的力量。

这篇小说的抒情格调还有一个特点，就是它与现实图景、平凡生活紧密联系着。不同于他的一些浪漫主义诗歌，这里没有奇特的想象，极度夸张的神话色彩，也不同于他的浪漫主义戏剧和小说，这里缺乏偶然性的情节和戏剧性的效果。这篇小说的浪漫主义特色虽也十分显著，然而它突出主观性——深挚的情感，强烈的内心冲突却是通过日常生活的自叙传式的手法表露出来的。作品的抒情主人公未曾沉湎于自然和历史，也不面向未来，讴歌理想，他只是在平凡的现实境遇中挣扎浮沉。小说的特定环境是抒情主人公——“他”被迫送妻儿回日本别离前后的最容易引起凄怆、悲愤感情的时刻。正是这样特定的境遇，引起他泉涌的反思活动，激起湍急的感情旋流。全文因此具有一种真诚、自然、流畅的内心独白性质，从而以赤诚的自我袒露贯串全篇的主题。作品的现实图景和细节真实顺应着主观抒情的需要，而主观抒情又离不开现实事物外在机缘的具体触发。如从眼前送别的海船引起他的想象，激发他的情思：“他直视前面，只看见一片混茫茫的虚无。由这一片虚无透视过去，一只孤独的大船在血涛汹涌的黄海上飘荡。”又如送别时他与妻子的一段对话：

——“日本的房屋很冷，这回回去不要顾惜炭费，该多烧一点火盆。”他这样对女人说。

他的女人也抚着她自己的手，好像自语一般地说道，这回回去，自己挽水洗衣，烧水煮饭，这双手又要龟裂得流出血来了。

——“这回回去，无论如何是应该雇佣女工才行，十块钱一个月总可以雇到罢?”

——“总可以雇到。”女人的眼眶有点微红了。……

——“我在上海总竭力想法找些钱来……”他这么说了一半，但在内心中早狐疑起来了。

小夫妻间临别依依，相互体贴、痛惜的生活絮语流露出感人的至情，没有身临其境的真切生活感受，没有对典型独特的细节之敏锐地捕捉，这种真挚的感情是很难抒写出来的。此外，“他”的女人临别时嘱咐的话语引起他关于“洁光”的联想，他女人对他的希望，又成为他莫大的负担，引起他自怨自艾的矛盾心理。当他触景生情，回忆起儿子们捕雀的往事时，又引起他“凄切孤单”的“讴吟”。“面前飞过一乘汽车”，使他产生幻觉，似乎从汽车轮下看到了“一种亲密的微笑”，因此想葬身在汽车轮下，自杀以求“痛快”。凡此种种，富有特征意义的细节，不论叙事、对白，都浸透着浓密的感情汁液，既是作者抒发浪漫情怀的发酵素，又使作品具有较为丰富的生活实感。

由于小说重在抒情，手法上又有缘事而感、即景抒情的特点，因此，与之相适应的，在结构上比较自由灵活，不拘一格。作品从主人公去码头送别妻儿开始，以他孤独回到寓所作结，其间随着情绪的奔驰无羁、腾挪多变，作者时而回忆漫远的往事，时而绘状送别的图景，时而引苏格兰诗人为同调，长歌号哭，时而又自创歌词，流连讴吟，叙事、议论、抒情杂糅，似乎不顾短篇小说的格式和情节安排、人物刻画，只是任意而谈，尽情倾吐，作家好像在向阔别已久的朋友谈心，把自己的感情、思想向你倾诉，激起你心灵的波涛，从而引起强烈的共鸣。

这种近乎散文而实为小说的自叙传式的作品，郭沫若曾写过许多篇。“五四”时期创造社的一些作家如郁达夫都写过这类小说。人们常把这类作品称之为“自我小说”或“身边小说”。这种小说曾受过日本20世纪初流行的“私小说”（“私”在日本文中是“我”的意思）的影响。“私小说”强调把自己直截了当地暴露出来，并重在刻画作者的合境”（以上引文见吉田精一的

《现代日本文学史》)。郭沫若、郁达夫等作家从“五四”时代个性解放的要求出发，强调主观，表现自我，注意直率自然地袒露自己的“赤子之心”，所以容易受“私小说”的影响，二者还有许多相似之处。但我国活跃在“五四”时代的这些“自我小说”的作家，不像日本私小说作者那样拘囚于个人的狭小天地，回避社会现实，他们所代表的是“五四”时代彷徨、求索的大批青年，而作品的“锋芒”所向，则直指黑暗丑恶的社会制度。在这种作品内容的根本点上，二者又是有着明显区别的。

注重理性的心态描写

——读《叶罗提之墓》

本篇写叶罗提与他的堂嫂之间的变态的性爱关系，细致地表现了叶罗提由对他堂嫂的爱慕、热恋到殉情自杀的心理变化过程。作者大胆的爱情和性心理的描写是以封建宗法制度和旧礼教作为抨击对象的。旧的伦理道德不是宣扬什么“男女别于途”吗？这篇小说写叶罗提对嫂嫂的爱偏偏是从叶对嫂嫂的手的爱慕开始的。后来发展到牵手、吻手，以致吞下嫂嫂手上戴的顶针而死。作品的锋芒所向直指传统的反动伦理道德，是很明白的。叶罗提的堂嫂比他大十岁，而且是有夫之妇，因此叶的性爱是病态或变态性质的。这种性的变态或病态是畸形的社会对人的压抑而造成的。郭沫若说：“我国素以礼教自豪，而于男女间之防范尤严，视性欲若洪水猛兽，视青年男女若罪囚……年青人最富于反抗性……对于父母长辈无所谓的压抑，更于无意识之间，或在潜意识之下，生出一种反抗心，千方百计思有以满足其性的要求。然而年龄愈进，防范愈严，于是性的焦点遂转移其位置而呈变态。”（《〈西厢记〉艺术上的批判与其作者的性格》）在“五四”时期封建宗法制度和旧礼教严重地桎梏着人们的思想的时候，在“男女之大防”等虚伪幌子掩盖着“人欲横流”的上流社会的丑恶的时候，郭沫若主张以冒犯礼教和世俗的真率态度将变态或病态性爱的潜意识大胆地披露出来，即所谓“制造生命文学的人当破除一切的虚伪、顾忌、希图、因袭，当绝对地纯真、鲠直、淡白、自主”（《生命底文学》）。在他看来，这种“绝对”真率的袒露可以对虚伪的封建礼教起到“暴风雨式的闪击”的作用。由上所述，可见这篇小说虽然也是“五四”后流行的一种注重心态描写的“身边小说”，但和西方现代派文艺不同，它不是以非理性主义为指导，单纯地表现无意识的直觉的“内心活动”，而是注重理性，因而作品的内容是有其独特的社会意义的。关于这种作品，他还写过《喀尔美萝姑娘》、《残春》等。

自然，也应该看到，在郭沫若这些小说中，由于作者片面地认为“真率的态度便是至高的道德”，把“真”强调到绝对化的地步，便相对地忽略了文艺的“善”和“美”的考虑。他的这些作品虽然通过变态心理的描写从一个侧面反映了时代的黑暗，揭示出时代的苦闷，但伴随着富于破坏性的“爱情至上”观点而来的，是对畸形的、变态心理的讴歌，并在情调上显得颓废和暗淡。如果说《歧路三部曲》等小说抒发“生的苦闷”有着强烈的抨击社会黑暗的意义，那么，这些暴露“性的苦闷”的作品揭露现实黑暗的意义就要薄弱得多，因此，作品的这种内容，只有放在“五四”时期特定的历史条件下，考虑到当时新文学者反对旧道德、旧文学的特殊任务，和他们对封建道德的愤激情绪，才能恰如其分地给以说明。早在1925年，郭沫若自己就已经否定了这种对“幻美的追寻”的。今天的青年，有着比之“五四”时期的青年更健全的精神状态、道德标准，他们应该用历史唯物主义的观点来认识作品所反映的时代，并辨析作品所包含的内容。

在艺术表现和写作手法上，这篇作品是“五四”时期曾经流行一时的心理小说之一例。但它不同于西方意识流的作品，它注重理性，反对非理性，艺术表现上有着明显的独特之处，体现了作者在艺术上的尝试和探索，值得我们注意。

首先，小说以内象的心态描写为主，但又与简洁的行动、语言和场景的外象描写达到了较好的融合。小说中，叶罗提七岁读家塾，十三岁读中学，十七岁读大学直到自杀身亡，时间、空间上的跳跃和跨度很大。然而作者抓住人物生活中的一点，集中写叶和他堂嫂的性爱关系。这里，没有典型的社会环境氛围的描绘，没有人物活动的具体背景，更没有人物外形刻画，有的只是叶罗提的心态描写：堂嫂对他的吸引，他的自我感受，他对堂嫂心理的揣度，以及他自身的内心独白（叶从嫂嫂口中听到的那些话正是他的内心独白的反映）和他的幻觉（临死时将看护妇当成了嫂嫂）等。叶罗提的外部形象是模糊的，然而人物"怎样想"的心理活动却化为了形象描绘。作者在披露人物的隐秘的灵魂的时候，不是采取直接的心理分析的方法，而是往往伴随着简洁的生活场景、人物的行动和语言。但是，无论是春日后园竹林中嫂嫂思春的场面，还是叶罗提牵引嫂嫂步过崎岖山路、他向嫂嫂说书、同嫂嫂谈情说爱，以致最后在医院吞顶针自杀的场面，这些不连贯的、片断的现实图景是经过叶罗提的心理滤化后，由一连串的印象、联想、幻觉重新组合而成，都是叶的性爱由发动、萌生、发展到结局整个心理过程的反映。还有，堂嫂的形象在小说中也看不到她的外形，然而她的手、手上的顶针，在映入叶罗提的心理之后，却被赋予了浓厚的主观色彩。在叶看来，嫂嫂的手和顶针就是嫂嫂的美的象征，就是自己的爱情的象征。此外，一些细微的心理活动也诉诸视觉、触觉变为可视可感的形象，如"他的心机就好像被风吹着的竹尾一样，不断地在乳色的空中摇荡"。当"他的手背擦着她的手心"时"那一刹那的如像电气一样的温柔的感触"等，这种以表现人的主观感受为主又辅以外象描写的手法，使人物性格的具体可感性增强了，避免了一些心理小说在立意和手法上过于朦胧，以致使人感到飘忽晦涩、如入迷宫的毛病。

其次，小说没有环环相扣的故事情节，只是适应心态流动的需要，采取如同电影镜头组接的跳跃的结构方式，但又不颠倒时间，并由某些细节反复出现以形成贯串线索，心理描写也曲折、细微、富于层次。小说表现心态流动过程，如同跳跃的镜头似的以快速的节奏进行着，但是这种心态流动又不给人破碎零乱、杂乱无章的感觉，它不像某些意识流小说那样忽而这、忽而那，时空颠倒错乱，以辐射线似的结构方式，自由放射，满天开花。这篇小说的意象是按照时间顺序跳跃着向前发展的，更重要的是，还有一种类似戏剧中的小道具似的细节描写反复出现，贯穿全篇。这就是叶罗提对嫂嫂的手的感触：叶罗提七岁至十三岁的幼年时期，他对嫂嫂稚气的爱慕就是由嫂嫂的"像象牙雕刻""像粉红的玫瑰"的手和手指上戴的"金色的顶针"引起的，随即他得到了牵引嫂嫂的手的机会，叶十三岁至十七岁的少年时期已由爱慕发展到初恋阶段，“他的手背总爱擦着她的手心”，并有了如电气一样温柔的感觉，他还故意表示谦逊，“紧握着她的手和她争执”，又发展到要嫂嫂的顶针，从嫂嫂口中听出爱恋的话来；叶十七岁的那一年，他已经成为一个青年人了，他便在同一后园的竹林中与嫂嫂表达了正式的爱情关系，于是发展到吻嫂嫂的手的地步；再过几年，当叶听到嫂嫂因难产而死的消息的时候，他又是吞下嫂嫂给的顶针殉情自杀的，而自杀前他又在幻觉中多次把看护妇的手当成了嫂嫂的手。作品最后写道：“他病不两天，终竟被嫂嫂的手把他牵引去了。”由恋手、触手到握手、吻手，再到幻觉中也出现手，由初见顶针到要顶针，再到吞顶针而死，这条线索贯通了八个生活片断，加以十年前后两次写到春天，写到同一后园的竹林，这些描写针线细密，使得全篇心态的流动既显得曲折、细微，又有清晰的层次，结构既有大的时空跨度，又显得紧凑而有条理。经过这一番周折腾挪，小说的心态发展出现了高潮，这就是殉情自杀，把对“爱情至上”的讴歌推到顶峰，也正是在这里点了题：叶罗提之墓。

小说的上述写法表明，郭沫若在试作心理小说时，显然不同于当时正在流行的西方的意识流小说，他考虑到中国人传统的欣赏习惯：在着力于内象描写时不忽视外象描写，在心态的快速跳跃时，注意逻辑顺序和时序，严密地构思贯穿线索。

此外，这篇作品还有着浓郁的抒情色彩和诗的特质。虽然作品中没有穿插诗和音乐，但人物对话、场景描写都有诗的意趣和意境，有诗和音乐的节奏感，充溢着诗的飘渺美的神韵。加以用语清新平易、精粹生动，使作品显出一种精巧细腻而又不失自然明丽的特殊风味来。

郭沫若写这篇小说的1924年初，正是“五四”退潮之后，新的革命高潮还在酝酿，尚未到来。这时候他虽然在理智上倾向于未来，有许多新的认识，在《前茅》诗集中表现了新的昂扬亢奋的情绪，但周围沉闷的局势仍使他在感情上倾向于过去，没有完全摆脱孤独伤感和空虚的心境，所以仍然免不了间或作些个人心灵的细致感伤的抒情。这种抒写尽管因为有他个人真切的感情，并符合他的“爱写历史的东西和爱写自己”的美学趣味，因而艺术上较有特色，但毕竟带着个人主义的病态特征，带着某种脱离人民集体和社会生活的脆弱性。由于作品把性爱本身表现得高于一切，所揭示的偏于心理动因的本能成分，缺乏人与社会关联的背景，相应地缩小了社会历史内容的成分，因此小说心理描写的笔墨无法舒展开来，大多只能伸缩于个人内心之中，缺乏社会心理的开掘。这种内心世界的探索，自然对他以后的文学创作有所裨益，但纯粹的心理小说，他并未继续写下去，在内容上他还明确地进行了否定，这一点是应该清楚地辨明的。

一个深刻的“性格悲剧”

——读《楚霸王自杀》

楚霸王项羽兵败东城、乌江自刎，是我国秦末著名的历史事件。这位勇猛善战、风云一时的“英雄人物”，因为违背民心、沽名自重，落得个身败名裂的下场。他的失败教训历来为人们所重视，成为文艺作品常写的题材。本文通过项羽乌江自刎，概括了他短暂而峥嵘的一生，对他失败的教训进行了形象化的总结。

本文史实出自《史记》中的《项羽本纪》。项羽是一个楚国的贵族。当陈涉吴广举起反抗暴秦的义旗之后，一时豪杰蜂起，相与并争，不可胜数。其中力量最大的是项羽和刘邦，陈胜吴广起义失败后，项羽消灭了秦军主力，刘邦则攻破秦都咸阳。在这反秦斗争取得决定性胜利的重要时刻，项羽又不顾广大人民所受徭役和战乱之苦，为实现自己早年的“彼（指秦始皇）可取而代之”的称霸野心，不仅不去创建百姓们切望的和平安定环境，反而裂地封侯，造成新的混乱局面。特别是与刘邦连年争战，使人民又陷入痛苦的深渊和战争的血泊之中。项羽在咸阳大肆毁烧秦人宫室和典籍，在大批坑杀秦降卒之后又坑杀汉卒至十余万人之众，其暴虐残狠比之秦始皇“焚书”“坑儒”的罪行有过之而无不及。然而丧尽民心的项羽直到被围垓下、身死东城之时，仍不醒悟。他自恃勇猛、好强逞能，将自己的失败归结为“天意”。正如司马迁所说：“身死东城，尚不觉寤而不自责，过矣。乃引‘天亡我，非用兵之罪也’，岂不谬哉！”郭沫若基于历史唯物主义的观点和“人民本位”的立场，着重在民心向背的问题上揭示项羽遭到毁灭的原因及其必然性，批判了他的天命论，对古今楚霸王们提出有力控诉，并以项羽为借鉴，总结其失败教训，以警后人。这种有普遍的意义的主题的揭示，使作品蕴意深广而又有尖锐的现实意义。

这篇小说在历史题材的选择和处理上，与郭沫若的历史剧创作一样，也是本着“先欲制今而后借鉴于古”的精神，注重“对现实的讽喻”。但是，典型化的方法却不同于历史剧创作中那种“失事求似”“随兴之所至”，任意发挥的浪漫主义的方法，正如作者所说，他写历史小说，采取的是“把古人写得逼真”，以“反映出……今人面目”的方法。具体地说，就是“以客观的典型人物为核心，而加以作家的艺术的淘汰，于平常的部分加以控制，于特征的部分加以夸张，结果便可以造出比客观具有的典型人物更为典型的人物”（以上引文均见《从典型说起》——《豕蹄》序）。对照《项羽本纪》的史料可以看到，除个别细节的改动外，小说在大关节上和大部分细节上都是与史实相符的。作品虽然个别地方也运用了象征、写意的手法，但主要是借助一般的叙述、描写、虚构、渲染的手法来真实地揭示历史关系，再现历史生活场景，集中地刻画了项羽这个人物性格，鲜明地揭示了作品的题旨。作品艺术形象给人的感受，基本是现实主义的，又略带浪漫主义的色彩。

作品的中心人物项羽是一个悲剧性格。作者严格遵循历史的真实，没有将项羽的悲剧写成命运悲剧，而是如实地写成了性格悲剧。他从“人民本位”的立场出发，以“鉴古”“制今”的眼光，透视这个性格悲剧，揭示了项羽违背历史潮流，与人民为敌的反动本质，使这个人物性格能够植根在古今历史时代的土壤中，从而概括较为深刻的社会历史内容。从小说中可以看到，项羽在失败后，“怨天恨人”，把一切失败都归之于“天”，“他觉得天公是最可恶的”，“天老爷一定要亡我，是不可抵抗的”。他还把反对他的老百姓说成“都是天所作成，也就是和他作抗的天公的化身”。如果小说对项羽这种天命观不是批判地描写，就很可能坠入表现人物命运悲剧的歧途。在我国历来戏曲舞台上一些有关项羽败亡的戏中，这种命运悲剧的气氛就很浓重。太史公以史家的严正笔墨客观地叙述了项羽败亡的过程，并且指出了项羽“天亡我”观点的“谬”误，但他也不能从项羽反人民、反历史潮流的角度来批判其天命观，评价其成败得失。郭沫若的这篇小说则着力突出了项羽与人民的矛盾，与历史前进趋势的矛盾。在这个背景和特定角度上来剖析他的天命观，总结他失败的教训。作品写项羽败亡时，居民不是回避他就是作弄他。作者还把史实上的亭长改为一个图谋溺死项王的书生所扮，用他来代表民意，借他之口揭示出项羽因民心向背而经历的由胜利到失败的变化。“亭长”针对项羽的天命观说，“怎么怪得天呢？天是不说话的，项王名下的是这个天，汉王名下的也是这个天。但是老百姓却要说话，只顾自己的权势，不管老百姓死活的人，是走着自杀的路”，还针对项羽称霸的野心和分裂行为说：“他因为自己想做霸王，把楚义帝杀了，对于汉王加以监视，亲信秦人的降将，嫉妒自己的同僚。昨天的敌人，只要肯做扶持自己的爪牙，今天便封王裂地；今天的同志，只要和自己的权势有点抵触，明天便视为敌人。”这些话，既揭示了历史的本质，又富于现实感。作者写这篇小说的1936年春，正值抗日救亡运动蓬勃开展之际。在大革命失败后，蒋介石政府搜罗狐群狗党，排斥异己。对于共产党和工农群众更百般仇视，在抗日高潮到来的新的形势下，他们仍然热衷于打内战，无视全国人民停止内战一致抗日的强烈要求。作品对于项羽的剖析，不仅在民心向背问题上揭示了一个有普遍意义的主题，而且确能起到“以历史比较现实”，针砭时弊的作用。

在揭示项羽性格的反动本质的同时，作品还注意了表现项羽性格的独特性和复杂性。项羽的恃勇自大、刚愎自用、沽名钓誉的性格特征在作品中得到了鲜明的表现。项羽的实际处境是无可挽回的失败，然而他却用“天亡我，非用兵之罪”来掩盖自己的失败，维护自己的虚名，求得精神上的安慰和满足。他愚顽到把人民仇恨他的民意看成天意，不愿东渡乌江是因为天意“不可抵抗”，所以“无面目见江东父老”，最后迎击追敌的一战，也是为了显示其勇猛和战功，以确证他的失败是天意，非用兵之罪，自刎前对吕马童那一段“献头”的豪言，更是项羽“这一个”人物所特有的。正如作者所点明的，项羽为了把自己装扮成“英雄”，连死都可以利用，这种独特的心理和行动，确实是别的任何人身上都不可能出现的，也是别的任何文学作品或历史事实所不曾提供过的。作品还不回避写项羽的一些特异才能和好的品格。作者说过，为了“求真”，他对于古人“不是故意要把他们漫画化或者胡乱地在他们脸上涂些白粉”，因此，作品借助“亭长”之口，赞扬项王“身经百战，力能拔山”，表现项王的勇猛和善战，这也是真诚的。项羽临死不顾自己而照顾部下钟离昧的情节也是动人的。作品这样写，不仅展示了历史生活本身的复杂性和多样性，而且表明，尽管项羽有某些特异才能和好的品格，然而因为他脱离人民、违背历史潮流，却只能落得悲惨的结局，这就有力地突出了作品的悲剧矛盾和项羽悲剧性格的意义。

就在郭沫若写本文的同一年，他在《译完了〈华伦斯太〉之后》一文中曾经指出，席勒的历史剧《华伦斯太》一个主要缺陷和不足，就是“他的主题的支点在性格悲剧和命运悲剧之间游移”，同时，人物性格中这种浓郁的命运悲剧的因素，还模糊了作者对人物鲜明的爱憎感情，所以许多人物性格都未能突出其性格的主导面而显得模棱两可。郭沫若的这篇小说则不同，他彻底否定了项羽性格中命运悲剧的因素，按照生活本身的复杂性和多样性来揭示其性格的悲剧，既明确地突出了他的性格的主导面，又不忽视揭示其性格的独特复杂的内涵。这样，性格描写既显得真实可信，又有鲜明、确定的美感教育意义。这种情况表明，作者在历史人物的再现和塑造上，已较好地把握和运用了革命现实主义的创作方法，这应该说是他由早期浪漫主义向前发展的一种有益的探索和实践。

本文在艺术表现上一个显著的特点，是善于抓住矛盾焦点，使人物在矛盾的焦点中行动，显相。一个人生命的最后时刻，往往是最能袒露其内心世界的时候。作者抓住项羽在自刎前的“瞬间”，笔力集中在他“怨天恨人”，实际失败又不承认失败的特殊心理状态的刻画和揭示上，借此表现这个野心家由胜利到失败的一生。作者还充分利用所选矛盾焦点，对布局和结构作艺术的构思。首尾两段渲染背景，点染时代气氛的描写彼此呼应，正文由项羽残军溃败江边，亭长劝说项羽，项羽决战自刎和亭长议论项羽等四个场面构成，地点都集中在乌江浦畔，时间也集中在从清晨到晌午的半天内。这样，使情节既集中、紧凑，又富于变化、别开生面，既单纯明了，又有较强的表现力和概括力。这种写法符合短篇小说截取生活横断面的要求，短小的篇幅概括了较为丰富的内容，收到了由小见大、以少总多的效果。在郭沫若的短篇小说中，这篇作品是以结构紧凑，选材精严，角度新颖，构思巧妙而堪称严格意义上的短篇的。

从写作手法上看，这篇小说或者从正面进行描绘、渲染，或者从侧面进行陪衬、烘托，或者着重绘状景物，从行动中表现人物，或者着重议论评价，从理念上揭示人物的内心世界。多种手法的运用，使作品画面富于立体感，人物性格显得鲜明突出。第一个场面，开始寂寥的荒村，奔腾的长江，像电影的“空镜头”，接着“得得”的马蹄声冲进画面，又随着马蹄声出现二十七骑败军，最后败军在江边溃散、停歇下来，由静到动，由远及近，又由动到静，戛然而止，凝定不动。停下来的人和马取着各种姿态。人或“在地上坐着”，或则“两只手把矛杆拄着”，或则“伏着便不能爬起来，就像一条死尸一样，不动”，或则“立在马旁，面着长江不动”；马或倒毙地上，或屹立蹴蹄。作者就像高明的画家在流转无常的动态中迅速捕捉住一纵即逝的具体生动面貌，把它们凝定下来。“除嘶风的马而外，大家都没有作声”，此时无声胜有声，有力地托出了一支败军的处境和人们颓丧的心情。第三个场面有特写镜头，如描画项羽的眼神和他拔剑出鞘“向空中举起”的情景；有近景，如写项军“二十六道和四周的冰雪争着寒意的剑光，在朝阳中交织了无数的虹彩”的景象；还有远景，如写项军迎着如潮头般涌来的汉军“二十六个人呐喊了一声，也和潮头一样，迎接着涌上了前去。两个猛烈的大浪接了头，迸出了猛烈的浪花”。这些描写很有层次，立体感强，而且形象瑰丽，感情浓烈，写来声态并作，极有气势。楚汉军最后一场恶战借助“亭长”对战争状况似报告非报告地讲述和钟离眛的焦急发问来写，更加强了这场恶战的紧张气氛。钟离眛关心项王的死活，心情极为焦急，而“亭长”则既赞扬项王盖世的神勇，又因憎恨项羽而不无兴奋心情地报导着项军“黑盔甲”倒地的情景，这种感情是颇为复杂的。“亭长”在报导战况时用了一连串比喻和复沓的语言，如“就跟冲进了羊牢的一群猛虎一样……只见人在倒，马在倒，敌人溃乱了……”，“……哦，真巧妙，真灵敏，真神速呵，二十六个人就像有二十六双手足的一个人啦”，“只见人在飞，人在飞，真像肉弹子啦”，“哦哈，黑盔甲倒了一个，又倒了一个！……”既符合远处观察战况的特定情景，又富于形象化和节奏感。第二、第四两个场面，虽然多为人物对话，有的对话还很长，但因关键性用语富于哲理性，而且含义双关，对鉴古和制今两方面都有深刻的寓意，所以读来警策动人，启人深思。这种场面描写虽然因对话过长而显得枯燥，但总的说来也有其吸引人的独特魅力。

小说除主要运用写实手法外，个别地方还运用了暗示、象征的手法。首尾两段关于自然环境的描写就是如此。由于作者赋予自然景物以生命和感情，使之产生一种象征、暗示作用，所以，那浩荡的长江激流很自然地使人联想到历史潮流，特别是联想到现实中抗日救亡的洪流；“骄矜”一时，“只图巩固着自己位置”的白雪则成为那些为着各自的政治野心，而热衷于内部争斗的人们的象征。作者在写这篇历史小说的1936年就曾明白地说过，他的这篇作品是写“在好些勇士正热心地呐喊而又摇旗，把他们自己塑成雪罗汉的春季”。(《给C. F. ——〈豕蹄〉献诗》)“白雪”“雪罗汉”易于消融，并必将溶入长江激流的描写，表明当时团结抗日的历史潮流是不可阻挡的。

在对照中捕捉生活的诗意

——读《梦与现实》

本文是一篇现代散文诗。这种文体是“五四”后提倡白话文和自由体新诗的产物。它兼有诗歌的凝炼和散文的灵活两种长处。散体、无韵、活泼、浓缩是它的特征。作为一种简洁而富于独创性的文体，散文诗言近旨远，以小见大，要求在极为凝炼、浓缩的形象和画面中表现丰厚鲜活的意象和真挚高洁的情志。

《梦与现实》如标题所示，艺术上最明显的特点是对比法则的运用。然而，这种对比不是修辞学上的对照、映衬，也不是零碎、个别的对比手法，而是在总体构思上的对比。就是说，由作者最初心灵的触动到命题立意，以至意境营造、构图布局的构思全过程，都贯穿着对比联想、对比手法和对比观念。

作者随着时代变迁所发生的思想感情的矛盾是立意的基础。五四运动退潮后，郭沫若尝到了“人生的苦味之杯”，思想情绪比较低沉，因此曾一度从歌颂自然、在自然中获取力量，直到沉溺于自然，从自然中寻求解脱。到了1923年前后，从日本回国的郭沫若，在国内阶级斗争形势迅猛发展的鼓舞下，革命热情重又高涨起来。他从“深沉的苦闷”和对自然的陶醉中抬起头来，更多地看到了现实的黑暗、人民的苦难，并扬弃了消极思想，表示要告别那“低回的情趣”“幻美的追求”和“纤巧的花针”，声称“矛盾万端的自然，我如今不再迷恋你的冷脸，人世间的难疗的怆恼，将为我今日后酿酒的葡萄”。正是在同旧有思想的矛盾冲突中，作者更加瞩目于血泪斑斑的现实，并导致自己审美观念的变化。这种心灵的波澜使他有可能从新旧感受的对比上捕捉形象，受到触发，并由情及理，虚实相生，在对比联想中立意，又运用对比法则来剪辑、组接画面和形象。于是在作者笔下，便出现了梦与现实的鲜明对照：一方面是迷恋自然的虚幻美好梦境的破灭，另一方面则是对充满苦难酸辛和挣扎的现实人生的执着追求。作者的意图显然是通过对比否定前者以达到对后者的肯定。然而作者对这种立意，甚至这种对比的意图，都无一字直言，只是让两种形象、画面处于互相对照和映衬之中，二者所绘之景、所造之象、所生之意正是在对照中生发出含蓄隽永的意蕴，收到启人深思、耐人寻味的效果。

梦与现实的对比不仅是形象的内涵的对比，而且在形象描绘手法上也使人感到是一种对照。王国维在《人间词话》中谈到诗词的境界时说：“有造境，有写境，此‘理想’与‘写实’二派之所由分。”又说：“然二者颇难分别，因大诗人所造之境必合乎自然，所写之境亦必邻于理想故也。”《梦与现实》上下两则确有造境与写境之分，作者用写意手法托出梦境，又用写实手法刻绘现实人生。然而写意造境，并非胡思乱想，必合乎自然，包含着精细的观察；刻绘写境也非平庸地实录，而是有选择有提炼，做到实中有虚，辞断意连。

先看梦境。“昨晚月光一样的太阳照在兆丰公园的园地上。”既是晚间，怎么会出现太阳呢？可见是写梦境，而梦境中的太阳毕竟同白日醒时的太阳不同，“月光一样的太阳”一语就准确地点明了梦境中太阳扑朔迷离的特点。白的、黄的蝴蝶“把麝香豌豆花当作了自己的姊妹”，还和花唇亲吻。这种拟人化的描写既符合梦中感情纯真、想象奇特的境况，而麝香豌豆花的自然形态又确系蝶形，花色也是黄、白杂陈的。这里，也显示出作者观察和绘状事物的细密入微之处。蝴蝶和麝香豌豆的亲密无间，加以阳光和暖、空气芬芳的环境描写，渲染出自然界一派和谐美好的情状。读泰戈尔的诗是抒写梦境意脉的转折。泰戈尔笔下，盲目女郎是大自然的象征，对于她们所赠予的花圈，诗人只是一味赞美和感动。他称赞“礼物的美丽”，感动得“眼泪水涌到了我的眼睛里”。而这里的梦境却不同，作者关于女郎们投掷花圈，将“我”埋没在坟垒里的描写，暗示出所谓“适意的梦境”恰恰是使人陷入自然而不能自拔的绝境。实际上这正是对于梦境的否定，也是作者对自己受泰戈尔思想消极影响的否定。由此可见，这里写的虽然是梦境，却触及了事物的本质和内在精神，写意造境达到了“神与物游”“思与境偕”的地步。

再看现实图景。这里选取的是作者“到静安寺前的广场去散步”，路遇母女俩乞丐的日常生活的题材。文章仿佛随手拈来，如叙家常，然而作者不是无感情地、枯燥平实的叙述，而是基于他对生活独特的发现、捕捉闪光的形象，从一个特别的角度抒情、达志，概括生活的本质。与一般地表现乞丐生活不同，作者没有着重写这两个乞丐（母亲是瞎子，小女儿只有四岁）的悲惨景况和乞讨生活。他注目的中心、描写的重点是母女间流露出纯真感情的一场嬉笑，以及小女孩拿起竹竿“保护”母亲的稚气的行动。然而，这小女孩的“憨笑”、母亲黄肿脸上的“一脉的笑痕”等细节，却在流浪街头的乞丐生活的惨淡背景上映现出来。底层人民辛酸、凄楚生活的悲剧，寥寥几笔，写得朴素无华、情真意挚，以一种朴素美和亲切感扣人心弦。这大都会一角的小小悲欢正是当时中国在死亡线上挣扎的广大劳动人民痛苦生活的缩影。正如高尔基所说，这是作家“直接利用生活的提示、形象、画面，利用生活的颤动，它的血和肉”所唱出的“人的灵魂之歌”（《高尔基文学书简》）。不止于此，作者还抓住这感人的细节和形象，情思浓郁地作进一层抒发，他几次发出了“人到了这步田地还是要生活下去”的感叹和议论，并以许多大的悲剧事件作为烘托和映衬，更加突出了这渗透在日常生活中的、更具有普遍意义的悲剧。“得得得的竹竿点路声……是走向墓地的进行曲吗？”“马路旁的树木，叶已脱完，落叶在朔风中飘散”，幻妙的联想，质朴的写景，造成了浓郁的悲剧气氛。这些抒写进一步表明，母亲的慈爱、孩童的天真，不过是人性美在浓重黑暗中的一刹那的闪现。它们必将被黑暗吞噬的结局正是对毁灭一切美好事物的罪恶社会的深沉的控诉和揭露。

总之，由于作者对时代，对生活的敏锐感应和深沉思索，把崇尚自然的虚无的和谐和幻美，与执着现实的人间的情趣和酸辛，两相对照，从而新颖独特地反映了特定时期作者心灵变化的历程，揭示出了时代变迁的独特印迹。这种通过对比法则造成的物、情、理三者交融的诗境，既能给人以美的享受，又在思想境界上给人以启迪和提高。

以理趣、象征创意境

——读《杜鹃》、《银杏》

优秀的散文诗的意境往往是形、神、情、理统一的。在造成这种意境时，这两篇作品又有其特殊性。这就是，郭沫若以学者、科学家的渊博知识和独到见解对自然现象作了创造性的解释。他旁征博引，才气纵横，使作品具有警策动人的思理和情趣。同时，又将思理和情趣注入写形传神的形象创造中，以大胆的想象、奇胜的联想，创造出比之写实形象或独白式抒情有着更为丰富的审美容量的象征性形象和意境。

如标题所示，这两篇散文诗各以杜鹃、银杏作为兴托的象征物。而最为引人注目的，则是作者对这两个象征物所作的新颖、独到的解释。

关于杜鹃，正如作者所说，人们一提起它，“心头眼底便好像有说不尽的诗意”，然而作者在生动地描绘了人们心目中传统的杜鹃形象之后，却笔锋一转，以确凿的自然科学知识翻出新意，指出人们对杜鹃的赞美，“实在是名实不符”的。这种“灰黑色的鸟”，不仅“毛羽并不美”，而且“它的习性专横而残忍”。作者以简练、准确的笔墨叙述了杜鹃如何自己不营巢产卵而让莺替它孵卵哺雏；鹃雏孵化出来之后，又如何将莺雏挤出巢外，任其饥寒而死，自己则独霸着母莺的哺育；而莺又是如何受欺而不自知，“辛辛苦苦地哺育着比自己还大的鹃雏”。这一段叙述看来只是如实地摆出事实真相，然而自然界隐蔽而残酷的一幕却惊心动魄地显现在人们面前，闪耀着犀利的思理的光芒和炽灼的感情的火花，使人惊醒，发人深思。就这样，杜鹃这一象征物的内涵更借助一个翻出新意的解释而显示了它的本质意义和潜在容量。

对于银杏，作者也在介绍了它的名称、特征和产地等为人们所知道的特点以后，又以深入事物底里的笔墨，揭示出它为一般人所不知道的、有着本质意义的性态方面的特征：它在古老的地质历史时期，曾经有过繁殖发展的黄金时代，但到后来则逐渐衰退，并有逐渐灭绝之势，而造成这种趋势的重要原因，就是它不像一般植物那样雌雄同株，而是属于雌雄异株的单性植物。这样，它就需要进行人工栽培和移植，才能在广大的土地上繁衍。中国特有的银杏正是经过中国人民用智慧和血汗才得以保存下来，并繁殖到日本去。因此，作者赞美它是“有花植物中最古的先进”，“具有动物般的性态”，是“完全由人力保存了下来的奇珍”。它“在太空中高唱着人间胜利的凯歌”。这种科学的阐释和发现确实使人耳目一新，智慧美的光辉照亮了事物的内蕴，银杏的具有本质意义的特征沟通了人们的民族自豪感，于是，这一作为兴托的自然物形象便从内在精神品格上被人格化了，作为中华民族崇高而伟大精神的象征，银杏的基本含义得到了概括有力的表现。

在对杜鹃、银杏作新颖、独到解释的基础上，作者还借助描写、抒情、议论等多种手法，进一步将理趣和象征融合起来，以睿智警辟又文采斐然的笔触，深化主体形象，开拓艺术境界，揭示深层的意境，从而使象征的内容更加丰富深刻。

《杜鹃》篇的主体形象是“欺世盗名的”人面杜鹃，作为烘托的是“全凭主观意象而不顾实际”的莺的形象。作者是通过描写、叙述，将杜鹃的惯受赞誉的“名”和它凶横残暴的“实”进行对照，在对照中由扬到抑，由褒到贬，同时也写出莺的可悲的“实际”来。接着，针对鹃的蛮横凶残和莺的麻木不仁，展开议论，既一针见血地点明杜鹃的凶残本质，又意味深长地指出，长期以来，人们遭受着“人面杜鹃”的欺压，却和莺一样浑浑噩噩。他们看不到杜鹃的“实际”而“哺育着”自己的压迫者，使得“吃人”和“被吃”的历史得以沿袭下来。犀利的剖析深入社会的内涵和历史的渊源关系之中，深邃警辟的思理使象征意义在深度和广度两方面扩展开来。最后，作者含蓄而有力地提出问题："将来会怎样呢？莺虽然不能解答这个问题，人是应该解答而能够解答的。"看到了人民群众的觉醒，相信人民群众必将推翻"人面杜鹃"的统治，象征性形象中蕴含着无尽的革命信念和理想。

《银杏》篇在描写、议论的同时，抒情色彩更为浓厚。经过作者揭示出银杏的性态特征之后，这"中国的国树"已经作为中华民族伟大精神的象征而确立了它的形象。接着，作者又从正反两方面充分揭示银杏的象征意义。从正面来看，作者以涌溢的诗情和绚丽的笔墨，表现和歌颂了银杏所体现的真、善、美风格。在作者笔下，银杏是美的，然而却是一种有品格的美，一种质朴、真诚、实在的美，一种能给人以功益的美。它端直而坚实，葱茏而庄重。暑天蓬勃巍峨，为劳苦人撑出了清凉的华盖，秋天"碧叶翻成金黄"，如"飞出满园的蝴蝶"，却"丝毫也没有令人掩鼻的那种江湖气"；严冬则枝干挺撑太空，"对于寒风霜雪毫不避易"，嶙峋洒脱有如高僧。对于这美好的银杏，作者一直"你""我"相称，亲切崇敬之情，溢于言表。银杏的魅力达到了如此的地步，"薰风会媚妩你，群鸟时来为你欢歌"，甚至还吸引了上帝百神，"每当皓月流空"，他们"会在你脚下来聚会"。然而，尽管银杏如此美好，它却绝非粗野骄傲或超凡出世之物。它不依阿取容而又不荒伧，美德高张而又不骄傲，名讳"超然"而又不隐遁。它既以自己伟美的丰姿和高贵的品格给人以感染陶冶，又以自己的"果实""木质""落叶"给人带来实惠。作者酣畅洒脱的笔墨写到这里，银杏"性格"的各个侧面被充分地揭示出来，以真、善、美交融统一的完美形象呈现在我们面前。银杏的形象既然如此崇高而伟美，那么，从反面来看，中国人忘记了它，而且是在吃着它的果实，享受着它的贡献的时候，忘记了它，就是很不应该的了。特别是在抗战时期国民党中央政府所在地的重庆，不仅没有它的影子，而且满街都是洋树，这就更引人深思了。我们知道，"象征手法的特点在于利用象征物与被象征的内容在特定的经验条件下的某种类似和联系，以使被象征的内容得到强烈而集中的表现。"（王朝闻主编《美学概论》）在我国大多数人眼里，银杏虽然还不是常见的，但经过作者以精密的科学眼光介绍其特征、状态，采取人格化的手法揭示其内在的精神品格，并且点明在特定历史条件下这种精神品格的尖锐而丰富的社会意义，就能唤起人们由此及彼的联想，从而使所象征的内容得到强烈而集中的表现。例如，在抗战中领导着中国人民进行艰苦卓绝斗争的中国共产党，不就像银杏一样具有真、善、美统一的风格吗？在革命人民心目中，中国共产党是崇高美好而又不骄不媚的——这是真正的“美”；它功德布于四海而不居功骄傲——这是真正的“善”，它出类拔萃、情态高洁而不出世隐遁、孤芳自赏——这是真正的“真”。再加以在抗战时期，中国共产党被崇洋媚敌的国民党政府视为仇敌，一般人对它也缺乏了解，这就更容易激起人们因银杏而引起对它的类比联想了。

总之，对于杜鹃和银杏，作者把知识和经验酿成焕发着智慧美的思理，又用象征手法生发出绚丽多彩、胜境叠出的联想，以理趣和象征创意境，所以无论是前者反面形象或是后者正面形象的创造，都显出一种特有的新、奇、峭、美来。

“韵在骨子里的散文诗”

——读《丁东草》（三章）

《丁东草》三章借物言志，托物抒情，写泉水的“丁东”声，写白鹭、写石榴，对这些自然物进行独特而精细的刻画，又倾注着作者的全部情绪，具体的物象与作家的性格、感情契合无间，呈现出一种和谐统一的美。正如郭沫若赞美他笔下的白鹭形象一样，这三章，篇篇都是“韵在骨子里的散文诗”，能给人真正的美的享受。

“韵在骨子里”的内在美的揭示，有赖于新鲜的立意和新颖的构思。《丁东草》三章都经过作者精思炼意，在生活中有新的发现和独特感受，获取了有个性素质的意象，又有它传神的意脉，因而能拓以新境，立以新意。《丁东》篇从今昔美丑的对比中选材立意。作者在开篇时就说明，他思慕的“丁东”是故乡“清冽的泉水滴下深邃的井里的那种丁东”，不是发思古之幽情，“古时候深宫里的铜壶滴漏”的“丁东”，也不是遁世隐居“在深山里，崖壑幽静的泉水”的“丁东”。从本篇“丁东”的特殊性中，可以窥见作者激越的思想情怀，看出他恢宏的立意谋篇。郭沫若自离开故乡三十年来，同形形色色的敌人战斗，与种种黑暗势力周旋，特别是写此文的1942年前后，在重庆同消极抗日、积极反共的国民党顽固派苦斗，领导进步文化力量，在冲破政治低气压和文化禁锢中前进，表现出前所未有的斗争的艰苦性和复杂性。这种环境使他耳边“无昼无夜”地轰响着“苍蝇嗡营”“风车旋转”的声音。强烈的今昔美丑的对比感受，引起了他对经常萦回于心的故乡泉水“丁东”声的深沉思念。“丁东”声的清永、悠长，反衬出他对现实黑暗的厌憎，也表现出他对纯洁美好事物的向往、追求。《白鹭》篇以乡居生活常见的白鹭为物象，从平凡的题材中提炼出不平凡的意义。作者认为，白鹤或朱鹭、苍鹭等物都“太大”“生硬”和“太不寻常”，而白鹭则“色素的配合，身段的大小，一切都很适宜”，还有“常见”的特色。作者通过引人入胜的艺术描写和感情的倾注，发现和揭示出白鹭身上“被人忘却了”的平凡、朴实的美，将这种美放在显眼的位置上，于是，从平凡中发现了不平凡，对这种特殊形态的美唱出了一曲优美动人的歌。在《石榴》篇中，作者一反人们对炎夏的厌恶情绪，借助对石榴的刻画和歌颂，赞美了繁茂“向上”“使人身心解脱尽重重束缚”的夏天。“榴花红似火”，这人们常用的比喻已经够热烈生动了，然而作者更进而以“夏天的心脏”比喻榴花，更从榴花的形象特质和感情色彩两方面传达出它的神韵。这一奇巧比喻的运用，显示了本篇特有的构思角度。由上所述，可见散文诗触及生活本质、揭示事物内在美，离不开独特的生活发现、新颖的立意和精巧的构思。这些条件都是深入个别、表现个别、揭示“韵在骨子里”的诗意美所必不可少的。

还有一点对于揭示散文诗的内在美也颇为重要，即这三篇都根据各自不同的抒写对象，运用适宜的艺术手法构图布势，深化主体形象，从而形成了一种情景交融、深蔚隐秀的境界。一首好的散文诗，构思契机的形成、新颖立意的捕捉，对于抓住主体形象、明确独特意脉是重要的。但这还不够，还必须将独特的构思和意脉贯彻到底，通过多种手法和抒写角度进一步营造主体形象，从而深化意蕴，开拓艺术境界，达到写形传神，创造“超以象外”的意境的目的。《丁东》篇创造主体形象“丁东”的一个重要手法，就是利用“通感”来引发，唤起人们的形象思维。泉水滴到深邃井里的“丁东”声是诉诸人们的听觉的。但由“丁东”声想到“清冽的泉水”，想到泉水一点一滴，想到“井上有大树罩荫”，这就沟通了视觉，使人从声音中看到了形貌和“面画”，还由“丁东”声，想到那“清永的凉味”，这又沟通了触觉，使人从声音中感受到清泉的性能。这还只是感官直觉的联想。此外，“通感”还通过丰富的意象的流动和叠加造成情态的联想。席勒曾经认为诗有造型的和音乐的之分，他说：“后一名称不仅仅指诗中那种确是音乐的成分，而且也指诗不把想象力局限于某一确定的对象而能产生的所有这类效果。”虽然泉水“丁东”声不是乐音而是自然的声音，但由于作者赋予了它以感情色彩，并以“通感”的方式进行了想象性的描写，所以意境如清音缭绕伸展得很远。诗人想起了三十年前与儿时学友清泉似的友谊。“丁东”声曾经伴随着这一对友人在丁东巷的小道上辗转相送，它还与诗人“隽永的回忆”融成一片，伴随着他度过三十年的悠长岁月；更重要的是，“丁东”声又与苍蝇嗡营，风车旋转的声音形成鲜明的对照，激起了他更深一层的对比联想。就这样，“丁东”声演化成叠加、变幻、流动的意象，这些意象又造成了诗境和诗情的流动感，它们有内在节奏，能引起人们情绪的波动，因此，具有二种更本质的诗的音乐美。《白鹭》篇的主要艺术手段是围绕白鹭的形象，通过不断变化的视点和描写角度，来表现一种画中有诗的绘画美。要从人们常见的白鹭身上，写出被人们忘却了的美来，颇为不易。然而，作者从情、景、形、神中既对白鹭本身进行了洞察入微的精细刻画，又将赞美白鹭的强烈的感情渗透在白鹭形象之中，使白鹭形象成为作者感情净化了的一种“人化的”自然物。“那雪白的蓑毛，那全身的流线型结构，那铁色的长喙，那青色的脚”，这是为白鹭造型的近景；而“增之一分则嫌长，减之一分则嫌短，素之一忽则嫌白，黛之一忽则嫌黑”的抒写则为这幅近景涂上了浓烈的感情色彩。田中钓鱼的白鹭形象经过作者想象，竟然成了一幅嵌在镜框中的艺术品，主观色彩是很浓的。清晨白鹭独立树巅，黄昏白鹭空中低飞，一静一动，相映成趣，从各个侧面刻画了白鹭的形象，而伴随着这种描写，作者对淳朴自由生活的赞叹之情也溢于言表了。写到这里，作者笔锋一转：

> 或许有人会感着美中的不足，白鹭不会唱歌。但是白鹭的本身不就是一首很优美的歌吗？——不，歌未免大铿锵了。

经过一番描写、抒发、烘托、渲染，本来已经是画中有歌了，这时又一个陡转，戛然而止。艺术的间歇，更造成“此时无声胜有声”的胜境。“白鹭不会唱歌”，实际上前面画面的纷呈叠现，抒情的真挚深厚，表明白鹭本身也是一首“韵在骨子里”的歌。《石榴》篇以“夏季的心脏”比喻石榴，这是文章构思的焦点和意象的核心。围绕这个焦点和核心，作者着意进行了色彩的涂抹和意境的铺写。一方面，作者通过同其他一些花木相比，突出了石榴不畏骄阳的直射、五月开花、花色深红、兼备梅柳之长的特色；另一方面又细微精到地刻绘了石榴开花逐渐翻红和花瓣匀称精巧的美质。再加上作者联想生发，想象飞越，由榴花想到红玛瑙的花瓶儿，又由花瓶儿想到古代希腊式和中国式类似花瓶的各种器物，交融着想象的插叙和博引，更酿成主体形象深邃的意蕴。最后，作者由对夏天的歌颂归结到对石榴这夏天心脏的赞美，于是，这平凡常见的自然物便由于形、神、情、理兼备而富于美感力量了。

概括地说，这三篇散文诗因为描写对象的特质不同，作者灌注的情思不同，因而风格也有差异：《丁东》篇隽永悠远，《白鹭》篇质朴冲淡，《石榴》篇火炽稚丽。但它们都有着作者独特风格的共性：气势恢宏而又清丽缠绵；它们都有着作者咏物作品的特点：含蓄蕴藉而又明朗洒脱。就是说，有"韵在骨子里"的诗情意境，但绝不流于空洞晦涩。

汩汩滔滔　姿态横生

——读《入幽谷》

这是“沫若自传”第4卷《洪波曲》中的一章。它采取了回想录的形式，带着自叙性质。如作者所说，这种形式不同于小说，“是在努力写着实话，毫无意思写小说”，“没有一事一语是加了一点意想化的”，同时，它又不同于抒情散文，不是偶有感触，就因物起兴，托物抒情，借助情景相生的手段来明理、达志。这种形式的特点是，既用史论结合的方法勾勒出社会重大事件的历史进程，对它进行直接评价；又伴随着议论，错杂地使用记叙、描写、抒情等文学手段以再现具体的生活图景，抒发作者的情怀。郭沫若说，他写这种传记性散文的意图，就是要“通过自己看出一个时代”。(《少年时代·序》)

《洪波曲》为郭沫若1948年即将离开香港进入解放区前夕所作。在这人民解放战争已经取得重大胜利、新中国即将诞生的历史转折时期，郭沫若对自己抗战中的经历进行总结，以回忆性散文来反映时代，更能看出历史本质的深度。《洪波曲》选取了作者在1938年武汉失守前后所经历的国统区抗战高潮以及由高潮转向低潮时期的一段生活。《入幽谷》是其中最后一章。它记述了长沙大火后，国民党当局召开了南岳会议退驻桂林，准备撤退到重庆等一系列历史事件。当时，由于八路军、新四军在敌后创建的抗日根据地牵制了敌人的大部分兵力，同时日寇在国统区的战线扩展太大，需要巩固，也不得不暂时停止了对国统区大规模的进攻。于是，全国抗日战争的形势出现了由战略防御阶段向战略相持阶段的转变。在这个阶段，日寇对国民党政府采取了政治诱降为主、军事进攻为辅的方针。国民党当局除汪精卫公开投敌以外，整个方针、政策也转向消极抗日、积极反共。虽说仍然打着抗日的幌子，却在暗地里直接或间接地向日寇讨价还价，接洽投降。《入幽谷》就是正当国统区抗战形势逆转之际，以作者自己的亲身经历和深入剖析，着重揭露了蒋介石政府玩弄两面派手法、投敌反共的可耻伎俩和政治阴谋，同时也表现出国统区人民和文化工作者在艰苦斗争中可歌可泣、英勇奋斗的精神。这一章的标题——“入幽谷”蕴含着深意，它表明抗日高潮已过的国统区局面，如同历史车轮已经驶入了险隘幽深的峡谷，那些鬼蜮们暗中的卖国反共活动正是“幽谷”中诡秘莫测的景象的反映。

这一章虽然篇幅较长，一章中又包含六个小节，然而中心明确，题意集中，撒得开，收得拢。每节有中心，内容的幅度展得很开，却都系于一个大的中心点上。

首尾“近卫声明”和“弓与弦”两节，主要是史论结合的议论。这种议论不是大而不当、空洞无物的。第一节在日寇进行新的政治攻势面前，抓住了日首相近卫的两次声明，以此作为批驳的靶子，进行层层剖析、尖锐抨击。他指出，日寇标榜的不“抗日”、不“容共”、“相互提携”“共同反共”等，实际上正是向国民党顽固派进行政治诱降的诱饵。同时，作者又以自己对内幕真相的了解，通过国民党政府取消建立衡山抗日大本营的计划和在南岳会议上提出“宣传重于抗战、政治重于军事”的口号两件事实，揭露了他们响应近卫声明，与公开投敌的汪精卫异曲同工的实质。末节不仅进一步披露事实真相，揭露了蒋介石玩弄的一面驳斥近卫三原则，一面“所行所为一切都照着敌人的指示在做”的两面派戏法，指出汪精卫的出走是蒋介石的“苦肉计”，而且，将几个大汉奸卖国投降的卑劣行径——陶希圣活着受宠、周佛海死而哀荣、张楼献地图，与这一回汪、蒋视日寇为“良友”的事实联系起来，勾画出国民党顽固派的一贯嘴脸，揭露出国民党政权作为半封建半殖民地社会卖国政权的本质。历史唯物主义的眼光在这里产生了深入事物底里的巨大的透视力。接着关于“弓与弦”民谣的引用，更使人民群众的幽默感跃然纸上，焕发出奇谲的光彩。这首民谣引出了弓已折、弦已断，土肥原被宣布死刑，延安已成为解放中国的圣地的抒情，使作品出现了一个新颖独特、格调高昂、气势磅礴的结尾。

应该看到，这首尾两节鞭辟入里的精彩议论和抒发，不仅强烈集中地突出了“入幽谷”一章的中心，而宜作为整个《洪波曲》最后一章，也是笼罩全书，有着气势雄壮的高度概括力的。

但是，如果这章中仅有如此两节，全凭议论，纵然如何精辟深透，也会显得枯燥，缺乏形象的血肉。好的散文，包括这种陈述亲身经历的自传性散文，在行文布局时，既要有“高山”，又要有“平地”，有时可以风暴突起，有时也可像大江在月光下静穆地流淌。《入幽谷》中“流连南岳”“舟游阳朔”两节，就是紧锣密鼓间隙中顷刻的平静。在这两节中，作者从容地写景、抒情，也穿插着议论和叙述。前一节以评价蒋介石“南岳会议”的闭幕词开始，作者敏锐地抓住了报告中不伦不类的引用曾国藩的事例，生动地、鲜明地活现出蒋介石不学无术、与人民为敌的嘴脸。典型事例的抓取，以事实本身的可憎可笑而引人注目、发人深思。而作者登山后即兴赋诗，澎湃的爱国热情、充沛的抗日豪情，更增加了游览的感情色彩和时代气息，给人以强烈的感染。“舟游阳朔”虽然全系叙事、写景，但对战乱中祖国河山美的着意描写，也从一个侧面反映了作者的爱国情怀，更能激起人们保卫祖国美好河山的决心。这两节写景很少像抒情散文那样借景抒情、情景交融，作者只是以平凡、质朴的笔触准确地勾画出特定条件下景物的特征，寥寥几笔，也往往能造成一种境界、一种气氛，如晴日下南岳山外七十二峰的景象、雨中漓江的特有情调等都写得别开生面；而作者以任意而谈的笔墨叙写着日常生活吃喝谈笑的琐事，则富于生活气息，使人感到真实、亲切，如同亲身经历了饶有兴味的游览生活一样。

三、五两节——“桂林种种”和“张曙父女之死”，前者侧重叙事，后者侧重抒情。“桂林种种”，写来似乎琐碎，然而，由于国民党当局的阻挠、破坏而引起的“第三厅”抗日进步活动的渐趋瓦解，足以激起对抗日蠹虫的愤怒，而爱国文化工作者，包括那些孩子剧团的少年儿童们自觉地在政治逆流中艰苦奋进，又是对人们极大的激励和鞭策。二者两相对照，可以使人清楚地看到，抗日熔炉中是怎样既锻出了钢，又排出了渣！在第五节中，对张曙父女惨遭敌机炸死以及张曙夫人因此精神失常的记述，只是朴实地摆出事实，然而这铁的事实中熔铸着多少对日本法西斯强盗的愤怒控诉！作者为张曙的死而写的首首挽词、挽诗、挽联，激越慷慨、肝胆照人，特别是多次提及张曙谱写的《洪波曲》更有重要意义。“且听《洪波》一曲，抗战唱连年”，“薄海洪波作，楼奴其式微”，“壮烈唱《洪波》”，“《洪波》歌在圣战时期，壮声破敌奴肝胆，豪杰其兴”……这些诗句反复弹奏出讴歌抗战洪波的雄伟壮烈的基调，画龙点睛地点明了整部《洪波曲》的主旨；尽管抗日前途还会出现艰难险阻，像《入幽谷》这一章中所揭示的那样，但“山重水复疑无路”的境地之后，还会出现“柳暗花明又一村”的新局面。

由上所述，可见《入幽谷》一章的行文布局正是以一个题旨为中心，尽可能展开抒写、叙述的幅度。随着作者纵横驰骋的思路，时而侃侃议论，时而激情迸发，时而叙事写景，时而勾勒描绘。作者信笔所至，洋洋洒洒，如行云流水，舒卷自如，变化多端。然而却不主故常，不离主旨，一线贯穿，环扣主题。古散文家有所谓“万解泉源，不择地而出”，所谓“滔滔汩汩，虽一日千里无难”，所谓“随物赋形”“意之所到，笔力曲折，无不尽意”，然而也有所谓“常行于所当行，常止于不可不止”。《入幽谷》就具备这种形散神不散的辩证统一的特色。

诗人徐迟曾将郭沫若散文的风格特色概括为“气势浩荡”，又于浩荡之中，“不失其清丽和缠绵”。从《入幽谷》看来，既有嬉笑怒骂成文章的剖析、抨击，又有妙语解颐的漫谈、絮语，既有热情洋溢、激昂慷慨的歌颂、呐喊，又有委婉曲折、一往深情的浅唱、低吟。这一章确实是充分地体现了气势浩荡、清丽缠绵的风格特色。

简朴凝重　情真意深

——读《〈鲁迅诗稿〉序》

《鲁迅诗稿》是鲁迅先生亲笔墨迹的影印本。而郭沫若是中国新文学的奠基人之一，文化战线上的光辉旗帜，又是著名的诗人和书法家。由他来为《鲁迅诗稿》写序，在序言中评价鲁迅的诗和书法，进而评价鲁迅的人格和精神，这是最恰当不过的。然而，因为鲁迅的诗脍炙人口，书法也卓然成家，加以评家蜂起，在群众中流传广远，因此，为诗稿写序，人们必然会在观点、内容、词章、文采等方面都有很高的要求。

看了这篇序，确实使人感到，这是一个语言文学大师高超的手笔。为诗稿作序，要评诗，又要评书，还要评价艺术形式，题目较大，涉及面也较广，然而序言在结构上只用了三个小段落，全文不过三百来字，却写来深刻新颖、文采斐然，给人简朴凝重的美感，它还由作者亲笔手书，冠于《诗稿》之首，确实为这卷珍贵的影印本增色不少。

序言很重视立意、炼意。古人云："文以意为主。"又云："文之作也，以载事为难；事之载也，以蓄意为工。"（陈骙《文则》）序言论鲁迅的诗，注重它的立意和思想境界，而论鲁迅的书法，则注重它的质朴而洒脱的格调，赞美了它的具有“力的美”的内劲。最后归结为“诗如其人，书如其人，荟而萃之，其人宛在”。深刻地阐述了学习鲁迅诗歌、书法与学习鲁迅精神品格的关系。“理强意乃胜，气盛文如驾。”（张来《论文诗》）立意既高，就能认清题中精神血脉，从而抉其所重，句句字字，动中骨理。应该说，这正是短序具有简重严正特色的前提。

但立意离不开炼意。要使文章的立意不致流于空泛，必须通过精思，以求独特、新颖的概括。序言写道：“鲁迅先生无心作诗人，偶有所作，每臻绝唱。”“鲁迅先生亦无心作书家，所遗手迹，自成风格。”这单刀直入的两句，既对鲁迅的诗歌和书法进行了高度评价，又表明鲁迅具有高尚的精神品格和学术上多方面的高深造诣。鲁迅不但是伟大的文学家，还是伟大的革命家和思想家。而他在文学上的成就又是多方面的。小说和杂文固然使他成为文学巨匠，而诗歌创作和书法艺术也堪称独步。对于他来说，渊博的知识、深厚的文学修养和多种文艺形式的实践运用能力是互相促进、多面贯通的。黑格尔曾经谈到，有一种艺术大家，似乎有“一种天生自然的推动力”，一种“毫不费力地”“很轻巧地完成作品的潜能”（《美学》第 1 卷）。郭沫若说鲁迅“无心”作诗人，“无心”作书家，而在两方面都取得了卓著成就，表明鲁迅正是这样一种文艺巨人。东坡云：“作文之法，意尽而言止者，天下之至言也。然而言止而意不尽，尤为极致。”（转引自唐彪《读书作文谱》卷介）“无心”两句就具有言止意不尽的作用。

序言不仅注重立意、炼意，还注意了立意、炼意和炼字炼句的辩证关系。沈德潜云：“篇中炼句，句中炼字，炼得篇中之意工到，则气韵清高深渺，格律雅健雄豪，无所不有，能毕情矣！”这就是说的琢句炼字对于炼意的积极作用。序言中许多文句之所以鲜明生动、精粹凝重，情、理、趣蕴含其间，一个重要原因，就是既得力于炼意，又注重了炼字、炼句。与鲁迅诗稿的旧体诗形式相适应，序言采取了浅近的文言，既有文言精炼典雅之长，又融入了白话的词汇和句法，使之较为易懂。特别是文中大量排偶句，表达的意思或相对（如“犀角烛怪”“肝胆照人”），或相近（如“朴质而不拘禁，洒脱而有法度”），或相连（如“融冶篆隶于一炉，听任心腕之交应”），这样互相补充、互为映衬，文句更加鲜明，句式整齐而富于变化，音调铿锵悦耳，增加了文句的音乐美和建筑美。

炼字炼句的结果是篇中之意更为工到，如说鲁迅的诗“或则犀角烛怪，或则肝胆照人”，只要懂得这两个典故含意的人，就会知道它们的形象贴切、鲜明，内涵深广，感情色彩浓郁、强烈、感人至深。这短小、沉实的两句，表明鲁迅对敌人和反动势力，能识破其本质，剥掉其画皮，勾出其鬼脸，对人民和革命事业，能披肝沥胆，忠心耿耿，矢志献身。鲁迅的气魄、胆识，爱憎分明的感情，洞察事物底里的能力在这两句中表达得含蓄深宏、气韵生动。一些并非排偶的句子也是简洁含蓄，很有内在容量的。如在表达更好地学习鲁迅诗、书的愿望时，作者写道：“苟常手抚简篇，有如面聆謦欬，春温秋肃，默化潜移，身心获益靡涯，文笔增华有望。”将读鲁迅亲笔书写的诗稿看成当面受教，并感到如同骨肉之情一般的异常亲切、欣慰，还活用鲁迅诗句，用“春温秋肃”概括鲁迅诗歌的内容，用“默化潜移”概括鲁迅诗、书的美感教育作用，都贴切、准确，富于表现力。

通过上述文句的分析可以看到，序言无论是评价鲁迅的诗、书，或是评价鲁迅的人格、精神，郭沫若都是将自己的人格、精神，自己对鲁迅的崇敬之情，自己在诗歌、书法等方面的修养、体会融合进去了的。所以这是作者的由衷之言，是他将自己摆进去，与读者一同表达出学习鲁迅的强烈愿望，遣词造句，渗透着亲切诚恳的感情，闪耀着谦虚真挚的亮光。这样，炼意和炼字、炼句的统一，就避免了思理的一般化和感情的浮泛，因而有着作者自我的独特感受、发掘和思索了。

序言结构格局小，层次少，更重要的是意脉贯通，首尾呼应，短小而紧凑。第一段从诗的角度深入鲁迅的精神境界和思想品格；第二段论书法，又从书法的艺术风格窥见鲁迅的气质和个性；第三段便归结到“荟而萃之，其人宛在”，对于“人之所近”的鲁迅，除了学习他的杂文、小说之外，还应“好其诗，好其书，而日益近之”，通过学习他的诗歌、书法来加深对鲁迅的理解。不仅在内容、意义上前后照应、首尾贯通，在语言形式和结构上也紧相勾连。由于第一、二段的首句在语言形式上相同，便使整个两段并列相称、结构匀整和谐的特点更突出。第二段句首用一个“亦”字与第一段相勾连，第三段又用一个“然”字，从而统摄了前二段。这样，便在内容意脉和结构形式两方面使文章显得文简理周。正如刘勰所说：“启行之辞，逆萌中篇之意，绝笔之言，追媵前句之旨，故能外文绮交，内义脉注，纷瞢相御，首尾一体。”（《文心雕龙·章句第三十四》）意思是：“开头的话，已经含有中篇意思的萌芽；结尾的话，呼应前文的意思；所以能够做到文字像织绮的花纹那样交错，意义像脉络那样贯通，像花房和花萼一般相衔接，首尾成一体。”（周振甫译文）

就这样，序文经过炼意、蓄意、感情贯注，做到了情真意深，经过炼字、炼句、炼篇，做到了省字约文。于是，在篇幅短、文句短、结构小、层次少的形式中容纳了浓郁、警策的感情和义理，赋予了生动、凝重的辞彩和气韵，从而使短序显示出简朴凝重、雍容典雅的风格来。

文集后记

黄曼君先生是我国著名的中国现代文学史家、文艺理论家、教育家。他成长于20世纪五六十年代，学术活动直至人生终点。他的学术理想、精神品格、教学思想、学术成果，是留给我们后人的一份宝贵精神财富。今年是他诞生80周年，逝世5周年，受华中师范大学出版社委托，特编辑《黄曼君文集》五卷本以志纪念，回报社会。

《黄曼君文集》五卷本，系作者生前出版的部分论著及未发表的个别著述，经家人黄海晴、陈菊先、黄念南收集、整理、校勘、订正而编定。全书注释经查证校阅后按现行出版规范书写，个别注释因多种原因未查到的，保持历史原貌。

文集第一卷为《沙汀创作论》。此卷由黄曼君先生的专著《论沙汀的现实主义创作》和沙汀研究系列论文组成。《论沙汀的现实主义创作》书名为茅盾题写，北京大学教授王瑶作序。这是先生20世纪80年代初出版的第一部专著，为"文革"结束后中国现代文学研究领域首批引人注目的成果。先生曾应邀赴北京大学，为研究生讲授"沙汀专题"一学期。可以说这是先生的成名之作。王瑶先生在序中写道，"本书带有一定的开创性质"。王富仁教授在

《现代化与中国20世纪文学》序中追忆：黄曼君先生是我们的学术前辈，从20世纪60年代开始，他就参与了唐弢先生主编的《中国现代文学史》的编写工作。“文化大革命”结束之后，他又是中国现代文学研究学会的发起人之一，并且以中国（也是世界上）第一个沙汀研究专家的身份出现在中国现代文学研究界，成为新时期以来中国现代文学研究的奠基人之一。沙汀研究论文编入第六、七、八三章。现为保持全书体例一致，第六章《论沙汀小说艺术再现特征》，编者从文章中提炼相应字句，将数字标题改为文字标题。第八章标题编者也作了个别改动。专著《论沙汀的现实主义创作》的结语调至第九章，作为第一卷的结语。上述改动如有不当之处，由改动者陈菊先负责。

文集第二卷为《中国新文学大师——鲁迅、郭沫若研究》。该卷由著作《中国现代文学的双子星座——鲁迅、郭沫若与新文学主潮》中的鲁迅、郭沫若研究篇章和著作《郭沫若作品欣赏》中的鉴赏部分及几篇研究郭沫若的论文组成。这本著作出版后，在学术界老中青三代学者中引发广泛的关注和影响，被载入1994年《中国文学年鉴》，并获中南地区大学出版社优秀图书一等奖，获湖北省社科优秀成果二等奖。《郭沫若作品欣赏》和其他作品欣赏丛书一起获全国第一届优秀教育图书一等奖。后经广西教育出版社、台湾海风出版社修订后发行新一版。几篇郭沫若研究的论文转载率很高，多篇入选《郭沫若研究文献汇要》。对两位新文学大师的研究亦使他的课堂教学高潮迭起，世称扛鼎之教。

文集第三卷《中国现当代文学理论专题研究》，由专著《现代化与中国20世纪文学》和《中国20世纪文论现代转型研究》部分章节组成。《现代化与中国20世纪文学》编入该卷的上、中编，《中国20世纪文论现代转型研究》编入该卷的下编。《现代化与中国20世纪文学》为教育部哲学社会科学研究后期资助项目，曾于2013年8月由高等教育出版社出版。这次能编入文集，高教社的学术气度让人感佩。《中国20世纪文论现代转型研究》为“十一五”国家社科项目，这部书，他只写了11万字就带着未竟的事业突然离去。基于他早期的当代文学理论批评成果的影响，出版于1997年的《中华文学通史》第十卷“当代文学卷理论批评”把他划归于20世纪50年代起步，在高等院校从事现代和当代文学理论批评比较知名的学者之列。而这一卷则是他迈向学科金字塔富有成效的理论建设之作。

编入该卷上、中编的《现代化与中国20世纪文学》，其选题是基于现代化是20世纪中国社会演进的主题，也是20世纪中国文学演进的主题。全书构思写作，基于研究对象的复杂性和丰富性而着力于宏观总体，以理论思维的方式把握中国20世纪文学的整体存在。著作立足当代，植根不断变化的中国20世纪文学，对中国20世纪文学中的自身的新型传统、新文学经典，古今文学的贯通互动、生态审美系统、文学流派，中国20世纪的文学思想及理论批评的现代性，中国共产党文艺指导思想等论题进行了探讨。这是一部综合性的宏观研究著作，专家认为，这部书稿是对20世纪中国文学的现代转型的总体研究，书中提出的许多问题尖锐而深刻，许多观点对当今文学发展有着重要的启示意义，具有重要的学术价值。这部书，是黄曼君先生多年思考的凝聚与综合，倾注了他十多年的心血。作为前期研究成果，大多数文章发表在权威期刊或核心期刊上，转载率也很高，转载见诸的报刊有《新华文摘》、《中国学术年鉴》、《北京大学学报》、《高等学校文科学报文摘》、《人大复印资料》、《文艺理论研究》、《当代作家评论》、《人民日报》、《光明日报》等，有的还被译为英文。

文集第四卷《新文学论集》是他的专业研究论文集。本卷选入44篇论文，按性质编成五个单元，大致可归属于文学史论、作家作品论、学术思想论等几类，涵盖了他不同时期的研究成果。如《〈创业史〉的长篇结构和人物描写》，是他青年时代（20世纪五六十年代）的研究成果，80年代被收于《创业史》评论集，直到2011年，严家炎先生还未忘记这篇文章，在回忆黄先生的文章中说："他早年那篇《〈创业史〉的长篇结构和人物描写》，便写得相当中肯到位。"在学术研究方面，先生一直青春勃发；晚年更是学术之峰上的劲松：他在《中国社会科学》、《文学评论》、《文艺研究》接连发表论文；离世前的2009年还在中英文版的《中国社会科学》上发表论文。

文集第五卷为《教学研究、序跋及其他》，编入教学研究论文、序言、书评、前言后记、讲学提纲、访谈对话、诗文等；书后附录为生平简介、年表、寿联挽联。生平简介由弟子周晓明教授执笔。一段时间先生眼睛几近失明，写诗由此起步，成为他生活的一段记录。眼睛手术成功后，写诗的兴趣也随之延续下来。他生前就有出版诗集的愿望，故编进这一卷。可以说这一卷是他的学术与人生的写真集。

文集各卷插有几帧影像图片，这是能找到的照片。这些照片不能全面反映他的生活，但仍可以大致看出他的成长之路、学术影响、理论思维走向，在一定程度上展示了他的学术圈、朋友圈。

黄曼君先生是一个拥抱生活、拥抱祖国人民、拥抱世界、拥抱宇宙的人。他的梦想一串串。他在教学中遨游，在学科建设中遨游，在文史哲天地中遨游。他的朋友广涉老中青，他们爱他、敬他、亲近他；他享受校园之乐、学术之乐、友情之乐；他是一个“各美其美，美人之美，美美与共，天下大同”的追求者；他的思想、他的情感、他的人生一路鼓满着风帆，灿若云霞。他沉浸在中国20世纪文学的研究中，思接千载，笔力中外，爱满智溢，期盼中国文学走向世界。这里选择网上一则留言管中窥豹：

华师校友文院旧徒于2011年11月20日为黄曼君纪念馆敬献小花圈并留言：

> 许久没上母校网站，在改版之外最感震惊的事情就是黄老师的仙逝。……我所确信不疑的损失是，他以名师身份和学人品行为我和母校所建立的记忆联系更加符号化了，我对母校所存有的联想又少却一环。……一个人既活在书本的文字间又活在一代或几代人的心念之间，并且和一所百年名校有着血肉难分的联系，我不知道这究竟算人生多大的一份得意，但只要有这份得意，他作为师者和学人的价值就不是空泛的，而是有为的、有续的、有情的。为留在我深情纪念中的黄老师，遥寄哀思并致悼念，顺乞家属节哀顺变。

“作为师者和学人的价值不是空泛的，而是有为的、有续的、有情的”，一语中的，道出了《黄曼君文集》编选出版的意义。感谢这位未具名的校友，将雨露洒天外，这大概就是“向死而生”的宇宙真谛。

《黄曼君文集》的编选，早在2010年12月的《黄曼君学术与人生》的编辑研究会上，由多方代表提出，形成决议，决定在他诞生80周年、逝世5周年推出。编选启动于2014年5月下旬。原本计划由他的学生编选，但他的家人考虑，他的学生都是在职中坚力量，身负重任，难有分身之术，故改由家人编选。家人虽都是高校教师，但受时间、精力、能力和经费所限，未能编成全集本，这是引以为憾的。对他留存的其他旧稿，其辨识和整理困难重重，只有以待来日。黄先生生前对编选自己的文集从未提及，似无考虑。没有作者旨意的编辑，错漏之处难免，恳请读者批评指正。限于多种因素，对未能编进的序和书评等，只能抱憾，且恳请谅解。这一套文集的编辑由家人分工合力完成，前言、后记的写作只是一种祭奠缅怀，难免杂陈，越体式之处，敬请海涵。文集目录、前言和后记经他的学生黄永林、周晓明、王泽龙过目，提出建议；书稿在转换为电子文本中，高玉和李蓉给予了帮助和全程关注；文集的启动或文稿的搜集还得到过张岩泉、李俊国、王杰、金立群、晓苏、张晋业等的帮助，另一些关注者，在此恕不一一注出。

出版资金的申报立项和筹划落实，得到华中师范大学副校长黄永林，华中师范大学出版社社长范军、主任冯会平，以及华中师范大学文学院院长胡亚敏为首的院领导，华中师范大学中文系 81 级设立的老教授出版基金等多方的鼎力相助；得到武汉大学陈美兰教授、华中科技大学何锡章教授全力推荐。《黄曼君文集》五卷本现成功立项为“2014 年度湖北省学术著作出版专项资金资助项目”。编辑中，更得到上述领导全力支持和副社长董中锋的帮助，编辑中，各卷编辑付出了辛勤劳动，五卷本责任编辑廖国春把握全集，劳心劳力，学生们给予了建议和帮助。在此一并鸣谢！

黄海晴、陈菊先、黄念南

2015 年 8 月 17 日